2019年华南理工大学出版基金资助项目

新能源汽车动力电池系统关键技术

KEY TECHNOLOGY OF AUTOMOTIVE BATTERY

兰凤崇　陈吉清◎著

内容简介

本书主要介绍新能源汽车锂离子动力电池产业路线、技术关键以及锂离子电池内部结构模型化方法、电池承载特性、热失控及滥用安全问题。针对新能源汽车的应用环境和使用特点，阐述动力电池的应用技术，着重探讨提高动力电池系统的安全性、可靠性和轻量化水平的理论和方法。全书分为四篇共 12 章。第一篇（第 1 章至第 3 章）介绍新能源汽车动力电池产业的基本状况、技术路线图的编制方法及其实际制作过程；第二篇（第 4 章至第 8 章）介绍锂离子动力电池的冲击、振动及疲劳模型，模型本构方法，轻量化分析与设计方法；第三篇（第 9 章至第 11 章）介绍新能源汽车动力电池的热管理理论与技术、滥用条件下热失控和火灾事故的分析与对策；第四篇（第 12 章）简要介绍未来新型动力电池的研究和应用趋势。

本书并不过多涉及电池的电化学原理、正负极材料及其制造工艺等细节，而把重点放在动力电池的性能分析和应用领域，探讨如何满足新能源汽车高安全、长寿命的需求。本书可供从事新能源汽车动力系统设计、电池系统研发以及汽车安全开发的工程技术人员学习和参考，也可作为高校车辆工程等相关专业研究生、高年级本科生教材或教学参考书。

图书在版编目（CIP）数据

新能源汽车动力电池系统关键技术/兰凤崇，陈吉清著. —广州：华南理工大学出版社，2022.1

ISBN 978 - 7 - 5623 - 6825 - 0

Ⅰ.①新… Ⅱ.①兰… ②陈… Ⅲ.①新能源 - 汽车 - 蓄电池 Ⅳ.①U469.703

中国版本图书馆 CIP 数据核字（2021）第 173426 号

新能源汽车动力电池系统关键技术

兰凤崇 陈吉清 著

出 版 人：	卢家明
出版发行：	华南理工大学出版社
	（广州五山华南理工大学 17 号楼，邮编 510640）
	http://hg.cb.scut.edu.cn　E-mail：scutc13@scut.edu.cn
	营销部电话：020 - 87113487　87111048（传真）
责任编辑：	张　颖
责任校对：	刘惠林　陆雪璐
印 刷 者：	佛山市家联印刷有限公司
开　　本：	787mm×1092mm　1/16　印张：30.75　字数：749 千
版　　次：	2022 年 1 月第 1 版　2022 年 1 月第 1 次印刷
定　　价：	216.00 元

版权所有　盗版必究　　印装差错　负责调换

序　言

随着新能源汽车技术和产业的快速发展，动力电池系统的研究和开发取得了长足的进步，但仍然面临着诸多亟待突破的难题。其中，如何使动力电池系统满足复杂多变的车辆工况要求，保证整车性能优良、动力安全可靠，消除由电池系统带来的安全隐患，提升新能源汽车产品的竞争力是动力电池系统要面对的关键技术问题。笔者多年关注新能源汽车的相关技术，并把重点聚焦到新能源汽车的动力电池系统。在这过程中，笔者承担了包括国家科技部重大科技专项、省科技攻关、粤港合作、产学研合作等重大专项研究；与国内乘用车、客车以及电池开发制造企业联合研究开发了多款电动汽车和动力电池系统；也负责华南地区不同类型的新能源汽车火灾事故、重大道路交通事故的深度调查和分析工作；还承担着新能源汽车动力系统设计、新能源汽车动力电池等车辆工程专业本科生和研究生课程的教学工作。这些工作使我们对新能源汽车动力电池技术有了深刻的认识并积累了丰富的一手资料。我们注意到，有关锂离子动力电池系统的书籍大多是介绍电池的机理、材料、本体的特性，比较少看到有关新能源汽车动力电池系统应用技术的书籍。这些技术和资料比较分散，散落在不同汽车主机厂和动力电池供应商手里。工程技术人员在学习或工作中难以找到比较系统地阐述动力电池系统性能分析的方法，以及动力电池与整车要求的环境相匹配的资料，这是笔者写这本书的动机和初衷。本书的主要内容如下：

第一篇　动力电池产业技术路线图的制定

本篇阐述了动力电池产业技术路线图的制作流程和方法。通过专家集体智慧识别产业内部共同的愿景，促进产业内外交流，并将"市场需求—产业目标—技术壁垒—研发需求"进行有效整合。归纳起来说，技术路线图是将技术与市场两方面因素相结合，通过路线图制定过程使一些混沌的思路演变成定位清晰的实施方案，思维由发散趋于收敛和集成。

另外，还结合电池产业实例分析电池产业的关键技术路线；抓住近几年的动力电池技术专利的申请趋势，提炼当前动力电池的具体技术现状与产业痛点，得出动力电池系统关键技术的研发需求；最根本的目的是预测未来的技术，将未来技术进步的判断与时间进行明确的对应，提出达到技术目标需要经过的路径，为制定科学研究和产业规划提供最直接的参考。

第二篇　动力电池单体、模组及系统特性研究

动力电池是集电化学、热和机械等多物理场变量于一体的复杂系统，其形式、材料、结构和功能上的多样性与复杂性，导致其在不同载荷作用下的变形响应和失效机理非常复杂。在复杂多变的车载环境下，电池包容易受到碰撞、冲击等机械载荷的作用，使内部的动力电池承受挤压载荷，导致电池发生变形开裂、漏液和内部短路，最终引发热失控、燃烧、爆炸等安全事故。单体电池是电池包复杂系统的基本单元，电池包受到碰撞、冲击等机械载荷时，单体电池的力学响应可作为安全评价基准。

本篇重点介绍锂离子电池的结构组成，分析动力电池的挤压力学响应特性，研究单体电池在挤压载荷作用下，具有可压缩泡沫属性的芯层本构关系，揭示了锂离子电池的失效机理，并阐述单体电池的有限元模型构建以及在复杂载荷作用下力学响应的仿真分析过程。

在电池包精细化建模的基础上，还研究了动力电池包在路面随机激励下由于振动和冲击导致的响应特点，分析可能产生的安全问题，并运用层次化的评价方法对电池包在多指标、多工况下的结构安全性进行评价；提出建模、仿真、试验及评价的规范化流程，并基于该流程对某款动力电池包进行结构优化，提高其结构安全性。

车辆碰撞是导致电池系统受损的重要因素，通过一款电池包开发实例，对电动汽车在碰撞过程中电池单体、模组、内部结构及箱体安全性能进行试验、仿真和优化。同时，阐述了动力电池系统在长期复杂的随机载荷作用下发生结构疲劳破坏，加剧电池的危险性。疲劳裂纹的形成扩展相对隐秘，通常是在结构失效后才被发现，本篇提供了电池系统疲劳性能的分析和评价方法。

最后介绍了动力电池系统轻量化理论及相关技术的研究趋势，探讨了不同的材料和结构实现动力电池壳体的轻量化方法。这些方法包括采用静态特性和碰撞安全性相结合的轻量化设计，通过改变电芯材料属性提高电芯能量密度，提升电芯模组的轻量化水平等，并通过实例分析了两种软包电池模组的结构设计思路和材料选择方案。

第三篇　电池热管理技术及热失控问题研究

动力电池组的热安全、热性能问题一直制约着电动汽车的发展。一方面，电池模组在高倍率或长时间放电过程中产生的热量会引起电池内部温度不断升高，热量的迅速集聚将会形成恶性循环，如不加以控制，最终可能导致电池模组热失控，甚至引起燃烧爆炸等严重事故；另一方面，当电池模组内的电芯温度差过大时，会加剧模组使用过程中电芯各种性能的不一致性，从而使得电池服役性能严重降低。研究和开发与动力电池模组相匹配的高效热管理系统，解决锂离子动力电池成组使用过程中的热安全和热性能问题，是电动汽车发展进程中的关键一步。

本篇从热安全性、热可靠性和热均衡性三方面提出了动力电池的热问题，介绍了动力电池热管理系统及相关技术的研究现状，建立了电池单体的热效应模型、电池多内热源瞬态热效应模型和电化学-热耦合模型，并且对电池系统的电热不一致性、热管相变传热技术在电池系统中的应用进行了研究。

解决动力电池的热安全性问题尤其是提升动力电池在各种极端滥用条件下抵御热失控

的能力，是动力电池在电动汽车上应用和普及的技术关键。极端滥用条件是指动力电池遭遇非正常使用条件，如机械碰撞、跌落翻转、异物刺入等极端工况和过充过放、局部高温、内外短路等。动力电池的热安全性是指电池抵御外界环境扰动引发的温度异常升高、起火、燃烧等热不安全行为的能力，主要表现为在极端滥用条件下动力电池抵御热失控的能力。

通过研究近几年电动汽车火灾事故案例，结合火灾车辆的车内因素和车外因素，笔者总结了电池系统热失控导致电动汽车发生火灾的机理和规律，并建立了新能源汽车整车动力电池复杂系统模型，研究车用动力电池包热失控安全防护方案，借助火灾动力学软件对该电池包热失控导致的火灾以及安全防护方案进行仿真和试验。

第四篇 新型动力电池技术

随着新能源汽车技术和产业的发展以及市场需求的不断扩大，现有的锂离子动力电池体系需不断进步和完善，以满足未来对电动汽车续航里程、安全性以及回收利用等方面的更高要求。未来的动力电池应具有更高的能量密度、安全性，更强的充放电性能，更长的使用寿命，更低的成本以及更高的环境友好性。

本篇在分析现有动力电池体系存在的问题的基础上，简要介绍目前比较新颖且应用潜力较大的各种新型动力电池技术，包括锂硫电池、固态锂离子电池、金属空气电池和其他种类的新型动力电池技术，对各体系的新型动力电池技术进行归纳总结，并对未来动力电池系统提出展望。

书中的主要研究成果、观点和实例来源于华南理工大学汽车结构与安全团队的科研积累，其中的主要章节曾是笔者讲授本科生和研究生专业课程的讲义。此外，本书内容还参考了同行学者和工程技术人员的研究工作。借此机会，向所引用资料的所有作者表示感谢，同时感谢广东省软科学研究计划项目（项目编号：2015A080803002）的大力支持。特别感谢本书在申报国家出版基金支持时得到了中国工程院郭孔辉院士和孙逢春院士的鼎力推荐。

全书共四篇12章，由兰凤崇、陈吉清确定总体写作思路并撰写与审阅。参加整理资料素材和撰写工作的团队成员包括蒋心平、冼浩岚、翁楚滨、刘迎节、李伟健、陈鑫、程仁杰、胡杨、张越、姚司宇、陶洪达、冼君琳、舒孝雄。

由于本书涉及内容广泛，笔者水平和实践经验有限，书中缺点和错漏之处在所难免，欢迎广大读者批评指正！

著 者
2021年9月于广州

目 录

第一篇 动力电池产业技术路线图的制定

1 新能源汽车及其动力电池产业现状 ·· 3
　1.1 国外新能源汽车产业发展概况 ·· 3
　　1.1.1 国外电动汽车发展概况 ·· 3
　　1.1.2 国外车用动力电池产业发展概况 ···································· 4
　1.2 国内新能源汽车产业发展概况 ·· 6
　　1.2.1 国内混合动力汽车发展概况 ·· 6
　　1.2.2 国内纯电动汽车发展概况 ·· 7
　　1.2.3 国内动力电池产业发展概况 ·· 8
　1.3 政策视角下的国内动力电池产业分析 ···································· 10
　　1.3.1 国内动力电池政策体系概况 ·· 11
　　1.3.2 产业政策下形成的动力电池产业链分析 ······························ 16
　　1.3.3 动力电池产业环境分析 ·· 21

2 动力电池产业发展技术路线图 ·· 25
　2.1 技术路线图简介 ·· 25
　　2.1.1 技术路线图制定过程 ·· 25
　　2.1.2 技术路线图的制定方法 ·· 27
　2.2 国内动力电池产业区域发展特征分析 ···································· 28
　　2.2.1 国内动力电池产业区域布局概况 ···································· 28
　　2.2.2 国内动力电池产业发展概况 ·· 31
　　2.2.3 国内动力电池产业发展主要矛盾 ···································· 38
　2.3 动力电池产业技术路线图制定过程 ······································ 41
　　2.3.1 制定流程确定 ·· 42
　　2.3.2 市场需求分析 ·· 46
　　2.3.3 产业目标分析 ·· 51
　　2.3.4 技术壁垒分析 ·· 54
　　2.3.5 研发需求分析 ·· 56

2.3.6 技术路线图的绘制 ………………………………………………………… 63
3 动力电池系统关键技术问题分析 …………………………………………… 77
3.1 动力电池系统关键技术知识产权分析 …………………………………… 77
3.1.1 全球专利分析 …………………………………………………………… 78
3.1.2 中国专利分析 …………………………………………………………… 81
3.2 动力电池系统关键技术发展情况分析 …………………………………… 86
3.2.1 关键材料技术发展情况 ………………………………………………… 86
3.2.2 系统集成技术发展情况 ………………………………………………… 89
3.2.3 电池回收技术发展情况 ………………………………………………… 98
3.3 动力电池系统关键技术研发需求分析 …………………………………… 103
3.3.1 动力电池系统的关键问题分析 ………………………………………… 103
3.3.2 动力电池系统的研发需求分析 ………………………………………… 104

第二篇 动力电池单体、模组及系统特性研究

4 动力电池单体力学特性与本构模型 ………………………………………… 109
4.1 锂离子电池基本原理和结构特点 ………………………………………… 109
4.1.1 锂离子电池单体结构组成 ……………………………………………… 109
4.1.2 锂离子电池电化学原理 ………………………………………………… 113
4.2 车用锂离子电池安全性影响因素 ………………………………………… 114
4.2.1 锂离子电池性能及安全的影响因素 …………………………………… 115
4.2.2 锂离子电池系统安全分析方法 ………………………………………… 118
4.3 锂离子电池单体力学特性与本构方程 …………………………………… 121
4.3.1 锂离子电池压缩性能分析 ……………………………………………… 121
4.3.2 锂离子电池内芯材料微观尺度性能分析 ……………………………… 127
4.3.3 内芯本构方程 …………………………………………………………… 132
4.3.4 锂离子电池有限元模型 ………………………………………………… 136
4.4 锂离子电池单体内短路失效分析 ………………………………………… 140
4.4.1 挤压行为下短路失效判断准则 ………………………………………… 140
4.4.2 内短路参数变化特征 …………………………………………………… 142
4.5 电池挤压稳定性和内短路失效仿真与分析 ……………………………… 145
4.5.1 方形磷酸铁锂电池模型开发 …………………………………………… 145
4.5.2 方形电池内芯失效过程分析 …………………………………………… 147
4.5.3 圆柱形电池模拟分析 …………………………………………………… 148
4.5.4 圆柱形电池内芯失效过程分析 ………………………………………… 149
4.5.5 方形锂电池层集式模型的模拟分析 …………………………………… 151

5 动力电池系统振动冲击分析与优化 · 154
5.1 电池包精细化建模 · 154
5.1.1 接触模态理论 · 155
5.1.2 电池实体试验 · 158
5.1.3 数值模型建立与验证 · 160
5.2 随机振动与冲击条件下电池包动力学响应分析 · 164
5.2.1 随机振动理论 · 165
5.2.2 相关标准 · 167
5.2.3 模型参数设置 · 168
5.2.4 仿真结果分析 · 169
5.3 电池包振动安全性评价及结构优化方法 · 174
5.3.1 振动安全性评价方法的建立 · 175
5.3.2 多目标优化基本理论 · 177
5.3.3 满足双目标的板厚优化 · 179

6 车载动力电池系统碰撞安全仿真分析 · 186
6.1 车载动力电池系统碰撞安全性影响 · 186
6.2 正碰与侧碰下动力电池系统动力学响应 · 188
6.2.1 侧面刚性柱碰撞工况下电池包安全性仿真分析 · 188
6.2.2 正面100%刚性壁碰撞工况下电池包安全性仿真分析 · 200
6.3 车用动力电池包底部碰撞安全性分析 · 207
6.3.1 电池包底部碰撞运动学 · 207
6.3.2 电池包底部碰撞有限元建模 · 210
6.3.3 电池包底部碰撞安全性分析 · 211

7 车载动力电池疲劳性能分析 · 219
7.1 车载动力电池疲劳性能研究概述 · 219
7.2 车载动力电池疲劳寿命预测理论 · 221
7.2.1 动力学响应分析方法 · 221
7.2.2 疲劳累积损伤理论 · 225
7.2.3 材料的 $S-N$ 曲线 · 226
7.3 车载动力电池有限元分析 · 227
7.3.1 动力电池有限元模型建立 · 227
7.3.2 动力电池静力学分析 · 228
7.3.3 动力电池动态特性分析 · 231
7.4 动力电池载荷状况分析 · 233
7.4.1 道路谱采集与分析 · 233
7.4.2 载荷谱的虚拟迭代预测 · 237

7.4.3 动力电池疲劳加速试验分析 …………………………………………… 244
7.5 动力电池结构疲劳寿命预测 ………………………………………………… 245
7.5.1 基于时域法的动力电池疲劳寿命预测 …………………………… 245
7.5.2 基于频域法的随机振动疲劳寿命分析 …………………………… 248
7.5.3 动力电池疲劳性能优化 …………………………………………… 249

8 动力电池系统轻量化技术 ………………………………………………………… 254
8.1 动力电池系统结构及其轻量化 ……………………………………………… 254
8.1.1 动力电池系统结构组件及潜在轻量化目标 ……………………… 255
8.1.2 动力电池系统轻量化现状 ………………………………………… 258
8.1.3 动力电池系统轻量化理论与方法 ………………………………… 259
8.2 面向电池壳体的动力电池系统轻量化技术 ………………………………… 263
8.2.1 电池壳体结构性能要求与评价指标 ……………………………… 263
8.2.2 基于动力电池壳体结构基础特性的轻量化设计方法 …………… 268
8.2.3 考虑碰撞安全性的动力电池壳体轻量化设计方法 ……………… 285
8.2.4 底盘与电池壳体集成轻量化设计 ………………………………… 289
8.3 电池包部件轻量化设计与优化 ……………………………………………… 289
8.3.1 电芯轻量化关键技术研究 ………………………………………… 290
8.3.2 电芯模组轻量化关键技术研究 …………………………………… 292

第三篇 电池热管理技术及热失控问题研究

9 动力电池热管理技术 ……………………………………………………………… 301
9.1 动力电池热管理研究概况 …………………………………………………… 301
9.1.1 动力电池热问题的提出 …………………………………………… 301
9.1.2 动力电池热管理功能 ……………………………………………… 303
9.1.3 动力电池热管理研究现状 ………………………………………… 303
9.2 动力电池热效应模型 ………………………………………………………… 306
9.2.1 动力电池的产热机理 ……………………………………………… 306
9.2.2 动力电池多内热源瞬态热效应模型 ……………………………… 307
9.2.3 动力电池电化学-热耦合模型 …………………………………… 309
9.3 电池系统电热不一致性研究 ………………………………………………… 314
9.3.1 动力电池的电热不一致性 ………………………………………… 314
9.3.2 并联锂离子电芯组电热不一致性研究 …………………………… 315
9.3.3 并联锂离子电池组电热不一致性研究 …………………………… 322
9.3.4 接触电阻对并联电芯组电热不一致的影响 ……………………… 329
9.4 锂离子电池包风冷散热结构分析 …………………………………………… 338

9.4.1 电池包仿真模型的建立 339
9.4.2 进出风口数量的影响 339
9.4.3 进出风口形状的影响 341
9.4.4 进口风速的影响 343
9.5 基于微热管的电池散热系统设计与仿真分析 344
9.5.1 热管与超薄微热管 345
9.5.2 基于微热管的电池组散热系统设计与建模 346
9.5.3 对流条件对热管散热的影响 347
9.5.4 热管布置方式对散热的影响 348
9.5.5 翅片结构对散热的影响 349

10 极端滥用条件下的车用动力电池热安全性 354
10.1 动力电池热安全性简述 354
10.1.1 动力电池热失控机理 354
10.1.2 动力电池热安全性的研究分类及现状 355
10.2 极端滥用条件下动力电池动态热特性分析 357
10.2.1 过温滥用条件下动力电池的动态热特性 357
10.2.2 过充滥用条件下动力电池的动态热特性 357
10.2.3 内短路滥用条件下动力电池的动态热特性 358
10.3 不同滥用条件下车用动力电池热失控行为 360
10.3.1 热滥用条件下动力电池过温热失控行为 361
10.3.2 机械滥用条件下动力电池内短路热失控行为 363
10.3.3 电滥用条件下动力电池过充热失控行为 366
10.3.4 不同滥用条件下的动力电池热失控行为对比及安全建议 368
10.4 车用动力电池成组后热失控传播行为 369
10.4.1 动力电池热失控传播机理 370
10.4.2 动力电池热失控传播实验 371
10.4.3 动力电池热失控传播规律 380
10.4.4 动力电池单体及其成组后的热失控行为对比 382

11 电动汽车起火事故分析与电池包防护 386
11.1 电动汽车起火事故数据 386
11.1.1 历年电动汽车起火事故数据 386
11.1.2 电动汽车起火事故规律 393
11.2 电动汽车自燃事故机理与现实案例 398
11.2.1 车内因素 398
11.2.2 车外因素 407
11.3 车用动力电池包复杂系统认知与热失控安全防护 409

11.3.1　复杂系统认知下的车用动力电池包热安全性……409
11.3.2　复杂系统认知下的车用动力电池包热失控安全防护……412
11.4　车用动力电池包火灾防护系统设计……418
11.4.1　动力电池包火灾防护系统结构设计……420
11.4.2　动力电池火灾模拟与可靠性验证……425
11.4.3　动力电池包火灾防护系统参数设计与效果验证……433

第四篇　新型动力电池技术

12　新型动力电池技术……451
12.1　现有动力电池体系存在的问题……451
12.2　新型锂电池技术进展……453
12.2.1　锂硫电池……453
12.2.2　钛酸锂电池……454
12.2.3　新型硅锂电池……456
12.2.4　石墨烯电池……457
12.2.5　固态锂离子电池……458
12.3　金属空气电池技术进展……462
12.3.1　锂空气电池……462
12.3.2　锌空气电池……463
12.3.3　铝空气电池……465
12.4　其他新型电池技术进展……466
12.4.1　钠硫电池……466
12.4.2　氟化物电池……467
12.4.3　钠离子电池……468
12.4.4　超级电容……470
12.4.5　刀片电池……471
12.4.6　无极耳电池……474
12.4.7　干电极电池……476
12.5　未来动力电池体系归纳与展望……477

第一篇
动力电池产业技术路线图的制定

1 新能源汽车及其动力电池产业现状

新能源汽车主要分为混合动力汽车（hybrid electric vehicle，HEV）、纯电动汽车（electric vehicle，EV）、燃料电池汽车（fuel cell electric vehicle，FCEV）等，目前处于技术研发与市场导入并进阶段。2008 年金融危机后，各国纷纷加大了对新能源汽车的扶持力度，力争使新能源汽车成为全球汽车产业未来发展的一个新的支点。从世界范围来看，新能源汽车产业可以说处在一个"战国时代"，还没有哪一个国家或企业做到绝对领先，这样的局面给我国的新能源汽车产业和动力电池产业发展带来了机遇。

国际能源署（international energy agency，IEA）发布的《全球电动汽车展望 2021 技术报告》显示，到 2020 年底，全球一共有 1130 万辆电动汽车的存量（中国 540 万辆、欧洲 330 万辆、美国 180 万辆，其他地区 80 万辆）。2020 年的疫情使得全球汽车销量下降 6%，但电动汽车销量增长 41%，2020 年全球售出约 300 万辆电动汽车，同时欧洲首次超过中国成为全球最大的电动汽车市场。到 2020 年底，燃料电池车型在全球总共的保有量为 3.48 万台，相比电动汽车"快成年了"，燃料电池车还处在"婴儿阶段"。

根据 IEA 在报告中的预测，在规定的政策情景中，到 2030 年全球电动汽车存量将达到 1.45 亿辆，占所有汽车保有量总数的 7%。

我国新能源汽车技术当前的发展状况表现为：纯电动汽车技术成熟，在公共运输系统等特定领域推广应用；混合动力汽车技术渐趋完善，已经进入商业推广阶段；燃料电池汽车技术正在成为新的研发重点，处于示范阶段。

在全球汽车工业战略转型的大背景下，作为新能源汽车的一大关键零部件，动力电池产业也迎来了前所未有的发展机遇。目前，全球各个主要汽车生产国纷纷加大投入，往动力电池产业投入大量资本与技术，促进了动力电池产业的蓬勃发展，使其成为驱动汽车产业战略转型的新动能。

1.1 国外新能源汽车产业发展概况

1.1.1 国外电动汽车发展概况

美国从 20 世纪 90 年代开始进行电动汽车研发，以通用、福特和克莱斯勒三大汽车公司为主力，联合开发电动汽车的关键零部件。美国电动汽车发展以能源安全为首要任务，强调插电式电动汽车发展。2012 年，美国已经在插电式混合动力汽车和燃料电池汽车领域取得了丰硕成果，并拥有了这两个领域全球 22% 的专利。2016 年 7 月，美国联邦政府发布了《关于加快普及电动汽车的计划》，宣布将通过政府与私营部门合作，推广电动汽车和加强充电基础设施建设，以应对气候变化、增加对清洁能源的使用并减少对石油的依赖。自 2011 年 1 月以来，美国电动汽车销量累计超过 100 万辆，2020 年美国电动汽车销量为 32.8 万辆，其中，特斯拉公司占美国电动汽车销量 70% 以上的份额，主导了美国的电动汽车产业发展。

长期以来，欧洲各国高度重视汽车产业对环境的影响，力图通过发展纯电动汽车减少二氧化碳排放，并制定了相应的法规推动电动汽车的使用，如表 1-1 所示。从市场份额来看，2020 年，新能源乘用车销量占整个欧洲乘用车市场的份额已达到 11%。这是欧洲新能源汽车市场份额首次突破两位数，也是全球主要市场中新能源汽车占有率最高的。其中，纯电动汽车占比 6.2%，插电式混合动力汽车占比 4.8%。值得一提的是，2020 年 12 月，欧洲新能源乘用车销量达到 28.1 万辆，同比增长 254%，当月销量占整体车市的比例高达 23%。挪威是全球新能源汽车渗透率最高的国家，2019 年纯电动汽车市场占有率首次突破 50%；再加上插电式混合动力汽车，2020 年该国的新能源汽车市场份额高达 74.8%。另外，欧洲主要市场——德国、法国、英国等国的新能源汽车市场份额均超过 10%，相比 2019 年增长了 3~5 倍。

表 1-1 欧洲主要国家电动汽车产业发展目标

国家	目标
德国	到 2020 年，有 100 万辆电动汽车上路。到 2030 年，将禁止出售传统的内燃机汽车，从当年开始注册的新车必须是零排放的车型。2050 年，全国二氧化碳排放削减 80%~95%
挪威	从 2025 年开始全面禁售化石燃料汽车，到 2030 年成为碳中和社会
荷兰	到 2030 年，让所有新车实现零排放
英国	到 2030 年，销售的汽车中至少有 50% 的轿车和 40% 的货车达到超低排放标准（每公里二氧化碳排放量不超过 50 克）。到 2040 年，禁止销售传统燃油版汽车
法国	到 2020 年，将电动车销量提高 5 倍，开始在首都巴黎禁用柴油发动机，2030 年前，逐步淘汰燃油汽车
意大利	到 2022 年，使 100 万辆电动汽车上路

日本是世界上最早发展电动汽车的国家。20 世纪 70 年代日本就开始研制电动汽车，在混动技术、燃料电池和电机电控等方面有着深厚的技术积累，其混合动力汽车具有油耗低、排量小和性能好等特征。在日本经济产业省 2020 年公布的《EV·HEV 发展趋势图》中，政府部门设定了各种车型的普及目标：到 2030 年，纯电动汽车、插电式混合动力汽车的销售量占新车销售量的 20%~30%，约占总保有量的 16%。

1.1.2 国外车用动力电池产业发展概况

当前，欧美的德国和美国、亚洲的日本和韩国是国际上动力电池产业比较发达的国家。德美两国主要侧重于电池材料、电池设计以及系统集成等方面的创新研发，而在电池制造方面则较为薄弱。目前，不少欧美大型车企开始直接进行先进电池材料的研发和评测，以占据技术高地继续在新能源汽车方面引领行业发展，如宝马、奔驰、大众和通用等国际知名企业。日韩两国在动力电池产业布局上则比较全面，研发和制造实力同样雄厚。在 2020 年全球动力电池产品出货量方面，中国企业宁德时代和韩国企业 LG 以 52.8GW·h 的出货量并列第一，接下来是日本企业松下，出货量为 35.1GW·h。韩国三星 SKI 和 SDI 分别排名第四和第五，第六至第九名都被中国企业占据，它们分别是比亚迪、远景动力、中航锂电和国轩高科。

在产业协同方面，松下和特斯拉（Tesla）的合作更加紧密，二者共同投资兴建的超大型动力电池工厂 Gigafactory 已经完成了三分之一的建设，初具雏形。首批匹配 Model 3 车型、产品能量密度高达 300W·h/kg 的 21700 电芯已经下线。这种整车企业和电池企业联合研发、共同进行超大规模生产的合作模式进一步降低了动力电池的成本，据测算，特斯拉动力电池系统的成本已经可以达到 1.5 元/瓦时以内。同样利用良好合作模式降低成本的还有通用和 LG。2016 上市、搭载 LG 电池的雪佛兰电动微型汽车（BoltEV）以 3.5 万美元的售价和 320km 的续航里程与特斯拉 Model 3 形成了正面竞争。BoltEV 的动力电池系统具有 60kW·h 的总能量，能量密度达 138W·h/kg，成本则在 1.7 元/瓦时左右。在国际合作领域，与 LG 电池合作的整车企业数量最多，除了通用之外，现代起亚、沃尔沃、日产雷诺、福特、大众以及新兴车企 Faraday Future 和 Lucid Motors 也都是 LG 电池的合作伙伴。国外电池企业的国际化战略发展模式值得我国动力电池企业学习和借鉴。

面对全球汽车工业向新能源汽车加速转型的发展形势，世界范围内对发展高能量密度动力电池的要求也愈加迫切。美国交通部制订了下一代电池的研发计划，2020 年之后瞄准"三个五"目标，即能量密度较传统锂离子动力电池增加五倍，即 500W·h/kg，成本降低为五分之一，同时循环寿命提升五倍。阿岗国家实验室牵头 5 个国家实验室、10 所大学以及 5 家企业成立研究团队向实现"三个五"目标发起攻关。日本新能源产业技术综合开发机构（NEDO）正在管理推进下一代新型动力电池产业化基础研发项目，2018 年的单体电池能量密度达到 300W·h/kg；2020 年目标以 5A·h 的单体电池作为研究载体，质量比能量达到 500W·h/kg 以上，体积比能量达到 1000W·h/L，环境适应性达到 -30~60℃，同时在经济成本上要求不大量使用贵金属等高成本物质。

对于新一代高能量密度动力电池的实现形式，绝大多数国家及企业瞄准了固态电池。固态电池在实现电池内部物理串联提高单体电压、提升电池能量密度、提高电池安全性等方面有突出优势。2017 年固态电池研发迅速升温，在电池工业基础薄弱的欧洲，大型车企也开始发力固态电池的研发，以求夺得未来发展新能源汽车的技术话语权。大众汽车在本公司大规模电动车发展计划"RoadmapE"里计划投资 500 亿欧元用于在中国、欧洲以及北美开展动力电池长期战略合作项目，以应对到 2025 年大众电动汽车对动力电池每年超过 1500 亿瓦时的需求量。2025 年之后则是促进实现固态电池装车应用达到 1000km 的续航里程。同样来自德国的宝马汽车也在积极进行固态电池的布局，其与美国的电池技术公司 SolidPower 建立合作伙伴关系，共同开发电动汽车专用固态电池技术，通过宝马积累的电池开发经验推进其商业化进程。

在日本，固态电池同样是汽车公司以及电池企业布局的热点。在丰田汽车开始进军纯电动市场的驱动下，其更加重视下一代电池的布局，将与松下联合进行方形固态电池的研发；事实上，丰田对固态电池的研发历史已久，已拥有一定数量的专利，此次与松下合作将进一步加速固态电池的商业化应用，有望在2025—2030年实现。此外，本田汽车也计划研发能量密度更高的新一代全固态电池。

韩国方面，LGChem和三星SDI均在进行高镍NCM、NCA以及固态电池的研发，其中固态电池的量产时间在2025年左右。当前阶段，LG的软包NCM622电芯搭载在现代汽车的KonaEV上，单体能量密度在250W·h/kg左右，车型搭载电量64kW·h，支撑新的全球轻型汽车测试程序（world light vehicle test procedure，WLTP）规程下的纯电续航里程470km。三星正在推进NCM811电芯的量产，预计2021年左右量产的第4代电池单体能量密度为280W·h/kg，应用于宝马i系列的升级车型上。

由此可见，国际上的各大汽车产业强国在研发应用新一代高能量密度动力电池方面都不甘落后，动力电池产业被寄予了能够助力各国继续引领汽车工业发展的期望，未来或会形成多点开花的局面。如今，高能量密度动力电池以及关键材料的研发犹如军备竞赛正在各动力电池产业强国争相开展，谁先占据技术高地，实现关键技术突破，掌握核心知识产权，谁就能够在未来引领动力电池产业乃至新能源汽车产业的发展[1]。

1.2　国内新能源汽车产业发展概况

2009年3月，国内第一个电动汽车产业联盟——北京电动汽车产业联盟成立；同年6月，重庆市电动汽车产业联盟由长安汽车、中国汽车工程研究院有限公司等单位共同发起，近30家企业加入。此外，2009年7月，由中国汽车工业协会发起组建的电动车T10联盟是国内产业界第一个由前十大企业组成的联盟，其重要的产业地位与行业影响引发了业界的关注；2009年8月，国家工信部网站发布了第一批《节能与电动汽车示范推广应用工程推荐车型目录》，根据财政部发布的新能源汽车补贴办法，只有被纳入此目录的新能源汽车才能够享受国家补贴。2010年8月18日，由国资委牵头，包括一汽、东风、长安、国家电网、南方电网、中石化、中海油和中石油等16家央企在内，成立了"央企电动车产业联盟"，合作内容从整车制造到电池生产以及充电站基础配套设施建设，覆盖了电动汽车产业链的各个关键环节。

1.2.1　国内混合动力汽车发展概况

目前，我国电动汽车的体量对实现"双碳"目标的作用仍然较小，2021年上半年混合动力汽车的市场渗透率超过10%，但仍远不及传统燃油车的市场份额。而要提升传统内燃机技术，以此实现节能减排，最重要、最有效的措施就是发展混合动力技术。《节能与新能源汽车技术路线图2.0》提出规划，到2025年，实现混合动力汽车占传统能源乘用车的50%以上；到2035年，实现WLTC工况下传统能源乘用车新车每百公里平均油耗4.0升，并100%实现混合动力化。

国内进行混合动力电动汽车研发工作的除了一汽、上海大众、东风汽车、长安汽车、奇瑞汽车、比亚迪汽车、五洲龙客车、上海通用等汽车企业外，还有清华大学、同济大学、吉林大学、华南理工大学等高等院校。

国内混合动力汽车市场销量的贡献者主要是一汽丰田、广汽丰田、广汽本田、东风本田等日系合资品牌车型。近年来，中国自主品牌企业纷纷加大对混动技术的研发力度，力争打破国外垄断局面，推出自己的混动产品。

作为传统燃油车领域自主品牌的领头羊，长城汽车于2020年底发布了新一代混动系统——柠檬DHT混动系统。吉利汽车目前的主要技术方案为采用P2.5构型的ePro混动系统，该系统的应用已经实现对轿车、SUV等各个细分市场的全覆盖。2021年，国内自主品牌车企纷纷加入混动浪潮，推出新的混动产品：比亚迪发布DM-i超级混动系统，其核心是骁云1.5L高效发动机、E-CVT变速箱以及高容量电池三部分；长安汽车发布的蓝鲸iDD混动系统，可以平台化应用于A级—C级所有车型；奇瑞发布世界首创的全功能混动构型鲲鹏DHT，拥有中国品牌首个双电机驱动，9种工作模式，11个组合挡位，并可通过TSD双轴驱动带来超平顺的驾驶体验。

"十四五"规划提出，科技部将加强新能源汽车科技方面的顶层设计和多学科融合，加大关键核心零部件的支持力度，力争实现产业链关键环节的自主可控，在智能化、新能源汽车领域加快实现自立自强，其关键核心零部件包括混合动力汽车第三代功率半导体器件。

1.2.2 国内纯电动汽车发展概况

"十五"和"十一五"期间，我国先后启动了"863"计划、"电动汽车重大科技专项""节能与电动汽车重大项目"等，形成了以纯电动、油电混合动力、燃料电池3条技术路线为"三纵"，以多能源动力总成控制系统、驱动电机及其控制系统、电力蓄电池及其管理系统3种共性技术为"三横"的电动汽车研发格局。国内汽车企业纷纷增加对电动汽车及相关零部件的研发投入。2008年，比亚迪一款型号为F3DM的电动汽车获准批量生产和销售，标志着我国电动汽车产业正式进入产业化阶段。2012年，我国累计发布60多项电动汽车相关标准，涉及电动汽车及动力电池安全、能耗测量、充电接口及通信协议等多个领域，为实现电动汽车规模产业化提供了重要的科技支撑。

虽然在传统汽车的开发上，我国与世界先进水平相比仍有较大差距，但在纯电动汽车技术的开发上，我国与世界各国的技术水平差距并不大，几乎站在同一起跑线上，甚至在某些领域，如锌-空气电池和锂电池研究方面，我国已经达到世界领先水平。

我国作为全球最大的汽车市场,成为了电动汽车发展的主力市场。根据国家颁布的《汽车产业中长期发展规划》,我国计划到2030年将新能源汽车的产销规模提高到1520万辆以上(新能源汽车重点围绕电动汽车相关技术进行研发任务部署)。为响应国家规划并快速占领市场,比亚迪、北汽、上汽、奇瑞、吉利等国内各大汽车企业纷纷开展了电动汽车的技术研发。其中比亚迪与北汽集团均计划进入全球电动汽车市场前三名;上汽集团在"十三五"期间投入200亿元的新能源汽车专项资金;奇瑞公司在2020年实现旗下所有车型的电动化。除了通过自主技术研发电动汽车业务,江淮汽车、长城汽车等还通过与大众、宝马等国外企业进行合作,并设立研究中心,以共同推进电动汽车的发展。此外,国内亦涌现出一股互联网造车的电动汽车新势力,即利用互联网、物联网技术为汽车提供智能和便捷的电子系统,通过信息通讯技术将电动汽车作为物联网中的重要一环。目前新造汽车企业已突破60家,中国的三大互联网企业(百度、阿里巴巴、腾讯)、大型的投资机构、产业基金也纷纷涌入这一新兴领域。

国内扎实的电动汽车产业链基础为汽车自主品牌的发展提供了稳定且富有全球竞争力的供应链体系,这也成为国产智能电动车"多点开花"的基础。数据显示,2021年11月,蔚来汽车、小鹏汽车、理想汽车、哪吒汽车、零跑汽车、威马汽车六家造车新势力共交付约6.06万辆新车,约占国内电动汽车乘用车市场的16.04%。

1.2.3 国内动力电池产业发展概况

在动力电池配套企业方面,2017年国产新能源汽车共有98家动力电池单体配套企业(按集团口径统计,其中国外企业6家,国内企业92家)以及2家燃料电池企业,相比2016年的企业数量减少了三分之一,前一阶段《汽车动力蓄电池行业规范条件》的实施以及日趋成熟的市场竞争使一些技术落后的企业或被兼并重组或选择退出汽车动力电池的生产与销售[2]。2017年动力电池单体配套企业数量见图1-1,2017年不同材料体系锂离子动力电池生产企业数量见图1-2。

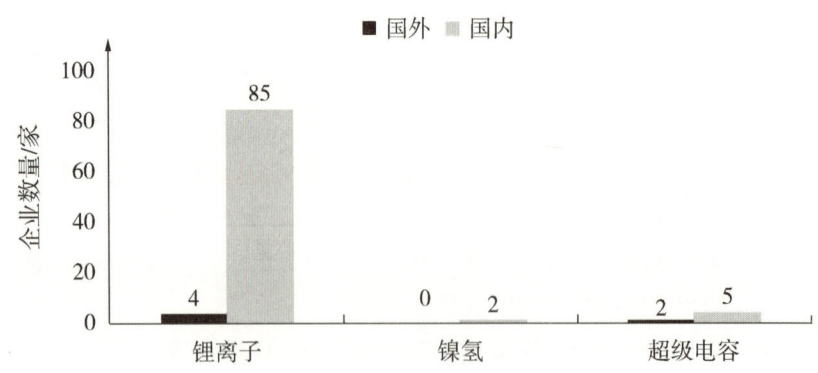

图1-1 2017年动力电池单体配套企业数量

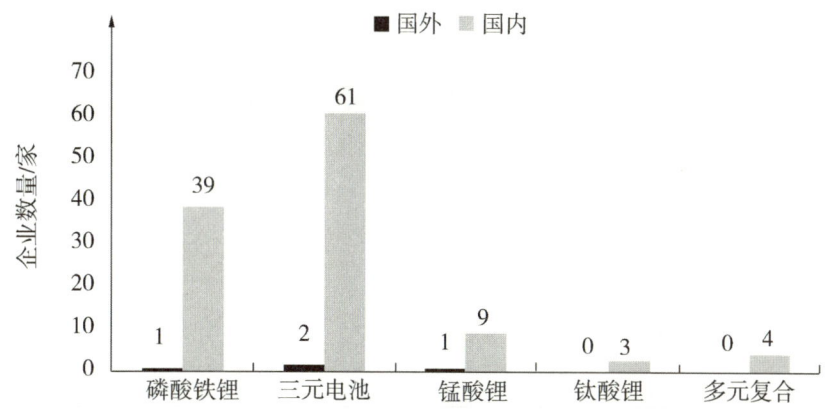

图1-2　2017年不同材料体系锂离子动力电池生产企业数量

2017年国内磷酸铁锂体系锂离子动力电池生产企业数量为39家，相较于2016年的79家下降了一半，随着动力电池发展路线对能量密度的需求不断提高，磷酸铁锂生产企业的生存空间受到压缩。其他材料体系的生产企业数量同比没有明显变化。

在2017年的动力电池配套量中，磷酸铁锂电池的主导地位受到三元电池的强势冲击，磷酸铁锂电池全年配套量187.5亿瓦时，占比50%，相较2016年下降了22个百分点。三元材料电池全年配套量162.2亿瓦时，占比43%，相较2016年提高了20个百分点。锰酸锂电池配套量15.6亿瓦时，占比4%；钛酸锂电池配套量5.7亿瓦时，占比2%；多元复合电池配套量2.3亿瓦时，占比1%；镍氢电池和超级电容器的配套量则相对少很多。2017年不同类型电池配套量占比见图1-3，2017年不同类型电池在不同车型领域的配套量占比见图1-4。

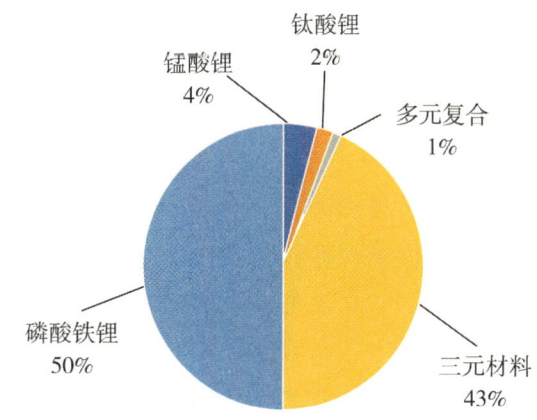

图1-3　2017年不同类型电池配套量占比

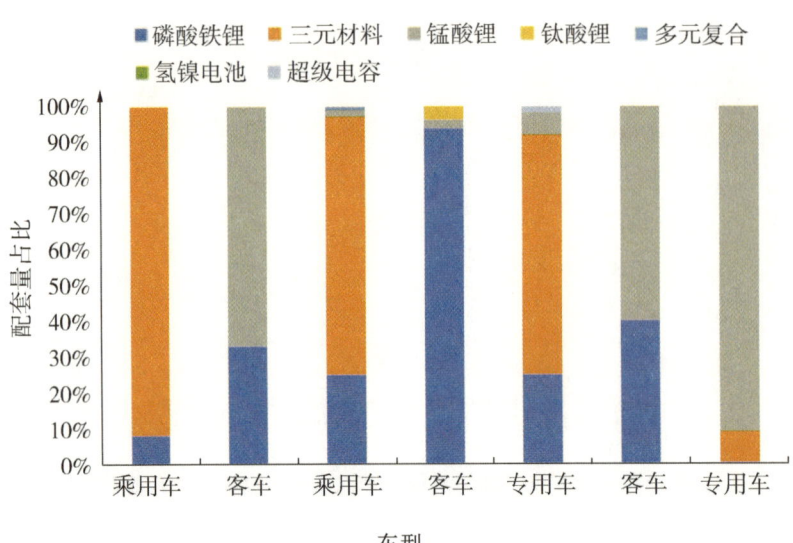

图1-4 2017年不同类型电池在不同车型领域的配套量占比

在纯电动客车领域,磷酸铁锂电池仍然是主要配套电池,整体占比在90%以上,其他份额则主要被钛酸锂电池和锰酸锂电池占据;而插电式混动客车方面则是锰酸锂和磷酸铁锂共同的市场。在车型产量最高的乘用车领域,无论是插电式混动乘用车还是纯电动乘用车,三元材料电池占据了绝对的统治地位,基于市场对车辆续航里程的需求,具备高能量密度优势和发展潜力的三元材料电池将逐渐完成对磷酸铁锂电池的替代。此外,在纯电动专用车领域,三元材料电池同样是主要配套电池,尤其是纯电动物流车对高续航里程的需求拉动了三元材料电池在专用车上的配套应用。

1.3 政策视角下的国内动力电池产业分析

近年来,有许多学者针对动力电池产业进行了研究。其中,部分学者从专利角度出发,通过对锂离子动力电池领域的专利情况进行统计和分析,揭示了当今锂离子动力电池的研发现状,指出我国在该技术领域的专利申请特点和存在的问题并提出相应建议[3];有学者运用专利数据,从产业技术链视角描述了我国动力电池产业发展现状,剖析了我国动力电池产业面临的挑战,并提出提升我国动力电池产业竞争力的对策与建议[4];也有学者面向制约产业的关键技术,对动力电池产品的寿命预测方法和过充安全性进行了研究[5-6];还有学者立足于环保角度,采用碳循环评估的方法发现动力电池产业的规模化可以间接地减少碳足迹,并对动力电池产业相关企业提出积极参与市场并购、扩大市场规模的建议[7]。

通过阅读文献发现,以往的研究缺乏从产业政策视角对动力电池产业进行研究,而动力电池现在属于新兴产业，政府的政策支持对其发展起到至关重要的作用，因此研究政府政策有助于了解动力电池产业的发展现状，并且有助于企业依照政策创新产业管理模式，促进产业升级发展，提升动力电池产业的竞争力。此外，我国新能源汽车产业发展已由导入期进入成长期，产业竞争力提升成为发展新阶段的主要任务[8]。为适应这种趋势，动力电池产业亟须提高技术水平和创新能力，从而培育和形成国际竞争力。同时，新能源汽车的大规模生产和应用，也将给动力电池产业提出大规模、智能化、低成本制造和废旧电池回收利用等新命题。动力电池产业作为新能源汽车产业链中至关重要的一环，需要政策引导其朝规范化、良性化发展，为新能源汽车的可持续发展提供强有力的支撑。因此，对动力电池产业政策的分析研究，可以帮助把握新能源汽车产业发展的命脉。

1.3.1 国内动力电池政策体系概况

根据我国国务院网站上公开发布的信息，通过检索动力电池和新能源汽车相关关键词，再根据检索到的内容进行筛选，并结合相关文献资料中所整理的政策，可以得到截止到 2018 年 7 月我国发布的动力电池产业相关政策文件。这些政策文件可以大致分为四类：第一类是宏观政策类，这是国家从经济、社会、环境、能源等角度对新能源汽车产业及动力电池产业发展提出的宏观层面的战略规划和指导意见，是为新能源汽车和动力电池产业确立的行动纲领和指南；第二类是行业管理类，即国家为实现动力电池产业和相关企业的规范化管理出台的相应的管理措施和规范；第三类是标准类，即国家为实现动力电池产品统一化、标准化而颁布的针对动力电池产品技术、尺寸等的国家标准；第四类是支持类，即我国在科技研发、智能制造、动力电池回收利用等环节对动力电池产业发展进行支持的措施。通过对我国动力电池的政策体系进行分析，可以大致将动力电池政策文件的颁布过程分为两个阶段，分别为 2015 年以前的产业引导阶段和 2015 年至 2018 年 7 月的产业重点支持阶段。

1.3.1.1 产业引导阶段概况

2015 年以前我国动力电池产业相关政策文件如表 1-2 所示，这一时期的产业政策有两个特点：其一是缺乏专门针对动力电池产业的政策文件。从表 1-2 可以看出，在这一阶段，仅有一些专门针对动力电池产业的标准类文件，而在宏观政策类、行业管理类和支持类里并无专门针对动力电池产业颁布的政策文件，只有在新能源汽车产业相关政策文件里面有提到对动力电池产业和产品提出战略和引导，动力电池产业的发展主要是依靠新能源汽车产业政策来引导的。其二是缺乏国家标准，这一时期的动力电池标准类文件主要是 QC/T742—2006《电动汽车用铅酸蓄电池》、QC/T743—2006《电动汽车用锂离子蓄电池》等行业推荐标准，对动力电池产品的规范力度不强，少有的国家标准也并不针对电动汽车所用的动力电池。

表1-2 产业引导阶段我国发布的动力电池产业相关政策文件

类型	时间	名 称	发布机构
宏观政策	2012-07	《节能与新能源汽车产业发展规划(2012—2020年)》	国务院
	2013-01	《能源发展"十二五"规划》	国务院
	2013-08	《关于加快发展节能环保产业的意见》	国务院
	2014-07	《关于加快新能源汽车推广应用的指导意见》	国务院办公厅
行业管理	2006-02	《汽车产品回收利用技术政策》	国家发改委、科技部、国家环保总局
	2013-03	《危险废物收集贮存运输技术规范》	环境保护部
	2013-06	《危险废物污染防治技术政策》	环境保护部
标准	2001-03	GB/Z18333.1—2001《电动道路车辆用锂离子蓄电池》	国标委
	2006-03	QC/T742—2006《电动汽车用铅酸蓄电池》	国标委
	2006-03	QC/T743—2006《电动汽车用锂离子蓄电池》	国标委
	2006-03	QC/T744—2006《电动汽车用金属氢化物镍蓄电池》	国标委
标准	2010-11	QC/T840—2010《电动汽车用动力蓄电池产品规格尺寸》	国标委
	2011-12	QC/T897—2011《电动汽车用电池管理系统技术条件》	国标委
	2014-10	QC/T989—2014《电动汽车动力蓄电池系统电池箱通用要求》	国标委
支持	2012-09	《关于组织开展新能源汽车产业技术创新工程的通知》	财政部、工信部、科技部

1.3.1.2 产业重点支持阶段概况

伴随着新能源汽车产业的蓬勃发展，我国动力电池产业在2015年前后呈现爆发式增长，在此背景下，国家于2015年3月发布了《汽车动力蓄电池行业规范条件》。自此以后，各项专门的动力电池产业支持政策文件陆续颁布，动力电池产业进入了由政策重点支持的阶段。2015年至2018年7月我国颁布的动力电池产业政策文件如表1-3～表1-6所示，可以看到，在此阶段的产业政策体系有以下几个特点：

1. 产业政策文件的出台愈发密集

2015年，我国出台了《汽车动力蓄电池行业规范条件》，并将新修订的6项动力电池标准上升为国家标准。2016年，我国先后出台了《电动汽车动力蓄电池回收利用技术政策（2015年版）》《新能源汽车废旧动力蓄电池利用行业规范条件》和《废电池污染防治技术政策》等专门的政策，再加上《节能与新能源汽车技术路线图》等一些相关政策，2016年有至少11项动力电池产业政策出台。2017年，相比2016年的政策发布密度进一步增大：3月份《锂离子电池工厂设计规范（征求意见稿）》出台；4月份公布了符合《锂离子电池行业规范条件》的企业名单；6月份修订了电动汽车用锂离子动力蓄电池包部分标准；7月份出台了GB/T34014—2017《汽车动力电池编码规则》等4项新国标；9月份发布《重点新材料首批次应用示范指导目录（2017年版）》，对电池新材料进行支持；10月份出台《产业关键共性技术发展指南(2017年)》,引导电池关键共性技术发展。2017年,国家发布了至少21项相关政策文件,产业政策文件的密集出台体现了国家对动力电池产业的高度重视。

表1-3 产业重点支持阶段我国发布的动力电池产业相关宏观政策文件

时间	名称	发布机构
2015-05	《中国制造2025》	国务院
2015-09	《〈中国制造2025〉重点领域技术路线图》	国家制造强国建设战略咨询委员会
2016-10	《节能与新能源汽车技术路线图》	节能与新能源汽车技术路线图战略咨询委员会
2016-12	《"十三五"国家战略性新兴产业发展规划》	国务院
2016-12	《关于调整新能源汽车推广应用财政补贴政策的通知》	财政部、工信部、科技部、国家发改委
2017-01	《关于调整〈新能源汽车推广应用推荐车型目录〉申报工作的通知》	中机车辆技术服务中心
2017-03	《促进汽车动力电池产业发展行动方案》	工信部、国家发改委、科技部、财政部
2018-02	《关于调整完善新能源汽车推广应用财政补贴政策的通知》	财政部、工信部、科技部、国家发改委

表1-4 2015年至2018年7月我国发布的动力电池产业相关支持类政策文件

时间	名称	发布机构
2015-07	《关于实施增强制造业核心竞争力重大工程包的通知》	国家发改委
2016-02	《"十三五"国家重点研发计划新能源汽车重点专项》	科技部
2016-05	《工业和信息化部办公厅财政部办公厅关于开展2016年智能制造综合标准化与新模式应用工作的通知》	工信部办公厅、财政部办公厅
2016-08	《四部委关于印发制造业创新中心等5大工程实施指南的通知》	工信部、国家发改委、科技部、财政部
2016-12	《关于调整新能源汽车推广应用财政补贴政策的通知》	财政部、科技部、工信部、国家发改委
2017-01	《战略性新兴产业重点产品和服务指导目录(2016版)》	国家发改委
2017-04	《工业和信息化部办公厅关于开展2017年智能制造试点示范项目推荐的通知》	工信部
2017-09	《工业和信息化部办公厅银保监会办公厅关于开展2018年度重点新材料首批次应用保险补偿机制试点工作的通知》	工信部、财政部、保监会
2017-09	《重点新材料首批次应用示范指导目录(2017年版)》	工信部
2017-10	《2017年智能制造试点示范项目的公示》	工信部
2017-10	《科技部关于发布国家重点研发计划新能源汽车等重点专项2018年度项目申报指南的通知》	科技部
2017-10	《工业和信息化部关于印发〈产业关键共性技术发展指南(2017年)〉的通知》	工信部

（续表1-4）

时间	名称	发布机构
2017-11	《国家发展改革委关于印发〈增强制造业核心竞争力三年行动计划(2018—2020年)〉的通知》	国家发改委
2018-07	《关于做好新能源汽车动力蓄电池回收利用试点工作的通知》	工信部等五部委、质检总局、能源局

2. 政策规范力度不断加强

产业重点支持阶段出台了一系列针对动力电池产业的规范文件（见表1-5），力求整顿混乱已久的产业。仅以2015年和2016年为例：2015年3月发布的《汽车动力蓄电池行业规范条件》以建立企业目录的形式，从生产条件、技术能力、质量保证等7个方面对企业提出要求，强化对产业的引导和规范，防止盲目投资和低水平重复建设；2016年1月发布的《电动汽车动力蓄电池回收利用技术政策（2015年版）》明确了电池回收的主体责任，具体规定了动力电池的设计生产、回收利用等；2016年2月发布的《新能源汽车废旧动力蓄电池综合利用行业规范条件》和《新能源汽车废旧动力蓄电池综合利用行业规范公告管理暂行办法》规定了废旧电池的类型和综合利用企业应具备的条件，从企业规模、装备、工艺、环保等方面对企业提出了要求。

表1-5　2015年至2018年7月我国发布的动力电池产业相关行业管理类政策文件

时间	名称	发布机构
2015-03	《汽车动力蓄电池行业规范条件》	工信部
2016-01	《电动汽车动力蓄电池回收利用技术政策（2015年版）》	国家发改委等四部委、质检总局
2016-02	《新能源汽车废旧动力蓄电池利用行业规范条件》	工信部
2016-03	《新能源汽车废旧动力蓄电池综合利用行业规范公告管理暂行办法》	工信部
2016-11	《电动客车安全技术条件》	工信部
2016-12	《废电池污染防治技术政策》	环境保护部
2017-03	《关于征求国家标准〈锂离子电池工厂设计规范（征求意见稿）〉意见的函》	住建部、质检总局
2017-04	《符合〈锂离子电池行业规范条件〉企业名单》	工信部
2017-06	《外商投资产业指导目录（2017年修订）》	国家发改委、商务部
2017-09	《乘用车企业平均燃料消耗量与新能源汽车积分并行管理办法》	工信部、财政部、商务部、海关总署、质检总局
2017-11	《交通部公开征求〈电动营运货运车辆选型技术要求〉意见》	交通部
2017-12	《关于免征新能源汽车车辆购置税的公告》	财政部、税务总局、工信部、科技部
2018-07	《关于做好新能源汽车动力蓄电池回收利用试点工作的通知》	工信部等五部委、质检总局、能源局

从 2015 年至今，国家标准委还新制定了 10 余项动力电池相关标准（见表 1-6），涉及动力电池产品的性能、检测手段、外壳材料和规格尺寸等诸多方面；并且，相比于 2015 年以前以行业性标准为主的局面，新颁布的标准多上升为国家标准，产品规范力度大大加强，对动力电池产品的标准化有着重要的作用。

表 1-6 2015 年至 2018 年 7 月我国发布的动力电池产业标准类政策文件

时间	名称	发布机构
2015-02	GB/T 18333.2—2015《电动汽车用锌空气电池》	国标委
2015-05	GB/T 31467.1—2015《电动汽车用锂离子动力蓄电池包和系统 第1部分：高功率应用测试规程》	国标委
2015-05	GB/T 31467.2—2015《电动汽车用锂离子动力蓄电池包和系统 第2部分：高能量应用测试规程》	国标委
2015-05	GB/T 31467.3—2015《电动汽车用锂离子动力蓄电池包和系统 第3部分：安全性要求与测试方法》	国标委
2015-05	GB/T 31484—2015《电动汽车用动力蓄电池循环寿命要求及试验方法》	国标委
2015-05	GB/T 31485—2015《电动汽车用动力蓄电池安全要求及试验方法》	国标委
2015-05	GB/T 31486—2015《电动汽车用动力蓄电池电性能要求及试验方法》	国标委
2015-05	GB/T 33824—2017《新能源动力电池壳及盖用铝及铝合金板、带材》	国标委
2017-06	GB/T 31467.3—2015《电动汽车用锂离子动力蓄电池包和系统 第3部分：安全性要求与测试方法》第1号修改单	国标委
2017-07	GB/T 34014—2017《汽车动力电池编码规则》	质检总局、国标委
2017-07	GB/T 34015—2017《车用动力电池回收利用——余能检测》	质检总局、国标委
2017-07	GB/T 34013—2017《电动汽车用动力蓄电池产品规格尺寸》	质检总局、国标委
2017-07	GB/T 33598—2017《车用动力电池回收利用拆解规范》	质检总局、国标委
2018-01	《电动汽车用锂离子动力蓄电池安全要求（征求意见稿）》	工信部
2018-07	《车用动力电池回收利用材料回收要求（征求意见稿）》	全国汽车标准化技术委员会

3. 政策支持方向逐渐明确

为适应新能源汽车产业发展所需，提高动力电池产业竞争力、完善动力电池产业管理规范已经成为我国动力电池产业发展的两大重要任务，为此，国家政策支持逐渐明确了两大方向：一是提高动力电池产业集中度，如 2016 年 11 月发布的《汽车动力电池行业规范条件（2017 年）》征求意见稿中，提高了动力电池企业产能门槛，力求对优势企业集中支持，以提高产业竞争力；二是进一步通过发布相关政策，完善动力电池标准化体系和回收利用体系。

1.3.2 产业政策下形成的动力电池产业链分析

动力电池产业政策的颁布以引导产业发展为主要目的,在政策引导之下所形成的动力电池产业链全景如图1-5所示。可以看到,动力电池产业链上游包括锂(Li)、镍(Ni)、钴(Co)、锰(Mn)和石墨(C)等矿产原材料以及动力电池电芯材料的生产,产业链中游包括动力电池单体电芯和电池系统集成的生产,产业链下游主要是动力电池在新能源汽车上的应用以及动力电池回收利用行业。总的来说,动力电池产业政策对产业链的影响主要是从技术引导和体系建设两个层面同时进行的。通过对近年来政策思路的理清,可以解析出上、中、下游产业未来的发展趋势。

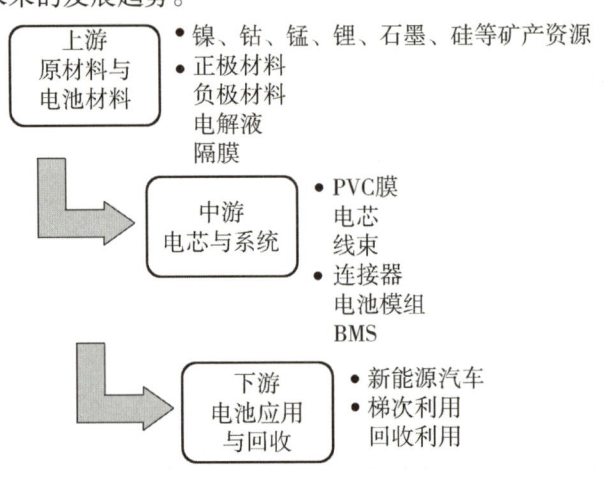

图1-5 动力电池产业链全景

1.3.2.1 上游产业分析

1. 上游产业现状

在上游矿产资源中,由于锂盐在新能源汽车中用量最大(见表1-7),锂矿已经成为最为重要的资源。目前,我国的锂盐产能集中在赣锋锂业、天齐锂业等几家公司,开发和生产主要分布在西部地区和华东地区。由于资源多分布在自然环境恶劣的西部地区,开采难度大,目前国内锂矿开发程度仍处在一个较低的水平,仍需要大量从国外进口矿石原料,2017年我国的锂矿原料对外依赖程度高达80%。

表1-7 我国新能源汽车消耗主要矿产资源情况

原材料	使用量/kg(以一辆特斯拉为准)	使用领域
Li_2CO_3	50~70	—
Co	5~12	三元电池正极材料
Ni	12~14	三元电池正极材料
C	≈40	三元电池负极材料

正极材料方面，主要有磷酸铁锂、三元材料和锰酸锂（$LiMn_2O_4$）3种。2017年，在磷酸铁锂领域，贝特瑞公司的市场占有率最高；在锰酸锂领域，以青岛乾运高科新材料股份有限公司为首；在三元材料领域，则是湖南长远锂科有限公司胜出。各家企业在不同的细分领域占据优势，市场竞争格局仍未完全确定，各家企业也在加紧投入研发和产能扩张，以求在激烈的竞争中胜出。目前，正极材料企业的利润空间受到上挤下压，毛利率比负极材料、隔膜、电解液低。

负极材料方面，我国企业由于资源和技术上的优势，在全球市场上占据优势地位。贝特瑞、上海杉杉科技有限公司（以下简称杉杉股份）和江西紫宸科技有限公司三家企业占据全球市场份额超过50%。虽然同样面对和正极材料行业一样的利润空间上挤下压，但由于成本结构的不透明和产品差异化，负极材料企业可以维持30%的毛利率，盈利能力较为稳定。

隔膜方面，由于技术壁垒较高，国内呈现两极分化的竞争格局。一方面，大量企业集中于以干法拉伸为主的低端市场，水平低、竞争无序，造成低端产能严重过剩；另一方面，高端湿法隔膜被少数国内企业和日韩企业垄断，进口依赖度高。近年来，国内湿法隔膜工艺已经大有改进，湿法隔膜产能不断提升，国产率逐渐上升，但短期内仍然高度依赖进口。

电解液方面，2017年，由于六氟磷酸锂（$LiPF_6$）原料产能释放，基于动力电池企业成本压力的转接以及产能过剩的原因，电解液出现产值下降、价格下滑的情况。目前，电解液的配方和定制（针对不同的用户需求用不同的配比和添加剂进行定制）是电解液产业的核心竞争力，将决定企业在未来盈利压力渐增的环境下的生存能力。

2. 政策引导下的上游产业发展趋势

目前，我国以支持类政策为主，从两个方面对上游产业进行引导：

一是支持关键动力电池材料。典型的支持政策有《增强制造业核心竞争力三年行动计划（2018—2020年）》和《重点新材料首批次应用示范指导目录（2017年版）》等。2017年11月发布的《增强制造业核心竞争力三年行动计划（2018—2020年）》中提出，要加快开发高镍三元正极材料、磷酸铁锂正极材料、高安全高比能电池等高性能电池材料及产品，实现新材料关键技术产业化，从加强支撑体系建设、优化完善激励政策、强化金融政策扶持和加大国际合作力度等方面进行支持。未来，正极材料产业中高镍三元材料有望逐渐成为主流，而行业的技术壁垒也将不断提高。负极材料产业中，人造石墨凭借优越的倍率和循环性能将成为主流，而碳硅负极也将大量应用来提高能量密度，适应政策规划要求。隔膜产业方面，湿法技术将成为主流，其与涂覆技术的结合也将成为趋势。电解液方面，添加剂配方将成为重中之重，新型溶质和新型锂盐的发展也将受到关注。

二是引导上游产业集中度的提高，支持龙头企业的形成。国家支持加速培养正极、负极、隔膜和电解液等领域一批具有核心专利技术、有充足竞争力的企业，促进政策产业链上下游协调发展，提出了电池材料产业到2020年达到世界先进水平的目标。未来，随着补贴的退坡，电池材料小型企业生存环境进一步恶化，龙头企业由于产能充足、议价能力强、技术壁垒高等优势，其有利地位将越发明显，上游电池材料产业大厂兼并小厂的行业整合趋势将越来越明显，而在电池材料领域布局较广的企业将更有优势，如在正极和负极材料领域占据优势地位的贝特瑞，以及在正负极材料、隔膜、电解液领域均有涉及的杉杉股份等。

1.3.2.2 中游产业分析

1. 中游产业现状

目前，电池单体产业各家企业均保持较强的产能扩张势头，特别是占据主要市场份额的方形电池的产能。产能的不断增加、各家企业新增产线的投产，使得市场供应过剩，行业的竞争越发激烈；而另一方面，高端产能的供应却难以和市场增长同步，短期内高端产能不足的现象依旧持续。

市场份额方面，目前国内的动力电池企业中，宁德时代新能源科技股份有限公司（以下简称宁德时代）、比亚迪股份有限公司（以下简称比亚迪）、合肥国轩高科动力能源有限公司（以下简称国轩高科）和孚能科技（赣州）有限公司（以下简称孚能科技）等几家龙头企业占据着领先地位。

市场细分方面，新能源客车仍以配套磷酸铁锂电池为主，而新能源乘用车则是以三元锂电池为主。

系统集成产业方面，目前主要有3种模式：一是主机厂自行生产或采购电芯并自建电池组装工厂完成系统集成工作，如比亚迪（自行生产电芯）和重庆长安汽车股份有限公司（自行采购电芯）；二是像宁德时代这样的电芯企业自行完成系统集成研发和生产，并以电池模组的形式提供给主机厂；三是如北京普莱德新能源电池科技有限公司和上海捷新动力电池系统有限公司等专门的系统集成产业，通过采购电芯完成集成并提供给主机厂。

2. 政策引导下的中游产业发展趋势

我国政策针对产业链中游的引导主要从两个角度入手：

其一是引导电池产品的标准化，主要包括安全要求和尺寸规格两个方面。2015年5月颁布的 GB/T31467.3—2015《电动汽车用锂离子动力蓄电池包和系统第3部分：安全性要求与测试方法》和 GB/T31485—2015《电动汽车用动力蓄电池安全要求及试验方法》规定了动力电池单体、电池包或系统的安全要求，并于2018年修改升级为强制性标准《电动汽车用锂离子蓄电池安全要求》，在当年1月公开征求意见。2017年7月发布的 GB/T34013—2017《电动汽车用动力蓄电池产品规格尺寸》中，规定了电动汽车用动力蓄电池的单体、模块和标准箱尺寸规格要求。在这些政策实施后，动力电池尺寸规格混乱的问题有望缓解，以往由于尺寸不同，动力电池难以匹配储能设施或家用储能装置，导致梯次利用难以进行的问题有望解决，梯次利用的门槛将大大降低。

其二是引导企业提升核心技术。要解决中游产业高端产能不足的问题，关键是要推动国产动力电池的核心竞争力的提升，即研发高性能、低成本、高安全性的动力电池产品。为此，我国颁布了相关宏观政策和支持措施，以规划动力电池产品的技术路线与性能指标目标、加快动力电池产品共性技术研发两种手段来进行。2017年2月《促进汽车动力电池产业发展行动方案》(以下简称《动力电池产业行动方案》)出台，作为整个动力电池产业的重要纲领性政策，为动力电池产品的发展方向(图1-6)、性能目标、重点任务及保障措施作出了具体的指示。《动力电池产业行动方案》提出，到2020年，新型锂离子动力电池单体比能量超过300W·h/kg，系统比能量力争达到260W·h/kg，成本降至1元/瓦时以下，使用环境达-30~55℃，可具备3C充电能力；到2025年，新体系动力电池技术取得突破性进展，单体比能量达500W·h/kg。《动力电池产业行动方案》还要求提升产品安全性，满足大规模使用需求；要求新型材料实现广泛应用，智能化生产制造和一致性控制水平得到显著提高，产品设计和系统集成满足功能安全要求，实现全生命周期的安全生产和使用。2017年4月，《汽车产业中长期发展规划》出台，进一步明确了动力电池产品能量密度目标(图1-7)。性能目标的实现也需要关键技术的研发作为支撑。2017年10月，工信部发布了《产业关键共性技术发展指南(2017年)》，提到了动力电池能量存储系统技术、电池管理系统技术、集成及制造技术、性能测试和评估技术等动力电池关键共性技术，要求各下属单位积极进行这些技术的研究开发和引导工作。未来，在国家政策的引导下，中游电芯与系统集成企业势必会重视核心技术的研发，产业的核心竞争力有望有力地迈出向国际一流水平追赶的步伐。

图1-6 我国动力电池产品发展方向

图1-7 我国动力电池产品能量密度目标

1.3.2.3 下游产业分析

1. 下游产业现状

动力电池主要应用于纯电动汽车和插电式混合动力汽车两种新能源汽车。从2009年以来，我国陆续出台一系列新能源汽车产业政策，已逐步形成较为完善的政策体系，从宏观统筹、推广应用、行业管理、财税优惠、技术创新、基础设施等方面全面推动了我国新能源产业的快速发展，并初步实现了引领全球的龙头作用[9]。目前，我国是全球最大的新能源汽车市场，而国内新能源汽车产业也已经涌现了比亚迪、北京新能源汽车股份有限公司、荣威汽车公司等众多强势自主品牌，占据着国内市场的领先地位。

在新能源汽车产业快速发展的同时，废旧动力电池的回收问题也逐渐凸显。当前，我国动力电池的回收利用产业尚未规模化，动力电池拆解、梯次利用和电芯破碎/分选等方面的技术还需要提升，所建立的回收利用体系也需要完善。2020年，我国的动力电池进入了大规模退役期（见图1-8），因此废旧动力电池回收产业的市场空间十分广阔。

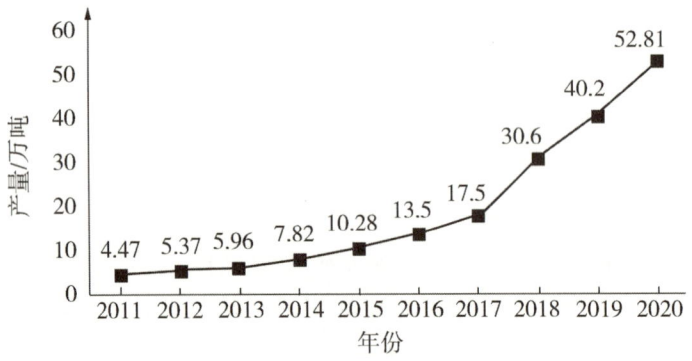

图1-8 我国废锂离子电池产量[10]

2. 政策引导下的下游产业发展趋势

针对下游新能源汽车产业，我国主要通过新能源汽车政策促进动力电池产品升级。2017年9月发布的《乘用车企业平均燃料消耗量与新能源汽车积分并行管理办法》针对国内乘用车车企的平均燃油消耗量（CAFC积分）和新能源乘用车生产情况（NEV积分）进行考核，未通过的车企要接受处罚。该政策更加强力地推动车企向新能源转型，扩大了动力电池市场需求。2018年2月，财政部、工信部、科技部、发改委发布了新一轮的新能源汽车补贴政策，除了补贴退坡，新政策还对补贴车型的能量密度提出了更高的要求，能量密度不低于105W·h/kg，高于160W·h/kg的车型则按1.2倍补贴。该政策一方面通过补贴退坡倒逼车企和动力电池企业降低成本，另一方面又通过提高补贴门槛鼓励车企采用高性能电池，促使动力电池企业进行产品技术升级，开发高性能的动力电池产品。

针对动力电池回收利用产业，我国的政策聚焦于建立健全回收利用体系。2016年1月发布的《电动汽车动力蓄电池回收利用技术政策（2015年版）》明确了车企、动力电池企业和梯级利用电池生产企业的主要责任，规定了电池的设计生产、回收主体、梯次利用及再生利用。2016年2月发布的《新能源汽车废旧动力蓄电池综合利用行业规范条件》对废旧电池的类型和综合利用企业的条件，以及企业规模、装备、工艺、能耗、环保等进行了明确的规定。2017年7月发布的《汽车动力蓄电池编码规则》使动力电池回收和梯次利用有章可循，为回收体系的建设提供了保障。2018年1月发布的《新能源汽车动力蓄电池回收利用管理暂行办法》建议实行生产者责任延伸制度，坚持产品全生命周期理念，发挥市场的作用，鼓励生产企业和回收企业合作，鼓励采用先进适用的技术，鼓励建立动力蓄电池回收服务网点上传制度，进一步推进体系的完善。

1.3.3 动力电池产业环境分析

在政策引导下，我国动力电池产业总体朝着规模化、规范化和技术先进化的方向发展，但是，当前动力电池产业还存在着诸多问题，产业环境仍十分复杂，产业的发展还存在着诸多的不确定性。波特于20世纪80年代提出了波特"五力模型"，认为行业中存在着决定竞争规模和程度的5种力量——同行业内现有竞争者的竞争能力、潜在竞争者进入的能力、替代品的替代能力、供应商的讨价还价能力、购买者的讨价还价能力[11]，这5种力量综合起来影响着产业的吸引力以及现有企业的竞争战略决策（图1-9）。利用该模型进行动力电池产业环境的分析，可以洞悉产业发展所遇到的挑战。

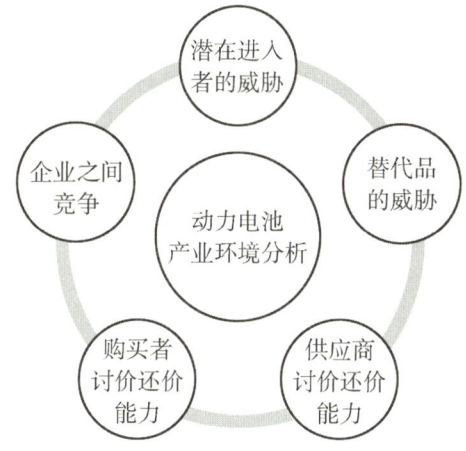

图1-9 动力电池产业环境分析的波特五力模型

1. 潜在进入者的威胁分析

动力电池行业的潜在进入者包括国内新成立的动力电池企业和向我国市场拓张的国外动力电池企业。目前，我国已发布的《新能源汽车生产企业及产品准入管理规定》等政策对企业规模、设计开发流程和技术管理体系作出了明确的要求。未来，政策也会朝着提高新进入企业的门槛的方向发布，新进入企业将会越来越少，再加上国内动力电池企业多已形成规模，产业政策也有意促进巨头企业的形成、加大集中度，国内的后来进入者将难以对现有企业形成威胁。国外企业方面，2017年我国通过的《外商投资产业指导目录（2017年修订）》取消了外商股比不能超出50%的限制，放宽了外商准入限制，这意味着国家将不再干预汽车动力电池制造领域的外商投资活动，国内动力电池企业将与国外电池企业进行充分的竞争，LG、松下、三星等国外优势企业将对国内动力电池产业形成挑战。

2. 替代品的威胁分析

目前，国内动力电池产品的替代品主要有两个，一个是传统燃油车上配备的燃油发动机，另一个是国外的动力电池产品。动力电池系统作为新能源汽车中成本占比最高的部件,直接决定了整车的市场定价,只有动力电池系统成本降至与传统燃油车发动机成本相当的水平,纯电动汽车才能于财政补贴退出后在终端售价方面具有真正的市场竞争力。目前,国内新能源汽车动力电池系统成本逐年下降,2017年行业平均成本降至1.4~1.5元/瓦时,提前实现国家《节能与新能源汽车产业发展规划(2012—2020年)》中2020年达到1.5元/瓦时以下的目标。但是电动汽车要在后补贴时代与传统燃油汽车形成等量竞争,动力电池成本至少需要降到0.6~0.7元/瓦时,按照《节能与新能源汽车技术路线图》的规划,达到这一水平要到2030年。因此,在今后的很长一段时间内,传统内燃机的替代威胁依旧很大。而国外的动力电池系统成本同样下降很快,在2020年理想状态下可能达到100欧元/千瓦时,其替代威胁也不可忽视。

3. 供应商讨价还价的能力分析

我国动力电池产业的源头供应商主要来自上游的矿物产业,特别是锂矿产业。目前,锂矿产业有着巨头集聚、产能供不应求的特点。一方面,我国动力电池锂矿需求20%由国内生产,80%靠进口。2017年,国内最大的两家锂业公司——天齐锂业股份有限公司和江西赣锋锂业股份有限公司的碳酸锂产量共计5.8万吨,占六成以上的国内碳酸锂产量,将近一半国内的碳酸锂消费量,国内市场份额基本上由这两大巨头瓜分。另一方面,2013年之前,全球碳酸锂市场一直处于供大于求的状况,以至于巨头对碳酸锂市场的前景预期较为悲观,扩充产能的动力和规划也不足;在2014年之后,新能源市场爆发,碳酸锂需求暴增,锂矿市场开始呈现供不应求的局面。巨头集聚、产能供不应求决定了锂矿供应商讨价还价能力强,在产品议价方面占据着主动的地位。电池材料和电池单体产业近年来也深受锂矿原料涨价的压力,生存空间受到挤压。

4. 购买者讨价还价的能力分析

动力电池的购买者是新能源整车厂。近年来,我国各家动力电池企业疯狂扩张产能,导致了当前电池产能过剩的局面。当前,动力电池企业在与主机厂进行价格攀谈中处于弱势地位。近年来,新能源汽车补贴政策频繁更新,不仅对补贴车型的续航里程与能量密度要求越来越高,补贴金额也逐年下降。2017年,纯电动汽车补贴门槛为续航100 km和能量密度90W·h/kg,到2018年则提升为150 km和105W·h/kg。我国新能源汽车推广应用财政补贴政策的实施期限由原定的2020年延长至2022年底,但是补贴标准逐年递减。补贴的减少导致整车厂成本上升,而强势的整车厂纷纷将成本压力转嫁到动力电池企业,进一步挤压动力电池企业的生存空间。

5. 企业之间的竞争分析

近年来我国动力电池行业处于扩张期,各家企业之间竞争异常激烈。对比2016年全年和2018年上半年的动力电池厂商出货量,如表1-8和表1-9所示,可以看到在短短两年间,出货量前10名的企业换了4家,原有的企业市场份额也发生了很大变化:曾经的行业龙头比亚迪被宁德时代超越,市场份额已有一倍的差距。原来和比亚迪、宁德时代两大巨头分庭抗礼的行业第三的深圳市沃特玛电池有限公司(以下简称沃特玛)跌出前10名,孚能科技、惠州亿纬锂能股份有限公司发展迅速,从原来的10名开外上升至前

5名。动力电池企业之间的竞争主要是核心技术、技术路线和产业布局的竞争。2017年我国颁布的一系列宏观引导、行业管理、技术提升、产品标准等政策文件对电池成本、能量密度和安全性能提出了要求，2018年修改的新能源汽车补贴政策重点扶持高续航、高能量密度的动力电池，未来动力电池企业成本压力会越来越大，企业生存空间越来越小，如果不能制定正确的技术路线、跟上技术革新的步伐、完善自身产业布局，将面临被淘汰的风险。

表1-8 2016年我国动力电池厂商出货量前10名

动力电池产商	出货量占比
比亚迪股份有限公司	26.4%
宁德时代新能源科技有限公司	24.0%
深圳沃特玛电池有限公司	8.9%
合肥国轩高科动力能源有限公司	6.6%
万向A一二三系统有限公司	2.8%
力神科技股份有限公司	2.8%
深圳市比克电池有限公司	2.5%
哈尔滨光宇电源股份公司	1.8%
力神迈尔斯动力电池系统有限公司	1.8%
中航锂电科技有限公司	1.6%
其他	20.8%
合计	100%

表1-9 2018年上半年我国动力电池厂商出货量前10名

动力电池产商	出货量占比
宁德时代新能源科技有限公司	41.6%
比亚迪股份有限公司	21.4%
合肥国轩高科动力能源有限公司	5.9%
孚能科技（赣州）有限公司	4.6%
惠州亿纬锂能股份有限公司	3.5%
深圳市比克电池有限公司	2.6%
力神科技股份有限公司	2.4%
万向A一二三系统有限公司	1.7%
北京国能电池科技有限公司	1.6%
江苏智航新能源有限公司	1.2%
其他	13.5%
合计	100%

综合以上对当前动力电池产业环境的分析，未来产业政策的制定应该注重以下几点：加强产业化技术激励，推动跨领域协作；加快提升装备水平，深入推进回收利用等方面的发展；针对目前动力电池产业链存在的一些薄弱环节，比如上游材料与装备以及下游回收利用，强化这些薄弱环节和制约因素，促进产业链协同创新以满足对核心技术的掌控；以新能源汽车的实际应用为导向，对动力电池产品进行持续升级，推动整体产业的迭代升级与优化；推进电化学、新材料、汽车工程、机械电子等与动力电池制造研发密切相关学科的建设，加大人才培养的投入，引导高校、科研机构和企业进行动力电池高端技术的研发；对动力电池产业可以考虑实行一定的税收优惠政策，引导优势资源向产业聚集；健全监督检查机构的建设，以落实动力电池相关政策尤其是标准文件的实施。

本章小结

作为全球规模最大的动力电池生产国，中国动力电池产业在近几年的高速发展过程中正在蓄积驱动世界的新动能。在全球汽车工业战略转型的大背景下，中国动力电池产业的发展机遇前所未有，同时也面临更高质量的发展要求，需要具备突出和卓越的硬实力才能在激烈的国际竞争中发展和提升。与此同时，中国的动力电池产业的发展面临着高端产能不足、核心技术缺乏等多种问题,因此,亟须相关领域的专家学者的发展性指导来指引产业的升级与突破,使得动力电池产业成为我国引领全球经济现代化发展的一大优势产业。

参 考 文 献

[1] 中国汽车技术研究中心. 中国新能源汽车动力电池产业发展报告(2017)[M]. 北京:社会科学文献出版社,2017.

[2] 中国汽车技术研究中心. 中国新能源汽车动力电池产业发展报告(2018)[M]. 北京:社会科学文献出版社,2018.

[3] 兰凤崇,郭慧,黄维军,等. 锂离子动力电池专利信息分析[J]. 科技管理研究,2015,35(14):126-130,147.

[4] 吴菲菲,栾静静,黄鲁成,等. 产业技术链视角下我国动力电池产业问题分析与对策研究[J]. 科技进步与对策,2017,34(2):58-63.

[5] 李礼夫,张东羽. 基于形态与性能的动力电池循环寿命预测方法[J]. 华南理工大学学报(自然科学版),2018,46(4):1-7.

[6] 陈吉清,刘蒙蒙,兰凤崇. 三元动力电池及其成组后的过充安全性实验[J]. 吉林大学学报(工学版),2019,49(4):1072-1080.

[7] WANG C,CHEN B,YU Y J,et al. Carbon footprint analysis of lithium ion secondary battery industry:two case studies from China[J]. Journal of Cleaner Production,2017,163:241-251.

[8] 苏文珺. 我国新能源汽车产业的政策分析[J]. 建设机械技术与管理,2018,31(4):73-77.

[9] 马建,刘晓东,陈轶嵩,等. 中国新能源汽车产业与技术发展现状及对策[J]. 中国公路学报,2018,31(8):1-19.

[10] ZENG X L,LI J HU,NARENDRA S. Recycling of spent lithium-ion battery:a critical review[J]. Critical Reviews in Environment Science and Technology,2014,44(10):1129-1165.

[11] 刘益. 波特"五力模型"的缺陷及其改进[J]. 管理工程学报,1999(增刊1):13-16,68-69.

2 动力电池产业发展技术路线图

技术路线图中"路线图"一词传达了技术路线图的主要目的,即绘制出技术发展和使用的大体方向,给技术人员以及相关人员指明技术航线,技术路线图反映了对某一领域前景的看法,以及实现这个前景的方法。

技术路线图在产业层面上能有效地利用专家信息进行技术规划,它用简洁的形式概括了大量的内容,包括最终的图表文字,也包括研究的过程和背后丰富的材料。制定技术路线图最根本的目的是预测未来,将未来进步的速度与时间进行比较明确的对应,或者标明达到技术目标需要经过的路径,因此技术路线图最重要的用途就是为制定发展规划提供参考。技术路线图将随着时间的推移、技术的进步而不断地修正,是一个循环规划的过程,并且应用范围比较广泛,可以应用于各类主体、各种行业和各个层面,亦可以从不同角度来应用。

本章分析了国内动力电池产业的区域发展特征,以广东省为例,介绍了该地区动力电池产业技术路线图的制定过程,工作流程包括前期数据调查、理论分析、绘制路线图和撰写报告等。

2.1 技术路线图简介

2.1.1 技术路线图制定过程

产业技术路线图制定一般包括三个阶段的工作,即准备阶段、开发阶段和修正阶段[1-3]。准备阶段是产业技术路线图的启动阶段,开发阶段是技术路线图制定的核心部分,修订阶段是技术路线图的后续修订和制定实施计划阶段,也是技术路线图不断完善的过程。而在每一个阶段都有相应的核心工作内容,如图2-1所示。

2.1.1.1 准备阶段

准备阶段是整个产业技术路线图制定工作的基础,主要包括:
(1)明确领导层和参与者;
(2)组织高效优化的团队有效地运作技术路线图的流程;
(3)收集行业情报信息;

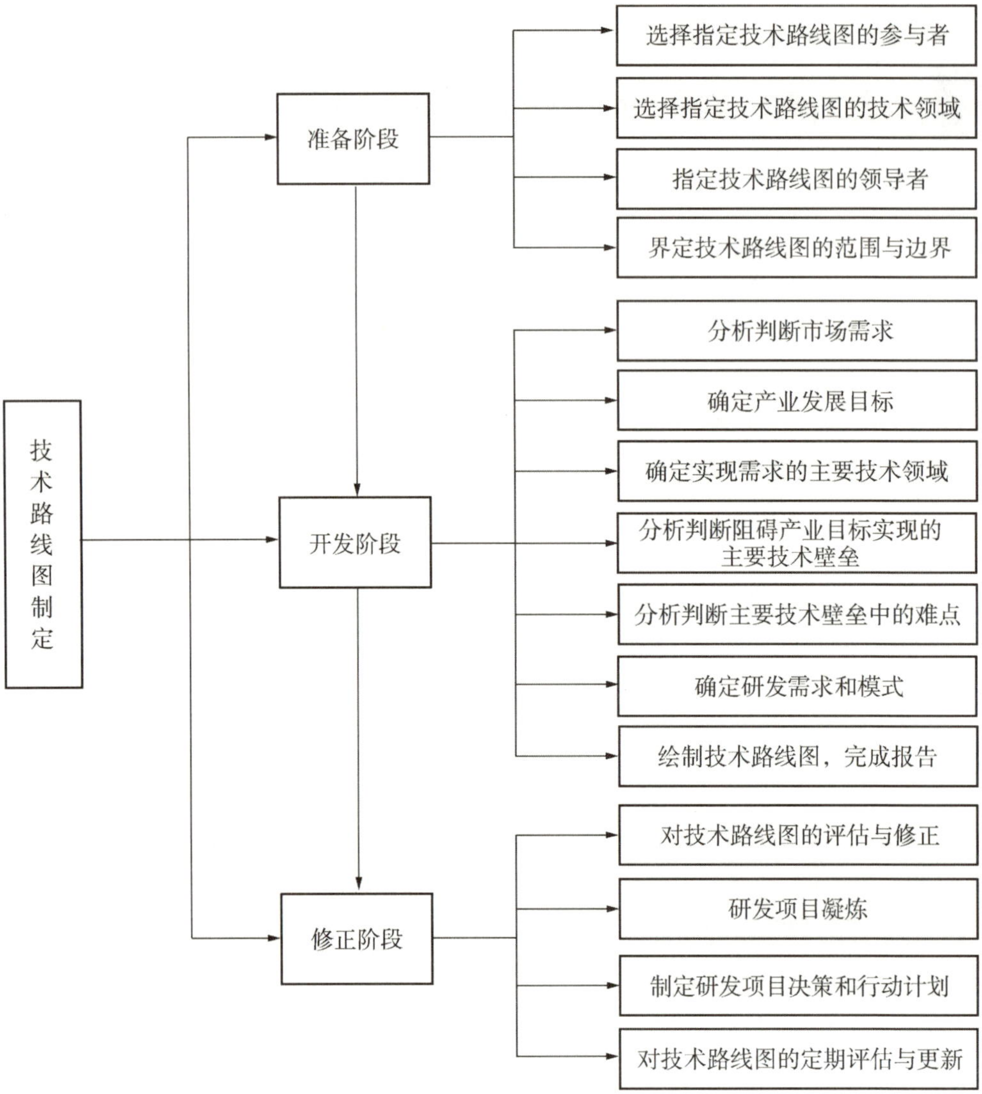

图 2-1 产业技术路线图制定的基本流程和相关内容

(4) 确定产业技术路线图的范围和边界；
(5) 设计实用的调研问卷；
(6) 筹备召开后续高质量的研讨会。

2.1.1.2 开发阶段

开发阶段是技术路线图的关键，主要包括：
(1) 市场需求研讨会：分析判断市场需求；
(2) 产业目标研讨会：确定产业发展目标；
(3) 技术壁垒研讨会：分析判断产业目标实现过程中的主要技术壁垒；
(4) 研发需求研讨会：确定研发需求，发展模式与研发项目的凝练；

(5)绘制技术路线图,完成报告。

2.1.1.3 修正阶段

(1)技术路线图的评估和修正;
(2)制定研发项目决策和行动计划;
(3)技术路线图的定期评估与更新。

2.1.2 技术路线图的制定方法

在技术路线图制定过程中可以参考的方法有德尔菲法、头脑风暴法、情景分析法、SWOT法(态势分析法)、雷达图分析法等[4],根据制定技术路线图产业的不同特点,可以有目的的选用相应的方法。下面就介绍几种在本次技术路线图中用到的方法。

2.1.2.1 德尔菲法

德尔菲法(Delphi method),又称专家规定程序调查法。该方法主要是由调查者拟定调查表,按照既定程序,以函件的方式分别向专家组成员进行征询,专家组成员以匿名的方式(函件)提交意见。经过几次反复征询和反馈,专家组成员的意见趋于统一,最后获得具有很高准确率的集体判断结果,此结果表现为德尔菲统计值 D 值,其计算方法为:

$$D = (100 \times N_1 + 75 \times N_2 + 50 \times N_3)/N_{all}$$

式中,N_1、N_2、N_3 分别为认为某项指标重要性为高、中、低的专家数量;N_{all} 为专家总数。工作流程与应用-问卷调研流程如图2-2、图2-3所示。

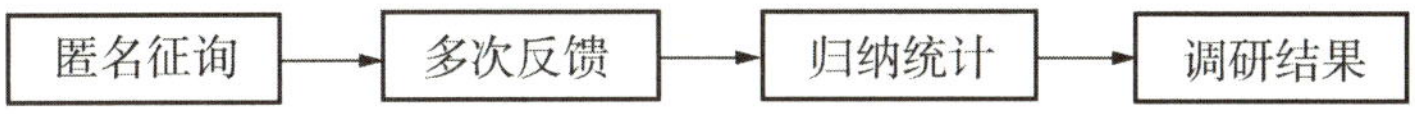

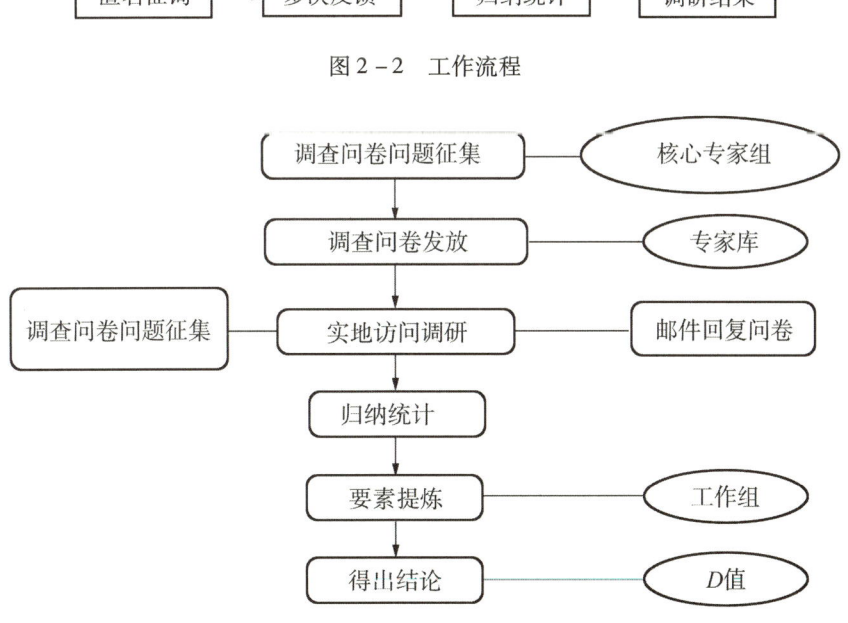

图2-2 工作流程

图2-3 应用-问卷调研流程图

2.1.2.2 头脑风暴法

使用一系列激励和引发新观点的特定的规则与技巧，与会专家就某个主题发表见解，与会人员不对任何发言做评价，会议工作人员对所有观点做记录，会后进行整理、分析、判断，得出某个问题的现场统计值 T 值，其计算方法为：

$$T = (100 \times N_1 + 75 \times N_2 + 50 \times N_3) / N_{all}$$

式中，N_1、N_2、N_3 分别为认为某项指标重要性为高、中、低的专家数量；N_{all} 为专家总数。头脑风暴法的基本原则是：

(1) 用最基本的词语来表述问题；
(2) 不要对任何观点横加挑剔；
(3) 对每种想法都予以认真考虑；
(4) 对参与者予以大力支持和热情鼓励。

其会议流程和工作内容分别见图2-4和图2-5。

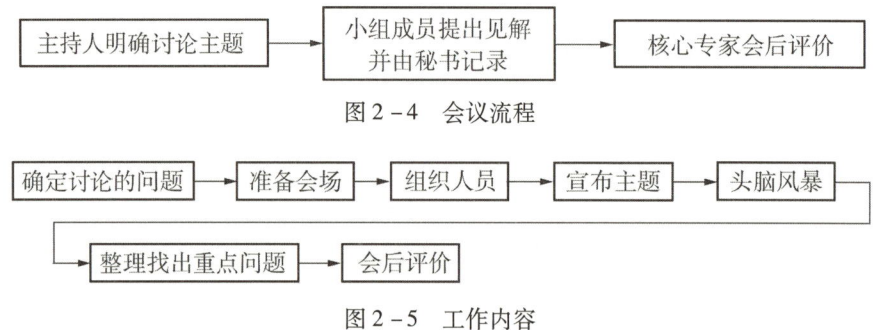

图2-4 会议流程

图2-5 工作内容

2.1.2.3 SWOT 分析法

SWOT 分析法又称态势分析法，是将与研究对象密切相关的各种主要内部优势 (strength)、劣势 (weakness)、机会 (opportunity) 和挑战 (threat) 等，通过调研列举出来，并依据矩阵形式排列。SWOT 分析可以分为两部分，第一部分为 SW，主要用来分析内部条件，第二部分为 OT，主要用来分析外部条件。利用这种方法可以从中得到产业的发展方向，同时发现存在的问题，找出解决的方法，并明确以后发展的方向。

2.2 国内动力电池产业区域发展特征分析

2.2.1 国内动力电池产业区域布局概况

2019年我国汽车行业承受了较大压力，全年产销同比降幅较大，主要原因是行业转型升级、环保标准切换以及新能源补贴退坡。中国汽车工业协会的数据显示，2019年国内新能源汽车产销分别完成124.2万辆和120.6万辆,同比分别下降2.3%和4.0%。2020年国内新能源汽车产销量累计分别完成136.6万辆和136.7万辆,累计分别增长7.5%和10.9%,增速较上年实现了由负转正。2020年国内纯电动汽车产销分别完成110.5万辆和111.5万辆,占比分别为80.89%和81.57%;插电式混合动力汽车产销分别完成26万辆和25.1万辆,占比分别为19.03%和18.36%;燃料电池汽车产销均完成0.1万辆,产销占比均不足0.1%。受益于新能源汽车产业的发展,全球动力电池行业发展迅猛。数据显示,2018年全球动力电池装机量达到92.5GW·h,同比增长45.8%。2016—2018年,中国动力电池市场规模呈增长趋势,如图2-6所示,2018年市场规模达到820亿元。2019年中国动力电池市场规模有所下降,为710亿元[5]。

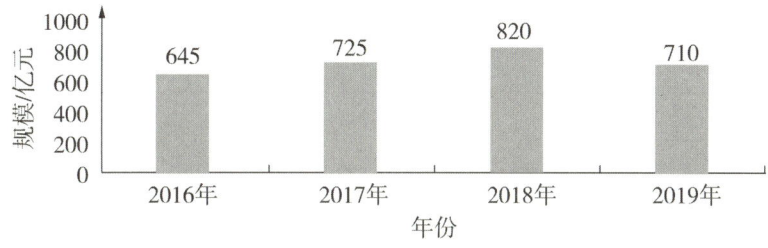

图2-6 2016—2019年中国动力电池市场规模

在国家科技项目的重点支持下,中国动力锂电池关键技术、关键材料和产品研究已经取得重大进展。2019年国内市场共有79家动力电池企业有产品装车[6]。梳理2019年有装机量数据的企业发现,目前国内有接近20个省市区有动力电池企业或项目(见表2-1~表2-5)。

表2-1 江苏省2019年动力电池企业统计

序号	企业名称	所在地区域	序号	企业名称	所在地区域	序号	企业名称	所在地区域
1	宁德时代	溧阳	11	中航锂电	常州	21	江苏春兰	泰州
2	时代上汽	溧阳	12	韩国SKI	常州	22	双登富朗特	泰州
3	韩国LG化学	南京	13	鹏辉能源	常州	23	智航新能源	泰州
4	欣旺达	南京	14	蜂巢能源	常州	24	中化国际	扬州
5	塔菲尔	南京	15	孚能科技	镇江	25	金阳光新能源	扬州
6	天臣新能源	南京	16	力信能源	镇江	26	海四达电源	启东
7	力神电池	苏州	17	远东电池江苏	无锡	27	珈伟龙能	如皋
8	星恒电源	苏州	18	联动天翼	无锡	28	捷威动力	盐城
9	天鹏电源	苏州	19	远景AESC	无锡	29	苏州宇量	常熟
10	苏州安靠电源	苏州	20	海基新能源	无锡			

表2-2 广东省2019年动力电池企业统计

序号	企业名称	所在地区域	序号	企业名称	所在地区域	序号	企业名称	所在地区域
1	比亚迪	深圳	6	塔菲尔	深圳	11	振华新能源	东莞
2	银隆新能源	深圳	7	天臣新能源	深圳	12	迈科新能源	东莞
3	比克电池	深圳	8	沃特玛	深圳	13	鹏辉能源	广州
4	欣旺达电子	深圳	9	亿纬锂能	惠州			
5	天劲新能源	深圳	10	惠州亿鹏能源	惠州			

表2-3 浙江省2019年动力电池企业统计

序号	企业名称	所在地	序号	企业名称	所在地	序号	企业名称	所在地
1	万向一二三	杭州	5	超威创元	湖州	9	捷威动力	嘉兴
2	南都电源	杭州	6	遨优动力	湖州	10	衡远新能源	嘉兴
3	谷神能源	杭州	7	天能能源	湖州	11	东磁股份	东阳
4	微宏动力	湖州	8	瑞浦能源	温州			

表2-4 河南省2019年动力电池企业统计

序号	企业名称	所在地	序号	企业名称	所在地	序号	企业名称	所在地
1	中航锂电	洛阳	4	锂动电源	新乡	7	多氟多	焦作
2	比克电池	郑州	5	新太行电源	新乡	8	力旋科技	许昌
3	国能电池	郑州	6	国能锂电	新乡	9	鹏辉能源	驻马店

表2-5 国内其他省份2019年动力电池企业统计

区域	企业名称	所在地	区域	企业名称	所在地	区域	企业名称	所在地
安徽省	国轩高科	合肥	福建省	宁德时代	宁德	福建省	比亚迪	长沙
	天弋能源	芜湖		中航锂电	厦门		桑顿新能源	湘潭
	益佳通	宣城		瑞闽新能源	福州		三迅新能源	娄底
	利维能	滁州		巨电新能源	南平	陕西省	比亚迪	西安
	星恒电源	滁州	湖北省	力神电池	十堰		众迪锂电	西安
山东省	国轩高科	青岛		东风时代	武汉		天臣新能源	渭南
	力神电池	青岛		湖北衡远	武汉	上海市	卡耐新能源	上海
	山东衡远	邹城		亿纬锂能	荆门		德朗能	上海
天津市	力神电池	天津		亿鹏能源	荆门		奥威科技	上海
	捷威动力	天津	江西省	孚能科技	赣州	辽宁省	Panasonic	大连
	荣盛明固利	天津		安驰新能源	上饶		新源动力	大连
	三星电池	天津		星盈科技	上饶		星盈科技	大连
	中聚新能源	天津		远东电池	宜春			
青海省	宁德时代	西宁	四川省	宁德时代	宜宾	黑龙江省	光宇电源	哈尔滨
	比亚迪	西宁		绿鑫电池	遂宁			

从统计数据可以看出，国内动力电池产业整体上呈现以长江三角洲、珠江三角洲和京津冀为辐射带，以新能源汽车企业为中心，周围形成稳定的供给零部件企业的布局形式。其中以江苏、浙江等长三角地区为例，江苏省最为突出，有30家左右动力电池企业在此落户。国内动力电池的主力企业都在江苏省扎根，宁德时代、力神电池、中航锂电、孚能科技、时代上汽、欣旺达等在江苏均有动力电池生产基地。此外，韩国LG化学、SKI等也把主要工厂选在了江苏。动力电池领域"新玩家"，如蜂巢能源、远景AESC、中化国际，也把生产基地选在了江苏省。在新能源汽车企业较为聚集的长三角地区，整车厂希望关键零部件能就近配套。对于动力电池企业来说，在江苏南京、常州、扬州、无锡等地建厂，不仅在主机厂希望的500km物理半径范围内，就近配套可以节省运输成本，同时还可以更好贴近整车企业，加强沟通协作。

作为改革开放的桥头堡和先行区,改革开放后的广东依靠毗邻香港的优势,经济迎来了腾飞,已连续30年区域生产总值位居全国第一。在此基础上,广东省的电池产业也迅速发展,尤其是锂离子电池产业,在全国占据着重要的地位。广东省有13家电池企业为新能源汽车配套动力电池,位居全国第二。广东省动力电池企业数量排在第二,除了与当地政策支持、地理位置有关外,还与广东省传统消费类电池制造较为发达有关。广东省有众多传统3C、数码消费类电池企业,在新能源汽车大潮汹涌发展下,不少传统消费电池企业开始向车用动力电池领域转型。

京津冀辐射带地区,围绕郑州宇通、北汽新能源等整车企业,建立了比较完整的动力电池产业供给链。同时为贯彻实施京津冀协同发展国家战略,构建跨区域新能源汽车动力蓄电池回收利用体系,京津冀三地加快推进动力蓄电池回收利用试点工作。北汽鹏龙、北汽新能源、北汽福田、格林美、厦门钨业以及河北钢铁集团等产业链上下游企业紧密合作,共同在京津冀地区实施了动力电池梯次利用及资源化项目。该项目主要为退役动力电池梯次利用项目和废旧动力电池资源化。

2.2.2 国内动力电池产业发展概况

广东具有电池行业发展基础好、实力强、知名企业多的优势。"世界电池看中国,中国电池看广东"已成为行业共识。本节以广东省为例,分析该地区的动力电池产业发展概况。

广东省具有较完善的动力电池生产以及四大材料供给产业链[7-8]。受新能源汽车市场产销量下降影响,2019年中国新能源汽车产量124.2万辆,同比下降2.2%。调查数据显示(见图2-7),2019年中国动力电池出货量为71GW·h,同比增长9.2%,相比2018年,增长速率有所放缓。

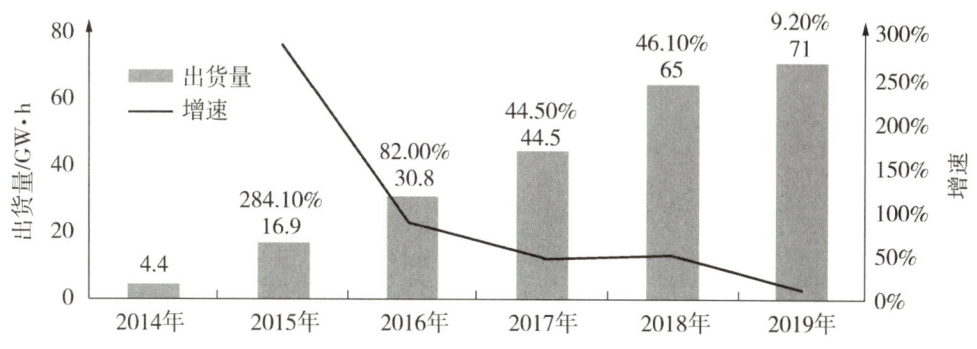

图2-7 2014—2019年中国市场动力电池出货量与增长情况

2.2.2.1 广东省动力电池企业装机量与增长情况

2018—2019年动力电池装机量排名前10企业(见表2-6和表2-7),2019年,中国动力电池装机量约 62.2GW·h,同比增长 9.3%。形成一超多强的局势,以宁德时代为首的超强动力电池企业,装机量为 31.71GW·h,占比 51.01%,市场份额较上年提高了近 10 个百分点。比亚迪和国轩高科分别以 10.76GW·h、3.31GW·h 的装机量,位居第二、第三位。天津力神、亿纬锂能、中航锂电、孚能科技、时代上汽、比克电池、欣旺达依次排在第 4～10 位,前 10 家企业中有 6 家为广东省动力电池企业[9]。

表 2-6　2018 年动力电池装机量排名前 10 企业

排名	电池企业	装机量/GW·h	占比
1	宁德时代	23.41	41.15%
2	比亚迪	11.43	20.09%
3	国轩高科	3.08	5.42%
4	天津力神	2.05	3.61%
5	孚能科技	1.91	3.36%
6	比克	1.74	3.06%
7	亿纬锂能	1.27	2.23%
8	北京国能	0.81	1.42%
9	中航锂电	0.72	1.21%
10	卡耐新能源	0.63	1.11%

表 2-7　2019 年动力电池装机量排名前 10 企业

排名	电池企业	装机量/GW·h	占比
1	宁德时代	31.71	51.01%
2	比亚迪	10.76	17.30%
3	国轩高科	3.31	5.33%
4	天津力神	1.94	3.13%
5	亿纬锂能	1.74	2.79%
6	中航锂电	1.49	2.40%
7	孚能科技	1.21	1.95%
8	时代上汽	1.14	1.84%
9	比克电池	0.69	1.11%
10	欣旺达	0.65	1.04%

2019 年装机量排名前 10 的企业如图 2-8 所示。10 家企业装机量共计 54.64GW·h,集中度进一步提高,占比高达 87.9%,较 2018 年前 10 名企业的装机量增长 5%;广东省企业装机量为 13.84GW·h,占比达 22.24%,装机量较 2018 年减少 0.6GW·h,市场份额减少 3.14%。

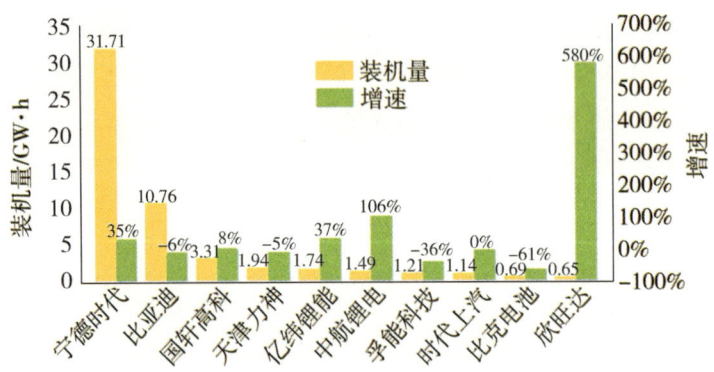

图 2-8　2019 装机量前 10 企业增长数据

装机量增长数据表显示,宁德时代、亿纬锂能、中航锂电、欣旺达、时代上汽实现了装机量和市场份额同步增长。欣旺达以 0.65GW·h 的装机量排在第 10 位,2018 年同比增 5.8 倍,首次跻身前 10 位,国轩高科装机量增长、市场份额下降。比亚迪、天津力神、孚能科技、比克电池这四家企业,装机量与市场份额均下降。其中,比克电池装机量下降幅度最大,同比下降了 60.55%。总体而言,广东省动力电池企业总市场份额有所降低。

2.2.2.2 广东省正极材料产业发展情况

我国动力电池正极材料产量快速增长,这主要得益于动力锂电池下游行业中手机、笔记本电脑、电动车等的快速发展,企业对锂电池正极材料的投资加大,新能源汽车的发展和国家政策的支持等[10]。2010—2019 年中国锂电池正极材料产能与增长情况如图 2-9 所示,2018 年中国锂离子电池正极材料的产量在 36 万吨左右,与 2017 年相比增长 11.5%,2019 年我国锂电池正极材料产量突破 50 万吨,达到 53.7 万吨。

图 2-9 2010—2019 年中国锂电池正极材料产能与增长情况

国内主要正极材料企业和产能情况如表 2-8 所示,其中湖南杉杉能源科技股份有限公司产能最大,达 6 万吨,占据最大份额;广东省格林美股份有限公司和深圳德方纳米科技股份有限公司共计 4.2 万吨,占据市场较大份额,其余企业均在 2 万~4 万吨不等,从产能可以看出,目前较多的企业在参与市场竞争,但由于锂电池正极材料行业技术集成度高、下游客户对产品质量要求严格等原因,一些不具备核心竞争力的企业将会逐步淘汰,行业内的优势企业将占据越来越多的市场份额。

表 2-8 2019 年国内主要正极材料企业产能及规划

序号	单 位	产 能
1	湖南杉杉能源科技股份有限公司	现有正极材料产能 6 万吨,总规划产能 18 万吨,预计到 2020 年总体产能将达 12 万吨
2	宁波容百锂电材料有限公司	NCM 年产能为 3.5 万吨,NCA 产能为 800 吨/年,三元前驱体产能 1.8 万吨
3	厦门钨业股份有限公司	现有三元材料总产能 3 万吨,年底正极材料将形成 5 万吨产能,2020 年达 7 万吨
4	格林美股份有限公司	现有正极材料产能 2 万吨,其中三元 1.5 万吨,2020 年将新增三元产能 3 万吨
5	湖南长远锂科有限公司	现有正极材料产能 3.5 万吨,预计 2022 年总产能将达到 11.5 万吨

(续表 2-8)

序号	单 位	产 能
6	贵州振华新材料股份有限公司	正极材料产能 3.2 万吨,其中三元产能 3 万吨,2020 年总产能将达到 5 万吨
7	北京当升材料科技股份有限公司	现有正极材料产能 1.6 万吨,拟建江苏三期产能 1.8 万吨、金坛产能 2 万吨
8	天津巴莫科技股份有限公司	正极材料产能共计 2.7 万吨,其中三元正极材料产能 7000 吨
9	北大先行科技产业有限公司	正极材料产能 3.2 万吨,其中三元产能 3 万吨,2020 年将达 5 万吨总产能
10	深圳德方纳米科技股份有限公司	正极材料产能 2.2 万吨,2021 年产能达到 3.7 万吨

2.2.2.3 广东省负极材料产业发展情况

近几年来,我国负极材料产量呈现逐年增长的趋势,如图 2-10 所示。2015 年,我国负极材料产量达到 9.17 万吨。2016 年中国负极材料产量 12.25 万吨,同比增长 33.59%。2017 年,中国负极材料产量达到 13 万吨[11]。2019 年,国内负极材料的产量约在 25 万吨,人造石墨市场占比估计在 75% 以上,其市场占比进一步扩大,对于针状焦生焦的需求保持坚挺。

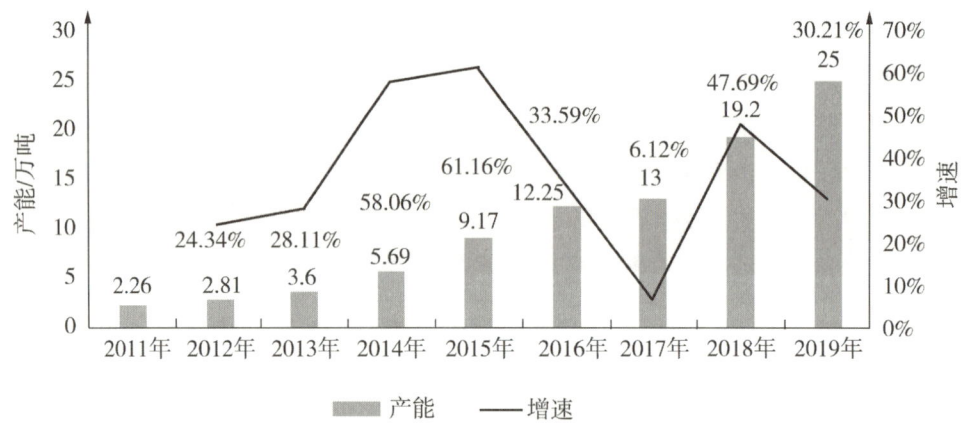

图 2-10 2011-2019 年中国锂电池负极材料产能与增长情况

国内主要负极材料企业产能及及规划如表 2-9 所示。

从企业竞争格局来看,2019 年,深圳贝特瑞、江西紫宸、杉杉科技占据前三位置,不过三者的市场占比差距在逐渐缩小。二梯队厂商,如湖南中科、深圳斯诺、深圳翔丰等企业受动力电池带动,保持较快增长。从锂电池负极材料企业竞争力排名情况来看,企业竞争格局排名变化不大。

广东省有 6 家企业的产量排在全国前十,贝特瑞、东莞凯金、广东科达、深圳翔丰华、深圳金润、深圳斯诺分列第一、四、七、八、九和十,其中贝特瑞负极材料出货量全球第一。

表2-9　国内主要负极材料企业产能及规划

序号	单　位	产　能
1	贝特瑞新材料集团有限公司	现有产能6万吨，在建江苏产能3万吨，规划惠州新产能4万吨
2	江西紫宸科技有限公司	现有产能3万吨，规划栗阳产能3万吨
3	杉杉科技有限公司	现有产能达13.5万吨，其中，包头一体化项目一期5.5万吨实现投产
4	东莞市凯金新能源科技股份有限公司	现有产能2.9万吨，以人造石墨为主
5	湖南中科星城石墨有限公司	现有产能3.5万吨，规划产能4.5万吨
6	江西正拓新能源科技股份有限公司	现有产能1.7万吨，在建产能2万吨
7	广东科达洁能股份有限公司	现有产能2万吨，在建年产2万吨锂电负极材料项目
8	深圳市翔丰华科技股份有限公司	现有产能2.5万吨，规划福建三明产能4.5万吨
9	深圳市金润能源材料有限公司	现有负极材料产能约1万吨
10	深圳市斯诺实业发展有限公司	现有深圳、内蒙古两大生产基地，拥有5万吨产能

2.2.2.4　广东省隔膜材料产业发展情况

近几年来，我国锂电池隔膜产能与增长情况如图2-11所示。

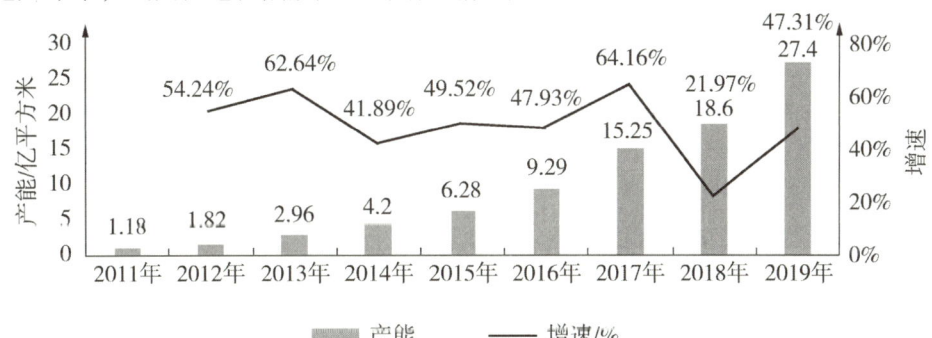

图2-11　2011—2019年中国锂电池隔膜产能与增长情况

由于隔膜具备较高的技术壁垒，导致国产隔膜与进口隔膜在性能上存在较大的差距，国内隔膜市场大部分需要进口，尤其是高端隔膜基本依靠进口[12]。数据统计，2019年上半年中国锂电池隔膜出货量13.8亿平方米，同比增长70%。

2019年中国锂电池隔膜行业年度品牌榜单中，恩捷股份打败行业龙头，打破国产隔膜行业被星源材质、金辉高科和中科科技三家公司的垄断，逆袭排名第一，其客户涵盖了国内一线电池企业。广东省有两家企业的隔膜出货量位居全国前十，其中星源材质隔膜出货量约为2.9亿平方米，深圳中兴新材技术股份有限公司隔膜出货量约为2.0亿平方米，排名全国第三。

另外，隔膜企业中市占率第一的上海恩捷股份，在广东珠海设立了生产基地，2018年，珠海恩捷有12条产能共10亿平方米的基膜生产线、40条产能共8亿平方米的涂布膜生产线，实现年产13亿平方米锂电池隔离膜。

国内主要隔膜材料企业产能及规划如表 2-10 所示。

表 2-10　国内主要隔膜材料企业产能及规划

序号	单位	产能
1	上海恩捷新材料科技有限公司	2018 年底隔膜产能达 13 亿平方米，2019 年年底，产能达 28 亿平方米
2	深圳市星源材质科技股份有限公司	现拥有干法隔膜产能 1.8 亿平方米；湿法产能 1.1 亿平方米，在建产能包括常州的 3.6 亿平方米湿法隔膜
3	深圳中兴新材技术股份有限公司	在深圳东莞和武汉拥有生产基地，现有产能约为 5 亿平方米
4	中材科技股份有限公司	2019 年收购湖南中锂后隔膜产能达 7.2 亿平方米，年底达到 9.6 亿平方米
5	武汉惠强新能源材料科技有限公司	拥有驻马店、武汉和襄阳三个生产基地，目前总产能为 2.3 亿平方米，涂覆产能 3000 万平方米，襄阳两条年产 1.5 亿平方米生产线，全部投产后总产能达 3.8 亿平方米
6	沧州明珠塑料股份有限公司	现有干法隔膜产能 1 亿平方米，湿法隔膜产能 1.9 亿平方米
7	新乡市中科科技股份有限公司	现有基膜产能共 2.4 亿平方米，另有陶瓷涂覆线 13 条，产能 9000 平方米
8	辽源鸿图锂电隔膜科技股份有限公司	现有各湿法隔膜产能合计 2 亿平方米
9	河北金力新能源科技有限公司	拥有湿法隔膜产能 3.8 亿平方米
10	重庆云天化纽米科技有限公司	现有隔膜总产能 1.2 亿平方米，干法、湿法生产线各两条

2.2.2.5　广东省电解液产业发展情况

近几年来，我国锂电池电解液产能与增长情况如图 2-12 所示。

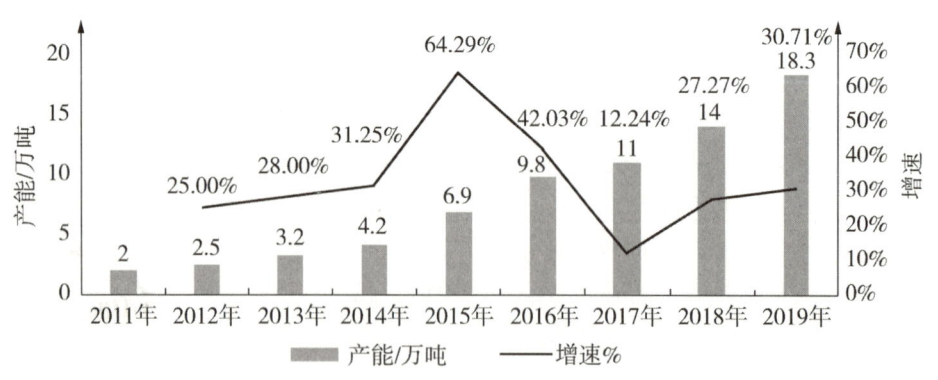

图 2-12　2011—2019 年中国锂电池电解液产能与增长情况

我国电解液产量不断增加，近年来随着锂电池产业的成熟，国产锂电池电解液从 2002 年左右开始进入市场，并逐步取代进口产品。数据显示，2019 年中国电解液出货 18.3 万吨，同比增长 30%。

国内主要电解液企业产能及规划见表 2-11。

表 2-11 国内主要电解液企业产能及规划

序号	单位	产能
1	广州天赐高新材料股份有限公司	电解液现有产能超 5 万吨，溧阳生产基地在建产能 20 万吨；六氟磷酸锂现有产能 1.4 万吨
2	深圳新宙邦科技股份有限公司	2019 年底电解液产能达到 6.5 万吨，另有多个项目在建
3	张家港市国泰华荣化工新材料有限公司	现有电解液年产能 3 万吨、硅烷偶联剂年产能 5000 吨
4	宁波杉杉股份有限公司	现有电解液产能 6 万吨，六氟磷酸锂产能 6000 吨
5	香河昆仑化学制品有限公司	现有电解液产能 2.8 万吨，在建湖州产能 2 万吨
6	珠海赛纬电子材料股份有限公司	珠海基地现有电解液年产能 2.5 万吨，其中新增 1 万吨为产能技改升级，规划江西新产能 1 万吨
7	广东金光高科股份有限公司	现有电解液产能约 2 万吨，在建江山电解液产能 3 万吨
8	天津金光电源材料有限公司	现有电解液产能 1 万吨，六氟磷酸锂产能 1000 吨；在建包括产能 4000 吨六氟磷酸锂、15000 吨电解液及 200 吨新型锂盐
9	山东海容电源材料股份有限公司	现有电解液产能 1.7 万吨，规划产能 4 万吨，且自建了 400 吨/年的新型电解质锂盐
10	北京化学试剂研究所有限公司	现有产能 0.7 万吨，沧州在建电解液项目年产能 2 万吨

国内电解液厂商包括新宙邦、天津金牛、宁波杉杉、珠海赛纬电子、广州天赐等企业，其产品涵盖了高、中、低端市场，基本满足了中国锂离子电池生产的需要，并有部分出口。广东省有 4 家企业的电解液出货量排名全国前十，广州天赐（排名全国第一）、新宙邦（排名全国第二）、珠海赛纬（排名全国第六）、金光高科（排名全国第七）4 家企业市场占有率超 50%，在锂电池电解液领域，广东省占据着绝对优势。

在比亚迪、广汽集团、小鹏汽车等新能源汽车企业的带动下，广东省汽车动力电池行业发展迅猛。以手机、移动电源、笔记本为代表的消费类电子产品，以无人机、电动自行车、电动平衡车、电动滑板车为代表的短交通产品，以新能源汽车、低速电动车为代表的电动交通工具是锂离子电池应用的三个重要终端市场，是推动锂电池行业发展的巨大动力。

广东省锂电池产业在中国锂电池产业中占据着重要地位，享有"中国聚合物锂电池黄埔军校"之称的东莞新能源及"中国 18650 电池黄埔军校"之称的比克电池是广东省锂电池企业的杰出代表。广东省动力电池标准化技术委员会是广东省质监局领导下的全面负责广东省锂电池标准化工作的技术组织，通过对近年来媒体的研究数据及锂电池企业终端应用市场的调研结果，对省内 50 多家具有较大生产规模的企业进行了划分（排名不分先后）。

消费类锂电池企业：东莞新能源、珠海光宇、惠州德赛、格林德、迪比科、中山天贸、卓能、瑞隆、海陆通、肇庆风华、赣锋电子、永邦、安德丰、迪亚宝、东莞金源、赛骄阳、广东国光、三和朝阳、豪鹏、TCL金能、明美、丰江、聚和源、优特利、恒泰、小锂新能源、曙鹏、宇隆、东莞锂威、广州云通、鸿德、朗能、朗泰通、凤凰锂电、罗马仕、品胜、倍斯特、品能（比克电池、欣旺达、亿纬锂能、迈科、创明、鹏辉、天劲在该领域也有较多涉及）。

短交通锂电池企业：东莞新能德、杰特能源、海盈、惠州赛能、格瑞普、博力威、东力新能源、沃尔德、珠海汉格、飞碟能源、博富能（惠州德赛、珠海光宇、格林德、拓思、德龙伟创、伟创源、德尔能、美尚在该领域也有较多涉及）。

电动车辆锂电池企业：比亚迪、沃特玛、珠海银隆、比克电池、鹏辉、迈科、亿纬锂能、欣旺达、创明、天劲、猛狮、雄韬、力柏、东莞振华、亿鹏（动力类电池企业总体实力较强，其他类别的企业涉及动力产品的较少）。

2.2.3 国内动力电池产业发展主要矛盾

2.2.3.1 电池的能量密度与电芯性能的矛盾

容量是电池的第一属性，而能量密度则是几乎所有电池在设计时所必须考虑的首要问题。能量密度越高，电芯所需要的隔膜也越薄，材料也需要极限压实。一方面，如此极限的设计会让电芯的吸液更加困难，从而影响电芯的循环性能；另一方面，更薄的隔膜铝塑膜、更高能量密度的材料也意味着更差的安全性能。能量密度与电芯性能难以兼顾，可以说是任何一家单位在设计电池时都不得不遇到的问题；一个产品往往是当其能量密度有较大优势时，电芯的循环安全性能就有可能存在一定隐患；当其循环安全性能做到百分百无误时，能量密度又往往较低而使产品缺乏很强的竞争力。

2.2.3.2 锂电池的注液量与加工性能的矛盾

单对电芯性能而言，提高注液量有益无害；但当注液量较多时，电芯的加工性能会明显下降，注液后真空吸附困难、热冷压和夹具烘烤时电芯压爆、除气后软电芯甚至不封口等问题都会接踵而至。严格上来说，工艺中的注液量一定不可让电芯在加工时出现由注液量过大而引起的批量异常，否则注液量就需要减少（若减少后带来的结果是保液量的下降，那就说明要更换材料了）。当然在确认注液量有问题之前，从工序角度优化也必不可少，例如吸附困难时加大吸附箱容量从而提高效率、压爆时调低夹板下压速度从而减少压爆比例等。

2.2.3.3 生产效率与产品良率

对生产而言，提高产量或者说提高效率是追寻的目标，更高的效率就意味着生产过程中更短的制程周期和更短的用于加工的时间，而后者往往会造成产品性能的降低。生产遇到的很多质量问题都可以通过类似于"降低生产效率、增加加工时间"的方法来改善，例如，涂布过程中遇到开裂问题可通过同时降低温度和走速来改善，半自动卷绕易变形可以通过卷绕速度先慢后快的变速卷绕来改善，化成时形成SEI膜效果不佳可通过减少充电倍率来改善，夹具烘烤后电芯发软可通过延长烘烤时间和电芯下夹前延长常温搁置时间来改善，等等。"时间"在这里往往充当着"稳定因子"的作用。当效率与良率产生矛盾时，优先保证的一定是良率，但也需要人员的增加、设备的增补、产量的减少等成本因素。

2.2.3.4 锂电池负极克容量与膨胀的矛盾

硅基材料是未来负极材料的一个选择方向，其超高的嵌锂容量为最大的优势，但同时充放电过程中膨胀太大也是其未能推广的一个重要限制因素。石墨在嵌锂时，锂离子嵌入石墨层中间，其状态类似于两层棉被之间放了几个小玻璃球，形变必然小的同时嵌锂容量也不会太高。而锂与硅反应时，锂直接插入到硅硅原子之间，类似于在满满铺平一地的玻璃球中间再插入更多的玻璃球，虽然可嵌入的锂更多，但同时占用的体积也必然更大。表面上看似相关的"插锂容量高低"与"插锂后形变大小"，实际上都是由插锂的机理决定的。也就是说，当一个材料拥有更大的容量时，其充放电形变往往更大，其推广也就必然受限。当然，优秀的材料是一定可以研究出来的，材料的膨胀可以通过包覆或纳米处理等的方式来改善，并且也并不存在容量高形变一定大的必然结果（与其说是"结果"，倒不如说这是一个趋势），随着科技的进步，新材料的开发会越来越重要。

2.2.3.5 锂电池正极能量与安全性的矛盾

材料能量越高也就会越不安全。当一个材料能量较高时，也就意味着其在充电后的脱键量更大，同时结构变化也更大，因此也就更不稳定。例如，钴酸锂满充后会有较多的4价钴存在，从而增加了正极的氧化性，作为钴酸锂骨架的 CoO_2^{-1}（钴酸根）的结构受到了破坏，从而使正极材料更易分解进而降低了安全性。但当一个材料能量较低时，充电后也就失去了较少的键，材料本身的结构得以更好的保留，安全性也就会因此提高；磷酸铁锂满充后，作为骨架结构、占整个分子比重很大的磷酸根并没有被破坏，分子结构没有被破坏，安全性也较高。与负极克发挥与膨胀看似相关实则都由材料结构决定一样，正极克发挥与安全看似负相关实则也都由材料自身结构所决定。

电池的材料、设计、制程等是一个统一的整体，相互之间关联无穷且又都源自于最根本的几个理论基础。

2.2.3.6 回收与梯次利用技术缺乏

动力电池回收，目的是分解提取电池的重金属、化学材料及副产品。我国的动力电池回收技术和商业模式目前尚处于孕育阶段，一方面国内针对动力电池的回收工艺仍有待进一步探索，回收过程仍会产生潜在的二次污染，环境治理成本偏高；另一方面，国内的动力电池回收处理模式尚不成熟，资源回收再利用以及循环再制造技术仍在推进，对动力电池回收所涉及的安全生产和环境保护等问题尚缺乏完善、标准化的技术指导和政策保证[13-14]。动力电池回收技术路线如表 2-12 所示。

表 2-12　动力电池回收技术路线

技术类型	2020 年	2025 年	2030 年
拆解技术	由人工拆解过渡到自动化拆解,研发自动化拆解设备,提高拆解效率,铜铝分选效率可达 85% 以上	实现动力电池回收工业 2.0,拆解技术智能化,物料综合分选率达 80%	实现低损耗、低投入、高效率智能化拆解,拆解过程分选率达 95%
镍、钴、锰回收	实现镍钴锰综合回收率达 98% 以上,建立废旧动力电池—镍钴锰原料—前驱体—动力级再生正极材料大循环	实现镍钴锰综合回收率达 99%,研发再生改性动力级正极材料	高品质再生改性动力级正极材料大量应用
锂元素及石墨回收	开发锂回收产业化技术,实现镍资源的循环利用,镍回收率达 60% 以上	锂资源回收率达 90% 以上	建立智能化、高效率、低成本的锂回收生产线,形成锂原料-前驱体-正极材料大循环
	突破石墨回收与资源化技术	实现产业化石墨回收与全自动化	实现石墨回收利用率 95% 以上

(1) 回收体系有待完善。随着我国废旧动力电池市场的爆发,政府和企业都在积极布局动力电池的回收利用。但目前我国专业的动力电池回收企业较少,尤其是缺乏资金雄厚的大企业。动力电池的回收网络尚未建立,动力电池回收市场存在很多不规范之处。

(2) 回收监管体系缺乏。动力电池回收过程中涉及的部门较多,各部门虽然制定了专门的监管制度,但是缺乏科学、高效的监管体系。

(3) 梯次利用技术缺乏。动力电池在梯次利用过程中通常会经历退役电池拆解、拆解电池剩余寿命评估、电池模组系统集成这三个过程,如图 2-13 所示,梯次利用技术路线如表 2-13 所示。

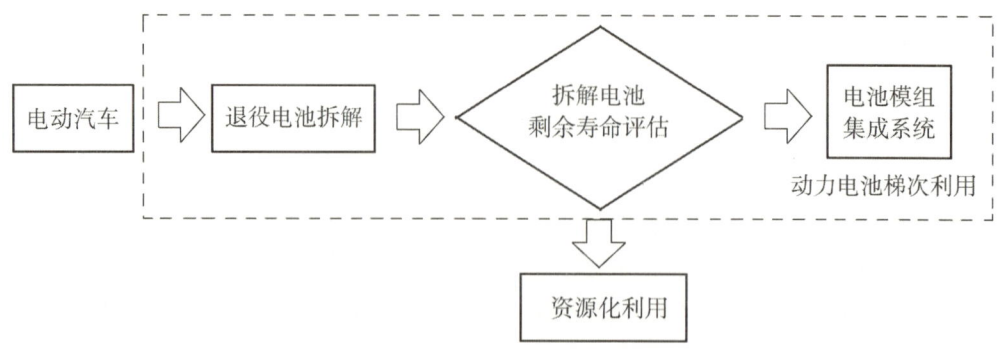

图 2-13　动力电池梯次利用过程

表 2-13 梯次利用技术路线

技术类型	2020 年	2025 年	2030 年
监控技术	优化完善动力电池运行状态监控系统，实现省级区域在用车辆动力电池的实时监控	提升监控系统准确度和适用性，实现全国在用车辆动力电池的实时监控	建成完善、准确的在用新能源汽车动力电池监控系统，实现监控平台完全整合
评估技术	开发动力电池健康状态分析工具和模型	优化动力电池健康状态分析工具和模型	完善动力电池健康状态模型，快速、高效评估动力电池状态
分选技术	开发动力电池电芯分选技术，创建动力电池分选方法	优化动力电池分选技术，提高分选效率	完善动力电池分选技术，实现动力电池无损、高效、自动化分选
成组集成技术	开发动力电池单体性能一致性修复技术，实现同一类别动力电池模块标准化设计	构建全自动、高效的动力电池成组集成技术，良品率高	实现动力电池模块全部标准化设计，建立标准化梯级利用电源系统
效益分析	创建再利用效益初步分析方法，构建动力电池梯级利用示范工程	完善再利用场景效益分析，构建动力电池梯级利用盈利模式	扩展新的再利用场景，提升梯次利用效益

电动汽车动力电池包的设计多种多样，电池包的内外部结构设计、模组连接方式、工艺技术各不相同，电池的种类结构复杂多样，电池使用的寿命状况也具有多样性，这造成了动力电池的拆解困难。动力电池使用数据不完善和健康评估体系算法对其剩余寿命及健康状态评估不准确，增加储能梯次利用的品质风险，使产品的生命周期成本较高。动力电池种类繁多、尺寸不一，且来自不同厂家的不同批次的电池模组标称容量、开路电压、电阻等不同，这会导致模组匹配困难，系统集成困难，成本提高。因此，电池模组的系统集成需要建立电池模组的数据库，根据材料体系、容量、内阻、剩余循环寿命等参数重新分组。

2.3 动力电池产业技术路线图制定过程

区域动力电池产业技术路线图的制定过程应以《产业技术路线图原理与制定》为指导，利用可利用的资源，有步骤、有层次地进行，在制定过程中有效运用德尔菲法、头脑风暴法、情景分析法、SWOT 分析法和雷达图分析法等先进的科学方法论，使产业技术路线图在公平、公正、公开的前提下，大量吸收产业界的相关意见，获得产学研前沿的一手资料，经过工作团队的凝练，获得科学与权威结论。

路线图的制定顺序一般是：前期准备—问卷调研—专题研讨会的召开—资料信息的反馈与更新—技术路线图的绘制—撰写报告—修订报告。

接下来以广东省为例，结合该地区动力电池产业发展的前期调研情况，制定广东省动力电池产业技术路线图。

2.3.1 制定流程确定

2.3.1.1 制定意义

1. 涵盖产业链，分析"整车—动力电池—相关产业"现状

突出基础、关键和共性技术。从市场、产品、技术、研发和资源五个方面对产业现状进行解析。掌握产业链各环节现状特点，揭示广东省车用动力电池产业的薄弱环节、技术壁垒及与同行先进产品技术之间的差距。

2. 广东省车用动力电池产业发展规划

通过预估、分析、交流等科学手段与方法，凝聚所有专家的智慧，把握车用动力电池产业的技术发展方向，明确技术发展目标，识别关键技术壁垒，凝练出广东省车用动力电池产业的中长期科技计划以及实现途径，构建车用动力电池产业技术评价交流平台，为广东省车用动力电池企业未来的发展提供正确的引导。

2.3.1.2 特色及创新

本次产业技术路线图的特色和创新之处主要表现在：

1. 针对广东省车用动力电池产业的技术路线图研究

路线图结合广东省车用动力电池产业发展的现状和特点，剖析广东省车用动力电池产业的市场需求，凝聚省内外专家的智慧，明确了产业的发展方向。同时，为了摸清广东省车用动力电池产业的技术现状，本次路线图对国内外及广东省车用动力电池产业知识产权进行了调研分析。在明确产业技术现状的基础上，找到了影响产业目标实现的技术壁垒，并提出了可行的解决方案。以上这些成果为如何更加有效地利用现有资源，协调政府、企业、高校及科研院所的分工合作，最终促进广东省车用动力电池产业的发展提供了科学的依据。

2. 具有车用动力电池产业特色的技术路线图研究

车用动力电池产业具有产业关联度高、产品链条长、带动能力强等特点，并且零部件产品生产方式多元化。广东省车用动力电池产业技术路线图是广东省首次利用产业技术路线图这一创新管理工具探索与车用动力电池产业相关的重大研发项目。本路线图先从宏观层面明晰整个零部件产业发展的方向,再以微观的视角分析整个车用动力电池产业链及技术状况,深入挖掘问题的关键所在,将政策、资源、人才等分阶段、分重点、有效的落到实处。

3. 路线图制定方法科学严谨

网络调研、现场调研、实地考察和专家研讨方式相结合,数据可靠,逻辑严密。

2.3.1.3 团队建立

本次广东省车用动力电池产业技术路线图的制定,在合作单位里推举成员成立工作小组,并邀请行业及相关专家,形成了规模庞大、实力雄厚的专家库,团队构成如图2-14所示。

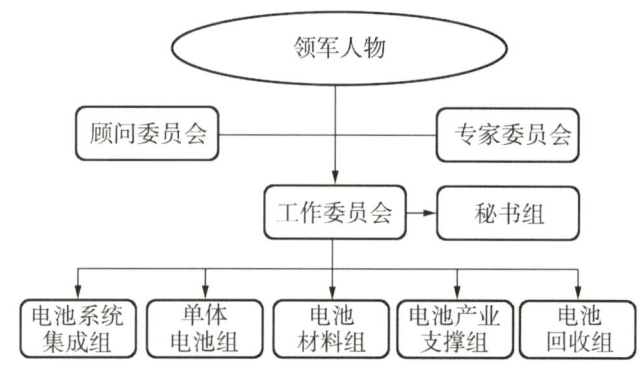

图 2-14 制定本次产业技术路线图的团队构成

2.3.1.4 工作方案

工作方案的内容包括:工作背景、要实现的目标、制定工作的依据、具体的工作内容、组织结构、人员构成、工作机制、时间进程安排等。在不同的工作方案层面(总工作方案和工作细节方案等),要确保管理流程的系统和规范,建立严格的工作文档。

综合考虑各种因素,结合本次技术路线图的一些关键节点问题,编制了进度安排表,以便项目的整体控制和进度管理。图2-15是产业技术路线图制定的工作流程。

2.3.1.5 调查问卷设计

广东省车用动力电池产业技术路线图工作组根据本次路线图的目的和需求设计了多份可统计的调研问卷,以咨询专家意见。通过调研问卷获取了制定技术路线图最关心和最需要的数据。本次路线图的调研问卷做到了尽可能全面、简洁和适用,以获取定性、定量的数据。定性问卷主要是让产业领域的专家罗列出尽可能多的要素和可能性;定量问卷主要

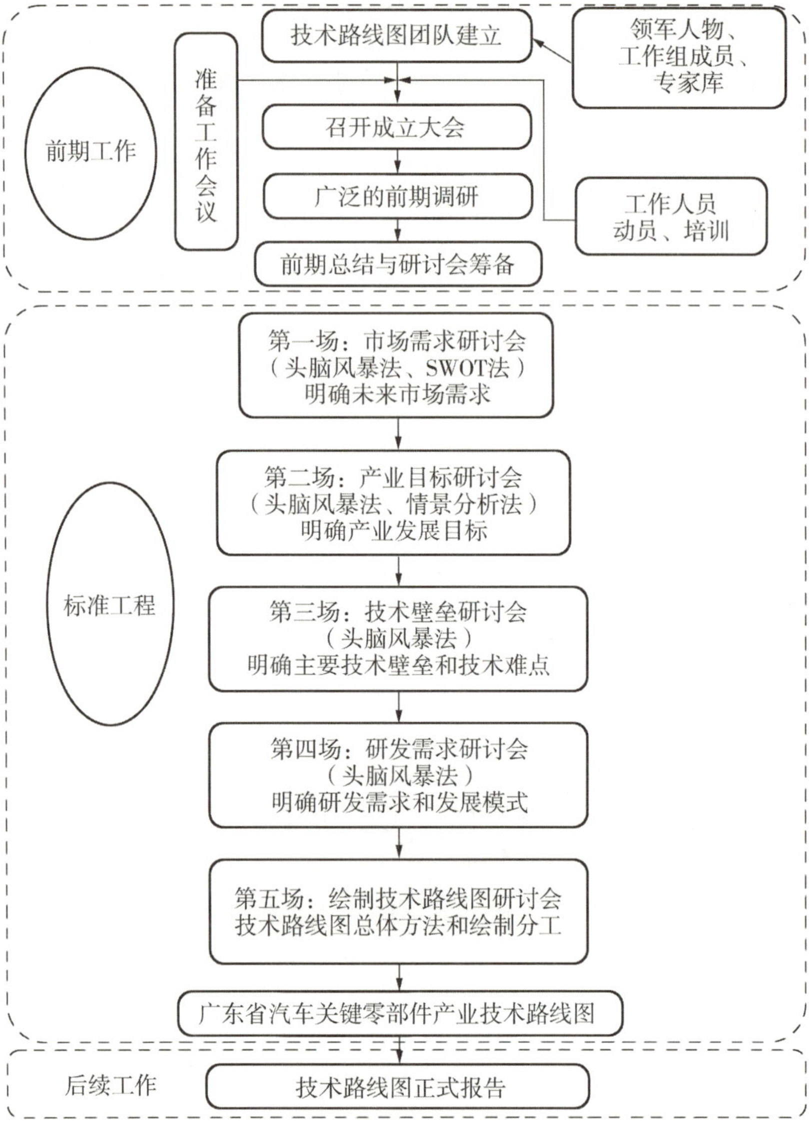

图 2-15 产业技术路线图制定的工作流程

是列出问题，根据其重要性，让专家进行评价，并做出优先发展顺序的判断。本次产业技术路线图的调研问卷包括：①边界与范围调研问卷；②市场需求调研问卷；③产业目标调研问卷；④技术壁垒调研问卷；⑤研发需求调研问卷。

调查问卷的调研方法用的是德尔菲法，而问卷中的问题是根据每次调研的具体情况来确定的，便于专家快速、准确地回答，调研对象是产业链上所涉及的各类相关人员，如图 2-16 所示。采用科学的抽样方法，确定了调研人数，并针对不同类群的专家和产业人员，设计出相应的问题。

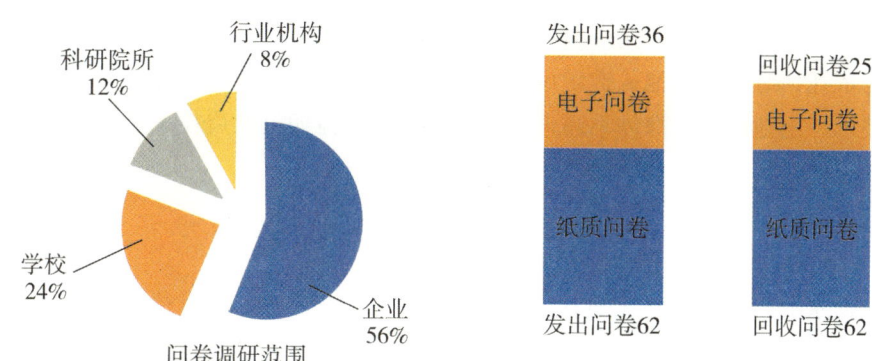

图 2-16 问卷调研范围与回收情况

2.3.1.6 筹备研讨会

技术路线图制定的关键是在研讨会上形成一致的专家意见,所以筹备研讨会是准备工作的重要环节。广东省车用动力电池产业技术路线图工作组动用了大量的人力和物力来筹备几次大型的技术研讨会。工作组制定了规范的工作方案,确定出活跃的会议主持人,制定了详细的会议流程,确定并联系参加会议的人员,预定会议的地点和时间,统计调研问卷,并准备会议的资料和设备。这些工作都是为了尽量让专家在宽松的环境中积极地发挥主观能动性,公开、公正、公平地将创新思维应用于技术路线图的制定工作中。

2.3.1.7 研讨会的召开

广东省车用动力电池产业技术路线图制定的核心工作是召开高质量的研讨会,通过研讨会有效地整合产业内的资源与信息。工作组在研讨会现场主要是依据头脑风暴法集中专家智慧,对调研获取的信息作出理性的评价和大胆的科学预测。在本次技术路线图的制定过程中需要召开五次递进式的系列研讨会,主要为:①产业背景、现状和市场需求分析研讨会;②产业发展驱动力以及产业目标分析研讨会;③阻碍产业目标实现的技术壁垒分析研讨会;④解决技术壁垒的研发需求分析研讨会;⑤技术路线图绘制研讨会。

产业技术路线图制定的基本步骤见图 2-17。

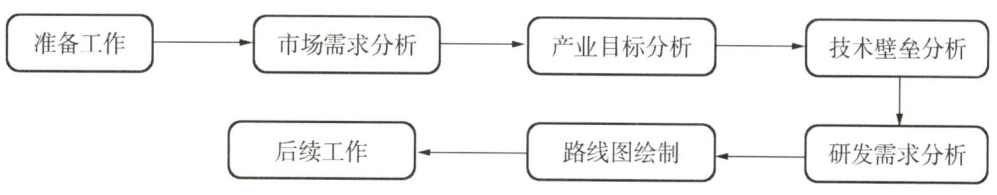

图 2-17 产业技术路线图制定的基本步骤

2.3.1.8 范围和边界的界定

广东省车用动力电池产业技术路线图的范围将以车用动力电池的关键技术为重点,结合广东省车用动力电池的产业现状,以及目前的技术水平,以现有的龙头零部件企业和研究机构为依托,对动力电池关键领域进行研究,将边界范围划分为电池系统集成技术、单体电池技术、电池产业支撑体系建设与发展技术、电池回收发展技术四大部分。

2.3.2 市场需求分析

市场需求分析是技术路线图制定工作的第一步[15-16]。在前期对广东省车用动力电池产业技术路线图做了产业现状定位分析以后,进行产业 SWOT 分析和市场需求要素分析。通过召开广东省车用动力电池关键技术市场需求研讨会,识别在未来不同的时间节点上,市场对动力电池关键技术产业的需求,分析该产业发展趋势以及驱动力,明确动力电池关键技术产业发展定位。主要工作首先是对动力电池关键技术产业进行产业 SWOT 分析,然后专家通过头脑风暴和前期问卷调研筛选出市场需求要素并进行优先排序。

2.3.2.1 产业 SWOT 分析

表 2-14 SWOT 分析矩阵

外部因素	内部因素	
	优势(S) (1)地域优势 (2)产业集群优势 (3)市场优势 (4)经济优势 (5)政策优势	劣势(W) (1)省内电池零部件企业与主机厂同步设计开发能力弱 (2)省内缺少国家级技术中心、重点实验室及检测机构 (3)电动汽车配套设施不完善,用车成本高
机会(O) (1)电动汽车为汽车产业提供了升级换代的机遇 (2)新材料、新工艺的发展向电动汽车行业的辐射和转移 (3)广东省动力电池产业已有集群效应	SO 战略:利用机会,发挥优势 发挥市场优势及经济优势,利用国际电动汽车产业带来的发展机遇,以及新材料、新工艺的发展,为广东省动力电池产业提供技术和规划支持	WO 战略:利用机会,减少劣势 (1)利用新材料、新工艺的发展,逐步提高电池企业的自主研发能力 (2)学习国外电池企业的管理体制,确保产品质量的稳定性,提高精细化管理意识
挑战(T) 国内外成本和效率的竞争日益激烈,国外反倾销的威胁,贸易保护主义	ST 战略:利用优势,抵御挑战 企业之间互相合作,强强联合,共同为企业提供问题解决方案,增强与竞争对手抗衡的能力; 充分发挥产业集群优势,地域、文化、人才优势,加强科研建设,不断提高产业的研发水平	WT 战略:减少劣势,迎接挑战 加强车用动力电池及关键技术产业建设,努力提高企业自主开发能力,完善企业管理体制,加强交通管理建设,应对各种竞争

2.3.2.2 优势分析

1. 地域优势

(1)广东的产业文化，地域性开放文化优势；

(2)广东是全国物流中心，交通发达；

(3)广东省是汽车企业的重要基地，是汽车企业的贸易集散地；

(4)改革开放以来建立起来的工业基础，外资带来且融入了本土元素的管理经验。

2. 产业基础优势

(1)传统汽车工业发展水平较高，关键技术储备条件较好，未来技术商品化潜力大；

(2)电动汽车关键零部件的产业集群初步形成，广东聚集了全国 2/3 的电池厂商，锂离子电池给电动汽车带来新的希望；

(3)全国唯一的电动汽车试验示范区建在广东，该试验区具备专业的电动汽车检测条件，推动了广东省电动汽车产业的发展；

(4)全国 25 个国家级示范推广城市中广东占了 2 个，广东又建立了 13 个省级示范应用城市；

(5)粤港澳大湾区高新经济技术开发区汇集大量电池企业和高新技术开发实验室。

3. 市场优势

(1)市场竞争意识、服务意识强，企业管理相对规范；

(2)结合省内整车企业产品发展规划，有目标地同步开发电动汽车整车及其零部件；结合国际汽车市场购车三部曲，发展相关汽车售后服务业；

(3)几大整车公司带动整个电动汽车及其零部件产业的发展；

(4)南方电网公司与广东省政府签订了合作推进电动汽车基础设施建设的协议，为电动汽车的推广应用奠定基础。

4. 经济优势

(1)广东省经济发达，终端销售市场成熟，且地区发展水平较高，对环境和节能的要求也较为迫切，为电动汽车市场扩展提供了可能性；

(2)广东省消费需求较大，相对容易吸引外地人才，资金和人才优势形成一定的规模，人力资源引入方式方法灵活；

(3)具有对外最前沿的平台，整合内外资源能力强；

(4)经过十几年的快速发展，奠定了良好的产业发展基础，包括管理、工艺、人才、资金、营销等。

5. 政策优势

(1)广东省政府已经将电动汽车列为全省三大战略性新兴产业之一，在资金、政策等方面给予重点扶持；

(2)广东省、市政府重视统一规划，有扶持汽配行业的相关优惠政策，率先执行省部产学研合作；

(3)《中华人民共和国车船税法实施条例》规定"对节约能源、使用新能源的车船可以免征或者减半征收车船税"。

2.3.2.3 劣势分析

（1）尚未形成有竞争优势的产业联盟，各企业之间缺乏相互协作、互相扶持意识；

（2）省内缺少电动汽车方面的国家级技术中心、重点实验室、工程中心及检测机构，缺乏基础研究基地；

（3）日本企业对电动汽车的研究处于领先地位，供应链封闭，日系保护主义导致技术壁垒严重；

（4）企业技术研发投入不足，没有掌握产品核心技术，电子、电气、电控技术薄弱；

（5）行业龙头企业数量少，缺乏产业群的技术、营销、生产的领军人物；

（6）技术人员的基础理论、技能较弱，企业技术骨干人才流失严重，技术工种人员欠缺；

（7）企业管理体制不完善，无法确保动力电池品质的稳定性，缺乏对动力电池产品发展的规划意识，缺乏精细化管理观念，本身的知识产权意识薄弱；

（8）较高的研究成果偏重于理论方面，成果转换不足；

（9）企业节能减排成效低，不但低于整个装备制造水平，也低于整个工业的水平；

（10）产品生产成本高，导致产品价格不具竞争力。

2.3.2.4 机会分析

（1）广东没有油气资源，全部依靠进口，有必要发展电动汽车；

（2）充分发挥资金优势，引进国际上的优势资源如技术、人才、设备和品牌等；

（3）便利的出口通道，地域优势带来的商机；

（4）电动汽车电池技术在国内领先，电子产品有技术和产业基础，可以集中力量重点突破；

（5）汽车由传统能源向新能源的转移，电动汽车为汽车产业提供了升级换代的机遇；

（6）市场容量比较大，汽车消费市场很巨大，消费链条很长，高性能动力电池的需求很广阔，国外汽车品牌零部件逐步转向中国采购；

（7）日系汽车在质量、成本竞争中的优势动摇，国内车企开始借鉴日资企业成熟的管理模式，国产汽车逐渐占领消费市场。

（8）新材料、新工艺的发展向电动汽车和动力电池方面辐射和转移；

（9）对消费者的消费趋势分析和技术开发预测的前瞻性；

（10）广东省汽车工业已有一定的集群效应，发展车用动力电池的基础相对雄厚；

（11）可以初步建立起产学研的联盟带动车用动力电池产业的发展。

2.3.2.5 挑战分析

（1）长三角零部件市场有高水平的产品和品牌，长三角、华中、中西部和东北地区都有较完善的汽车产业体系，很多车企推出了电动汽车，对广东省车用动力电池产业扩展是个挑战；

（2）建设完整的产业链和培育零部件产业小巨人企业；

（3）国内竞争日益激烈，成本和效率的竞争不仅来自国内，也来自国际；

（4）缺少原创性产品；

（5）区域内的恶性竞争，相对国内汽车区域的发展，广东省的吸引力在减小；

（6）外资、合资零部件企业的控制权太大；

（7）核心技术无法引进吸收，对自主品牌的建立造成很大困难；

（8）高校扩招导致教育质量下降，人才素质满足不了企业的需求；

（9）企业与高校之间缺乏信息交流和共享。

2.3.2.6 市场需求要素分析

根据前期调查问卷的统计分析结果，经现场参会专家头脑风暴研讨确定下来，并由工作组凝练，分别得出电池系统集成技术、单体电池技术、电池材料技术、电池产业支撑体系技术、电池回收技术，在不同时间节点（近期、中期、长期）的各个市场需求要素。

经过预调研、正式调研、深入调研、专家研讨会等四次调研的总结，集聚多位专家学者的智慧精华，对电池系统集成技术、单体电池技术、电池材料技术、电池产业支撑体系技术、电池回收技术 5 个部分市场需求要素进行了整理，得到不同时间节点的 D 值、T 值，两者相乘得到重要度值 V 值，并以最大 V 值定为最大判断值 10，其他 V 值与之相除得到相应判断值，从而提炼出广东省车用动力电池产业近、中、长期最终市场需求要素判断值排序，如表 2 – 15 ~ 表 2 – 17 所示。

表 2 – 15　近期市场需求要素重要度排序（≤3 年）

排序	市场需求要素	D 值	T 值	V 值	判断值
1	完善的产学研合作开发体系	72.5	75	5437.50	10.00
2	提高消费者对动力电池的认识和接受度	70.5	72.92	5140.86	9.39
3	完善动力电池基础设施建设	75	62.5	4687.50	8.56
4	降低动力电池的价格	67.5	62.5	4218.75	7.71
5	形成电动汽车畅销车型	62.5	60.42	3776.25	6.90
6	完善的整车及动力电池检测评价体系	62.5	60.42	3776.25	6.90
7	提高动力电池的性能和售后服务	61.5	58.33	3587.30	6.55
8	实现动力电池产业集群优势	60.25	56.25	3389.06	6.19
9	提高动力电池的市场占有率	57.5	52.082	2994.72	5.47
10	完善的整车及动力电池评价标准体系	57.5	52.08	2994.60	5.47

表2-16 中期市场需求要素重要度排序(3～8年)

排序	市场需求要素	D值	T值	V值	判断值
1	形成电动汽车畅销车型	72	70.83	5099.76	10.00
2	完善的整车及动力电池检测评价体系	70.5	64.58	4552.89	8.93
3	完善的产学研合作开发体系	72.5	60.42	4380.45	8.59
4	提高动力电池的性能和售后服务	67.5	60.42	4078.35	8.00
5	完善动力电池基础设施建设	65	60.42	3927.30	7.70
6	提高动力电池的市场占有率	65	54.17	3521.05	6.90
7	实现动力电池产业集群优势	62.5	54.17	3385.63	6.64
8	完善的整车及动力电池评价标准体系	60.25	54.17	3263.74	6.40
9	降低动力电池的价格	59.5	52.08	3098.76	6.08
10	实现动力电池技术的跨越式发展	57	52.08	2968.56	5.82

表2-17 长期市场需求要素重要度排序(≥8年)

排序	市场需求要素	D值	T值	V值	判断值
1	完善的产学研合作开发体系	67.5	58.33	3937.28	10.00
2	实现动力电池产业集群优势	65.5	58.33	3820.62	9.70
3	提高动力电池的性能和售后服务	63	56.25	3543.75	9.00
4	完善的整车及动力电池评价标准体系	62.5	54.17	3385.63	8.60
5	实现交通能源的转变	60.25	54.17	3263.74	8.29
6	实现汽车产业的转型	58.5	52.08	3046.68	7.74
7	完善动力电池基础设施建设	57.25	52.08	2981.58	7.57
8	实现动力电池技术的跨越式发展	57	50	2850.00	7.24
9	形成电动汽车畅销车型	56.5	50	2825.00	7.18
10	降低动力电池的成本	55	45.83	2520.65	6.40

2.3.2.7 市场需求要素分析结论

汽车工业已成为广东省极具发展潜力的产业,是广东省九大支柱产业之一,"十三五"期间实现了跨越式发展。汽车工业总量已跃居全国前列(第二位),形成了以广州为中心,以轿车为重点,以零部件为基础(拥有广州、佛山、惠州、中山等数个聚集区),客车、轻型车、专用车、摩托车相辅,环珠江三角洲的产业发展格局。随着世界贸易一体化进程加快,广东省将进一步扩展汽车动力电池出口市场。但是,与国际较强动力电池企业集团相比以及经过产业SWOT分析,可以看出广东省动力电池企业还存在相当大的差距,广东省动力电池企业既存在优势和机遇,也存在很大的劣势和挑战。问卷调研专家与与会专家最终凝练出以下10个近、中、长期市场需求要素原始数据,其排序如下:

(1)完善产学研合作开发体系;

(2)提高消费者对动力电池的认识和接受度;

(3)形成电动汽车畅销车型;

(4) 完善整车及动力电池检测评价体系；

(5) 完善动力电池基础设施建设；

(6) 降低动力电池的价格；

(7) 提高动力电池的性能和售后服务；

(8) 实现动力电池产业集群优势；

(9) 提高动力电池的市场占有率；

(10) 完善整车及动力电池标准体系。

从凝练出的市场需求要素反映出广东省动力电池企业还存在相当大的差距：一是经济规模上的差距；二是产品技术水平上的差距；三是研究开发能力上的差距；四是以模块化为代表的生产供应方式上的差距；五是基于市场机制的配套关系上的差距。与会专家认为，当前汽车动力电池产业与广东省汽车工业的发展还存在诸多的不适应，存在一些深层次的矛盾，突出表现在以下几方面：

(1) 产能扩增过快而优质产能不足；

(2) 制造工艺仍待提高；

(3) 企业研发需要加强；

(4) 尺寸统一挑战大；

(5) 安全问题重视不足；

(6) 行业深受原材料涨价及成品降价压力。

通过对广东省车用动力电池发展的技术现状、与国际先进水平的差距以及市场需求要素的分析可见，广东省车用动力电池具有巨大的发展潜力。因此，明确和掌握目前广东省车用动力电池产业市场需求是探索车用动力电池产业的自主研发能力、识别未来市场对车用动力电池的需求、分析广东省车用动力电池的优劣势、实现广东省车用动力电池达到国内乃全国际先进水平的突破点。

2.3.3　产业目标分析

产业目标分析是在明确产业现状以及未来市场对该产业的产品需求的基础上，确定产业未来市场需求要素及其重要性排序；按照产业技术路线图的制定原理与程序，先后通过网络问卷调查、现场采访调研与召开产业目标研讨会等方式获取知名学者、企业家、骨干技术人员等业内人士的宝贵意见；使用科学的统计方法，凝聚专家对产业发展方向的判定，凝练并确定产业发展目标，然后根据产业发展目标提取出产业目标要素并确定优先顺序[17]。在产业目标的分析中，技术路线图工作小组首先走访部分相关企业、高等院校，取得关于产业目标的初步数据，结合技术路线图核心专家组的多次研讨，制定产业目标要素调查问卷；其次根据调查问卷的结果进行统计分析，进一步广泛获取关于产业目标要素的各种数据；召开产业目标研讨会，凝聚业内专家的宝贵观点并进一步细化和甄选；最后根据以上各个阶段的成果进行深化总结，凝练出产业目标要素及其优先排序。产业目标分析流程示意图如图2-18所示。

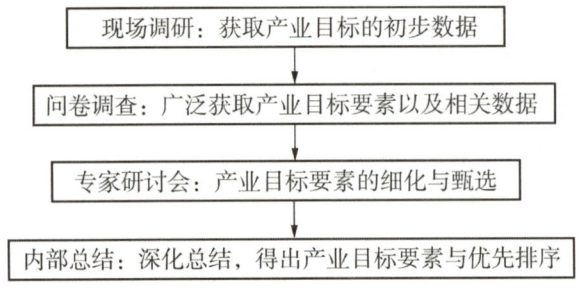

图 2-18 产业目标分析流程示意图

2.3.3.1 产业目标要素分析

根据问卷调查的统计结果与产业目标要素研讨会专家对产业目标要素的评分统计结果，产业技术路线图核心专家进行进一步的研究，得到不同时间节点的 D 值、T 值，两者相乘得到 V 值，并以最大 V 值定为最大判断值10，其他 V 值与之相除得到相应判断值。表2-18～表2-20所示为不同的时间节点(近期、中期和远期)产业目标要素判断值前10位排序。

表 2-18 近期产业目标要素重要度排序（≤3 年）

排序	产业目标要素	D 值	T 值	V 值	判断值
1	健全人才培养机制，强化产学研合作	72.5	70	5075.00	10.00
2	完善国家动力电池试验示范区测试能力，为全省动力电池产业服务	70	65	4550.00	8.97
3	实现整车成本的有效降低	70.5	62.5	4406.25	8.68
4	完善以广州、深圳地区为主体的产业布局，突出地区产业特色	67.5	57.5	3881.25	7.65
5	完善整车及动力电池部件的检测体系和人才培养	65	55	3575.00	7.04
6	健全动力电池售后及维护配套体系	62.5	55	3437.50	6.77
7	实现低成本小型化纯电动车产业化	61.5	52.5	3228.75	6.36
8	形成与电力产业互补的产业布局	60.25	52.5	3163.13	6.23
9	搞好示范城市运行，鼓励社会推广应用	57.5	52.5	3018.75	5.95
10	推动私人电动汽车的普及	55	52.5	2887.50	5.69

表2-19 中期产业目标要素重要度排序(3~8年)

排序	产业目标要素	D值	T值	V值	判断值
1	健全人才培养机制,强化产学研合作	67.5	65	4387.5	10.00
2	实现动力电池售价的有效降低	65	62.5	4062.5	9.26
3	推动私人电动汽车的普及	65	57.5	3737.5	8.52
4	完善以广州、深圳地区为主体的产业布局,突出地区产业特色	62.5	57.5	3593.75	8.19
5	完善整车及动力电池的检测体系和人才培养	57.5	52.5	3018.75	6.88
6	实现低成本小型化纯电动车产业化	52.5	52.5	2756.25	6.28
7	形成与电力产业互补的产业布局	50	50	2500	5.70
8	完善国家动力电池试验示范区测试能力,为全省动力电池产业服务	50	47.5	2375	5.41
9	健全动力电池售后及维护配套体系	47.5	47.5	2256.25	5.14
10	实现整车及动力电池成本的有效降低	45	40	1800	4.10

表2-20 长期产业目标要素重要度排序(≥8年)

排序	产业目标要素	D值	T值	V值	判断值
1	健全人才培养机制,强化产学研合作	65	62.5	4062.5	10
2	动力电池占据市场主导地位	62.5	57.5	3593.75	8.85
3	完善整车及动力电池的检测体系和人才培养	62.5	55	3437.5	8.46
4	完善以广州、深圳地区为主体的产业布局,突出地区产业特色	60	52.5	3150	7.75
5	实现低成本小型化纯电动车产业化	57.5	52.5	3018.75	7.43
6	实现整车售价与传统汽车持平	55	50	2750	6.77
7	实现动力电池大范围的普及推广	52.5	47.5	2493.75	6.14
8	形成与电力产业互补的产业布局	50	47.5	2375	5.85
9	实现电动汽车整车及动力电池的技术领先	47.5	42.5	2018.75	4.97
10	健全动力电池售后及维护配套体系	45	40	1800	4.43

2.3.3.2 产业目标分析总结

作为产业技术路线图重要的一环,产业目标要素的确定为技术路线图的后续工作奠定了基础,更为动力电池产业的产业发展指明了发展方向。科学、合理、前瞻性的产业目标的确定不仅仅是正确制定产业技术路线图的关键,最为重要的是能够在一定程度上减少产业发展的弯路,更好地促进产业长期、健康、持续的发展。在产业目标分析的前期工作阶段,项目小组通过实地调研和问卷调查的方式,初步筛选与确定产业目标要素,并通过科学的统计方法确定其重要排序,初步把产业目标分为20项,分别从人才、企业、产业、生产与工艺、产品、环境以及政策等方面讨论产业目标。经过产业目标研讨会专家的综合分析与产业目标要素与市场需求要素的关联分析后,最终确定近期产业目标要素9项、中期产业目标要素10项、后期产业目标要素10项,主要涉及产业的技术创新、人才培养、生产成本、性能检测等方面,更为科学、合理、前瞻性地确定了产业目标要素。

2.3.4 技术壁垒分析

技术壁垒分析的主要目的是根据未来产业发展目标,分析产业目标实现的技术壁垒。从现存的技术壁垒中筛选出优先的技术壁垒,通过这些技术壁垒的突破带动整个产业的技术升级,从而实现产业目标[18-19]。在本次技术壁垒研讨会中,提出讨论和确定在近、中、长期不同时间节点中存在的技术壁垒以及各种技术壁垒要素的优先排列顺序。

在技术壁垒要素现场调研会中,专家分别就自己所在的不同的领域范围对技术壁垒要素进行头脑风暴会议讨论,将自己的意见写在贴纸上并粘贴在头脑风暴图上,同时陈述个人观点。会议秘书组进行详细记录,根据专业知识及专家意见将专家提出的相似要素进行及时整理、合并与总结。经过专业分析,最后归纳出车用动力电池技术路线图的技术壁垒要素分为3大部分,共37小项,按照近期(≤3年)、中期(3~8年)、长期(≥8年)为期限,制作技术壁垒要素现场调研表进行调研。

2.3.4.1 技术壁垒要素分析

按照图2-19所示工作流程,得出现场问卷统计结果,并与前期技术壁垒调查问卷相结合,进行总体统计分析。由秘书组工作人员凝练出在不同的边界范围和不同的时间节点(近期、中期、长期)的技术壁垒要素,并进行汇总。经过头脑风暴法讨论后,由秘书组将结果进行汇总,设计出合理的调查问卷,再由专家在现场对调研表进行评分。

经过专家现场评分,由秘书组统计调研结果计算出 T 值。结合问卷调查得到的 D 值,两者相乘得到 V 值,并以最大 V 值

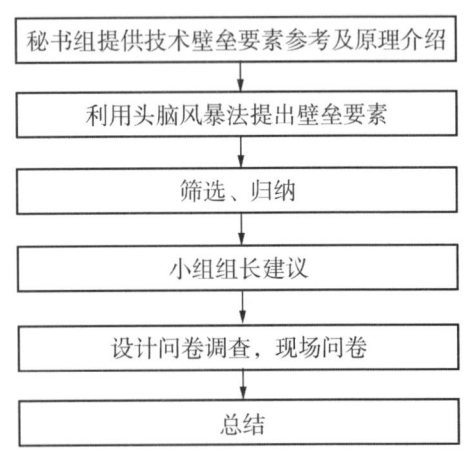

图2-19 技术壁垒要素研讨会工作流程

定为最大判断值10,其他 V 值与之相除得到相应判断值。近期、中期、远期技术壁垒判断值在前10位列于表2-21~表2-23中。与会专家对调研结果的各项技术壁垒进行分析,并列出相关技术壁垒产生的可能原因。

表2-21 近期技术壁垒要素重要度排序表(≤3年)

排序	技术壁垒	近期技术壁垒要素统计值			
		D 值	T 值	V 值	判断值
1	动力电池产业标准体系	67.5	71.1	4802.4	10
2	不同产业间的合作	66.4	69.2	4594.9	9.57
3	动力电池安全性和可靠性	65.4	68.8	4496.8	9.36
4	整车制造及动力电池配套	65.0	68.3	4439.5	9.24
5	提高动力电池容量与寿命	63.8	67.2	4290.0	8.93
6	动力电池试验检测技术	63.4	66.7	4226.4	8.80
7	动力电池性价比	63.0	65.4	4120.2	8.58
8	整车动力性能和关键技术	61.8	65.1	4026.1	8.38
9	技术研发与市场化	61.4	64.6	3964.5	8.25
10	过度依赖政府财政投入	60.4	63.6	3842.7	8.00

表2-22 中期技术壁垒要素重要度排序表(3～8年)

排序	技术壁垒	中期技术壁垒要素统计值			
		D 值	T 值	V 值	判断值
1	动力电池配套技术	65.1	68.5	4457.6	10
2	整车动力性能和关键技术	65.0	68.2	4433.0	9.94
3	技术研发与市场化	64.6	68	4392.8	9.15
4	动力电池技术	64.1	67.5	4326.8	9.01
5	动力电池性价比	63.8	67.2	4290.0	8.93
6	动力电池试验检测技术	63.4	66.7	4226.4	8.80
7	整车制造及动力电池配套	61.8	65	4013.8	8.36
8	动力电池产业标准体系	61.0	64.2	3915.6	8.15
9	不同产业间的合作	60.5	63.6	3847.8	8.01
10	动力电池安全性和可靠性	60.3	63.5	3830.6	7.98

表2-23 长期技术壁垒要素重要度排序表(≥8年)

排序	技术壁垒	长期技术壁垒要素统计值			
		D 值	T 值	V 值	判断值
1	整车动力性能和关键技术	66.9	70.45	4715.0	10
2	动力电池配套技术	66.5	70	4655.0	9.87
3	动力电池技术	66.1	68.5	4527.9	9.43
4	不同产业间的合作	64.7	68.1	4405.7	9.17
5	动力电池性价比	64.1	67.5	4328.4	9.01
6	电池安全利用技术	63.0	66.2	4170.6	8.68

(续表 2-23)

排序	技术壁垒	长期技术壁垒要素统计值			
		D 值	T 值	V 值	判断值
7	动力电池的通用性	62.6	65.9	4125.7	8.59
8	动力电池安全性和可靠性	61.2	63.6	3892.3	8.10
9	整车制造及动力电池配套	59.4	62.5	3710.9	7.73
10	动力电池产业标准体系	57.1	61.2	3494.5	7.28

2.3.4.2 技术壁垒要素分析总结

广东省发展电动汽车有较好的条件。广东省传统汽车经历了"十五""十一五"期间的跨越式发展，汽车生产总量跃居全国第二，成为广东省九大支柱产业之一，形成了广州、佛山、深圳、中山和惠州的产业集群，汽车产业经济发展迅猛。电动汽车很大程度需要基础传统汽车技术，良好的传统汽车基础为广东省的电动汽车提高了发展优势。而且，全国约 2/3 的电池生产商集中在珠三角地区，这更是得天独厚的条件。

结合广东省汽车动力电池产业的发展现状，与会专家从政府政策、法规、体制、市场、企业能力、技术、人才等各个角度对约束广东省汽车动力电池部件产业发展的问题进行探讨，提出各种阻碍广东省汽车动力电池产业发展的技术壁垒问题并进行分析，在众多有待解决的问题中，凝练、总结出在不同时间节点（近期、中期、长期）最重要的技术壁垒，从而期望提高广东省汽车动力电池的产业竞争力，优化产业布局，提高研发能力，实现产业升级配套，促进广东省经济整体健康增长。

整体来看，首先可以看到，广东在电动汽车方面技术有限、技术水平不高，市场目标不太明确，需要加大技术研发力度和市场推广力度。其次，动力电池安全性和可靠性排序从近期到长期不断上升，说明提高产品性能、确保使用安全非常重要。第三，从长远观点来看，整车制造及动力电池配套上升至第二位，说明整车的配套越来越重要，需要加强研究与攻关。

2.3.5 研发需求分析

研发需求会议是在总结前三次会议——市场需求研讨会、产业目标研讨会、技术壁垒研讨会的基础上，确定突破产业技术壁垒和关键技术难点的研发需求，找出现实与目标的差距，确定研发需求和组织研发主体之间的关系，确定技术发展模式，其目的在于通过确定研发需求，突破技术壁垒，促进整个产业的持续健康发展[20-23]。

本会议的参与人员一般包括政府人员、行业专家、企业人士以及技术路线图工作组成员等。

研发需求要素项目往往是制约产业发展最关键的技术壁垒，本次研讨会对研发需求要素进行了充分的研讨，根据头脑风暴方法，对初步列出的 230 个研发需求要素进行了时间节点分析，近期急需解决的问题有 10 个，中期有 10 个，长期 10 个。对近期、中期和长期研发需求要素进行分析讨论后按优先顺序，划分优先等级为顶级、高级、中级各 10 个，如表 2-24 至表 2-26 所示。不同时期的研发需求与市场需求、产业目标、技术壁垒的对应性分析如表 2-27 至表 2-29 所示。

表 2-24 近期研发需求 3 类优先级别要素项目排序表（≤3 年）

优先级别	编号	要素项目名称
顶级研发需求	1	动力电池安全与防护
	2	锂离子电池性能与安全
	3	电池组结构、温度场分布与管理
	4	动力电池结构与轻量化的产业化
	5	动力电池系统集成、匹配与优化
	6	动力电池故障诊断技术与产业化
	7	动力电池运行机制与能源供应模式
	8	大型充电网络与充换电方式
	9	永磁电机与驱动系统高效区的控制
	10	动力电池标准体系建设
高级研发需求	1	动力电池系统集成、匹配与优化
	2	动力电池标准体系建设
	3	永磁电机与驱动系统高效区的控制
	4	电池组结构、温度场分布与管理
	5	动力电池安全与防护
	6	动力电池结构与轻量化的产业化
	7	动力电池故障诊断技术与产业化
	8	动力电池运行机制与能源供应模式
	9	大型充电网络与充换电方式
	10	锂离子电池性能与安全
中级研发需求	1	动力电池故障诊断技术与产业化
	2	动力电池动力系统集成、匹配与优化
	3	动力电池运行机制与能源供应模式
	4	动力电池标准体系建设
	5	永磁电机与驱动系统高效区的控制
	6	动力电池安全与防护
	7	电池组结构、温度场分布与管理
	8	动力电池结构与轻量化的产业化
	9	锂离子电池性能与安全
	10	大型充电网络与充换电方式

表2-25 中期研发需求3类优先级别要素项目排序表(3～8年)

优先级别	编号	要素项目名称
顶级研发需求	1	永磁电机与驱动系统高效区的控制
	2	电池组结构、温度场分布与管理
	3	动力电池安全与防护
	4	动力电池系统集成、匹配与优化
	5	动力电池故障诊断技术与产业化
	6	动力电池结构与轻量化的产业化
	7	动力电池标准体系建设
	8	锂离子电池性能与安全
	9	动力电池运行机制与能源供应模式
	10	大型充电网络与充换电方式
高级研发需求	1	电池动力系统集成、匹配与优化
	2	锂离子电池性能与安全
	3	动力电池安全与防护
	4	永磁电机与驱动系统高效区的控制
	5	动力电池安全与防护
	6	大型充电网络与充换电方式
	7	动力电池运行机制与能源供应模式
	8	动力电池故障诊断技术与产业化
	9	动力电池标准体系建设
	10	动力电池结构与轻量化的产业化
中级研发需求	1	大型充电网络与充换电方式
	2	动力电池结构与轻量化的产业化
	3	动力电池安全与防护
	4	锂离子电池性能与安全
	5	永磁电机与驱动系统高效区的控制
	6	动力电池运行机制与能源供应模式
	7	动力电池故障诊断技术与产业化
	8	动力电池标准体系建设
	9	动力电池系统集成、匹配与优化
	10	电池组结构、温度场分布与管理

表 2-26 长期研发需求 3 类优先级别要素项目排序表(≥8 年)

优先级别	编号	要素项目名称
顶级研发需求	1	动力电池运行机制与能源供应模式
	2	大型充电网络与充换电方式
	3	动力电池安全与防护
	4	电池组结构、温度场分布与管理
	5	动力电池综合开发
	6	动力电池动力系统集成、匹配与优化
	7	动力电池产业化
	8	动力电池故障诊断技术与产业化
	9	动力电池结构与轻量化的产业化
	10	动力电池标准体系建设
高级研发需求	1	动力电池系统集成、匹配与优化
	2	动力电池安全与防护
	3	大型充电网络与充换电方式
	4	动力电池运行机制与能源供应模式
	5	动力电池结构与轻量化的产业化
	6	动力电池综合开发
	7	动力电池故障诊断技术与产业化
	8	永磁电机与驱动系统高效区的控制
	9	动力电池标准体系建设
	10	电池组结构、温度场分布与管理
中级研发需求	1	动力电池综合开发
	2	动力电池产业化
	3	大型充电网络与充换电方式
	4	动力电池结构与轻量化的产业化
	5	动力电池故障诊断技术与产业化
	6	永磁电机与驱动系统高效区的控制
	7	动力电池系统集成、匹配与优化
	8	动力电池安全与防护
	9	动力电池运行机制与能源供应模式
	10	电池组结构、温度场分布与管理

表 2-27 近期市场需求、产业目标、技术壁垒、研发需求对应性分析

排序	市场需求	产业目标	技术壁垒	研发需求
1	完善的产学研合作开发体系	健全人才培养机制，强化产学研合作	技术研发与市场化	动力电池安全与防护
2	提高消费者对动力电池的认识和接受度	搞好示范城市运行，鼓励社会推广应用	过度依赖政府财政投入	锂离子电池性能与安全 永磁电机与驱动系统高效区控制 动力电池系统集成、匹配与优化 动力电池结构与轻量化的产业化
3	完善动力电池基础设施建设	形成与电力产业互补的产业布局	不同产业间的合作	动力电池故障诊断技术与产业化 大型充电网络与充换电模式 动力电池运行机制与能源供应模式
4	降低动力电池的价格	实现整车成本的有效降低	提高动力电池的容量与寿命	电池组结构、温度场分布与管理 动力电池安全与防护 动力电池系统集成、匹配与优化 锂离子电池安全与性能
5	形成电动汽车畅销车型	实现低成本小型化纯电动车产业化	整车动力性能和关键技术	电池组结构、温度场分布与管理 锂离子电池安全与性能 动力电池安全与防护 动力电池动力系统集成、匹配与优化 永磁电机与驱动系统高效区控制
6	完善的整车及动力电池检测评价体系	完善国家动力电池试验示范区测试能力，为全省动力电池产业服务	动力电池试验检测技术	动力电池标准体系建设 动力电池安全与防护
7	提高动力电池的性能和售后服务	健全动力电池售后及维护配套体系	动力电池安全性和可靠性	动力电池安全与防护 动力电池结构与轻量化的产业化 锂离子电池安全与性能 电池组结构、温度场分布与管理
8	实现动力电池产业集群优势	完善以广州、深圳地区为主体的产业布局，突出地区产业特色	整车制造及动力电池配套	动力电池标准体系建设 动力电池系统集成、匹配与优化
9	提高动力电池的市场占有率	推动私人电动汽车的普及	动力电池性价比	动力电池系统集成、匹配与优化 锂离子电池安全与性能 电池组结构、温度场分布与管理 永磁电机与驱动系统高效区控制
10	完善的整车及动力电池评价标准体系	完善整车及动力电池的评价标准体系和人才培养	动力电池产业标准体系	动力电池标准体系建设

表2-28 中期市场需求、产业目标、技术壁垒、研发需求对应性分析

排序	市场需求	产业目标	技术壁垒	研发需求
1	形成电动汽车畅销车型	实现低成本小型化纯电动车产业化	整车动力性能和关键技术	动力电池系统集成、匹配与优化 动力电池安全与防护 动力电池结构与轻量化的产业化
2	完善的整车及动力电池检测评价体系	完善国家动力电池试验示范区测试能力，为全省动力电池产业服务	动力电池试验检测技术	动力电池标准体系建设
3	完善的产学研合作开发体系	健全人才培养机制，强化产学研合作	技术研发与市场化	动力电池安全与防护
4	提高动力电池的性能和售后服务	健全动力电池售后及维护配套体系	动力电池安全性和可靠性	动力电池系统集成、匹配与优化 电池组结构、温度场分布与管理 动力电池故障诊断技术与产业化 锂离子电池安全与性能 动力电池标准体系建设
5	完善动力电池基础设施建设	形成与电力产业互补的产业布局	不同产业间的合作	大型充电网络与充换电方式 动力电池运行机制与能源供应模式
6	提高动力电池的市场占有率	推动私人电动汽车的普及	动力电池性价比	动力电池运行机制与能源供应模式 大型充电网络与充换电方式 动力电池安全与防护
7	实现动力电池产业集群优势	完善以广州、深圳地区为主体的产业布局，突出地区产业特色	整车制造及动力电池配套	永磁电机与驱动系统高效区控制 电池组结构、温度场分布与管理 动力电池系统集成、匹配与优化 动力电池标准体系建设
8	完善的整车及动力电池评价标准体系	完善整车及动力电池的检测体系和人才培养	动力电池产业标准体系	动力电池标准体系建设
9	降低动力电池的价格	实现动力电池售价的有效降低	动力电池技术	锂离子电池安全与性能 电池组结构、温度场分布与管理
10	实现动力电池技术的跨越式发展	实现整车及动力电池成本的有效技术领先	动力电池配套技术	锂离子电池安全与性能 永磁电机与驱动系统高效区控制 电池组结构、温度场分布与管理

表2-29 长期市场需求、产业目标、技术壁垒、研发需求对应性分析

排序	市场需求	产业目标	技术壁垒	研发需求
1	完善的产学研合作开发体系	健全人才培养机制,强化产学研合作	技术研发与市场化	动力电池运行机制与能源供应模式
2	实现动力电池产业集群优势	完善以广州、深圳地区为主体的产业布局,突出地区产业特色	整车制造及动力电池配套	动力电池综合开发 动力电池产业化 动力电池动力系统集成、匹配与优化
3	提高动力电池的性能和售后服务	健全动力电池售后及维护配套体系	动力电池安全性和可靠性	电池组结构、温度场分布与管理 动力电池故障诊断技术与产业化 动力电池安全与防护 动力电池结构与轻量化的产业化
4	完善的整车及动力电池评价标准体系	完善整车及动力电池的检测体系和人才培养	动力电池产业标准体系	动力电池标准体系建设
5	实现交通能源的转变	实现动力电池大范围的普及推广	动力电池的通用性	动力电池标准体系建设 动力电池故障诊断技术与产业化
6	实现汽车产业的转型	动力电池占据市场主导地位	动力电池性价比	动力电池动力系统集成、匹配与优化 动力电池结构与轻量化的产业化 动力电池产业化 动力电池综合开发
7	完善动力电池基础设施建设	形成与电力产业互补的产业布局	不同产业间的合作	动力电池运行机制与能源供应模式 大型充电网络与充换电方式
8	实现动力电池技术的跨越式发展	实现整车及动力电池的有效技术领先	动力电池配套技术	动力电池产业化 动力电池综合开发 动力电池结构与轻量化的产业化 动力电池系统集成、匹配与优化
9	形成电动汽车畅销车型	实现低成本小型化纯电动车产业化	整车动力性能和关键技术	燃料电池开发与产业化 动力电池综合开发 动力电池动力系统集成、匹配与优化
10	降低动力电池的成本	实现整车售价与传统汽车持平	动力电池技术	动力电池产业化 动力电池综合开发 电池组结构、温度场分布与管理

2.3.6 技术路线图的绘制

通过对市场需求、产业目标、技术壁垒、研发需求四次研讨会会议的总结及调研总结，识别出关键的时间节点，按照时间节点有效地组合和连接各层间的内容，采用科学的方法绘制出适合广东省车用动力电池产业发展的技术路线图，并阐述如何合理配置各阶段的资源，建立并完善相关法规及标准体系等。

归纳总结研发需求研讨会及调研结果，凝练出广东省车用动力电池产业近期、中期和长期的顶级、高级和中级研发需求项目，绘制出清晰、明了的研发需求技术路线图，以便为各个层面的研发投入提供指引。在明确了研发需求项目的基础上，仔细研究各优先研发项目可能存在的风险、利润影响因素及研发完成的时间节点，并指明各研发需求项目的发展模式，绘制出优先研发需求技术路线图、风险-利润路线图及技术发展模式路线图，为科研项目的展开提供科学的依据。为了能够更加清晰地表达本次广东省车用动力电池产业技术路线图的全貌，项目组结合资源配置等要素，绘制出了广东省车用动力电池产业综合技术路线图。

2.3.6.1 研发需求利润与风险分析

项目组以研发需求研讨会及调研结果为基础，对各研发项目进行风险和利润分析，得到近期、中期和长期的研发需求项目风险-利润路线图，见图2-20、图2-21、图2-22。根据各研发项目的研发主体及技术发展模式，绘制出研发需求项目指标表，见表2-30、表2-31、表2-32。

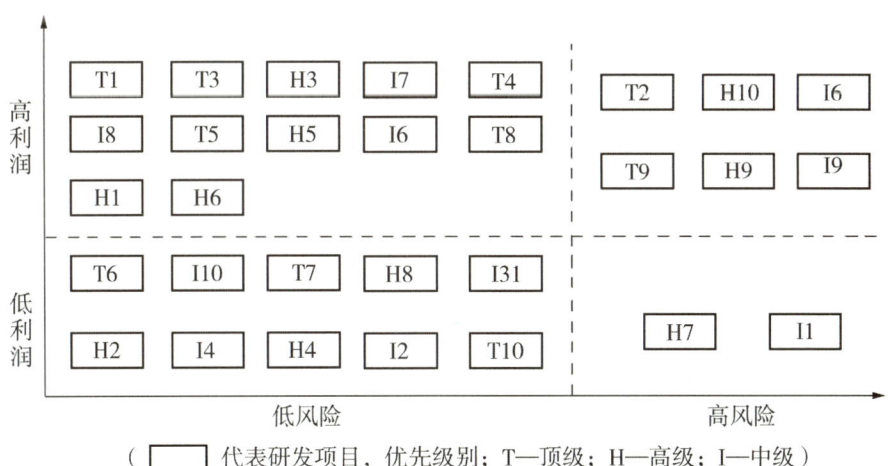

图2-20 近期研发需求风险-利润路线图

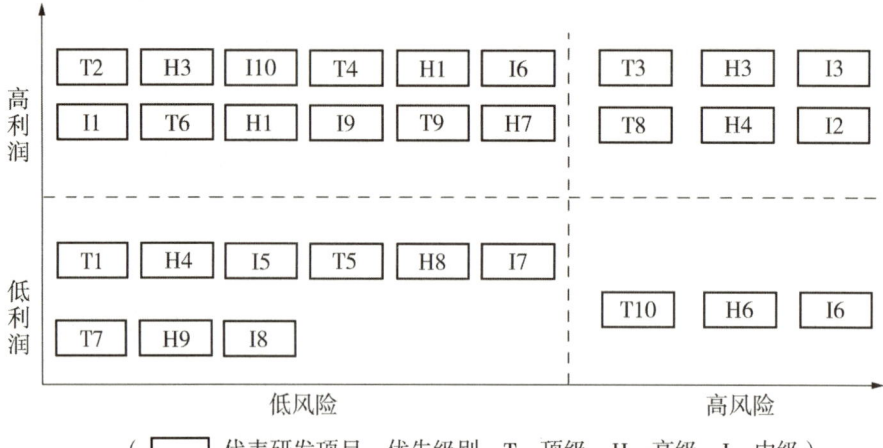

图 2-21 中期研发需求风险-利润路线图

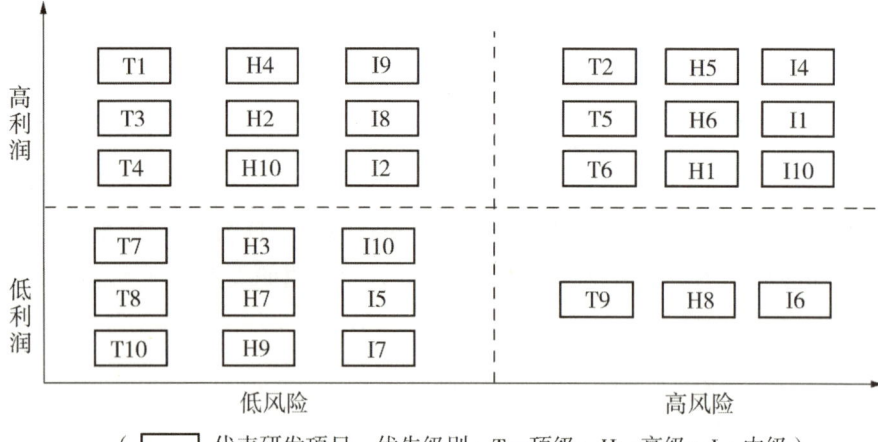

图 2-22 长期研发需求风险-利润路线图

表 2-30 《广东省车用动力电池产业技术路线图》研发需求项目指标表（近期≤3 年）

优先顺序	编号	研发需求项目名称	组织研发主体	技术发展模式
顶级	T1	动力电池安全与防护	高校、科研院所、企业	产学研
	T2	锂离子电池性能与安全	高校、科研院所、企业	产学研
	T3	电池组结构、温度场分布与管理	高校、科研院所、企业	产学研
	T4	动力电池结构与轻量化的产业化	高校、科研院所、企业	产学研
	T5	动力电池动力系统集成、匹配与优化	高校、科研院所、企业	产学研
	T6	动力电池故障诊断技术与产业化	高校、科研院所、企业	产学研
	T7	动力电池运行机制与能源供应模式	高校、科研院所、企业	产学研
	T8	大型充电网络与充换电方式	高校、科研院所、企业	产学研
	T9	永磁电机与驱动系统高效区的控制	高校、科研院所、企业	产学研
	T10	动力电池标准体系建设	高校、科研院所、企业	产学研

(续表 2-30)

优先顺序	编号	研发需求项目名称	组织研发主体	技术发展模式
高级	H1	动力电池系统集成、匹配与优化	高校、科研院所、企业	产学研
	H2	动力电池标准体系建设	高校、科研院所、企业	产学研
	H3	永磁电机与驱动系统高效区的控制	高校、科研院所、企业	产学研
	H4	电池组结构、温度场分布与管理	高校、科研院所、企业	产学研
	H5	动力电池安全与防护	高校、科研院所、企业	产学研
	H6	动力电池结构与轻量化的产业化	高校、科研院所、企业	产学研
	H7	动力电池故障诊断技术与产业化	高校、科研院所、企业	产学研
	H8	动力电池运行机制与能源供应模式	高校、科研院所、企业	产学研
	H9	大型充电网络与充换电方式	高校、科研院所、企业	产学研
	H10	锂离子电池性能与安全	高校、科研院所、企业	产学研
中级	I1	动力电池故障诊断技术与产业化	高校、科研院所、企业	产学研
	I2	动力电池系统集成、匹配与优化	高校、科研院所、企业	产学研
	I3	动力电池运行机制与能源供应模式	高校、科研院所、企业	产学研
	I4	动力电池标准体系建设	高校、科研院所、企业	产学研
	I5	永磁电机与驱动系统高效区的控制	高校、科研院所、企业	产学研
	I6	动力电池安全与防护	高校、科研院所、企业	产学研
	I7	电池组结构、温度场分布与管理	高校、科研院所、企业	产学研
	I8	动力电池结构与轻量化的产业化	高校、科研院所、企业	产学研
	I9	锂离子电池性能与安全	高校、科研院所、企业	产学研
	I10	大型充电网络与充换电方式	高校、科研院所、企业	产学研

表 2-31 《广东省车用动力电池产业技术路线图》研发需求项目指标表(中期 3~8 年)

优先顺序	编号	研发需求项目名称	组织研发主体	技术发展模式
顶级	T1	永磁电机与驱动系统高效区的控制	高校、科研院所、企业	产学研
	T2	电池组结构、温度场分布与管理	高校、科研院所、企业	产学研
	T3	动力电池安全与防护	高校、科研院所、企业	产学研
	T4	动力电池系统集成、匹配与优化	高校、科研院所、企业	产学研
	T5	动力电池故障诊断技术与产业化	高校、科研院所、企业	产学研
	T6	动力电池结构与轻量化的产业化	高校、科研院所、企业	产学研
	T7	动力电池标准体系建设	高校、科研院所、企业	产学研
	T8	锂离子电池性能与安全	高校、科研院所、企业	产学研
	T9	动力电池运行机制与能源供应模式	高校、科研院所、企业	产学研
	T10	大型充电网络与充换电方式	高校、科研院所、企业	产学研

（续表2-31）

优先顺序	编号	研发需求项目名称	组织研发主体	技术发展模式
高级	H1	动力电池系统集成、匹配与优化	高校、科研院所、企业	产学研
	H2	锂离子电池性能与安全	高校、科研院所、企业	产学研
	H3	动力电池安全与防护	高校、科研院所、企业	产学研
	H4	永磁电机与驱动系统高效区的控制	高校、科研院所、企业	产学研
	H5	动力电池安全与防护	高校、科研院所、企业	产学研
	H6	大型充电网络与充换电方式	高校、科研院所、企业	产学研
	H7	动力电池运行机制与能源供应模式	高校、科研院所、企业	产学研
	H8	动力电池故障诊断技术与产业化	高校、科研院所、企业	产学研
	H9	动力电池标准体系建设	高校、科研院所、企业	产学研
	H10	动力电池结构与轻量化的产业化	高校、科研院所、企业	产学研
中级	I1	大型充电网络与充换电方式	高校、科研院所、企业	产学研
	I2	动力电池结构与轻量化的产业化	高校、科研院所、企业	产学研
	I3	动力电池安全与防护	高校、科研院所、企业	产学研
	I4	锂离子电池性能与安全	高校、科研院所、企业	产学研
	I5	永磁电机与驱动系统高效区的控制	高校、科研院所、企业	产学研
	I6	动力电池运行机制与能源供应模式	高校、科研院所、企业	产学研
	I7	动力电池故障诊断技术与产业化	高校、科研院所、企业	产学研
	I8	动力电池标准体系建设	高校、科研院所、企业	产学研
	I9	动力电池动力系统集成、匹配与优化	高校、科研院所、企业	产学研
	I10	电池组结构、温度场分布与管理	高校、科研院所、企业	产学研

表2-32 《广东省车用动力电池产业技术路线图》研发需求项目指标表（长期≥8年）

优先顺序	编号	研发需求项目名称	组织研发主体	技术发展模式
顶级	T1	动力电池运行机制与能源供应模式	高校、科研院所、企业	产学研
	T2	大型充电网络与充换电方式	高校、科研院所、企业	产学研
	T3	动力电池安全与防护	高校、科研院所、企业	产学研
	T4	电池组结构、温度场分布与管理	高校、科研院所、企业	产学研
	T5	动力电池综合开发	高校、科研院所、企业	产学研
	T6	动力电池系统集成、匹配与优化	高校、科研院所、企业	产学研
	T7	动力电池产业化	高校、科研院所、企业	产学研
	T8	动力电池故障诊断技术与产业化	高校、科研院所、企业	产学研
	T9	动力电池结构与轻量化的产业化	高校、科研院所、企业	产学研
	T10	动力电池标准更新优化	高校、科研院所、企业	产学研

（续表2-32）

优先顺序	编号	研发需求项目名称	组织研发主体	技术发展模式
高级	H1	动力电池系统集成、匹配与优化	高校、科研院所、企业	产学研
	H2	动力电池安全与防护	高校、科研院所、企业	产学研
	H3	大型充电网络与充换电方式	高校、科研院所、企业	产学研
	H4	动力电池运行机制与能源供应模式	高校、科研院所、企业	产学研
	H5	动力电池结构与轻量化的产业化	高校、科研院所、企业	产学研
	H6	动力电池综合开发	高校、科研院所、企业	产学研
	H7	动力电池故障诊断技术与产业化	高校、科研院所、企业	产学研
	H8	永磁电机与驱动系统高效区的控制	高校、科研院所、企业	产学研
	H9	动力电池标准体系建设	高校、科研院所、企业	产学研
	H10	电池组结构、温度场分布与管理	高校、科研院所、企业	产学研
中级	I1	动力电池综合开发	高校、科研院所、企业	产学研
	I2	动力电池产业化	高校、科研院所、企业	产学研
	I3	大型充电网络与充换电方式	高校、科研院所、企业	产学研
	I4	动力电池结构与轻量化的产业化	高校、科研院所、企业	产学研
	I5	动力电池故障诊断技术与产业化	高校、科研院所、企业	产学研
	I6	永磁电机与驱动系统高效区的控制	高校、科研院所、企业	产学研
	I7	动力电池动力系统集成、匹配与优化	高校、科研院所、企业	产学研
	I8	动力电池安全与防护	高校、科研院所、企业	产学研
	I9	动力电池运行机制与能源供应模式	高校、科研院所、企业	产学研
	I10	电池组结构、温度场分布与管理	高校、科研院所、企业	产学研

2.3.6.2 资源配置分析

1. 人力资源及研发资源分析

广东省巨大的汽车消费市场及汽车产业的发展，吸引了全国乃至全世界汽车业内人士，同时也吸纳了全国不少优秀的人才落户广东，形成了一支规模不小的产业人才队伍。

电动汽车与传统汽车有着众多的共性技术，省内传统汽车沉淀的技术力量为电动汽车发展提供了保证。省内各院校研究领域分布显示，华南理工大学汽车专业领域研究的范围主要有车辆设计理论与方法、车辆系统动力学与控制、车身工程与轻量化设计、电动汽车设计理论及控制技术、车辆测试技术与故障诊断、车辆电子控制系统、汽车振动噪声分析与控制等方面。华南农业大学汽车专业领域的研究主要集中在车辆现代设计理论与方法、车辆检测与诊断技术、现代交通运输管理及地面车辆系统力学研究。广东工业大学开设的车辆工程专业所研究的领域主要是汽车节能与排放控制、汽车电子控制技术、汽车现代设计技术及方法、车辆自动检测与识别及车辆智能辅助驾驶技术等。中山大学是以电动汽车、能源利用技术、交通运输规划与管理为主。其他大专及中专院校重点培养汽车制造加工及维修领域的中高级人才。

另外,广东省某些科研院所也是电动汽车产业专业技术人员的培养基地,研究院主要构建先进的乘用车车型平台,并在此基础上开发具有市场竞争力的自主品牌整车系列产品;开发和提供技术先进的自主品牌动力总成系列产品;开发和提供汽车其他关键总成、零部件产品和先导/先进技术;为广汽集团商用车企业提供技术支持,根据需要开发商用车整车产品。中国电器科学研究院于2007年成立了工业产品环境适应性国家重点实验室,该实验室在汽车领域的研究主要是开展材料、产品、装备的环境适应性基础理论研究、共性技术研究、试验设备研制和评价与解决方案等。广州机械科学研究院主要从事机械基础技术、基础材料、基础元件领域的高新技术和产品的研发,在液压、光机电一体化装备、密封、润滑、设备润滑状态监测等方面的研究水平居国内先进水平。

汕头国家电动汽车试验示范区作为科技部的一个点、全国唯一的电动汽车试验示范区,经过"九五"至"十一五"的建设已具规模。拥有目前国内唯一的电动汽车运行试验、检测试验数据库;拥有380V、220V、200V三种电动汽车充电网络及充电设备、检测设备、故障测试仪等83台(套),其中进口设备17台(套),可供数十辆电动汽车同时充电和检测;拥有3400平方米的实验楼,400多平方米的检修、维修厂房。有世界范围内的20多辆车进行示范运行,并不定时有新研发的电动汽车在此进行各种性能测试。

广东省电动汽车企业有几十家,在动力电池企业中,全国2/3的电池企业分布在广东省。调研结果显示,广东省电动汽车企业技术人员主要集中在汽车电子领域。从等级分布来看,工程师及技师较多,而教授级高级工程师、高级工程师较少。

高校、科研院所及零部件企业为广东省车用动力电池产业的发展培养了大批的专业技术人才,从而推动了整个产业的发展。但在人力资源配置上,专家认为还存在不少问题,特别是高端人才、创新人才队伍建设问题尤为突出:

(1)高端人才短缺,劳动力生存成本高;

(2)企业大部分技术人员基础理论不扎实,技能较弱;

(3)企业技术骨干人才流动频繁;

(4)零部件产业缺乏生产、管理和营销的领军人物;

(5)省内高校毕业生的能力结构不能充分满足企业的要求。

2. 资源优化配置建议

广东省车用动力电池产业技术路线图制定产业目标的实现,有赖于政府、企业、科研院所、检测机构、行业协会、科技管理部门等部门的共同努力,有赖于资源优化配置,广东省车用动力电池产业资源优化配置路线分5个方面加以论述。

1)夯实广东省车用动力电池技术基础

从广东省车用动力电池产业技术路线图可以看到,近期、长期对应性分析排位第一的内容相同:市场需求要素为"完善的产学研合作开发体系",产业目标要素为"健全人才培养机制,强化产学研合作",技术壁垒要素为"技术研发与市场化",研发需求要素为"加大人才培养投入"。可见技术和人才是振兴电动汽车产业的核心,这也正是广东的短板。广东电动汽车力量薄弱和分散,只有组织起来,形成合力,才能发挥作用,才能让广东的电动汽车产业在全国占有一席之地。

2)组建广东省车用动力电池工程研究院。

广东省汽车产值位列全国第2位,但技术力量的排位要低得多,且分散在华南理工大学、国家电动汽车试验示范区、广东工业大学、中山大学以及广汽集团、比亚迪、五洲龙、广州益维等公司。而且,汽车产业的技术力量仍主要集中于传统汽车方面,真正用在电动汽车方面的研发力量更为单薄。为此,为了广东省车用动力电池产业的发展,必须把这些分散的力量集中起来。现有的广东省车用动力电池产学研联盟组织比较松散,未能发挥预期的作用。建议整合原有资源,组建广东省车用动力电池工程研究院。

广东省车用动力电池工程研究院以华南理工大学机械与汽车工程学院为龙头,联合国家电动汽车试验示范区、广汽集团等有关汽车、电池、电机、电控等单位的专家组成,分设几个专业研究所。该研究院可以挂靠华南理工大学或广东省汽车行业协会,主要承担电动汽车电池及其管理系统,尤其是旨在提高整车综合性能的优化匹配等深层次的课题。经费来源于省发改委、省科技厅、省经信委、省财政厅等有关专项经费。

3)加强车用动力电池专业人才培养,夯实车用动力电池技术基础

全世界车用动力电池技术专利主要掌握在外国人手里,中国仅有很少的一部分,这个严峻的现实足以说明中国技术与世界的差距。随着车用动力电池技术与产业的深入发展,如果广东省再不在基础理论和深层次的研究方面加强修养,与世界甚至省外的差距将会更大。建议加大车用动力电池专业人才培养的力度,在华南理工大学等相关院校设立电动汽车专业或相关课程,将有利于广东省车用动力电池产业的长远发展。

4)建立广东省车用动力电池产业战略规划研究中心

车用动力电池产业的发展,离不开政策和法规的建设。制定和完善广东省车用动力电池产业政策和法规,对于推进车用动力电池产业优化升级,增强企业素质和国际竞争力,促进产业持续发展,都具有重要意义。为此建议:建立广东省车用动力电池产业战略规划研究中心,完善相关政策与法规建设,加强产业发展战略基础研究。

在广东省科技厅支持下,依托华南理工大学、国家电动汽车试验示范区、华南农业大学、广东工业大学、华南师范大学、广汽研究院及广东省科技厅战略规划研究院相关力量,在广东省车用动力电池工程研究院或华南理工大学成立广东省车用动力电池产业战略规划研究中心。其主要工作职责分为4个方面:①承担全省车用动力电池产业基地和区域规划的战略性、前瞻性研究。主要研究广东省车用动力电池产业近中长期发展战略定位、发展方向;研究零部件产业结构、产业布局和产业发展方向对广东省基础设施和资源的要求、相互关系以及相应的规划政策。②承担汽车及零部件产业规划有关问题的综合性、基础性研究。重点开展广东省车用动力电池配套产业现状、企业管理、零部件市场、产学研合作、交通运输管理、汽车产业人才培养、公共设施配套与基础设施建设等有关问题的研

究，为政府决策提供依据。③承担广东省车用动力电池产业规划公共政策研究。组织或参与研究拟定广东省汽车及动力电池产业规划的政策法规草案和技术标准，为社会和规划行政管理部门提供规划政策和技术咨询；推广、应用规划研究成果，指导和参与重大规划的编制，开展规划的实施评估和重大项目的规划前期研究。④承担广东省政府及相关部门交办的其他规划研究任务。

5）建立以提高技术创新能力为核心的车用动力电池企业技术中心

目前，广东省已经形成了以广州为中心、以轿车为重点、以零部件为基础的发展格局。广东省电动汽车产业集群凸显，主要体现在：广州市目前已形成了"东部、北部、南部"三大传统汽车产业基地，基地内企业都从事电动汽车研发；深圳市充分发挥原有电子工业基础的优势，大力发展汽车电子产品，取得了长足的进步，以比亚迪、五洲龙为代表的整车厂在电动汽车领域取得了不俗的成绩；惠州、东莞、佛山、中山市分布着众多的电池、控制器、电机制造厂商。

尽管广东省车用动力电池企业众多，但是技术力量不强，大部分企业自主研发能力弱，并处于低附加值零部件制造阶段。整个产业呈现出研发资源分散的现象。据统计，广东省现有的国家级企业技术中心不足10家。在目前的条件下，建设以动力电池为主体的技术创新体系还需政府对企业的研发能力进行相应的扶持与培养。建议在广东省政府的引导下，全省统筹规划，建立一批零部件国家级技术中心及省级企业技术中心，重点提升企业的自主研发水平和创新能力，提高广东省车用动力电池研发实力，促进产学研合作，为零部件产业培育一批技术精英。

同时，建议省政府加大对车用动力电池研发的支持力度，推动车用动力电池向综合化、深层次方向发展。电动汽车发展到今天，需要的不仅仅是开得动的电动汽车，而是要研发出安全可靠、经济适用、能满足用户需求的电动汽车。概括起来有以下几方面内容：①必须是安全的；②动力系统匹配合理、高效，节能效果好；③动力电池性能不断提高，价格不断下降；④通过示范实践，提出一种合理、经济的运行模式。除了上文中列出的近期和中期各10项研发需求、长期12项研发需求，在研发过程中，还可以提出新的、更贴合实际需求的研发内容。

3. 坚持大力发展纯电动汽车的方向，走低成本、小型化优先发展的技术路线

对广东省电动汽车产业技术路线图的研究发现，中期对应性分析排位第一的是：市场需求要素为"形成电动汽车畅销车型"，产业目标要素为"实现低成本小型化纯电动汽车产业化"，技术壁垒要素为"整车性能和关键技术"，三个要素显示需要走低成本、小型化优先发展的技术路线。

1）广东应大力发展纯电动汽车

为什么要发展电动汽车？第一是节能，第二是环保，第三是调峰，第四是为中国寻找一条实现汽车产业跨越式发展之路。要正确理解纯电驱动是国家发展电动汽车的重要战略，由此才能把握正确的发展方向。目前，日本掌握了电动汽车72%的专利，主要在混合动力电动汽车方面,广东的技术力量比较单薄,更适合发展相对 HEV 技术要求略低的纯电动汽车。

2)发展电动汽车目标应定位于满足用户的实际需求

纯电动汽车的储能装置是电池,其比能量比燃油低得多,磷酸铁锂电池约为 150W·h/kg,锂离子电池能达到约 200W·h/kg,而燃油大于 10 000W·h/kg,电动汽车不要在制造成本、续行里程、充电时间上与传统汽车比较,而应定位于能源紧张又要求更环保的情况下如何达到用户使用要求。

目前城市居民乘用车、城乡运输商用车每天行驶里程大多不到 100 km(长途运输除外),经济实用型纯电动汽车可以满足这部分用户需求。城市用公交车、出租车行驶里程长、排放量大,用电动汽车很合适,如何解决快充和快速更换电池的难题,使得里程问题迎刃而解是目前的研究方向,另外,农业机械续行里程不长,特别适合纯电动驱动技术的应用。

3)发展电动汽车应走低成本小型化的技术路线

国家补贴和政策大力支持推广应用电动汽车,达到很好的效果,但随着补贴退坡和政策的改变,发展生产成本低、使用成本低、使用方便的小型化电动车成为另一个重要的推广途径。许多人认为,应该用发展电动自行车的技术路线来推动小型低速电动汽车的发展,再用发展小型低速电动汽车的技术路线推动常规电动汽车的发展。实践证明,这条路线是正确的。中国电动自行车起步比日本、德国晚,技术水平比它们低,但近几年来电动车销量不断增加,市场占有率也随之提高,但这并不说明中国的电动自行车技术比国外先进,而是性价比比国外高得多,能满足用户的使用要求。很多公司实行这条低成本、小型化、多样化的纯电动汽车发展的技术路线,已经获得了初步的成功。应该大力支持该类企业的发展,使它们做大做强,走向全省,实现"农村包围城市"的目标。

4)液化气汽车在一定程度上阻碍了电动汽车的发展

对于节能与新能源汽车,中国在"十五"之前只有电动汽车概念,"十五"期间称为清洁汽车(含气体燃料、醇类燃料、甲醛类燃料等)、"十一五"期间称为新能源汽车(含气体燃料和电动汽车),到"十二五"规划,又回到了电动汽车的称谓。世界各国只有电动汽车一种提法,2012 年 3 月科技部出台了《电动汽车科技发展"十二五"专项规划》,未提及其他能源汽车。

由于发展燃气汽车在技术层面上比电动汽车容易得多,而且经济性能也好,为用户所接受,政府部门容易得到政绩,也乐于推广。相比之下,发展电动汽车的难度大很多。部分人缺乏战略思维,怀疑发展电动汽车的必要性,不积极推广电动汽车,这种看法和做法影响了电动汽车的发展。事实上,石油气、天然气与石油一样同属于石化燃料,同为一次能源,在内燃机中燃烧产生能量,有排放,依然会对环境造成破坏。这种"新能源汽车"实际背离了以节能、环保、调峰和保证国家能源战略安全为目标的电动汽车发展宗旨。

4. 建立广东省动力电池性能检测评估体系是发展电动汽车的当务之急

广东省动力电池产业路线图研究中期目标显示,排在第二位的市场需求要求为"完善的整车及关键零部件检测评价体系",产业目标要素为"完善国家动力电池试验示范区检测能力,为全省动力电池产业服务",技术壁垒要素为"动力电池试验检测技术",三者均凸显检测对于动力电池产业技术发展的重要性。

1)检测是产品质量的保障,是技术标准验证的条件

产品检测评价体系包括检测条件和产品技术标准体系两个方面,它是产品质量技术的支撑条件,也是推动产业技术发展的先决条件。因此,要发展产业,检测评价体系必须先行,有了完善的技术标准体系和检测条件,才能验证产品质量是否符合技术标准的要求,才能保证产品质量,推动产品技术的提高。

2)国家动力电池试验示范区的检测条件处于国内领先水平

根据科技部的部署:中国汽车技术研究中心(原称天津中心)负责传统乘用车的质量检测工作;中国汽车工程研究院(原称重庆汽车研究所)负责传统商用车的质量检测工作;试验示范区负责动力电池的质量检测工作。要求三个单位相互合作,不要重复建设。到目前为止,全国只有试验示范区建成了电动汽车整车运行性能检测实验室、动力电池安全性能检测实验室和动力电池系统性能检测实验室,可以根据动力电池的技术标准要求开展对电动汽车整车、电池进行动力性能、经济性能和安全性能的测试。在整车能量流瞬时值、整车安全性能、整车经济性能、电池一致性、电池安全性能、电池选配组方法检测等方面填补了国内空白。示范区拥有目前国内唯一的电动汽车运行试验、检测试验数据库;拥有380V、220V、200V三种电动汽车充电网络;拥有充电设备、检测设备、故障测试仪83台(套),其中进口设备17台(套),可供数十辆电动汽车同时充电和检测。自示范区建成以来,已为国内外50多款电动汽车、60多个品牌的铅酸电池、镍氢电池、镍镉电池、磷酸铁锂、锰酸锂电池和超级电容器进行性能测试,在进行产品检测的同时,还提出产品质量分析报告和改进意见,突出了为企业服务的思想,受到企业的欢迎。

但是,试验示范区的检测条件还不够完善,离国家实验室认可认证条件还有一定差距,需要进一步建设和完善。如果放弃对实验示范区的支持,重新部署新的检测单位,由于这些新的单位缺乏对电动汽车的认识和实践,三五年内发挥不出什么作用,这对广东省动力电池发展行业是非常不利的。因此,完善试验示范区的检测条件建设是发展战略性新兴产业的当务之急。

3)加快完善广东省动力电池技术标准体系建设

汽车及动力电池制造业贯彻标准已经成为行业和企业的惯例。企业如果没有标准,就会无序生产、设计、制造,材料消耗无章可循,这些问题造成的损失是不可估量的。标准的制定与科技进步息息相关,只有当标准水平与科技发展水平相当时,标准对生产的促进作用才能充分地体现出来。所以,标准制定和实施的不断更新和适时性就显得尤为重要。20世纪80年代末期,我国汽车行业成立了汽车专业标准化委员会,对标准进行了清理和

整顿，按照标准化法初步建立了强制性和推荐性标准体系，基本保持了与汽车技术的发展同步。但是，动力电池标准体系还没完善，尽管已经颁布了40多项，还有10多项仍在审批中。广东省的一些企业也建立了自己的标准，当然仅适用企业内部。针对广东省汽车及动力电池标准体系现状，建议由广东省代表性的企业牵头，联合众多相关重点企业及高校、科研机构，尽快完善广东省动力电池产品标准体系，以规范广东省汽车及动力电池产业市场，引导企业技术创新，带动整个产业的发展。积极调动尽可能多的企业参与，坚持民主集中原则，缩短与国际标准之间的差距。

5. 没有经济效益就没有市场

广东省电动汽车产业技术路线图研究的近期和长期目标中，市场化问题都排在技术壁垒要素的首位。这说明没有市场拉动，就无法实现电动汽车的产业化。

如果没有政府补贴，示范企业就难以负担。这种靠政府拿钱买示范的做法，很难取得成功。相反，山东省实施发展低成本、小型化的纯电动汽车的技术路线，不用花国家一分钱，产业蓬勃发展了。其原因就是既能满足用户使用要求，又有经济效益。

6. 发挥政府的主导作用要落实于行动

在广东省电动汽车技术路线图研究过程中，许多方面都要依靠政府的支持，如研发规划、基础设施建设、人才培养、示范应用、政策措施、经费投入等。政府只有合理使用资源，才能真正发挥主导作用。

1) 政府既要有发展战略，更要有实际行动

广东省政府将电动汽车列为战略性新兴产业，很有远见，也符合国情和省情，这是非常重要的。紧接着要制订切实可行的实施方案，明确发展方向和重点，选择正确的技术路线，再编制可行的实施计划，这也非常重要。这些工作应该认真依靠省内外电动汽车界专家来完成，切忌被少数人误导。此外，在推广应用过程中，政府带头应用非常重要，如果只停留在口头上，号召别人使用，自己不去使用，就违背了身教重于言教的原则，很难推广应用。因此，电动汽车的政府采购措施要落实，除了跑长途的部分车辆之外，其余公务车应坚持逐步使用电动汽车。

2) 认真做好示范工作，以事实做出榜样来

既然是电动汽车示范城市，就得明确示范目标，给其他城市做出榜样。要为全省的其他县(市)推广铺平道路。广东省的示范推广工作，应该发挥试验示范区的作用，它有十多年运行示范的经验与教训，全国的示范城市都来学习，广东就更要发挥其作用。示范工作就是要找到推广应用的出路，过分依赖政府补贴过日子是不行的。

3) 政策的目的在于激励和引导，而不是单一的补贴

法国推动电动汽车的政策值得借鉴。概括起来可分为三类：一是强制性政策。如规定拉·罗谒尔市、波尔多市等，必须全部使用电动汽车(包括电动船)，所有燃油汽车到了环市路时，必须停驶，换成电动汽车进入市区；所有电动汽车只能在城市中使用，不准上高速公路等。二是补助性政策，如实施超价(同等燃油车价)补贴、电池租赁、免收购置税

费、享受谷电电价等,减轻用户的经济负担;三是鼓励性政策,如规定所有停车场都要安排一定比例的电动汽车专用停车位,很多不准燃油车停车的街道(包括巴黎市)都设有特许的电动汽车专用停车位,为电动汽车用户提供方便。这些政策是由总理直接领导下的跨部门的协调办公室制定,容易得到各部门的支持和实施。当然,政府给钱补贴还是需要的,但是,不只是光给钱而没有其他配套的措施。

4)实施一些必要的强制性措施

英国政府规定:凡是城市使用的送奶车、送报车,必须使用电动汽车;北京市政府也规定:逐步使用电动汽车来取代现有的环卫车、邮政车和"面的型"小货车;日本所有电力公司都规定:凡是可以不跑长途的公务车,一律使用电动汽车。政府需要制定一些类似的强制性措施。

7. 在运行机制方面,更多发挥企业的主力军作用

广东省电动汽车产业技术路线与企业相关的要素不少,如"完善产学研研发体系""不同产业间合作""完善电动汽车基础设施建设""形成与电力产业互补的产业布局""不同产业间的合作"等,都排在各种要素的前三位。这表明在运行机制方面充分发挥企业的作用与创新精神的重要性,也有助于推动电动汽车产业的发展。

1)企业的自主开发体系非常重要

虽然强调加强产学研合作,但也要重视企业自身的研发基础。比亚迪公司就是从电池行业发展壮大的,进入汽车行业时间不长;深圳五洲龙也一样,而且都是民营企业,汽车技术力量都比较薄弱。但是,他们是投入自己的资金进行电动汽车的研发,组建了专业的自主技术开发队伍,执着攻关,最终获得成功,取得不错的成绩,处于国内前列。而国内许多技术及资金实力都很强的汽车企业,在电动汽车自主研发方面取得的成绩同企业的力量相差甚远。

2)电网公司的参与是促进广东省电动汽车产业发展的强大助推力

为实现电网调峰的目标,电力部门成了电动汽车的真正发动者。电力部门是国资委下属企业,能够无条件实施国家发展战略,电力部门可以投资建设抽水蓄能站,也可以将这些资金转向充电网络建设,实现调峰的目的。

3)实行电池租赁的运行机制是降低电动汽车成本的有效措施

电动汽车之所以成本高,最主要的原因是动力电池成本较高,如果使用锂电池作为蓄电池,其成本已超过整车的1/2;如果使用铅酸电池,约占整车成本15%左右。而纯电动汽车的使用成本为燃油汽车的1/3~1/5,甚至更少。因此,实行电池与整车分离的租赁制,可以大大减轻用户的负担。租赁电池的投入,可以从使用成本、电池梯级使用、电池回收利用等方面来分摊。同时回收还可防止电池二次污染的发生。

4)快速更换电池和建立超级充电桩是电力部门提供的一种实用模式

解决续航里程的有效方法就是快速更换电池和电池快充技术,而且已经获得成功。蔚来汽车提供电动汽车快速换电体验中心,电动轿车换一套电池只需57秒,可以节省汽车充电时间。可以充分利用谷电，为电网调峰，实现与电网的互补，因此深受电网和发电厂的欢迎。同时换电既保护了电网，又保护了电池，避免了快速充电带来的损害，但是换电技术对于电池 SOC 状况评估体系还有待完善。此外还有利于电池的统一管理、维护和回收，应予以大力提倡和推广。快充技术的发展，首先需要大量布局超级充电站，在一些大城市得到了很好的应用，一辆汽车充 2 h 就能达到超过 600 km 的续航里程，但是对于超级充电桩的布局仍需要改进，经常会出现没有快充，或者快充被占用的情况。

本 章 小 结

对产业技术路线图制定的准备、开发和修正三个阶段进行介绍，汇聚相关领域的科技专家、政府决策者和技术成果使用者参与整个产业技术路线的制定过程，调查国内动力电池产业区域发展特征，以广东省为例，介绍地区动力电池产业技术路线图的制定过程。深入剖析广东省动力电池产业技术发展概况和存在的主要矛盾，利用德尔菲法、头脑风暴法、情景分析法、SWOT 法（态势分析法）、雷达图分析等方法，根据现有产业布局对广东省动力电池产业发展市场需求、产业目标、技术壁垒和研发需求进行分析，得到广东省动力电池产业发展技术路线图。

参 考 文 献

[1] 曾路,孙永明. 产业技术路线图原理与制定[M]. 广州:华南理工大学出版社,2007.
[2] 李兴华. 产业技术路线图[M]. 广州:广东科技出版社,2008.
[3] PHOOL, R. Society of Motor Manufacturers and Traders Ltd. Foresight Vehicle Technology Roadmap[M]. Forbes House,2004.
[4] 李晓涵. 我国新能源装备制造企业智造化发展技术路线图研究[D]. 哈尔滨:哈尔滨工程大学,2018.
[5] 李克卿,陆文星,梁昌勇. 管理视角下中国新能源汽车动力电池的回顾与展望[J]. 科技管理研究,2020,40(05):173 – 177.
[6] 弘毅. 2020 动力电池企业排行榜[J]. 互联网周刊,2020(12):22 – 23.
[7] 兰凤崇,黄维军,陈吉清,等. 新能源汽车产业专利分析综述[J]. 科技管理研究,2013,33(21):104 – 119.
[8] 左俊. 广东省新能源汽车产业发展的扶持政策研究[D]. 桂林:广西师范大学,2019.
[9] 中汽协. 编辑部:2019 年汽车销量下降 8.2%[J]. 汽车与配件,2020(03):25.
[10] 安富强,赵洪量,程志,等. 纯电动车用锂离子电池发展现状与研究进展[J]. 工程科学学报,2019,41(01):22 – 42.
[11] 戎泽,李子坤,杨书展,等. 锂离子电池用碳负极材料综述[J]. 广东化工,2018,45(02):117 – 119.
[12] 金东. 锂电池高端隔膜技术亟待突破[J]. 电动自行车,2018(06):25.
[13] 马建,刘晓东,陈轶嵩,等. 中国新能源汽车产业与技术发展现状及对策[J]. 中国公路学报,2018,31(08):1 – 19.
[14] 于保军,于文函,孙伦杰,等."十三五"我国纯电动汽车战略规划分析[J]. 汽车工业研究,2018(02):40 – 48.

[15] 黄一峰．整车企业新能源汽车发展规划研究[D]．广州:华南理工大学,2014.
[16] 安富强,赵洪量,程志,等．纯电动车用锂离子电池发展现状与研究进展[J]．工程科学学报,2019,41(01):22-42.
[17] 郑安文,应保胜,郭健忠,等．新能源汽车产业人才培养课程体系改革与实践[J]．教育教学论坛,2016(41):67-68.
[18] 抄佩佩,高金燕,杨洋,等．新能源汽车国家发展战略研究[J]．中国工程科学,2016,18(04):69-75.
[19] 杨清雨．哈佛分析框架下的欣旺达企业分析[D]．北京:首都经济贸易大学,2018.
[20] 李学楠,崔炎．电动汽车动力电池性能发展趋势探析[J]．中国设备工程,2019(01):166-167.
[21] 欧阳明高．中国新能源汽车的研发及展望[J]．科技导报,2016,34(06):13-20.
[22] 兰凤崇,等．广东省汽车产业知识产权状况研究(项目编号2008A070500004)[R]．广州:华南理工大学,2010.

3 动力电池系统关键技术问题分析

第 2 章已经明晰了动力电池产业发展的技术路线图,给动力电池产业的发展提供了大体方向。科学技术是第一生产力,落实到具体产业的发展,技术研发、技术创新必将是最大的动力。这都要求对创新研发的具体方向做进一步的研究与探讨。本章从近几年的动力电池关键技术知识产权出发,探究专利技术的申请趋势,并结合当前动力电池的具体技术现状与技术痛点,分析得出动力电池系统关键技术的具体研发需求。

3.1 动力电池系统关键技术知识产权分析

近年来锂离子动力电池专利技术成果转化效果显著,生产锂离子电池的企业遍地开花,是发展最快的绿色环保产品之一。但锂离子动力电池产业发展同样面临成本高、可靠性差、尺寸不统一、回收利用体系不健全等问题。随着正极材料技术的突破,如采用 LCO、NCA、NCM、LFP、LTO 等为正极材料,电池能量密度有所提高,电池成本有所降低[1]。此外,随着能量密度的不断提高,锂离子电池的发展瓶颈逐渐变为电池的安全性。由于电池单体热失控不可能完全杜绝,如何防止热失控诱发和蔓延成为技术壁垒。特殊的热管理、充放电和评估系统,以防止过充或过放,是确保电池安全工作的前提[2]。未来的动力电池将向着更安全、更长寿、更高能量密度、充电速度更快的方向发展,锂离子电池的成本有望大大降低。到 2020 年单体价格降到 1.0 元/瓦时,系统降到 1.5 元/瓦时,能量密度可达 $300W·h/kg$[3]。

在全球锂离子动力电池技术研发和产业化进程中,形成中、美、日、韩四足鼎立的局面,日本在技术研发方面领先;韩国市场份额位居全球第一,中国第二;中国的电池企业数量最多,产能最大,产品错综复杂,缺乏统一标准。

在日本、韩国、美国等汽车制造大国,政府高度重视动力电池的发展并出台相应政策大力推动电池产业和技术发展。为了推动中国电动汽车产业发展,国家科技部、发改委、工信部等几大部委相继出台了新能源汽车重点研发专项(科技部"十三五"计划,2016—2020)、《中国制造 2025》以及《汽车产业中长期发展规划》等一系列政策,对汽车锂动力电池发展提出新的要求[4-5]。通过政策的实施,我国锂离子动力电池技术革新加快,产业面临转型升级。

借助 TI 数据库和广东省专利信息服务平台,编写检索表达式,获取锂动力电池及其管理系统等相关技术领域专利数据,经过统计,对目前动力电池的专利技术现状进行分析,为锂离子动力电池产业发展及技术研究方向提供参照。

3.1.1 全球专利分析

3.1.1.1 申请趋势分析

编写有关动力电池材料和管理系统的检索式，在 TI 数据库检索，得到全球专利申请总量为 95 712 件。从专利申请时间趋势图(见图 3-1)可以看出，1999—2008 年，全球处于新能源动力电池研发探索的萌芽阶段，故专利申请量较少。2009—2014 年，随着各国对新能源汽车电池技术的研发投入，全球专利申请量增长迅速。处于动力电池技术储备阶段，从 2009 年的 2808 件增长到 2014 年的 8403 件。随着全球各国制定传统燃油汽车禁售时间表，新能源汽车的发展被推上风口浪尖，2015—2017 年动力电池专利申请量增长迅猛，动力电池产业结构发生巨大改变，国内外电池企业迅速扩充产能和市场布局。上述情况说明近几年全球对于锂离子电池关注程度不断上升，研发投入增加，对锂离子动力电池的知识产权保护意识不断提高。

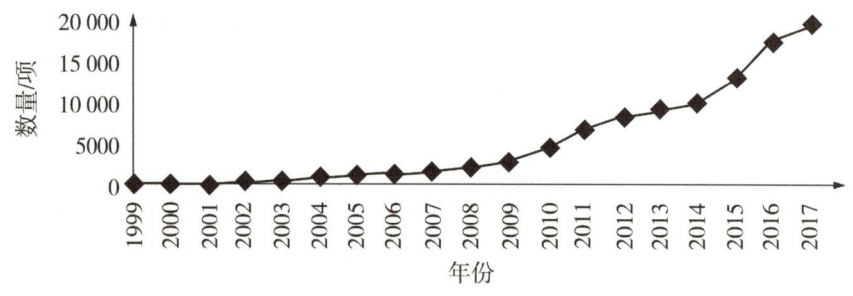

图 3-1 全球动力电池专利申请趋势(1999—2017)

经过政府、企业和高校研发团队的努力，新能源汽车行业已经形成了以整车企业牵头、关键零部件配套、产学研合作、政策、法规、技术标准各方面协调的研发战略[6]。动力电池申请量在 2020 年达到顶峰，未来几年是电池产业发展的最佳时间，专利技术推广应用的着力点在于提高高能量密度动力电池的安全性、使用寿命和新能源汽车的续航里程等性能。

3.1.1.2 申请国家专利分布分析

不同国家的技术储备和战略布局不同导致对锂离子电池研发投入千差外别，其专利申请数量如图 3-2 所示，其中，中国、日本、韩国、美国对新能源汽车电池技术发展重视程度最高，故专利申请量最多，日本占总量的 35.1% 高居榜首，中国、韩国及美国则以 29.8%、12.8%、10.0% 紧跟其后，四个国家占比高达 87.7%，奠定了在锂离子动力电池领域的主导地位。

日本电池企业主要分成两部分，一部分与日本整车企业合资进行新能源汽车电池的开发，另一部分作为独立供应商面向市场进行电池供应，主要以松下为代表，为大众、特斯拉等多家主流车企供货。两部分企业都有相应的研发、配套团队，在功率密度型和能量密度型动力电池领域的技术处于世界领先。如松下采用 NCA 和硅碳负极组合制成的 18650 型电池容量高达 3500mA·h，循环寿命为 2000 次以上；高镍正极材料技术也得到了很大突破。从专利申请量看出，日本在纯电动汽车用动力电池及其管理系统领域都是实力最强者，掌控着绝大部分专利技术。

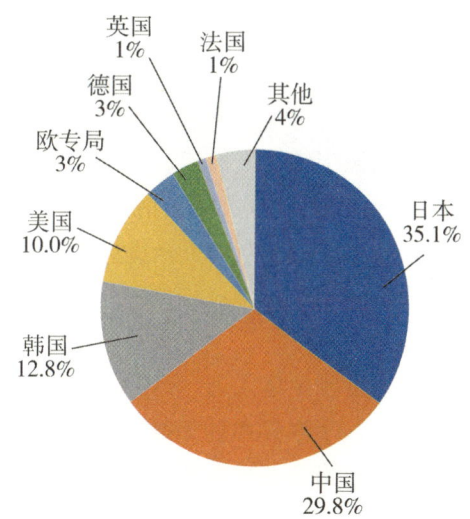

图 3-2　全球锂离子动力电池领域的专利申请国家和机构分布

中国锂离子动力电池的研制起步较晚，但后来者居上。国务院、发改委和工信部等部门出台相关政策推动动力电池的产业化和电池模块的标准化。在"十三五"规划中设立了新能源汽车重点研发专项，对高性能动力电池的研发提出了新的要求。在政策支持和推动下，企业和高校在锂离子动力电池技术领域得到突破，锂离子电池性能不断得到改善和提升。随着对电池技术知识产权的保护意识不断提高，一批高水平的专利技术得到保护。各项政策从单体、成组到系统集成技术提出新一轮要求，力求突破技术壁垒，研发出新一代高能量密度、高安全性的新体系电池，加快产业化进程。同时淘汰一批低端企业，培育一批具有自主创新和持续发展的动力电池龙头企业，促进电池尺寸标准统一，加快健全动力电池回收体系。在政策的推动下，国内锂离子电池产业发展初见成效，目前国内动力电池的产能、规模和技术水平已经与国际水平相当，处于全球领先的位置。

韩国知识经济部支持的项目涉及纯电动汽车和储能两大应用领域。以绿色引领发展的二次电池技术研发项目，涉及锂离子电池关键材料（正负极材料）、应用技术研究（针对储能及纯电动汽车领域）、评价与测试基础设施、下一代电池研究等 4 个子项目，以期在韩国打造完善的动力电池产业链[7]。韩国企业对锂离子动力电池材料和管理系统等重点专利进行保护，对专利成果进行转化提升竞争力，促进产业增长，形成一批具有全球竞争力的电池企业。在政府的扶持和协调下，锂电池产业的行业集中度非常高，完全由三星 SDI、LG 化学和 SK 三家巨头垄断，形成了一种较为良性的竞争和合作关系，共同推动了产业的发展。反观我国在过去十年里，两三百家锂电企业在全国大地遍地开花，这种低水平重复建设显然对我国锂电产业整体产业水平的提升并无裨益。

美国能源署重点加快插电式混动汽车锂电池的研发，2012—2017 年，美国投入研发新的正负极材料，电解质使电池能量密度从 100W·h/kg 提高到 250W·h/kg。在 2017—2027 年规划研究（如锂-硫、锰离子等）新体系电池来降低电池生产成本，规划中涉及磷酸铁锂、锰酸锂和三元电池体系[8]。随着特斯拉在中国建厂，中美电池技术水平将得到一定程度突破，产业化配套也将会大幅度提升。

中日韩三国目前已基本垄断全球动力电池市场，日本以松下为代表，韩国以 LG 化学、三星以 SDI 为代表，中国企业以宁德时代、比亚迪等为代表。新能源汽车的快速发展带动了上游动力电池产业的市场需求，动力电池的上下游行业如碳酸锂、隔膜、正负极材料等多个领域引来大量投资。快速的建厂扩产直接导致产能过剩和产品同质化严重，另外 2018 年上游原材料价格继续上涨，压缩了动力电池行业的利润空间，淘汰落后产能势在必行。由于技术上的创新和资金优势，动力电池产业集中到龙头企业已成必然趋势。

3.1.1.3 主要申请人专利分析

对专利申请人进行标引，得到前 30 位申请人专利数量占全球总量的 40%，前 15 位主要申请人掌握着大量专利技术，占总量的 27.6%，这表明专利成果集中度高，但随着新能源汽车战略的不断推进，部分专利分散化，难以发掘，可利用价值有待提高。前 15 位主要申请人都是中、美、日、韩企业（见图 3 - 3），其中日本企业就有 8 家，韩国企业主要有三星和 LG 化学。这些企业在全球锂离子电池行业都有较大的竞争力，可见日本、韩国在锂离子电池行业专利技术占有巨大优势。欧美企业有博世排在第 11 位，其涉及领域主要是动力电池管理系统技术与系统集成。中国企业也申请了大量专利，但申请年代比较靠后，专利技术价值有待提升。在国家政策推动和企业发展规划下，这几年涌现一批动力电池生产企业，申请量最多的是宁德时代，有 1146 件，排在第 10 位。比亚迪、天津力神和国轩高科紧跟其后，有 978、946 和 732 件，分别排在 12、13 和 15 位。

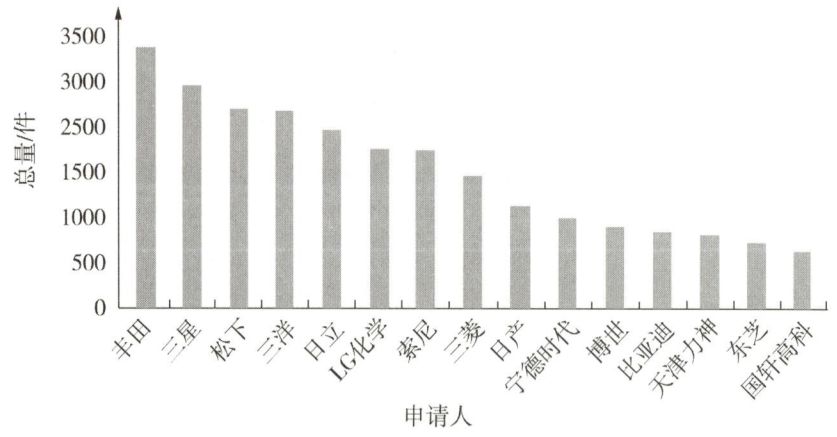

图 3 - 3　全球专利主要申请人分析

从申请人专利申请数量可得，日本申请人数量最多，申请总量最大，技术储备时间长，能力比较均衡，在动力电池技术领域起主导地位。韩国企业集中度高，行业影响力大，专利成果价值转化效率高，这也是韩国锂离子动力电池企业成为领军企业的重要原因之一。中国作为后劲主力军，其企业数量最大，专利申请量较大，但分布过于分散，需要加快产业资源整合的步伐，使专利技术将得到进一步的利用。

3.1.2 中国专利分析

3.1.2.1 申请趋势分析

编写有关动力电池材料和管理系统的检索式,在广东省专利信息服务平台检索,得到全国专利申请总量为44 053件。

中国对锂离子电池领域研究起步较晚,申请专利数量趋势如图3-4所示。受奥运会和绿色环保理念的影响,2007年以前中国处于新能源战略布局与探索阶段,专利申请量少,这一阶段是锂离子动力电池技术研发初期;2008年以后,在国家和地方政府的大力支持下,为追求更高能量密度的锂离子动力电池,正负极材料、隔膜和电解液等关键技术领域得到突破,一批较高质量的专利被申请,申请数量增加很快,到2012年已突破3500件。2012年到2013年锂离子动力电池发展趋势不明朗,下游市场产业仍处于开发阶段,国内各企业在动力电池领域刚开始投资和布局,导致专利申请量申请放缓。随着国家导向、企业的投入和渐渐明朗的发展态势,2014年开始迎来了申请小高峰,2016年达7373件,2020年突破10 000件,且专利技术价值将会大大提高。

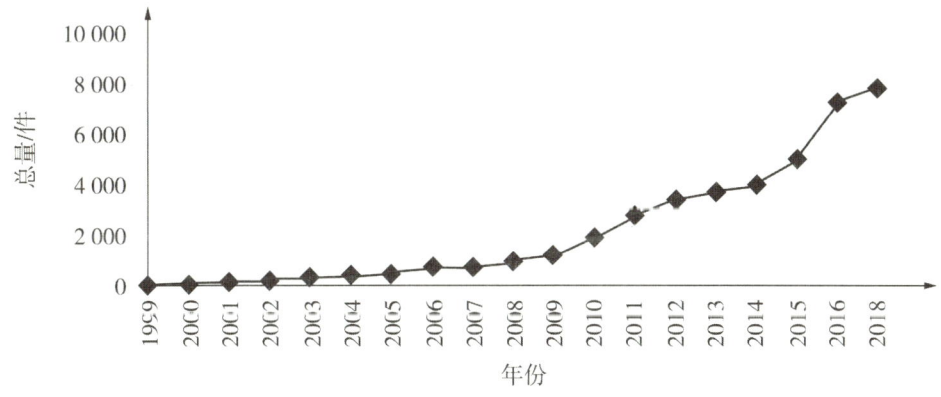

图3-4 锂离子动力电池中国专利申请趋势

到目前为止,科技部、工信部和各部委对锂离子电池技术研发的经费投入已经超过30亿元。现阶段比亚迪、广汽新能源、吉利、北汽新能源等企业已经研制并生产了一批具有竞争力的新能源车型。以企业为主体,打通产业链上中下游,企业之间形成产业联盟,集中各企业力量,对锂离子电池技术和电池产品进行攻关。经过近10年的发展,动力电池产业布局已经粗具规模,企业间建立了良好的合作机制。

在国家大力支持下,锂离子电池的技术路线变为负极材料以人造石墨和复合硅碳材料为主,正极材料朝着高镍低钴方向发展。随着国家补贴政策调整和双积分政策的实施,汽车和电池企业面临严峻的考验,迫使企业加大对电池技术研发的投入。企业需要通过创新,探索新技术、新产品、新业态、新商业模式,这将对建立电池技术新体系起到积极的推动作用[9]。《中国制造2025》提出动力电池能量密度需要突破400W·h/kg,要达到这样一个目标,对生产企业和研发机构提出了新的挑战。

3.1.2.2 申请国家分布分析

中外合作交流促进了资源和技术共享,其他国家申请人在华申请专利数量也在不断增加。外资、合资企业在华生根发芽使得中国锂离子动力电池企业面临严峻挑战,对在中国申请专利进行国家标引得到中国专利申请人专利申请情况,如图3-5所示,其中,中国、日本、韩国、美国申请人的专利申请量最多,4个国家申请人申请总量高达43 306件,占比为98.3%,其中国内申请人为37 209件,占总量的84.5%,日本、韩国和美国紧跟其后,其申请量均达到1000件以上,分别为3670、1300、1127件,占总申请量的8.3%、2.9%和2.6%,其余国家申请总量较少,不足500件。从近年锂离子动力电池产业发展状况看出,中国、美国、日本、韩国产业布局广、市场份额大、知识产权保护意识强,对专利技术的有效保护与成果转化能够推动锂离子动力电池行业向前发展。

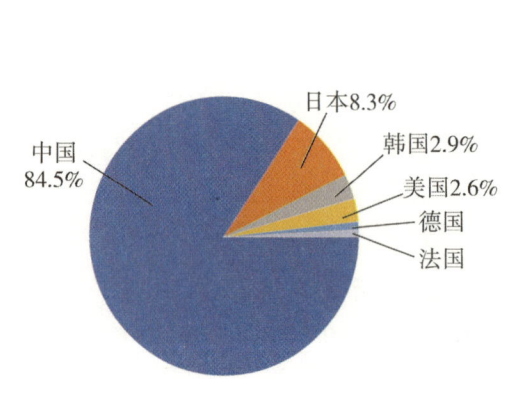
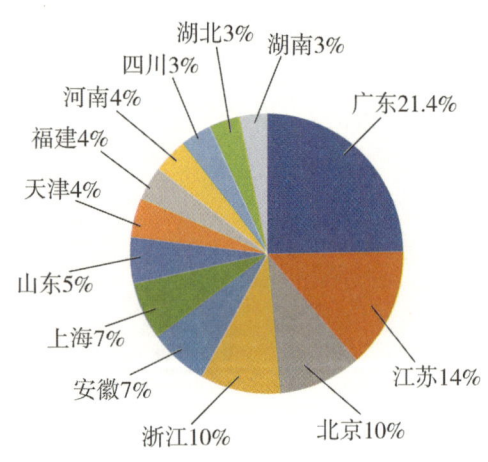

图3-5 锂离子动力电池中国专利申请国家分布　　图3-6 锂离子动力电池中国专利申请范围

3.1.2.3 申请区域分布分析

经济发展与地区繁荣程度成正比,中国锂离子动力电池产业发展以珠江三角洲、长江三角洲和京津冀地区为辐射带,各区域申请量排名如图3-6所示。

排名第一的是锂离子动力电池产业化布局最迅速、产业链最完整的广东省,专利总量高达7941件,占比为21.4%。作为珠三角地区锂电池产业的重要聚集地,得益于得天独厚的条件,多家大型高端龙头企业,如深圳比亚迪、比克电池、亿纬锂能、欣旺达等企业选择落户广东,企业主要以电芯、电池材料、设备制造、组装配套等为主。长江三角洲有江苏、浙江、安徽、上海,其专利申请量均超过2000件,江苏省高达4513件,排名第2

位。这是因为长江三角洲经济开发区聚集了大量新能源汽车制造和电池企业以及复旦大学、南京大学和浙江大学等一批重点院校，因此专利申请量也比较大；京津冀地区以北京、天津为代表，有大量的企业和高校申请，如清华大学与企业产学研进行合作，其专利成果在惠州亿纬锂能企业中得到转化。从全国整体水平看，沿海和交通发达的珠三角和长三角开放城市是未来五年产业化最具有竞争力的地区。

受地区经济发展和地方政府战略布局影响，珠三角、长三角和京津地区对锂离子动力电池的知识产权保护意识不断增强，锂离子动力电池产业发展迅速，随之国家和地区对研发投入不断增加，形成良性循环，其中这三个区域重点城市专利申请量变化如图3-7所示。作为珠三角沿海地区的一线城市，这里聚集了大量锂电池产业，广东省走在前头，2004年起增长率超过其他省份，在2010年逐步拉大与其他省市的距离，尤其在2014年以后，广东省专利的申请量呈直线上升，这与比亚迪、沃特玛、比克电池和欣旺达等大型锂电池企业的发展密不可分。长三角地区锂电池企业有国轩高科、中航锂电、万向集团等超过200家，其专利申请量在近两年增长尤为迅速。京津地区有中信国安、天津力神等一大批企业和高校，近几年的专利申请量上升趋势明显，这与其科技发展迅速与电池产业布局战略也是分不开的。

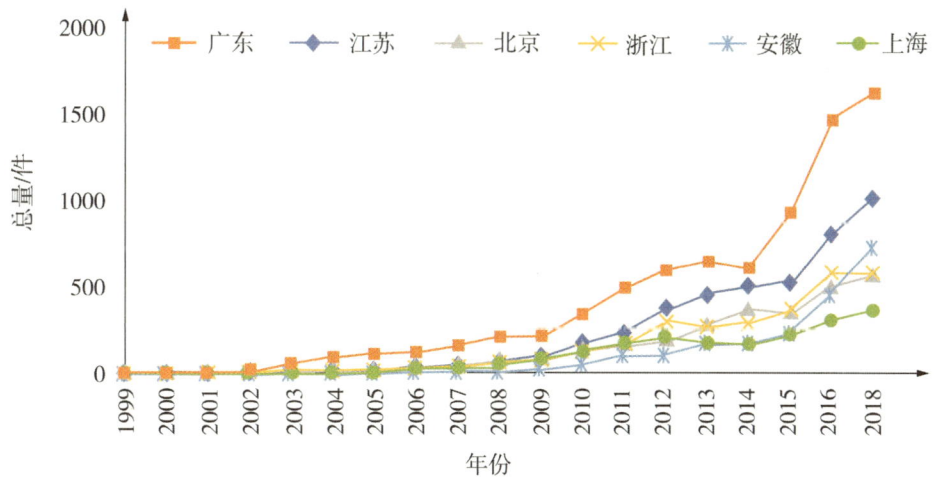

图3-7　锂离子动力电池中国主要区域专利申请趋势

3.1.2.4　主要申请人分析

企业生存能力与其战略部署和关键技术掌握能力成正比，高校科研机构的综合实力与其学术研究水平呈正相关，对锂离子动力电池在国内的申请人进行标引得到前20名如图3-8所示，国内企业以宁德时代和比亚迪为代表排在第1和第3位，专利分别有1146件和978件。日本以松下为代表的车用锂电池生产制造龙头企业，为全球各大新能源汽车厂商供货，对中国企业的生存有很大影响，但随着这几年中国锂电池企业的不断发展壮大，在一定程度削弱了日本企业对国内企业的威胁，但是也不能够掉以轻心，日本锂电池企业随时都可能转战中国市场，这将会是一场持久的拉锯战；韩国企业以三星和 LG 化学为代表，这两家企业是韩国最强的锂离子动力电池生产企业，充分体现了韩国企业的大而强的特点。从专利申请主体的构成看，经过近几年的发展，国内的主要申请人逐渐成为中国的申请主体，对中国锂电池的发展方向起指引作用。

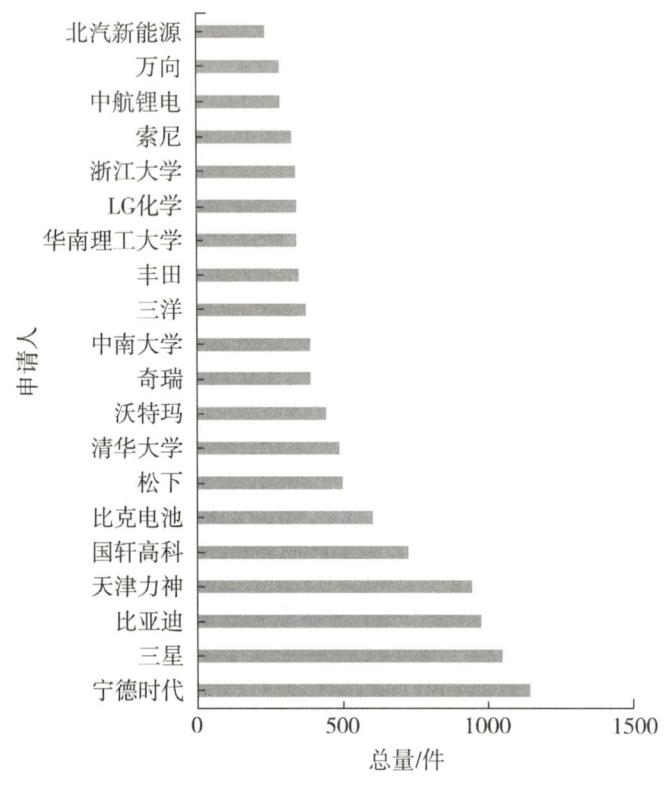

图 3-8　锂离子动力电池中国专利主要申请人分布

此外，前 20 的申请人中一批具有科研实力的高校和科研机构，如清华大学、华南理工大学、中南大学和浙江大学等。这些高校和科研机构掌握着比较先进且技术价值较高的专利研究成果，企业应当加强与高校的产学研合作，为高校科研机构搭建良好的研究创新平台，确保能够将专利成果在企业中得到转化，创造价值。

3.1.2.5　中国专利申请技术类型分析

锂离子动力电池材料主要由正极材料、负极材料、电解液和电池隔膜四部分组成。编写专利检索式在广东省专利信息服务平台检索得到有关动力电池材料的专利有 25 764 件（如图 3-9 所示），其中正极材料有 5023 件、负极材料有 5276 件、隔膜有 6837 件、电解液有 8628 件。从各种材料申请的趋势可以看出，各材料从 1999—2009 年申请量稳步增加,每年以约25%的增长趋势增加,从2010—2013年增长速度加快,正极材料从275件增长到532件,负极材料从239件增长到477件,隔膜从275件增长到640件,电解液从405件增长到790件。2014年受行业调整和发展方向不明确的影响,专利申请量增长有所减缓,2015年后,随着国家导向和全球各国新能源汽车发展规划,专利申请增长速度增加,从申请趋势可以得到近几年锂电池产业发展速度快,国家和企业投入产出呈正比。在补贴退坡和双积分政策的引导下,企业和科研机构纷纷加大对电池材料技术研究的投入,尤其是正极材料,其是锂电池的核心,直接决定电池能量密度、循环寿命、安全性等关键指标,其成本占锂电池总成本的30%以上[10],高镍三元/NCA逐渐成为主流的发展方向;负极材料方面也在积极寻求能量密度更高更稳定的复合硅碳材料和其他非碳材料;固态电解质的技术也有所突破;隔膜已基本实现国产化,打破了日韩国家垄断格局。通过发展趋势可以预测未来五年国内锂电池行业当达到全新高度,届时将与日本锂电池企业相媲美。

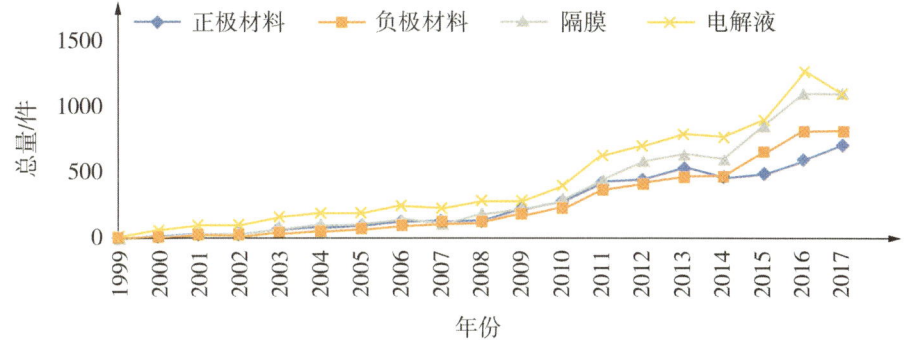

图3-9 锂离子动力电池材料技术类型申请分布

电池管理系统(BMS)是动力电池系统必不可少的一部分,电池从电芯到模组再到整车组装,有了好的硬件,还需要一个管理系统,才能保证动力电池安全而高效地运行。编写专利检索式,在广东省专利信息服务平台检索,得到有关动力电池管理系统的专利有24 044件,如图3-10所示,其中充放电系统有7829件、热管理系统有10995件、均衡系统有2729件、状态评估系统有2491件。电池的管理系统决定着电池的安全性和稳定性等性能,其中尤为重要的是热管理系统,故其申请量最多。随着锂离子动力电池成为技术主流,近几年电池充放电系统和热管理系统的专利申请量增长迅速,其中热管理系统从2015年的1213件增长到2017年的2618件,年增长速度超过100%。这说明锂离子动力电池发展方向已是大势所趋。新能源汽车的快速增长推动电池充放电系统的申请量增长,从2013年开始,申请量以年复增长率约50%的速度增加。未来五年电池热管理系统和充放电系统的开发利用将还会是主流。

锂离子电池的前期成本投入大被认为是妨碍大众市场选用电动汽车的主要因素之一。在这种情况下,电动汽车电池的二次使用是学术界和工业界为减少电动汽车前期成本而探

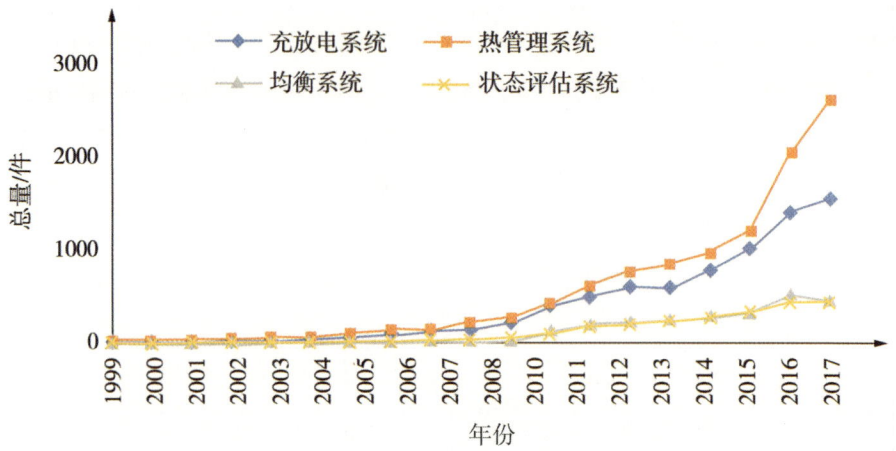

图 3-10　锂离子动力管理系统技术类型申请分布

索的解决方案之一[11]。有效的均衡系统和状态评估系统为电池健康提供帮助,为电池二次利用提供理论依据,但从申请量上看两者增长趋势大致相同,从 2010 年开始增长速度明显,但是申请量较少,其专利技术价值有待开发。随着动力电池梯级回收利用机制的健全,这将加快动力电池二次利用,未来申请量将会大大增加。

3.2　动力电池系统关键技术发展情况分析

3.2.1　关键材料技术发展情况

3.2.1.1　正极材料

按照技术指标容量由小到大排列,动力电池采用的正极材料主要有尖晶石锰酸锂材料、高电压镍锰酸锂材料[12]、磷酸铁锂材料、镍钴锰、镍钴铝三元材料以及富锂层状锰酸锂材料[13]等。正极材料综合性能对比如表 3-1 所示。锰酸锂(LMO)的优势是倍率性能好、原料成本低、热稳定性好,但其高温循环性能差。磷酸铁锂(LFP)成本低,对环境污染较小,有着良好的循环性能和安全性能,因而目前其成为电动汽车动力电池的主流材料之一,但能量密度偏低限制其应用于续航能力好的乘用车领域。容量高是三元或多元材料的最大优点,但仍然存在一些亟需解决的问题,包括倍率性能和安全性能较差。采取合适的安全材料如陶瓷隔膜材料,可以提高三元正极材料的安全性能,这已成为行业共识。

表3-1 正极材料综合性能对比

产品类别	技术指标容量/$(mA \cdot h \cdot g^{-1})$	优点	缺点	发展方向
尖晶石锰酸锂	110	倍率性能好,安全性能较好,配套工艺及技术成熟,成本低	高温循环性能差,比能量低	改进高温循环性
高电压镍锰酸锂	135	制造成本高,电压高	循环稳定性较差,与现有电解液匹配性较差	降低成本,改进循环性能
磷酸铁锂	160	循环性能和安全性能优异	加工性能和低温性能差,体积比能量低	降低成本,改进倍率性能、加工性能和低温性能
镍钴锰三元材料	180	成本较低,循环性能好,容量高,安全性也优于钴酸锂	安全性能不好,压实密度低,倍率性能和低温性能比钴酸锂差	提高倍率性能、低温性能和体积比能量,改善安全性
镍钴铝三元材料	190	容量高	加工性能和安全性能差,表面pH高,成本高	改进安全性和低温性能,提高体积比能量和倍率性能,降低残碱含量
富锂层状锰酸锂	250	容量和电压高	循环性能和倍率性能一般,与电解液的匹配有待改善	改进循环性能和倍率性能

目前动力电池的最终能量密度主要是由正极材料决定的,因为负极材料和电解液一般采用冗余配置,正极材料的比容量远小于常用的石墨负极材料的比容量[14]。细化来看,现阶段主导动力电池市场的是磷酸铁锂材料和三元材料。随着材料技术的进步和电动汽车对续航里程的追求,高容量的 NCM 和 NCA 三元材料将迎来发展机遇期。2018 年后容量更高的 NCM622 材料的市场份额稳步增加,2021 年 NCM622 材料的市场份额将会达到40%以上,在2021年之后容量更高的 NCM811 材料将会强势崛起,在2025年 NCM811 材料将会占据动力电池正极材料的半壁江山。容量同样较高的 NCA 材料由于成本等因素的限制,市场份额将会一直维持在比较稳定的水平。

总体来看,采用高容量、高电压的正极材料是提高电池比能量的最佳方式,对于提高电动车的续航性能具有重要意义。正极材料的发展趋势为 NCM111—NCM622—NCM811,NCA 材料则将会过渡到高镍 NCA 材料。

3.2.1.2 负极材料

动力电池采用的负极材料主要有石墨、硬碳、软碳、中间相碳微球、硅碳及钛酸锂等,负极材料综合性能对比如表3-2所示。低成本、高安全性和高比能量是负极材料继续发展的方向,目前锂离子动力电池的主流选择仍然是石墨类材料[15]。

表3-2 负极材料综合性能对比

产品类别	技术指标容量/($mA \cdot h \cdot g^{-1}$)	优 点	缺 点	发展方向
钛酸锂	160	循环性能,安全性能,倍率性能和高低温性能优异	成本高,能量密度低,技术及配套工艺不够成熟	提高电池能量密度,解决与电极、电解液的匹配问题
中间相碳微球	340	循环性能和倍率性能好,技术及配套工艺成熟	成本高,比能量低和安全性能较差	降低成本,提高容量
人造石墨	350	循环性能好 配套工艺成熟	倍率性能差和比能量低	降低成本和内阻,提高容量
天然石墨	360	成本低,配套工艺成熟	安全性、循环性能及倍率性能较差,比能量已到极限	降低成本和改善循环
软碳	400(左右)	循环性能和低温性能好,成本低,可快速充放电	首次效率较低和体积比能量偏低	提高压实密度和首次效率
硬碳	430	安全性能和倍率性能好,可逆容量高,容量提升空间大	成本高和加工性能差,技术及配套工艺不成熟	降低成本和提高首次效率
硅碳	800(以上)	容量高,原料丰富	循环性能和导电性能较差,首次放电效率低	提高循环稳定性和首次效率

为了提高负极材料的能量密度,行业公认的有效途径之一是在石墨材料加入制备硅碳复合材料或者硅。硅的理论能量密度是石墨材料的10倍,高达$4200mA \cdot h/g$。根据报道,特斯拉采用的松下18650电池的能量密度提高到$550mA \cdot h/g$以上,因为其在传统石墨负极材料中加入了10%的硅。另外,硅在常温下可与锂合金化,生成$Li_{15}Si_4$相,理论比容量高达$3572mA \cdot h/g$,远高于商业化石墨理论比容量($372mA \cdot h/g$),而且硅元素在地壳中储量丰富(26.4%,第2位),因此硅负极材料是最具发展潜力的下一代锂离子电池负极材料之一,一直受到研究人员的广泛关注[16]。但动力电池在充放电过程中,由于硅的体积会膨胀100%~300%,负极极片上的活性材料会脱落,从而降低了电池的循环寿命。为了实现长循环和低膨胀的硅碳复合负极材料开发,生产壳核结构或者特殊形貌的硅碳复合材料等是解决技术问题的手段之一。

随着对动力电池能量密度要求的提升，当前及今后一段时间内产业化及应用的重点方向将会是合金类材料，尤其是硅碳复合材料。

3.2.1.3 隔膜

隔膜作为离子运输的通道，本身不参与电化学反应，电池的倍率、安全及循环等性能受到隔膜的显著影响。隔膜材料方面，聚烯烃材料是主流的选择，主要有单层膜和复合膜，包括聚乙烯及聚丙烯两大类产品[17]。改善隔膜材料可以发展基于聚烯烃(尤其是聚乙烯)的隔膜，隔膜材料研发的重点仍将是提高隔膜的安全特性和电化学特性。对隔膜材料表面进行表面改性处理可以提高动力电池的安全性。薄型化的隔膜材料是当前的发展趋势，为了进一步提升动力电池能量密度，使用薄型化隔膜不仅可以提高正负极材料的含量，而且可以降低隔膜的比重。近几年，三元电池开始应用 $16\mu m$、$12\mu m$ 甚至 $8\mu m$ 的湿法隔膜，经过工艺改进的干法隔膜也能够应用于三元电池中。

3.2.1.4 电解液

随着不断完善和改进的电极材料，对与之匹配的电解液的要求也加大了，高环境适应性和高安全性是行业对电解液的基本要求。在接下来的一段时间内，六氟磷酸锂仍是动力电池的主流产品选择，因为开发新型电解液体系难度很大。一些新型锂盐如双氟磺酰亚胺锂盐(LiFSI)得到了初步的应用，其电导率较高，在溶剂中的溶解度也较高，并且能提升电池的循环寿命和充放电性能，具有更高的安全性和更宽的工作温度。但其缺点是成本高、杂质含量多和高温稳定性差，目前主要作为辅料添加剂与六氟磷酸锂配合使用[18]。

针对不同特性的电极材料和不同用途的动力电池，功能电解液添加剂的开发和溶剂配比的优化变得特别重要。例如，在电池中加入阻燃剂可以提升在高温、过充电和针刺等极端条件下的安全性能；为了实现延长电池寿命，可以加入 SEI 膜成膜添加剂，调控 SEI 膜的组成与结构[19]。目前，电解液研发的关键问题是进一步提高电池的安全性和能量密度，锂离子动力电池电解液材料的中远期发展目标主要集中在新型溶剂与新型锂盐、离子液体、添加剂等方面，固态电解质和凝胶电解质也是未来发展的方向。全固态电池也是未来储能电池和动力电池领域发展的重要方向，因为其在能量密度、寿命和安全性等都具有潜在的良好特性。

3.2.2 系统集成技术发展情况

3.2.2.1 动力电池成组工艺

锂离子动力电池以电池模组(电池包)的形式应用于电动汽车，电池模组则是由多个单体电芯通过串并联方式连接组装。单体电芯之间的相互连接，要求连接片与电池极柱的接触电阻小、耐振动以及牢靠程度高。所以无论是电阻焊接，还是激光焊接，或是螺栓机械锁紧，都必须保证电池成组后的可靠性和耐久性。在不同的电池系统设计需求中，其质量能量密度、体积能量密度以及体积功率密度等与电池系统中单体电池之间的连接结构和工艺密切相关。

1. 模组设计要求

纯电动或者混合动力乘用车，预留给动力电池系统的空间通常都较为有限，但对其安全性及可靠性的要求又非常高，这就对电池模组的开发提出了很高的要求。锂离子动力电池模组的设计开发，通常需要考虑以下几个方面：

（1）电池单体的合理排布。针对方形和软包电池模组，电池单体的合理排布关键在于电池单体之间间隙的确定。而间隙的确定需要综合考虑模组结构的稳定性、单体电池的散热性及鼓胀限制等要求。

（2）连接电池单体的汇流排设计。汇流排起到实现电芯之间的串并联连接、承载电流的作用，因此汇流排在设计上必须满足导电性能这一前提。除此之外，汇流排还应当具备良好的抗振动冲击性及散热性。

（3）汇流排与电池单体的连接工艺。汇流排与电池单体之间的连接方式主要有螺栓连接和焊接，而常用的焊接方式又可分为电阻焊接、激光焊接以及超声波焊接等。

（4）电池模组内部线束及接口设计。模组内部的电压、温度等信号采集线束应可靠固定，并设置易于与其他电子设备连接的接口。

（5）温度控制器接口的设置。考虑到恶劣环境的影响，电池模组内部还需预留安装温度控制器的结构和接口，从而增加电池模组对不同环境的适应能力。

（6）电池模组整体结构设计。在电池模组的整体结构设计过程中，需要全面考虑高低温、高湿、高海拔等恶劣环境的影响，并保证电池模组在此类环境使用过程中安全、可靠。

2. 模组设计方法

1）电池单体的合理布置

方形铝壳电池在使用过程中，随着充放电的不断进行，锂离子在阳极材料中不断嵌入、脱出，其尺寸会发生周期性的变化。并且，在电池寿命终期，其尺寸与使用初期相比也会有比较大的改变，主要体现在电池的厚度。为了避免电池膨胀导致电池外壳相互接触从而产生绝缘失效，电池单体之间通常会保留一定间隙（一般在 2mm 以上）。但间隙的存在会使电池系统内部空间利用率降低，从而降低电池模组的体积比能量密度，电动车辆所能够携带的最大电量也将减少。为了避免这种情况出现，电池单体之间可尽量保持紧密接触，即电池单体之间除必要的绝缘或绝热垫片之外，不再预留间隙，并对电池单体施加一定的预紧力，可在一定程度上限制电池的鼓胀，并可对电池单体循环寿命的提高起到积极的作用，电池单体排布方式如图 3-11 所示。

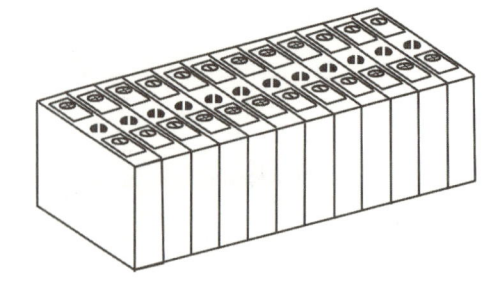

图 3-11 电池单体排布方式

2）连接电池单体的汇流排设计

考虑到电池系统对汇流排导电性能的要求，其材质一般选择铜或铝。铜材可选择导体用阴极铜或 T2 标号以上的纯铜，铝材则可选择电工导体用铝材。另外，在汇流排表面还可施加镍、锡或银等镀层，目的在于提高其表面抗氧化性，改善焊接性能，并提高防腐能力。汇流排的结构设计，在保证其横截面积能够满足导电性能要求的前提下，应尽量使其具备较大的表面积。因为在电池模组工作过程中，汇流排可能长时间承载较大电流，并因其自身阻抗而生热，热量如果持续积聚将会引起汇流排温度升高，而高温则会对电池寿命产生危害。

因此，汇流排的散热状态，往往关系到电池模组的整体性能。为提高电池模组的散热性能，汇流排的结构形状尽量做到薄而宽大，并且采用不规则的形状（如翻边等）来增加其表面积，如图 3-12 所示。这样，在有强制空气对流的情况下，可以更快地带走汇流排在工作过程中所产生的热量。

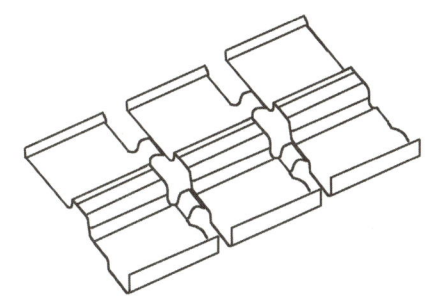

图 3-12　汇流排形状

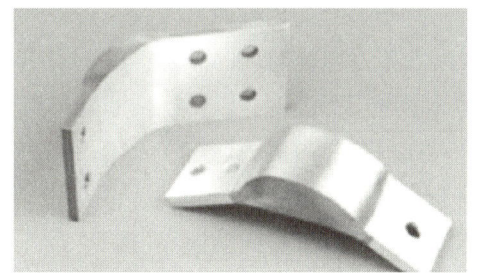

图 3-13　金属薄片层压式汇流排

另外，结合电动车辆行驶的实际工况，电池模组还应具备良好的耐振动、冲击性。因此，汇流排可设计为层状金属薄片焊接方式，并适当增加能够吸收变形的弹性（弧形）连接结构。图 3-13 所示为此类汇流排的典型结构。

3）汇流排与电池单体的连接工艺

螺栓连接方式的优点在于装配方便、维修简单，可以比较快速、便利地更换电池单体。但是，螺栓、螺母等紧固件的存在导致此种连接方式会占用较大空间（通常会超出电池壳体高度 15~20mm），从而增加电池模组体积及重量，使其能量密度下降。而采用焊接方式，则不存在这样的问题。采用焊接方式连接而成的电池模组与采用螺栓连接方式的电池模组相比，在能量密度方面占有较大优势。

考虑到螺栓连接方式的缺陷，汇流排与电池单体的连接应尽量选择焊接方式，并选择合理的焊接工艺。激光焊接效率较高，焊接可靠，焊接处的过电流能力较强，但是焊接设备价格较高，实现自动化焊接需要较大投入。电阻焊设备比较容易获得，但是焊接效率不及激光焊接，且由于焊点数量限制，其焊接可靠性比激光焊接低。因此，根据不同的应用情况，批量化生产的电池模组比较适合采用激光焊接方式。表 3-3 所示为不同极柱类型单体电池的连接工艺及优缺点。

表3-3 不同极柱类型单体电池的连接工艺及优缺点

极柱类型	连接工艺	优　点	缺　点
外/内螺纹极柱型	机械紧固	组装连接可以采用多种方式，易于拆卸，简便灵活	由于自身结构限制，相对于其他极柱类型，其体积偏大，体积能量密度受到一定影响
平头型极柱电池	电阻焊接或激光焊接	相对于机械紧固连接工艺，焊接成组后的电池模组体积小，能量密度高	连接工艺方式单一，组装后电池不易拆卸替换，只能以焊接方式完成成组组装
长条型极耳电池	激光焊接或锡焊接机械压紧接触式	体积能量密度和质量能量密度较高，单颗电池可拆卸和替换	不利于更换单体电池，成组工序复杂，需要较多辅助的支架等

4）电池模组内部线束及接口设计

出于对电池监控的需要，电池模组内需布置电压、温度信号采集线束，用于采集电池单体的电压和温度，以便于判断各个电池单体的实时状态。

电池模组内部进行信号采集线束的布置，需预留线束安装空间与固定装置。以柔性线路板（FPC）代替传统采样线束的运用创新，解决了动力电池企业在PACK环节对于空间节省、自动化水平提升的核心"痛点"问题。相对于传统线束，FPC拥有高度集成、自动化组装、装配准确性高、超薄、超柔软、轻量化等诸多优势，帮助PACK实现布局规整、结构紧凑的效果。

5）温度控制器接口的设置

由于电动车辆使用环境的差异性，电池模组可能在寒冷、炎热的气候中工作，这对于电池性能的发挥是非常不利的。针对这种情况，在电池模组的设计过程中，还需预留温度控制器的安装位置和线束接口，以便于电池模组应对不同的环境要求，从而避免其在恶劣环境中运行，这样能够延长电池使用寿命。例如，在电池模组温度控制器的内部空腔中可布置PTC加热器或者冷却液管路，装配在电池模组底部，并通过导热绝缘材料与电池壳体接触，比较方便地实现对电池模组的温度控制。

6）电池模组整体结构设计

为适应电动汽车不同的使用环境要求，电池模组通常需要经过比较严苛的环境考验，主要包括振动、冲击、挤压等测试内容。

电池模组的设计在满足相关要求的情况下，还应当尽量使用轻质材料，以实现电池模组及车辆的轻量化需求。图3-14所示为一种电池模组的结构。此模组的外框由铝质端板和侧板组成，在模组装配过程中，通过端板对其施加一定的预紧力，在控制电池单体变形的同时，大大增加电池单体之间的摩擦力。侧板通过螺栓与端板连接，并能够承受电池使用过程中由于鼓胀所产生的拉力。12只电池单体由其外框架紧紧地箍成一个整体，从而保证此模组能够比较顺利地通过与结构强度相关的验证测试。

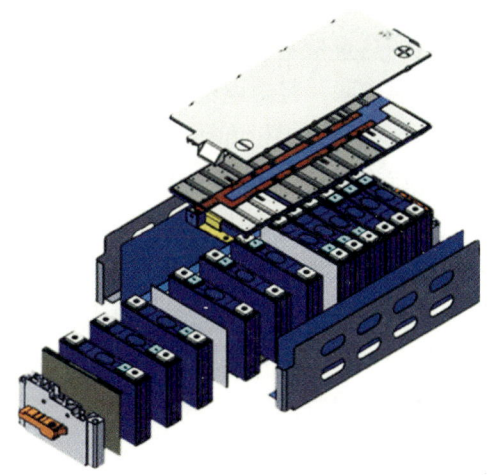

图 3-14　某电池模组外形

3. 模组的标准化

目前，业内专业人士认为，单体电池规格的多样化并不是当前制约动力电池发展的关键，反而是电池组的标准化更加重要，建议首先推动动力电池组的标准化，待模组统一化后再反向规定电芯的规格。一般认为电池模组的标准化可从两个方向进行，一是在统一电芯规格尺寸的基础上，电池单体通过串并联的方式连接成模块，根据整车布置的需要，推荐模块一个面的二维尺寸，在第三维尺寸上体现串并联数量的变化，适应整车空间的限制和设计的需要；二是逆向思维，按照整车类型，如客车、乘用车、专用车，以每一车型的动力要求及预留空间来统一电池模组的外形尺寸、输出功率等指标，然后据此确定并统一电池模组构成的基础单元，即电池单体的规格。电池模组规格的标准化，无论是顺向还是逆向统一，都是一项相当复杂的系统工程，涉及不同整车企业、电池生产企业相互竞争共赢、自主分立的错综关系以及专利与独有技术保护等。但从未来发展角度来说，一定要形成联动局面，打破整车厂与电池供应商各自为战或部分小联盟体系的局限，只有这样才能有效地降低新能源汽车的成本，促进新能源产业的发展。

3.2.2.2　热管理技术

锂离子电池组在快速充放电的过程中会产生大量的热，若散热不及时，则会造成电池局部温度过高、模块间温度分布不均衡，在高寒地区或低温环境下，会导致电池电量流失严重、充电缓慢。研究表明，锂离子电池最佳工作温度为 25～40℃，电池单体之间的温差应低于5℃。电池冷却方式主要包括空气冷却、液体冷却、冷媒直冷以及相变材料冷却。

1. 空气冷却技术

空气冷却技术是一种以低温空气为介质，降低电池温度的散热方式。该技术利用自然风或风机，配合电动汽车自带的蒸发器为电池降温，结构简单、质量轻、成本低廉且易维修，在电动汽车电池热管理系统中应用广泛。

利用自然风对流的冷却方式，不用借助外部设备，依靠汽车在行驶过程中形成的自然风穿过电池组，从而将电池组的热量带走。该方法结构简单，成本低，但空气的对流换热系数不高，电池的换热能力相对有限，且对电池组在汽车上的位置布置和电池组结构有较高的要求。借助风机或局部散热器可以提供流动的冷气，是一种强制对流冷却方式，电池的换热能力相对较高，且电池组在电动汽车上的位置布置不再受限。

换热空气流经电池表面有两种形式：串流法和并流法。串流法是指空气依次流经各个电池单体，带走电池表面热量。并流法是指空气同时流过电池单体，换热条件相对均匀。串流法沿流场方向前后的温度会有较大的不一致性，对于个体数量较大的电池组，效果不是十分理想。并流法由于换热条件相对均匀，换热性能相比串流法更为优秀。对空气冷却系统的优化，主要目标是提升不同位置流场条件的一致性。

2. 液体冷却技术

液体冷却技术是通过液体对流换热，将电池产生的热量带走，从而降低电池温度。液体介质的换热系数高、热容量大，对降低最高温度、提升电池组温度场的一致性具有显著效果，且热管理系统的体积也相对较小。根据冷却液流道的设置，液体冷却系统又可分为外部液冷系统和内部液冷系统。

外部液冷系统中，冷却液通过与电池外表面换热，以达到冷却电池的目的。该冷却系统形式多样：可将电池单体或模块沉浸在液体中，也可在电池模块间设置冷却通道，或在电池底部采用冷却板。电池与液体直接接触时，液体必须保证绝缘（如矿物油），避免短路。

内部液冷系统中，冷却液流过电池内部的通道将电池热量带走。可在圆柱形电池中心设置轴向通道，也可在方形电池电解液内部设置冷却通道，以流动的电解液为冷却介质，在泵的驱动下，在电池内部循环散热。

采用外部液冷系统时，要优化冷却通道的数量、尺寸、几何形状等参数，以降低导热热阻。相对于外部液冷系统，内部液冷系统可更好地降低电池内部温度、提高温度场的一致性和安全性，但改变了电池的原有结构，对电池内部电化学反应的影响，还有待进一步研究。

3. 冷媒直冷技术

冷媒直冷技术采用制冷剂（冷媒）作为换热介质，制冷剂在蒸发器内气液相变过程中可以吸收大量的热，从而带走电池系统的热量。相较于液体冷却技术，冷媒直冷技术的换热效率可提升3倍以上，更快速地将电池系统内部的热量带走，且成本上也有很大的优势。BMWi3中曾采用过直冷方案。

但目前冷媒直冷技术还存在一些技术难点。首先，冷媒直冷的温差大，无法做到很好的均温性；其次，冷媒直冷技术的控制策略难度大。为了实现蒸发器的精确控制，需要采用电子膨胀阀，而国内做电子膨胀阀的厂家很少，成熟的电子膨胀阀控制策略需要重新开发。还有一个难点是加热方式，冷媒直冷技术只能是直接式加热，而直接式加热对于弹性支撑结构件的设计是一个关键点，有时会出现局部过热的问题。

4. 相变材料冷却技术

相变材料（PCM）是一类特殊的功能材料，能够在恒温或近似恒温的条件下发生相变，同时吸收或释放大量的热。石蜡的毒性低、价格便宜，单位质量的相变潜热较高，相变温度位于电池安全运行温度范围内，适合用作锂离子电池组热管理的相变材料。目前，主要可采用石蜡与多孔物质相结合、添加高导热系数添加剂的方式，提高石蜡的导热性能。泡沫铜吸附石蜡可用于电动汽车电池组的热管理，在运行工况发生变化时，电池组的最高温度和最大温差可得到很好的控制。石蜡与石墨片制成的复合材料，具有较高的导热性能和机械强度，应用于电池组热管理，不仅可降低电池组的最高温度和模块间的温差，降低电池组容量衰减率，在寒冷条件下还可对电池组进行持久保温。

相变材料的电池热管理系统具有结构简单、节省空间、相变潜热大、温度均匀波动较小的优势，但相变材料冷却技术属于被动冷却，如果不能及时将热量移除，电池组在经历长时间连续充放电循环后，仅靠空气自然对流无法保证热量的排出，最终会导致冷却系统的失效。可考虑结合强制风冷，以保证电池组热管理持续有效。目前该技术基本处于试验阶段，实际的应用还需要进一步的研究。

5. 电池组预热技术

锂离子动力电池组在高寒地区或低温环境下的电量流失严重、充电缓慢，如何快速地恢复正常的充放电性能，是电池加热系统所要解决的问题。在低温环境中，需要对电池组进行预热，预热方法可分为外部加热和内部加热。

外部加热主要利用加热板、加热套、加热膜和珀尔贴效应。目前，电动汽车主要采用电池组底部安装加热板的方法，结构简单但加热时间长，电池组内的温度不均匀，且能耗较大。用加热套预热时，电池受热均匀、加热速度较快，但不利于高温环境下电池的散热。加热膜预热以聚酰亚胺作为绝缘材料、合金箔为发热体，加热电池单体的两个侧面，成本较低，对电池散热影响小，但只适合方形电池单体。珀尔贴效应是指电流流过两种不同导体的界面时，向外界吸收或放出热量。珀尔贴效应热泵通过改变电流方向和大小，对电池进行加热和制冷，可作为主动式电池组热管理系统。

内部加热可提升单体电池的内部温度，且升温较快，方式有交流电加热、电池单体自加热。采用高倍率的交流电对电池电解液进行预热时，速度较快，但需要配备供给交流电的装置，而且会影响电池寿命，在动力电池上应用较少。

3.2.2.3 控制技术

1. 控制技术的发展与进步（算法、模型、精度）

电动汽车电池管理系统（BMS）是动力电池的"保护神"，为动力电池的安全运行、提高动力电池利用效率、延长电池使用寿命保驾护航，并对电动汽车运行过程中动力电池发生的异常产生报警并生成工作日志，有助于电动汽车的安全管理和高效运行。BMS的功能主要包括监测电池、估计电池状态、调节电池一致性、电池故障检测及安全监控等。电池状态主要包括荷电状态(SOC)、健康状态(SOH)、功率状态(SOP)等,可用于获得电池电量、续驶里程、寿命衰减、均衡状态、功率输出等重要参数,因此 SOC、SOH、SOP 的算法提升对整个 BMS 具有核心意义。BMS 基础框架见图 3-15。

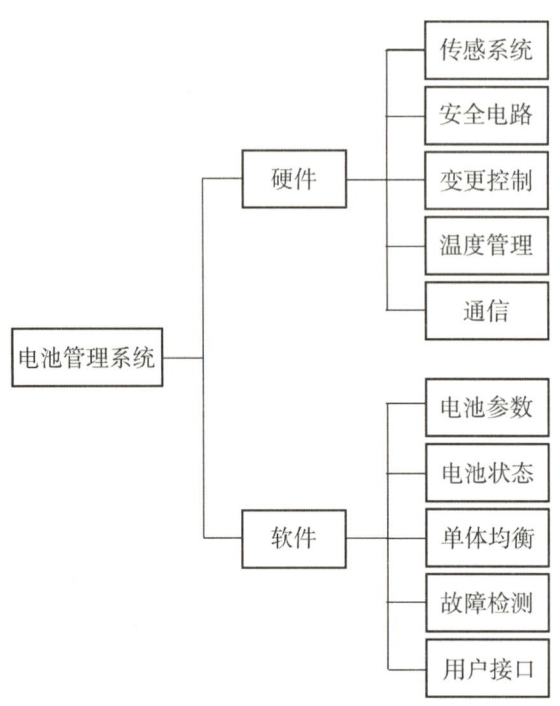

图 3-15 BMS 基础框架

1) SOC 算法的发展与进步

传统的 SOC 估算采用安时积分法,即将电流传感器采集的电流值与采样时间相乘后再除以总容量。此方法精度受限于电流传感器精度和采样率,一段时间后会造成误差累计,加之电流传感器的零漂,会造成不小的 SOC 偏差。开路电压法通过 OCV-SOC 对应关系来估算 SOC,但需要静置较长时间以使电池内部到达平衡,无法在变电流工况中进行估算。对于电压平台很平的电池如 C/LiFePO$_4$ 电池,需静置更长时间和更高的电压采样精度。为了在线获得开路电压 OCV,需使用电池模型。常用的电池模型包括等效电路模型和电化学模型。等效电路模型简单、计算量小,适合在单片机上计算使用,可用式(3-1)表示。

$$U_{OC} = U - U_R - U_P \tag{3-1}$$

式中,U 为电池端电压;U_{OC} 为电池 OCV;U_R 为欧姆内阻引起的电压降;U_P 为极化过程引起的电压降。

根据采用 0 阶、1 阶、2 阶等不同的 RC 等效电路模型具有不同的参数,根据电流、电压和预设的 RC 参数可得 U_{OC},通过 OCV-SOC 查表可得 SOC。

即使把电池的 RC 参数关于 SOC 和温度的变化预设进算法中，不同的电池老化路径引起的 RC 参数变化不同，因此无法把老化因素提前考虑进模型。一些自适应追踪算法，如迭代最小二乘法、扩展卡尔曼滤波、无迹卡尔曼滤波、粒子滤波等，可以实时计算并校正实测电压、电流和模型预测值的差，增强估算的准确性和鲁棒性，因而成为近期学术界和工业界的研究热点。目前存在的难点主要是如何调节滤波器参数以满足精度和鲁棒性，另外单片机计算资源占用较大。因此，如何设定滤波器参数和优化计算资源占用是未来一段时间需研究的问题。除此以外，神经网络模型、支持向量机、模糊逻辑、滑模观测器、多振动自适应回归样条曲线等算法也有人提出，但出于计算量大、算法复杂等原因，仍处在研究阶段。上述算法的混合应用也在研究中。

2) SOH 算法的发展与进步

随着电池的使用，其容量会逐渐衰减，内阻会逐渐增大。电池容量不准会导致 SOC 和续航计算不准，内阻不准会导致 SOP 计算不准。传统的方法是对电池进行一次深度充放电获得电池衰减后的容量。但正常使用时，尤其是一些特殊车辆，如公交车等，为保险起见，用户很少会放电至低 SOC 段，从而很难获得深度充放电条件进行容量校正。

基于内机理和外特性有两种 SOH 模型。内机理模型从电池内部电化学机理本质出发，考虑锂离子损失、副反应和 SEI 膜增厚等因素，获得较全面的电池老化信息，但模型复杂，需要精确的设计参数和传质系数等，很难工程化应用；外特性模型从电池容量衰减和内阻增加的特性出发，简单易用，但需要较多的实验数据来拟合模型参数。现阶段，前者还需进一步研究完善，后者可以开始实际应用。通过电池实验数据，可以基于一些重要的衰减因素，如循环次数、静置时间、温度等来拟合衰减模型。实际使用时，根据电池的工况和历史数据，可以估算容量衰减和内阻增加量。另外，外特性模型还可以结合自适应滤波算法，对关键因素进行在线预估和修正，进一步提高预测的准确性。

3) 算法的发展与进步

人们对 SOP 的关注度远不及对 SOC 和 SOH 的关注度，SOP 的估算准确性对于电池保护、整车加速、工况策略、用户体验等具有重大意义。在低温或低 SOC 时，获得准确的 SOP 尤其重要，可以避免动力突变、断电保护等问题。电池的 SOP 与其 SOC、内阻、放电时间等都有关，因此获得准确 SOP 的前提是获得准确的 SOC 和内阻等参数。SOC 可由上述算法获得，内阻可由查表或在线估算获得。加入一些平滑滤波算法可以降低波动，获得较稳定准确的 SOP。也可采用卡尔曼滤波、粒子滤波等算法，根据实测的电压、电流和模型估算的内阻对 SOP 进行追踪校正。

2. 新技术的应用和介绍

电池在使用过程中会产生大量的数据，对这些数据进行采集、处理、分析，可对电池的性能和状态进行远程监控，指导售后服务。对大数据进行数据挖掘，可以获得电池参数的变化规律，为电池制造和算法优化提供参考。在梯次利用时，通过分析电池的历史数据可以快速准确得知电池的状态和数据，大幅减少电池的检测成本。另外，分析不同工况下电池参数的变化规律，可以有针对性地对不同工况的电池进行个性化算法定制。通过对电池大数据进行数据挖掘和机器学习，可以发掘规律，优化算法，提高控制算法和策略的智能性和适用性。由于学习过程计算量巨大，只能在服务器上进行，使用时可以在单片机上进行，若芯片供应商将单片机针对神经网络等计算进行硬件级优化，则可大幅提升计算速度。

随着通信、物联网、人工智能技术的发展，BMS将向大数据、智能化方向发展，成为电池进入互联网的接口，为电池全生命周期管理、整车控制、用户服务提供支持基础[4]。

3.2.3 电池回收技术发展情况

目前回收的废旧动力电池主要分为废旧镍氢电池和废旧锂离子电池。从市场状况看，镍氢电池的市场容量呈逐年下降趋势，而锂离子电池市场份额逐年上升。镍氢电池中主要含有氢氧化镍正极以及镍/稀土储氢合金负极。而大多数锂离子电池以含锂的过渡金属氧化物作为正极材料、以石墨作为负极材料，常用的正极材料包括 $LiMn_2O_4$、$LiNi_xCo_yMn_xO_2$ 以及 $LiFePO_4$ 等。目前三元正极材料包括 $LiNi_{1/3}Co_{1/3}Al_{1/3}O_2$、$LiNi_{8/10}Co_{1/10}Mn_{1/10}O_2$、$LiNi_{6/10}Co_{2/10}Mn_{2/10}O_2$ 等，也已经商业化应用或处于测试阶段。同时，锂离子电池中还含有 $LiClO_4$、$LiBF_4$ 或 $LiPF_6$ 等有毒有害且易燃的电解质。废旧电池中有价金属含量高，如钴含量为5%～20%、镍含量为5%～10%、锂含量为2%～7%等。针对废旧动力电池的回收主要通过前处理、提取分离、产品制备过程，其中提取分离过程主要采用火法冶金、湿法冶金以及生物冶金的方法。火法冶金工艺一般采用高温还原熔炼将有价金属还原并以合金的形式回收，但回收过程通常会排放有害气体，有害气体的处理成为火法冶金技术的一个必须解决的问题。生物冶金工艺是采用微生物代谢过程中产生的酸浸出动力电池正极材料中的有价金属，其优点是金属回收效率高、处理成本低、所需处理设施少，但是其处理周期较长、所需细菌难以培养等缺点限制了其工业应用。湿法冶金工艺具有回收率高、得到的产物纯度高等优点，是目前我国废旧动力电池回收行业优先采用的技术之一。湿法冶金工艺主要包括酸浸、化学沉淀、化学置换、溶剂萃取、水热法和电化学法等。图3-16所示为典型的湿法冶金处理过程，预处理过程主要包括废旧动力电池的放压/放电、初步拆解和分离以及电池的破碎、分选、除杂；这一过程中电解液如 KOH、$LiPF_6$ 等对环境有潜在危害，需要无害化或回收。经过预处理得到的含镍钴废正极粉料通常采用无机酸浸出，经过分步除去铁、锰等杂质后，进一步萃取分离；酸浸过程也可采用有机酸，如坏血酸、柠檬酸、草酸、酒石酸等，但不同酸浸过程会造成后续除杂分离（萃取）过程差异，目前有机酸浸出处理废旧动力电池废料尚没有工业应用报道。产品制备过程在很大程度上取决于浸出和分离过程，如果镍钴等元素为分步萃取，产品可为单一金属盐；如果采用共萃，可对反萃液成分调节后进一步制备相对附加值高的正极材料前驱体。

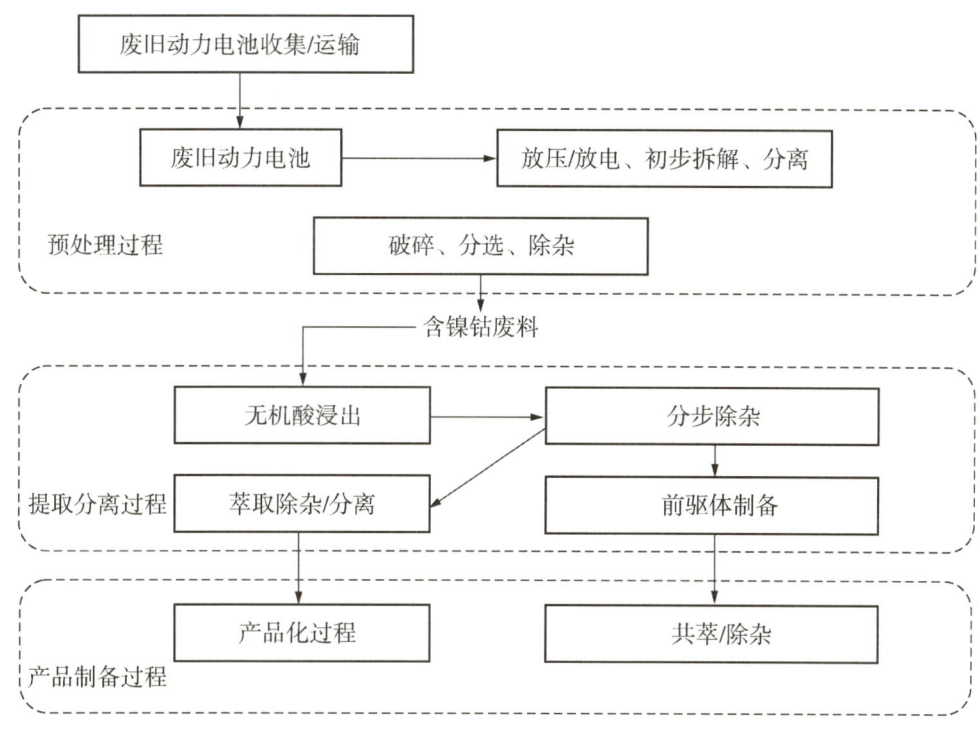

图 3-16 典型的废旧动力电池处理过程

3.2.3.1 预处理技术

动力锂电池一般由金属外壳、正极、负极、隔膜和电解液组成,而动力电池的回收主要是回收其正极材料中的有价金属。对废旧动力锂电池进行预处理是为了减少废旧动力电池体积,选择性地分离和富集电池中有价部件,实现动力锂电池中有价金属组分的富集。一般而言,火法和湿法回收动力电池的起始阶段是废旧动力电池经预处理后的产物。目前对于废旧动力电池的预处理的方法主要有放电、拆解、机械分离、人工拆解等。根据不同的回收方法和需求,预处理的方式和程度不同,往往需要将几种方式组合起来对报废动力电池进行预处理。

废旧动力电池一般会含有部分残余电量,直接回收可能会有爆炸的风险。采用电化学的方法对废旧动力电池进行深度放电可以有效消除电池中的残余电量,避免短路等不良后果,为下一步的回收处理提供安全条件。拆解是废旧锂电池预处理过程尤为重要的环节,其主要目的是将锂离子动力电池组拆分为单体电池或电池模组,并分离出金属外壳、电池管理系统和塑料等部件。但废旧动力电池中含有 $LiPF_6$ 等有毒电解质,在拆解过程中可能会产生废气等二次污染,因此,拆解安全性和二次污染问题是电池拆解过程中必须解决的一个难题。加拿大的 Toxco 公司将废旧电池在低温条件下失活以抑制电解液的挥发,从而实现了电池的安全拆解问题。国内相关公司包括邦普、豪鹏等也提出了自动拆解路线,并申请了专利。

在预处理过程中，对拆解后的单体锂电池热处理一方面是为了挥发有机电解液和锂盐从而达到电池失活；另一方面，加热可以有效地去除粘结剂，从而实现活性物质与集流体的分离，为后续的进一步分离提供先决条件。Accurec 公司采用真空热处理的方法，控制热处理温度不超过 250℃，使有机溶剂、电解液等挥发出来，实现废锂电池的完全失活。国内有研究者采用真空热解法分离正极材料和铝箔集流体，当控制热解温度在 500～600℃时，正极活性物质和铝箔的分离效率随温度的增加而增加。

另外，当采用湿法冶金工艺回收废旧动力锂电池时，为提高湿法回收过程的效率，需要对已失活的锂离子电池组分中的有价金属进一步地富集，以适应湿法工艺的需求。为了有效地分离正极活性物质和集流体，国内外研究者开展了大量研究，主要采用的分离方法有碱溶法、热处理法和有机溶剂法。碱溶法分离活性物质与铝箔是利用铝箔集流体具有两性性质，而正极材料在碱性条件下能够稳定存在。当采用碱溶液溶解正极片时可以选择性地溶解其中的铝箔集流体，而正极材料中的其他金属（如 Ni、Co、Mn 和 Li 等）基本不被溶解。但是较高浓度的强碱溶液也会对环境和操作者的健康造成潜在威胁。热处理法采用高温热解的方法使粘结剂分解从而达到分离的目的。该方法虽然能够有效除去残留的导电剂和粘结剂，但高温处理存在能耗偏高、产生的废气需要安装配套的废气处理设施等问题。有机溶剂法是根据"相似相溶"原理，采用对有机粘结剂溶解性能优异的有机溶剂处理正极片，进而实现正极活性物质与集流体的分离。但是有机溶剂物料适应性差、成本高等问题限制了其进一步的工业应用。

3.2.3.2 提取分离过程

废旧动力电池经过预处理阶段可实现有价金属组分的富集，但为了进一步分离回收 Co、Li 等有价金属，需要对预处理产物进行进一步的金属提取与分离。提取分离过程主要采用火法冶金、湿法冶金以及生物冶金等方法。湿法冶金具有回收率高、得到的产物纯度高等优点，成为目前废旧动力电池回收行业研究的热点。

湿法冶金技术以化学浸出为手段，将正极活性物质中的金属组分转移至溶液中，再通过萃取、沉淀、吸附等手段，将溶液中的金属以化合物的形式回收。废锂离子电池中金属组分的浸出多采用无机酸如 H_2SO_4、HCl 和 HNO_3 等作为浸出剂，在以 H_2O_2、$NaHSO_3$ 等作为还原剂的条件下，将正极材料中的有价金属组分转移至溶液中。当采用无机酸 H_2SO_4、HCl 和 HNO_3 浸出 $LiCoO_2$ 正极材料时，其反应如式(3-2)～式(3-5)所示。

$$4LiCoO_2 + 12HCl(aq.) = 4LiCl_2(aq.) + 4CoCl_2(aq.) + 6H_2O + O_2(g) \quad (3-2)$$

$$4LiCoO_2 + 12HNO_3(aq.) = 4LiNO_3(aq.) + 4Co(NO)_2(aq.) + 6H_2O + O_2(g) \quad (3-3)$$

$$4LiCoO_2 + 6H_2SO_4(aq.) = 2Li_2SO_4(aq.) + 4CoSO_4(aq.) + 6H_2O(aq.) + O_2(g) \quad (3-4)$$

$$2LiCoO_2 + 3H_2SO_4(aq.) + H_2O_2(aq.) = Li_2SO_4(aq.) + 2CoSO_4(aq.) + 4H_2O(aq.) + O_2(g) \quad (3-5)$$

当采用强无机酸作为浸出剂浸出废锂离子电池及其正极废料中的金属时，虽然能够实现金属组分的高效浸出，但在浸出过程中可能产生 Cl_2、SO_3 和 NO_x 气体以及含酸废水，会对环境和人体构成潜在威胁。浸出反应条件以及相关金属的浸出率详见表3-4。

表3-4 废锂离子电池及其废料中金属的无机酸浸出过程及参数

物料	浸出剂	固液比/($g \cdot L^{-1}$)	温度/℃	时间/min	还原剂	浸出率
$LiCoO_2$	体积分数6% H_2SO_4	33	65	60	体积分数1.0% H_2O_2	55% Al、80% Co、95% Li
$LiCoO_2$	4mol/L HCl	100	80	60	—	>99% Co、Li
混合电池材料	2mol/L HNO_3	—	80	120		100% Li
$LiCoO_2$	1mol/L HNO_3	20	75	60	体积分数1.7% H_2O_2	>85% Co、85% Li
$LiCoO_2$	1mol/L HNO_3	10～20	75	30	体积分数1.7% H_2O_2	>95% Al、95% Co
$LiCoO_2$	2mol/L H_2SO_4	100	75	30	体积分数5% H_2O_2	93% Co、94% Li
$LiCoO_2$	体积分数4% H_2SO_4	—	40	—	体积分数1% H_2O_2	97% Co、100% Li
混合正极材料	4mol/L HCl	20	80	60	—	99.5% Co、99.9% Li、99.8% Ni、99.8% Mn
$LiCoO_2$	2mol/L H_2SO_4	100	60	60	体积分数6% H_2O_2	98% Co
混合电极废料	6mol/L HCl	125	60	120	H_2O_2与MeS摩尔比为2	>95% Ni、95% Co、95% Mn
$LiCoO_2$	2mol/L H_2SO_4	50	80	60	体积分数5% H_2O_2	99% Co、99% Li
混合电池粉末	2mol/L H_2SO_4	100	70	120	体积分数4.0% H_2O_2	97.8% Al、64.7% Cu、97.8% Mn、99.4% Ni、99.6% Co、98.8% Li

为解决无机酸回收过程中产生的二次污染，很多研究者采用了易于降解、可循环利用、环境友好的有机酸，如柠檬酸、DL-苹果酸、草酸、抗坏血酸、L-天冬氨酸、乳酸等作为浸出剂提取废锂离子电池中的有价金属组分。抗坏血酸是一种有机酸，本身具有酸性和还原性，因此，采用抗坏血酸浸出正极材料时，可以减少浸出过程中还原剂的使用。浸出过程中，$LiCoO_2$中的Li溶于抗坏血酸形成$C_6H_6O_6Li_2$，而Co^{3+}需要被抗坏血酸($C_6H_8O_6$)进一步还原成Co^{2+}。与此同时，抗坏血酸($C_6H_8O_6$)被氧化为去氢抗坏血酸($C_6H_6O_6$)。当抗坏血酸的浓度为$1.25mol \cdot L^{-1}$、固液比为$25g \cdot L^{-1}$、在70℃条件下浸出

20min，Co 和 Li 的浸出率达到 94.8% 和 98.55%，在该浸出过程中所发生的反应如式(3-6)所示。

$$4C_6H_8O_6(aq.) + 2LiCoO_2 = C_6H_6O_6(aq.) + C_6H_6O_6Li_2(aq.) + 2C_6H_6O_6Co(aq.) + 4H_2O(aq.) \quad (3-6)$$

DL-苹果酸（DL-malic acid，$C_4H_6O_5$）是一种易降解的有机酸，当其作为浸出剂从废锂离子电池正极材料中浸出 Co 和 Li 时，在 DL-苹果酸浓度为 $1.5mol·L^{-1}$、还原剂（H_2O_2）体积分数为 2.0%、固液比为 $20g·L^{-1}$，在 90℃条件下浸出 40min，Li 的浸出率接近 100%、Co 的浸出率也大于 90%，其浸出反应如式(3-7)和式(3-8)所示。

$$2LiCoO_2(aq.) + 6C_6H_6O_5(aq.) + H_2O_2(aq.) =$$
$$4LiC_4H_5O_5(aq.) + 2Co(C_4H_5O_5)_2(aq.) + 4H_2O(aq.) + O_2(g) \quad (3-7)$$

$$2LiCoO_2(s) + 6C_6H_6O_5^-(aq.) + 2Li^+(aq.) + 2Co^{2+}(aq.) + H_2O_2(aq.) =$$
$$2Li_2C_4H_4O_5(aq.) + 4CoC_4H_4O_5(aq.) + 4H_2O + O_2(g) \quad (3-8)$$

当有机草酸作为浸出剂时，草酸既作为浸出剂又作为还原剂将 $LiCoO_2$ 中的 Co 浸出并直接沉淀为 $CoC_2O_4·2H_2O$。在此过程中所发生的反应如式(3-9)和式(3-10)所示。浸出过程中控制草酸的用量，使 Co 生成 CoC_2O_4 沉淀从而实现 Co 和 Li 的分离，简化了传统回收废锂离子电池的浸出、沉淀和过滤的工艺，有利于实现废旧锂离子电池正极材料中金属组分的短程、高效回收。

$$3H_2C_2O_4(aq.) + 2LiCoO_2(aq.) + H_2O_2(aq.) =$$
$$Li_2C_2O_4(aq.) + 2CoC_2O_4(s) + 4H_2O + O_2(g) \quad (3-9)$$

$$3H_2C_2O_4(aq.) + LiCoO_2(aq.) + 1.5H_2O_2(aq.) =$$
$$LiHC_2O_4(aq.) + Co(HC_2O_4)_2(aq.) + 3H_2O + O_2(g) \quad (3-10)$$

3.2.3.3 产品制备过程

废旧动力锂电池经过预处理和提取分离过程之后，通常会得到含 Ni、Co、Mn、Li、Fe、Al 和 Cu 等多种金属组分的溶液。因此，产品制备过程一般取决于对溶液的进一步处理方法。当采用化学沉淀、溶剂萃取、结晶以及电化学等方法分步分离溶液中金属组分时，可以得到的产品为单一的金属盐；当将浸出液中的杂质金属去除后，经成分调节后可进一步制备相对附加值高的正极材料前驱体。

当从浸出液中分步分离溶液中的金属组分时，通常会使用溶剂萃取和化学沉淀组合工艺。例如，将废锂离子电池浸出液经过除去杂质离子后，采用 Mextral 5640H 作为萃取剂分离溶液中的 Cu^{2+}，然后在萃余液中加入 $KMnO_4$ 溶液，溶液中 Mn^{2+} 与 $KMnO_4$ 反应生成 MnO_2 和 Mn_2O_3 后以沉淀的形式回收。溶液经过滤后，用负载 Ni 的 Mextral 272P 的萃取剂分离回收浸出液中的 Co^{2+}。最后，采用 NaOH 和 Na_3PO_3 溶液分别作为沉淀剂回收萃余液中的 Ni^{2+} 和 Li^+，经过滤和干燥后，Ni^{2+} 和 Li^+ 分别以 $Ni(OH)_2$ 和 Li_3PO_4 的形式得以回收。

对于生产废料或纯度较高的正极废料可在分离集流体金属后，通过成分调控，经高速球磨和高温烧结后直接实现正极材料的再生。不过此方法对原料成分和杂质含量等较为敏感，其中集流体金属和正极材料分离过程是此方法的重要环节[20]（见表3-5）。

表3-5 回收技术现状及问题

回收技术	优　点	缺　点
火法冶金	原料适用范围广，工艺操作简单，适合规模化生产	能耗高，污染严重，有毒气体排放，Li、Al无法回收，产品品质差
生物冶金	金属回收率高、回收成本低、所需设施少	处理周期长，所需细菌难以培养
湿法冶金	回收率高、产物纯度高、能耗高、废气排放低	化学试剂消耗较高，废水排放，二次污染风险
机械法/热处理/碱溶+酸浸+分离纯化	工艺成熟，回收产品纯度高	工艺流程长，强碱、废水排放，回收过程消耗大量的强酸，二次污染风险
机械法/NMP溶解/热处理+有机酸浸出	有机酸易于降解、可循环利用、环境友好	工艺流程长，浸出液杂质含量多

3.3　动力电池系统关键技术研发需求分析

3.3.1　动力电池系统的关键问题分析

针对当前的动力电池产品，亟须解决的问题总结起来有两点：一个是电池的安全性问题。近年来，随着电动汽车推广进程的加快，产销量快速增加，动力电池安全问题也愈发突出，由于锂离子电池失效导致的一些火灾和爆炸事件屡见不鲜，逐年上升的事故率为电动汽车安全性敲响了警钟，2020年共报告新能源汽车起火事故72起，涉及25个品牌车企的38种不同车型，包括乘用车、客车、货车等多种车型。另一个则是能量密度问题。由于动力电池能量密度的局限，电动汽车里程焦虑问题十分突出。而且体积、质量过于庞大的动力电池侵占了乘员舱的空间，降低了电动汽车的舒适性。这在一定程度上降低了电动汽车在多个维度下相对于燃油汽车的竞争力。

要解决这两个问题，一方面需要在电池材料领域着手，从最基础的材料科学、化学等方面沉淀，寻找安全性、能量密度俱佳的动力电池材料种类与相态，从根本上解决问题。但是这条道路往往漫长而曲折，受到理论研究进展的制约，对于实现短期内电池性能的提升与应用，往往显得力不从心。而另一方面，从电池单体到电池系统的整体视角着手，从机械特性、电气特性和热特性等多个方面对动力电池进行研究，通过几何学、拓扑学等理论手段对电池系统进行工程改良，对于短期内电池能量密度与安全的提升，具有重大的应用价值。

3.3.2 动力电池系统的研发需求分析

3.3.2.1 动力电池机械安全性的研究需求

近年来，频繁发生的电动汽车碰撞起火事件使得机械触发动力电池安全性问题成为人们关注的焦点[21]。随着保有量和速度的增加，电动汽车在行驶过程中处于极端工况（如碰撞、外物侵入等）的概率日益提高，这就对动力电池在机械滥用情况下的安全性能提出了更高的要求。在机械载荷下电池单体一旦发生内短路，表明电池内部已经遭到损伤，电池单体内任何短路点都会演变为发热点。一旦电池外壳遭到机械载荷的破坏，空气中的氧气进入电池壳内部，电池内部的放热反应会加剧且瞬间产生很大的热量，这些热量无法被外界环境快速耗散，电池会出现温升和热失控现象。电池单体发生热失控后喷出的高温火焰和碎屑以及释放的热量会引燃周围的其他电池，引发更严重的事故。因此，明确动力电池在机械载荷过程中的力学响应特性（力学、热学和电学变化特性）是动力电池安全性研究的重要内容之一。

3.3.2.2 动力电池热安全性研究需求

电动汽车动力性能的提升需要高能量、大功率或大尺寸的电池组/包与之相匹配[22]。为满足电动汽车的高电压与大容量要求，电池单体必须通过串/并联的形式组成大型的动力电池包。在实际使用过程中，电池单体通常需要工作在高充/放电倍率工况以及恶劣的热环境中。此时，由于电池的充/放电过程是一个典型的复杂电化学过程，同时伴随着放热和吸热行为，产生的热量会和其他因素（电池种类、电池运行工况、冷却方式和电池排列方式等）共同影响电池温度的变化，热量的产生与迅速堆积必然引起电池内部的温度升高。随着电动汽车的发展对动力系统功率要求的不断提升，对快速充/放电需求的增加，同时，电池尺寸的增大以及汽车极端情况下大电流放电必然带来大量的热量生成。如果热量聚集而未能及时散发，将引起电池组/包内部的单体电池出现热失控现象（100℃以上的高温），对充电过程、电池的可靠性和寿命都有极大的负面影响，严重时会发生燃烧、爆炸等危险事故。因而动力电池的热安全问题，是动力电池研究的重点，也是其在电动汽车中应用和普及的技术关键。

3.3.2.3 电池系统多目标结构轻量化研究需求

相对于传统汽车，轻量化对于电动汽车更为重要。电动汽车使用的动力电池与传统汽车使用的液体燃料的比能量差距非常大[23]，如表3-6所示。电动汽车的动力源是电池，一般占整车总质量的30%～40%，这样就导致在同等能耗（电耗量/100 km）下电动汽车与传统汽车靠一次燃料补充的行驶距离有一定差距。减小电动汽车车身质量，延长一次充电的行驶距离，改善动力传动系统的负荷，从而可以提高电动汽车的效率。从这个角度来看,电动汽车轻量化的研究意义重大。

表 3-6 现有动力电池与液体燃料的比能量

项 目	铅酸电池	锂电池	汽 油	备 注
理论比能量	200	450	12 000	理论计算值
实际比能量	35～55	110～130	3000	目前的产业化水平
系统比能量	30～50	70～90	—	加上管理系统质量之后的平均值

注：按照热力学第一定律，内燃机的转换效率最高为33%，此处汽油机按25%计算。

电动汽车在传统汽车的轻量化概念中主要增加了电池轻量化。因为电动汽车引入了动力电池，从而使整车质量增加了20%～30%，在电池能量密度达到瓶颈的情况下，只能通过降低动力电池包质量来实现电池包轻量化的目的，这样才能实现装载更多电池，提高汽车动力性能。传统的钢制材料由于自身密度问题无法满足动力电池包的实际减重需求，因此，学界需要在材料、结构、工艺等方面对动力电池包的轻量化研究有所突破。

动力电池包的质量也并非越小越好：一方面，可以通过轻量化技术降低整车重量，提高车辆动力性，减少能源消耗；而另一方面，轻量化会影响动力电池包的强度、刚度，降低整个电池箱的使用寿命。因此，在保证动力电池包的性能的前提下，针对动力电池包的质量、强度、刚度等多个目标的结构轻量化研究，具有非常重要的意义。

本章小结

在对动力电池系统关键技术知识产权分析数据中不难看出，当前国内申请专利技术水平有待提高，关键技术专利申请量不足，专利成果转化效率低，没有形成良好的产学研相结合机制。企业要注意技术和经济效益的关系，通过寻找并建立产业联盟和产学研相结合的平台，为技术研发提供保障，提高企业的竞争力。

通过对当前动力电池的技术现状进行列举分析，可以得出，动力电池的安全性和能量密度问题是研发的重中之重，落实到具体的研究方向，动力电池的机械安全性、热安全性和轻量化是相对迫切的。目前，国内研究界在这些方向已经有了相对成体系的研究架构，也得到了不少可喜的研究成果。在后面的章节中，将会具体介绍。

参 考 文 献

[1] NITTA N, WU F, LEE J T, et al. Li-ion battery materials: present and future[J]. Materials Today, 2015, 18(5):252-264.
[2] 艾新平,杨汉西. 电动汽车与动力电池[J]. 电化学,2011,17(2):123-133.
[3] 艾新平,杨汉西. 浅析动力电池的技术发展[J]. 中国科学:化学,2014,44(7):1150-1158.
[4] 中国汽车技术研究中心. 中国新能源汽车产业发展报告[M]. 北京:社会科学文献出版社,2018.
[5] 曹勇,严长青,王义飞,等. 高安全高比能量动力锂离子电池系统路线探索[J]. 储能科学与技术, 2018,7(3):384-393.

[6] 谢志明,张媛,贺正楚,等.新能源汽车产业专利趋势分析[J].中国软科学,2015(9):127-141.

[7] 肖成伟,汪继强.电动汽车动力电池产业的发展[J].科技导报,2016,34(6):74-83.

[8] 中国汽车技术研究中心.节能与新能源汽车年鉴[M].北京:中国经济出版社,2012.

[9] 黄群慧,贺俊.中国制造业的核心能力、功能定位与发展战略:兼评《中国制造2025》[J].中国工业经济,2015(6):5-17.

[10] 中国汽车技术研究中心.中国新能源汽车动力电池产业发展报告[M].北京:社会科学文献出版社,2017.

[11] MARTINEZ-LASERNA E, GANDIAGA I, SARASKETA-ZABALA E, et al. Battery second life:hype, hope or reality? A critical review of the state of the art[J]. Renewable & Sustainable Energy Reviews, 2018,93:701-718.

[12] JULIEN C M, MAUGER A. Review of 5-V electrodes for Li-ion batteries:status and trends[J]. Ionics, 2013, 19(7):951-988.

[13] QIAO Q Q, ZHANG H Z, LI G R, et al. Surface modification of Li-rich layered Li($Li_{0.17}Ni_{0.25}Mn_{0.58}$)$O_2$ oxide with $LiMnPO_4$ as the cathode for lithium-ion batteries[J]. Journal of Materials Chemistry A, 2013, 1(17): 5262-5268.

[14] 贾恒义.锂离子电池材料的研究与应用[J].电源技术,2011(7):869-871.

[15] 李明月,陈科峰.新型锂离子电池材料研究进展[J].化工生产与技术,2010,17(4):46-49.

[16] 武明昊,陈剑,王崇,等.锂离子电池负极材料的研究进展[J].电池,2011,4(4):222-225.

[17] 莫名月,陈红雨.锂离子电池隔膜的研究进展[J].电源技术,2011,35(11):1438-1440.

[18] 任永欢,吴伯荣,杨春巍,等.锂离子电池电解液新型锂盐的研究进展[J].电源技术,2011,35(9):1171-1174.

[19] 姚万浩,李劼,张忠如,等.锂离子电池电解液成膜添加剂乙烯基亚硫酸乙烯酯的电化学行为[J].化学学报,2009,67(22):2531-2535.

[20] 中国汽车技术研究中心.中国新能源汽车动力电池产业发展报告(2017)[M].北京:社会科学文献出版社,2017.

[21] 张晓婷.圆柱型锂离子电池单体在径向挤压载荷下的力学响应特性研究[D].长春:吉林大学,2019.

[22] 刘霏霏.微热管在电动汽车电池热管理系统中应用关键技术研究[D].广州:华南理工大学,2017.

[23] 苏思诺.轻质泡沫铝夹层板箱体结构的汽车动力电池包碰撞分析[D].广州:华南理工大学,2018.

第二篇

动力电池单体、模组及系统特性研究

4 动力电池单体力学特性与本构模型

动力电池是集电化学、热和机械等多物理场变量于一体的复杂系统，其形式、材料、结构和功能上的多样性与复杂性，导致其在不同载荷作用下的变形响应和失效机理非常复杂。特别是在车载复杂多变的环境下，电池包容易受到碰撞、冲击等机械载荷作用，使内部的动力电池承受挤压载荷发生变形，导致电池发生变形开裂、漏液和内部短路，最终引发热失控、着火、爆炸等安全事故。可以说，单体电池是电池包复杂系统的基本"单元"，电池包受到碰撞、冲击等机械载荷时，单体电池的力学响应可作为安全评价基准。

本章重点介绍锂离子电池的结构组成，从根本上分析动力电池的挤压力学响应特性，研究单体电池在挤压载荷作用下的变形和失效规律。以 18650 圆柱形锂离子电池和磷酸铁锂方形锂离子电池两种典型的动力电池为案例，研究具有可压缩泡沫属性的芯层本构关系，揭示锂电池的失效机理，阐述单体电池的有限元模型构建以及挤压安全仿真分析过程，为电池包系统电化学、热和机械综合安全性能的基础研究以及电动汽车的碰撞安全性仿真分析和评价的相关工程应用工作提供参考。

4.1 锂离子电池基本原理和结构特点

典型的锂离子电池的主要功能部件包括负极（或阳极）、正极（或阴极）、电解质和隔膜。最常用的负极材料包括硬碳、石墨和处理过的石墨；典型的正极材料包括层状氧化物（锂钴氧化物、锂镍氧化物）、尖晶石（如锂锰氧化物）或聚阴离子（如锂铁磷酸盐）；一般的电解质材料是六氟磷酸锂、四氟硼酸锂等锂盐，溶解在由有机碳酸盐（如碳酸二乙酯）混合物组成的溶剂中[1]。根据材料的选择，电池的电压、容量、性能和安全性会发生巨大的变化。最常见的锂离子电池规格包括圆柱形、柱形和方形。本节讨论锂离子电池的工作机理，并概述锂离子电池负极、正极、电解质和隔膜等组成部分。

4.1.1 锂离子电池单体结构组成

现阶段新能源汽车常用的锂电池单体形式，包括圆柱形锂离子电池、软包锂离子电池和方形锂离子电池三种形式，图 4-1 分别为三种单体的外观特征。然而不同单体形式的锂离子电池内部结构是相似的，均由正负电极、集流体、电解质、隔膜以及外壳构成[1]。

（1）电极。电极是电池单体的基本组成部分，是与电解液反应产生电能的反应物，电极材料及其载体对电池单体基本力学特性产生影响。锂电池的正极材料主要有磷酸铁锂、钴酸铁锂等;负极材料多为碳素材料,如石墨等。

(2)集流体。集流体是电极材料的载体,用于存放正负极材料,同时也是电流流入和流出电池的必经通道。

(3)电解质。电解质在电池内部承担着传递电荷的作用,被称为电池的"血液"。电解质一般有液体和固体两种,电解质的选择对电芯的能量密度、循环寿命、充放电特性、使用安全、储存性能和价格成本等都有很大影响。锂离子电池对电解液的要求包括良好的离子电导率和电子绝缘性能,宽泛并且稳定的工作温度。目前,电解液最常用的盐类材料有$LiPF_6$、$LiBF_4$,最常用的溶剂为碳酸盐类,即碳酸乙烯酯、碳酸二甲酯、聚碳酸酯。

(4)隔膜。在电池内部通过一层层隔膜将电池正极和负极隔开,防止两极接触发生短路。但隔膜也要具有一定的通过性,保证电解质中离子能顺利通过。因此,隔膜是一种多孔材料,这也使得其具有一定的各向异性。隔膜需要具有足够的力学性能,如抗穿刺强度等。目前使用的微孔聚烯烃膜厚度小于$30\mu m$,由聚乙烯(PE)、聚丙烯(PP)或聚乙烯和聚丙烯的层合板制成,具有优异的机械性能、化学稳定性和可接受的成本。

锂电池的内芯具有层叠式和卷绕式两种构型[2]。层叠式是将电极通过堆叠交替形成叠层状,而卷绕式则通过将长条状的电极缠绕成圆柱形或方形。将电极堆或电极卷插入用垫圈密封的硬盒或箔袋中,用热密封或激光焊接等形式密封硬盒,分别制成三种不同单体电池,如图4-1所示。

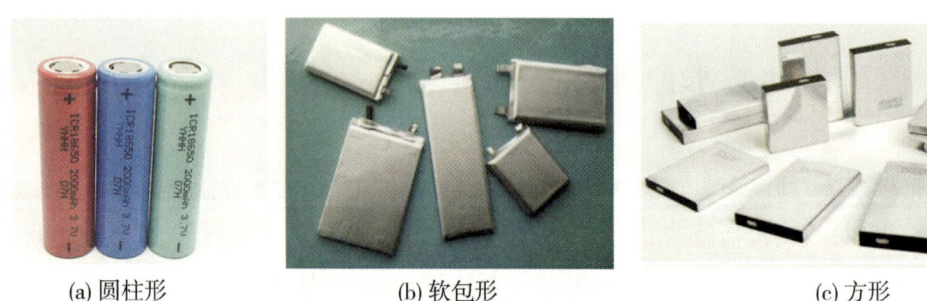

(a) 圆柱形　　　　　　　(b) 软包形　　　　　　　(c) 方形

图4-1　不同形式的单体锂离子电池

为正确分析锂离子电池的力学现象和安全性能,首先需要明确锂离子电池内部结构组成。为此,对动力电池常见的圆柱形锂离子电池、软包锂离子电池和方形锂离子电池的基本结构进行简要介绍。

4.1.1.1　圆柱形锂离子电池

圆柱形锂离子电池通常采用圆柱卷绕式电池构型,如图4-2所示,该构型在镍氢电池、数码通信锂电池上已得到了长期的应用,积累了大量的生产设计经验。圆柱卷绕式锂离子电池的组成结构可划分为四个主要的机械部件:由正负极和隔膜等电池材料缠绕成的卷芯、中空铝管制成的中心转轴、外壳和垫片。

电池正极由铝箔制成，铝箔两面都涂有活性物质 $LiNiCoAlO_2$。负极由涂有石墨涂层的铜箔制成，并使用聚丙烯隔膜将它们分开。在铝箔正电极的裸露部分加贴铝片形成正极引线，同样，负极引线是在铜负电极集电极上加贴镍片或铜片。电池盖，也称封头，焊接在壳体上方，对电池进行真空密封。封头包含聚合物隔离剂、排气口、热敏电阻 PTC 和电流切断装置 CID 等安全装置，防止内部的高温和高压导致电池损坏。

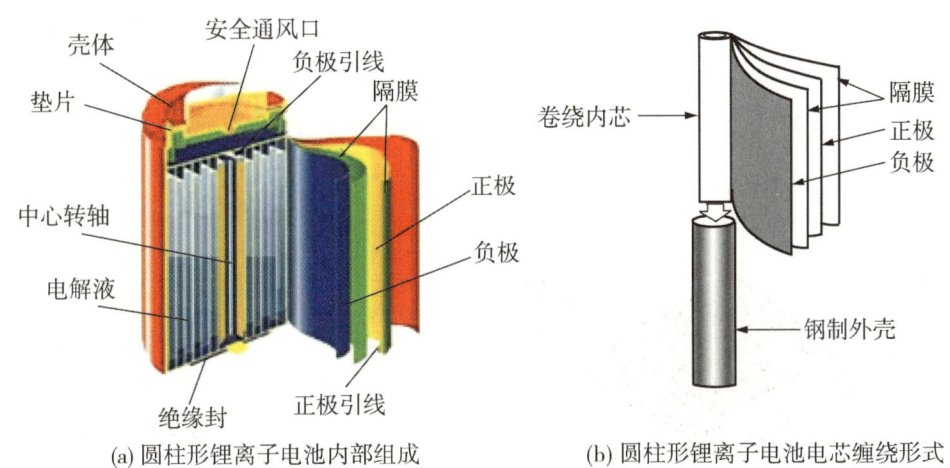

图 4-2　圆柱形锂离子电池结构组成

4.1.1.2　软包锂离子电池

软包锂离子电池是液态锂离子电池套上一层聚合物外壳，与其他电池最大的不同在于软包装材料（铝塑复合膜），软包材料通常分为三层，即外阻层（一般为尼龙 BOPA 或 PET 构成的外层保护层）、阻透层（中间层铝箔）和内层（多功能高阻隔层）。软包锂离子电池的内芯是由正极、负极和隔膜组成，其结构组成如图 4-3 所示。

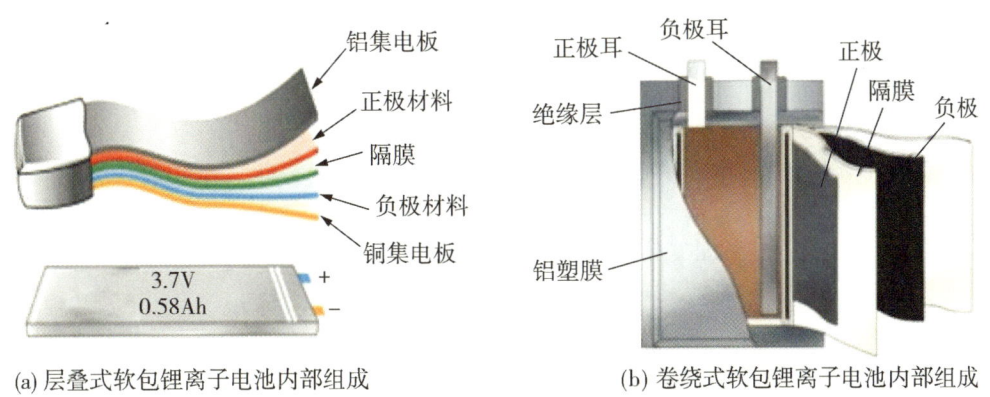

图 4-3　软包锂离子电池结构组成

车用软包锂离子电池一般采用层叠式的内芯设计,即正极和负极连同隔膜交错堆叠,以提供所需的电池容量。使用超声波或加热处理层叠内芯结构,以确保均匀的粘合和控制尺寸。插入电极堆后,软包电池外壳薄膜采用加热或超声波形式熔接外壳而密封电池。

4.1.1.3 方形锂离子电池

对于方形锂离子电池,没有通用的电池制造工艺。电池内芯可以是卷绕设计,也可以是层叠设计。在层叠设计中如图4-4a所示,正极和负极连同隔板一起层叠,与软包电池的设计一致。方形电池的卷绕设计工艺与圆柱形锂电池相似,主要差异在于芯轴是一块与宽度相关的薄平板,如图4-4b所示。

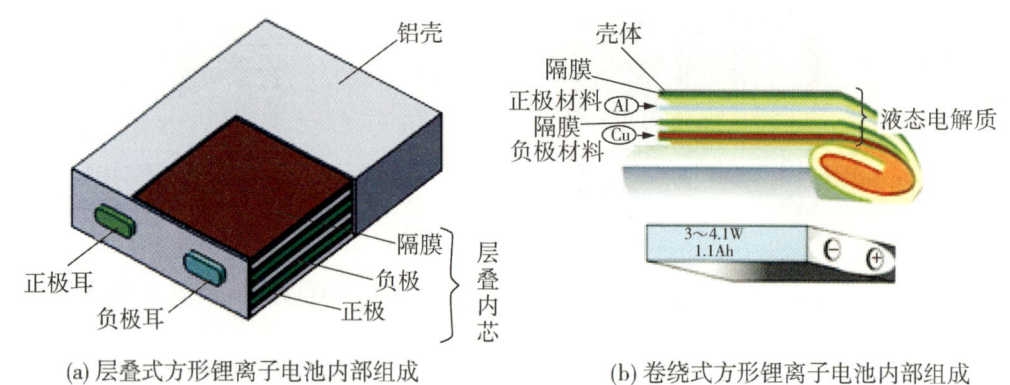

(a) 层叠式方形锂离子电池内部组成　　　　(b) 卷绕式方形锂离子电池内部组成

图4-4　方形锂离子电池结构组成

圆柱卷绕式、方形层叠式和方形卷绕式是动力电池的三种重要构型。三种形式的锂离子电池均在电动汽车中得到应用。电动汽车在选择电池构型上的分歧,实质上也反映了这些构型各具优、缺点。不同构型锂离子电池的优缺点及其代表性应用车型如表4-1所示。

表4-1　不同构型的锂离子电池及其优缺点

电池形状	外壳材料	制造工艺	优　点	缺　点	主流企业	代表性应用车型
圆柱	钢壳	圆柱形卷绕	(1)尺寸小 (2)成组灵活 (3)成本低 (4)工艺成熟 (5)一致性好	(1)成组后散热差 (2)重量较大 (3)比能量低	松下 SONY LG	特斯拉Model S 丰田普锐斯 北汽EV200
方形	铝壳	方形卷绕 方形层叠	(1)散热好 (2)成组设计容易 (3)可靠性好 (4)含防爆阀,安全性好 (5)硬度好、刚性强	(1)尺寸比较固定 (2)成本高 (3)型号繁多	宁德时代 比亚迪 三星 力神 国轩高科	比亚迪K9 比亚迪E6 宇通ZK 众泰知豆D2

(续表 4-1)

电池形状	外壳材料	制造工艺	优点	缺点	主流企业	代表性应用车型
软包	铝塑膜	方形层叠	(1)尺寸变化灵活 (2)比能量高 (3)内阻小 (4)重量轻	(1)机械强度差 (2)封装工艺难 (3)成组结构复杂 (4)无防爆阀，易漏液 (5)一致性差，成本高	万向 A123 LG	日产聆风 现代 Kona EV

圆柱卷绕式的优点是生产效率高、一致性好等；缺点是圆柱外形导致的空间利用率低、径向导热差导致的温度分布问题等。由于圆柱电池的径向导热性能不佳，电池的卷绕圈数不能太多（18650 电池一般在 20 圈左右），因此单体容量较小，应用在电动汽车上时需要大量单体组成电池模组和电池包，连接损耗和管理复杂度都大大增加。

与圆柱形电池是由单片的正、负极片卷绕成形的工艺不同，方形层叠式和软包电池是由多层的方形极片相互堆叠而成的。方形层叠式的电池与圆柱形电池相比，有以下优点：①外壳材料所用的铝壳或者铝塑逆膜的厚度很薄（一般不会超过 1mm），因此散热性能很好；②极片数量较多，并且表面平整，呈叠片状，电流密度的均匀性好；③极片厚度很薄，电池成组和成包方便，空间利用率高；④铝塑膜外壳质量轻、厚度薄，可以降低重量和减小体积。

总体来看，三元电池能量密度高但安全性差，磷酸铁锂安全性好但能量密度低；圆形电池适合标准化生产，但成组布置及散热成本高；方形电池散热性能好，成组设计容易。因此，哪类电池更适合电动汽车，目前并未达成共识。其中，方形电池凭借成组设计容易、布置方便以及散热好的优势，已经成为目前电动客车上应用最为广泛的电池类型。

4.1.2 锂离子电池电化学原理

锂离子电池泛指整个电池化学家族，具有多种组成材料和化学反应物质。此外，锂离子电池化学是一个活跃的研究领域，新材料不断被开发。本节围绕电动汽车常用的磷酸铁锂电池、三元锂电池等电池类型展开探讨。

从最基本的意义上说，锂离子电池是指由两种能够可逆地嵌入与脱出锂离子的化合物作为正负极所构成的二次电池[3]。正极是由一层薄薄的金属氧化物粉末（如 $LiCoO_2$）涂在铝箔上构成，而负极是由一层薄薄的石墨粉末制成，并安装在铜箔上。两个电极之间由多孔聚烯烃膜隔开，这种聚烯烃膜称为隔膜。隔膜通常浸泡在由 $LiPF_6$ 溶解在有机溶剂混合物制成的电解液中。常见的有机溶剂混合物包括碳酸乙烯、碳酸乙酯或碳酸二乙酯。锂离子在放电过程中从阳极移动到阴极，并嵌入在阴极的晶体结构空隙中。充电过程中离子反向运动，如图 4-5 所示。

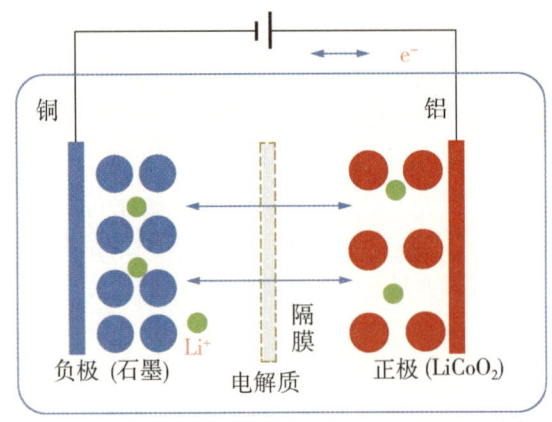

图 4-5 锂离子电池工作原理图

以磷酸铁锂电池（LiFePO$_4$）为例来说明锂离子电池的反应过程，其中电池的正极材料为 LiFePO$_4$，负极材料为层状石墨（C），该电池在放电过程中的化学反应过程如下：

总的反应式为：　　　　$6C + LiFePO_4 \rightleftharpoons Li_xC_6 + Li_{1-x}FePO_4$　　　　(4-1)

正极反应式为：　　　　$Li_{1-x}FePO_4 + xLi^+ + xe^- \rightleftharpoons LiFePO_4$　　　　(4-2)

负极反应式为：　　　　$Li_xC_6 \rightleftharpoons 6C + xLi^+ + xe^-$　　　　(4-3)

其中，x 表示锂的物质的量。上述反应过程是可逆的，正反应对应充电过程，逆反应发生在放电过程中。

LiFePO$_4$ 电池在充电时，锂离子（Li$^+$）和电子（e$^-$）分别从磷酸铁锂活性物质上脱离，然后锂离子（Li$^+$）在电解质中可以自由穿过隔膜向负极转移，到达负极后嵌入到层片状石墨结构中去，此时正极处于贫锂状态。自由电子（e$^-$）因为无法穿过隔膜，所以通过外接电路转移到负极。放电过程则与充电过程相反，锂离子从碳负极脱落经电解液穿过隔膜回到正极，电子从外接电路转移到正极，此时正极处于富锂状态[4]。

由于锂离子电池在工作中一直处于锂离子和电子不停在正负极之间进行转移的状态，因此其容量也处于动态的变化过程，导致正负极材料的力学性能也产生变化，这也是研究锂离子电池力学特性及其电化学失效的难点问题。同时，由于锂离子在充放电过程中嵌入到寄主材料中，锂离子电池内没有游离的锂离子，因此，如果电池因内部故障而着火，金属灭火技术不适合控制此类电池火灾[3]。

4.2　车用锂离子电池安全性影响因素

由单体电池组成的动力电池包作为电动汽车的动力源，是电动汽车的核心部件，其安全性问题是电动汽车安全的重中之重。锂离子单体电池是车用动力电池包最小动力单元，其机械性能和失效判定对电池包安全性研究至关重要。评价电池包性能安全性和可靠性时，危险工况下电池包内单体电池的失效状况是重要的指标。

电池包内的单体电池受到的载荷工况和危险因素来源于电动汽车危险工况和电池包的工作环境。本节将讨论锂离子电池及电池包在电动汽车上应用的安全要求和影响因素；了解电池单体在动力电池包的实际工况中遇到的安全风险和需要满足的预期安全功能，阐述单体电池特性在电动汽车电池包安全中的作用；描述汽车电池安全性能分析的研究路线，并审查目前的安全测试标准和法规。

4.2.1 锂离子电池性能及安全的影响因素

电动汽车电池组除了满足汽车电力和能源需求外，还需要满足各种汽车技术要求。电池单元组装成模块和电池包是与汽车设计师和用户息息相关的硬件系统。在机械方面，电池组需要集成到现有的车辆碰撞结构中。电池组还需要管理电子控制接口与车辆控制模块的其余部分，并保持其电池在预定的工作参数内的寿命和安全性。此外，电池组通常有专门的或车辆衍生的热控制组件，也要考虑其性能和安全。锂离子单体的设计规范并没有对机械、电气和热力变化的敏感性提出约束要求，而在电动汽车的运行工况中，锂离子单体的电化学性能不可避免地受到机械、电气和热力的考验[5]，使得可靠的电池组设计更加重要。为正确分析电动汽车锂离子电池的安全性能，需要了解电池包的结构特点和其对单体电池带来的安全威胁因素。

4.2.1.1 电池模块/包

动力电池包通常是先由多个电池单体通过一定的机械连接和电连接组成电池模块，再根据电动汽车的需求，串联或并联多个电池模块而构成，如图4-6所示。在电气和机械上采用单一串联或串并联排列被称为电池模块，或电池模组。电池模组通常由电压≤50V、重量≤22kg的单体电池组成，以便于操作，安全，并且具有电气/热传感器和相应接口。电池包的形状结构不是一成不变的，要根据电动汽车所使用电池单体的类型、数量以及该车可支配空间来设计和布置。

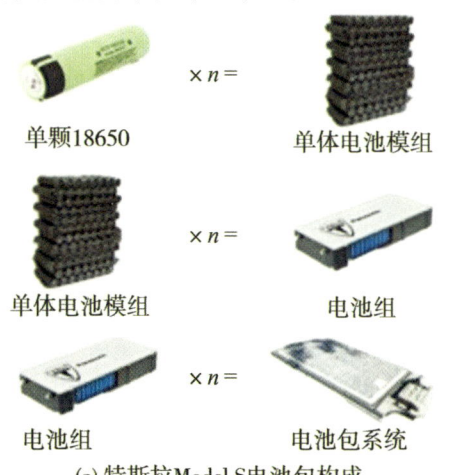

(a) 特斯拉Model S电池包构成

(b) Model S装配

图4-6 2014款特斯拉Model S纯电动汽车电池包结构示意图

除了电池模块以及模块之间相互连接、机械固定结构外,动力电池包还包括管理单元(电池电压、温度数据的采集及均衡)、温度传感器、散热装置及各类高低压线束,如图4-7所示。电池模块以电气连接组合,为电动汽车提供全部动力和能量。根据车辆类型和设计,锂离子动力电池可能占到电池包系统成本、重量和体积的50%～75%。

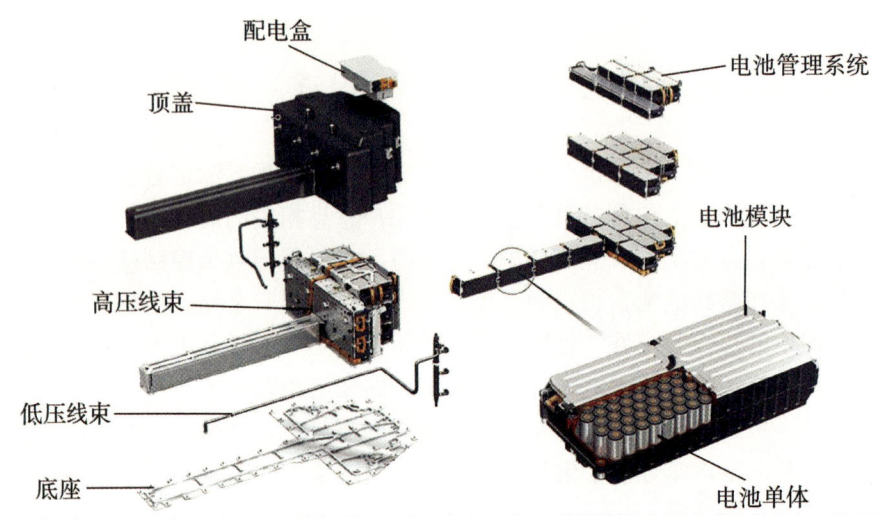

图4-7 电池包内部结构图

在汽车应用中,不仅需要考虑单体电池的性能优劣,还需要考虑模块和电池包的性能评价,模块及整包的性能优异是以每个单体电池的性能和安全均能满足严格的要求为基础。虽然不同的模块和包的设计布局可以有很大区别,但它们都增加了额外的重量和体积,导致不能仅以单体电池的性能表现衡量电池模组以及电池包的性能[6],从第5章起将进一步分析模块整包的安全可靠问题。电池包内部的高活性锂离子电池单元及模块和高压线束,在汽车发生碰撞时都极其容易导致电池包内部热失控,甚至引起电池包的起火爆炸等,大大降低了电池包的安全性能[7]。因此,对于电动汽车电池的安全性能,是以电池包为分析对象,评价电池单体是否出现失效危险,以及其他电池包部件是否发生失效并对电池造成威胁。

4.2.1.2 机械因素

电池包必须通过机械连接安全地安装在车辆内,保证车辆正常使用和振动以及在发生碰撞的情况下都是安全的。通常情况下,电池包安装在汽车前轴和后轴之间以及左右两侧的门槛板内部的区域。将电池组放置在此区域之外是可能的,但通常需要添加大量的结构进行加固以确保碰撞的完整性,从而给电池组增加大量的成本、重量和体积负担。

电动汽车在使用过程中,可能会遭遇正面碰撞和侧面碰撞的危险工况,碰撞过程极大考验了锂离子电池安全性。国标 GB/T 31498—2015 规定了电动汽车碰撞试验形式和试验方法[8],并对碰撞后电动汽车及电池包提出了相关安全性要求,如图4-8所示。

(a) 正面100%碰撞

(b) 侧面移动壁障碰撞

图4-8 电动汽车 C-NCAP 碰撞测试

碰撞过程中，汽车结构发生变形及电池包内部固定装置容易遭到应力变形的破坏。该过程中，电池单体可能遭到挤压变形，导致内部隔膜破裂或外壳破损，引起电池失效短路，甚至电解液高温燃烧。电池包机械安装的位置也影响了水与灰尘入侵的鲁棒性水平。路面行驶时，路面可能存在大量的雨水或灰尘，飞溅水滴或过多灰尘进入电池包内会导致线路短路，引起电池单体或模组失效。

4.2.1.3 电气

电池包的电压和电流是由电池管理系统（BMS）测量和控制的。BMS 通常采用预定义的算法来设置电池电压、电流以及根据充电状态（state of charge，SOC）、循环寿命和温度等因素为电池设置能量、功率限制。BMS 还负责与车辆控制器通信，包括接触器、HVIL、MSD 和温度信息的状态监测，以及控制整个包的电气输出和输入。BMS 还需要监督和控制车载充电器和外部插头接口。经过长期的充放电循环后，由于电池系统装配、容量、功率和热管理的历史缺陷，串并联成组使用锂离子电池容易出现充放电不均衡的现象，其 SOC 将以常数或均值产生漂移。虽然 BMS 可以尝试执行任何算法，以调整电池包的单体 SOC 回到更贴合的窗口，但是预设的 BMS 算法并不能应对所有潜在的情况，特别是传感器的失效或误差，有可能出现过放电或过充电。

车用动力电池包的个别单体过充过放会显著降低和损坏电池包性能。过充过放会导致电池发热，严重影响电池的性能发挥和使用寿命，甚至引发热失控、起火燃烧等安全事故。而在给电动汽车充电时也存在持续过充的安全隐患。过充电时，电池会有外界能量的持续输入，一旦引发热失控将有更多能量参与反应，严重威胁电动汽车动力系统的使用安全性。

4.2.1.4 热

电动汽车电池组通常采用热管理系统来保证电池温度保持在正常的工作范围内。在实际使用过程中，电池单体通常需要工作在高充/放电倍率工况以及恶劣的热环境中。此时，由于电池的充/放电过程是一个典型的复杂电化学过程,同时伴随着放热和吸热行为,产生的热量会和其他因素(电池种类、电池运行工况、冷却方式和电池排列方式等)共同影响电池温度的变化,热量的产生与迅速堆积必然引起电池内部的温度升高。对于电动汽车高功率、高容量的发展需求,电池热量管理对于维持电池性能、确保电池安全性至关重要。

电池模块内各个单体电池之间由于工作中三维热行为导致严重的不均衡温度分布,从而造成单体电池之间的性能不匹配。且随着电池尺寸的增大,对于单体电池而言,其内部产热不均匀性突出,如正极反应的产热量甚至是其他部位的3倍。根据"木桶理论",电池组/包的性能由性能最差的那个单体电池决定。因而导致电池性能的下降,引起电池荷电状态SOC和电池健康状态(state of health,SOH,包括电池的容量、直流电阻和交流阻抗)的恶化。为确保电池的正常工作,电动汽车通常配备如图4-9所示的电池热管理系统,但是热管理系统的引进需确保其足够的安全性,避免在振动或冲击下发生泄漏等险情。

图4-9 奥迪E-tron的电池热管理系统

锂离子电池是密封的,因此,在正常使用条件下不应发生触电现象。如果受到不正常的加热或其他滥用条件,电解液和电解液分解产物会蒸发并从单体中泄漏。与空气接触的电解液是可燃烧的,在接触到一个高温火源时可被点燃,如明火、火花或足够加热的表面。当电池内部处于热失控反应时,电解质也可能会由于热量积累而着火。

4.2.2 锂离子电池系统安全分析方法

设计车用锂离子电池的一个重要内容是对系统的可靠性和安全性进行分析和计算。这在很大程度上是由电动汽车相关法律法规的严格要求促进的。厂商与消费者也意识到动力电池包的安全性与乘车人员的生命安全密切相关。因此,可靠性设计和安全性设计在工程过程初期就占据重要地位,开发人员试图识别潜在的失效模式并提供解决策略。

4.2.2.1 动力电池包安全性分析方法

电池设计迅速发展的一个方面是计算机辅助设计、计算机辅助工程和电池系统的高级分析推广。从目前在工程领域常见的电池组的三维模型，到计算机模拟在特定负载情况下产生的热量的数量和位置，以及模拟在不同振动情况下的机械性能，由于实验条件的苛刻和费用昂贵，电池包的安全性设计分析通常先借助计算机软件设计满足安全仿真的电池包系统，再进行实验验证分析。图4-10是电池包安全性分析技术路线图。

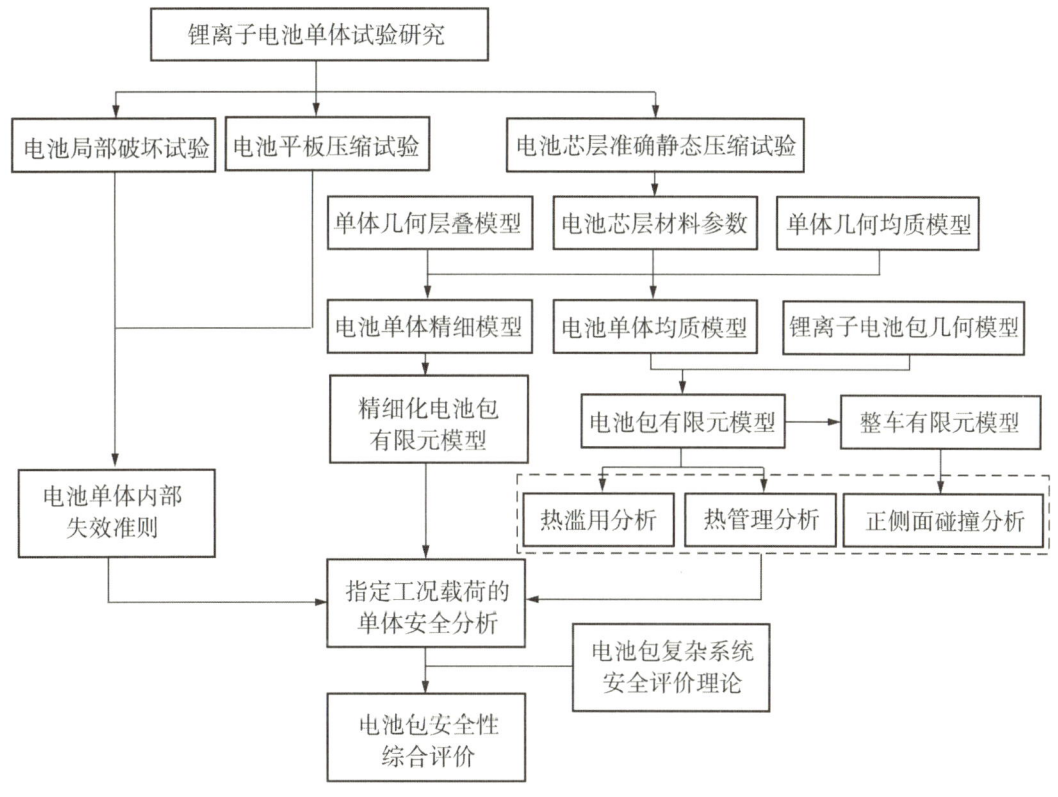

图4-10 电池包安全性分析技术路线

在一次撞击中，为锂离子电池的电芯中每一层材料单独建模的代价是较大的，即使对单体计算成本也是巨大的，对电池包的计算更是难以进行。因此，一般采用的研究方法是用等价的均匀材料代替非均匀的单体电池或内芯。为了获得内芯材料的均匀化特性，考虑两种实验方法：①压扁电池样品的直压单轴试验；②应用虚功原理对电池样品进行均匀化处理。由于组成电池内芯的各个层，即阳极、阴极和隔膜，都表现出非线性的材料特性，因此电池内芯的材料行为是非线性的。为了进行有限元模拟，必须推导出能同时满足径向和轴向非线性应力-应变曲线的材料模型，这一内容将在4.3节详细阐述。

结合变形过程中电压和温度的变化关系，分析电池内部短路机理和内芯材料的失效情况。电池发生内部短路失效的判断准则，对于后续有限元仿真分析中判断电池的内部短路具有重要的参考价值。

建立精细化电池包有限元模型,其中的电池单体采用均匀化模型。利用电池包有限元模型进行机械碰撞、热滥用、热管理等安全仿真分析,根据电池单体内部失效准则判断电池包是否出现电池单体失效的现象。若要进一步分析电池单体内部状态,可采用精细化单体模型替代失效风险最大的均匀化单体模型,从而减少计算时间。

从电池包箱体和内部结构两个层面,箱体变形量、压紧长螺钉变形应力、吊耳应力、模组加速度、电池电压、电池温度分布以及电池单体失效变形状态等多个角度对电池包安全性能进行全面详细的分析与评价。

4.2.2.2 电池包安全性标准

电池包开发设计方法及其各方面性能分析评价与相关标准规范的发展有着密切联系。为应对电动汽车行业发展的迫切需求,2015年国家发布了关于电动汽车及其动力电池系统的新版GB/T国家推荐标准,在电动汽车用动力电池系统方面基本上构建了较为完整的标准体系(见图4-11),极大地促进了电动汽车行业的规范发展。该标准体系覆盖了动力电池系统、动力电池包、电池模组以及电池单体四个层级,产品类型包括纯电动、多种混合动力商用车和乘用车。

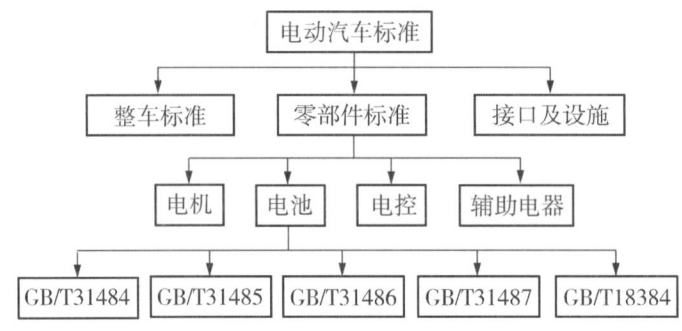

图4-11 电池包相关标准体系

国标中新增的GB/T 31467.3规定了电池包系统级别的安全要求和测试方法,基本弥补了电池包整体安全性测试的空白,测试内容包括振动、机械冲击、跌落、碰撞以及挤压等多个方面。

另外,在电动汽车整车碰撞安全性方面,GB/T 31498规定了电动汽车碰撞后的相关安全要求。其中对可充电储能系统(REESS)提出了相关要求,指出碰撞后位于乘员舱里面的REESS应保持在安装位置,REESS部件应保持在其外壳内,位于乘员舱外面的任何REESS部分不应进入乘员舱。且碰撞结束30 min内,REESS不应爆炸、起火。

电动汽车的国家标准是评价动力电池安全性的一个重要方面,但是,国标中规定的电池包测试方法多为模拟现实情况而设定的,存在一定的局限性,通过国家标准的测试的已售车辆发生电池包火灾事故仍屡见不鲜,车用动力电池安全性分析仍需深入研究。

4.3 锂离子电池单体力学特性与本构方程

在车载复杂多变的工况下，动力电池容易受到挤压载荷作用和机械变形。挤压变形会导致电解液泄漏或者内部短路，甚至会发生着火和爆炸等安全事故。在分析和评价电池包的安全性能之前，需要建立符合力学特性的单体电池的有限元模型。单体电池在挤压载荷下的力学性能研究有助于分析动力电池的机械安全性，为建立车用动力电池的有限元模型和仿真分析提供参考。

本节以方形磷酸铁锂电池为实际案例，阐述平面挤压试验研究下电池在整体挤压载荷时的变形响应特性。同时从微观尺度对组成电池内芯的铜箔、铝箔、正极板、负极板、隔膜以及叠层单元进行损伤研究，为分析单体电池在局部挤压过程中的内部短路失效提供工程参考和指导。根据多种机械加载工况下的力学特性、电压特性以及热特性，构建具有可压缩泡沫属性的芯层本构关系，并尝试分析锂电池机械性能与电池内部电化学之间的内在联系。

4.3.1 锂离子电池压缩性能分析

力学特性是影响锂离子电池机械安全性的重要因素，其中挤压安全性也是国家标准强制规定的一项测试要求。车用动力电池在电池包发生变形时，会受到来自箱体的挤压变形作用，从而导致破坏失效以及着火、爆炸等安全事故。

平面挤压试验是模拟方形锂离子电池在大面积整体受压工况下的力学行为，目的是探讨电池在整体挤压载荷下的变形响应特性，并结合温度和电压的变化分析电池的力学响应特性和失效特征。

实验讨论加载方向、外壳、电解液和应变率等因素对电池压缩力学性能的影响，从而掌握此类电池及其内芯材料在挤压载荷下的力学响应特性，为建立磷酸铁锂电池的有限元模型提供材料参数。

4.3.1.1 不同加载方向

1. 正面挤压

单体电池平面挤压试验过程及电池的变形结果如图4-12所示，单体电池在挤压过程中外壳出现折皱现象，外壳顶盖焊缝处发生了开裂，并伴有电解液的泄漏。图4-13所示为电池在平面挤压试验过程中的力-位移曲线。根据力-位移曲线在不同阶段的曲率变化的不同，可以将电池的受力分成3个阶段。其中第1个阶段是外壳承载阶段，第2阶段是一个受力平台区，电池内芯处于压实过程的阶段，第3阶段是塑性硬化阶段[9]。

(a) 单体电池挤压前　　　　　　　(b) 单体电池挤压后

图 4-12　平面挤压试验过程

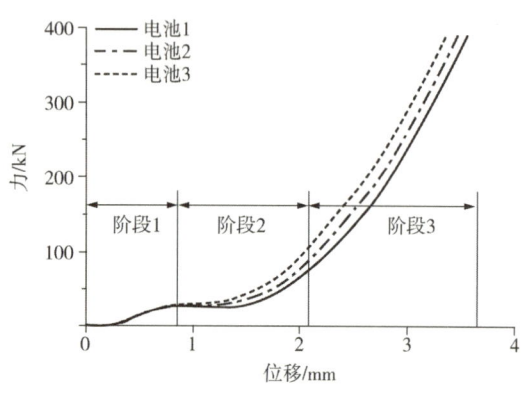

图 4-13　单体电池平面挤压试验力-位移曲线

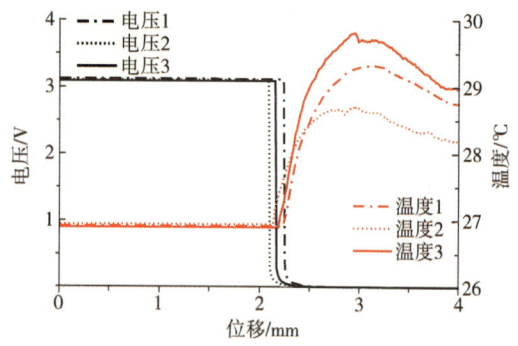

图 4-14　单体电池平面挤压电压、温度变化曲线

在外壳承载阶段 1 中，电池受到的外部载荷主要由外壳承受，此时内芯的受力相对较小。外壳的受力达到峰值后进入第 2 阶段，此时外壳开始发生较大的塑性变形，内芯的受力也逐渐增大。电池内芯主要是由多孔颗粒状的活性物质组成，在受力的初始阶段会出现压实致密化现象，导致电池的整体受力基本保持不变。到了第 2 阶段的后期，随着内芯致密化程度的增加，当载荷达到外壳的破坏强度后，外壳顶盖开裂伴随着电解液泄漏。外壳开裂的同时，电池的电压和温度也发生了突变，电压从初始值 3.2V 突降到 0，温度则缓慢上升[9]。电压和温度的变化曲线如图 4-14 所示。

外壳开裂使电解液外流，连接电池正负极之间的"桥梁"被断开，电池处于断路状态，对应的电压为 0。在外壳开裂之后，电解液的泄漏会使电池内部电极活性物质相互接触并发生化学反应。放电后的电池温升幅度在 3℃ 以内，从侧面反映了磷酸铁锂电池电极材料的热稳定性比较好，不容易发生热失控。

2. 侧面挤压

单体电池侧面挤压试验过程及电池的变形结果如图 4-15 所示，侧面挤压试验的力-位移曲线如图 4-16 所示。与正面挤压相比，侧面挤压载荷下电池的承载能力更差，加载力最大值只有 12.5kN，并且在 1mm 的变形量之前就达到受力峰值。电池的受力达到峰值之后外壳便发生了开裂失效，其失效位置与正面挤压相同，均出现在外壳顶盖的焊接部位。

(a) 方形锂离子电池挤压前

(b) 方形锂离子电池挤压后

图 4-15 侧面挤压试验过程

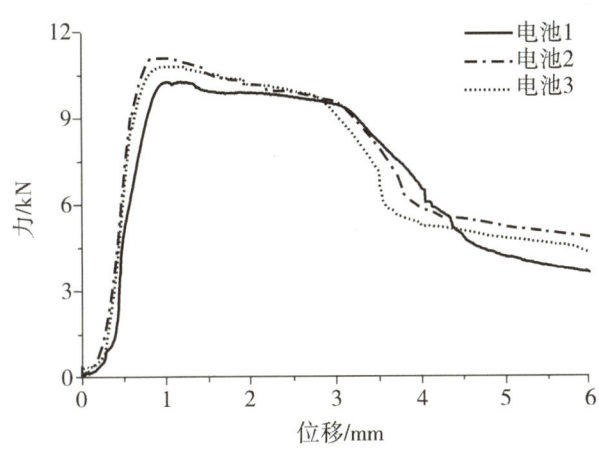

图 4-16 单体电池侧面挤压试验力-位移曲线

在不同方向的挤压载荷作用下，内芯的力学响应特性具有明显的区别。从内芯结构的角度来看，叠层式的内芯在正面挤压载荷下会产生压实效果和塑性硬化，从而可以加强外壳的承载能力，使外壳延迟开裂。在侧面挤压载荷作用下，叠层式的内芯则会发生分层、屈曲和失稳，导致整个电池的承载能力下降。因为内芯材料和结构的特殊性，使得电池宽度方向的机械强度比厚度方向要弱，在侧面挤压载荷作用下比正面挤压更容易发生破坏而失效。

3. 垂直挤压

图 4-17 和图 4-18 所示为垂直方向压缩的力学特性，压缩中总体力-位移变化趋势相同，即遵循"快速上升—快速下降—二次快速上升—轻微下降"的趋势，压缩过程中明显存在 4 个不同的阶段。

第 1 阶段　该阶段电池整体受力迅速上升，与单独外壳压缩试验比较，上升幅度相似，表明该阶段主要是电池外壳受力，同时电池壳体开始产生一定的弯曲变形。

第 2 阶段　外壳的受力达到峰值后，加载力快速下降，此时外壳开始发生较大的塑性

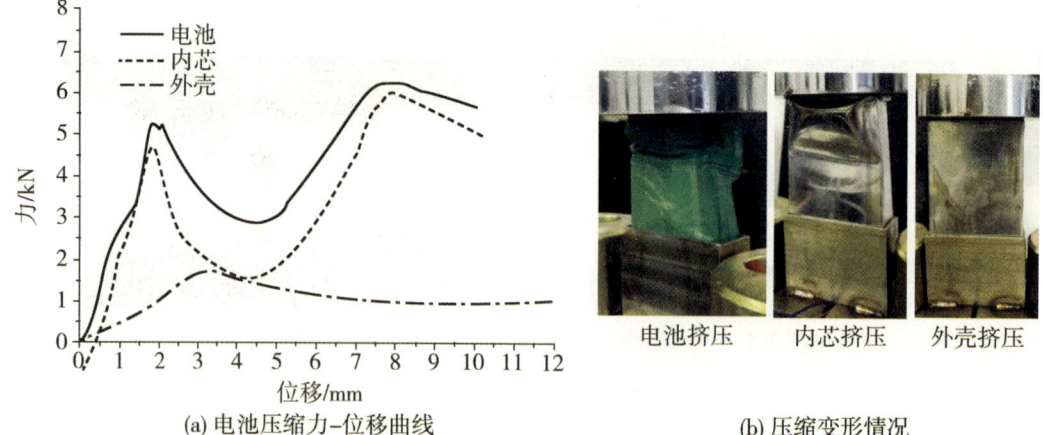

(a) 电池压缩力-位移曲线　　　　(b) 压缩变形情况

图 4-17　电池垂直方向压缩试验

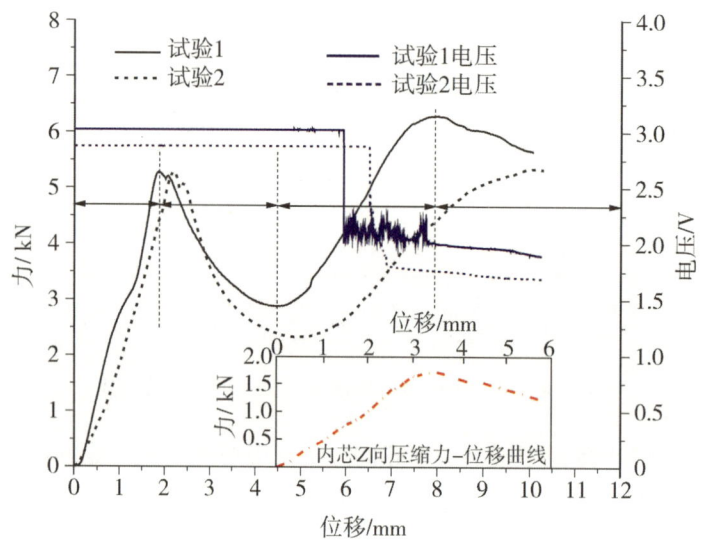

图 4-18　试验结果

变形,随着压缩位移的增加,当载荷达到外壳的破坏强度后,电池壳体出现屈服,此时壳体出现第 1 层折叠现象。

第 3 阶段和第 4 阶段　该阶段电池端盖与内芯接触,电池初始内部间隙消除,内芯开始受力,随着加载力不断增加,电池主要变形是壳体弯曲和内芯压缩的组合。电池内芯为主要承载受力,壳体弯曲为辅助受力,两者相互影响,相互叠加。第 3 阶段后期,电池受力进入第 2 个峰值,而且表现为壳体第 2 层折叠,此时内芯出现屈曲分层。在第 3 阶段过程中电池出现压降,而且这种压降是由电池短路造成的,在测试过程中电池产生一定热量,表面温度略有升高。重要的是,当进入第 3 阶段后,位移继续加载 1mm 左右时,电池开始出现压降失效,这可以作为电池短路失效的参数,即垂直方向压缩量在 4.5mm 以内安全，在 4.5～6.0 mm 潜在短路危险，6.0 mm 以上电池发生短路失效。

4.3.1.2 外壳的影响

外壳对电池具有重要的保护作用，其在正面挤压和侧面挤压载荷下对电池的整体力学特性影响分别如图 4-19 和图 4-20 所示。

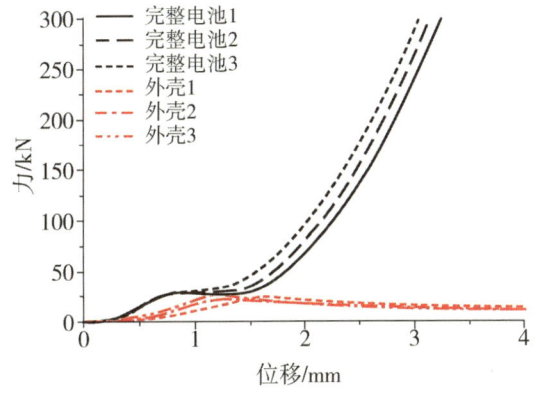

图 4-19 外壳对正面挤压的影响

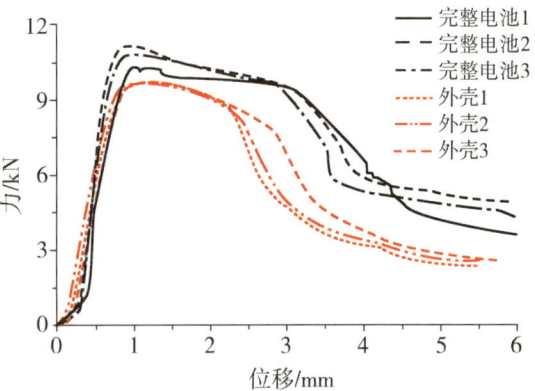

图 4-20 外壳与单体电池侧面挤压力-位移曲线比较

在正面挤压载荷下，外壳只是在受压过程的前 1mm 变形量内提供一定的承载强度。进入内芯压实阶段后，外壳已经发生开裂，对电池的整体承载作用迅速下降，此时电池的主要承载部件是内芯。而侧面挤压载荷下，外壳受力曲线与完整电池受力曲线的趋势基本一致，峰值出现的位置也基本相同。从受力大小来看，完整单体电池的峰值力在 11kN 左右，而外壳可以单独提供接近 10kN 的峰值力，占比超过了 90%。这说明在侧面挤压载荷下，外壳成为电池的主要承载部件，而内芯由于发生分层屈曲，所以影响很小，这一结论与正面挤压刚好相反。外壳的正面挤压和侧面挤压的力学特性比较如图 4-21 所示，可见外壳的正面挤压强度比侧面挤压强度大 2 倍以上，但是，在相同的加载速度下，侧面挤压达到峰值力发生开裂时对应的位移值更小，即侧面挤压更容易导致外壳开裂和电池失效。

4.3.1.3 电解液的影响

电解液作为锂离子电池的重要组成部分，在封闭的电池壳体内会对电池的力学特性产生一定的影响，根据分析研究，电解液对电池正面挤压和侧面挤压力学特性的影响结果分别如图 4-22 和图 4-23 所示。

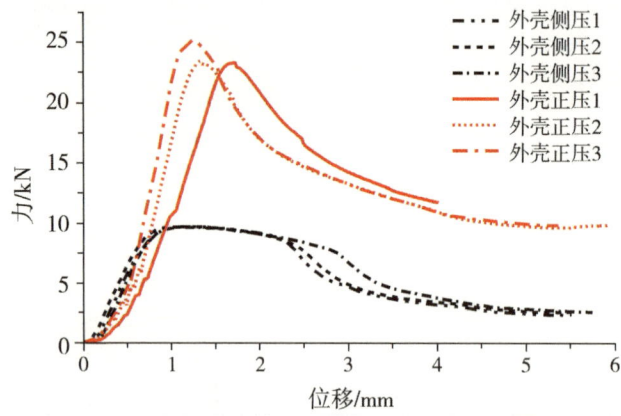

图 4-21 外壳的正面挤压和侧面挤压的力学特性比较

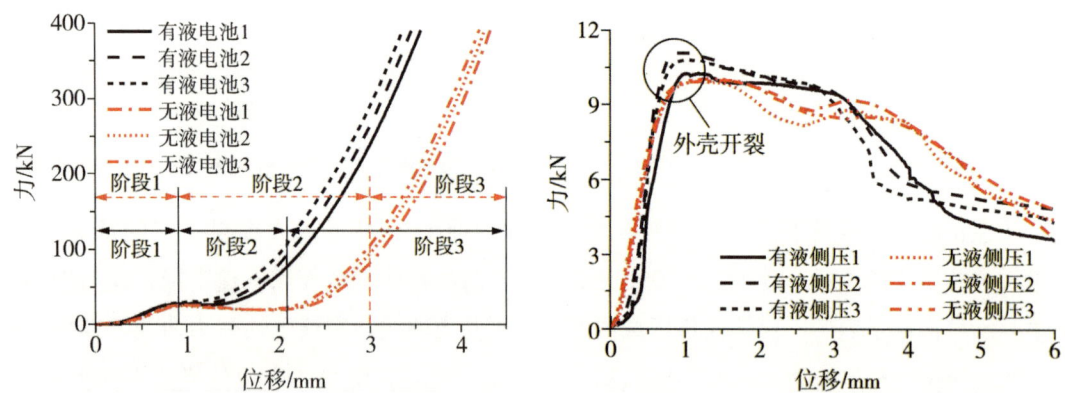

图 4-22 电解液对正面挤压的影响　　图 4-23 电解液对侧面挤压的影响

在正面挤压试验中,电解液的影响主要体现在第 2 阶段。电解液会影响内芯在电池壳体内所占的体积空间,有电解液时内芯所占体积要大于无电解液,外壳变形后内芯更早受到挤压并进入压实和塑性硬化阶段。在没有电解液的情况下,内芯体积会减小使其在厚度方向与外壳存在较大间隙,因此内芯受到挤压时所需要的位移行程更大一些。除此之外,电解液对于电池在阶段 1 外壳承载区和阶段 3 塑性硬化区的力学特性几乎没有影响。

侧面挤压试验中,有无电解液的力-位移曲线的趋势也基本一致,电池外壳发生开裂时的受力峰值和变形量也相差不大,外壳开裂电解液泄漏之后对电池的力学特性几乎没有影响。

4.3.1.4　应变率的影响

材料应变率是结构动态性能影响因素之一,电池内芯叠层材料应变率对电池包碰撞安全性分析具有重要意义。许骏等利用落锤冲击试验研究了不同冲击速度下电池单体芯层的力学特性，并探讨应变率对其动态特性的影响情况。研究发现电池内芯层在低应变(0.2 以内)时，锂离子电池内芯叠层材料对应变率的敏感性较低，而当应变大于 0.2 时，其应变率敏感性有所增强，如图 4-24 所示。

Ardeev 等基于圆柱形电池内芯叠层材料准静态压缩试验获得的材料参数，建立均质化内芯电池的有限元模型，并利用该模型仿真模拟电池在 11.34kg 和 22.68kg 落锤冲击(冲击速度为 7m/s)作用下的力学特性[10]。将落锤冲击变形后电池在顶部、底部和中间 3 个位置点的厚度和宽度试验与仿真值进行对比，如表 4-2 所示。

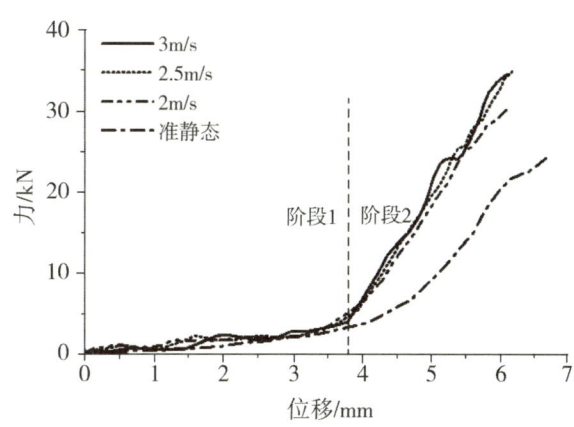

图 4-24 不同冲击速度下电池内芯的力-位移曲线

表 4-2 落锤冲击后锂电池变形结果仿真与试验对比

类型		电池顶部		电池中部		电池底部	
		11.34kg	22.68kg	11.34kg	22.68kg	11.34kg	22.68kg
厚度/mm	试验	30.5	28.4	29.6	27.2	27.5	23.5
	仿真	28.2	24.6	28.8	26.1	25.9	23.3
宽度/mm	试验	29.7	27.8	30.2	27.6	27.0	24.4
	仿真	29.4	25.8	30.0	27.4	25.5	23.0

结果显示仿真与试验误差均小于 5%，误差可能来源于落锤在下降过程中不能完全保证电池表面垂直。可见电池芯层材料应变率对其动态特性影响并不大，可以利用准静态单轴压缩试验获得的材料参数模拟电池动态力学特性。

4.3.2 锂离子电池内芯材料微观尺度性能分析

内芯材料在微观尺度上的力学特性及其损伤失效机理会直接影响电池的宏观力学特性和失效模式。因此，从微观尺度层面研究内芯叠层材料在挤压载荷作用下的失效机理，对于分析电池内部短路的起因和发展具有重要的指导作用。

4.3.2.1 铜箔

电池用的铜箔厚度一般为 8~15μm，箔片金属的力学特性会直接影响电池的力学性能和电化学性能。箔片金属和块状金属力学特性存在较大差异，三种厚度下电解铜箔的拉伸力学特性曲线如图4-25所示。可见，随着箔片厚度减小，材料的屈服强度增大，呈现出"越薄越强"的特征。

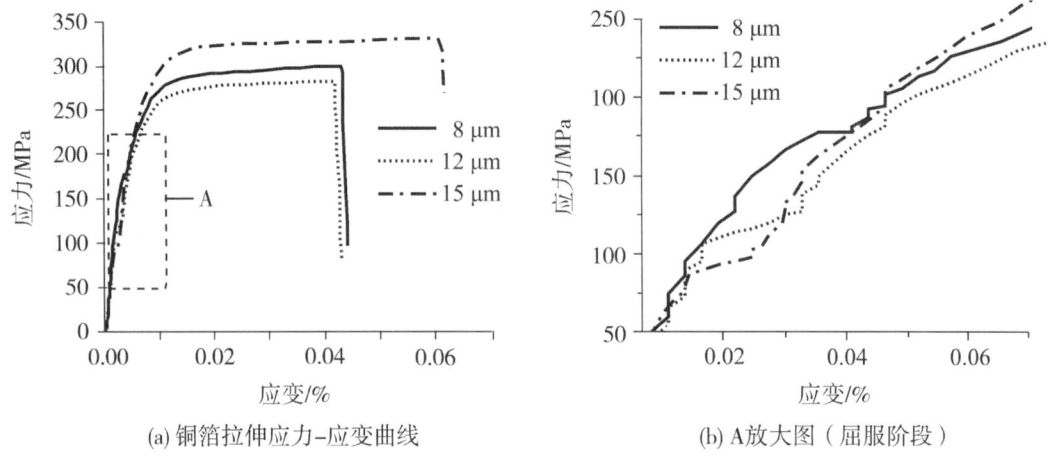

图4-25 不同厚度铜箔的拉伸应力-应变曲线

图4-26所示为多轴球头挤压作用的试验曲线，其受力趋势基本上呈线性增加，当加载位移达到3.3mm附近时，加载力达到峰值25N，然后发生突降，铜箔发生破裂，其破裂形状是呈弧形的裂缝。

多轴挤压载荷下铜箔的力学特性与单轴拉伸明显不同，没有明显的塑性屈服阶段，而是呈现脆性断裂的特征。Sahraei[12]在对铜箔的多轴球头挤压试验研究中也得到了相同的试验现象，并

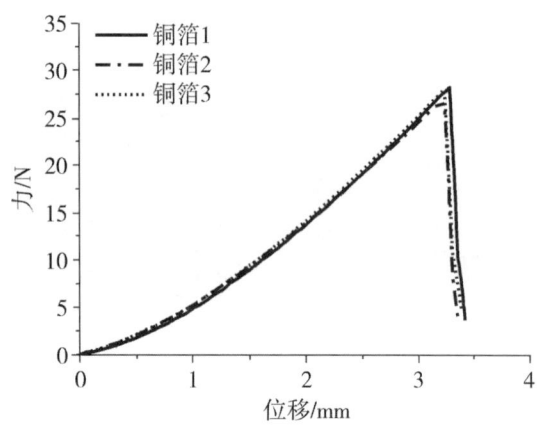

图4-26 多轴球头挤压下铜箔的力-位移曲线

且通过数值模拟的方法求出铜箔在这种工况下的最大失效应变为0.1899。

4.3.2.2 负极板

负极板是在单层铜箔的两面均匀涂上由石墨、粘合剂等组成的浆料，然后经过压实、烘干等工艺后形成的"三明治"式夹层板。负极涂层材料中，颗粒状石墨所占体积比例最大，是具有一定孔隙率的多孔状结构，弹性模量和泊松比非常小，材料特性与泡沫类似。单层的负极板厚度为95μm，其中单面涂层的厚度为42μm。单层负极板在多轴球头挤压试验后的失效模式如图4-27a所示，力-位移曲线如图4-27b所示。

 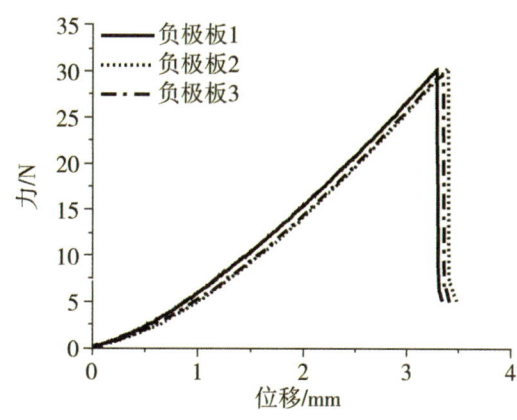

(a) 负极板挤压失败模式　　　　(b) 挤压下负极板的力-位移曲线

图 4-27　多轴球头挤压下负极板力学特性

单层负极板球头挤压作用下，其受力趋势与单层铜箔一致，基本是呈线性增加，载荷达到峰值 30N，载荷峰值比单层铜箔增加了 20%。这说明负极板的主要承载结构是铜箔，而涂层材料对负极板机械强度的贡献不大。负极板在多轴球压下的破裂形式与铜箔一致，呈弧形裂缝。负极板发生破裂时的位移与单层铜箔几乎相同，证明了在微观尺度上，负极板的机械强度主要由铜箔提供，铜箔失效则负极板也发生失效。

4.3.2.3　铝箔

动力电池用铝箔是由铝锭通过多次轧制工艺和热处理工艺得到的，其厚度一般为 10～30μm。按照种类可分为 1 系、3 系和 8 系铝箔，分别为工业纯铝、铝锰系及铝与其他不常见元素。郭战胜等[13]对锂离子电池不同厚度铝箔进行了力学试验，测得其弹性模量、屈服强度和断裂强度，如表 4-3 所示。铝箔的典型拉伸应力-应变曲线如图 4-28 所示，也具有明显的弹性阶段和塑性变形阶段。

表 4-3　不同厚度的 H18 态铝箔的力学性能与块状铝对比

材料	弹性模量/GPa	延展率/%	屈服强度/MPa	断裂强度/MPa
7μm 铝箔	32	3	129	162
9μm 铝箔	30	3	124	153
15.5μm 铝箔	29	5	124	157
块状铝	70	11～25	20～90	90～120

厚度为 24μm、直径 40mm 的圆形铝箔在多轴球头挤压作用下，产生力-位移曲线如图 4-29 所示。铝箔在多轴球头挤压载荷下没有明显的塑性屈服阶段，而是呈现脆性断裂的现象。对比铜箔和铝箔破裂失效时的载荷峰值，尽管铝箔的厚度比铜箔大，但是其发生断裂失效时的力却比铜箔要小，只有 10N 左右，断裂形式呈月牙状裂缝。

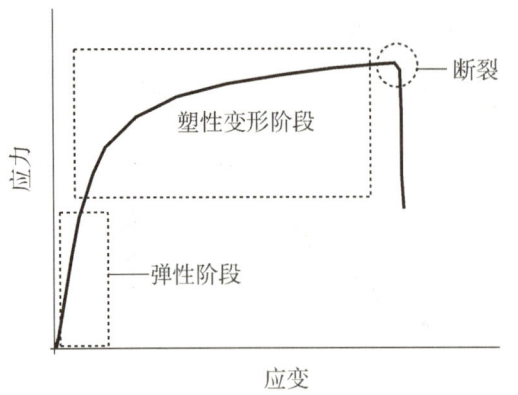

图4-28 铝箔的拉伸应力-应变特性曲线

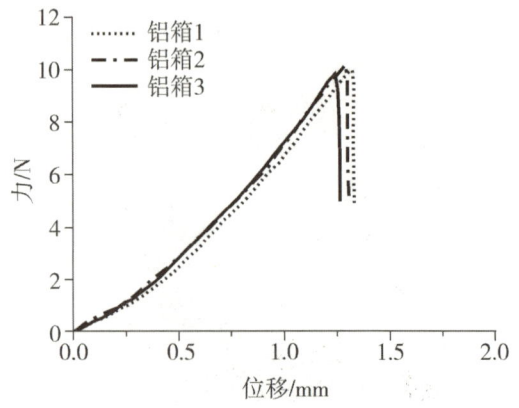

图4-29 铝箔多轴球头挤压试验的力-位移曲线

4.3.2.4 正极板

正极板是在单层铝箔的两面均匀涂上磷酸铁锂活性物质形成的"三明治"式夹层材料。图4-30所示是正极板多轴球压后的失效模式和力-位移曲线。

(a) 正极板的挤压失败模式

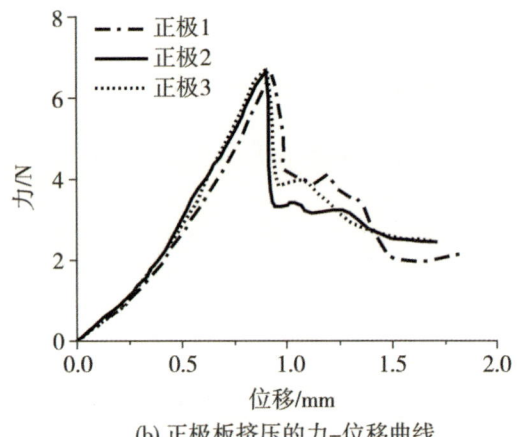

(b) 正极板挤压的力-位移曲线

图4-30 多轴球头挤压下正极板力学特性

正极板的失效模式与铜箔、铝箔以及负极板的弧形裂缝不同，呈现出以挤压中心为圆心的放射状裂缝。另外，单层正极板发生破裂时的位移只有不到1mm，载荷峰值只有7N左右，比未涂正极活性物质的铝箔的载荷峰值要低。由图4-27负极板的力-位移曲线可知，铜箔涂上石墨材料形成负极板后，负极板的加载力峰值比铜箔的峰值力提高了20%，说明石墨涂层提高了负极板的整体机械强度。而正极板的磷酸铁锂涂层材料反而使正极板的机械强度降低了30%，这是由于单层铝箔的机械强度很低，最大失效应变只有0.067，加上涂层压实过程对铝箔造成了初始损伤，从而导致涂层之后的正极板强度比单层铝箔低。

4.3.2.5. 隔膜

锂离子电池的隔膜材料一般都是采用高强度、薄膜化的聚烯烃系多孔膜，并且可以分为很多种类型，常用的包括 PE（聚乙烯）、PP（聚丙烯）、多层隔膜（PP/PE/PP）、无纺布隔膜以及陶瓷隔膜，其中 Celgard 公司生产的隔膜最具有代表性。

电池隔膜是高分子聚合物，并且具有颗粒状多孔特性，其中 PE、PP 是典型的各向异性材料，在纤维方向（纵向）和垂直纤维方向（横向）的力学特性具有明显的差异，如图 4-31a 所示。陶瓷隔膜在横向和纵向的拉伸力学性能差异较小，其应力-应变曲线如图 4-36b 所示。由图 4-31b 可知，陶瓷隔膜的纵向强度比横向强度略高，但是，在发生断裂失效之前两个方向力学特性差别不大，可以将陶瓷隔膜粗略看作各向同性材料。

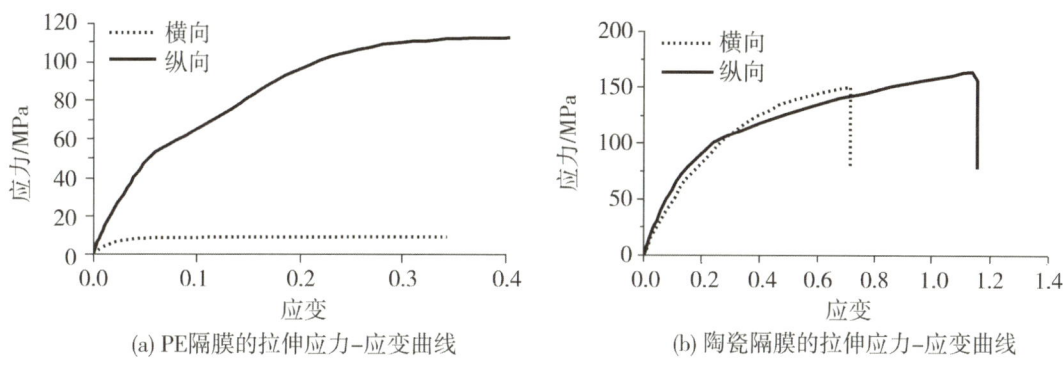

(a) PE隔膜的拉伸应力-应变曲线　　　　(b) 陶瓷隔膜的拉伸应力-应变曲线

图 4-31　典型隔膜材料力学特性

本案例所研究的电池隔膜是单层陶瓷隔膜，厚度为 20μm。陶瓷隔膜的多轴球头挤压试验失效模式和力-位移曲线如图 4-32 所示。隔膜发生失效时的载荷峰值接近 40N，比铜箔、铝箔、负极板和正极板都要高出许多，表明隔膜的机械强度要高于上述叠层。此外，隔膜的延展性较好，直到位移达到 8mm 之后才发生破裂，其破裂的形式与其他组分呈弧形裂缝不同，而是呈圆形凹坑状，沿隔膜纤维方向撕裂。

 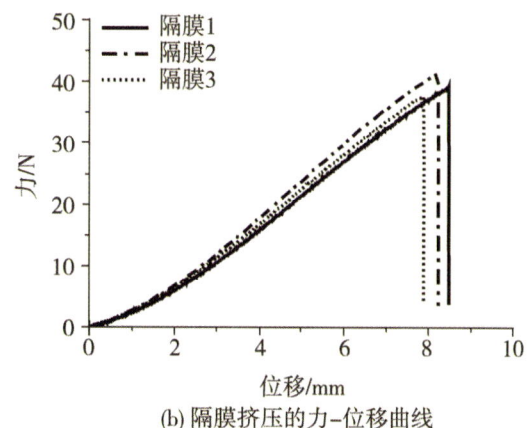

(a) 陶瓷隔膜挤压失败模式　　　　(b) 隔膜挤压的力-位移曲线

图 4-32　多轴球头挤压下隔膜力学特性

4.3.3 内芯本构方程

根据锂离子电池力学特性分析可知,电池内部芯层本身是各向异性的。锂离子电池芯层中聚合物隔膜只占很小的比例,电池内部铝箔、铜箔、石墨以及活性材料等均为各向同性材料,分析中往往不考虑聚合物隔膜引起的各向异性。锂离子电池芯层多层性对其各向异性的影响分析显示,锂离子电池芯层厚度方向与长度方向压缩特性非常相似。因此,目前锂离子电池芯层材料模型大多是选择各向同性可压缩泡沫材料[10,12,14]。材料明显特征之一是其应力-应变曲线具有一个平台期,锂离子电池芯层准静态压缩应力-应变曲线与低平台应力的压缩泡沫材料属性非常相似,而且该种材料模型允许压缩和拉伸的特性存在差异。

4.3.3.1. 均质电芯本构方程

本构方程反映了电池内芯的固有属性,随所研究的具体介质和运动条件而变。在开发电池力学模型时,通过电池内芯压缩实验的响应获取本构方程,辅助电池模型的开发。研究表明,锂离子电池内芯的本构关系曲线如图4-33所示。内芯材料在承受压缩和拉伸载荷时,首先会经历一个范围非常小的弹性阶段,此时主应力随着体应变呈线性变化。压缩时,当应力超过压缩屈服极限 Y_c 后,内芯材料将会进入塑性变形阶段,并以材料特有的塑性硬化函数曲线发生硬化。拉伸时,当应力超过拉伸强度极限 Y_t 后,内芯材料将进入理想的塑性状态,即应力不再增加而应变继续增大。

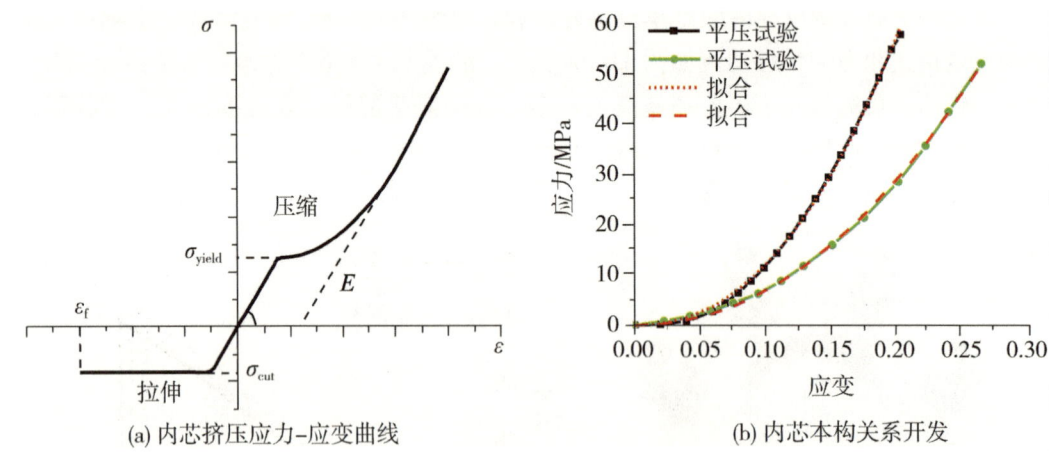

(a) 内芯挤压应力-应变曲线 (b) 内芯本构关系开发

图4-33 电池内芯应力-应变关系

目前关于锂离子电池均质化内芯的本构模型主要有两种,分别是Greve模型和Sahraei模型[5]。Greve模型是由大众汽车公司的Greve和Fehrenbach在2012年根据圆柱形18650钴酸锂电池的试验结果建立的模型,其本构方程如式(4-4)所示。

$$\sigma = A + B\varepsilon^n \qquad (4-4)$$

式中，A 和 B 为材料参数；n 为硬化指数。根据试验结果最终拟合得到 $A=0.8$，$B=848$，$n=2.7$。同样是研究圆柱形 18650 钴酸锂电池，Sahraei 根据体应变的概念提出了形式更加简洁的均质模型，其本构方程如式（4-5）所示。体积应变是指体积的变化量与初始体积之比，即 $\Delta=V/V_0$，也可以用 1 减去相对体积得到；相对体积是指当前体积与初始体积之比。

$$\sigma = B\varepsilon^n \tag{4-5}$$

上述两种模型所描述的应力-应变关系在本质上是相同的，都反映了电池内芯的泡沫材料属性。区别在于：前者对电池在低应变区的力学行为表征描述稍好一些；后者模型则相对简单易用并且能够满足要求。Sahraei 还针对不同结构形式和材料体系的锂离子电池进行研究，并得到对应的内芯本构参数，如表 4-4 所示。不同类型电池内芯的本构关系曲线如图 4-34 所示。

表 4-4 不同类型电池的本构方程

序号	电池类型	本构方程
1	软包钴酸锂离子电池	$\sigma = 426\varepsilon^{1.7}$
2	圆柱形钴酸锂离子电池	$\sigma = 498\varepsilon^2$
3	软包三元锂离子电池	$\sigma = 276\varepsilon^{1.8}$
4	软包纳米材料锂离子电池	$\sigma = 1997\varepsilon^{2.78}$
5	圆柱形钴酸锂离子电池	$\sigma = 0.8 + 848\varepsilon^{2.7}$
6	磷酸铁锂离子电池	$\sigma = 845.2\varepsilon^{2.06}$

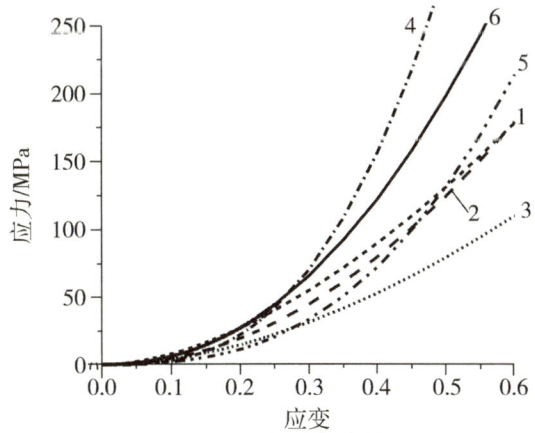

图 4-34 不同类型锂离子电池内芯本构关系

4.3.3.2 各向同性内芯材料本构方程

进一步开发电池的精细芯层模型，结合正、负极片及隔膜等的综合力学测试结果表征其应力-应变数学模型。图 4-35 所示为金属箔片拉伸应力-应变曲线。根据试验曲线可以看出金属箔片的各向异性（横向、对角方向、纵向）并不明显，可以利用各向同性的 Mises 屈服准则描述。然而样本拉伸在塑性阶段会出现明显的缩颈现象，因此试验测得的流动应力并不准确，真实的塑性强度应该呈上升趋势。在这种条件下，金属箔片的真实应力 - 应变数据可分别由以下公式得到：

$$\sigma_t = \sigma(1 + \varepsilon) \quad (4-6)$$

$$\varepsilon_t = \ln(1 + \varepsilon) \quad (4-7)$$

式中，σ_t、ε_t 为金属箔片的真实应力、应变；σ、ε 为金属箔片的工程应力、应变。

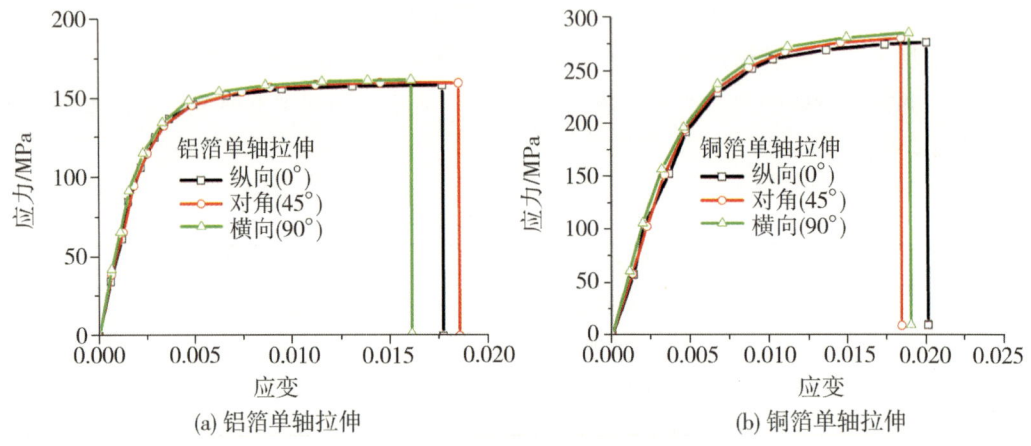

图 4-35 金属箔片不同方向的单轴拉伸试验结果

金属箔片发生颈缩现象以后，材料由单轴应力状态转变为三轴应力状态。此时，式(4-6)和式(4-7)均不再适用，需要大变形下的流动应力模型进行描述，通常以 $\sigma = \sigma(\varepsilon_p)$ 的形式表示。为了计算上更加符合物理意义，采用 Voce 硬化函数对金属箔片的真实应力 - 应变曲线进行拟合。其中，Voce 硬化函数的表达式如下：

$$\sigma_Y = \sigma_s + A(1 - e^{-m\varepsilon_P}) \quad (4-8)$$

式中，σ_s 为屈服极限；ε_p 为等效塑性应变；A、m 为拟合系数。

为进一步了解涂层材料的拉伸力学响应，需要通过间接的方法进行描述。假设电极片、涂层材料、金属箔片的失效应变相等，由此可得到：

$$\varepsilon_e = \varepsilon_c = \varepsilon_f \quad (4-9)$$

根据单轴拉伸的载荷分布情况有：

$$F_e = F_c + F_f \quad (4-10)$$

推导为：

$$\sigma_{tc} = \frac{F_e - F_f}{A_{tc}} \quad (4-11)$$

式中，ε_{te}、ε_{tc}、ε_{tf} 分别为电极片、涂层材料、金属箔片的单轴拉伸失效应变；F_e、F_c、F_f 分别为电极片、涂层材料、金属箔片的单轴拉伸载荷；σ_{tc} 为涂层材料的拉伸应力；A_{tc} 为涂层材料的横截面积。

在平面压头下涂层和金属箔片的压缩载荷相等,总位移为两者位移之和。金属箔片的力学特性可采用单轴拉伸曲线进行描述,涂层在压缩状态下的力学响应需要通过计算获得。考虑到整个压缩过程电极样本的形状没有发生改变,则有:

$$\sigma_{ce} = \sigma_{cc} = \sigma_{cf} \tag{4-12}$$

式中,σ_{ce}、σ_{cc}、σ_{cf}分别为电极片、涂层材料、金属箔片的压缩应力。

涂层和金属箔片在平面压缩下的变形量之和就是电极片的压缩变形量,因此电极片在压缩方向的平均应变可以写为:

$$\varepsilon_{ce} = \varepsilon_{cc}\nu_c + \varepsilon_{cf}\nu_f \tag{4-13}$$

式中,ε_{ce}、ε_{cc}、ε_{cf}分别为电极片、涂层材料、金属箔片的平面压缩应变;ν_c、ν_f为涂层和金属箔片在平面压缩下的相对体积。

4.3.3.3 各向异性隔膜材料本构方程

锂离子电池内部组分材料中隔膜的力学行为最复杂,包括非线性粘弹性塑性以及各向异性等行为。此外,隔膜的力学行为高度依赖于材料,且受到制造工艺的影响。在复杂的机械外力作用下,隔膜的机械完整性是防止锂离子电池内部短路的关键,因此更好地理解隔膜的力学特性和变形失效有助于准确分析锂电池内部短路的机理。

隔膜材料的各向异性取决于纤维体和块状体的受力方向。例如,干制 PP 隔膜纵向拉伸过程中块状体和纤维体共同承载,第一次屈服是由于块状体和纤维体发生了塑性变形。第二次屈服则是由于块状体在塑性变形中产生了沿纵向的裂纹。当纤维体变长时,它们之间的孔隙逐步变窄。最后,随着块状体和纤维体的交替断裂,样本形成了粗糙锯齿状的失效面。横向拉伸过程中只有块状体承载,拉应力导致块状体产生纵向裂纹。

考虑到单层结构更容易被表征,对干制 PP 隔膜进行有限元模型的建立。根据电镜扫描可知干制 PP 隔膜是由纤维体和块状体组成的多孔隙结构。为提供近似的数学模型,假设隔膜的微孔结构与蜂窝材料相似,如图 4-36 所示。

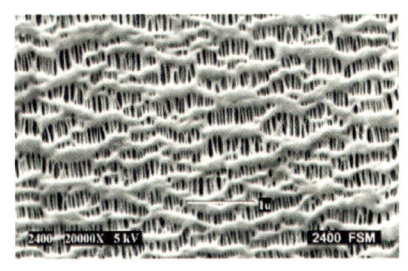
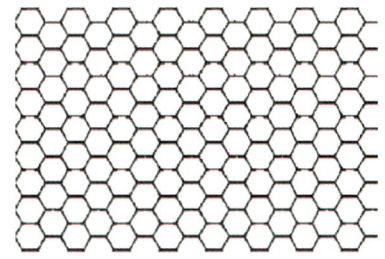

(a) 干制单层PP隔膜电镜扫描图像　　　　(b) 蜂窝材料面内二维图像

图 4-36　干制单层 PP 隔膜与蜂窝材料面内微观结构图像

蜂窝材料面内的单轴拉伸应力-应变关系为:

$$\begin{pmatrix} \sigma_x \\ \sigma_y \\ \tau_{xy} \end{pmatrix} = \begin{pmatrix} E_x/1-\nu_x\nu_y & E_x\nu_y/1-\nu_x\nu_y & \\ E_y\nu_x/1-\nu_x\nu_y & E_y/1-\nu_x\nu_y & \\ & & G_{xy} \end{pmatrix} \begin{pmatrix} \varepsilon_x \\ \varepsilon_y \\ \gamma_{xy} \end{pmatrix} \quad (4-14)$$

式中，σ_x、σ_y 分别为 x、y 方向的拉伸应力；τ_{xy} 为 xOy 平面的剪切应力；ε_x、ε_y 分别为 x、y 方向的拉伸应变；γ_{xy} 为 xOy 平面的剪切应变；E_x、E_y 分别为 x、y 方向的杨氏模量；G_{xy} 为 xOy 平面的剪切模量；ν_x、ν_y 为 x、y 方向的泊松比。

根据式(4-14)可知，蜂窝材料不仅是多孔隙结构，而且具有平面正交各向异性，可以作为隔膜在不同载荷条件下的一阶近似模型，一般可选用 LS-DYNA 材料库中的 126 号蜂窝材料对干制 PP 隔膜建模。

4.3.4 锂离子电池有限元模型

CAE 工具是设计分析动力电池包复杂系统的有效工具。对于锂离子电池的有限元模型构建，模型构建是基于 4.1 所述的锂离子电池几何结构以及 4.3.3 所构建的本构方程实现的。常见的锂离子电池有限元模型构建形式主要分为均质模型和细致化模型，都在相应的研究中得到了应用发展。由于汽车几何模型复杂，电池包系统有大量的电池单体，为提高计算效率并且保证计算精度，通常采用均质模型建立锂离子电池模型。

4.3.4.1 均质模型开发

图 4-37 所示为软包电池内芯均质模型，采用完全集成的实体单元建模[14]。单元长度和宽度方向尺寸均为 1mm，厚度方向尺寸为 0.48 mm。采用 LS-DYNA 材料库（材料 63）的可破碎泡沫材料用来模拟网格在穿透厚度压缩中的均质行为。在这个方向上的行为主要是活性材料和粘合剂性能

图 4-37 软包锂离子电池有限元均质模型

的函数，而不是铝/铜箔，因此没有在电池内芯建模中模拟这些结构的性能，其平均应力体积应变特性是由相应的单轴压缩实验得到的。

图 4-38 是为方形锂离子电池构建的有限元均质模型。均质化芯层利用六面体单元划分，壳体利用壳单元划分，单元大小为 4mm，电池单体共有 1980 个六面体单元，1056 个壳单元。锂电池单体外壳材料参数为：弹性模量 $E=69\text{GPa}$，泊松比 $\nu=0.3$；锂电池芯层弹性模量取其应力-应变曲线斜率最大值 $E=366\text{MPa}$，内部结构的多孔性使其具有较小的泊松比，取 $\nu=0.15$，忽略压缩初始屈服应力 Y_c，用压缩应力-应变曲线代替硬化函数 $H(\varepsilon v)$，以控制锂电池压缩特性。

图 4 – 39 在 LS-DYNA 建立了圆柱形单元的显式有限元模型来模拟各种工况。利用挤压试验得到的应力 – 应变曲线，采用可破碎泡沫材料模型作为 18650 的本构模型[15]。根据涂层铝、涂层铜和分离器的抗拉强度，可破碎泡沫模型的抗拉截止值设置为 10MPa。套管和芯管假设为铝制 1100（屈服强度为 99 MPa，极限强度为 111MPa），LS-DYNA 采用材料模型 24（分段线性塑性）建模。芯卷终端和芯卷之间的内部间隔被认为是由聚醚酰亚胺制成的，并在 LS-DYNA 中用材料模型 3（MAT_ PLASTIC_ KINEMATIC）建模。所有组件都使用单点集成实体元素建模，模型中共有 19 740 个元素。

图 4 – 38　方形锂离子电池有限元均质模型　　图 4 – 39　圆柱形锂离子电池有限元均质模型

为了进一步简化模型，18650 的内芯和中心转轴被简化成同一实体，如图 4 – 40 所示。计算模型由圆柱形单元的固体单元和金属壳体的壳单元组成。模型中固体元素 29 106 个，壳层元素 11 333 个，壳体和固体元件尺寸均为 0.8 mm，采用 LS-DYNA 材料库中的可破碎泡沫模型对卷芯材料进行建模。

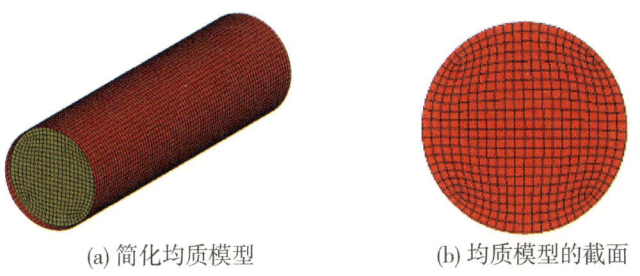

图 4 – 40　简化的圆柱形锂离子电池均质模型

4.3.4.2　精细化芯层模型开发

采用均质模型仅限于对电池形变等宏观性质的分析，但是电池内部的微观细节并没有得到体现。为进一步准确判断车辆事故中电池内部的损伤情况，特别是电解液是否溢出存在爆炸等危险，须构建非均匀的精细化电池模型。图4-41所示分别为圆柱形锂离子电池、软包电池、方形锂离子电池的内芯精细化模型[16]。

结合压扁试验得到的应力-应变曲线，采用耐折泡沫材料模型作为圆柱形锂离子电池内芯的本构模型，如图4-41a所示。利用前面章节中所述的内芯各个层材料的压缩特性，建立一个非均匀的电池有限元模型，以更好地预测电池在极端负载条件下的行为。利用第4.3.2节中的应力-应变曲线，为电极层指定了具有不同抗拉截止值的耐冲击泡沫塑料模型。将各层分为轴向300个单元和切向300个单元，使得外层最大单元尺寸约为0.38mm。

软包电池和方形电池除了几何形态不一致外，其有限元模型的本质是一致的。由于软包电池和方形电池的内芯形状基本呈现长方形，因此多采用"三明治"结构的形式还原电池结构，如图4-41b所示。模型有4层壳单元，代表铝箔和铜箔的集电极；有8层实体单元，代表活性材料，包括粘结剂和隔膜。实体单元夹在壳单元层之间，如同"三明治"结构。利用LS-DYNA接触建立了各实体单元上表面金属箔相互作用的模型，并将下表面金属箔与实体单元融合[17]。

(a) 圆柱形电芯卷绕模型

(b) "三明治"结构电芯模型

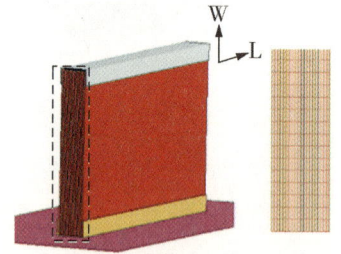
(c) 层叠细致化电芯模

图4-41 简化的圆柱形电池均质模型

为进一步细化模型，图4-41c真实还原了电池的层次结构，实体层和壳层交替。模型模拟了锂电池，特别是软包电池的层叠结构，为电池内部损坏机制的研究提供方法，为电池组和电池包模型的建立提供参考。

但是细致化模型的阳极、阴极和分隔层的厚度非常小（25～75 μm），这将导致模型中的网格纵横比提高、时间步长缩小，从而增加了模型计算的复杂性以及所需的时间。因此，均值化模型仍然是主流的电动汽车电池包系统仿真分析模型。

4.3.4.3 层集式模型开发

方形锂电池均质化模型有效地预测了宏观力-位移响应曲线和失效引发的内部短路。目前针对锂电池在机械载荷下的变形失效研究大多数采用均质化建模方法。但均质化建模无法准确表征电池内部的细观失效模式和短路位置，而精细化芯层模型不仅可以预测宏观层面的力学响应，还可以准确地表征细观层面的变形失效模式。但是考虑到精细化芯层模型最终需要应用到动力电池包甚至电动汽车，大量单体模型组成的系统模型必然会产生庞大的计算时间，低效率的模拟仿真降低了工程研究的价值。

工程创新采用芯层单元模型嵌入均质化层模型的方法构建内芯层集式耦合计算模型，均质化模型能够高效表征方形锂电池的宏观力学响应，芯层单元模型可以从细观层面表征内部变形失效，既保证模拟精度又提升了计算效率。

层集式模型的建立需要解决两个问题：①采用一定数量的芯层单元模型与均质化层模型表征方形电池内芯，芯层单元模型的具体数量值 N 需要通过模拟进行判定；②均质化层模型的材料属性无法通过力学测试获得，因此使用 Voigt 均值法[61]计算：

$$E_H = \left(\frac{v_c}{E_c} + \frac{v_a}{E_a} + \frac{v_s}{E_s} \right)^{-1} \quad (4-15)$$

式中，E_c、E_a、E_s 为正极、负极、隔膜的压缩弹性模量；v_c、v_a、v_s 为正极、负极、隔膜的体积分数。

图 4-42 所示为 N 个芯层单元模型与均质化层模型结合的方形锂电池内芯层集式模型，顶部由 N 个芯层单元模型堆叠构成，N 是大于 0 的正整数，整个芯层的厚度为 $H_1 + H_2 + \cdots + H_N$，底部的均质化层厚度为 $H - \sum_{i=1}^{N} H_i$。芯层单元的组分材料为实体单元，局部挤压接触区域的网格划分最小单元尺寸 0.5mm，非接触区域网格单元尺寸 2mm。层集式芯层模型涉及多种材料属性，层与层之间的接触类型和接触算法较为复杂。实际环境下锂电池的组装需要对内部芯层施加一定的预应力，保证极片与隔膜彼此之间充分接触。因此，芯层单元模型之间采用共节点方式连接。均质化层模型与芯层单元模型之间为防止模拟过程中出现单元穿透，使用面与面的固-连接触，采用动态约束算法。

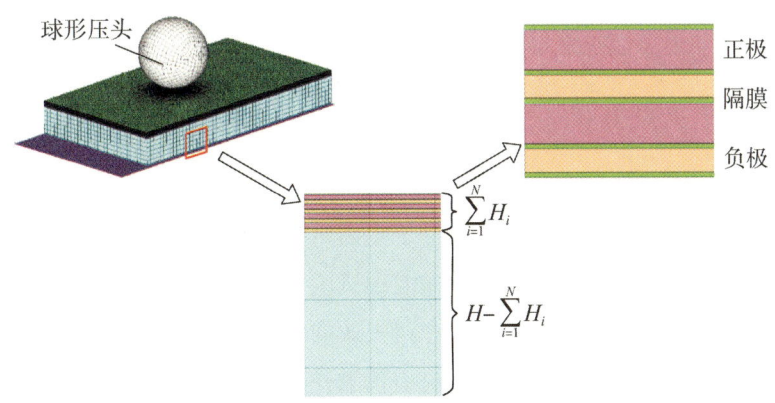

图 4-42 方形锂电池内芯层集式模型的组成结构

均质化层模型在球形压头下的载荷 f_H 是 f_1 与 f_2 的和，而芯层单元模型的载荷 f_J 是自变量 N 的函数，因此球形压头下 N 个芯层单元的层集式模型的载荷 F_N 为：

$$F_N = f_J(N) + f_1 + f_2 \tag{4-16}$$

当 $N>0$ 时，$f_J>0$，此时局部挤压载荷下 N 个芯层单元的层集式模型的力-位移响应公式可以写为：

$$F_N = f_J N + \frac{60.284\delta_H^{3.23}}{(14-0.299N)^{2.23}} + 0.00733(89-2N)\delta_H \tag{4-17}$$

其中

$$f_H = \frac{60.284\delta_H^{3.23}}{(14-0.299N)^{2.23}} + 0.00733(89-2N)\delta_H$$

根据式(4-17)可知，方形锂离子电池内芯层集式模型在球形压头下的力-位移响应会受到 N 和 δ 的影响。在相同位移加载下，不同芯层单元数量的模型必然会导致均质化层模型的载荷不同，这种情况下会促使层集式模型的力学响应及变形失效形式发生改变。

4.4 锂离子电池单体内短路失效分析

局部挤压是锂离子电池在车载工况中常见的载荷形式之一。与整体平面受压后外壳发生开裂和电解液泄漏不同，局部挤压载荷会使电池发生局部变形和内部应力集中。由于内芯叠层材料强度比外壳低，因此局部应力集中会使内芯比外壳先发生破坏失效，并且引起内部短路。本节分析球头挤压过程中电池的力-变形响应特性及其与内部短路之间的关系，介绍通过力-位移曲线的突变点来预测电池在局部挤压变形状态下的内部短路的等价方法，为车载工况下动力电池的局部变形响应仿真分析和内部短路失效评价提供方法上的参考。

4.4.1 挤压行为下短路失效判断准则

美国麻省理工大学的 Sahraei 和 Wierzbicki 等[14,15,18]针对锂离子电池机械滥用的变形和失效引发内部短路以及热失控的过程进行了全面研究。采用不同形状和尺寸的压头对软包和圆柱锂离子电池进行了不同形式的机械滥用试验，如图4-43所示。

局部挤压载荷是导致电池发生内部短路失效的一个重要因素，并且在车载随机工况下具有很强的突发性和偶然性，很难进行提前预测并采取相应的预防措施。因此，研究电池在局部挤压载荷作用下的变形响应特性，对于分析电池的内部短路失效具有实际意义。

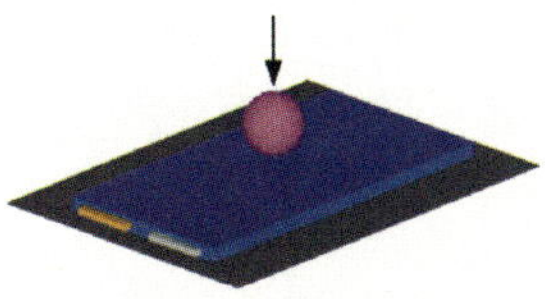

(a) 软包电池球头局部挤压 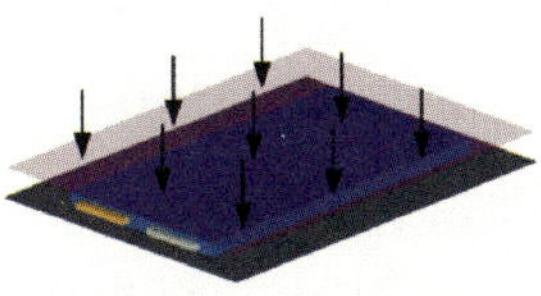　　(b) 软包电池平面挤压 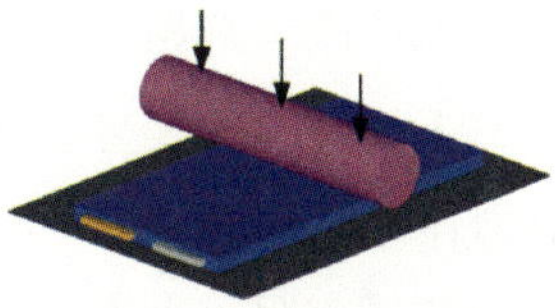　　(c) 软包电池圆柱局部挤压

(d) 软包电池面内挤压 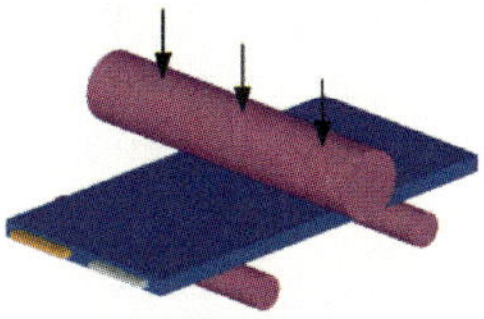　　(e) 软包电池三点弯曲 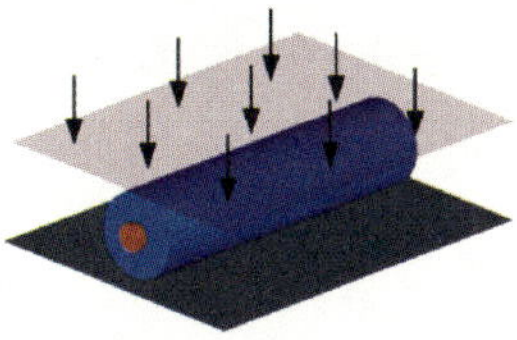　　(f) 圆柱电池平面挤压

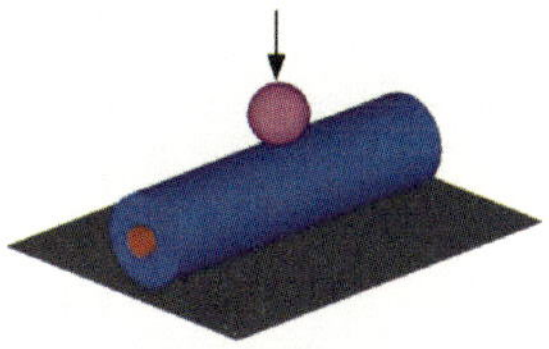

(g) 圆柱电池球头局部挤压 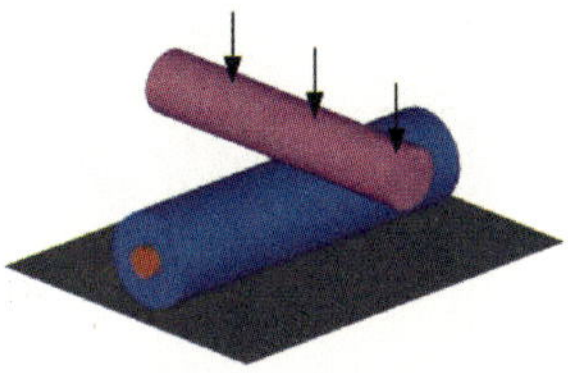　　(h) 圆柱电池圆柱局部挤压 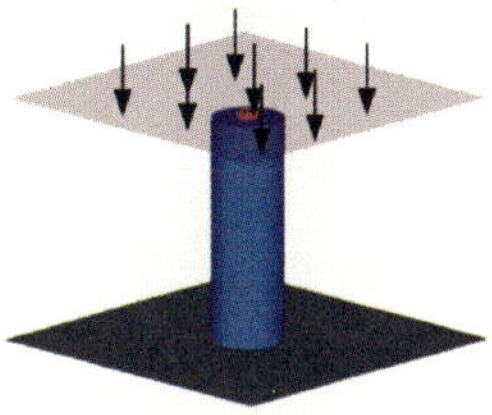　　(i) 圆柱电池轴向压缩

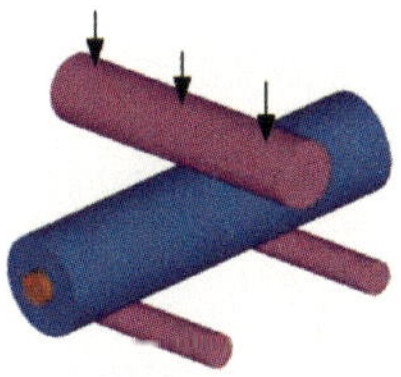

(j) 圆柱电池三点弯曲 　　(k) 方形电池球头局部挤压 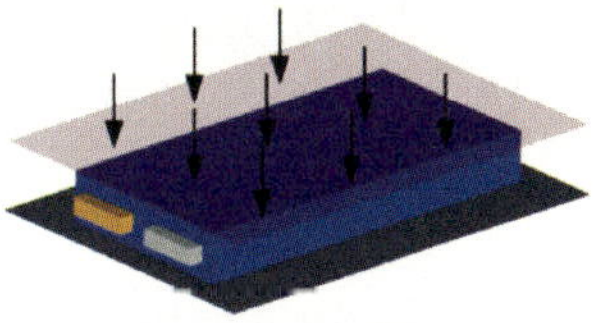　　(l) 方形电池平面挤压

图 4-43　三种不同类型锂离子电池的机械滥用试验

压缩过程中尽量保证压头球心在电池表面上投影与电池中心点重合。试验过程中采集电池电压信号、温度信号以及力位移曲线，如图 4-44 所示。

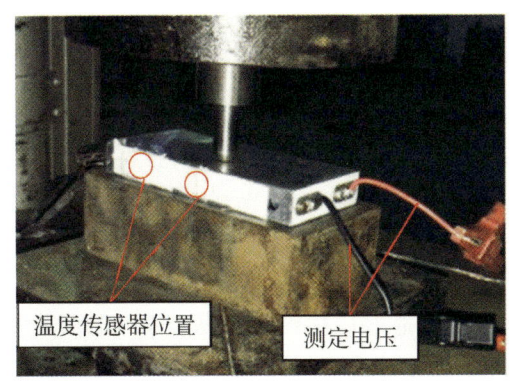

图 4-44　温度传感器的布置

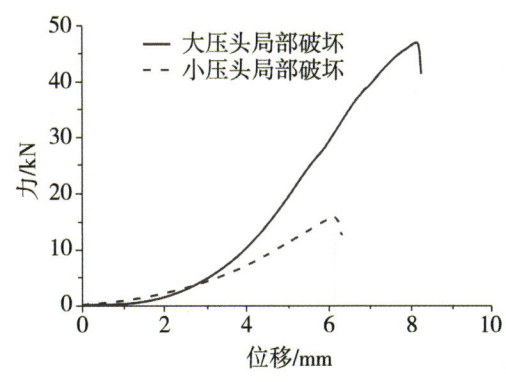

图 4-45　局部破坏试样力位移曲线

局部破坏试验开始阶段，力位移曲线仍有一个力值接近于 0 的平台期，但平台期很短，如图 4-45 所示。与锂电池单体压缩试验相比，局部破坏试验开始阶段锂电池外壳抵抗压盘力作用较小，所以力位移曲线中仍保留了平台期。

试验结果表明，当锂电池发生屈服时，电池电压会骤降至接近于 0V，同时电池表面温度上升，且电池屈服产生时的位移量与电池电压下降点和温度上升点位移量一致，如图 4-46 和图 4-47 所示。锂电池发生屈服时，内部结构遭到破坏，内部正负极接触使电池单体内部短路失效。因此，在锂电池受到机械载荷破坏时，可以通过电池电压和电池表面温度进行失效判定。

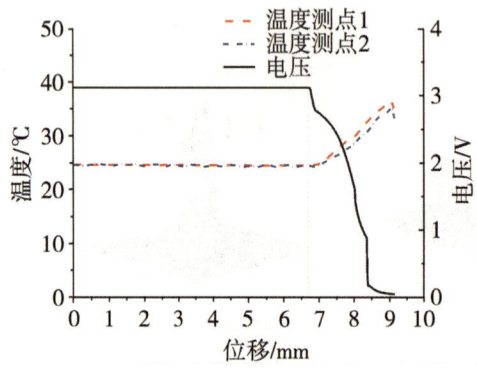

图 4-46 大压头局部破坏试样的电压和温度变化曲线

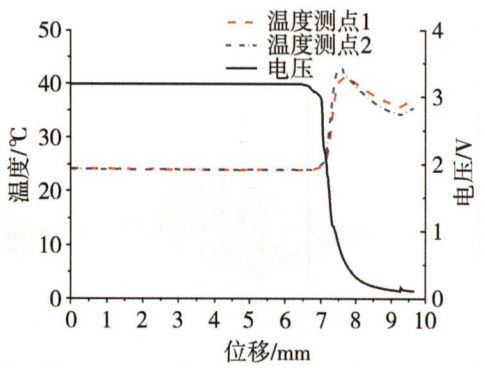

图 4-47 小压头局部破坏试样的电压和温度变化曲线

不同形状的挤压头、挤压面积和挤压位置对电池发生内部短路时刻的影响也不同。挤压球头的面积越大，发生内部短路的时刻越迟，对应的电池温升越高。挤压位置越靠近电池边缘和角落，就越早越容易触发内部短路。挤压位置在电池中心时电池发生短路的时刻是最晚的，载荷峰值也最高。

在电池未发生短路的前提下，不同的挤压变形量对电池的容量变化几乎没有影响。由于电池隔膜的延展性很好，即使在电极叠层已经发生破裂的情况下，如果隔膜并未发生破裂失效，则电池内部电路仍然保持完好，活性物质总量也不会发生改变，因此电池的总容量并不会受影响。

4.4.2 内短路参数变化特征

对比整体平面挤压和局部球头挤压两种试验结果可知，**整体平面挤压工况下电池的外壳最先发生失效，并会有电解液的泄漏，但是电池内芯叠层材料没有发生失效，因此没有发生内部短路。局部球头挤压工况下，电池内芯叠层材料先发生失效破坏并引起内部短路，甚至可能引发热失控。内部短路的触发与载荷工况和内芯的结构组成都有很大关系。

局部破坏试验中锂离子电池内部遭到破坏,进而引发短路,且短路时电池电压和表面温度均发生了突变,因此,可以通过电池电压和电池表面温度变化判定电池是否发生短路失效。但是很多应用场合无法获得电池电压和温度信号。通过仿真与试验结合的方法,可探索锂离子电池机械性能与电池内部电化学之间的内在联系,将锂离子电池性能失效转化为力学失效。

研究的方形铝壳磷酸铁锂电池的内芯是由46层正极板、45层负极板和94层隔膜相互堆叠组成的层叠式结构。由1层正极板、1层负极板和2层隔膜组成1个叠层单元,1个叠层单元相当于1个微电池,45个微电池并联组成1个完整的单体电池。微电池并联组成的单体电池等效电路及其内部短路机理如图4-48所示。

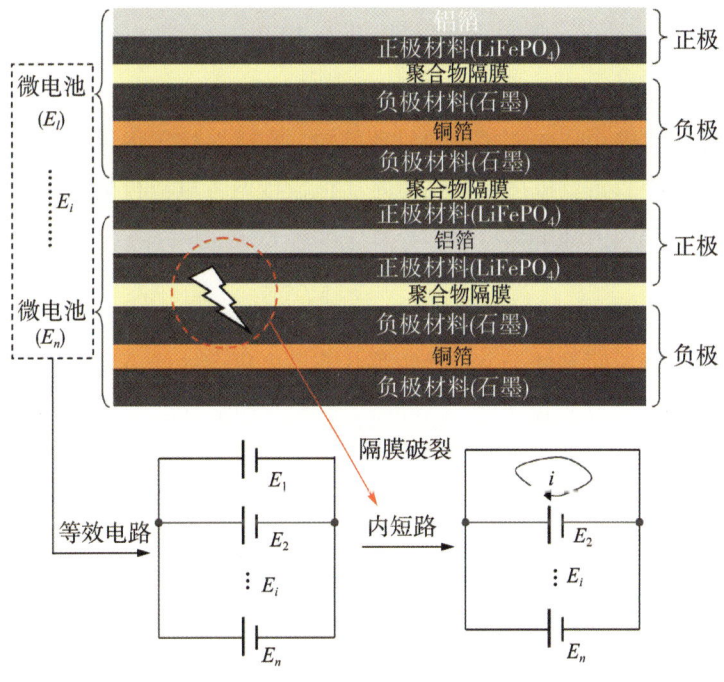

图4-48 锂离子电池的等效电路及其内部短路机理

在局部挤压载荷作用下,电池会产生局部变形,变形量过大会使内部材料产生应力集中和失效破坏。如果某一层隔膜发生破裂,对应的微电池正负极就会直接接触,相当于等效电路中某一个微电池回路发生短路,从而会使电池内部产生自放电现象。如果挤压变形量更大,将会有更多的微电池同时发生短路,此时会出现大电流放电并导致电池内部狭小空间在短时间内积聚大量的热量,最终引发热失控。由上述分析得知,局部挤压过程中力的突变是由于内芯材料破坏失效造成的,并因此导致了内部短路的发生。为了验证这一结论,将球头挤压试验后的电池进行拆解,进一步分析内芯的破坏情况,如图4-49所示。

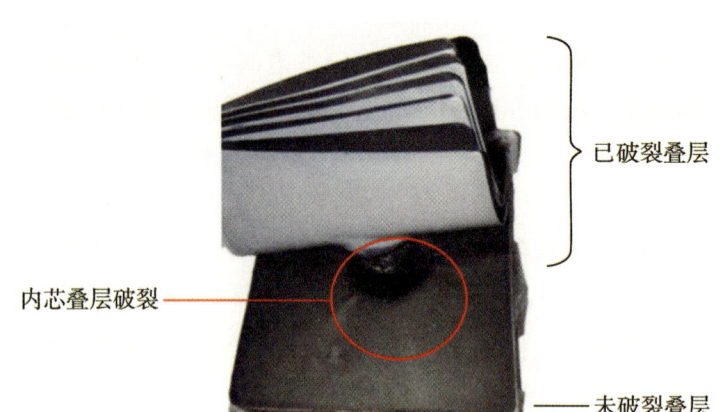

图 4-49 局部挤压下内芯的失效形式

由图 4-49 可见，在局部挤压结束时，已经有若干层的内芯叠层发生了破裂，剩下部分的叠层仍然保持完好。从内部短路的机理得知，在球头挤压作用下只有当叠层中的隔膜材料发生破裂才会导致正负极接触发生短路。正极板或者负极板的破裂，并不会直接导致短路，因为隔膜完好的情况下正负极仍然处于隔离状态，但是，电极板的破裂可能会对隔膜造成额外的伤害，从而加快隔膜的失效。从原理上来分析，只要单层隔膜发生破裂失效就会引起内部短路，实际上单层隔膜发生破裂时只会导致单个微电池单元发生短路，电池的电压不会瞬间下降，而是处于一种微短路状态，电压会缓慢下降。微短路状态是电池在发生轻微变形时可能会发生的一种失效形式，并且很难预先发现。处于微短路状态的电池，如果继续使用会加剧电池内部的短路程度，从而导致大面积的短路效应，并引发热失控事故。

在电池局部球头挤压仿真模型中，要反映电池的受力在某一时刻发生突变的力学特性并预测电池内部发生短路的时刻，需要确定电池内芯单元的失效准则。对于锂离子电池失效判断准则，国内外学者在各自的研究中提出了不同的判断标准。有学者以优化后的统一强度理论作为失效判断准则，该准则认为当内芯的等效应力达到 16MPa 时，内芯材料发生失效并触发电池的内部短路。Sahraei 则是以拉伸截止值（TSC）和最大失效主应变 ε_f 作为表征电池发生短路失效的判断准则。Greve 通过 MC 准则可以准确判断圆柱形电池在机械载荷作用下的短路失效位置。

研究表明，内部材料体系和外观结构不同会导致锂离子电池发生失效时的应力、应变和变形也有所不同[18]，即使是相同的电池材料体系和外观结构，如果内部叠层的卷绕方式不同，电池的失效参数也会不同。目前关于锂离子电池在挤压载荷下发生失效和内部短路的判断准则尚未形成统一的标准和方法。通过力学试验与数值模拟结合的方法来反求得到锂离子电池发生短路失效的参数是目前较为简单的方法，并且具有较好的准确性。表 4-5 是通过反求 TSC 值和 ε_f 得到的不同类型电池发生短路失效时的参数。

表 4-5　不同电池的短路失效参数

电池材料体系	外壳结构	内芯形式	拉伸截止值 TSC/MPa	等效应力/MPa	失效应变 ε_f
钴酸锂	软包外壳	层叠式	25	—	0.14
三元	软包外壳	层叠式	30	—	0.16
纳米材料	软包外壳	层叠式	13	—	0.11
钴酸锂	圆形钢壳	卷绕式	—	16	—
钴酸锂	圆形钢壳	卷绕式	10	—	—
磷酸铁锂	方形铝壳	层叠式	20	—	0.18

4.5　电池挤压稳定性和内短路失效仿真与分析

从电动汽车的碰撞安全性角度来看，无论是电池厂商还是汽车制造商，对于车用动力电池包的安全性研究仍然处于探索阶段，尤其是对电池包碰撞挤压安全性研究尚未成熟。其中一个很重要的原因在于动力电池的机械安全性以及内部短路机理非常复杂并且难以预测。动力电池在车载极端机械载荷作用下很容易发生挤压变形，因此研究挤压变形触发电池内部短路的机理具有非常重要的意义。

方形磷酸铁锂电池由于其安全性高、成本低等优点，广泛应用于乘用车、客车、物流车、低速电动车等。本节为方形磷酸铁锂电池建立电池的有限元模型并进行挤压仿真分析。仿真结果表明，所建立的磷酸铁锂电池有限元模型和反求得到的电池失效参数可以准确表征电池在挤压载荷下的力学响应，并能够预测电池在局部挤压载荷作用下发生内部短路的时刻。研究可以为动力电池在汽车碰撞过程中的安全性分析与评价提供参考。

4.5.1　方形磷酸铁锂电池模型开发

根据 4.3.1 节的挤压试验得到电池在挤压载荷作用下的力学响应特性，考虑到实验条件和效率问题，把电池复杂的叠层式内芯进行均质化处理，采用表 4-4 中代表磷酸铁锂电池内芯的本构方程。根据内芯单轴压缩应力-应变曲线数据，以幂指数函数拟合得到方形磷酸铁锂电池内芯的材料参数 $B = 845.20$，硬化指数 $n = 2.06$，最终建立叠层式磷酸铁锂电池内芯的本构方程如式(4-18)所示：

$$\sigma = 845.2\varepsilon^{2.06} \tag{4-18}$$

结合 LS-DYNA 泡沫材料模型的特点和锂离子电池内芯单向压缩力学特性，最终选择 63 号各向同性可压缩泡沫材料模型来模拟电池内芯。通过质量与体积求得内芯材料的密度 $\rho = 2086 \text{kg/m}^3$；基于图 4-13 的内芯实验数据，结合图 4-33 所示的内芯压缩过程的应力-应变曲线求得内芯弹性模量 $E = 368$ MPa，具体做法是求出卸载过程曲线的最大斜率，并以此作为内芯的弹性模量。在观察内芯平面压缩试验现象中发现，内芯只在厚度方向有明显变形，而在长度和宽度方向几乎不发生变形，这说明内芯材料的泊松比很小，研究取为 0.01。除了内芯之外，外壳和支撑平台选择 24 号弹塑性材料，挤压头和平面压盘选择 20 号刚体材料。

挤压仿真分析是为了模拟锂离子电池在挤压载荷作用下的力学响应，有助于分析电池的变形和失效特征，以达到减少试验次数、降低试验风险和试验成本、缩短电池安全性设计开发周期的目的。有限元模型的有效性是电池挤压仿真分析的关键，为了验证所建立的电池模型是否能够准确反映在挤压载荷下电池的力学响应特性，并研究局部挤压载荷下电池的失效参数，分别对平面挤压和局部球头挤压进行仿真计算[19]。平面挤压分析模型如图 4-50 所示。

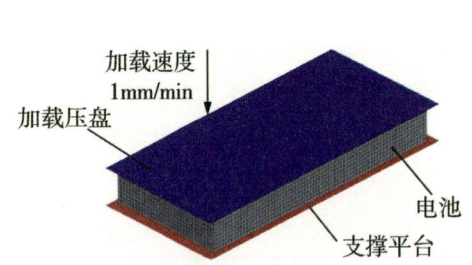

图 4-50 方形锂离子电池平面挤压模型

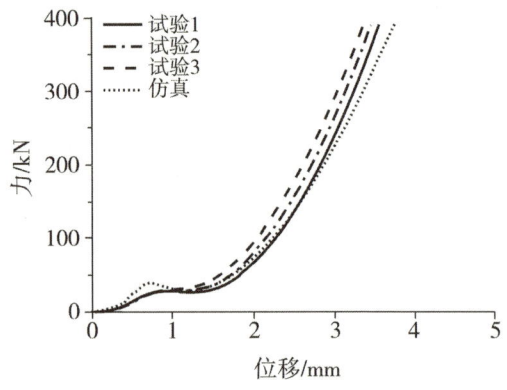

图 4-51 平面挤压工况下的试验与仿真曲线

平面挤压仿真分析是模拟电池在厚度方向受到单轴挤压载荷下的力学响应工况，可以表征电池的单轴压缩力学特性，是验证单体电池有限元模型有效性的一种方法。平面挤压仿真计算得到的力-位移曲线与试验结果对比如图 4-51 所示，仿真中电池的变形与试验中电池的变形对比如图 4-52 所示。

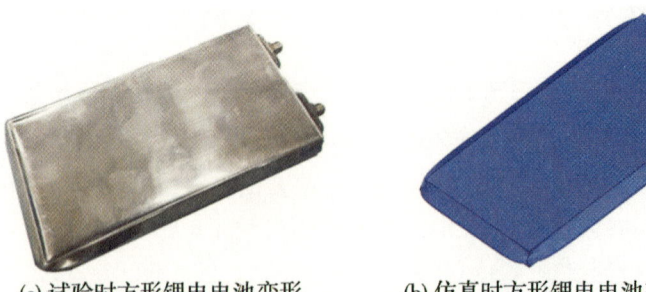

(a) 试验时方形锂电电池变形　　(b) 仿真时方形锂电电池变形

图 4-52 平面挤压试验与仿真结果对比

可见，在平面挤压仿真分析中电池的力-位移曲线与试验值基本吻合，电池整体变形形式与试验现象比较符合，都是电池的外壳发生压扁和折皱。因为在电池模型中没有模拟外壳连接处真实焊接情况和单元之间的连接强度问题,所以在平面挤压仿真中无法表现出电池顶盖发生开裂的现象。经过对电池的平面挤压工况进行仿真计算,结果验证了 63 号材料和构建的均质内芯本构模型可以有效表征叠层式磷酸铁锂电池内芯在厚度方向的压缩力学特性,从而为后续分析电池在局部挤压工况下的短路失效情况奠定模型基础。

4.5.2 方形电池内芯失效过程分析

利用图 4 - 53 所示模型,仿真计算得到电池在小球头局部挤压工况下的力 - 位移曲线如图 4 - 54 所示。仿真得到电池受力大小与试验比较接近,并且短路失效点与试验位移基本一致,均在 7.20mm 附近。为了验证反求得到的失效参数是否有效,采用同样的失效参数对直径为 30mm 的大球头挤压工况进行仿真计算,得到的力 - 位移曲线与试验值对比如图 4 - 55 所示。

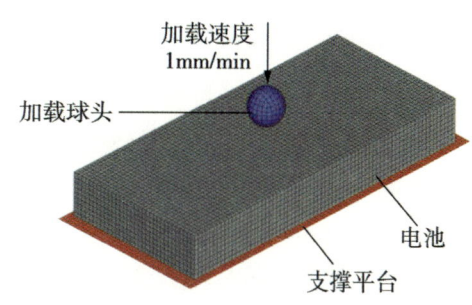

图 4 - 53 方形锂离子电池局部球头挤压模型

失效点与试验值也比较符合,从而验证了反求得到的 TSC 和 ε_f 可以用来表征电池在局部载荷作用下的变形与短路之间的关系,并且可以预测电池发生短路的时刻。

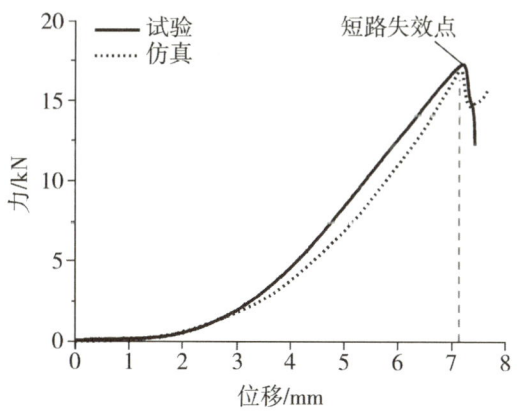

图 4 - 54 小球头挤压下的试验与仿真曲线

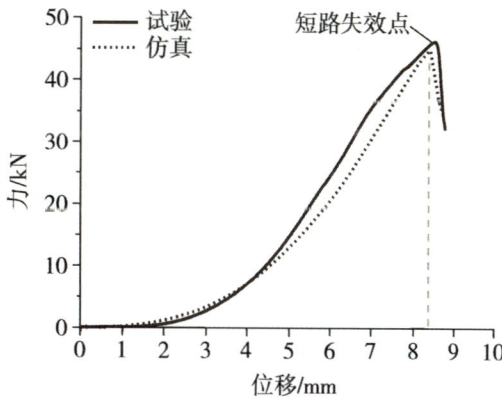

图 4 - 55 大球头挤压下的试验与仿真曲线

在局部球头挤压试验中,电池内芯的失效特征如图 4 - 56 所示。当挤压球头加载力达到某一定值时,电池内芯的叠层会发生破裂并引起内部短路。在前一小节中已经反求得到并验证了电池内芯单元的最大失效主应变值 $\varepsilon_f = 0.18$。在仿真分析中,最大失效主应变 ε_f 对于单元的失效和删除以及接触力的突降具有重要的影响。当单元的最大主应变达到设定的失效阈值 0.18 时,单元将会被删除,同时接触力会下降。仿真中电池内芯的失效特征如图 4 - 57 所示。仿真中内芯的失效特征和失效位置都与试验相吻合,均出现了局部破裂的凹坑，并且发生失效的单元被删除，失效位置位于挤压头的正下方。

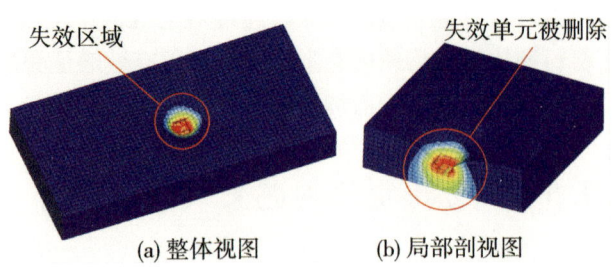

图 4-56 试验中电池内芯的失效特征

图 4-57 仿真中电池内芯的失效特征

为了研究内芯的失效过程，取挤压头正下方的第 1 到第 5 层发生失效的内芯单元的最大拉应力进行分析，如图 4-58 所示。越靠近挤压球头的单元越早达到拉应力的截止值 TSC = 20MPa，当内芯单元达到拉伸截止值后其拉应力不再增加，这一特征与内芯的拉伸力学特性是相吻合的。在拉应力达到拉伸截止值后，材料的塑性变形继续增加，应变也在增加。当挤压位移达到 7.20mm 附近时，部分单元的最大主应变达到设定的失效阈值 ε_f = 0.18，此时单元就会被删除，同时接触力发生突变，正好对应电池发生内部短路的时刻。

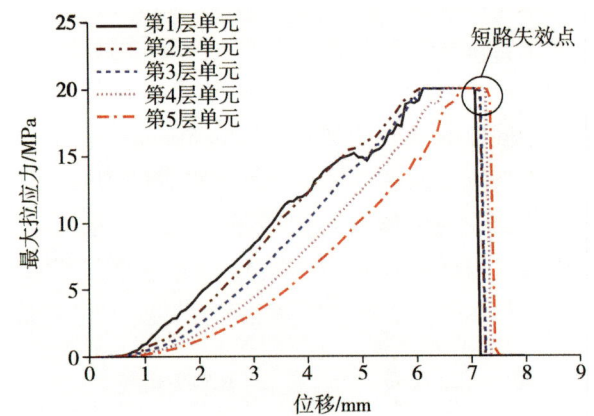

图 4-58 失效位置部分单元最大拉应力变化过程

平面挤压和局部球头挤压的仿真结果表明，所建立的内芯本构方程电池有限元模型可以表征锂离子电池在上述载荷作用下的力学响应特性，同时也验证了反求得到的失效参数可以准确预测电池发生内部短路的时刻。

在方形磷酸铁锂单体有限元模型的基础上，建立电池包装配体和整车侧面刚性柱碰撞有限元模型，用于分析碰撞后电池包箱体、内部固定结构和电池模组的安全性以及碰撞过程中电池发生内部短路的风险，为电动汽车的安全分析提供参考。

4.5.3 圆柱形电池模拟分析

利用 LS-DYNA 软件构建与图 4-40 所示电池性能一致的圆柱形锂电池的有限元模型[11]，采用 4 结点完全集成壳单元对单元壳体进行离散化。采用 LS-DYNA 接触实体对冲头和刚性板进行建模，接触面呈刚性几何形状。壳层网格为 11 167 个，实体网格为 29 106 个，外壳和固体元素的尺寸大致相同 (0.8mm)。采用 LS-DYNA 材料库中的材料分段线性塑性方法对壳体进行了加工。钢壳体采用以下输入：弹性模量 $E = 200$GPa，泊松比 $\nu = 0.3$，屈服强度为450MPa。在模型中输入有效应力与有效塑性应变的曲线。

对于圆柱形单元，在加载过程中，应力和应变状态具有高度的不均匀性和变化性。压缩时圆柱形电池的应力-应变曲线。测量曲线的简单拟合符合抛物线公式(4-5)，即 $\sigma = B\varepsilon^n$，其中 $B = 550$ MPa。

4.5.4 圆柱形电池内芯失效过程分析

4.5.4.1 刚性杆局部挤压短路失效分析

图4-59所示为刚性杆压痕试验与仿真结果对比及失效分析。可以看出，该模型能够很好地通过压痕来预测单元的荷载-位移关系。该模型还检测到短路起始点的一个局部下降的力。试验短路点发生在力级6469N、位移6.3mm处。在模拟中，变形6.6mm时，峰值力为6532N。检测到的故障(短路)位置在冲头下压深度为4mm对称平面上的交点，该交点同时也是第一个主拉应力达到并保持在10MPa的点，实验中检测得到的电压和温度也证实了这一冲头深度点的短路故障。

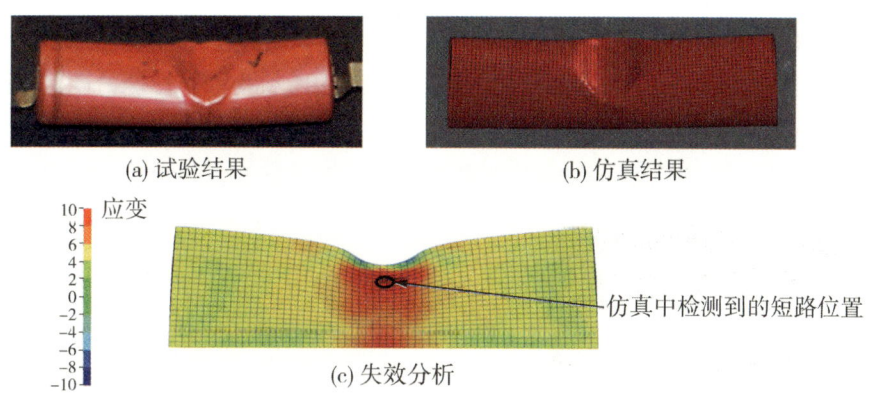

图4-59 刚性杆压痕试验与仿真结果对比及失效分析

4.5.4.2 半球形冲头挤压短路失效分析

图4-60所示为半球形冲头挤压试验与仿真结果对比及失效分析。同样，可以观察到模型与电池的实验力-位移密切相关，模型还检测短路的开始时压力下降。测量的峰值力为5681N，在7.3mm处，而模拟结果分别为5647N和6.9mm。需要注意的是，对于刚性杆压痕，理论与仿真结果吻合较好，而对于球面冲头压痕，计算曲线略高于实验曲线。

这在模型中是可以预料到的，模型中没有考虑轴向和环向各向异性的特性差异，预测的峰值力误差小于1%。失效(短路)发生在与刚性杆压痕试验相同深度(4mm)的冲头下的一个位置。

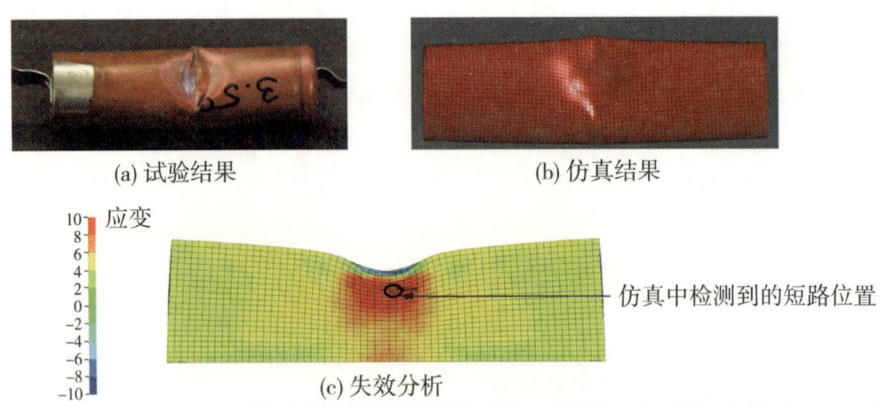

图 4-60 半球形冲头挤压试验与仿真结果对比及失效分析

4.5.4.3 三点弯曲短路失效分析

对于圆柱形壳体的几何形状，其环向应力值为 340 MPa。结果表明，下压的冲头是引起电池壳体应力状态或壳体变形的主要原因。考虑圆柱作为一个受三点弯曲的短梁，主导应力是轴向应力，从而产生平面应变条件。通过数值模拟发现，在裂缝路径上，所有单元的应力状态都接近于等边轴应力，因此可以采用等效应变定值的简单断裂模型。图 4-61 所示为试验与仿真结果对比及失效分析。在单元中部截面和梁的受拉侧检测到本次仿真中的短路位置。模拟结果很好地预测了荷载-位移曲线的初始部分、荷载的峰值以及随后的力的下降。吸收能量的测量值与计算值之间具有较好的一致性，其误差小于 1%。

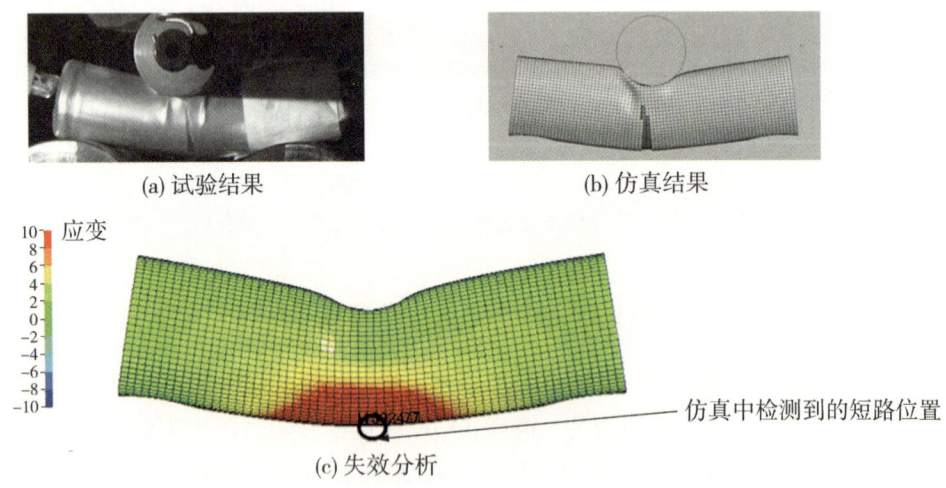

图 4-61 三点弯曲试验与仿真结果对比及失效分析

4.5.5 方形锂电池层集式模型的模拟分析

采用图4-42所示的电池层集式芯层模型分别针对$N = 4、8、16$的模型进行模拟(图4-62),发现芯层单元数量为2、4、8产生的力-位移响应曲线及内部短路位移点都存在差异,如图4-63a所示。

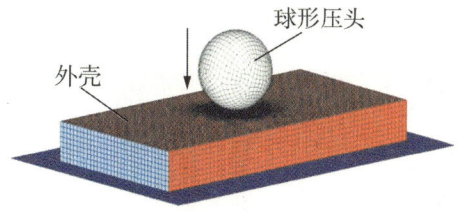

图4-62 层集式芯层模型局部挤压侧视图

局部挤压载荷会随着芯层单元数量N的增多而减小,内部短路位移点则随着芯层单元数量N的增多而增大。但芯层单元的数量达到16时,其力-位移响应曲线的趋势和内部短路位移点与$N = 8$的层集式模型并无明显差异。当$N > 8$时,方形锂电池层集式芯层模型的力学响应趋于稳定状态。根据公式(4-17)可知,当$N \geq 16$时,$f_H \leq 6.9 \text{kN}$,随着N值的增大,均质化层模型的局部挤压载荷f_H相比于芯层单元模型的局部挤压载荷f_J可以忽略,因此方形锂电池层集式模型的局部挤压载荷F_8与F_{16}无明显差异。

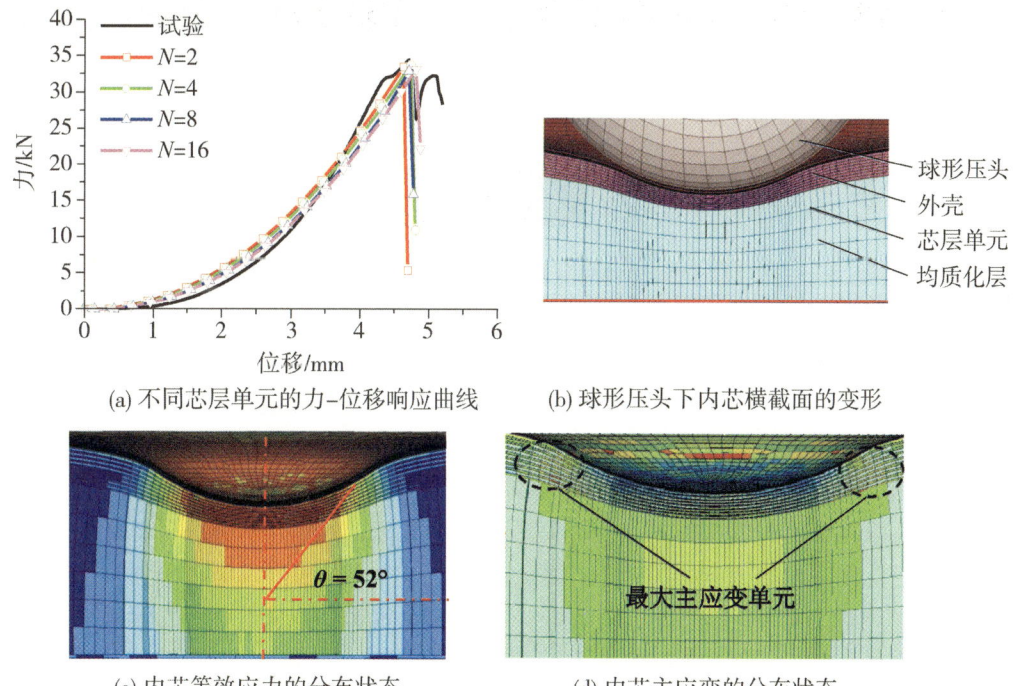

(a) 不同芯层单元的力-位移响应曲线

(b) 球形压头下内芯横截面的变形

(c) 内芯等效应力的分布状态

(d) 内芯主应变的分布状态

图4-63 $N = 8$方形锂电池层集式模型局部挤压模拟结果

图4-63b所示为球形压头下方形锂电池层集式模型内芯横截面的变形模式。内芯等效应力呈"V"形,延伸至内芯底部,与水平方向夹角约52°,其分布状态如图4-63c所示。图4-63d所示为内芯主应变的分布状态,最大主应变在虚线标识的隔膜单元位置。

层集式模型等效应力倾斜的角度大于均质化模型,更接近实际断裂层角度(见图 4-64)。最大应变依旧处于接触区域大变形与非接触区域小变形的拐点位置。此外,$N=8$ 和 $N=16$ 的层集式模型内部短路位移点基本一致。由于 $N=16$ 的层集式模型整个模拟过程耗时大约是 $N=8$ 的层集式模型的 2.5 倍,因此选择后者作为计算分析的研究模型更为合适。

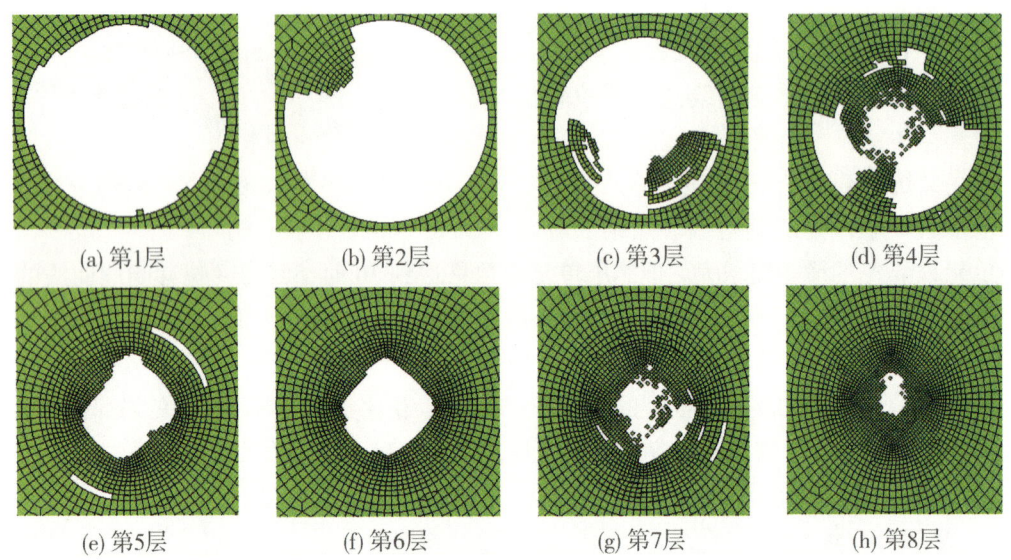

图 4-64 局部挤压载荷下第 1-8 层芯层单元模型中各向同性隔膜的失效模式

本 章 小 结

本章阐述了圆柱形锂电池、软包锂离子电池以及方形锂离子电池三种不同结构形式的锂离子电池组成成分、结构特征。重点介绍了综合力学测试方法在锂离子电池的力学特性获取和本构方程构建的运用,准确获取锂离子电池的挤压力学响应特性,形成在挤压载荷作用下的锂离子电池短路失效规律,为评价电池安全提供失效判定准则。

本章节还介绍了均值模型、精细化层芯模型、方形层集模型的结构特点,用芯层单元模型嵌入均质化层模型的方法构建内芯层集式耦合计算模型,提供了新的电池包分析思路。层集式模型能够高效表征方形锂电池的宏观力学响应,可以从细观层面表征电池内部变形失效,既保证模拟精度又提升了计算效率。以 18650 圆柱形锂离子电池和磷酸铁锂方形锂离子电池两种典型的动力电池为案例,研究具有可压缩泡沫属性的芯层本构关系,及其对应的分析结果,为研究电池包系统电化学、热和机械综合安全性能提供研究基础。

参 考 文 献

[1] AVDEEV I, GILAKI M. Structural analysis and experimental characterization of cylindrical lithium-ion battery cells subject to lateral impact[J]. Journal of Power Sources, 2014, 271: 382-391.

[2] GREVE L, FEHRENBACH C. Mechanical testing and macro-mechanical finite element simulation of the deformation, fracture, and short circuit initiation of cylindrical Lithium ion battery cells[J]. Journal of Power

Sources, 2012, 214: 377-385.

[3] ANDREW F. BLUM, R. THOMAS LONG Jr. Fire Hazard Assessment of Lithium Ion Battery Energy Storage Systems [M]. New York: Springer, 2016: 8-13.

[4] 义夫正树,布拉德,小泽昭弥,等. 锂离子电池——科学与技术[M]. 苏金然,汪继强,等译. 北京:化学工业出版社,2014.

[5] 刘金. 碰撞工况下汽车动力电池包动力学响应分析及安全评价[D]. 广州:华南理工大学,2017.

[6] PISTOIA, GIANFRANCO, LIAW, BORYANN. Behaviour of Lithium-Ion Batteries in Electric Vehicles [M]. New York: Springer, 2018: 8-11.

[7] 中华人民共和国国家质量监督检验检疫总局,中国国家标准化管理委员会. GB/T 31467.3—2015 电动汽车用锂离子动力蓄电池包和系统 第3部分:安全性要求与测试方式[S]. 北京:中国标准出版社,2015.

[8] 中华人民共和国国家质量监督检验检疫总局. GB/T 31498—2015 电动汽车碰撞后安全要求[S]. 北京:商务印书馆,2015.

[9] 郑文杰. 车用动力电池的挤压力学响应特性研究及碰撞安全性分析[D]. 广州:华南理工大学,2018.

[10] AVDEEV I, GILAKI M. Structural analysis and experimental characterization of cylindrical lithium-ion battery cells subject to lateral impact[J]. Journal of Power Sources,2014, 271(271): 382-391.

[11] XU J, LIU B, WANG X, et al. Computational model of 18650 lithium-ion battery with coupled strain rate and SOC dependencies[J]. Applied Energy,2016, 172:180-189.

[12] SAHRAEI E, BOSCO E, DIXON B, et al. Microscale failure mechanisms leading to internal short circuit in Li-ion batteries under complex loading scenarios[J]. Journal of Power Sources,2016, 319(9):56-65.

[13] 郭战胜,王宇晖,朱建宇,等. 铝箔力学性能的实验研究[J]. 实验力学, 2016,31(04):451-457.

[14] SAHRAEI E, CAMPBELL J, WIERZBICKI T. Modeling and short circuit detection of 18650 Li-ion cells under mechanical abuse conditions[J]. Journal of Power Sources, 2012, 220(4): 360-372.

[15] SAHRAEI E, MEIER J, WIERZBICKI T. Characterizing and modeling mechanical properties and onset of short circuit for three types of lithium-ion pouch cells[J]. Journal of Power Sources, 2014, 247(2): 503-516.

[16] GREVE L, FEHRENBACH C. Mechanical testing and macro-mechanical finite element simulation of the deformation, fracture, and short circuit initiation of cylindrical Lithium ion battery cells[J]. Journal of Power Sources, 2012,214: 377-385.

[17] FRANOIS Béguin, ENCARNACIÓN Raymundo-Piero. Batteries for Sustainability. [M]. New York: Springer, 2013.

[18] SAHRAEI E , HILL R , WIERZBICKI T. Calibration and finite element simulation of pouch lithium-ion batteries for mechanical integrity[J]. Journal of Power Sources, 2012, 201(none):307-321.

[19] GILAKI M , AVDEEV I. Impact modeling of cylindrical lithium-ion battery cells: a heterogeneous approach [J]. Journal of Power Sources, 2016, 328:443-481.

[20] 兰凤崇,刘金,陈吉清,等. 电动汽车电池包箱体及内部结构碰撞变形与响应分析[J]. 华南理工大学学报(自然科学版),2017,45(02):1-8.

5 动力电池系统振动冲击分析与优化

在电动汽车日益普及的今天，随着电池单体能量密度的提高，电池包电容量的增大，其安全性挑战也越来越大，需要在设计开发阶段考虑电池包综合安全性问题，并进行严格的安全性评价，避免在日后的使用中发生严重的安全事故。现阶段动力电池系统的设计研发存在以下不足：一是缺乏统一的开发规范，各厂商对于电池包系统的设计标准不一，且主要侧重于电池性能和管理系统等单一性能；二是虽然出厂时会对电池单体及模组做跌落、穿刺、翻转、振动等试验，但对于其真实车载工况下的综合安全性、可靠性依然缺乏可靠的分析和评价手段，出现电池成包后不能完全满足车辆使用环境需求的现象，导致安全问题的产生。因此，在电动汽车研究开发以及推广应用过程中，开展动力电池包在车载工况下的安全性研究具有重要实用价值。

动力电池包作为电动汽车的储能部件，需要在变温、振动、冲击等条件下完成充放电过程。其结构设计应满足多变运行环境下和行驶工况下的机械承受、工作安全性和可靠性要求。其电连接应在振动冲击环境下保持良好接触，否则由于接触不稳定，接触电阻增大，热损耗的能量可达到电池容量的50%。另一方面，电连接不可靠易引起短路、漏电，更严重的会产生高温电弧熔化极柱并引燃周围材料，引发火灾[1]。了解电池包在振动、冲击环境下的结构损伤，掌握内部关键电接触点在车载振动环境下的响应对电池包结构设计、优化，电连接可靠性分析、接触保护设计、系统安全性评估等有重要意义。

本章在引入电池包精细化建模方法的基础上，研究动力电池包在真实车载工况即路面随机激励下内部触点的动态响应，分析可能产生的安全问题，并运用层次化的评价方法对电池包在多指标多工况下的结构安全性进行评价，提出建模、仿真、试验及评价的规范化流程，并基于该流程对某款动力电池包进行结构优化，提高其结构安全性。

5.1 电池包精细化建模

动力电池包是一个多子系统的复杂装配体，其复杂性体现在：电池单体由金属外壳、隔膜层及电解液等多种材料复合组成，而一个电池包包含成百上千个电池单体；电池模组与内支架、壳体之间的装配以及与BMS、保护电路间的电接触都需要考虑预紧力条件下的接触，接触状态同时影响机械结构和电接触结构的可靠性。在电池包开发设计阶段，针对其复杂性特点，对电池包内、外各组成部分进行精细化建模，确定各组件间的接触边界条件，建立合理的接触模型，以得到满足精度要求且能反映内部子结构动态特性的电池包动力学模型。在此基础上进行电池触点振动环境描述、壳体结构优化、内部电连接强度校核、焊点、螺栓疲劳寿命预测等动力学和可靠性分析。

如图5-1所示，任何复杂电池包动力学模型可拆解为三个部分：电池建模、壳体等外部件建模、装配关系定义。电池占电池包总重50%以上，合理、准确的单体电池模型是整体建模的基础。壳体等外部件分为金属与非金属两类，金属壳体多由薄钢板拼焊或点焊而成。装配关系中，单体电池之间通过极柱与大极片激光点焊组成模组，模组之间的电连接、模组与壳体之间的紧固连接多为螺栓连接。本章采用各个部分独立建模，逐一验证，最后组成装配体求解的方式，电池包开发实例的建模流程具体为：首先建立电池包整体的CAD模型与有限元模型，通过材料单向压缩与三点弯曲试验获得电池单体外壳和内芯软包的力-位移曲线，建立电池模组等效力学模型，获得等效材料参数，同时建立螺栓实体单元，以预紧力作外载加载，建立电池包各个部件间的接触关系，先求解预紧力与重力共同作用下的预应力场，建立起稳定的接触关系，再进行电池包装配体的模态分析，最后进行电池包装配体的模态试验，将仿真结果与试验结果做对比，验证模型的有效性，作为后续的动力学分析的基础。

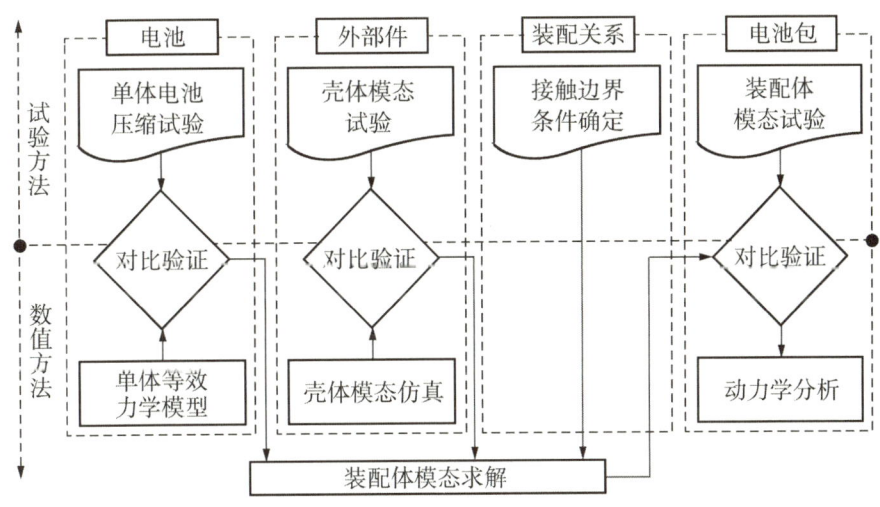

图5-1 电池包精细化动力学建模技术路线

5.1.1 接触模态理论

模态是机械结构的固有振动特性，每一个模态具有特定的固有频率、阻尼比和模态振型；模态分析主要用于确定结构和机器零部件的动态特性，是谐响应分析、瞬态动力学分析以及随机振动分析等动力学分析的基础，系统的模态参数一旦确定，系统的动态特性就确定了，所以对比有限元模型的计算模态参数与实际系统的试验模态参数可以判断模型的有效性。一般的自由模态分析建立在线性系统且无边界条件的假设上，而组合装配体模态分析有其特殊性：一是螺栓预紧力使得组合结构在装配完成时存在预应力场，预应力场会影响整个装配体的固有频率；二是各个组件之间需要定义接触关系，存在边界非线性。研究表明[3]，当接触状态趋于稳定，则结构刚度矩阵不再变化，可以近似为线性结构而采用线性计算。

m 自由度线性时不变无阻尼或比例阻尼的系统的固有振动方程为[4]：

$$MX'' + KX = 0 \quad (5-1)$$

式中，M、K 分别为系统的质量矩阵和刚度矩阵；X 为系统的位移向量。

设主振动为

$$X = \boldsymbol{\Phi}\sin(\omega t + \varphi) \quad (5-2)$$

其中，$\boldsymbol{\Phi}$ 是常数列向量，

$$\boldsymbol{\Phi} = (\varphi_1\ \varphi_2\ \cdots\ \varphi_m)^{\mathrm{T}} \quad (5-3)$$

将式(5-2)代入式(5-1)，得到代数齐次方程组

$$(K - \omega^2 M)\boldsymbol{\Phi} = 0 \quad (5-4)$$

上面的方程组存在非零解 $\boldsymbol{\Phi}$ 的充要条件是系数行列式为0，即得到不考虑预应力场的特征方程

$$|K - \omega^2 M| = 0 \quad (5-5)$$

行列式展开后求解关于 ω^2 的 m 次多项式，获得系统第 i 阶特征值 ω_i^2，将 $\omega^2 = \omega_i^2$ 代回式(5-4)求得系统第 i 阶固有振型 $\boldsymbol{\Phi}_i$。

考虑螺栓预紧力作用下的预应力场，产生附加刚度矩阵

$$SX_s = F_s \quad (5-6)$$

式中，F_s 为螺栓预紧力；X_s 为预紧力引起的位移响应；S 为产生的附加刚度矩阵。系统特征方程改写为

$$|(K + S) - \omega^2 M| = 0 \quad (5-7)$$

可见有限元法求解接触模态的实质是先求解接触状态下的静力学问题，将由接触产生的附加刚度矩阵叠加进原系统的整体刚度矩阵，第二步以叠加后的刚度矩阵 S 作为初始迭代的系统刚度矩阵进行模态参数求解。附加刚度矩阵与预紧力和接触定义密切相关，当预紧力一定时，主要受接触状态的影响。接触状态分为法向行为和切向行为，分别以法向接触刚度和切向摩擦系数表征。

依据接触力学相关理论，接触刚度由接触面的粗糙度参数决定[5]。赫兹基于以下假设提出两弹性体接触刚度的计算方法[7]：假设粗糙平面模型凹凸起伏的顶点是具有常曲率 k_s 的球形且近似认为各接触点之间相互独立，微凸体变形互不影响。当接触面微观凸起的顶点高度分布满足正态分布，且分布的有效值分别为 σ_1 和 σ_2 时，其接触可以表示成一个光滑的刚性表面和另一个等效弹性模量 E^*，顶点高度满足正态分布且等效不平度为 $\sigma =$

$(\sigma_1^2 + \sigma_2^2)^{1/2}$ 的粗糙表面相接触[8]，如图 5-2 所示。

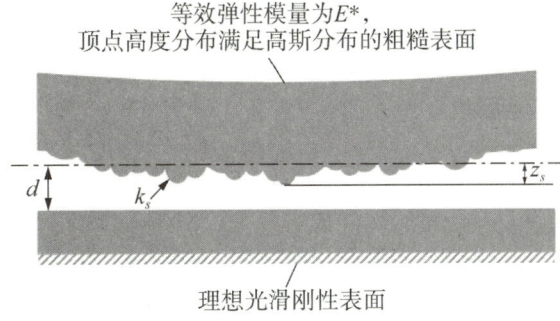

图 5-2 接触假设示意图

定义微观凸起的平均高度为基准线，刚性表面到基准线的距离为 d，各微凸的顶点到基准线的距离为 z_s，概率密度函数为 $\varphi(z_s)$。如果在名义表面积 A_0 中有 N 个顶点，那么在间隔 d 处接触的顶点数由式(5-8)表示；如果 z_s 超出了间隔，那么它将被压缩 $\delta = z_s - d$，并且将在半径为 a 的小圆形区域中与平面构成接触。因此，第 i 个顶点具有的接触区域面积由式(5-9)计算。

$$N' = N \int_d^\infty \varphi(z_s) \, dz_s \tag{5-8}$$

$$A_i = \pi a_i^2 = f(\delta_i) \tag{5-9}$$

压缩该顶点所需要的力为

$$P_i = g(\delta_i) \tag{5-10}$$

式中，$f(\delta)$ 和 $g(\delta)$ 与接触表面的材料性质有关。如果变形在完全弹性极限之内，由赫兹方程有

$$f(\delta) = \pi \delta / k_s \tag{5-11}$$

$$g(\delta) = \frac{4}{3} E^* k_s^{-1/2} \delta^{3/2} \tag{5-12}$$

对高度超出间隔的所有凹凸起伏求得到真实的总接触面积 A 和总的名义应力 $\bar{p} = P/A_0$

$$A = N \int_d^\infty f(z_s - d) \varphi(z_s) \, dz_s \tag{5-13}$$

$$\bar{p} A_0 \equiv P = N \int_d^\infty f(z_s - d) \varphi(z_s) \, dz_s \tag{5-14}$$

分别将式(5-11)、式(5-12)代入式(5-13)、式(5-14)，并进行归一化处理可得

$$A^* = \frac{A k_s}{N \sigma_s} = \int_d^\infty \pi \left(\frac{z_s - \bar{z}_s}{\sigma_s} - d^* \right) \varphi(z_s) \, dz_s \tag{5-15}$$

$$P^* = \frac{P k_s^{-1/2}}{N E^* \delta^{3/2}} \tag{5-16}$$

$$d^* = \frac{d - \bar{z}_s}{\sigma_s} \tag{5-17}$$

由式(5-13)可得接触刚度 k_c

$$k_c = \frac{\mathrm{d}P}{\mathrm{d}d} = NE^* \left(\frac{\sigma_s}{k_s}\right)^{1/2} \left|\frac{\mathrm{d}P^*}{\mathrm{d}d^*}\right| \quad (5-18)$$

实际的接触压力和接触表面粗糙度较难获得,故较难求得精确的接触刚度。有限元法中可用线性罚函数控制接触刚度,如图 5-3 所示,并写成公式(5-19)

$$P_n = nk_c(x_n - x_e) \quad (5-19)$$

式中,n 为接触刚度因子(无量纲);P_n 为接触压力;x_n 为过盈量;x_e 为接触压力为 0 时的过盈量。临界剪切应力与法向接触压力的关系如下式:

$$\tau_{\mathrm{crit}} = P_n f \quad (5-20)$$

式中,τ_{crit} 为临界剪切应力;f 为切向摩擦系数。

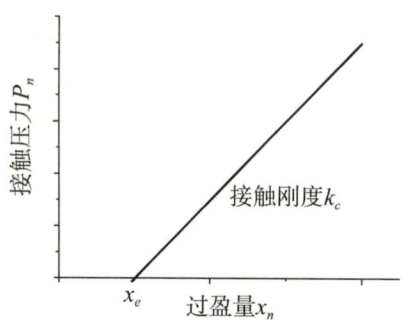

图 5-3 线性罚函数法

当超过临界剪切应力,接触面将发生切向相对滑动。有限元法可以通过调整接触刚度因子和切向摩擦系数来逼近真实的接触状态,进而影响附加刚度矩阵和最终的模态参数。

5.1.2 电池实体试验

5.1.2.1 电池单体压缩试验

研究对象为国内某知名微型电动车配备的 1865140 方形锂电池单体。该型号锂电池单体主要由芯层和外壳两部分组成,芯层是由成百上千层的正极、负极以及隔膜重叠而成,并从芯层的一端引出正、负极。电池的芯层由厚度为 0.6mm 铝壳封装,以达到保护电池芯层的作用。芯层的正负极与铝壳相连,并从铝壳引出。芯层的长×宽×厚为 125.5mm×62.5mm×17.2mm。

目前学者主要从两个角度对电池结构建模进行了相关尝试性研究,其中一个方向是用多层复合结构来模拟。该方法主要是利用电池内部成千上万层正负极和隔膜的材料属性来估算模拟单元的材料属性,此法适用于单体研究,不适用于电池包级别的整体建模。另一种方法是电池均质化,将其视为各向同性的同种等效材料,并通过单体电池的力学实验获得其材料属性。Elham Sharaei 等利用均质的可压缩泡沫模型模拟了 18650 圆柱形锂离子电池在不同载荷下的变形情况,并与实验相吻合。

采用均质化法模拟电池,针对电池包所用 1865140 方形单体电池进行单向压缩试验,得到试验样品的应力-应变曲线,为建立等效均质化电池有限元模型作基础。采用英斯特郎(INSTRON)大载荷材料试验机,试验对象为两块完全相同的铝壳磷酸铁锂电池。如图 5-4 所示,沿着锂离子电池的厚度方向,以恒定的速度压缩,当实验压力达到某一预定值或压缩量达到某一预定值时,实验停止。

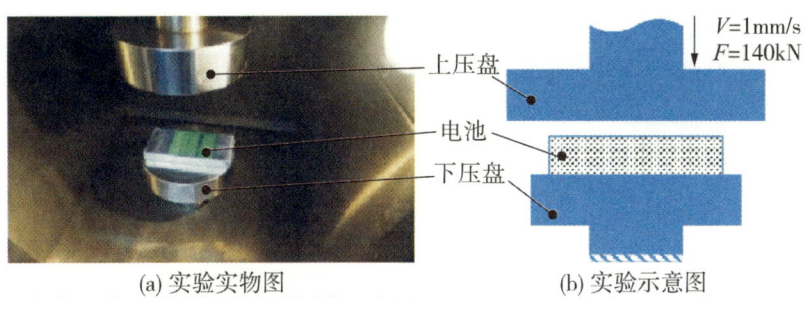

图5-4 电池单体压缩试验

对得到的压缩应力-应变曲线(见图5-5)线性阶段进行线性拟合,并计算出锂离子电池芯层等效材料参数(见表5-1)。

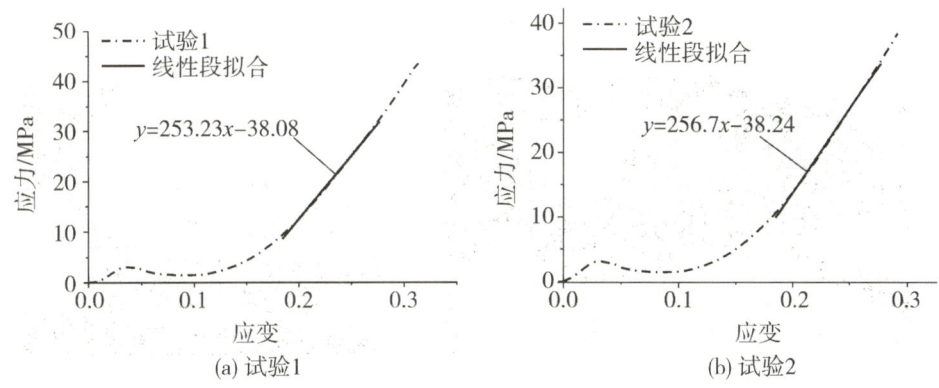

图5-5 电池单体芯层压缩应力-应变曲线

表5-1 电池单体压缩试验结果

项目	弹性模量/MPa	密度/($kg \cdot m^{-3}$)	泊松比
试验1	253.0	2054.0	0.30
试验2	256.0	2039.0	0.31

5.1.2.2 电池包壳体模态试验

采用力锤敲击法对电池包壳体进行模态试验。首先采集激励电与相应点之间的传递函数,然后对传递函数进行拟合和识别、提取模态参数。由于电池包外壳体属于薄壁件,且材料分布均匀,非线性度低,采用力锤激励法。整个试验系统的连接如图5-6所示。由于电池包质量和刚度较大且材料组成成分复杂,具有一定的非线性,本实验选择单点激振器激励法。激振器在一固定点对结构施加持续的振动激励,同时在结构多处测量频响信号。

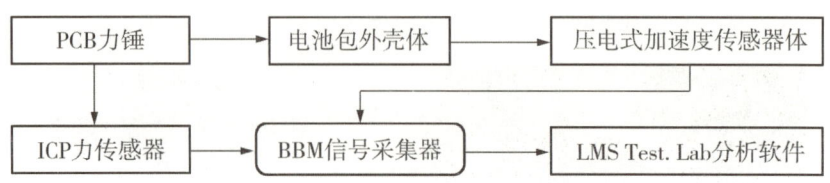

图 5-6　电池包壳体模态试验系统连接图

实验如图 5-7 所示，首先设定整体坐标系，为准确描绘出电池包内外部的轮廓形状，设置 116 个测点。激振信号选择随机信号，此信号可以在很宽的频带内都能保持一定的能量，幅值设定为 500mV；频率分辨率为 1Hz，窗函数设置为汉宁窗。测量时同步观察频响函数和相干函数，测量多组信号后对相干函数紊乱的信号进行剔除。由于模态测试的测点较多，因此，在测完一组点的数据之后再换另一组点进行测试。实验结束后同样采用 LMS Test. Lab 分析处理软件作振动异常点剔除、模态参数识别、提取等后处理[9]。电池包装配体模态试验结果将作为基准验证数值模型的准确性。

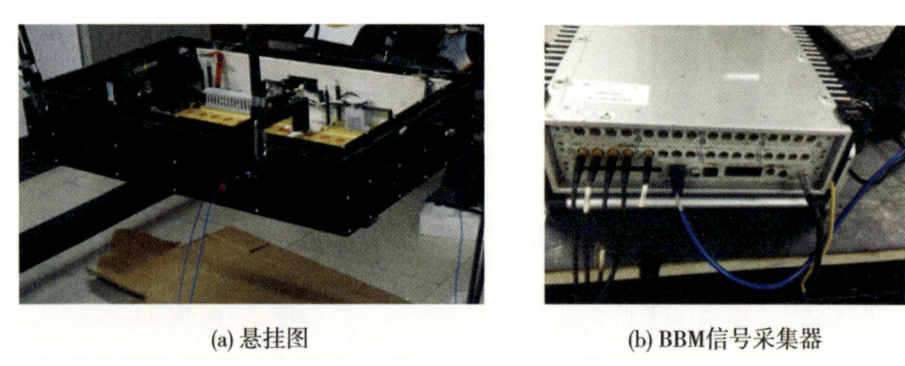

(a) 悬挂图　　　　　　　　(b) BBM信号采集器

图 5-7　电池包装配体模态试验

5.1.3　数值模型建立与验证

电池包主要由上箱盖、下箱体、内架、限位压杆、连接、加强筋等组成。电池包与车身之间由 7 个带橡胶缓冲块的吊耳经螺栓连接。其底部有加强筋，用来提高底板刚度。内架在整个电池包中起着固定电池模组的作用，在前后方向上，通过前压杆、螺钉与内架连接，对电池模组起到固定作用；电池模组上方分别设有上压盖和上压杆，利用上压杆和长螺钉与内架紧固连接，保证了电池模组上下方向上的稳定性。共布置磷酸铁锂电池单体 288 块，先由 12 个单体通过激光焊并联得到小的整体，随后把 3 个相同的小整体串联，得到电池模组，最后由 8 个这样的模组顺次串联。

5.1.3.1　实例电池包有限元模型的建立

通过逆向建模手段得到实例电池包的 CAD 模型并导入有限元软件 HyperMesh，忽略和简化若干不重要的部件，并进行几何清理、网格划分和网格质量检查等过程，建立的网格模型如图5-8所示。其中动力电池包中箱体内支架与底部焊接，使用1D面板Rigid中的RBE2单元模拟。电池压杆靠螺栓将电池模组压紧在内部支架和底部，故使用实体单元四面体单元对压杆与内架间的螺栓划分网格，并建立接触关系，加载预紧力。模组之间电连接位置的螺栓用Rigid单元模拟。

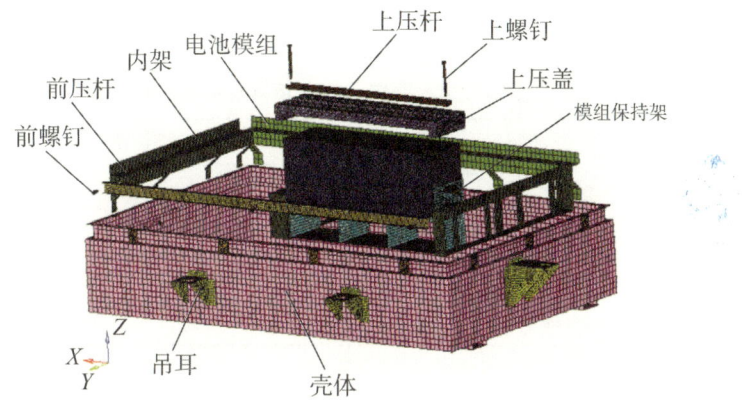

图5-8 电池包装配体示意图

5.1.3.2 电池单体压缩仿真

将材料参数赋予均质化的电池单体模型，还原压缩试验边界条件，压缩速度1mm/s，对模型进行压缩过程仿真，输出压力-位移曲线与试验结果相对比，如图5-9所示。从图5-9可看出，无论是开始的平台阶段还是后续的线性阶段，仿真与实验结果非常吻合，压缩终止时电池单体结构变形仿真与实验结果也非常吻合，验证了电池均质化模型的有效性。

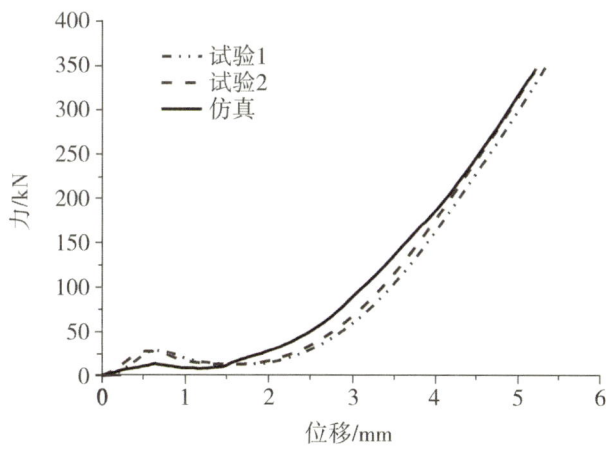

图5-9 压力-位移曲线

5.1.3.3 壳体自由模态仿真

对包含内架的电池包壳体进行模态仿真,并与试验数据作对比。仿真与试验对比结果如表5-2所示,由于高阶模态对振动响应的贡献量较小,仅列出了系统主要的低阶弯曲和扭转模态。前三阶模态误差均在3%以内,且振型一致(图5-10仅展示了1阶振型),验证了壳体模型的有效性。

表5-2 壳体的模态仿真及实验验证

阶数	振型描述	频率/Hz 仿真	频率/Hz 实验	误差
1	整体一阶扭转	22.01	22.10	0.6%
2	前板弯曲、地板鼓动	51.82	52.42	1.1%
3	左板弯曲、地板鼓动	72.90	70.81	2.8%

(a) 仿真振型(1阶)　　　　(b) 实验振型(1阶)

图5-10 电池包壳体仿真结果

5.1.3.4 壳体接触模态仿真

在求解电池包接触模态之前需先求解螺栓装配预紧力下的应力场,以求得附加刚度矩阵,接触边界的模拟对附加刚度产生影响。将经过验证的壳体模型与电池模型装配,将实验测得的预紧力矩换算成预紧力施加在螺栓上,换算如下:

$$M_\mathrm{t} = K \cdot F \cdot D \quad (5-21)$$

式中,K为拧紧力系数,一般加工表面取0.2;D为螺栓公称直径,6mm;预紧力矩M_t由实际测得,由于各螺栓测得的预紧力矩差别较小,取平均值5Nm。

接触刚度和摩擦难以通过测量得到,将上述参数设为连续变量,通过遗传算法结合实验数据反求参数,通过参数修正使仿真结果接近试验结果。对多组接触定义模型进行预应力求解,得到接触刚度因子对各阶固有频率和广义刚度的影响,以及切向摩擦系数对固有频率的影响，如图 5-11 所示。

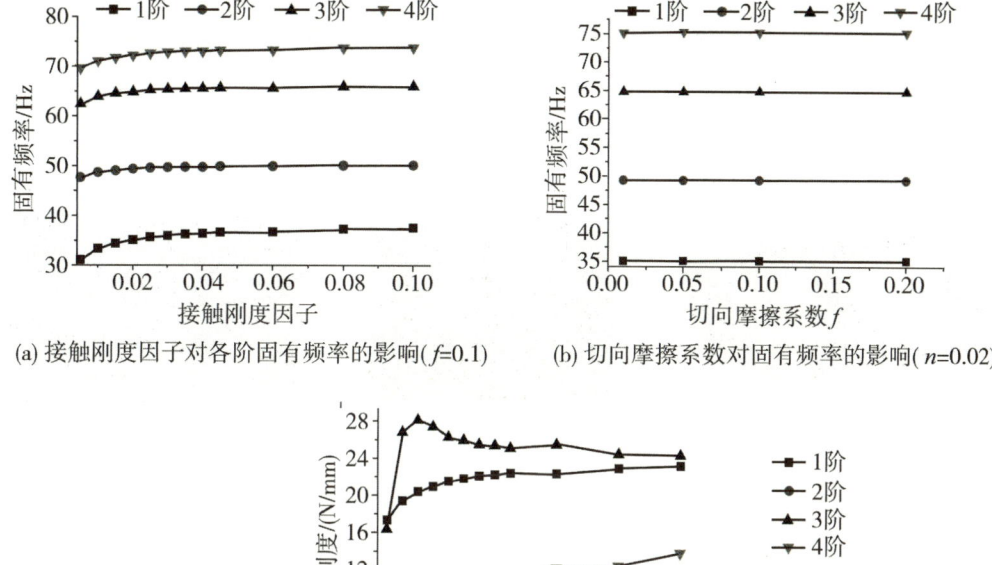

(a) 接触刚度因子对各阶固有频率的影响(f=0.1)

(b) 切向摩擦系数对固有频率的影响(n=0.02)

(c) 接触刚度因子对各阶广义刚度的影响(f=0.1)

图 5-11　接触刚度因子对各阶固有频率和广义刚度的影响，以及切向摩擦系数对固有频率的影响

可见各阶固有频率随着接触刚度因子的增大而增大，但当刚度因子增大到一定程度，固有频率值趋于稳定；本电池包由于 z 向和 y 向都有螺栓紧固，所以切向行为对固有频率影响很小。广义刚度随着接触因子的增大呈现出不同的趋势，1 阶和 4 阶广义刚度随着接触因子的增大而增大，2 阶和 3 阶则呈现相反的趋势。

由于切向摩擦系数对固有频率几乎无影响，因此只反求接触刚度因子 n，设摩擦系数为 0.1；通过 5 阶多项式对固有频率-接触刚度因子曲线进行拟合，得到前 4 阶固有频率与接触刚度因子关系式的各项系数；再基于最小二乘法，在单阶仿真值与实验值误差不超过 5% 的约束条件下，寻找使由多项式计算得到频率和试验频率误差平方和最小的接触刚度因子，其值为 0.0224。

5.1.3.5　3 种动力学模型的对比

目前常用电池包动力学有限元模型主要有两种：

（1）集中质点模型：即不考虑电池单体的建模，将其简化为集中质量点，质量点与箱体采用刚性连接。

（2）简化连接模型：考虑了单体的建模，将电池与箱体的连接关系简化为刚性连接或胶粘，忽略装配预紧力和部件间的接触关系对整体模态的影响。

建立如图 5-12 所示的电池包集中质点模型和简化连接模型，将求得的接触刚度因子 $n = 0.0224$ 代回接触模型。

(a) 集中质点模型

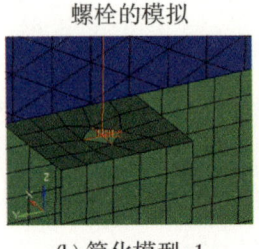
(b) 简化模型-1

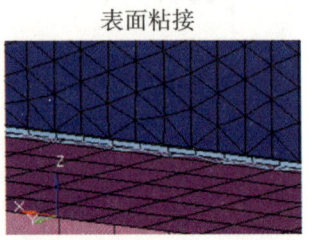
(c) 简化模型-2

图 5-12　常用电池包动力学模型

计算得到 3 种动力学模型的模态参数，对比结果如表 5-3 所示。可见集中质点模型缺失了整体一阶扭转模态，频率误差随着阶数的增大而增大，最大误差 12.5%；简化连接模型的振型与试验基本一致，但各阶频率均大于试验值，最大误差 11.9%。考虑电池等效力学参数和接触条件的电池包动力学模型精确度更高，最大误差 3.3%，说明考虑实际接触装配条件的模型能更好地反映电池包装配体的动态特性，同时验证了本建模方法的可行性。

表 5-3　3 种动力学模型模态参数结果对比

阶数	频率/Hz						
	实验值	接触模型	误差	集中质点模型	误差	简化连接模型	误差
1	35.20	35.30	0.2%	—	—	38.22	8.5%
2	51.22	49.51	3.3%	51.64	0.8%	54.83	7.0%
3	66.62	65.02	2.4%	70.28	5.5%	71.31	6.9%
4	71.12	72.31	1.7%	80.03	12.5%	79.60	11.9%

5.2　随机振动与冲击条件下电池包动力学响应分析

采用有限元通用软件 Abaqus 对电池包动态响应进行数值分析，分析流程如图 5-13 所示。

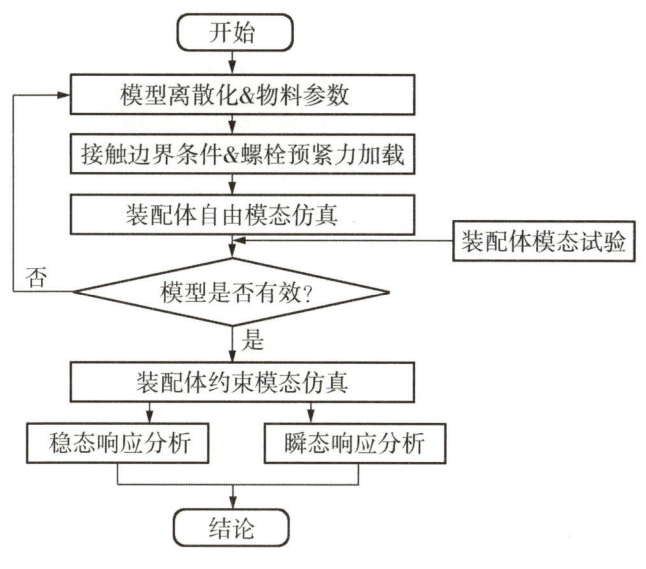

图 5-13 分析流程图

在设计开发阶段运用 CAE 技术进行虚拟工况分析,预测结构性能,结合评价体系进行结构优化和校验可大大降低研发成本,缩短开发周期,提高产品设计质量,积累优良设计基因。目前,电池包动态响应数值分析主要集中在箱体动强度设计、疲劳寿命预测两个方面,对内部结构振动状态的研究较少。结合上一章的精细化模型,采用振型叠加法计算随机稳态和冲击瞬态工况下电池包的振动响应,对内外部结构的响应值、响应分布进行分析研究。

5.2.1 随机振动理论

5.2.1.1 随机响应的求解

本章的随机振动分析建立在平稳和各态遍历基础上。随机振动是指未来任一给定时刻的瞬时值不能预先确定的机械振动,无法用确定性函数而须用概率统计方法定量描述其运动规律的振动,其响应的统计量(位移、速度、加速度)可以由以下方法获得[11]。

n 自由度系统随机振动动力学方程可表示为

$$\boldsymbol{MX}'' + \boldsymbol{CX}' + \boldsymbol{KX} = f(t) \tag{5-22}$$

式中,$\boldsymbol{M}$、$\boldsymbol{C}$ 及 $\boldsymbol{K}$ 分别为系统的质量阵、阻尼阵和刚度阵;$\boldsymbol{X}$、$\boldsymbol{X}'$、$\boldsymbol{X}''$ 分别为节点的位移、速度和加速度矢量;$f(t)$ 为系统激励。当激励为加速度 $\boldsymbol{Y}''(t)$,且功率谱密度为 $S_{Y''}(\omega)$ 时,运动方程可表示为

$$\boldsymbol{MX}'' + \boldsymbol{CX}' + \boldsymbol{KX} = \boldsymbol{MEY}''(t) \tag{5-23}$$

式中,$\boldsymbol{E}$ 为加速度指示向量。首先对系统进行模态求解,令 $\boldsymbol{C} = 0$,$f(t) = 0$,得到系统的自由振动方程和特征方程为

$$MX'' + KX = 0 \tag{5-24}$$
$$K - \omega^2 M = 0 \tag{5-25}$$

取系统的前 n 阶固有频率 ω_i 与振型 x_i ($i=1, \cdots, n$)。由于主质量 $M_p = x_i^T M x_i$，主刚度 $K_p = x_i^T K x_i$，且有 $\omega_i^2 = k_{pi}/m_{pi}$，故可将振型乘以一个常数乘子得到质量归一化振型 Φ_i。在经典阻尼下，式(5-23)可离散为

$$u_i'' + 2\omega_i \xi_i u_i' + \omega_i^2 u_i = \gamma_i Y''(t) \tag{5-26}$$

式中，ξ_i 为系统第 i 阶阻尼比；γ_i 为第 i 阶振型参与系数

$$\gamma_i = \Phi^T M E \tag{5-27}$$

$X(t)$ 与 u_i 的关系为

$$X(t) = [\Phi_1 \Phi_2 \cdots \Phi_n][u_1 u_2 \cdots u_n]^T = \Phi u(t) = \sum_{i=1}^{n} u_i \Phi_i \tag{5-28}$$

式(5-26)在时间域内的解为

$$u_i = \gamma_i \int_{-\infty}^{+\infty} h_i(\tau) Y''(t-\tau) d\tau \tag{5-29}$$

式中，$h_i(\tau)$ 为系统的第 i 阶脉冲响应函数。将式(5-29)代入式(5-28)可得

$$X(t) = \sum_{i=1}^{n} \gamma_i \Phi_i \int_{-\infty}^{+\infty} h_i(\tau) Y''(t-\tau) d\tau \tag{5-30}$$

则 $X(t)$ 的自相关函数矩阵为

$$R_{xx}(\tau) = E[X(\tau)X^T(t+\tau)] = \sum_{i=1}^{n}\sum_{j=1}^{n} \gamma_i \gamma_j \Phi_i \Phi_j^T \int_{-\infty}^{+\infty}\int_{-\infty}^{+\infty} R_Y''(\tau+\tau_1-\tau_2) h(\tau_1) h(\tau_2) d\tau_1 d\tau_2 \tag{5-31}$$

根据维纳-辛钦关系，输出自功率谱密度函数是输出自相关函数的傅立叶变换，通过交换积分次序并引入变量代换 $\theta = t + \tau_1 - \tau_2$，可得输出自功率谱密度函数为

$$S_{xx}(\omega) = \sum_{i=1}^{n}\sum_{j=1}^{n} \gamma_i \gamma_j \Phi_i \Phi_j^T \int_{-\infty}^{+\infty}\int_{-\infty}^{+\infty} h_i(\tau_1) e^{i\omega\tau_1} h_j(\tau_2) e^{-i\omega\tau_2} \left[\frac{1}{2\pi}\int_{-\infty}^{+\infty} R_Y''(\theta) e^{-i\omega\tau_2} d\theta\right] d\tau_1 d\tau_2 \tag{5-32}$$

输入功率谱密度函数 $S_{Y''}$ 和输入自相关函数 $R_{Y''}$ 是一对傅立叶变换对，频率传递函数 $H_i(\omega)$ 和脉冲响应函数 $h_i(t)$ 是一对傅立叶变换对，可得

$$S_{xx}(\omega) = \sum_{i=1}^{n}\sum_{j=1}^{n} \gamma_i \gamma_j \Phi_i \Phi_j^T H_i(\omega) H_j(\omega) S_{Y''}(\omega) \tag{5-33}$$

式(5-33)计算量很大，工程上一般使用简化近似方法，即将式中的交叉项忽略掉，响应自功率谱密度简化为

$$S_{xx}(\omega) = \sum_{i=1}^{n}\sum_{j=1}^{n} \gamma_i^2 \Phi_i \Phi_i^T |H_i(\omega)|^2 S_{Y''}(\omega) \tag{5-34}$$

响应均方值为

$$\sigma_x^2 = \int_{-\infty}^{+\infty} S_{xx}(\omega) d(\omega) = \sum_{i=1}^{n} \gamma_i^2 \Phi_i \Phi_i^T \int_{-\infty}^{+\infty} |H_i(\omega)|^2 S_{Y''}(\omega) d(\omega) \tag{5-35}$$

大量测量结果表明，路面的随机输入和汽车所受到的随机振动都基本上满足零均值的

正态分布，其响应量（位移、速度、加速度）也满足该分布，由于分布均值为零，响应均方值 σ_x^2 即为分布的方差，求得其标准差 σ_x 即获得了响应值的概率分布。

5.2.1.2 动应力三区间法

与求解振动响应量类似，对于随机振动下的应力分析，工程界常用的是 Steinberg 提出的动应力分布的三区间法，即任意一点动应力瞬时值满足零均值的正态分布。Steinberg 将 Von Mises 应力处理成 3 个区间，在应力区间 $-\sigma_F \sim \sigma_F$、$-2\sigma_F \sim 2\sigma_F$、$-3\sigma_F \sim 3\sigma_F$ 发生振动的时间分别为总时间的 68.3%、95.4%、99.73%。仿真求解到的 RMISES 即为应力分布的标准差 σ_F。

有限元法中一个节点 a 的 Von Mises 应力表示为

$$S_{\text{mises}}^a(f) = \sum_{\beta=1}^{m}\sum_{\alpha=1}^{m} S_{\alpha\beta}(f) T_{\alpha\beta}^a \tag{5-36}$$

$$T_{\alpha\beta}^a = [\phi_\alpha^a]^{\mathrm{T}}[A][\phi_\beta^a] \tag{5-37}$$

式中，m 为求解的模态总阶数；$S_{\alpha\beta}(f)$ 为对应单元的归一化位移功率谱密度矩阵；ϕ_α^a 为节点 a 对应第 α 阶模态时的模态应力；常数阵 A 为

$$A = \begin{pmatrix} 1 & -1/2 & -1/2 & 0 & 0 & 0 \\ -1/2 & 1 & -1/2 & 0 & 0 & 0 \\ -1/2 & -1/2 & 1 & 0 & 0 & 0 \\ 0 & 0 & 0 & 3 & 0 & 0 \\ 0 & 0 & 0 & 0 & 3 & 0 \\ 0 & 0 & 0 & 0 & 0 & 3 \end{pmatrix} \tag{5-38}$$

对应的可以得出节点 a 的 Von Mises 应力的均方根值为

$$S_{\text{Rmises}}^a(f) = \sqrt{\sum_{\beta=1}^{m}\sum_{\alpha=1}^{m} V_{\alpha\beta}(f) T_{\alpha\beta}^a} \tag{5-39}$$

其中，$V_{\alpha\beta}(f)$ 是对应单元的归一化位移方差值。

5.2.2 相关标准

为提高动力电池等关键系统部件的技术水平和规模化配套能力，规范锂离子动力电池系统的测试条件和基准，国家标准化管理委员会制定了锂离子动力蓄电池包和系统相关标准。其中 GB/T 31467.3—2015《电动汽车用锂离子动力蓄电池包和系统 第 3 部分：安全性要求与测试方法》[12]，规定了电池包在进行各项安全性测试时所应具备的条件、测试方法、工况设置和合格条件等。

根据电池包在车辆中安装位置和 GB/T 2423.43[13] 的要求，将电池包安装在振动台上。振动测试在三个方向上进行，测试从 z 轴开始，然后是 y 轴，最后是 x 轴，测试过程参照

GB/T 2423.56[14]。对于不同安装位置的电池包,以及不同的测试方向,施加的振动载荷是不一样的,如表5-4所示,其中PSD指功率谱密度(power spectral densty),RMS指均方根值。每个方向的测试时间是21h,在试验过程中,监控电池包内部最小测试单元(也即单体电池)的状态,如电压和温度等。

表5-4 加载激励PSD值

频率/Hz	PSD/($g^2 \cdot Hz^{-1}$)			
	x轴	y轴		z轴
		安装在乘员舱下部	安装在其他位置	
5	0.0125	0.01	0.04	0.05
10	0.03	0.015	—	0.06
20	0.03	0.015	0.04	0.06
50	—	0.01	—	—
200	0.00025	0.0004	0.0008	0.0008
RMS/g	0.96	0.95	1.23	1.44

上述相关标准规定了电池包应用在整车上时应该具有的安全性能,整车企业、电池制造企业和科研院所,都应该对其中的内容以及标准的变化和发展了如指掌,以更好地指导科研和生产实践。自实施以来,采用随机振动的方法进行蓄电池包和系统的振动试验,采用200kN的挤压力进行电池包和系统的挤压试验,已经在实践过程中被证明试验条件偏严苛,测试通过率偏低。企业虽然已采取措施进行产品改进,以满足标准的要求,但同时也造成结构强度过度增大,成本增加,与整车轻量化原则相违背。因此,2016年,由中国汽车技术研究中心主持,对原标准做了若干修改,包括将振动测试的测试方法、测试激励和测试时间等做了较大改动,对挤压时的最大挤压力做了改动,概括说来就是相较之前的标准要求有所降低。读者应认真阅读一下修订版。

除了实车测试外,也可以通过仿真模拟的方式,尽可能地模拟标准中规定的测试条件和工况,对建立的有限元模型进行随机振动测试和冲击测试,可大大降低研发成本,缩短开发周期,提高产品设计质量。接下来,将按照这一思路对前述电池包模型进行仿真分析。

5.2.3 模型参数设置

在实际装配中,电池包通过螺栓和橡胶悬置经吊耳固定于车身底部,如图5-14a所示;利用Hyperworks中的Bolt Connectors定义螺栓,约束7个吊耳中心点6个自由度,如图5-14b所示。

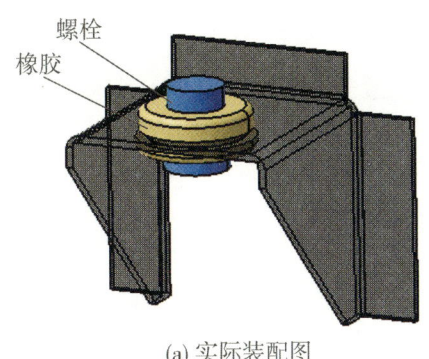 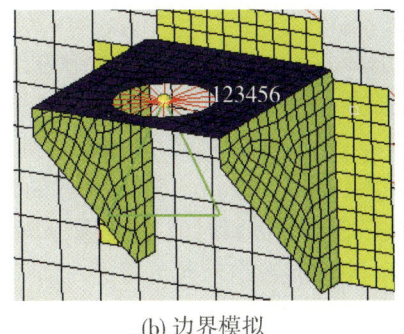

(a) 实际装配图　　　　　　　　(b) 边界模拟

图 5-14　约束边界设置

参考 GB/T 31467.3—2015《电动汽车车用锂离子动力蓄电池包和系统 第 3 部分：安全性要求与测试方法》中的振动试验要求，对电池包分别施加表 5-4 所示的稳态随机激励。冲击工况为 z 轴施加 $25g$、$15ms$ 的半正弦波。

对于动态分析，主要采用振型叠加法和直接积分两种方法，前者主要用于求解线性动态问题和一些光滑非线性动态问题，后者主要用于求解复杂非线性动态问题。5.2.1 节已将电池包的接触模态求解转化为线性问题，故采用基于振型叠加法的 Random response 分析步骤求解稳态随机振动。

5.2.4　仿真结果分析

振动、冲击环境会造成电池包机械损伤，影响内部电接触稳定性。下面从应力的角度分析振动、冲击条件下的结构损伤，从加速度的角度描述内部触点振动环境，为电池包结构疲劳耐久性分析、安全性设计、内部电接触可靠性分析提供参考。32 个带反馈信号线的关键触点位置如图 5-15 所示。

图 5-15　32 个关键触点位置

5.2.4.1 稳态工况动应力分析

如图 5-16 所示,对于箱体结构,应力较大位置多数出现在电池包前端,通常为总正负极柱、保护电路等电气构件位置。x、y、z 轴激励下最大动应力 RMISES 分别出现在右内架和壳体的前端焊点、左内架和壳体的前端焊点,对应的 $3\sigma_F$ 分别为 82.8MPa、258.9MPa、359.1MPa。z 轴激励下的动应力 $3\sigma_F$ 值略高于内架材料 Q345 的屈服强度 345MPa,但动应力瞬时值超越 345MPa 属小概率事件,可认为结构满足稳态激励下的安全性要求。对于该款电池包可考虑对前端电气构件位置做刚度补强,改善内架与壳体的焊接工艺,避免应力集中现象,提高焊点的疲劳寿命。

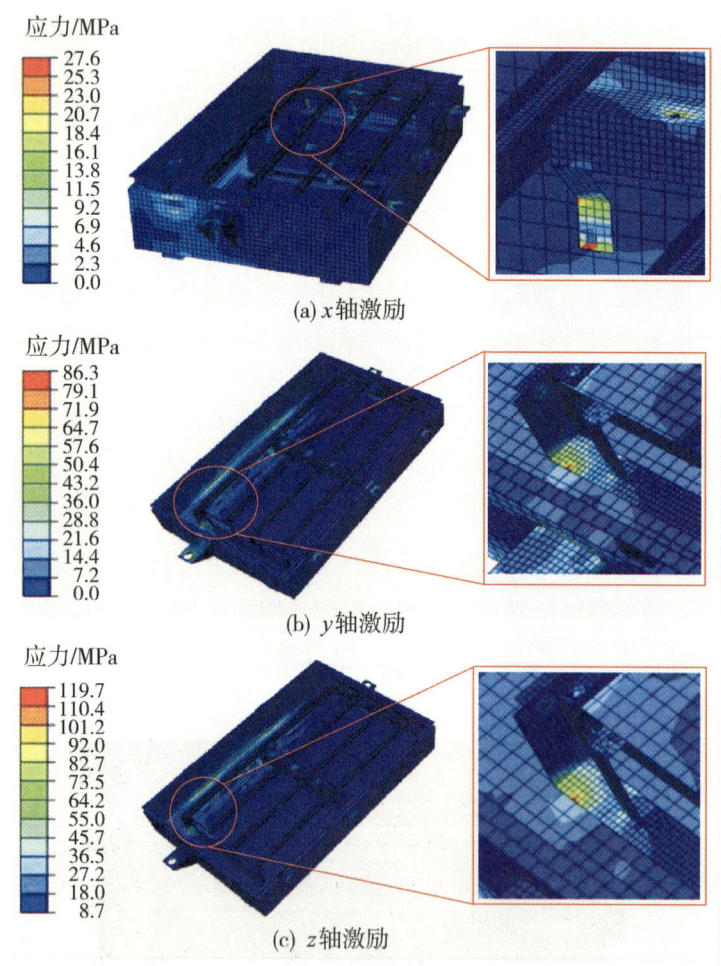

图 5-16 箱体结构动应力 RMISES 云图

如图 5-17 所示,对于电池模组结构,x、y、z 轴激励下最大动应力 RMISES 分别为 20 号触点区域的 3.2MPa、10 号触点区域的 10.7MPa、32 号触点区域的 62.3MPa,即对应的 $3\sigma_F$ 分别为 9.6MPa、32.1MPa、186.9MPa。以 z 轴激励下的最大响应为例,32 号触点应力瞬时值在 99.7% 振动时间内小于 186.9MPa。从表 5-5 可以看出,稳态工况下应力较大的触点号为 20、25、32，均位于模组 6，这对电连接故障诊断有参考意义。

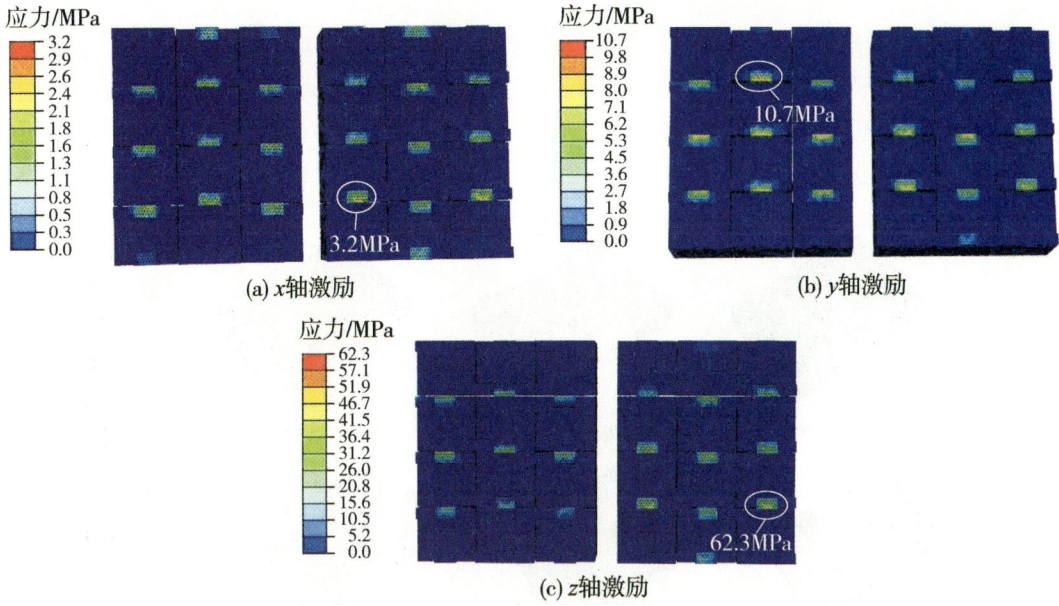

图 5-17 电池模组动应力 RMISES 分布云图

表 5-5 电池模组各个触点位置稳态工况动应力　　　　　　　　（单位：MPa）

	触点号	1	2	3	4	5	6	7	8	9	10	11	12
动应力	x 方向	0.2	0.4	1.4	1.8	2.5	0.5	2.6	2.4	1.4	1.5	1.4	1.5
	y 方向	0.9	0.9	6.8	8.3	7.6	0.7	6.6	6.6	8.0	9.7	8.5	1.2
	z 方向	5.0	5.5	22.2	30.8	20.8	3.9	23.3	25.7	34.0	24.9	24.8	3.8
	3 向平均值	2.0	2.3	10.1	13.6	10.3	1.7	10.8	11.6	14.5	12.0	11.6	2.2
	触点号	13	14	15	16	17	18	19	20	21	22	23	24
动应力	x 方向	1.4	1.6	2.0	0.4	0.4	1.2	1.5	3.0	0.2	1.3	2.0	1.8
	y 方向	4.9	8.4	7.5	0.5	0.7	4.8	8.1	8.8	0.7	2.5	6.1	6.3
	z 方向	15.1	24.6	15.7	2.9	3.1	17.3	33.3	50.4	1.5	20.5	36.3	32.1
	3 向平均值	7.1	11.5	8.4	1.3	1.4	7.8	14.3	20.7	0.8	8.1	14.8	13.4
	触点号	25	26	27	28	29	30	31	32				
动应力	x 方向	1.9	2.1	2.6	0.3	0.1	1.4	1.8	2.7				
	y 方向	9.1	4.4	4.6	0.7	0.4	5.5	6.9	7.8				
	z 方向	52.6	30.5	50.1	3.1	1.5	27.7	33.7	62.3				
	3 向平均值	21.2	12.3	19.1	1.4	0.7	11.6	14.1	24.3				

5.2.4.2 冲击工况动应力分析

由于冲击激励是半正弦波形,电池包的响应也呈周期性变化,以一个周期的位移响应为例(见图 5-18),振动形态为中前部上下反复振动,与一阶约束模态振型相接近。冲击过程中电池包壳体最大应力 231MPa 出现在 14ms,位置同 z 轴稳态激励下的最大动应力点。

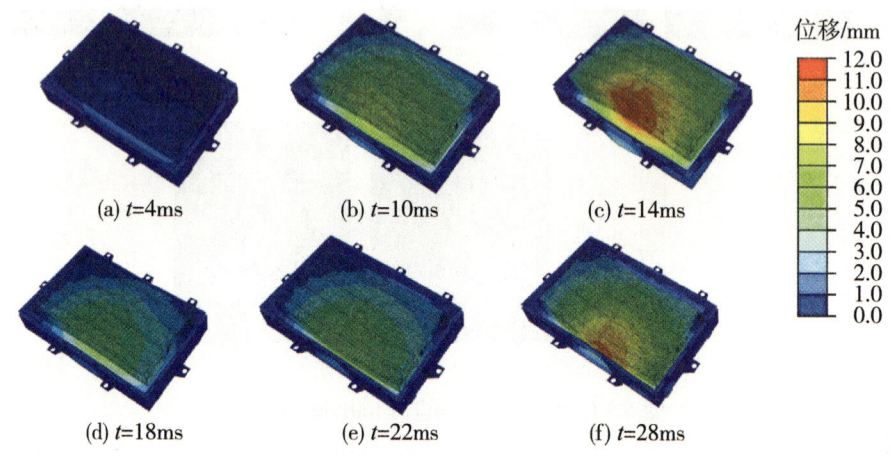

图 5-18　冲击工况下电池包位移时域变化

如图 5-19 所示,对于电池模组,所有触点应力是交变的,衰减趋势基本一致,在 14ms 附近达到第一个峰值,激励解除后电池包在阻尼的作用下以近似 40.5Hz 的频率进行自由衰减振动,这是由于电池包 z 向振动主要由一阶约束模态主导。在整个时域范围内,大部分触点的应力值较稳态工况都偏高,最大应力值出现在 20 号触点位置,达到了 140.4MPa。半正弦波冲击工况引起的交变应力环境比稳态工况更恶劣,造成的机械损伤更大,对电连接结构的材料强度、疲劳耐久性等要求更高。从图 5-19b 中的时域过程平均应力值可以看出,瞬态工况下的较危险触点位置为 20、19、10、24、32。综合两种工况得到存在应力集中现象的触点位置为 20 号与 32 号。

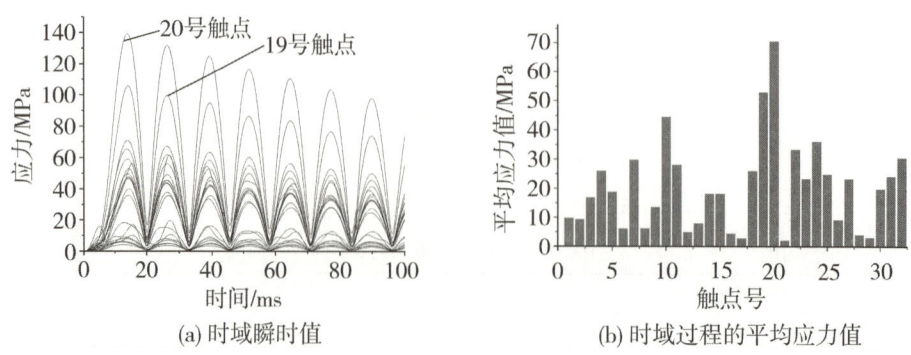

图 5-19　各触点应力的时域变化

5.2.4.3 稳态工况加速度分析

电池模组 x、y、z 轴单轴激励下最大加速度响应触点号分别为 17、12(见表 5-6)。同一方向激励下不同位置触点的加速度响应差异很大,呈现很强的不均匀性,以 z 轴激励为例,最大响应为 12 号触点的 $18.9g$,最小响应为 22 号触点的 $1.8g$。三个工况激励 RMS 排序为:z 轴 > x 轴 > y 轴,触点响应差异程度排序为:z 轴 > x 轴 > y 轴,表明各触点振动响应的不一致性随着振动工况的恶化而增加。长时间的振动环境不一致会使得各触点的接触稳定性、连接疲劳寿命也呈现不一致,振动恶劣的位置将率先出现疲劳破坏。

从区间分布的角度,x、y 轴激励下所有触点的加速度 RMS 集中在 $0\sim 5g$。z 轴激励下的加速度 RMS 在 4 个区间内的分布分别为 25%、28%、25%、22%。z 向工况较 x、y 更恶劣,这是因为电池包一阶约束模态振型以 z 向运动为主。车辆实际行驶时,3 个方向的振动激励同时作用,从 3 向平均值的指标上得出振动响应较大的触点位置为 12、13、17、10、11。

表 5-6 电池模组稳态工况加速度 RMS(g)

	触点号	1	2	3	4	5	6	7	8	9	10	11
动应力	x 方向激励	2.3	2.3	2.0	1.6	0.9	0.7	1.3	1.3	1.7	1.9	1.9
	y 方向激励	4.3	4.3	3.5	2.4	2.9	3.0	2.6	2.6	3.7	4.7	4.8
	z 方向激励	14.5	15.4	13.2	10.6	6.0	2.3	7.9	8.2	13.2	16.7	16.4
	3 向平均值	7.0	7.3	6.2	4.8	3.2	2.0	3.9	4.0	6.2	7.8	7.7
	触点号	12	13	14	15	16	17	18	19	20	21	22
动应力	x 方向激励	2.2	1.9	1.5	0.9	0.7	2.8	2.6	2.4	2.0	1.1	1.1
	y 方向激励	4.8	3.8	2.7	3.2	3.2	3.6	3.6	3.0	2.2	2.3	2.0
	z 方向激励	18.9	17.5	13.3	7.9	3.2	17.3	15.2	11.9	7.5	2.8	1.8
	3 向平均值	8.6	7.7	5.8	4	2.4	7.9	7.1	5.8	3.9	2.1	1.7
	触点号	23	24	25	26	27	28	29	30	31	32	
动应力	x 方向激励	1.2	1.2	2.1	2.6	2.6	2.8	2.8	2.7	2.4	2.0	
	y 方向激励	2.0	2.0	1.9	2.5	2.6	2.4	2.3	2.2	1.9	1.4	
	z 方向激励	4.7	4.9	8.1	11.2	10.5	6.4	5.3	5.2	4.2	2.6	
	3 向平均值	2.6	2.7	4.0	5.4	5.2	3.8	3.4	3.4	2.8	2.0	

图 5-20 所示为三个工况下最大响应点的加速度功率谱密度曲线,z 轴激励下响应在 39.45Hz 附近振动被放大,对应装配体一阶约束模态频率。y 轴、x 轴激励下最大共振峰出现在 81Hz 和 118Hz 附近,对应的振型为电池组 y 向、x 向运动引起的电池包整体模态,可见电池组整体运动对触点的动态响应影响很大。

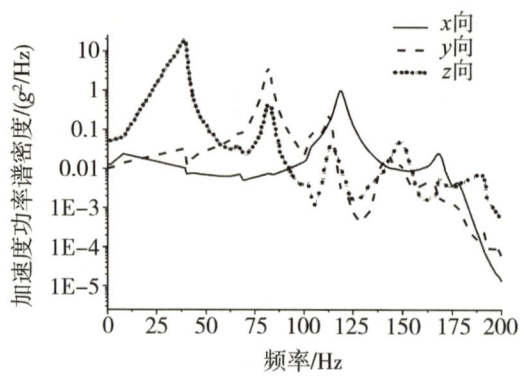

图 5-20 最大响应点加速度频域曲线

5.2.4.4 冲击工况加速度分析

如 5-21 a 所示，电池模组 z 向冲击加速度分布与 z 向稳态振动下的加速度响应分布相似，响应较大的触点号同为 12、13、17，但瞬时响应值比稳态下大很多，如图 5-21b 所示，且呈交变周期变化。最大加速度响应 61.1g 出现在 12 号触点位置，在 100ms 时仍达到 32.9g，说明该电池包对振动的衰减能力较差。综合稳态工况和冲击工况，从连接可靠性角度分析，较危险的触点位置是 12、17。

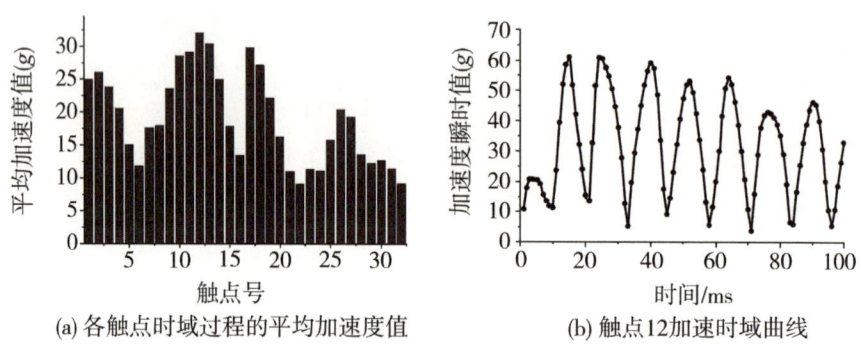

(a) 各触点时域过程的平均加速度值　　(b) 触点12加速时域曲线

图 5-21 瞬态工况下的加速度结果

5.3 电池包振动安全性评价及结构优化方法

电动汽车行驶时产生的振动和冲击会影响电池包结构安全性以及电连接可靠性。如图 5-22 所示，在完成产品设计后，由随机振动和瞬态冲击分析，得到相应的应力和加速度数据，然后基于电池包安全性评价体系，结合熵权值评价模型与多目标优化方法对原实例电池包进行板厚优化，利用轻质高强度材料 PDCPD 进行材料优化，最终得到满足振动安全性及轻量化双目标的电池包结构。

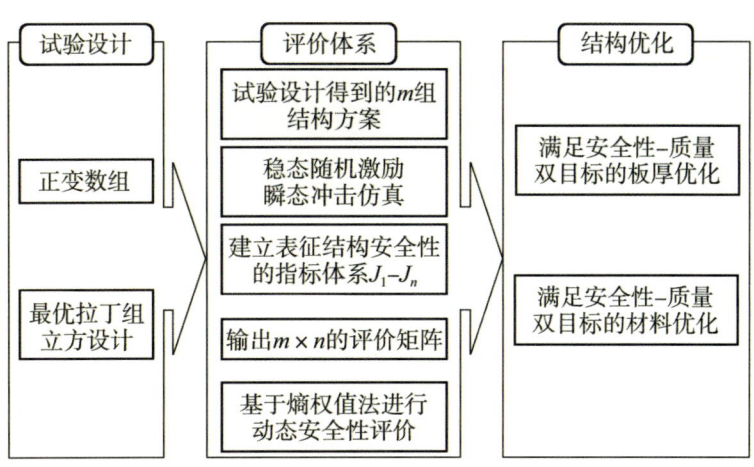

图 5-22 电池包结构振动安全性评价与结构优化思路

5.3.1 振动安全性评价方法的建立

电池包的结构振动安全性包含外壳、内架等构件的强度及疲劳耐久性和电池包内部电连接触点的连接可靠性两个部分。汽车碰撞过程中常用峰值碰撞力、平均作用力、加速度、侵入量、吸收能量等指标来表征碰撞安全性,相似地,可以用电池包在随机振动和瞬态冲击下的应力及加速度指标来表征其疲劳耐久性和电连接可靠性,构建指标系。

但各个工况下的指标不是同一维度的,难以直接度量,因此需要将各指标以及对应的权重信息综合起来,转化为一个总的评价值,综合性的代表被评价对象的表现[15]。将综合评价方法引入电池包开发过程,综合多个维度,可避免仅凭工程经验进行性能评判所造成的误差,有利于电池包正向开发设计的科学化、系统化。熵权值法是一种基于客观计算数据的评价方法,根据各方案指标之间的差异程度来体现指标权重,无主观因素的干扰,适用于对工业产品技术性能的客观评判,故选择使用熵权值法综合评价电池包的结构振动安全性。

5.3.1.1 基于熵权值法的评价模型

假设有 m 个结构评价方案,每套方案对应有 n 个评价指标,被评价对象的相应指标的原始数据由下列矩阵形式表示:

$$\boldsymbol{R} = \begin{pmatrix} r_{11} & r_{12} & \cdots & r_{1n} \\ r_{21} & r_{22} & \cdots & r_{2n} \\ \vdots & \vdots & & \vdots \\ r_{m1} & r_{m2} & \cdots & r_{mn} \end{pmatrix} \quad (5-40)$$

对原始数据进行无量纲化和归一化处理后,记为矩阵 $\boldsymbol{S} = (S_{ij})_{m \times n}$。这样得到的 $S'_{ij} \in [0,1]$,并且不破坏数据间的比例关系。定义第 j 个评价指标的熵为

$$H_j = -k \sum_{i=1}^{m} t_{ij} \ln t_{ij} \quad (j = 1, 2, \cdots, n) \tag{5-41}$$

其中，$t_{ij} = \dfrac{S_{ij}}{\sum\limits_{i=1}^{m} S'_{ij}}$ $(j = 1, 2, \cdots, n)$，$k = \dfrac{1}{\ln m}$，这样选择的 k 使得 $0 \leqslant H_j \leqslant 1$。

定义第 j 个评价指标的差异系数为

$$\alpha_j = 1 - H_j \quad (j = 1, 2, \cdots, n) \tag{5-42}$$

定义第 j 个评价指标的熵权为

$$\omega_j = \frac{\alpha_j}{\sum\limits_{j=1}^{n} \alpha_j} \quad (j = 1, 2, \cdots, n) \tag{5-43}$$

由式(5-41)定义的熵满足 $0 \leqslant \omega_j \leqslant 1$，且 $\sum\limits_{j=1}^{n} \omega_j = 1$。

可看出熵权法根据各方案中指标值的差异计算指标权重，例如在其他指标相当时，某一方案的应力指标明显大于其他方案，则此时应力指标的权重最大，重要性程度最高，这样有利于凸显各方案的优劣势，而且权重的设定与人为主观因素无关，评价结果客观。

得到权重后，由下式计算各被评价对象的评价值

$$\boldsymbol{X} = \begin{pmatrix} x_1 \\ x_2 \\ \vdots \\ x_m \end{pmatrix} = \boldsymbol{S}\boldsymbol{\omega} = \begin{pmatrix} S_{11} & S_{12} & \cdots & S_{1n} \\ S_{21} & S_{22} & \cdots & S_{2n} \\ \vdots & \vdots & & \vdots \\ S_{m1} & S_{m2} & \cdots & S_{mn} \end{pmatrix} \begin{pmatrix} \omega_1 \\ \omega_2 \\ \vdots \\ \omega_n \end{pmatrix} \tag{5-44}$$

根据 $\boldsymbol{X}$ 的大小，评价各被评价对象。x_1 越大，表明第 1 个对象越优。本文将 $\boldsymbol{X}$ 定义为振动安全评价值。

5.3.1.2 指标体系的建立

动应力表征着振动环境对结构的机械损伤和结构的疲劳耐久性。加速度极值与分布影响着内部电连接处的可靠性，是反映其电连接振动环境恶劣程度的间接指标。理想的电池包结构设计应避免应力集中、应力极值过大、电连接位置加速度极值过大引发连接故障、各处触点加速度分布极不均匀等缺陷，以保证在长期振动工况下的结构安全性。电池包振动安全性评价指标体系如图 5-23 所示，其中 α_1、β_1 分别为结构疲劳耐久性能和电连接可靠性的重要性权重，由开发者针对电池包性能需求决定；α_2、β_2 分别为稳态随机振动工况和瞬态冲击工况的权重。

基于该体系，将振动安全评价值 $\boldsymbol{X}$

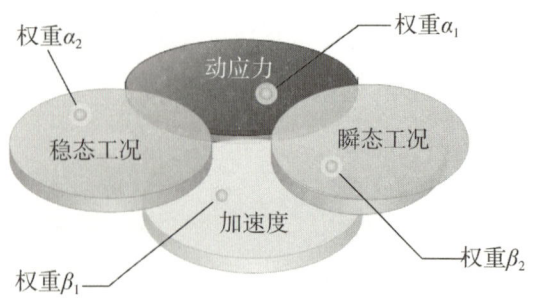

图 5-23 电池包振动安全性评价指标体系

定义为图 5-23 中四个部分的叠加，得到电池包结构振动安全性评价指标矩阵 J 如式(5-45)所示：

$$J = \{j_1, j_2 \cdots j_{10}\} \quad (5-45)$$

$j_1 = \alpha_1 \alpha_2 \max(\sigma_{Rs})$，表示壳体频域最大动应力均方根值；

$j_2 = \alpha_1 \alpha_2 \sum_{i=1}^{32} \sigma_{Rb-i}$，表示各电触点频域动应力均方根值之和；

$j_3 = \alpha_1 \alpha_2 \text{std}(\sigma_{Rb})$，表示各电触点频域动应力均方根值分布的标准差；

$j_4 = \alpha_1 \beta_2 \max(\sigma_{Ss})$，表示壳体时域最大动应力；

$j_5 = \alpha_1 \beta_2 \sum_{i=1}^{32} \sigma_{Sb-i}$，表示各电触点时域动应力平均值之和；

$j_6 = \alpha_1 \beta_2 \text{std}(\sigma_{Sb})$，表示各电触点时域动应力平均值分布的标准差；

$j_7 = \beta_1 \alpha_2 \sum_{i=1}^{32} \alpha_{Rb-i}$，表示各电触点频域加速度均方根值之和；

$j_8 = \beta_1 \alpha_2 \text{std}(\alpha_{Rb})$，表示各电触点频域加速度均方根值分布的标准差；

$j_9 = \beta_1 \beta_2 \sum_{i=1}^{32} \alpha_{Sb-i}$，表示各电触点时域加速度平均值之和；

$j_{10} = \beta_1 \beta_2 \text{std}(\alpha_{Sb})$，表示各电触点时域加速度平均值分布的标准。

其中，R 代表稳态随机振动工况，S 代表瞬态冲击工况，s 表示壳体，b 表示电触点，i 表示电触点编号；由于汽车行驶的大部分工况为稳态随机路面，因此 α_1、β_1 和 α_2、β_2 的取值分别为 $\alpha_1 = 0.3$，$\beta_1 = 0.7$，$\alpha_2 = 0.8$，$\beta_2 = 0.2$。

结合上一节的分析结果，原实例电池包在 z 向激励下的稳态振动和瞬态冲击的振动响应最大，所以下面只考虑 z 向激励下的各响应值。

5.3.2 多目标优化基本理论

电池包轻量化是目前行业的迫切需求。一方面锂离子动力电池包的能量密度决定了电动汽车的续航里程，其定义为单位重量所含的电容量，单位 W·h/kg。另一方面，作为汽车部件，电池包往往占到整车重量的 10% 以上，是除白车身以外的第二大质量体，电池包轻量化已经开始被考虑到电动车整车轻量化路线中。因此，设计电池包结构时，在保证强度可靠和功能需要情况下，有必要通过优化结构设计和应用新材料等措施尽可能减小电池包质量[16]。但质量小的系统容易被激振，质量和振动安全性、抗冲击性往往是相互矛盾的性能。电池包轻量化需以保证满足振动安全性为前提，下面通过板厚优化和材料优化的手段对实例电池包进行双目标优化设计。基于振动安全性的电池包轻量化属于多目标优化，结合试验设计、近似模型和优化设计理论是多目标优化的常用手段，其主要思路和流程如图 5-24 所示。

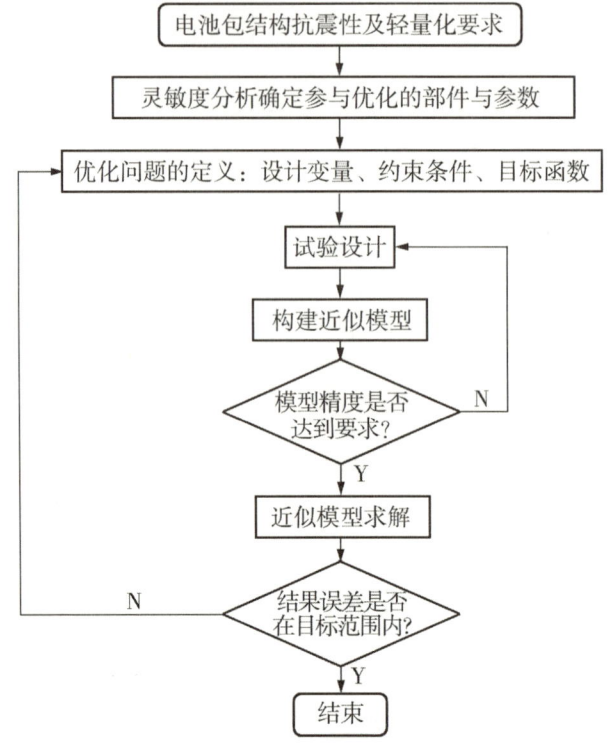

图 5-24 电池包多目标优化流程

试验设计是向所研究范围布置采样点的方法，以尽量少的试验次数获取尽量多的结果信息以判断各组样品的优劣和参数对结果的影响，进而构造贴合的近似模型。本章使用的试验设计方法有正交数组和最优拉丁超立方试验设计。正交试验设计具备"均匀分散，齐整可比"的特点，可以很好地减少试验次数，同时获得全面的样本信息。将同为 9 个样本点进行二因子的正交数组试验和最优拉丁方试验的分布点情况做对比，发现最优拉丁方试验能够对每个因子的 9 个水平都进行研究，其设计空间信息可获取更多且能拟合二阶或更高阶多项式模型。

采用响应面法和克里格法构建近似模型，其拟合程度的评价通常使用均方根误差 RMSE 和决定系数 R^2，一般均方根误差值越小，则数据点越接近模型，如果为 0，那么表明所有的数据点都通过了模型；决定系数的值越大，响应面模型拟合的精度越高。各参数计算表达式为

$$\text{RMSE} = \sqrt{\frac{\text{SSE}}{n-p-1}} \tag{5-46}$$

$$R^2 = 1 - \frac{\text{SSE}}{\text{SST}} \tag{5-47}$$

$$\text{SST} = \sum_{i=1}^{n}(f_i - \bar{f})^2 \tag{5-48}$$

$$\text{SSE} = \sum_{i=1}^{n}(f_i - f'_i)^2 \tag{5-49}$$

式中，f_i 为第 i 个设计点的函数值；$\bar{f}$ 为 f_i' 的平均值，是多项式第 i 个设计点计算得到的函数值。

5.3.3 满足双目标的板厚优化

5.3.3.1 试验设计及多方案评价

以振动综合安全函数值 X 和电池包总质量 Mass 为评价指标；前者越大越好，后者越小越好。在进行了加强筋形貌优化后，对电池包的振动传递以及电池包总重量有影响的几个重要参数有吊耳厚度 t_a、侧板厚度 t_b、底板厚度 t_c、内架厚度 t_d，确定这 4 个参数为正交试验因素，如表 5-7 所示。不考虑这 4 个因素之间的交互作用，构造 4 因素 3 水平的 $L^9(3^4)$ 正交试验表。对试验表内的 9 个参数组合分别进行稳态随机振动与瞬态冲击振动仿真，根据评价函数计算其振动综合安全函数值 X 和电池包总质量 Mass，记录于表 5-7 中。对试验结果进行熵权值法评价并选取较优方案。对较优方案进行验证并与原结构方案进行对比。

表 5-7 因素水平表

因素	t_a/mm 吊耳厚度	t_b/mm 侧板厚度	t_c/mm 底板厚度	t_d/mm 内架厚度
水平	3.0	1.5	1.5	1.5
	3.5	2.0	2.0	2.0
	4.0	2.5	2.5	2.5

将 9 组结构方案按照图 5-24 的流程进行稳态随机振动和瞬态冲击仿真，输出的评价指标矩阵如表 5-8 所示。

表 5-8 输出评价矩阵

	指标	j_1/MPa	j_2/MPa	j_3/MPa	j_4/MPa	j_5/MPa	j_6/MPa	j_7/g	j_8/g	j_9/g	j_{10}/g
评价值	T_0	28.73	177.47	3.93	13.86	74.98	1.57	170.6	15.25	85.54	0.98
	T_1	60.32	210.50	4.61	26.04	81.27	1.95	205.9	17.65	88.34	0.82
	T_2	28.92	181.47	4.03	13.90	72.69	1.60	174.1	18.10	85.61	0.98
	T_3	21.68	126.25	2.66	9.07	50.88	1.12	170.9	13.67	81.42	0.90
	T_4	28.94	157.40	3.81	13.79	69.67	1.52	175.6	16.78	85.98	1.04
	T_5	53.21	194.33	4.22	23.1	76.34	1.78	202.1	9.84	88.42	0.71
	T_6	34.69	173.16	3.95	14.78	56.96	1.24	201.5	12.98	89.98	0.75
	T_7	27.82	169.29	3.90	13.34	68.15	1.47	175.5	14.49	85.27	0.90
	T_8	28.24	140.65	3.50	13.52	69.02	1.47	175.5	15.77	85.57	1.01
	T_9	51.36	175.02	3.99	15.06	66.41	1.46	200.6	11.04	89.90	0.77

按前述熵权法计算得到 9 个板厚方案振动安全值从优到劣的排序结果为（X 值越高，表明其结构振动安全性越好）：$T_3 > T_7 > T_8 > T_6 > T_4 >$ 原方案（T_0）$> T_2 > T_9 > T_5 > T_1$，如图 5-25 所示。

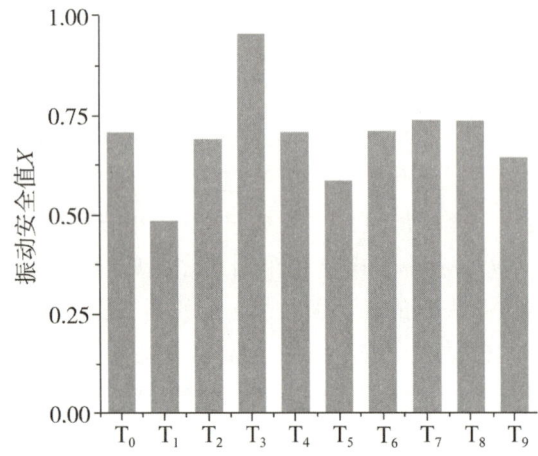

图 5-25　10 组板厚方案的振动安全评价值（T_0 表示原方案）

5.3.3.2　主效应分析

将 9 组不同板厚组合方案的振动安全评价值 X 和总重量 Mass 记入表 5-9，对各指标分别计算出各因素水平的数据 K_{1j}、K_{2j}、K_{3j} 与相应的平均值以及每列的极差 R_j（表 5-10），并画出因素与指标趋势图，如图 5-26 所示。

表 5-9　试验结果

因素 试验号	t_a 吊耳厚度/mm 1	t_b 侧板厚度/mm 2	t_c 底板厚度/mm 3	t_d 内架厚度/mm 4	试验指标	
					振动安全 评价值 X	Mass /kg
A_1	1	1	1	1	0.483	143
A_2	1	2	2	2	0.688	150
A_3	1	3	3	3	0.954	157
$A4$	2	1	2	3	0.707	148
A_5	2	2	3	1	0.584	152
A_6	2	3	1	2	0.709	150
A_7	3	1	3	2	0.736	151
A_8	3	2	1	3	0.734	148
A_9	3	3	2	1	0.643	152

表 5-10 计算分析结果

试验指标	因素水平数据	t_a 吊耳厚度/mm	t_b 侧板厚度/mm	t_c 底板厚度/mm	t_d 内架厚度/mm
振动安全评价值 X	K_{1j}	2.125	1.926	1.926	1.71
	K_{2j}	2	2.006	2.038	2.133
	K_{3j}	2.113	2.306	2.274	2.395
	$\overline{K}_{1j}$	0.708	0.642	0.642	0.57
	$\overline{K}_{2j}$	0.667	0.669	0.679	0.711
	$\overline{K}_{3j}$	0.704	0.769	0.758	0.798
	R_j	0.125	0.380	0.348	0.685
总重量 Mass	K_{1j}	450	442	441	447
	K_{2j}	450	448	450	451
	K_{3j}	451	459	460	453
	$\overline{K}_{1j}$	150	147.3	147	149
	$\overline{K}_{2j}$	150	149.3	150	150.3
	$\overline{K}_{3j}$	150.3	153	153.3	151
	R_j	1	17	19	6

根据指标关系图可以确定对于结构振动安全性最优组合为 $A_1B_3C_3D_3$，对于质量指标最优组合为 $A_1B_1C_1D_1$；增加板厚使得电池包外壳的质量与刚度增大，同样的激励条件下可以减小振动幅值，提高结构振动安全性，但质量的增加提高了整车车重，降低了电池包的能量密度，缩短了整车续航里程。所以，需要综合平衡两个指标，以得到既振动安全性好又轻质的结构方案。

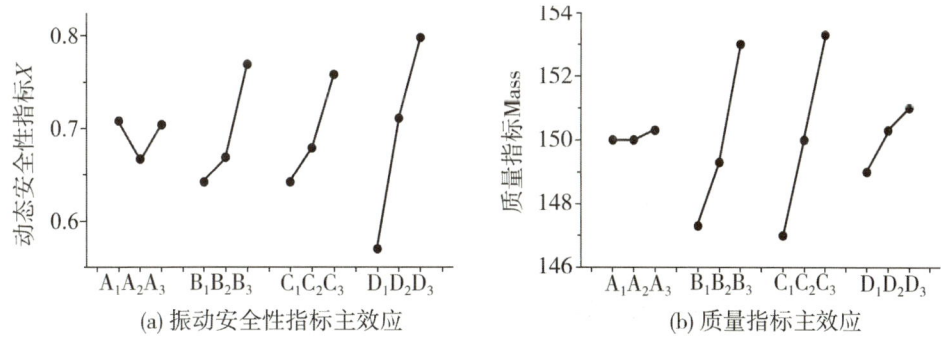

图 5-26 主效应分析

根据极差大小排出 4 个因素对 2 个指标影响的重要性主次顺序如下，结构振动安全性：D>B>C>A；质量：C>B>D>A；由图 5-26 可见，相对于地板、侧板、吊耳这三个部件，内架的刚度对电池包结构振动安全性影响最大，占主要因素，内架厚度增加或用比刚度高的材料替代对提高振动安全性效果显著；对于质量指标，底板和侧板占主要因素，内架和吊耳占次要因素，适当减薄底板、侧板或以轻质材料替代可明显降低电池包的整体重量。

5.3.3.3 近似模型的建立

将表5-8和表5-9、表5-10综合起来输入Isight软件,选择克里格模型,在相关函数中选择多项式形式,选择所有样本点作为误差分析点,采用交叉验证对模型的预测精度进行检验,按式(5-46)~式(5-49)计算误差结果如表5-11所示,可见,预测模型的误差很小,模型精度高。因响应指标较多,选取部分指标,将样本点的预测值与实际值作对比,如图5-27所示,可见,建立的$j_1 \sim j_n$、质量、振动综合评价值X的近似模型能很好地预测实际响应。安全评价值X和指标j_6的响应面模型如图5-28所示,x轴和y轴为结构参数,z轴为响应值,可见响应值与参数之间不是简单的线性关系。

表5-11 各指标近似模型检验值

响应	Mass	j_1	j_2	j_3	j_4	j_5	j_6	j_7	j_8	j_9	j_{10}	X
RMSE	0.0159	0.0903	4e-5	8e-8	9e-6	2e-4	2e-6	0.9058	8e-8	2e-6	3e-5	4e-5
R^2	1	0.9978	0.9303	1	1	1	1	1	0.9496	1	1	1

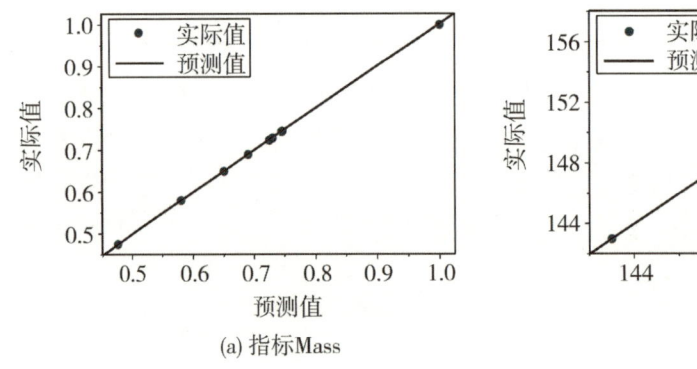

图5-27 响应预测值与实际值对比

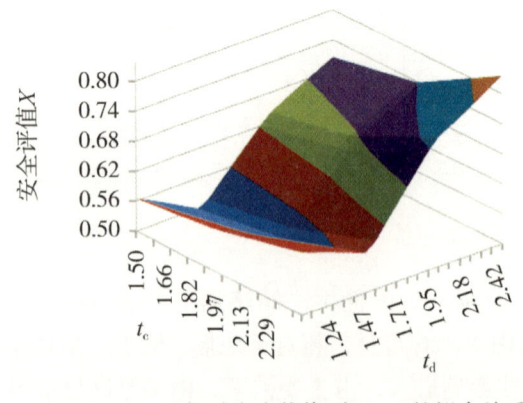

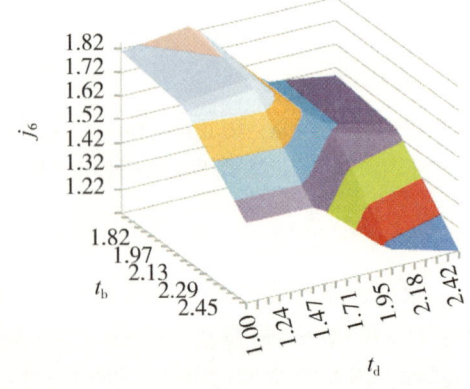

(a) 振动安全价值X与t_c、t_d的拟合关系   (b) 指标j_6与t_b、t_d的拟合关系

图5-28 响应面模型

5.3.3.4 优化数学模型

根据已确定的设计,优化目标和约束条件,同时兼顾电池包轻量化设计的要求,可以将该问题的多目标优化设计数学模型表达为

$$\begin{cases} \text{Find} T = \{t_a\ t_b\ t_c\ t_d\} \\ \text{Minimize}\{\text{Min}(\text{Mass}), \text{Max}(X)\} \\ \text{Subject to}\ 3.0 \leqslant t_a \leqslant 4.5 \\ \quad\quad\quad\quad 1.0 \leqslant t_b \leqslant 2.0 \\ \quad\quad\quad\quad 1.5 \leqslant t_c \leqslant 2.5 \\ \quad\quad\quad\quad 1.0 \leqslant t_d \leqslant 3.0 \end{cases} \quad (5-50)$$

式中,T 分别为表 5-7 中的吊耳、侧板、底板、内架厚度;X 为结构振动安全评价值;Mass 为电池包总质量。

5.3.3.5 优化结果分析

利用 NSGA-Ⅱ遗传算法[19],结合精度和计算量,进化代数取 20,初始种群数取 12,交叉概率 0.9,交叉分布指数取 10,变异分布指数取 20。经多次迭代后,目标函数逐渐收敛,计算得到 Pareto 前沿如图 5-29 所示。可见这两个响应值是相互矛盾的,不能同时取得最优值。根据侧重不同,选取 2 个优化解经过圆整后进行有限元分析,2 个优化解分别代表了质量更轻和振动安全性更好的方案。

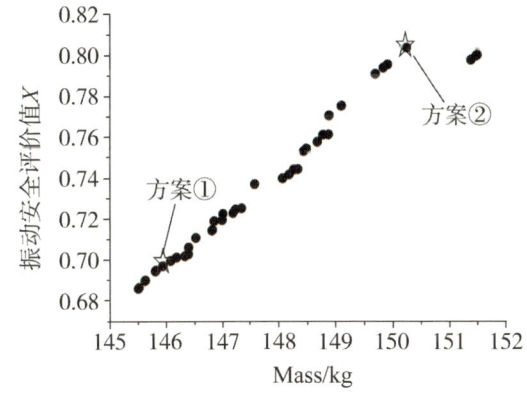

图 5-29 满足双目标的 Pareto 解集

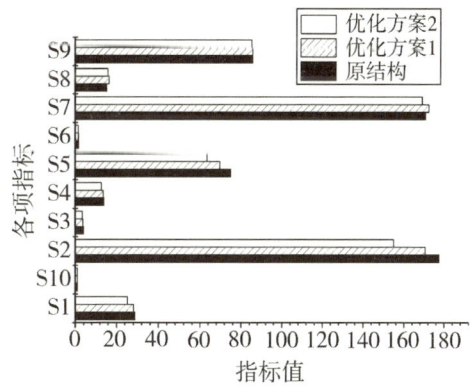

图 5-30 优化方案与原方案各指标对比

优化后的参数以及有限元分析对比结果如图 5-30 和表 5-12 所示。优化方案 1 除了稳态工况下的各电触点位置加速度均方根值之和以及分布的标准差略大于原方案以外,其他指标均优于原方案,说明该方案动应力极值更小,应力分布更均匀,疲劳耐久性优于原方案,抗冲击能力更强,对电接触位置的振动抑制能力与原方案相当;综合 10 个指标进行熵权值法计算,振动安全评价性值 X 没有下降,但减重 6kg,减重比例 3.97%。优化方

案 2 在不降低原始重量的情况下，除指标 j_8 外各指标均优于原方案，振动安全性值提升了 17.14%，说明通过板厚优化使得电池包在两种工况下的应力、加速度极值减小、分布得到优化，其疲劳耐久性、抗振动、抗冲击性得到了提升，对电接触位置的保护能力得到了加强，可见采用性能综合评价与结构优化相结合的方法对提升电池包性能有重要意义。

表 5-12 初始模型与板厚优化方案的对比

	t_a/mm	t_b/mm	t_c/mm	t_d/mm	预测值	Mass/kg 计算值	变化率	预测值	X 计算值	变化率
原方案	3.5	2	2	2	—	151	—	—	0.70	—
方案①	4.2	1.5	2.0	2.5	146	145	-3.97%	0.69	0.70	—
方案②	4.2	1.8	2.1	2.5	150	150	-0.67%	0.80	0.82	+17.14%

本章小结

动力电池包作为电动汽车的关键部件，其所处的工况是复杂多样的，包括振动、冲击、高温等。在此严苛的运行环境下，电池包需要完成稳定高效的充放电任务。因此，其结构设计应满足多变运行环境下和行驶工况下的机械承受、工作安全性和可靠性要求。其电连接应在振动冲击环境下保持良好接触。

为了测试设计的电池包是否满足上述要求，通常的做法是按照国标规定的工况在实验室进行部件试验或者通过实车路试。这种做法不仅耗费时间和人力，也不能保证发现问题所在。有限元分析是一种比较好的辅助手段。

在进行电池包仿真分析时，需要根据仿真的工况、自身关注的电池包部位和失效形式，指定建模策略，做到"有详有略"，对重点关注区域和部件进行精细化建模，这样才不至于失去精确性或模型过于庞大臃肿。如本章介绍对电池包中单体连接触点的动态响应研究，则需要将该连接尽量模拟成真实连接，以免过于粗糙而失去参考价值。这也为电池包分析优化提供了一种新思路，即将机械分析与电分析结合在一起。对于振动和冲击分析，还应通过模态试验对比验证所建模型的准确性。

在模型准确的基础上，参照国家标准和工程经验，为模型设置约束条件、载荷激励等，分析仿真结果中应力和应变较大的部位和零件，从而得出优化改进方法并验证，是常规的有限元分析流程。需要指出的是，电池包是一个复杂系统，实际制造生产时也不只是关注某一方面的性能，为提高某一性能而对零部件做出的改动，常常会降低另一方面的性能，因此需要综合考虑问题。

为综合评价电池包的性能，使改进综合最优，一种解决办法是在进行完产品设计后，从关注的多个性能出发，将各评价指标以及对应的权重信息综合起来，转化为一个总的评价值，综合性的代表被评价对象的表现。这样，多目标优化问题便转化为了单目标优化，再结合正交试验、拉丁超立方试验设计、近似模型法、NSGA-Ⅱ遗传算法等手段，即可得到结构优化的近似最优解。

参 考 文 献

[1] TAHERI P, HSIEH S, BAHRAMI M. Investigating electrical contact resistance losses in lithium-ion battery assemblies for hybrid and electric vehicles[J]. Journal of Power Sources, 2011,196(15): 6525 – 6533.

[2] YAO L, WANG ZP, MA J. Fault detection of the connection of lithium-ion power batteries based on entropy for electric vehecles[J]. Journal of Power Sources, 2015,(293):548 – 561.

[3] 谈卓君,廖日东,左正兴,等. 接触条件下组合结构的动力学分析[J]. 机械强度,2006,28(5):658 – 663.

[4] THOMSON T W, DAHLEH M D. Theory of Vibration with Applications[M]. Beijing:Tsinghua University Press. 1998.

[5] 饶柱石,夏松波. 粗糙平面接触刚度的研究[J]. 机械强度,1994,16(2):71 – 75.

[6] JOHNSON K J. Contact Mechanics[M]. Beijing:Higher education Press,1992.

[7] 饶柱石. 栏杆组合式特种转子动力学特性及其接触刚度的研究[D]. 哈尔滨:哈尔滨工业大学,1992.

[8] GREENWOOD J A, TRIP J H. The contact of two nominally flat rough surface[J]. Pro. IMechE, 1970, (185):102 – 108.

[9] 冯海星,刘海立,张松波,等. 模态综合法在车身结构动力学计算中的应用[J]. 汽车工程,2012,(09):811 – 815.

[10] CHUNG T J, CHO W Y. The dynamic characteristics of multi-ply bellows with finite element analysis and modal test-art No. 60412W[Z]. Proceedings of SPIE. 2005,60412W – 7.

[11] 吕奇峰,张卫红,张桥,等. 随机振动响应下的组件结构布局优化设计[J]. 航空学报,2010,(9):1769 – 1775.

[12] 中华人民共和国国家质量监督检验检疫总局,中国国家标准化管理委员会. GB/T 31467.3—2015 电动汽车用锂离子动力蓄电池包和系统 第3部分:安全性要求与测试方法[S]. 北京:中国标准出版社,2015.

[13] 中华人民共和国国家质量监督检验检疫总局,中国国家标准化管理委员会. GB/T 2423.43—2008 电工电子产品环境试验 第2部分:试验方法 振动、冲击和类似动力学试验样品的安装[S]. 北京:中国标准出版社,2011.

[14] 中华人民共和国国家质量监督检验检疫总局,中国国家标准化管理委员会. GB/T 2423.56—2006 电工电子产品环境试验 第2部分:试验方法 试验Fh:宽带随机振动(数字控制)和导则[S]. 北京:中国标准出版社,2006.

[15] 费智聪. 熵权 – 层次分析法与灰色 – 层次分析法研究[D]. 天津:天津大学,2009.

[16] 徐建全,杨沿平,唐杰,等. 纯电动汽车与燃油汽车轻量化效果的对比分析[J]. 汽车工程,2012,34(6):540 – 543.

[17] 毛占稳,李炜,刘宇强. 复合材料在电动车辆电池包中的应用及分析[J]. 电源技术,2016,40(5):976 – 978.

[18] 倪绍勇,王金桥,王书,等. 轻质材料在纯电动汽车轻量化中的应用[J]. 汽车技术,2016,(3):55 – 57.

[19] DEB K, PRATAP A, AGANWAL S,et al. A fast and elitist multiobjective genetic algortlm:NSGA-Ⅱ[J]. IEEE Transation on Evolutionary Computation,2002,6(2):182 – 197.

6 车载动力电池系统碰撞安全仿真分析

大力推广和发展以电动汽车为主的新能源汽车是应对全球能源紧缺和环境污染的有力措施,但近年来由于对发展速度的过度追求,电动汽车安全性问题日益突出,起火爆炸事件屡屡发生,使社会各界对电动汽车发展和应用产生一定的担忧,制约了电动汽车的推广和发展。因此,安全性问题已经成为当今电动汽车发展中亟待解决的技术问题。

动力电池作为电动汽车的动力源,是电动汽车的核心部件,其安全性问题,尤其是碰撞安全性问题是电动汽车安全的重中之重。但目前关于电池包碰撞安全性问题研究较少,大部分研究关注的是电池包箱体结构及电池包的安装位置,尚缺乏对电池包内部安全性问题的认识。本章结合电池包开发实例,对电动汽车动力电池包碰撞过程中箱体及内部结构安全性能进行分析与探讨。

6.1 车载动力电池系统碰撞安全性影响

随着社会的高速发展和城市现代化进程的快速推进,能源紧缺和环境污染问题愈加严重。汽车行业因能源消耗大、污染环境严重而迎来了一场变革,研发新的、环保的可再生能源汽车是当今汽车领域的主攻方向。电动汽车凭借着零排放、效率高、NVH 性能好等众多优良特性受到社会各界的高度关注,各大车企相继推出了多款混动和纯电动车型,如美国的特斯拉、日本的丰田以及中国的比亚迪等。电动汽车是发展和强化我国汽车产业的重要手段,早在"十五"期间,中国就将"节能和新能源汽车的战略"纳入"十一五"规划当中,加大了对新能源汽车课题研究的投入力度。

汽车生产商往往在传统畅销的燃油车生产线上进行电动化改造,考虑到整车碰撞安全防护、电池包形状尺寸、驾乘体验和舒适性等,电池包通常布置在乘员舱地板下部前后轴之间,市场上常见的电动汽车电池包结构设计有"工"字形、"T"字形和"土"字形等,如图 6-1 所示。

受限于传统燃油车的结构设计,特斯拉率先推出一体化电池包,续航里程大幅度提升,且整车安全防护性能也得到大幅度提高,随后其他主流车企也开始正向开发全新的电动汽车平台,如大众 MEB 平台、比亚迪唐、蔚来 ES6 等[1],如图 6-2 所示。

(a) e-Golf "土" 字形电池包

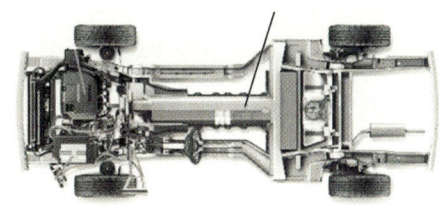

(b) Volt "工" 字形电池包

图 6-1　早期典型电池包结构

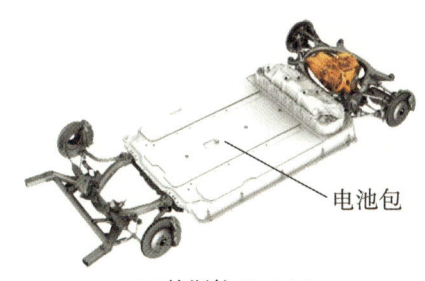

(a) 特斯拉 Model 3

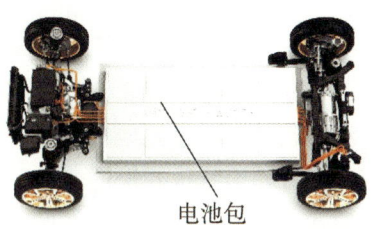

(b) 大众 MEB 平台示例

图 6-2　一体化电池包

近年来，随着电动汽车推广进程的加快，产销量快速增加，电动汽车安全问题也愈发突出，由锂离子电池失效导致的火灾和爆炸事件屡见不鲜[2-4]。逐年上升的事故率，为电动汽车安全性敲响了警钟。电动汽车火灾事故的综合统计调查显示[5]，约三分之一的火灾事故是由道路异物撞击或其他类型的机械载荷造成的。

电动汽车起火爆炸事件给电动汽车的推广带来了严重的负面影响，也降低了广大消费者对电动汽车的信心。因此，电动汽车的安全性问题，尤其是电动汽车碰撞安全性问题，是电动汽车发展中急需解决的问题。调查发现，电动汽车碰撞后产生起火爆炸的主要原因是电动汽车的动力电池包在碰撞过程中受到挤压或者冲击发生内部短路。

动力电池包是电动汽车的能量源，相当于传统燃油汽车的柴油或汽油，其主要任务是为整车提供驱动电能。目前电动汽车常用的贮能装置有铅酸电池、镍氢电池、锂离子电池、镍锌电池、锌-空气电池、钠硫电池、电化学超级电容器等[6]。其中锂离子电池凭借着其能量密度高、工作电压高、循环寿命长和自放电率低等优势，得到了电动汽车行业以及其他各大领域的青睐，是目前在电动汽车上广为使用的动力电池[7-9]。

虽然锂离子电池集多种优点于一体，但仍有不足之处。锂是最轻的金属元素，却拥有着最高的电化学势和最大的能量密度[10]，因而成为电动汽车首选动力蓄电池，同时锂也是一种高活性物质，这使得锂离子电池在使用的同时也隐藏着危险。当电动汽车发生碰撞或者翻车时，产生的大变形和大加速度可能会引起电池包内部电池单体及模组的挤压和窜动，甚至开裂、短路、漏电、起火以及爆炸等，除了对乘员造成机械伤害以外，还可能会引发化学伤害、电伤害、燃烧伤害以及爆炸伤害等[11]。

因此，电动汽车动力电池包的碰撞安全性能，尤其是应用广泛的动力锂电池包碰撞安全性能，是电动汽车安全性首要关注的问题，也是电动汽车设计制造的关键一环，具有重要的意义。

6.2 正碰与侧碰下动力电池系统动力学响应

GB/T 31498—2015 规定电动汽车碰撞试验形式和试验方法按照传统车相关碰撞标准规定进行，并对碰撞后电动汽车及电池包提出了相关安全性要求。本章所研究的电动车，动力电池包安装在车中间地板下方，从碰撞结构变形角度考虑，侧面碰撞更能直接反映电池包在碰撞过程中抵抗变形的能力。在正面碰撞中，安装在中间地板下方的动力电池包离碰撞区较远，并不会受到挤压变形，但更大的碰撞冲击速度和过高的电池模组惯性，很可能会对电池包的内部结构造成破坏，引起电池包内部短路。根据我国公安部交通管理局公布的统计资料，对2001—2009年间11 211宗轿车事故的碰撞形式进行分析，发现其中正面碰撞率高达66%（包括正面偏置碰撞）。因此，对电池包在正面碰撞工况下的安全性能研究也不可缺少。

6.2.1 侧面刚性柱碰撞工况下电池包安全性仿真分析

传统燃油车侧面碰撞试验形式主要有侧面移动壁障碰撞和侧面刚性柱碰撞两种，与前者相比，侧面刚性柱碰撞试验工况更为恶劣，在碰撞过程中刚性柱并不能吸能，且碰撞时与汽车侧面撞击接触面积小，汽车可用来抵抗变形吸收能量的空间较小、侵入量更大，对电池包的威胁也更大，因此侧面刚性柱碰撞方案更加适合电动车电池包碰撞性能分析。

6.2.1.1 侧面刚性柱碰撞有限元模型

1. 动力电池包及白车身有限元模型

动力电池包有限元模型采用5.1节建立的动力电池包精细化模型。

白车身表面都是光滑曲面，在没有原始车身数模数据的情况下建立其几何模型是很困难的，所以一般采用逆向工程方法建立其几何模型[12-13]。采用德国的ATOS三维光学扫描仪，对某款电动汽车车身进行逆向建模。

建立完几何模型，参照第5章电池包建模方法与流程，对白车身进行网格划分。参照以往白车身有限元网格划分经验，确定以下标准：

(1) 壳单元平均尺寸为 8mm,采用 4 点积分 Belytschko – Tsay 算法;

(2) 模型中三角形单元个数不得超过单元总数的 5%;

(3) 网格划分时尽量使网格均匀分布,不能出现五个单元共用 1 个节点的情况;

(4) 对于模型中孔附近网格划分时注意要建立 washer,且孔附近网格中尽量不能有三角形网格。

白车身多是由钣金冲压件通过点焊焊接在一起,焊点通常有 5000～6000 个,焊点单元的精度对白车身有限元模型准确性有着重要影响,也直接影响仿真计算结果精度[14],本章采用 Beam 单元模拟焊点。

划分完有限元网格后,参照电池包网格质量检查标准对白车身有限元网格进行质量检查。该电动车白车身总质量为 132.0kg,白车身网格模型共 461 351 个单元,其中 9301 个三角形单元,占白车身网格单元总数的 2.02%,满足各网格质量检查项目。

白车身有限元模型如图 6 – 3 所示。白车身及其焊点材料参数与电池包材料参数表中钢板材料参数一致。

图 6 – 3　白车身有限元模型

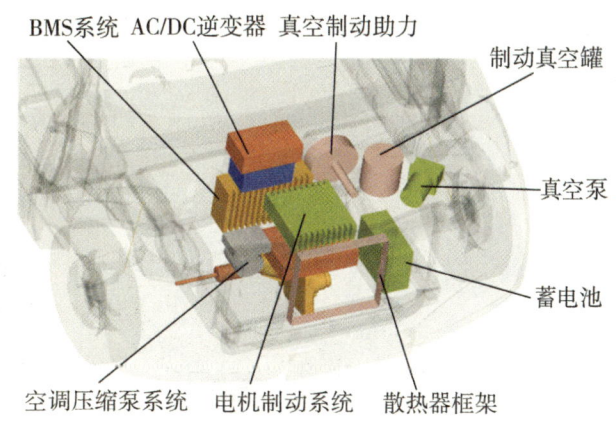

图 6 – 4　电动汽车主要零部件及其布置

2. 主要零部件有限元模型

该电动车主要零部件布置在汽车前端,如图 6 – 4 所示。本章研究重点是电池包结构碰撞安全性,汽车前端零部件建模可以简化处理,即建立各零部件外形,利用壳单元划分网格,然后在零部件中心处附加质量点,使其总质量与实际质量保持一致。单元划分标准参照白车身有限元建模方法。

完成电池包有限元模型、白车身及零部件有限元模型后,对其进行装配。根据电池包在电动车上相应位置和电池包吊耳连接孔对电池包进行定位装配,为防止初始穿透,电池包箱盖与车身地板保留一定的距离。

3. 刚性柱有限元模型

侧面刚性柱碰撞主要模拟车辆发生侧滑时,车辆侧面撞击到路边电线杆或者树等柱状物情况。仿真中用刚性柱模拟路边柱状物,所以刚性柱的尺寸大小有严格的规定。欧洲

NCAP 在侧面刚性柱碰撞试验中要求[15]，刚性柱直径为 254±3mm，刚性柱顶到碰撞车辆顶部垂直距离不小于 100mm，刚性柱底到碰撞车辆底部垂直距离不小于 102mm。刚性柱与车辆碰撞接触后 100ms 以内运载车辆的平板车不能与刚性柱和其他静止物体发生碰撞。刚性柱与车辆碰撞速度为 29±0.5 km/h，碰撞方向与车辆纵轴垂直。刚性柱轴线与碰撞速度方向组成的平面通过车内部假人头部中心位置。

本章研究重点为电池包的碰撞安全性能，为使碰撞结果更好地体现电池包安全性能，在参照以上传统汽车侧面刚性柱碰撞试验标准的基础上，结合电池包在电动汽车中布置位置、形式，对侧面刚性柱碰撞方案进行了调整，具体如下：

（1）由于电动汽车副驾驶员侧门槛梁与电池包之间的间隙比驾驶员侧更小，且电池模组更靠近副驾驶员侧的电池包内壁，因此车辆撞击侧选择副驾驶侧；

（2）刚性柱轴线与碰撞方向组成的平面通过电池包靠近副驾驶员侧吊耳的中心位置。

按照上述调整的碰撞方案，建立刚性柱有限元模型，刚性柱及整车有限元模型如图 6-5 所示。

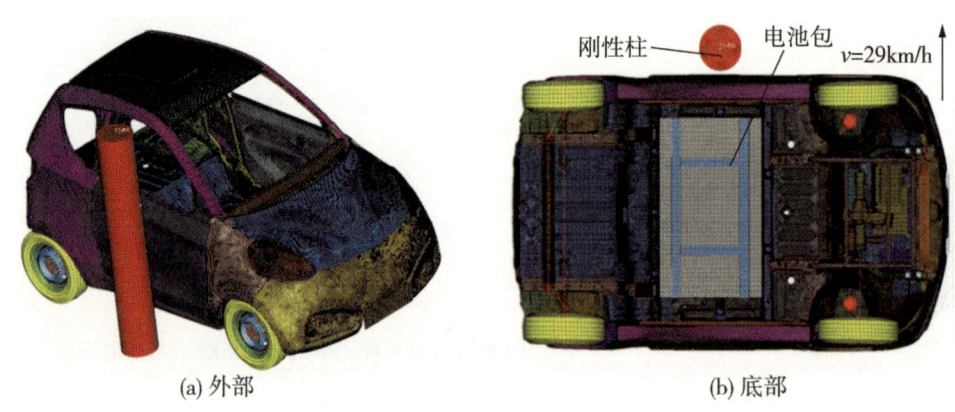

图 6-5 侧面刚性柱碰撞模型

4. 仿真计算控制参数设定

仿真计算控制参数设定是整车仿真建模最后一步，控制项目主要有沙漏控制、接触控制、能量控制、壳单元以及实体单元控制、结束时间控制以及时间步长的控制等[16]。

沙漏控制主要是为了解决由单点高斯积分算法引起的计算过程能量不守恒的问题，在沙漏控制关键字中设置沙漏系数为 0.1。接触定义是碰撞仿真计算中非常关键的一步，侧面刚性柱碰撞过程的接触主要有刚性柱与汽车车身侧面之间的接触，碰撞变形后车门、门槛梁、电池包以及车身地板等各部件之间的接触，电动车车轮与地面之间的接触。刚性柱与车身之间的接触选择面面接触类型模拟，碰撞后部件之间的接触选择自接触类型模拟，接触参数静摩擦系数（FS）和动摩擦系数（FD）取经验值 0.2，接触阻尼系数（VDC）取经验值 20。对于碰撞时间，一般整车碰撞试验中，碰撞持续时间在 120ms 左右，本次碰撞仿真为侧面刚性柱碰撞,初始速度只有29km/h,持续时间会相对缩短,因此,求解时间选为100ms。

碰撞仿真求解器LS-DYNA采用的是显式中心差分法,该方法的稳定性取决于时间长度,即仿真计算中每一步积分长度。单元类型不同,临界时间步长算法也不相同,板壳单元最大临界时间步长计算公式为

$$\Delta t = \frac{L_s}{c} = L_s \sqrt{\frac{\rho}{E}} \quad (6-1)$$

式中,L_s为单元特征长度;ρ为密度;E为弹性模量。

对于整车碰撞分析中网格尺寸为10mm,一般时间步长设为1×10^{-6}s,但由于模型中存在可压缩泡沫属性材料,经反复验算测试后,时间步长调整为4×10^{-7}s,以提高计算的稳定性和准确性。

6.2.1.2 仿真计算可信性分析

整车碰撞仿真计算顺利完成并不能保证计算结果完全准确可靠,原因主要有三方面:沙漏现象、接触设置不合理、质量增加过多。所以,在仿真计算顺利完成后,需要对其进行可信度分析,主要从系统能量守恒和质量增加两个角度进行。

1. 能量变化

能量曲线变化要求光滑过渡,不能有突变,整个碰撞仿真计算过程中,沙漏能不能超过系统总能量的5%。图6-6所示为电动车侧面刚性柱碰撞仿真过程中能量变化曲线,碰撞初始时刻,系统总能量为整车的动能,随着碰撞过程进行,系统动能不断减少,内能不断增加,在70ms时趋于稳定,整车碰撞结束。碰撞结束时系统总能量为16.80kJ,沙漏能为0.33kJ,占总能量的1.96%,小于5%,满足计算要求。

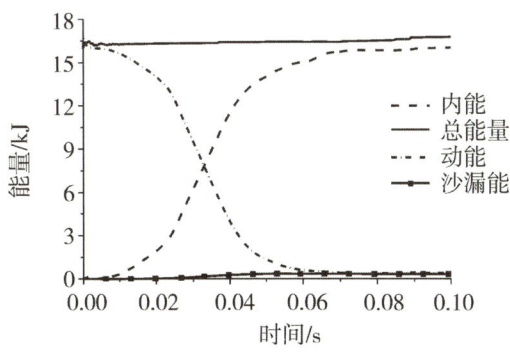

图6-6 侧面刚性柱碰撞仿真过程中能量变化曲线

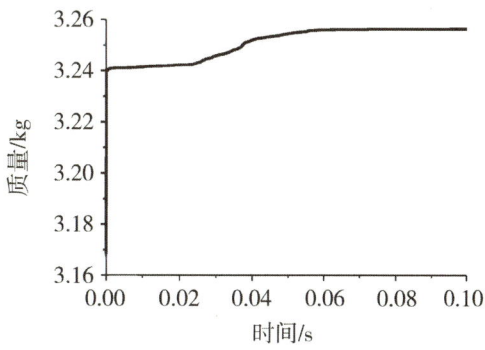

图6-7 侧面刚性柱碰撞仿真过程中质量增加

2. 质量增加

为保证模型计算顺利进行,系统一般会对模型增加非物理的质量,以此获得大的时间

步,但在动态分析中,增加非物理的质量来增大时间步会影响计算结果精度。因此,一般要求在碰撞仿真计算过程中质量增加控制在整车总质量的5%内。从图6-7可看出,碰撞结束后,质量增加了约3.25kg,占总质量的0.48%,远小于5%的标准。

通过以上碰撞过程中系统能量变化和质量增加的分析,系统能量变化和质量增加均满足标准要求,验证了碰撞仿真模型的有效性,可以保证计算结果的可信度。

6.2.1.3 电池包箱体安全性分析

侧面刚性柱碰撞工况恶劣,碰撞中刚性柱会产生较大的侵入量,进而可能会挤压到电池包。电池包箱体承载着整个动力电池系统,通过吊耳与车身连接,对内部电池单体及其相关部件起到固定、密封、绝缘以及安全防护等作用。因此,侧面刚性柱碰撞中电池包箱体变形情况对电池包耐撞性能分析与评价具有重要意义。

图6-8为侧面刚性柱碰撞仿真整车位移云图,车门及门槛梁发生了较大变形,已挤压到电池包箱体吊耳,极有可能迫使吊耳发生内侵,对电池包内部电池单体、关键部件以及高压线束造成损坏,引发短路风险。为更加清楚了解侧面刚性柱碰撞中电池包变形情况,以下从电池包碰撞过程、箱体结构变形以及吊耳应力分析三个角度进行详细分析。

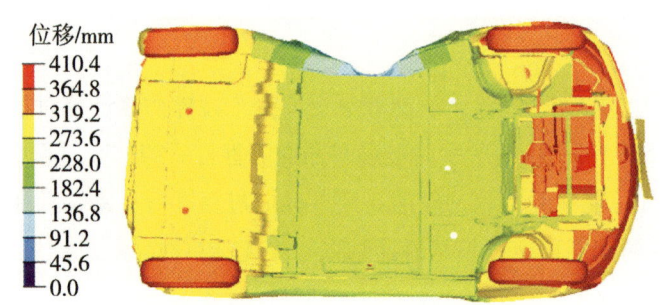

图6-8 侧面刚性柱碰撞仿真整车位移云图

1. 电池包碰撞过程分析

侧面刚性柱碰撞中已经挤压到电池包箱体及吊耳,可能会对电池包安全造成威胁。图6-9为碰撞过程中0ms、15ms、30ms、45ms、60ms、75ms、90ms和100ms 8个时刻的电池包位移云图。0~15ms期间,电池包没有发生变形,刚性柱撞击到副驾驶员侧车门及门槛梁,但车门及门槛梁变形不大,侵入位移量也较小,并未挤压到电池包;在15~30ms期间,刚性柱撞击并挤压车身及车门,迫使门槛梁内侵挤压电池包,使得电池包吊耳发生变形;在30~45ms期间,随着碰撞持续,吊耳继续向内入侵,变形进一步扩大,迫使电池包箱体发生内侵,并且电池包箱盖也发生了局部弯曲变形;45~60ms期间,随着碰撞力的传递,电池包受压变形进一步扩大;60ms以后,电池包变形趋于稳定,已无扩大趋势。

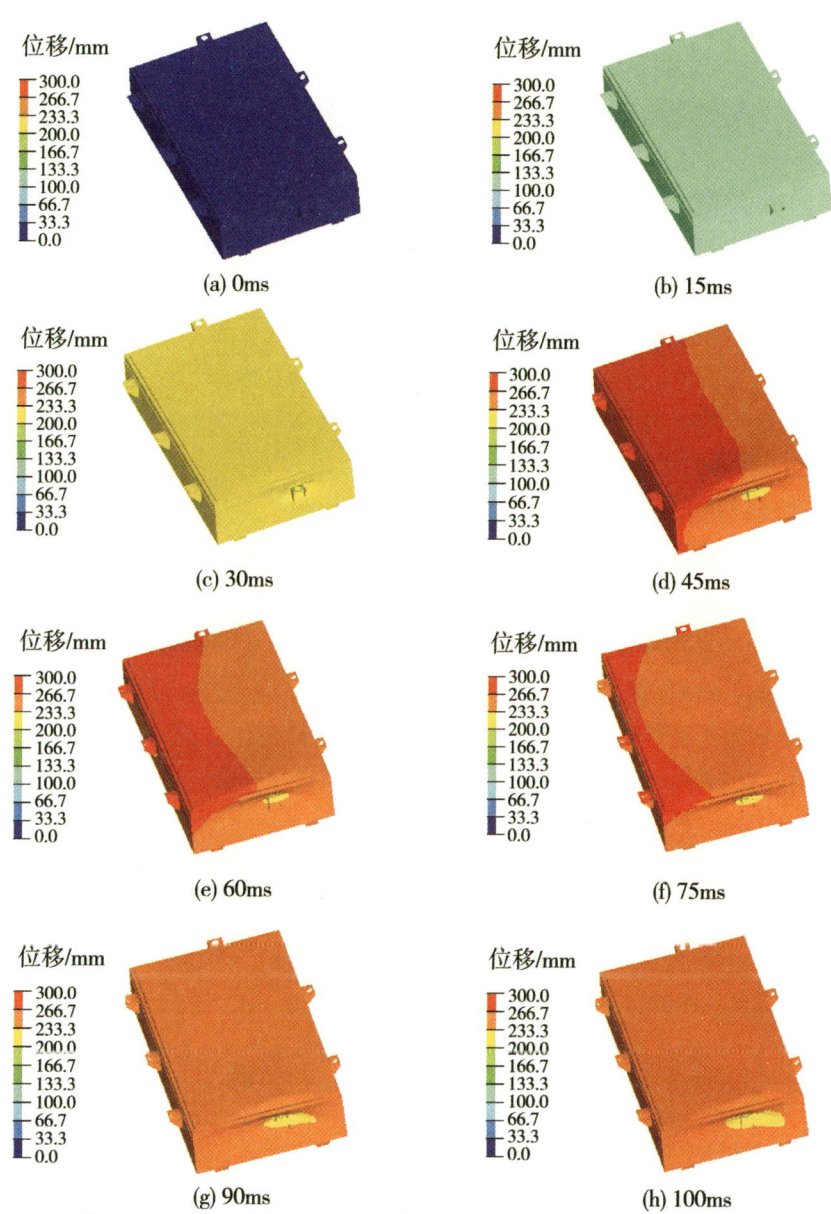

图6-9 电池包位移云图

从100ms时刻电池包位移云图和整车位移云图可以看出,侧面刚性柱碰撞中,靠近碰撞区的电池包发生了较大的变形,电池包吊耳和箱体均产生了一定内侵,电池包箱盖也发生了局部弯曲变形,对电池包内部结构安全、电安全以及热安全造成一定的威胁。

2. 电池包箱体结构变形分析

从前面的分析可知,在侧面刚性柱碰撞中,电池包箱体发生了变形,主要体现在三个方面:

(1)电池包箱体中一个吊耳发生了内侵现象;

(2) 电池包箱盖发生了局部弯曲变形;

(3) 电池包箱体一侧发生了整体内侵。

电池包箱体变形过大会造成对电池包内部电池单体及相关电气构件的挤压,进而引起安全性问题,其安全隐患主要体现在以下几个方面:

(1) 锂电池单体失效。侧面刚性柱碰撞过程中,电池包箱体发生内侵时会挤压到电池包内部电池单体,当侵入量过大时会导致电池单体内部结构破坏,引起电池单体短路失效。

(2) 电池包内部短路。碰撞过程中电池模组及电池单体发生了窜动,在窜动过程中电池单体正负极极耳以及电池模组连接触点都可能由于挤压发生接触,电池包内部高压组件受压破损,引起电池包内部短路,进而造成电池包内部温度过高,甚至电池包起火和爆炸等现象。

(3) 电气构件。电池包内部电气构件,如电池管理系统、风扇以及连接线等,可能由于电池包箱体内侵和碰撞过程中过大的加速度产生变形和相对位移,进而造成电池包内部短路。

从图 6-9 电池包变形可以看出,电池包箱盖产生外侵,这并不会造成电池包内部结构的破坏,因此,对电池包箱体结构进行变形分析可以重点分析吊耳和箱体的内侵。选取电池包箱体变形附近的节点,测得其沿 y 轴方向的位移变化情况和电池包箱体的最大侵入量,为电池包碰撞安全性能分析与评价提供参考依据,节点位置及其侵入量曲线如图 6-10 和图 6-11 所示。

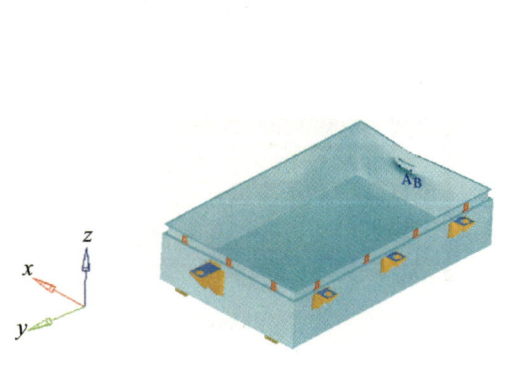

图 6-10 电池包箱体内侵量测点位置

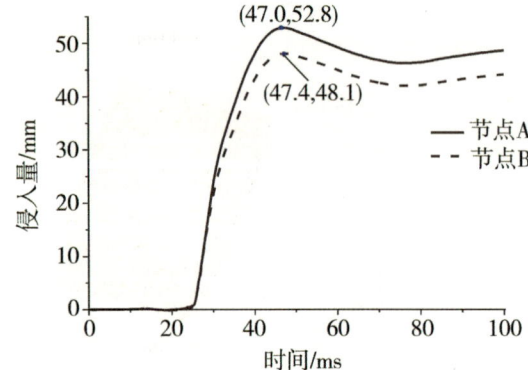

图 6-11 电池包箱体内侵量

碰撞中电池包左侧吊耳侵入量最大值已达到 52.8mm(见图 6-11)。由于撞击侧电池包壁非常靠近电池包内部的电池组,52.8 mm 的侵入量已经对电池组造成比较严重的挤压,对电池包内部安全性构成严重威胁。电池包吊耳与门槛梁的间距较小,导致电池包过早受到挤压变形,可以将电池包在整车 y 方向的尺寸缩短,增大电池包吊耳到门槛梁的间距,以便更好地保护电池包。

3. 电池包吊耳应力分析

如图 6-12 所示,电池包通过 7 个吊耳与车身连接,碰撞中吊耳连接是否可靠对电池包及电动汽车的碰撞安全性能至关重要,如果在碰撞中电池包吊耳应力过大或者断裂,会引起电池包跌落,进而造成电池包二次伤害。如表 6-1 所示,对侧面刚性柱碰撞过程中电池包吊耳应力进行分析,为后续电池包碰撞安全性评价提供参考依据。

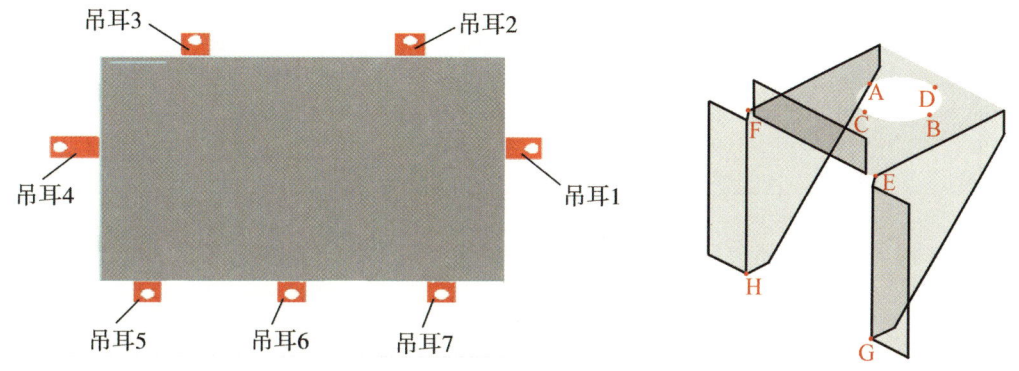

图 6-12 电池包吊耳布置图   图 6-13 电池包吊耳代表性节点位置

在碰撞过程中,电池包吊耳不同位置的应力值不同,无法利用单节点应力值代替电池包吊耳整体所受应力值,因此,需要合理确定电池包吊耳整体所受应力值的表征方法。从碰撞过程中电池包应力云图得知,电池包吊耳的连接孔以及吊耳与电池包箱体焊接处应力值较大,选取 8 个具有代表性节点,如图 6-13 所示,利用该 8 个节点的平均应力值表征吊耳整体所受应力值,即

$$\overline{\sigma_i} = \frac{(\sigma_{iA} + \sigma_{iB} + \sigma_{iC} + \sigma_{iD} + \sigma_{iE} + \sigma_{iF} + \sigma_{iG} + \sigma_{iH})}{8} \tag{6-2}$$

式中,i 为电池包吊耳编号。

表 6-1 侧面刚性柱碰撞工况下不同时刻电池包吊耳平均应力值 $\overline{\sigma_i}$ (单位:MPa)

时刻/ms	吊耳编号						
	1	2	3	4	5	6	7
0	0	0	0	0	0	0	0
5	20.6	12.6	13.0	13.6	17.1	43.6	38.9
10	43.5	10.4	12.4	11.6	28.9	33.5	41.3
15	46.0	35.5	29.2	34.8	41.7	44.0	51.3
20	215.4	42.9	46.1	46.1	124.4	63.1	72.1
25	297.2	175.1	106.8	89.6	177.6	136.2	128.8
30	458.9	335.9	127.4	208.7	98.7	158.0	260.9
35	478.9	385.9	179.3	256.1	215.7	229.2	298.5
40	445.3	361.6	190.1	304.7	250.8	288.8	308.9
45	373.1	342.9	188.3	368.3	302.7	313.2	335.6
50	322.1	248.6	225.2	376.1	311.8	270.1	353.2
55	352.2	249.6	250.3	312.8	317.0	293.7	371.7

(续表6-1)

时刻/ms	吊耳编号						
	1	2	3	4	5	6	7
60	351.1	256.7	258.6	324.9	299.7	318.6	361.8
65	338.6	265.9	262.7	312.8	276.3	300.0	328.9
70	322.3	255.5	252.5	280.5	233.4	275.7	255.4
75	308.2	244.1	229.5	237.6	211	249.1	227.4
80	269.6	213.5	186.1	208.2	161.3	238.6	219.2
85	248.2	165.5	151.3	247.3	158.4	209.1	219.1
90	250.7	168.5	151.2	244.9	146.9	230.3	241.4
95	234.3	169.8	134.0	232.2	190.6	227.8	259.3
100	253.6	162.9	151.2	233.2	209.1	224.8	275.6

图6-14描述了电池包吊耳在侧面刚性柱碰撞过程中的应力变化情况，电池包吊耳应力变化趋势一致，应力值峰值主要集中在30～65ms期间。吊耳1靠近碰撞区，其应力峰值达到478.9MPa，产生了明显的塑性变形，吊耳3在整个碰撞过程中其应力值均略小于其他吊耳。从电池包吊耳应力分布角度考虑，吊耳分布较为合理，但电池包吊耳整体应力峰值过高，除吊耳3以外，均超过了300MPa，逼近Q235钢材料的抗拉强度值400MPa，存在断裂的危险。

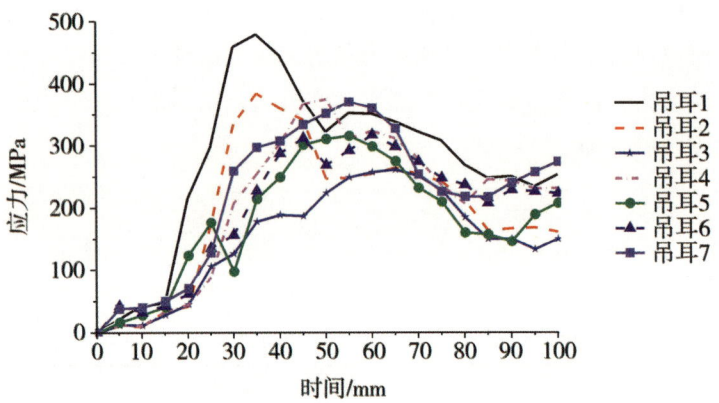

图6-14 电池包吊耳不同时刻应力曲线

6.2.1.4 电池包内部安全性分析

电池包内部是一个极其复杂的系统，有电池模组、电池管理系统、风扇等相关构件，在碰撞过程中，内部结构的过大变形量和过高的加速度可能会导致电池包内部短路，引起电安全问题。以下将从电池包内架结构变形、紧固螺栓变形应力、电池单体结构变形与应力以及电池模组正负极极耳加速度4个方面对侧面刚性柱碰撞中电池包内部结构安全性能进行分析与评价。

1. 电池包内架结构变形分析

图 6-15 所示为碰撞结束时电池包内架结构变形情况，靠近碰撞区的部分内架产生较小弯曲变形，内架右下方由于设计得较为薄弱，虽然远离碰撞区，但在受到电池组大惯性冲击时也产生了一定的弯曲变形，内架其他部分并无产生明显的变形。电池包内架整体上变形较小，在一定程度上阻止了碰撞过程中电池单体及模组在 y 向的窜动，起到了保护电池单体及模组的作用。

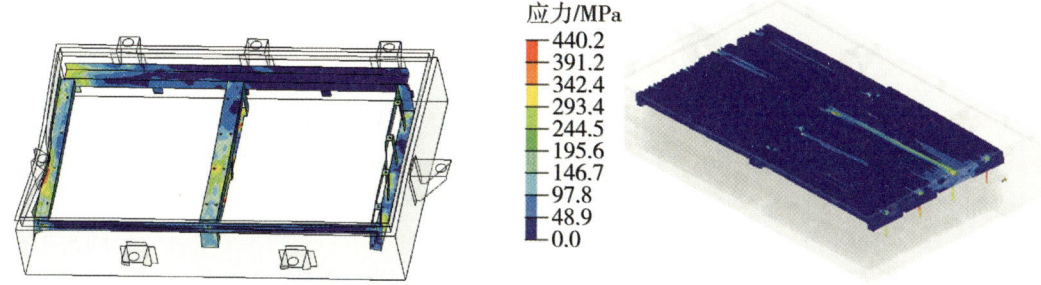

图 6-15 碰撞结束时电池包内架结构变形情况　　图 6-16 45ms 时刻电池包内部 z 向压紧结构应力云图

2. 垂直方向压紧结构变形分析

在碰撞过程持续到 45ms 时，电池包内部上压杆、上压盖以及长螺钉变形达到了最大，图 6-16 描述了该时刻电池包内部垂直方向（z 向）压紧结构所受应力及变形情况。上压杆及上压盖应力较小，并未产生明显变形情况，只是在 y 向发生了平移。

连接上压杆、上压盖以及电池包内架的长螺钉应力值较大，且发生了明显的弯曲变形，尤其是螺钉 2、螺钉 6 和螺钉 7，如图 6-17 所示。

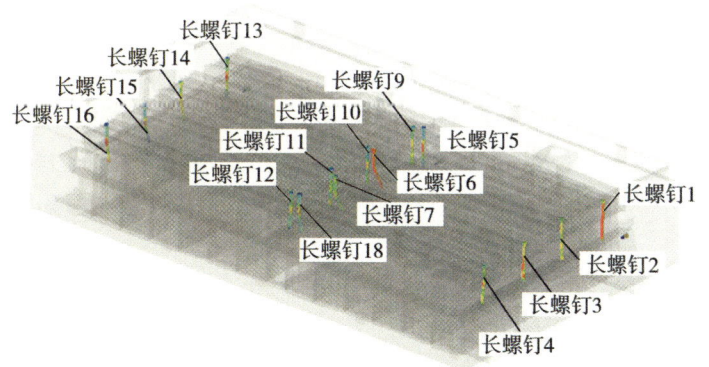

图 6-17　电池包内部长螺钉变形图

螺钉发生弯曲变形是由于上压盖在碰撞过程中沿碰撞方向发生了较大的平移造成的，靠近碰撞位置的上压盖受到了电池包吊耳和内壁的挤压而发生平动位移，迫使螺钉发生弯曲变形。螺钉 6 和螺钉 7 弯曲变形过大，很可能会失效，螺钉失效后电池模组在 z 向失去了约束，会产生较大的 z 向跳动量，对电池单体的正负极极耳造成冲击和破坏。连接在上压盖的铜片和检测电池模组的导线会在电池包内部窜动，进而引发电池包内部短路、起火和爆炸等危害，因此，连接上压杆、上压盖和内架的长螺钉对电池包的安全性能至关重要。仔细观察压紧长螺钉的变形模式可以发现，变形主要发生在长螺钉的中间位置，取长螺钉中间位置的三个节点应力平均值表征长螺钉在碰撞过程中所受应力情况。长螺钉在碰撞过程中不同时刻平均应力值如表6-2所示。

表6-2 侧面刚性柱碰撞过程中压紧长螺钉不同时刻平均应力值 （单位：MPa）

时刻/ms	长螺钉编号															
	1	2	3	4	5	6	7	8	9	10	11	12	13	14	15	16
0	0	0	0	0	0	0	0	0	0	0	0	0	0	0	0	0
5	16.9	160.1	164.4	184.0	158.5	192.5	120.3	154.3	143.2	135.5	163.5	129.3	129.2	236.7	236.5	185.6
10	142.7	155.0	165.4	171.0	66.4	166.9	157.2	162.3	198.1	187.1	162.2	169.4	147.4	214.8	142.5	104.0
15	165.5	202.8	177.9	145.9	112.6	145.2	163.0	174.4	130.8	209.1	167.9	211.0	108.1	100.1	135.5	99.6
20	229.4	286.4	277.9	279.7	62.8	173.5	270.5	227.2	229.5	187.6	212.0	156.6	95.3	102.5	136.6	77.8
25	311.3	272.5	344.3	317.0	64.1	386.1	396.2	285.7	364.9	352.5	313.1	324.5	187.5	102.1	107.1	322.2
30	333.4	452.6	259.2	171.0	416.4	412.0	386.3	346.9	304.5	220.6	364.8	395.3	393.5	137.7	117.1	286.9
35	371.8	431.1	414.4	163.8	415.0	407.5	357.4	236.2	330.9	235.8	335.5	267.7	386.2	427.2	292.6	291.5
40	379.8	380.5	361.1	307.5	408.3	436.5	415.2	197.7	292.5	360.5	336.1	375.4	233.5	380.5	350.3	410.0
45	392.9	284.5	353.0	318.5	381.9	392.8	278.6	352.9	331.7	304.9	252.8	306.2	383.9	319.6	336.0	412.8
50	208.2	283.4	166.6	265.8	354.4	264.0	321.5	198.4	230.1	249.5	265.4	265.0	315.1	196.9	275.2	303.2
55	271.3	271.6	149.5	190.4	301.2	194.7	345.7	230.5	255.3	170.4	308.5	231.7	374.4	294.5	247.6	225.2
60	261.4	315.0	152.2	157.6	229.3	156.5	297.9	219.9	182.6	249.4	208.6	271.4	256.7	339.0	296.0	210.7
65	208.5	265.9	204.6	261.3	323.5	176.1	204.6	213.5	171.9	252.5	234.2	255.6	158.6	207.7	217.8	242.7
70	296.7	242.3	134.0	214.0	172.1	304.1	175.2	131.5	146.3	191.6	225.6	342.9	145.7	273.4	215.5	185.2
75	247.3	240.6	121.1	197.2	252.7	209.1	173.5	132.5	238.2	170.5	229.2	198.5	198.8	265.9	219.1	245.6
80	256.2	218.7	118.8	198.7	204.9	237.0	132.9	140.4	99.5	182.3	142.1	194.2	165.8	204.6	181.3	207.8
85	230.2	210.9	122.0	206.7	264.6	263.3	120.5	158.0	105.7	172.0	174.4	167.5	180.1	173.1	152.8	203.0
90	192.1	240.1	118.5	197.1	207.5	273.7	128.8	169.0	111.3	163.1	192.5	256.5	120.3	185.8	120.1	168.3
95	220.9	265.1	126.8	120.0	205.6	248.1	136.6	168.7	101.1	174.4	165.3	188.2	116.3	206.5	91.0	206.1
100	240.2	250.3	119.5	178.9	204.5	223.6	125.4	87.2	100.9	174.8	160.3	162.2	146.1	182.9	107.4	169.5

从表中数据可看出，各长螺钉最大应力均集中在30～45ms期间，也是箱体产生内侵的时间。应力最大值是靠近碰撞区的长螺钉2，应力值为452.6MPa，已超过材料的断裂强度400MPa，存在螺钉断裂的危险。

3. 电池单体结构变形与应力分析

对电池单体结构变形与应力分析旨在考察电池单体是否因变形而发生内部短路失效，而电池单体内部短路失效主要是由于电池芯层的正、负极板和隔膜受到挤压破裂，使正、负极板接触造成的。通过试验及仿真分析得知，该电池单体在挤压变形过程中，当芯层拉应力值达到极限值18MPa时，电池会发生短路失效。因此，可以通过分析在碰撞过程中电池单体的芯层拉应力最大值来判断电池单体是否发生内部短路。

在碰撞发生后 60ms 时刻，靠近碰撞区的电池模块中间底部产生了电池单体芯层拉应力最大值，如图 6-18 所示。芯层最大拉应力值为 4.002MPa，小于电池短路的芯层拉应力极限值 18MPa，所以整个碰撞过程中电池单体并不会发生内部短路失效情况。

图 6-18 60ms 时刻电池单体芯层拉应力分布

4. 电池模组加速度分析

电池模组是由 12 块电池单体并联连接构成，连接方法为电池单体正负极极耳与铜片通过激光拼焊，且铜片还与上压盖通过螺钉固连。电池模组质量很大，如果此时电池单体正负极极耳加速度值过大，会产生很大的惯性冲击，对电池单体正负极极耳与铜片的连接造成威胁。如果极耳与铜片连接失效，会使得电池单体正负极接触，造成电池单体外部短路危险。表 6-3 为电池模组 1 各电池单体正负极极耳加速度最大值。

表 6-3 侧面刚性柱碰撞过程中模组 1 各电池单体正负极极耳加速度最大值(g)

	单体编号											
	1	2	3	4	5	6	7	8	9	10	11	12
正极极耳	59.4	61.1	61.1	60.9	65.2	62.6	65.2	65.7	63.7	63.0	63.5	62.1
负极极耳	59.7	59.8	61.6	61.7	65.2	63.4	64.0	66.6	62.5	64.3	62.5	62.6

电池包内部共包括 24 个电池模组（见图 6-19），288 块电池单体。首先以电池单体为研究对象，分析在整个碰撞过程中每个电池单体的加速度变化情况，如图 6-20 所示，并取加速度最大值表征该单体在碰撞过程中的加速度响应。然后以电池模组为研究单位，求取模组中所有单体加速度响应最大值的平均值，并以此表征该电池模组在碰撞过程中的加速度响应。最后分析研究每个电池模组的加速度响应情况，并以此为依据评价电池包碰撞安全性能。

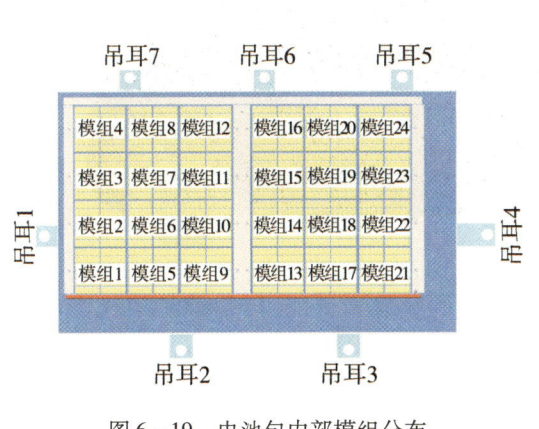

图 6-19 电池包内部模组分布

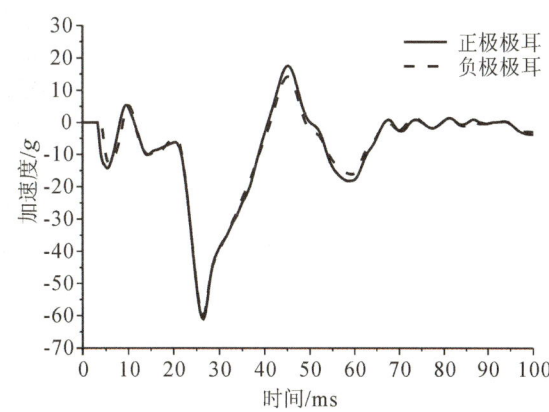

图 6-20 模组 1 中电池单体 2 的加速度曲线

表6-4为碰撞过程中各电池模组加速度响应最大值,靠近吊耳3的模组(图6-19中右下方)加速度响应值均较大,最高值达119.2g,严重影响电池单体及模组的正常工作。

表6-4 侧面刚性柱碰撞过程中各电池模组加速度最大值

模组编号	加速度/g	模组编号	加速度/g	模组编号	加速度/g
1	62.8	9	81.4	17	103.3
2	68.4	10	79.5	18	97.2
3	48.8	11	70.2	19	85.1
4	48.1	12	44.2	20	62.8
5	69.7	13	102.8	21	119.2
6	71.4	14	95.9	22	100.0
7	59.4	15	83.7	23	85.3
8	63.6	16	61.8	24	57.1

6.2.2 正面100%刚性壁碰撞工况下电池包安全性仿真分析

本节将对电池包在正面100%刚性壁碰撞工况下安全性能进行仿真,并参考侧面刚性柱碰撞工况下的分析方法,从电池包吊耳应力、前压杆弯曲变形、内部压紧螺钉应力以及电池单体正负极极耳加速度4个方面对电池包内外结构进行全面分析。

6.2.2.1 正面100%刚性壁碰撞有限元模型

在6.2.1中装配后的整车有限元模型基础上,参照《GB11551—2003乘用车正面碰撞的乘员保护》和C-NCAP评价规程,建立刚性壁,设定计算过程中的控制参数。建立的正面100%刚性壁碰撞有限元模型如图6-21所示,模型中碰撞速度为50km/h,时间步长为4×10^{-7}s,计算时间为100ms。

图6-21 正面100%刚性壁碰撞模型

6.2.2.2 仿真计算可靠性分析

1. 能量变化

图 6 – 22 为电动车正面刚性壁碰撞仿真过程中能量变化曲线，曲线过渡光滑，并无明显突变现象。碰撞初始时刻，系统总能量为整车的动能，随着碰撞过程进行，系统动能不断减少，内能不断增加，在 55ms 时趋于稳定，整车碰撞结束。碰撞结束时系统总能量为 48.2kJ，沙漏能为 0.65kJ，占总能量的 1.35%，小于 5%，满足计算要求。

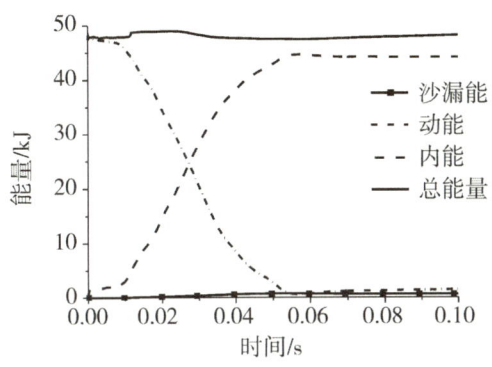

图 6 – 22　正面刚性壁碰撞仿真过程中能量变化曲线

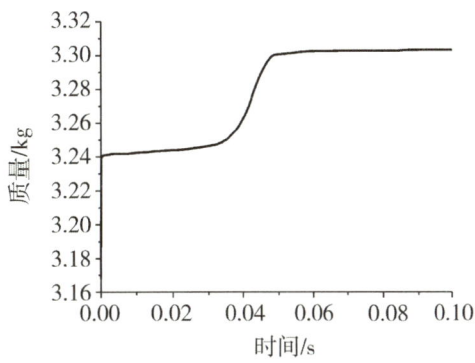

图 6 – 23　正面刚性壁碰撞仿真过程中质量增加

2. 质量增加

图 6 – 23 为电动车正面刚性壁碰撞仿真过程中质量增加曲线，碰撞刚开始时质量增加了 3.24kg，随着碰撞的进行，整车质量继续增加，碰撞结束时质量增加了约 3.3kg，占总质量的 0.49%，远小于 5% 的标准。通过以上关于碰撞过程中系统能量变化和质量增加的分析，发现系统能量变化和质量增加均满足标准要求，验证了碰撞仿真模型的有效性，可以保证计算结果的可信度。

6.2.2.3 电池包箱体安全性分析

图 6 – 24 为正面 100% 刚性壁碰撞结束时整车位移云图，电池包远离碰撞区，并无明显变形。但正面 100% 碰撞速度是侧面刚性柱碰撞速度近 2 倍，且电池包质量非常大，碰撞过程中会产生非常大的惯性，对电池包箱体吊耳造成威胁，如图 6 – 25 所示。因此，正面 100% 刚性壁碰撞中电池包箱体安全性分析主要是电池包吊耳的应力分析。

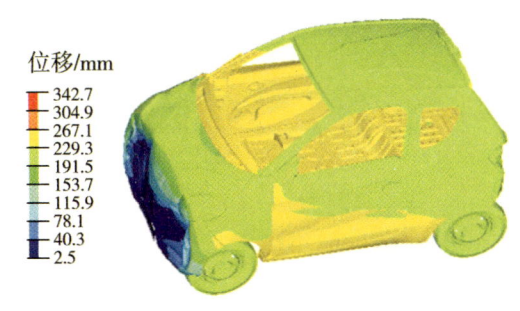

图 6 – 24　正面 100% 刚性壁碰撞结束时整车位移云图

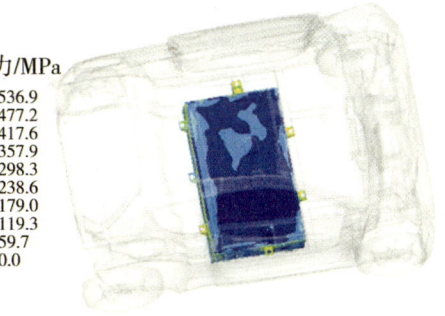

图 6 – 25　碰撞 45ms 时刻电池包应力云图

参照6.2.1节侧面刚性柱碰撞工况下电池包吊耳应力分析方法,对正面碰撞过程中不同时刻电池包吊耳所受应力进行详细分析。表6-5和图6-26分别以表格和曲线图的形式描述了正面100%刚性壁碰撞工况下不同时刻电池包吊耳应力变化情况,可以看出,吊耳应力比侧面刚性柱碰撞工况下吊耳应力整体要小,且各吊耳应力值更加集中,变化趋势一致性更高。最大吊耳应力值为401.9MPa,与其材料抗拉强度400MPa很接近,吊耳发生断裂可能性较小。

表6-5 正面100%刚性壁碰撞工况下不同时刻电池包吊耳平均应力值$\bar{\sigma}_i$(单位:MPa)

时刻/ms	吊耳编号						
	1	2	3	4	5	6	7
0	0	0	0	0	0	0	0
5	18.9	11.3	13.3	20.7	17.3	38.4	36.5
10	54.8	54.1	46.0	63.4	28.7	32.1	30.8
15	167.4	170.2	174.7	216.3	54.2	22.0	71.9
20	247.6	130.7	172.9	227.5	167.9	85.4	193.0
25	374.6	200.2	175.7	366.8	218.1	147.4	131.9
30	364.0	237.5	272.9	401.9	258.9	186.7	188.6
35	353.6	362.1	321.5	363.7	243.9	246.6	230.4
40	315.9	356.9	343.3	395.2	297.8	227.5	278.1
45	286.8	290.8	370.2	331.9	268.1	195.3	342.8
50	235.4	229.5	242.7	249.3	229.9	142.7	247.9
55	232.7	222.8	229.8	308.1	225.4	148.6	195.1
60	221.5	200.1	193.6	256.5	177.1	133.7	190.0
65	270.8	206.3	229.5	300.3	209.9	140.6	213.3
70	278.1	209.9	220.5	319.8	152.8	109.3	167.0
75	270.7	209.2	222.4	311.9	145.1	119.5	173.6
80	259.5	226.9	218.8	291.7	163.0	114.2	215.1
85	244.8	212.6	212.4	300.1	157.7	133.5	172.8
90	220.0	209.3	208.1	277.1	141.0	112.8	165.2
95	202.7	199.2	204.9	271.4	163.6	117.8	156.5
100	211.4	182.9	202.9	264.7	169.2	115.1	167.6

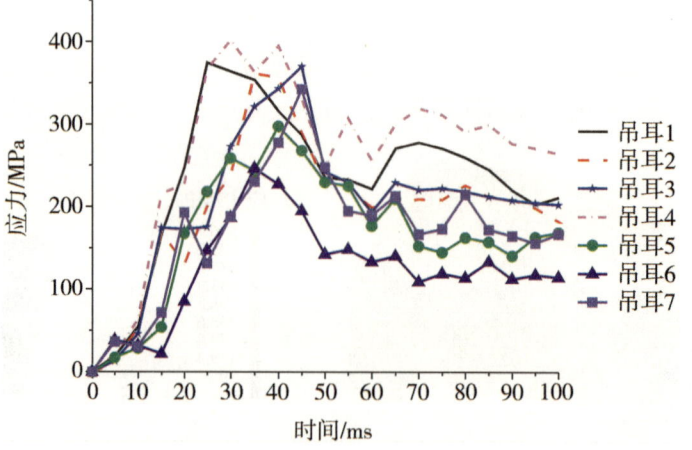

图6-26 电池包吊耳不同时刻应力曲线

6.2.2.4 电池包内部结构安全性分析

1. 电池包内部结构碰撞过程分析

图 6-27 为正面 100% 刚性壁碰撞过程中 0ms、15ms、30ms、45ms、60ms、75ms、90ms 和 100ms 8 个时刻的电池包内部结构位移云图。

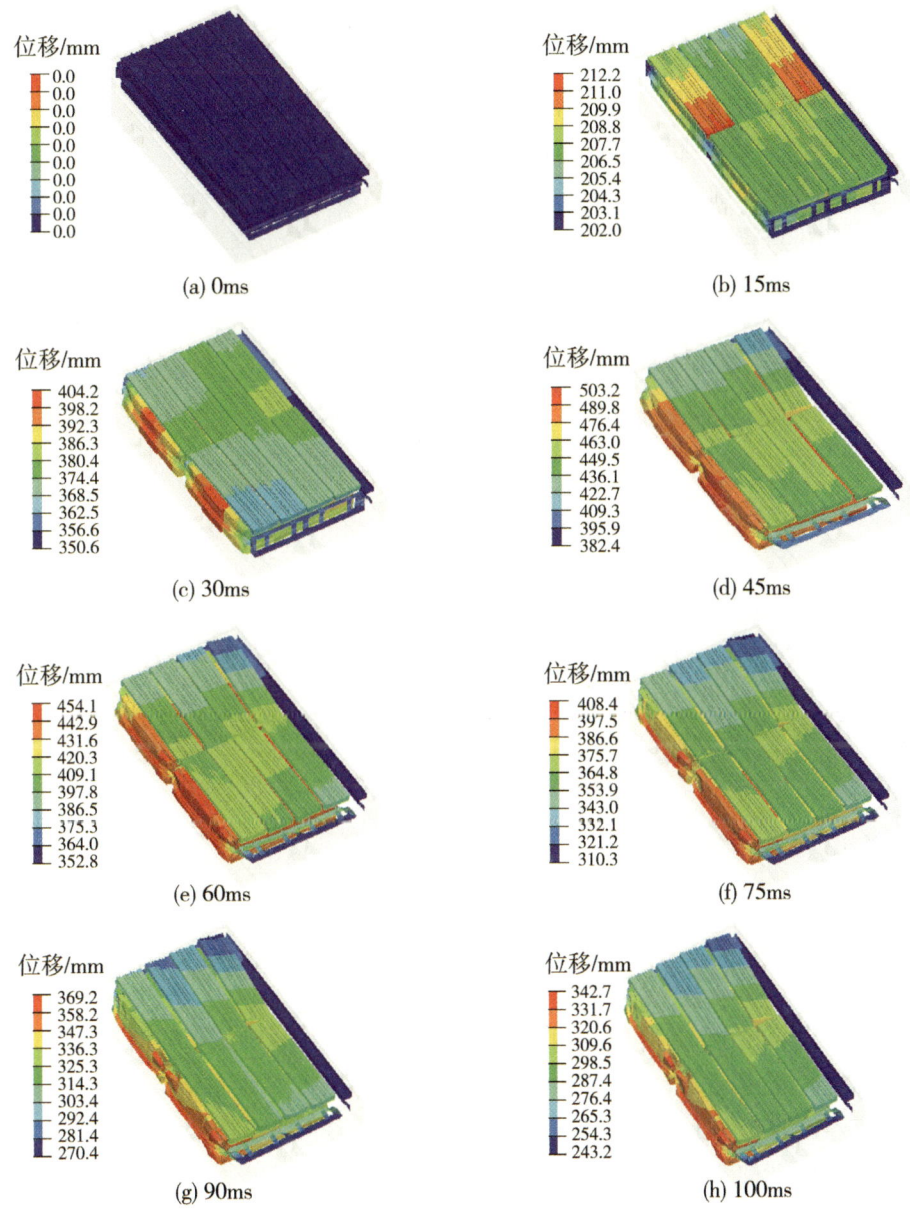

图 6-27　正面 100% 刚性壁碰撞工况下电池包位移云图

0～15ms 期间,电池包内部结构没有产生明显的变形,只有前压杆和上压盖发生了轻微的变形,这主要是汽车头部撞击到刚性壁时产生的缓冲加速度引起的;在 15～30ms 过程中,具有大惯性量的电池单体迫使前压杆产生了明显的弯曲变形,电池内架和上压盖没有产生明显变形;随着碰撞过程的持续,在30～45ms过程中,电池单体窜动量进一步扩大,从图中可以看出,在45ms时前压杆已经接触到电池包箱体,且在电池单体的带动下,电池包内架发生了明显的变形;在60ms时,前压杆与电池单体之间产生了空隙,说明电池单体开始回弹,随着碰撞的持续,回弹量逐渐增大;75ms后,电池包内部变形趋于稳定。

从上述分析可知,正面100%刚性壁碰撞工况下,电池包内部结构变形严重,前压杆和内架均产生了明显的屈服变形,电池单体平动位移量过大。在前压杆与电池包箱体内壁之间布置有电气构件,而在碰撞中前压杆已与箱体内壁接触,对电气构件构成了严重威胁。

2. 电池包内架结构变形分析

在电池单体的带动下,内架在碰撞过程中整体向车头方向倾斜变形,尤其是与箱体底板焊接的部分(图6-28中的部件3和4),由于刚度不足产生了较大的变形。前压杆尺寸和厚度均太小,所以在碰撞过程中产生了较为严重的弯曲变形。因此,从正面碰撞的角度考虑,电池包内架结构设计存在不足之处,主要是:①内架与箱体之间的焊点过少,尤其是内架中间部件3,导致内架与箱体底板连接刚度不足;②内架部件3和4与部件2之间没有焊接在一起,导致内架前倾变形量加大;③前压杆和内架部件4刚度不足,难以抵挡大质量电池单体的冲击。

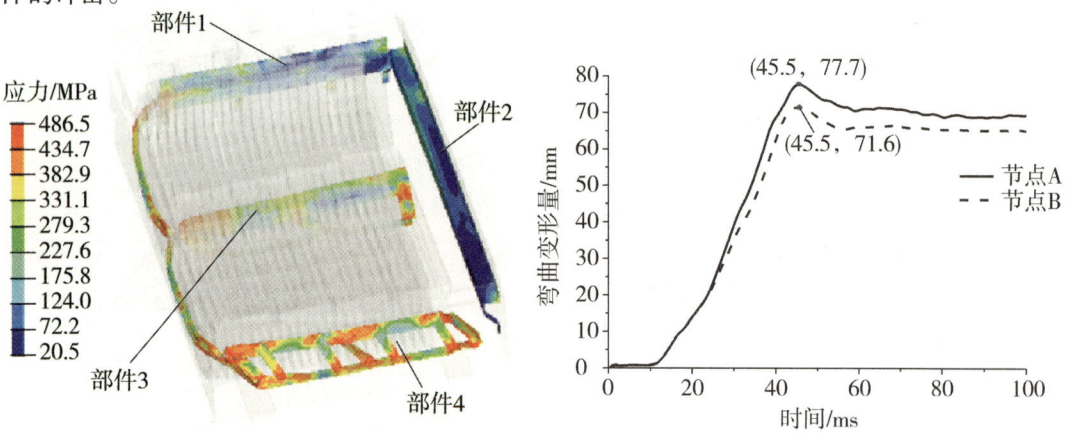

图6-28 正面100%刚性壁碰撞工况下 45ms时刻电池包内架应力云图

图6-29 电池包前压杆弯曲变形量

以上是从定性的角度对电池包内架进行分析评价,没有利用具体的某个标量对电池包内架的碰撞安全性能进行量化。为使分析评价更具有说服力,下面将从定量的角度评价分析电池包内架安全性能。从上面的分析可知,最先发生变形和变形量最大的内架部件均为前压杆,且前压杆的弯曲变形量(见图6-29)能反映出电池包内架的耐撞性能,因此,利用前压杆弯曲变形量表征电池包内架碰撞安全性能较为合理。

3. 垂直方向压紧结构变形分析

在正面100%刚性壁碰撞过程中,在电池模组的大惯性带动下,电池包内部垂直方向(z向)压紧结构发生了前倾,尤其是内部中间部分。在碰撞过程持续到45ms时,电池包内部上压杆、上压盖以及长螺钉变形达到了最大，图 6-30 描述了该时刻电池包内部 z 向压紧结构所受应力及变形情况。上压杆及上压盖应力较小，并未产生明显变形情况，只发生了较大的转动和平动位移，而压紧螺钉变形应力较大。

参照 6.2.1.4 节压紧长螺钉变形应力表征方法，计算正面 100% 刚性壁碰撞过程中压紧长螺钉应力值，如表 6-6 所示。与侧面刚性柱碰撞工况下长螺钉受力相比，该碰撞工况下，压紧长螺钉受力整体偏大，大部分螺钉应力值都在 400MPa 以

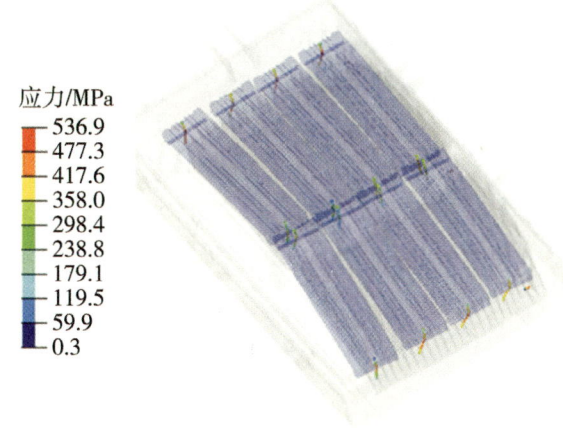

图 6-30 45ms 时刻电池包内部 z 向压紧结构应力云图

上，最大值更是高达 492.4MPa，已远远超过其材料抗拉强度值，会发生螺钉断裂现象，甚至引起电池包内部短路等。因此，从正面 100% 刚性壁碰撞角度考虑，电池包内部 z 向压紧结构设计强度不足，存在安全隐患。

表 6-6 正面 100% 刚性壁碰撞工况下压紧长螺钉不同时刻平均应力值 $\bar{\sigma}_i$（单位：MPa）

时刻/ms	长螺钉编号															
	1	2	3	4	5	6	7	8	9	10	11	12	13	14	15	16
0	0	0	0	0	0	0	0	0	0	0	0	0	0	0	0	0
5	133.7	175.2	214.7	150.1	261.7	137.9	189.5	130.8	103.2	140.3	158.1	143.5	148.0	172.0	243.4	212.9
10	142.3	188.7	206.7	120.3	76.8	180.5	214.1	123.6	139.3	147.6	178.9	101.1	92.9	155.6	145.9	216.4
15	375.3	382.5	354.3	413.3	399.1	361.9	390.2	354.0	377.4	340.5	361.1	344.0	376.1	300.4	402.9	356.0
20	255.7	169.6	229.9	294.6	173.7	215.5	224.8	203.3	303.7	312.9	166.9	312.8	186.2	236.3	182.4	226.2
25	296.7	240.6	356.8	207.8	329.9	382.6	409.0	309.6	365.1	367.9	341.2	365.4	292.6	208.7	176.3	272.3
30	420.7	424.9	435.1	324.0	392.5	418.4	405.1	373.7	319.7	307.0	221.6	341.2	395.0	347.3	379.3	378.7
35	389.7	421.2	434.3	333.2	387.0	347.4	368.6	276.7	405.5	342.6	301.7	322.0	318.7	256.7	404.1	408.2
40	472.3	452.3	466.3	434.6	393.2	305.5	293.8	428.7	432.4	355.7	363.6	406.3	492.4	467.8	478.2	427.9
45	413.8	428.9	428.4	430.6	332.6	379.6	267.5	368.4	417.2	357.5	326.6	404.2	486.5	437.2	472.3	445.7
50	314.8	389.7	386.9	264.1	376.9	247.1	272.6	254.2	246.4	392.8	371.6	399.7	218.8	312.0	346.5	386.3
55	273.7	393.3	401.3	367.6	389.4	365.0	374.9	352.1	286.7	323.1	376.8	325.4	288.5	315.7	400.4	393.5
60	335.4	358.7	380.4	344.3	190.5	350.5	421.2	332.6	226.6	293.6	346.7	348.3	183.4	304.5	378.7	271.8
65	309.1	372.6	365.3	365.4	188.2	238.1	346.0	176.6	216.6	376.9	274.0	190.7	225.5	288.5	262.6	245.7
70	331.3	357.7	308.3	257.3	165.2	280.5	312.8	288.4	223.0	300.1	248.6	181.2	136.9	171.6	215.4	293.3
75	264.1	395.3	317.5	357.8	325.7	258.0	210.6	272.5	185.2	189.9	322.5	203.6	314.8	254.0	219.9	365.6
80	311.8	387.7	181.2	333.8	183.6	228.7	303.8	140.1	145.2	268.6	334.0	307.1	140.9	329.1	335.7	208.8
85	362.0	277.2	171.6	209.6	200.6	219.5	262.3	184.9	105.2	315.1	271.8	191.8	172.7	364.7	250.8	319.2
90	212.1	230.7	167.7	200.1	214.5	216.6	271.9	153.3	142.9	217.2	207.9	240.5	206.6	318.5	184.7	353.2
95	181.2	275.7	187.8	225.3	199.7	191.2	335.4	159.6	123.0	239.8	283.4	176.7	179.8	228.5	167.6	300.9
100	171.7	331.7	264.3	234.3	174.3	217.7	296.1	183.9	147.1	163.0	289.2	183.6	145.7	263.6	235.5	287.5

4. 电池单体结构变形与应力分析

在 25ms 时刻，电池模组 5 和模组 17 中的电池单体芯层拉应力值较大，最大值为 5.868MPa，如图 6-31 所示。碰撞开始初期大质量的电池模组在惯性作用下向前窜动，其中电池模块中间部分向前窜动量最大，所以电池模组 5 和模组 17 受到较大的挤压，产生了较大的拉应力，但其最大值仍小于电池芯层拉应力强度极限值 18MPa，所以整个碰撞过程中电池单体并不会发生内部短路失效情况。

图 6-31 25ms 时刻电池单体芯层拉应力分布

5. 电池模组加速度分析

参照 6.2.1.4 节电池模组加速度分析方法，记录正面 100% 刚性壁碰撞工况下，电池模组加速度响应情况。表 6-7 所示为碰撞过程中模组 1 电池单体正负极极耳加速度响应最大值，图 6-32 所示为模组 1 中单体 6 的正负极极耳加速度响应曲线。

表 6-7 碰撞过程中模组 1 电池单体正负极极耳加速度最大值(g)

	长螺钉编号											
	1	2	3	4	5	6	7	8	9	10	11	12
正极极耳	73.5	74.3	76.6	72.2	79.1	77.5	70.1	70.1	72.9	70.8	77.9	78.5
负极极耳	72.1	72.3	72.1	75.0	74.2	73.1	70.2	67.2	69.0	69.4	73.5	74.2

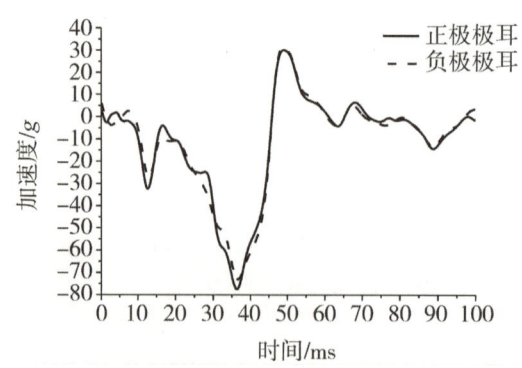

图 6-32 正面 100% 刚性壁碰撞模组 1 中单体 6 正负极极耳加速度曲线

表6-8所示碰撞过程中各电池模组的加速度响应最大值,在近两倍初始速度情况下,正面刚性壁碰撞的加速度值明显高于侧面刚性柱碰撞下的加速度,文献[17]指出电池单体或模组只能承受大小为$35g$的加速度冲击。因此,在正面刚性壁碰撞工况下,电池包内部模组加速度冲击过大,严重影响其正常工作。

表6-8 碰撞过程中各电池模组的加速度最大值

模组编号	加速度/g	模组编号	加速度/g	模组编号	加速度/g
1	73.2	9	94.9	17	106.9
2	72.9	10	87.9	18	107.2
3	76.1	11	77.4	19	103.5
4	81.8	12	70.6	20	91.1
5	90.9	13	104.0	21	90.0
6	79.6	14	96.9	22	88.4
7	74.2	15	87.5	23	90.2
8	67.9	16	77.9	24	82.7

6.3 车用动力电池包底部碰撞安全性分析

动力电池包常布置在车身地板底部,这种设计降低了车辆离地间隙,低离地间隙引发了更严重的安全问题,如汽车在道路上高速行驶,道路上金属块和石块会撞击并刺穿电池组,就像子弹击中电动汽车的"心脏"一样,不仅会破坏电池包结构,而且还会引发严重的火灾事故。然而,与碰撞安全性能测试所要求的正面和侧面碰撞工况相比,电动汽车底部碰撞异物的情况尚未得到充分研究,也未制定汽车底部碰撞安全设计标准,因此在电动汽车的开发与推广应用过程中,开展车用动力电池包底部碰撞安全性研究,对于提高动力电池包底部防护安全和电动汽车的整车安全性具有重要意义和实用价值。

6.3.1 电池包底部碰撞运动学

6.3.1.1 电池包底部撞击道路异物形式

由于路面的不规则性,车辆在行驶过程中的起伏和俯仰运动及其不规则底部结构特征,汽车底部难免会撞击道路异物,当车用动力电池包撞击道路异物时,道路异物首先与下箱体碰撞接触,从道路异物分析,由于道路异物几何形状和碰撞前运动状态的不确定性,底部碰撞运动特征也不尽相同;从两者碰撞形式分析,有多种碰撞形式:如道路异物旋转刺入汽车底部、汽车底部水平刮擦等,不同的碰撞形式带来的结构损伤不同,碰撞形式主要分为以下三种。

1. 杠杆式旋转穿刺

假设汽车在运动过程中，汽车速度不会因碰撞而改变，即保持不变，汽车离地间隙恒为定值。当汽车底部撞击物体时，道路异物的两个末端被抓住，形成一个自由度机构。如图 6-33 所示，物体的顶端与汽车底部接触，并与汽车一起以相同速度移动，如 A 点所示。同时，物体的底端 B 仍然固定在地面上，物体开始绕点 B 旋转并刺穿下箱体底板，通过杠杆作用，强大的碰撞冲击力造成汽车底部局部损坏。动力电池包受到向上的穿刺力，下箱体、内架、乘员舱地板等关联结构受到不同程度的凹陷和穿刺断裂。

图 6-33 汽车底部撞击硬质合金　　图 6-34 汽车底部压溃混凝土

2. 局部冲击压溃

当汽车以较高的速度行驶经过减速带或者撞击表面积较大的圆状道路异物时，底部结构会出现不同程度的凹陷，当道路异物材料强度远小于车底材料强度，如道路异物为混凝土，汽车底部压溃混凝土后顺利通过，如图 6-34 所示。

3. 水平刮擦碰撞

底部水平冲击下，由于道路异物固定或质量大，未出现移动，如损坏的外伸钢筋，撞击刺入动力电池包并拖行，直至停车或异物离开车辆，汽车底部刮伤或撕裂，造成深窄的局部长划痕或者浅宽的大范围长划痕，如图 6-35 所示。

图 6-35 汽车底部碰撞下水道铁网

6.3.1.2 电池包底部碰撞运动学模型

汽车底部撞击异物形式多样。选用常见的、危险性高的底部碰撞形式：杠杆式旋转穿刺，从运动学角度推导车用动力电池包底部碰撞运动，如图 6-36 所示。

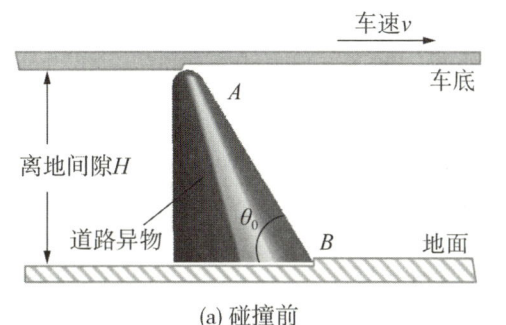
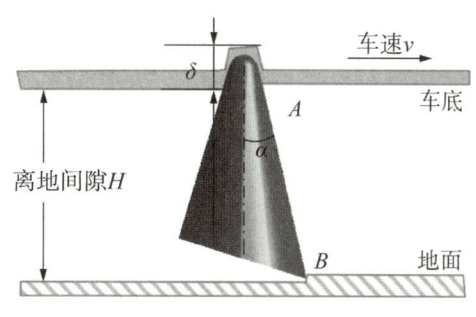

图 6-36 旋转穿刺运动学模型

如图 6-37 所示，根据三角勾股定理，绕 B 点旋转穿刺的垂直位移和旋转速度的表达式为

$$(H + \delta(t))^2 = (H/\sin\theta_0)^2 - (H\cot\theta_0 - vt)^2 \quad (6-3)$$

$$\delta(t)/H = \sqrt{(\sin\theta_0)^{-2} - (\cot\theta_0 - vt/H)^2} - 1 \quad (6-4)$$

$$\alpha(t) = \arcsin[(\delta(t)/H + 1)\sin\theta_0] - \theta_0 \quad (6-5)$$

假设在 $v = 30\text{m/s}$、$H = 120\text{mm}$ 和三个初始倾斜角度 $\theta_0 = 30°, 45°, 60°$，汽车底部碰撞工况下，道路异物的运动垂直方向的位移以及旋转角度如图 6-38 所示。

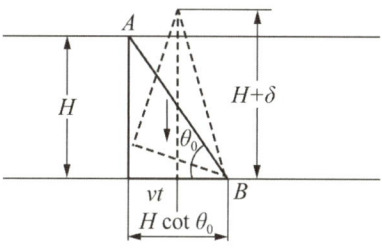

图 6-37 旋转穿刺简化数学模型

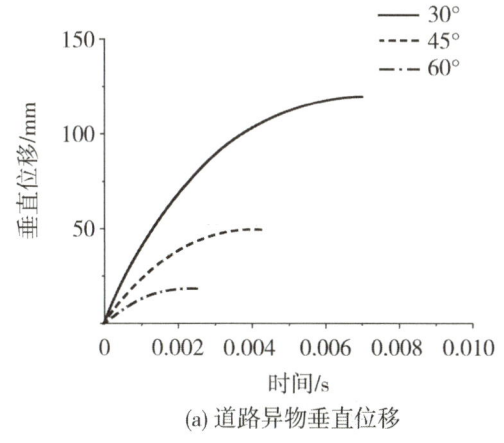
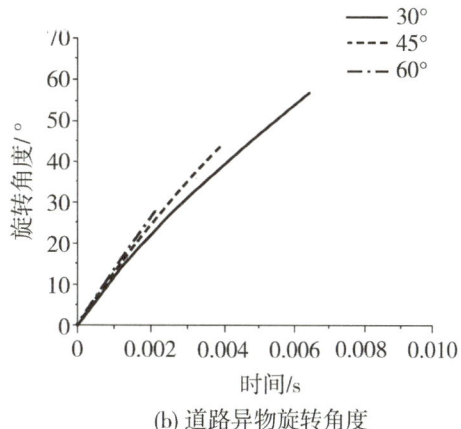

图 6-38 道路异物的运动轨迹

6.3.2 电池包底部碰撞有限元建模

在动力电池包碰撞安全方面,研究大多从侧面和正面碰撞方面对电动汽车进行碰撞安全性分析,而动力电池包底部碰撞相关研究工作较少,也尚未有汽车底部碰撞相关的试验形式和试验方法。车底结构损坏的形式与道路异物的形状尺寸以及道路异物碰撞冲击形式有着密切的关系,常见道路异物尖端圆弧半径为 10~20mm,尖锐石块典型顶角值为 45~60°,尖锐型道路异物对底部破坏最大,因此仿真分析选取尖锐型道路异物,假设 $r=10$mm、$\beta=45°$ 用来表征尖锐型道路异物,如图 6-39 所示。

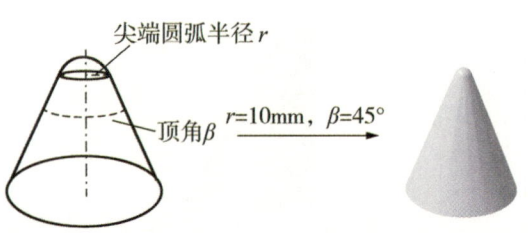

图 6-39 道路异物几何结构模型

把道路异物模型导入动力电池包有限元模型,定义为刚性材料(MAT_RIGID),利用 LS-DYNA 进行碰撞仿真。由于汽车底部碰撞冲击形式不同,带来的结构损伤亦不相同,如旋转穿刺、冲击压溃和水平刮擦碰撞等。考虑到建模时间成本和仿真分析需要,本章主要对底部动态垂直穿刺工况进行碰撞安全性分析,假设汽车速度 $v=30$m/s,离地间隙为 $H=120$mm,道路异物初始倾斜角度 $\theta_0=45°$,则按图 6-38a 中虚线轨迹定义道路异物的碰撞运动,速度逐渐降为 0。

由于电池包内部结构复杂,道路异物碰撞响应与道路异物和电池包碰撞接触位置密切相关,考虑到电池包存在底部加强筋、固定内架和塑料架等众多结构件,仿真设置道路异物从电池包底部较为薄弱的区域开始接触碰撞,避开加强结构件,对电池模组造成更严重的变形挤压。基于上述考虑,道路异物设置为电池包底部中间区域,碰撞时避开加强结构件,符合仿真需求,如图 6-40 所示。

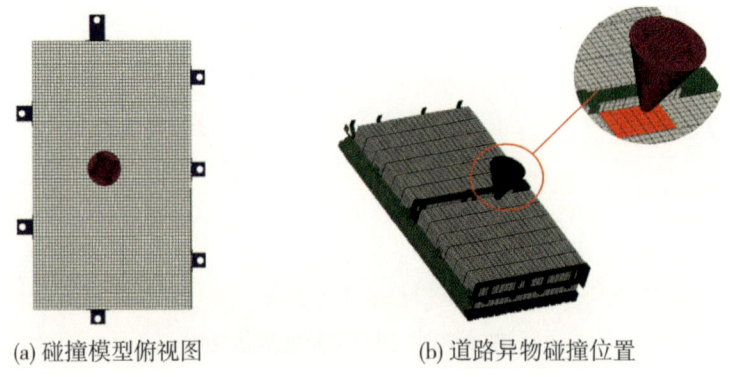

(a) 碰撞模型俯视图　　(b) 道路异物碰撞位置

图 6-40 道路异物与动力电池包相对位置示意图

假设动力电池包固定不动，道路异物与电池包内部结构之间的接触类型设置为"面-面自动接触"，碰撞时间为0.005s，由于碰撞时间很短，为了能够更好地观察变形过程，动画输出的时间间隔设为10^{-4}s，时间步长为5×10^{-5}s，动力电池包底部碰撞有限元模型如图6-41所示。

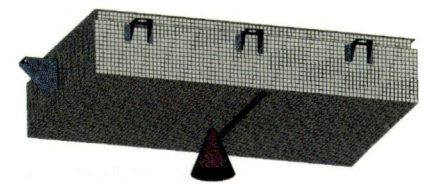

图6-41 动力电池包底部碰撞有限元模型

设置好计算参数后，导出K文件进行求解计算，总的计算时间约为7h。为了验证计算的可信度，对碰撞仿真过程中的能量变化进行分析，如图6-42所示。随着碰撞时间的增加，系统的动能逐渐减少，内能不断增加，两者在4ms时刻趋于稳定。在整个碰撞过程中，系统的总能量保持稳定，为21.56kJ，沙漏能为0.31kJ，占总能量的1.43%，占比小于5%，满足计算要求。另外，从求解结果文件中可以看到碰撞结束后，模型的质量增加了2.25kg，占总质量的0.38%，也低于5%。经过对能量变化和质量增加的分析，验证了动力电池包底部碰撞模型的有效性。

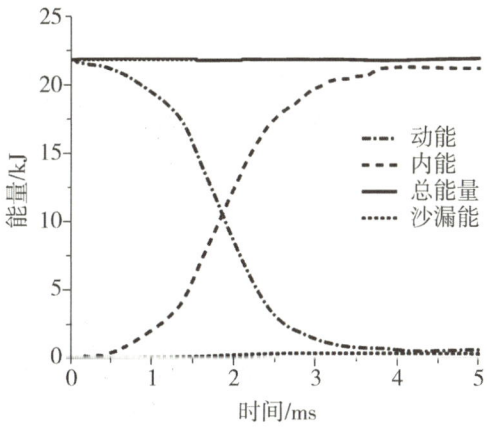

图6-42 碰撞仿真过程中的能量变化曲线

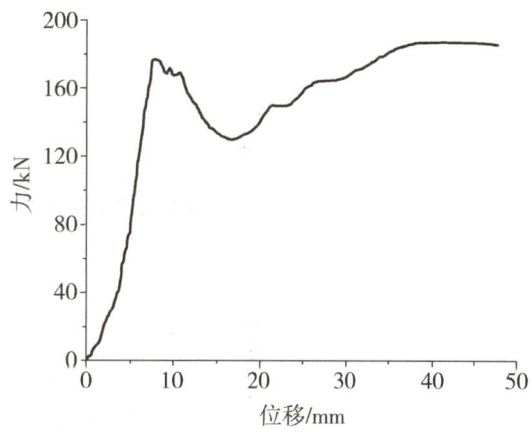

6-43 车用动力电池包底部碰撞变形力-位移曲线

6.3.3 电池包底部碰撞安全性分析

6.3.3.1 电池包碰撞过程分析

在底部碰撞过程中，下箱体底板、塑料架底板、电池依次断裂失效，而塑料架侧板、上压杆、上压盖和内架受到不同程度的挤压变形但没有断裂，图6-43显示了从仿真模拟中提取的力-位移曲线。

首先，当道路异物碰撞接触下箱体底板并随之移动到一定位移时，下箱体底板开始破裂穿孔，裂纹逐渐周向扩展，此时出现力-位移曲线的第一个峰值，该峰值对应的位移约为10mm。随着道路异物不断向上推动，下箱体底板的孔不断变大，塑料架底板也随之破裂失效，道路异物与电池直接接触，使得电池变形更为集中、明显。其中电池包内部结构视图如图6-44所示。在碰撞过程中,选取底部碰撞力-位移曲线上几个特征点,即道路异物位移为10mm、21mm、38mm和44mm四个位移下电池包下箱体应力分布以及对应内部结构变形情况,如表6-9所示。

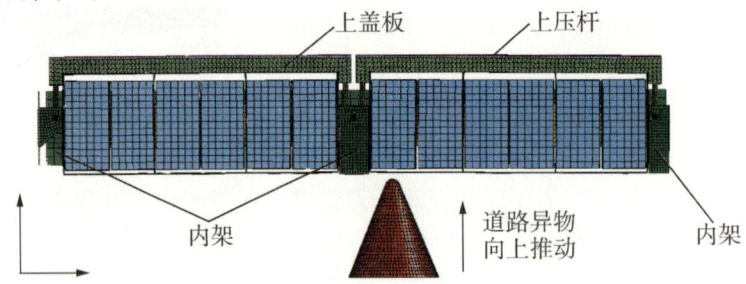

图6-44 电池包内部结构视图

表6-9 电池包下箱体和内部结构变形过程

碰撞工况	下箱体变形	电池包内部结构变形
位移10 mm	箱体应力/MPa 905.8~0.0	
位移21 mm	箱体应力/MPa 863.1~0.0	
位移38 mm	箱体应力/MPa 885.3~0.0	
位移44 mm	箱体应力/MPa 976.4~0.0	

6.3.3.2 电池包结构变形分析

动力电池包底部碰撞过程中,下箱体、塑料架底板、电池依次断裂失效,而塑料架侧板、上压杆、上压盖和内架受到不同程度的挤压变形但没有破裂。以下从电池包下箱体、塑料架、内架、上压杆、上压盖和压紧螺栓等主要结构部件的变形模式、应力分布、安全性能等进行分析。

1. 下箱体

动力电池包下箱体承担电池模组承载、保护和密封作用,可有效约束电池窜动,保证汽车在正常行驶中电池的安全性。在底部碰撞中,下箱体作为首个受到冲击的结构件,通过分析发现,在前期碰撞中,下箱体的机械性能影响碰撞响应,当下箱体底板穿刺失效时,碰撞力出现短暂下降;随着道路异物继续向上推动,道路异物直接碰撞接触电池,电池受到强大冲击,此时电池开始严重变形。下箱体作为最主要的保护结构,其防护性能直接影响动力电池包碰撞安全性。

2. 塑料架和内架

塑料架材料为 PA6,主要用来固定电池模组,当下箱体底板变形破裂后,与道路异物直接接触的塑料架底部区域应力集中,变形严重,很快破裂失效,使电池直接暴露在道路异物的碰撞冲击中,其他区域的塑料架呈现不同的变形情况,由于内架的隔离保护,将近一半的塑料架变形明显,主要集中在道路异物接触区域一侧,离道路异物越近,变形破坏程度越大,塑料架变形情况如图 6-45 所示。

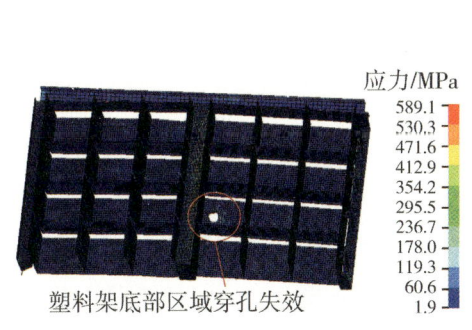 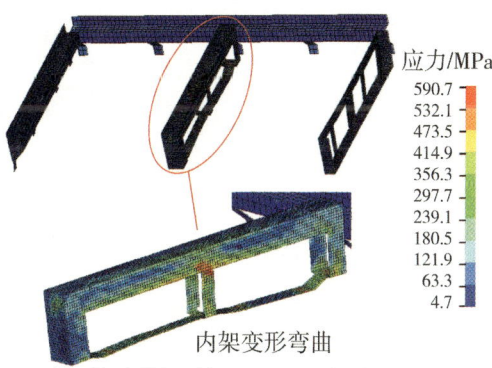

图 6-45 碰撞结束时刻电池包塑料架变形情况　　图 6-46 碰撞结束时刻电池包内架变形情况

内架是电池包内部电池模组的重要固定结构,为电池模组以及其他电气设备提供安装和连接的空间,防止电池模组受到冲击后的窜动。靠近碰撞区域的内架受严重挤压,产生大变形弯曲,内架其他部分受力较小无明显变形,尽管内架中间部分变形严重,但由于内架变形吸能,隔离保护另一侧的电池模组,阻止了电池受到碰撞后向一侧窜动,避免大范围电池间挤压变形,起到隔离、保护电池模组的作用,碰撞结束时刻电池包内架变形如图 6-46 所示。

3. 上压杆、上压盖和压紧螺栓

上压杆和上压盖通过压紧螺栓与内架紧固连接，在汽车行驶过程中，可有效避免电池模组上下窜动。在底部碰撞过程中，碰撞冲击力主要传递到压紧螺栓，上压杆和上压盖被推动抬起，结构无明显变形，压紧螺栓受到较大的碰撞力，应力集中，但没有发生螺栓断裂现象，大部分螺栓应力值在200～400MPa，最大应力值达515MPa，有断裂失效的风险，如图6-47所示。

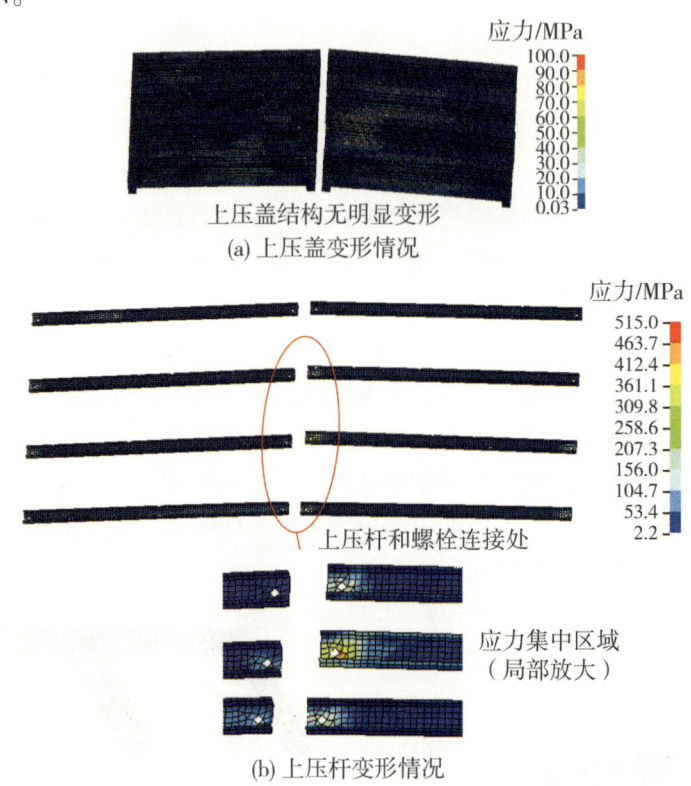

图6-47 碰撞结束时刻电池包上压盖和上压杆变形情况

综上所述，动力电池包底部碰撞中，下箱体受到严重的冲击碰撞，而且在电池包结构中，电池包箱体是电池包内部电池模组及电气部件的重要保护结构，其变形对于电池模组是否会受到挤压破坏至关重要，箱体的机械性能和电池包碰撞安全性密切相关，对整个动力电池包碰撞安全性影响权重也最大。

6.3.3.3 电池包模组安全性分析

在动力电池包底部碰撞下，电池模组受到比较大的变形，变形主要集中在底部，特别是在道路异物尖端上方的电池变形较大，取变形最大的电池单体进行分析，从仿真模拟中提取该电池压缩变形量曲线，随着道路异物尖端向上移动，从而推动其上方的各个电池也向上移动变形，其中可以清楚地观察到电池变形的三个阶段，如图6-48a所示。

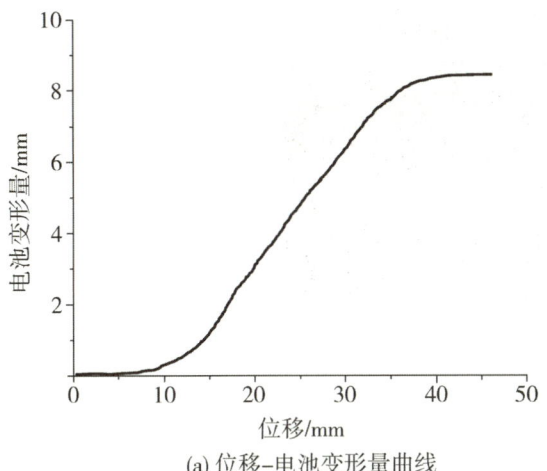
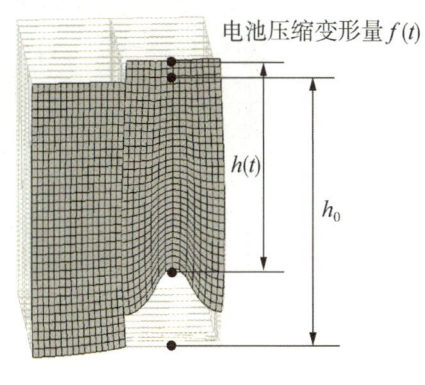

(a) 位移–电池变形量曲线　　　　　(b) 电池压缩变形量表达示意图

图 6-48　底部碰撞下电池变形过程

假设方形磷酸铁锂电池初始几何尺寸长度（z 向）为 h_0，在 t 时刻电池变形后的尺寸长度为 $h(t)$，如图 6-48b 所示，则电池压缩变形量（z 向）为

$$f(t) = h(t) - h_0 \tag{6-6}$$

第一阶段：在下箱体底板破裂穿孔之前，变形的底板接触较多的电池，冲击载荷均匀地传递接触的电池，并且大量的电池受到挤压向上运动，电池变形缩短不明显。

第二阶段：当箱体、塑料架底板相继破裂穿孔后，道路异物尖端直接接触电池，在曲线上观察到明显的转折点，此时较少的电池被连续向上推，应力集中，电池变形明显。

第三阶段：当道路异物不再移动时，电池变形量基本不变。随着电池不断被挤压推动，电池底部出现大变形，外壳扭曲，电池底部与道路异物尖端以及电池顶部与上压盖的接触位置应力集中。

通过电池压缩变形量来判断电池内部短路失效情况，即变形量在 4.5mm 以内安全，在 4.5～6.0mm 潜在短路危险，6.0mm 以上电池发生短路失效。电池包共有 288 块电池单体，组成 24 个电池模组，其在电池包内的布置形式如图 6-49 所示。

图 6-49　电池包内部模组分布

其中模组 15 因为比较靠近道路异物碰撞区域，受到严重的挤压变形，如图 6-50 所示。考虑到电池包底部碰撞是局部变形，选择距离道路异物尖端最近的电池模组 14、模组 15 和模组 16 进行安全性分析，取分别取 1ms、3ms 和 5ms 三个时刻，图 6-51 为底部碰撞过程中电池模组应变分布（y 向视图）。

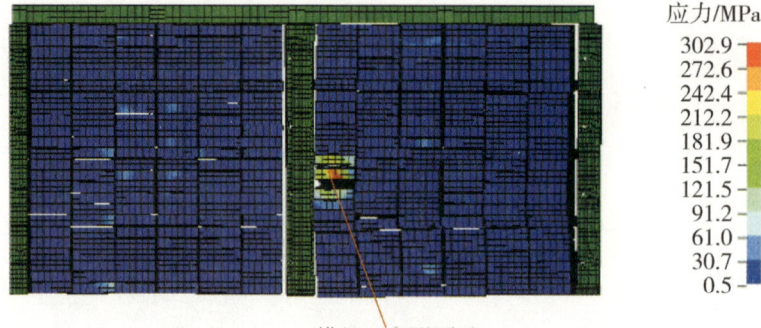

图 6-50　电池模组应力云图

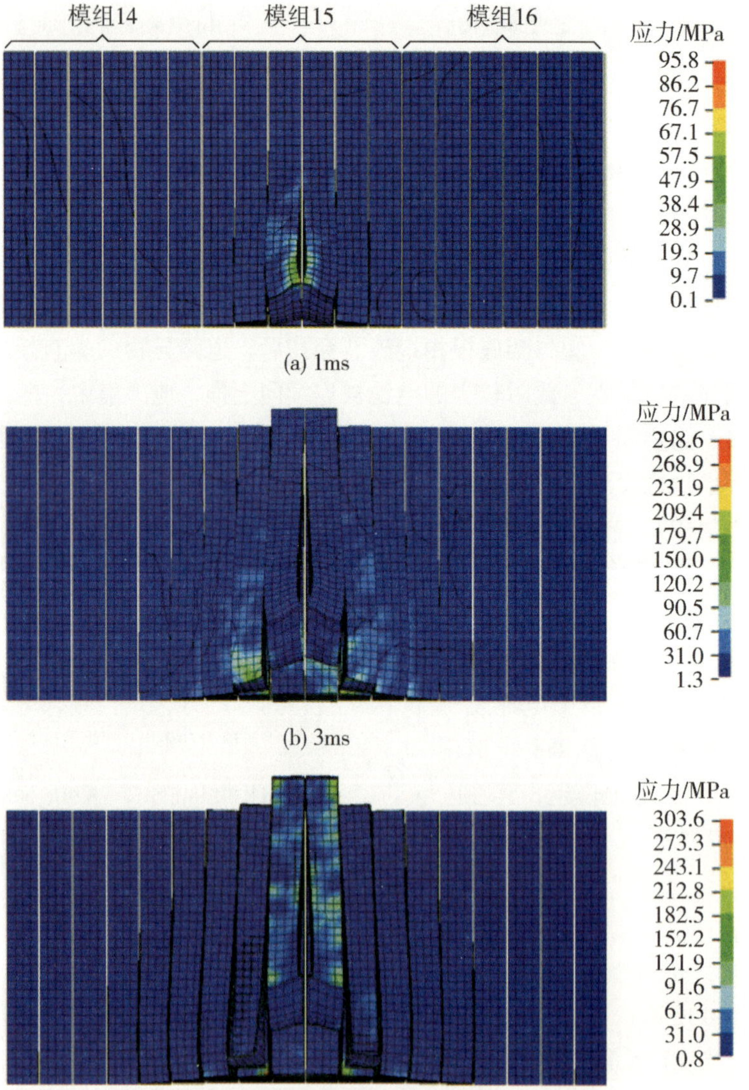

(a) 1ms

(b) 3ms

(c) 5ms

图 6-51　底部碰撞过程中电池模组应变分布

在底部碰撞工况下，电池最大变形压缩量达到 8.5mm，根据加载下电池失效判断，电池变形安全阈值为 4.5mm，所以，在该碰撞工况下，动力电池包内部电池已经短路失效，很有可能引发电池热失控问题。因此，从底部碰撞安全性的角度考虑，在设计电池包时，应该重点考虑电池包结构组件的防护性能，以避免因底部碰撞造成电池较大的变形量。

本章小结

从侧面刚性柱碰撞角度对电池包安全性能进行了仿真分析与评价。参考欧洲 NCAP 侧面刚性柱碰撞试验要求，建立电动车整车侧面刚性柱碰撞仿真有限元模型，并对其进行可信性分析。基于碰撞结果，从电池包箱体和内部结构两个层面，箱体变形量、压紧长螺钉变形应力、吊耳应力以及模组加速度等多个角度对电池包碰撞安全性能进行全面详细的分析与评价，确定了能反映电池包侧面刚性柱碰撞性能的指标值，为电池包综合碰撞安全性能评价提供依据。

从正面 100% 刚性壁碰撞的角度对电池包碰撞安全性能进行了详细分析。与侧面刚性柱碰撞工况相比，正面 100% 刚性壁碰撞中内部压紧长螺钉变形应力和模组加速度都更大，电池包内部短路风险更高；而电池包箱体无明显变形，吊耳应力值也较小。确定了能表征电池包正面 100% 刚性壁碰撞工况下安全性能的指标及对应值。

针对车用动力电池包底部碰撞安全性问题，从道路异物安全事故数据深入分析，对道路异物的关键特征进行简化提取，建立道路异物几何参数结构模型，并构建车用动力电池包底部碰撞运动学模型。重点分析在底部碰撞过程中，动力电池包变形失效以及箱体、内架等内部固定结构和电池模组的碰撞安全性，该研究对于提高动力电池包底部防护安全和电动汽车的整车安全性具有重要意义和实用价值。

参 考 文 献

[1] 王芳,夏勇. 电动汽车动力电池系统设计与制造技术[M]. 北京:科学出版社,2016.

[2] SMITH B. Chevrolet Volt Battery Incident Overview Report[R]. Washington：National Highway Traffic Safety Administration，2012.

[3] CHRISTOPHER J. Tesla Says Car Fire Started in Battery. The New York Times[EB/OL]. https：//wheels. blogs. nytimes. com/2013/10/02/highway-fire-of-tesla-model-s-included-its-lithium-battery/.

[4] 电车汇. 那些惨不忍睹的电动汽车安全事故你还记得多少. 电车之家[EB/OL]. http：// www. zhev. com. cn/news/show – 1430130429. html.

[5] Wikipedia. Plug-in Electric Vehicle Fire Incidents. https：//en. wikipedia. org/wiki/Plug-in_electric_vehicle _fire_incidents.

[6] 杨剑. 电动汽车的安全性分析[D]. 长沙:湖南大学,2005.

[7] 李相哲,苏芳,林道勇. 电动汽车动力电源系统[M]. 北京:化学工业出版社,2011.

[8] 祝斌. 动力电池技术与应用[J]. 船电技术,2009,35(4)：30 – 34.

[9] 宋永华,阳岳希,胡泽春. 电动汽车电池的现状及发展趋势[J]. 电网技术,2011,35(4)：1 – 7.

[10] 王宏伟,邓爽,肖海清,等. 国内电动车用动力锂离子电池现状[J]. 电子元件与材料,2012(06)：84

－86.
[11] 王海明,郑绳楦,刘兴顺. 锂离子电池的特点及应用[J]. 电气时代,2004(3):132－134.
[12] 兰凤成,石柏军,陈吉清. 基于参数曲面建模的车身表面逆向设计研究[J]. 机械与电子,2007(04):25－28.
[13] 兰凤成,陈吉清. 汽车发动机罩外板 A 级曲面的逆向设计与分析[J]. 现代制造工程,2007(12):127－130.
[14] 陈军,成艾国,陈涛,等. Beam 与 Solid 两种点焊模拟方法对比研究[J]. 中国机械工程,2012(19):2388－2392.
[15] 胡远志,曾必强,谢书港. 基于 LS－DYNA 和 HyperWorks 的汽车安全仿真与分析[M]. 北京:清华大学出版社,2011.
[16] 侯永康. 基于 LS－DYNA 的电动汽车正面碰撞仿真研究[D]. 合肥:合肥工业大学,2012.
[17] SINZ W, BREITFUβ C, TOMASCH E, et al. Integration of a crashworthy battery in a fully electric city bus[J]. International Journal of Crashworthiness,2012,17(1):1－14.

7 车载动力电池疲劳性能分析

车载动力电池作为电动汽车上质量最大的零部件,在汽车行驶过程中会受到路面引起的复杂激励。在给汽车供能保证车辆正常运行的同时,动力电池可能由于结构强度设计不足,导致动力电池在长期复杂的随机载荷作用下发生结构的疲劳破坏。由于疲劳裂纹的形成扩展相对隐秘,通常是在结构失效后才被发现。

动力电池结构失效后,将失去对电池元件的固定和保护作用,电池将不可避免地发生移位、窜动和挤压等情况,导致电池及模组结构破损、电路连接关系破坏,轻则电池性能受损、循环使用寿命降低,重则行驶中突然断电失速、车辆失控,甚至产生火花放电导致车辆起火、燃烧等重大事故发生,这将对汽车和乘员造成极大的安全威胁[1]。对车载动力电池进行疲劳寿命分析,有助于提高其疲劳耐久性和可靠性,保障电动汽车的行驶安全。

7.1 车载动力电池疲劳性能研究概述

车载动力电池的部件经过一段时间的应用之后,因受到循环挤压力等作用而导致电池结构出现细微的裂纹,且这些裂纹早期不易被发现;随着时间的推移,端口表面随着压力的不断增加,裂纹会逐渐地张开,导致裂纹越来越大,最终疲劳裂纹瞬间断裂,从而影响电动车的行驶安全。疲劳实质是零部件在循环应力作用下在局部产生永久性累计损伤,经过一定循环次数后突然发生断裂的过程[2]。

汽车及零部件结构的疲劳性能一般通过实车试验进行检测,也可以采用计算机仿真技术进行预测。实车试验客观地反映了汽车及零部件的真实受载状况,仿真技术一定程度上能达到类似的效果。但是,由于影响疲劳分析的结构几何特性、载荷历程和材料疲劳特性这三个主要因素的影响,绝对准确数据的获取相对困难。平均应力、应力梯度、表面粗糙度、试件尺寸、加载类型、温度及切口等因素也会影响疲劳分析的结果。因此,在工程上,实车疲劳试验不可或缺,而疲劳仿真预测与试验结果误差在一个数量级以内可以接受。

汽车及零部件结构的疲劳性能实车试验包括:实际道路试验、试车场试验以及室内台架试验。实际道路试验选取真实的用户实际常用道路和真实的负重等外部载荷情况进行试验,是最客观可靠的疲劳试验,如图 7-1 所示,但其成本过大、时间过长,直接影响了产品的研发周期;试验场道路试验则是在专门设计的如搓板路、卵石路等强化路面上进行,一般可以通过对场内的各种强化路面进行组合来达到试验与实际路面一致的目的,相对实际道路试验能够较好地实现"试验加速"的过程[3-5],但仍存在人力成本和时间成本大的问题;室内台架试验通过液压缸等作动器对道路情况进行模拟,并通过忽略对结果影响较小的路面情况以提高试验效率,室内试验台可以分别应用不同的台架对整车和零部件进行道路模拟试验[6],如图 7-2 所示,由于其经济性和结果具有较高的可信度,室内试验台的应用比例越来越高。

(a) 实车道路试验

(b) 实车台架试验

图 7-1 实车疲劳性能试验

(a) 室内多通道整车试验台

(b) 室内六通道零部件试验台

图 7-2 室内台架试验台

汽车及零部件结构的疲劳寿命预测通过虚拟计算或虚拟环境来模拟实车试验过程,可以缩减产品的研发周期和试验成本,获得与实车试验相似的疲劳分析结果。模拟实车试验的一般方法有虚拟试验场技术(virtual proving ground,VPG);以及虚拟台架技术(virtual test rig,VTR),又称虚拟道路模拟器(virtual road simulator,VRS),如图 7-3 所示。

(a) 虚拟试验场

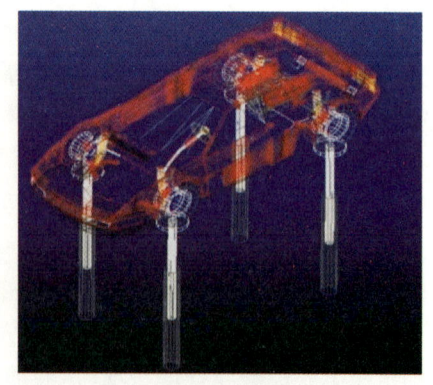
(b) 虚拟试验台

图 7-3 虚拟实车试验技术

虚拟试验场技术是在计算机环境中构建虚拟试验场路面，建立包含轮胎、悬架的试验车辆模型，设置相关参数模拟车辆在试验场路面行驶的情况，最终得到各关注部位的载荷响应情况。该方法的商业软件应用较成熟，但准确的轮胎模型和路面与轮胎的耦合关系描述仍然存在困难，路面、轮胎和悬架以及三者之间的相互作用关系与实际均存在较大差异，从而导致仿真误差较大，对工程应用指导作用有限。

虚拟台架技术通过多体系统(multi-body system，MBS)动力学软件建立对应于室内试验台的虚拟台架以及整车或零部件模型，通过施加虚拟驱动对车辆及零部件的振动情况进行模拟仿真，从而得到关键部位的响应时间历程。虚拟试验台技术由于采取与实车台架试验相同的边界条件，较好地避免了仿真引入的不合实际的假设前提，使仿真与试验相互指导和改进，实现了试验和仿真的结合，广泛应用于工程实际[7-8]。但是，虚拟试验台技术也存在一些不足：其所需的激励加载来源一般为软件自带、实测加速度或室内试验台载荷；软件自带的正余弦加载相对简单，整体施加加速度作为载荷边界也不精确，二者均不能很好反映实际复杂的路试情况；来源于室内试验台的载荷则要求先有物理试验台或轮毂六分力测量仪等测试。

7.2 车载动力电池疲劳寿命预测理论

车载动力电池疲劳分析应具备三方面的信息：精细的有限元模型、载荷历程以及材料疲劳属性。通过有限元方法得到动力电池系统结构模型，再结合实际工况得到载荷条件下的应力时间历程，根据应力时间历程，结合零部件材料特性，应用疲劳分析理论，可以实现对动力电池系统的疲劳寿命的科学预测。

7.2.1 动力学响应分析方法

分析结构的振动疲劳寿命首先需要对系统进行动力学响应分析，在动力学响应分析结果的基础上进行结构的振动疲劳寿命分析。对动力电池系统进行动力学响应分析，有两种常用方法：正弦定频振动和随机振动[9]。正弦定频振动用来考察动力电池在某一个特定频率耐振动的性能；随机振动能够更准确地模拟电动汽车使用过程中的真实振动环境，更真实地反映各阶谐振频率点上的振动特性和总体抗振能力，从而更准确地预测分析动力电池的疲劳寿命。

用于随机振动疲劳分析的载荷一般为随机载荷，对应的响应也是随机过程，随机振动疲劳分析方法主要有时域法和频域法两种[10-12]。

7.2.1.1 时域法

时域法是依据结构的响应时间历程曲线，使用雨流计数法处理应力数据，结合材料疲

劳特性 $S-N$ 曲线和 Miner 线性疲劳累积损伤理论计算结构疲劳寿命和损伤。时域法具有直观、准确的优点，但是需要较高的采样频率才能测量时域信号，处理数据时需要大量的存储空间；时域法中载荷数据获取和处理比较复杂，容易丢失载荷数据，计算量大，应用不够广泛。

时域法包括标准时域法和复杂时域法，标准时域法如准静态应力叠加法等，适用于激励载荷频率与结构固有频率相差较大的分析；复杂时域法，如瞬态动力学分析法等，适用于质量较大、刚度较低的结构分析。工程上，分析零部件在动态载荷作用下的应力响应应用比较广泛的一般有准静态应力叠加法、模态叠加法和瞬态法等几种[13]。

准静态叠加法是一种线弹性结构分析法，一般不考虑结构的惯性力和阻尼力。准静态叠加法的思想，主要是计算某一时刻作用于结构某一方向上的单位静态载荷导致的结构应力应变结果，然后根据实测或仿真得到实际载荷时间历程；对结构载荷作用点分别进行三个方向上单位载荷作用下的结构静态应力分析，将实际载荷历程按时间序列与单位静载下的应力计算结果相乘叠加，即可得到结构在载荷时间历程下的应力响应。

求解某一点的 $\sigma_x(t)_i$、$\sigma_y(t)_i$、$\sigma_{xy}(t)_i$ 响应计算公式如下[14]：

$$\begin{cases} \sigma_x(u_1) \times L_1(t) + \sigma_x(u_2) \times L_2(t) + \cdots = \sigma_x(t)_i \\ \sigma_y(u_1) \times L_1(t) + \sigma_y(u_2) \times L_2(t) + \cdots = \sigma_y(t)_i \\ \sigma_{xy}(u_1) \times L_1(t) + \sigma_{xy}(u_2) \times L_2(t) + \cdots = \sigma_{xy}(t)_i \end{cases} \quad (7-1)$$

式中，$L_1(t)$、$L_2(t)$ 和 $L_3(t)$ 分别为三个方向上的载荷时间历程；$\sigma_x(u_1)$、$\sigma_y(u_1)$ 和 $\sigma_{xy}(u_1)$ 为 U_1 方向单位载荷下的应力值；$\sigma_x(u_2)$、$\sigma_y(u_2)$ 和 $\sigma_{xy}(u_2)$ 为 U_2 方向单位载荷下的应力值。准静态线性计算简便，需要的计算资源相对较少，对于激励载荷频率远离结构固有频率时（小于固有一阶频率 1/3）能得到令人满意的结果，但对于柔性比较大的结构，激励频率接近固有频率时计算将不可避免地存在较大误差。

模态叠加法又称模态应力恢复法，如图 7-4 所示。模态叠加法充分考虑了结构柔性给结构应力带来的影响，适用于结构所受激励频率接近或与固有频率重合的结构应力响应分析。

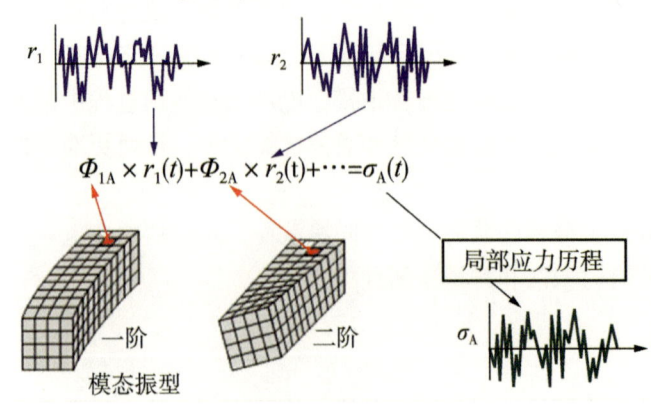

图 7-4 模态叠加法原理图

图7-4中的局部应力响应可以通过模态响应和模态振型叠加得到。弹性结构在振动时，结构的节点位移是多阶振型的线性叠加：

$$u = \sum_{i=1}^{n} \phi_i \cdot \xi_i \tag{7-2}$$

式中，u为节点位移向量；ϕ_i为第i阶模态振型矢量；ξ_i为第i阶模态位移。

由式(7-2)可以解耦动力学方程，得到结构模态坐标系下的响应[15]。应用模态应力叠加法时，由于结构系统振动过程中一般模态阶数越高，其对系统整体的影响就越小，对系统振动起到主导作用的模态越少。因此，充分考虑影响作用较大的模态，即使不求解全部方程仍然可以满足求解精度要求，可以简化计算提高运算效率。

利用有限元模型模态分析得到第i阶固有圆频率ω、模态振型矢量ϕ_i，结合刚柔耦合模型仿真得到的模态位移矢量ϕ及其各阶模态位移ξ，按照模态应力恢复算法可以得到有限元模型上节点的应力σ和反作用力F。具体如下：

$$\sigma = \phi E_\sigma \tag{7-3}$$

式中，E_σ为有限元模型中的模态应力矩阵。

$$F = Ku - \omega^2 Mu \tag{7-4}$$

式中，ω为模态圆频率；u为节点位移。由式(7-3)与式(7-4)可以求解得到节点应力σ与F的时间历程，σ与F可以反映出零部件在虚拟试验中的载荷历程。

实际工程中，除了可以用准静态线性叠加法和模态叠加法来求解结构的应力时间历程外，有时还会用到瞬态法。瞬态法利用系统的刚度矩阵、质量矩阵和阻尼矩阵来求解结构动力响应方程，以还原结构应力历程，由于是对多项式方程组直接进行求解，需要大量的计算，导致计算效率低下，实际应用相对较少。

如何选择结构应力响应的分析方法，需要根据系统的边界载荷，结构的动静态力学特性，以及其他具体情况来确定；也会根据实际情况对常用的固有计算方法进行修正和综合，以便取得更客观可靠的分析结果。

7.2.1.2 频域法

频域法不需要确定的响应时间历程曲线，使用功率谱密度来表达结构的激励或响应信息，思路简单、计算量小。频域法从统计分析的角度，利用功率谱密度获得了随机振动载荷作用下的全部响应信息，结合材料的$S-N$曲线以及疲劳累积损伤理论进行结构的疲劳寿命预测。基于功率谱密度的频域法主要有窄带法、Dirlik法和三区间法[16-18]。频域法按照载荷条件可分为一般频域法和复杂频域法，一般频域法如谐响应分析法等，适用于载荷按正余弦规律变化的线性结构；复杂频域法，如随机振动分析法，分析时直接将随机载荷历程转变为频域内的功率谱密度函数，主要为谱分析[19]。

1. 功率谱密度

对于一个振动系统，它的输入又称为振源或激励，系统所产生的振动也称为对这个输入的响应。当响应是随机的，这种振动称为随机振动。随机振动没有确定的函数关系式表达,其激励输入和响应输出之间的关系可以从概率分布的角度去描述。功率谱密度是描述各态历经平稳随机过程的载荷或响应随频率变化的函数,表示了随机振动过程中的能量分布[20]。

结构的应力功率谱密度 $G(f)$ 是应力在频域上的统计,即

$$G(f) = W(f)H^2(f) \qquad (7-5)$$

式中,$W(f)$ 为加速度功率谱密度;$H(f)$ 为结构的传递函数。加速度功率谱密度主要依靠多体动力学软件提取的随机过程时域信号。利用傅里叶逆变换对随机时域信号进行时域到频域的转换[21]。

2. 窄带法

频域分析方法中开始最早的是窄带法,窄带法由 Benda 于 1964 年首次提出。窄带法的前提条件是应力幅值的概率分布近似于峰值的概率分布,进而计算随机应力所期望的疲劳损伤值。由于应力幅值是制约结构疲劳损伤的主要因素,故窄带法的疲劳寿命计算误差较大。

平稳随机振动过程中的概率密度函数表达式如下:

$$p(s) = \frac{1}{\sigma}\sqrt{\frac{1-\gamma}{2\pi}}\exp\left[-\frac{s^2}{2\sigma^2(1-\gamma)}\right] + \frac{s\sqrt{\gamma}}{2\sigma}\exp\left(-\frac{s^2}{2\sigma^2}\right)\left[1+\mathrm{erf}\left(\frac{s}{\sigma}\sqrt{\frac{\gamma}{2(1-\gamma)}}\right)\right] \qquad (7-6)$$

式中,σ 为标准差;γ 为不规则因子;s 为应力峰值;erf 为误差函数。若平稳随机过程为窄带过程,且不规则因子 $\gamma=1$ 时,峰值概率密度函数可化为:

$$p(s) = \frac{s}{\sigma^2}\exp\left(-\frac{s^2}{2\sigma^2}\right) \qquad (7-7)$$

公式(7-7)即为典型的瑞利分布,进而可以解得应力幅值的概率密度函数如下:

$$p(s) = \frac{s}{4\sigma^2}\exp\left(-\frac{s^2}{8\sigma^2}\right) \qquad (7-8)$$

窄带法概率密度函数用功率谱密度的谱矩 m_0 表示可得:

$$p(s) = \frac{s}{4m_0}\exp\left(-\frac{s^2}{8m_0}\right) \qquad (7-9)$$

3. Dirlik 法

Dirlik 法是德里克于 1985 年提出的,应用蒙特卡洛(MonteCarlo)技术进行模拟,其雨流循环幅值的概率密度函数包含一个指数分布和两个瑞利分布,Dirlik 法形式为:

$$p(s) = \left(\frac{D_1}{Q}\mathrm{e}^{-\frac{Z}{Q}} + \frac{D_2 Z}{2R^2}\mathrm{e}^{-\frac{Z^2}{2R^2}} + D_3 Z \mathrm{e}^{-\frac{Z^2}{2}}\right)\Big/2\sqrt{m_0} \qquad (7-10)$$

式中,$D_1 = 2(x_m - \gamma^2)/1+\gamma^2$;$D_2 = (1-\gamma-D_1+D_1^2)/(1-R)$;$D_3 = 1-D_1-D_2$;$Z = s/2\sqrt{m_0}$;$Q = 1.25(\gamma - D_3 - D_2 R)/D_1$;$R = (\gamma - x_m - D_1^2)/(1-\gamma-D_1+D_1^2)$;$\gamma = m_2/\sqrt{m_0 m_4}$;$x_m = (m_1/m_0)\sqrt{m_2/m_4}$;$m_n = \int_{-\infty}^{\infty} f^n G(f)\mathrm{d}f$;$s$ 为应力范围。只要求得功率谱密度函数 $G(f)$,由

式(7-10)就可进行 $p(s)$ 计算。

4. 三区间法

三区间法是 Steinberg 提出的建立在高斯分布和 Miner 线性累计损伤定律基础之上的频域分析方法。三区间法广泛应用于航空工程领域，计算方便，且精度比较高。三区间法将等效应力水平划分为三个区间，各个应力区间发生的时间如表7-1所示，这些应力发生的总时间为99.73%，大于 3σ 应力发生时间，仅占0.27%，且不对结构造成任何损伤。依据 Miner 线性损伤累积法则，则损伤为：

$$D = \frac{n_{1\sigma}}{N_{1\sigma}} + \frac{n_{2\sigma}}{N_{2\sigma}} + \frac{n_{3\sigma}}{N_{3\sigma}} = \frac{0.683\nu^+ T}{N_{1\sigma}} + \frac{0.271\nu^+ T}{N_{2\sigma}} + \frac{0.0433\nu^+ T}{N_{3\sigma}} \quad (7-11)$$

式中，$n_{1\sigma}$，$n_{2\sigma}$，$n_{3\sigma}$ 为 1σ，2σ，3σ 应力水平所对应的循环次数；$N_{1\sigma}$，$N_{2\sigma}$，$N_{3\sigma}$ 为 1σ，2σ，3σ 应力水平所对应的试件疲劳循环次数；ν^+ 为振动平均频率，T 为振动时间。

表7-1 三区间法的应力分布

应力区间	发生时间
$-1\sigma \sim 1\sigma$	68.3% 的时间
$-2\sigma \sim 2\sigma$	27.1% 的时间
$-3\sigma \sim 3\sigma$	4.33% 的时间
合计	99.73% 的时间

7.2.2 疲劳累积损伤理论

根据疲劳累积损伤理论可知，在若干循环载荷作用下结构会发生疲劳损伤，疲劳损伤积累导致疲劳破坏产生，具体表现为：当结构所承受的应力高于材料的疲劳极限时，作用下的每一循环载荷都会导致结构疲劳损伤，疲劳损伤不断积累，当积累的疲劳损伤高于材料所能承受的临界值时，结构就产生疲劳失效，称为疲劳破坏。疲劳累积损伤理论是预测构件疲劳寿命的关键依据。随着研究的广泛和深入，国内外研究者根据不同的前提条件，提出不同的累积损伤理论。疲劳累积损伤理论有很多种，大体归类如下：

(1) 线性疲劳累积损伤理论。结构在不同的应力加载下产生的损伤是互不影响的，总损伤可以累加，最常应用的是 Miner 法则，以及在 Miner 法则基础上衍生出的相对 Miner 法则。

(2) 双线性累积损伤理论。整个损伤产生过程仅用一种规律不足以描述，损伤的不同阶段适用于两种线性规律；双线性累积理论的前期与后期时间界限确定相对困难，给工程应用带来了不便。

(3) 非线性累积损伤理论。不同载荷作用下，构件疲劳损伤受到加载顺序等的影响，并不是线性的。该理论的应力水平常数赋值困难，实际应用不多。

(4) 其他累积损伤理论。常见有 Levy 理论和 Kozin 理论等，这些理论大都来自实践或工程经验。

在车辆工程领域最常用的线性疲劳累积损伤理论是 Miner 法则，Miner 法则的前提是：

(1) 任意等幅疲劳逐步作用下，每一个应力循环里材料会吸收相同的净功。净功累积超过临界值，则会发生疲劳破坏。

(2) 不同等幅或者变幅疲劳载荷作用下，材料达到破坏的临界净功全部相同。

(3) 变幅疲劳载荷作用下，材料每一级应力循环中吸收的净功则是相互独立，与应力等级的前后顺序无关。

根据以上假设，如果材料在破坏前可以吸收的能量极限为 W，相对应的总循环数为 N，在某一循环数 n_1 时试样吸收的能量为 W_1，则由试件吸收的能量和循环次数成正比关系，可得：

$$\frac{W_1}{W} = \frac{n_1}{N} \tag{7-12}$$

如果试件的载荷历程由 $\sigma_1, \sigma_2, \ldots, \sigma_k$ 这样的 k 个不同的应力构成，每一个应力水平下对应的寿命分别为对应的循环次数，分别为 $n_1, n_2, \ldots, n_k$，则总损伤为 1，即

$$D = \frac{n_1}{N_1} + \frac{n_2}{N_2} + \cdots + \frac{n_k}{N_k} = \sum_{i=1}^{k} \frac{n_i}{N_i} = 1 \tag{7-13}$$

这时试件吸收的能量即达到极限值，试样发生疲劳破坏。

7.2.3 材料的 S-N 曲线

将材料外加应力与标准试样疲劳寿命之间的关系绘制成的曲线为 S-N 曲线。不加以说明时，S-N 曲线表示存活率为 50% 的中值寿命与外加应力的关系，典型的 S-N 曲线的构造如图 7-5 所示。其中，LCF 为低循环次数的疲劳非线性阶段，宏观上发生材料屈服；HCF 为高循环次数的疲劳线性阶段，$N = 10^4 \sim 10^6$；SF 为疲劳寿命极限阶段，$N > 10^7$。对于电动汽车车架、车身、动力电池等结构，其疲劳属于高周疲劳问题，S-N 曲线对应于 HCF 和 SF 阶段[22]。利用 S-N 曲线可以比较在相同激励下，不同材料的疲劳寿命。

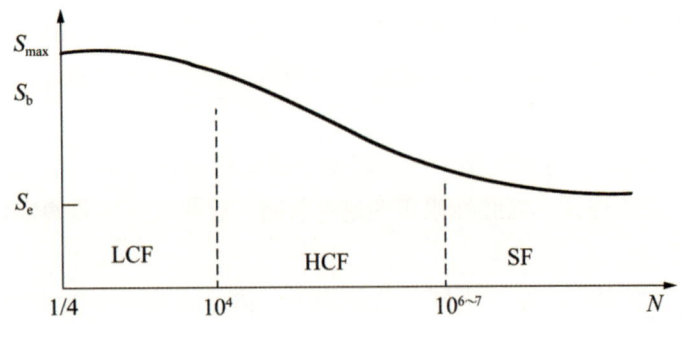

图 7-5 S-N 曲线图

7.3 车载动力电池有限元分析

7.3.1 动力电池有限元模型建立

车载动力电池系统具有复杂的结构。动力电池一般通过吊耳或螺栓等连接件悬挂安装于车身底部,为汽车提供稳定可靠的动力来源。在动力电池设计开发及验证阶段,需要针对不同的需求,建立合理的精细化动力电池模型,在此基础上进行动力电池静动力学分析、疲劳寿命分析、结构优化和可靠性分析等。

如图7-6为某款动力电池实物图,该动力电池主要有箱盖、箱体和电池以及固定结构等部分。动力电池上箱盖主要起到密封防水的作用,几乎不受力;下箱体有承载容纳、约束电池组的功能,保证在汽车正常行驶过程中电池模组的可靠固定,所以需要在其内安装支板、支架及其他固定限位结构,使电池在各个方向都不会产生整体的窜动,减少对动力电池箱体的冲击,保证其正常工作。底部加焊加强肋板,来提高底板的刚度。固定结构是指位于动力电池外部的用于与汽车固连的结构,通常采用吊耳的形式。

(a) 动力电池外部视图

(b) 动力电池内部视图

图7-6 动力电池实物图

对电池箱体、支板、保持架、电池单体、压板、压杆等进行几何建模。几何建模时对动力电池内部线路、散热风扇等非目标构件和特征进行简化处理或忽略。依据几何模型建立动力电池有限元模型,应对模型赋予属性,表7-2所示为动力电池各构件的材料参数。

表7-2 各构件一般类型及材料参数

序号	构件	材料	材料类型	弹性模量/GPa	泊松比	密度/(kg·m^{-3})	屈服强度/MPa
1	箱体	钢	分段线性	206	0.3	7850	240
2	内架	钢	分段线性	206	0.3	7850	240
3	电池外壳	铝	分段线性	69	0.3	2700	55
4	电池内芯	—	可压缩泡沫	0.5	0.01	2000	—
5	上压盖	PA6	分段线性	23.2	0.34	1130	100

（续表7-2）

序号	构件	材料	材料类型	弹性模量/GPa	泊松比	密度/(kg·m^{-3})	屈服强度/MPa
6	压杆	钢	分段线性	206	0.3	7850	235
7	模组支板	PA6	分段线性	23.2	0.34	1130	100
8	螺栓	钢	分段线性	206	0.3	7850	235
9	吊耳	钢	分段线性	206	0.3	7850	235

除电池外，动力电池箱体、支架等构件主要采用薄板件冲压而成，各部分大都为板壳结构，作为壳单元处理。动力电池吊耳是动力电池与车身连接的关键部位，为得到相对准确的分析结果，应对此类关键部位的网格进行细化。动力电池内部保持支架承担着固定电池模组的作用，以保持各构件相对位置不变化，因此内架的网格应适当细化。圆角因为半径过小可予以忽略，整个动力电池结构无明显突筋和包边。焊点采用ACM单元，螺栓连接采取RBE2单元模拟。

研究的重点集中在动力电池箱体及其附属支架的结构可靠性，故对其中塑料垫板、塑料架等进行简化忽略。采取简化处理将电池块等效为质心处的集中质量点，通过RBE2单元连接动力电池箱体进行模拟；相应的，其他细小构件也采取简化处理。最终建立动力电池的有限元模型。

7.3.2 动力电池静力学分析

对动力电池结构进行静态分析，可以得到结构在静态（或准静态）载荷作用下的形变与应力，便于校核结果的刚度、强度是否合格。动力电池通过吊耳悬挂于车身底部，其连接方式决定动力电池的受力方式。一般情况下，动力电池吊耳为其约束点，但动力电池没有明确的载荷施加点，即没有明确的施力点，其受力主要与自身质量或重力有关；并且动力电池各吊耳大致在同一个平面内，各吊耳通过螺栓和橡胶块较均匀地并排悬挂安装于车身底部的车架或肋上，故常规的静态分析如弯曲、扭转刚度分析等对动力电池实际意义并不明显。

动力电池质量相对较大，几乎占到整车质量的1/3。汽车加速、减速和转弯等工况带来的载荷冲击应予以充分考虑。静态（准静态）分析工况选择汽车减速、转弯以及过减速时动力电池的受力情况，分别对应于整车方向上动力电池沿y方向施加2倍重力加速度，沿x方向施加3倍重力加速度，沿z方向施加4倍重力加速度。

7.3.2.1 x方向准静态工况分析（制动工况）

在汽车行驶过程中，遇紧急情况时汽车制动，动力电池等构件将承受向前的惯性力。在进行有限元分析时，约束吊耳节点的所有6个自由度，给动力电池整体施加3倍重力加速度载荷（即$a=3g$），方向与汽车行驶方向相

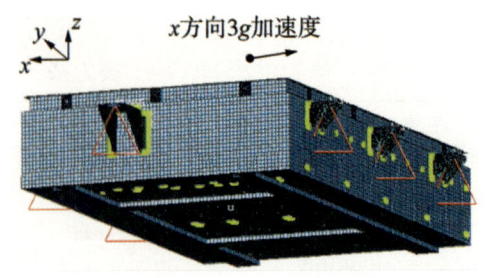

图7-7 减速工况动力电池约束加载示意

反，如图7-7所示。动力电池位移、应力分析结果如图7-8所示。在此工况下，动力电池的大位移主要出现在动力电池底板的前中部；最大应力出现在左侧吊耳孔周，应力最大值小于屈服强度，且整体未出现大的应力集中，认为急刹工况下动力电池强度满足要求。

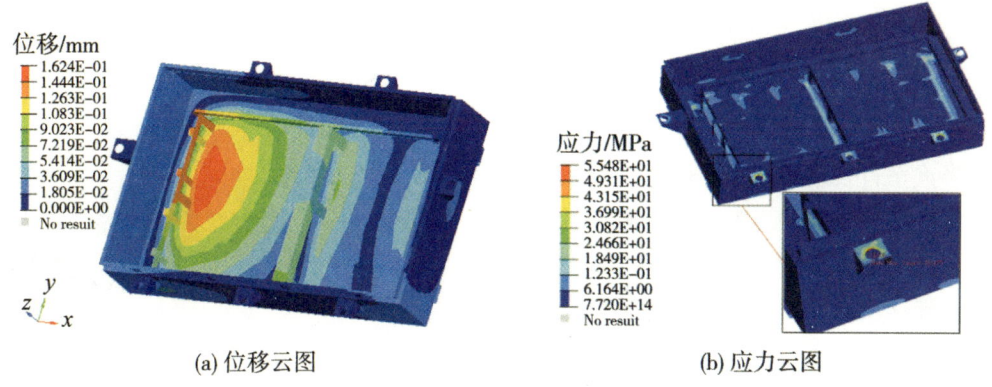

图7-8 x方向3倍重力加速度时位移云图和应力云图

7.3.2.2 y方向准静态工况分析（转弯工况）

汽车以一定速度通过弯道时，离心运动将使汽车有沿弯道切线行驶的趋势，使得汽车及其零部件整体受到指向弯道曲率中心的向心力，有限元静力分析中设定此加速度为$2g$，如图7-9所示，动力电池位移、应力分析结果如图7-10所示。

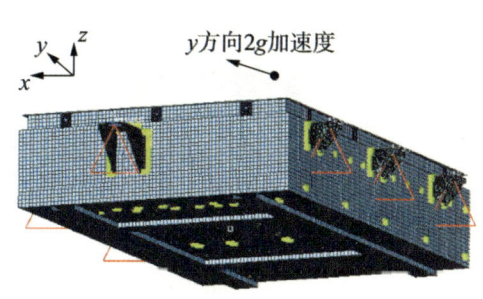

图7-9 转弯工况动力电池约束加载示意

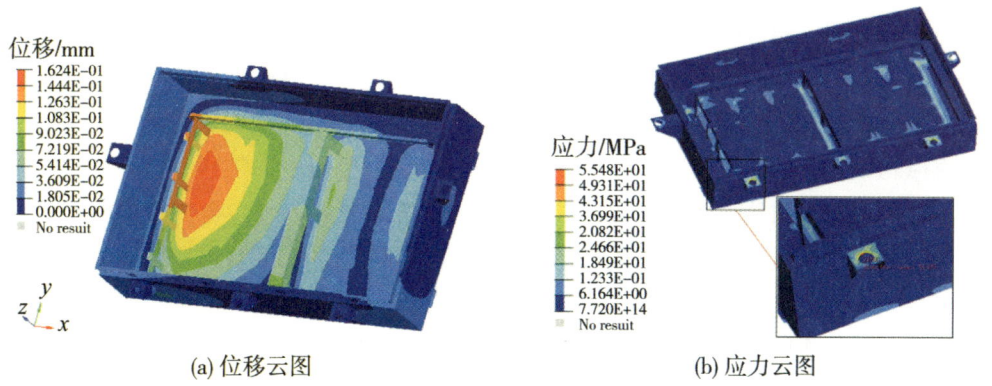

图7-10 y方向2倍重力加速度时位移云图和应力云图

转弯工况动力电池的大位移主要出现在动力电池底板的左侧中部；最大应力出现在左后吊耳孔周，且整体也未出现大的应力集中，应力最大值小于屈服强度，转弯工况下动力电池强度满足要求。最大应力出现在吊耳孔周，可能与分析模型的约束施加方式有关，在静态分析过程中对吊耳孔周的节点以 RBE2 蛛网单元连接并约束其全部 6 个自由度，实际中吊耳通过橡胶块与车身连接，吊耳与橡胶块接触面积相对较大，出现大应力的可能性相对较小。

7.3.2.3 z 方向准静态工况分析（垂直振动）

当汽车行驶通过减速丘时，车身受到向上加速度作用，此时动力电池承受较大的垂向加速度，如图 7-11 所示。当对动力电池施加 4 倍重力加速度载荷时，动力电池位移、应力分析结果如图 7-12 所示。

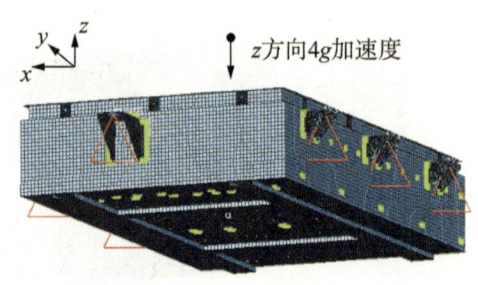

图 7-11 动力电池转弯工况约束加载示意

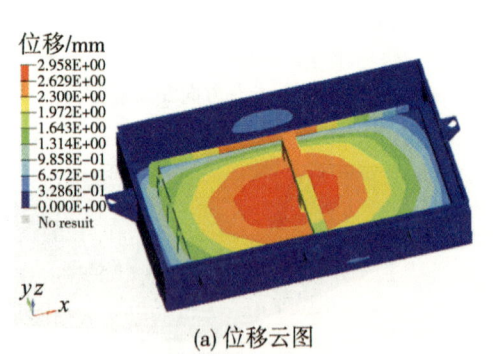

(a) 位移云图

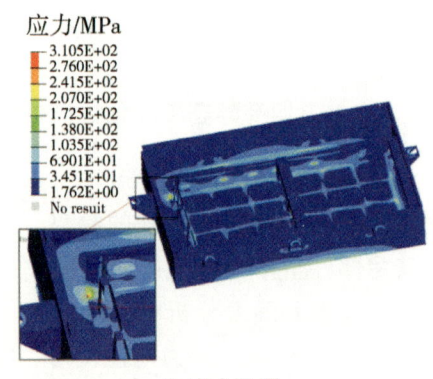

(b) 应力云图

图 7-12 z 方向 4 倍重力加速度时位移云图和应力云图

在此工况下，动力电池的大位移主要出现在动力电池底板的中部；最大应力出现在动力电池内部左侧支架前部与动力电池地板连接处，此处应力值略大于动力电池材料屈服强度，该条件下动力电池不能满足使用要求。

模拟刹车工况和转弯工况，静态分析结果表明动力电池最大位移和应力均在可接受范围内，动力电池结构基本满足性能；模拟通过减速丘过程时，动力电池形变位移相对非常大，且最大应力超过屈服强度，此时动力电池结构不能满足性能要求，但垂直方向上出现 $4g$ 加速度属于小概率事件，一般认为电动汽车在实际运行过程中不会发生；一旦发生，可能造成内架的连接失效而导致不能有效固定电池模组，使之在路面激励下产生相对滑移而引发可靠性问题，甚至引发严重事故，故可以据此提出对动力电池结构进行合理改进。

7.3.3 动力电池动态特性分析

动态特性分析又称动力分析，包括固有特性分析和响应分析。固有特性分析一般又称模态分析，由结构的固有频率、振型等参数进行表述；响应分析则是结构对特定激励的加速度等响应的表征。动态特性分析可以了解结构的固有特性，以及结构在动载激励下的变化规律。

7.3.3.1 动力电池模态的数值分析及试验

模态是机械结构的固有振动特性，每一阶模态具有特定的固有频率、阻尼比和模态振型。系统的模态参数一旦确定，系统的动态特性就能确定。针对动力电池，受激共振可能产生的高动应力可能超过组成材料的强度，给结构带来不可恢复的破坏，产生的大变形也可能引起内部电连接的失效、短路甚至起火等，影响汽车正常运行，故在动力电池设计过程中，除应满足动力电池静态刚度和强度的基本要求外，还必须进行模态分析。

模态参数可以由计算或试验取得，由有限元计算方法得到的称为计算模态；由试验进行模态参数识别的则称为试验模态。在数值计算上，模态分析的实质就是求解模态坐标系下的系统运动微分方程；试验模态分析的原理则是通过建立结构特性（如脉冲响应函数等）与模态参数之间的关系，以识别模态参数。

7.3.3.2 动力电池模态试验与仿真

模态试验时，由于动力电池整体质量、刚度较大，实验选择激振器单点激振、多点拾振的方法，即选择一个激振点对结构施加激励，同时拾取结构上多个测点的响应信息。测试前为提供系统自由振动环境，用刚度足够小的弹性绳悬挂整个动力电池，尽量保证系统受到激励后能够自由振动。悬挂点的布置考虑动力电池的平衡，尽量选择振动节点处，采用4点悬挂，动力电池与弹性绳形成的系统自由振动频率应控制在动力电池一阶模态频率的1/10以下。动力电池整体（不含箱盖）试验过程如图7-13所示。

(a) 动力电池受激及响应测量　　(b) 数据采集及分析系统

图7-13　动力电池整体自由模态试验

测点的布置原则上应遵循一定的规律，如测点间隔合理选取，测点的空间位置应能直观呈现动力电池外形轮廓，应确保传感器方向与参数识别软件设定的方向一致，以保证测点准确反映各阶模态的振动形态。

随机激振信号在较宽的频带内的能量分布相对均匀，动力电池的激励信号选择随机激励，试验过程中实时检查相关函数与频响函数，通过将测点数据赋予各框架测点，选用恰当的算法提取模态参数，得到动力电池振型。图 7 - 14 所示为试验振点框架振型与模态仿真对比。

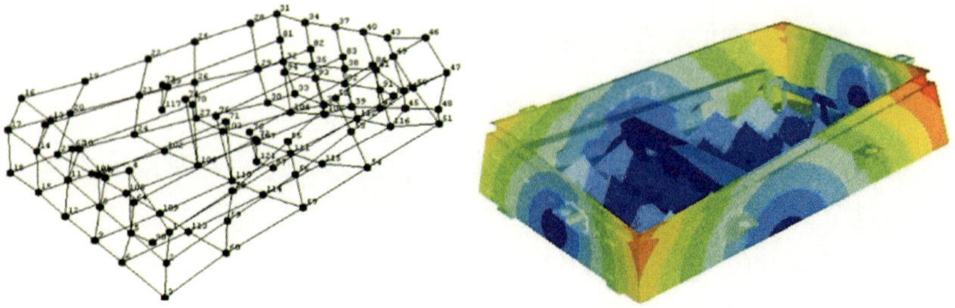

(a) 一阶试验与仿真结果

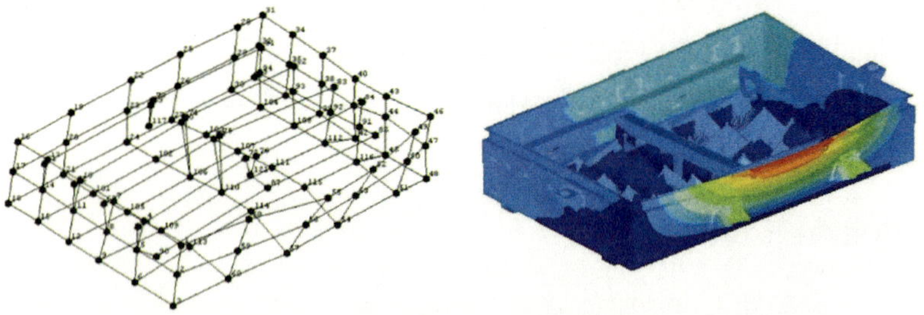

(b) 二阶试验与仿真结果

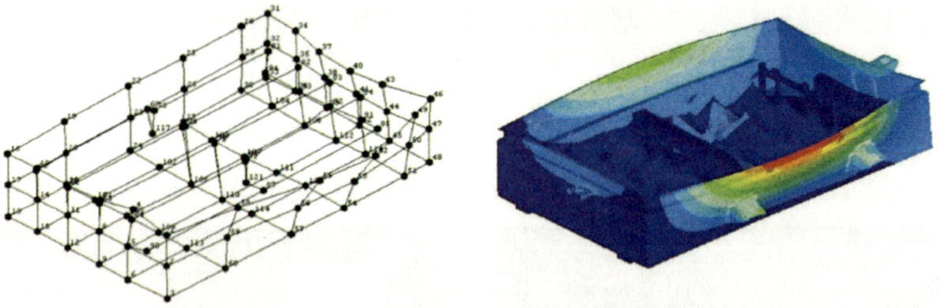

(c) 三阶试验与仿真结果

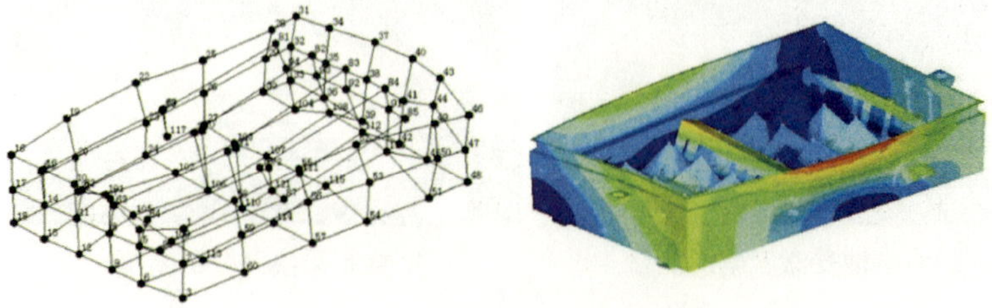

(d) 四阶试验与仿真结果

图 7 - 14　试验振点框架振型与模态仿真对比

试验各阶频率与仿真的结果对比如表 7-3 所示。通过对比，动力电池整体有限元模型仿真结果与试验结果基本一致，前四阶振动频率最大误差小于 10%。由于采用了集中质量点代替电池模组而未按照装配关系进行模拟，模态信息存在偏差仍然是可以接受的，认为用集中质量点替代电池模组的模态计算结果与试验基本一致。

表 7-3 试验与仿真结果对比

阶次	振型	仿真频率/Hz	试验频率/Hz	误差
1	整体一阶扭转	33.60	35.19	4.5%
2	前板一阶弯曲、底板鼓动	57.23	52.21	9.6%
3	前板、后板一阶弯曲	67.44	66.61	1.2%
4	前板二阶弯曲、左板一阶弯曲	74.23	71.12	3.1%

7.4 动力电池载荷状况分析

研究动力电池的复杂受载状况是研究其结构疲劳性能的重要和必要前提。在进行疲劳寿命仿真分析时，需要根据测试工况对测试系统施加具体载荷。因此，准确的载荷谱有助于研究动力电池在振动过程中的结构安全性、连接可靠性、内部触点振动响应特性等。

7.4.1 道路谱采集与分析

实车采集的道路谱最能客观和真实地反映汽车及其零部件的使用环境下的状态，一般将实车采集的道路载荷谱用作室内台架试验；同时，实车真实道路谱也是虚拟迭代对汽车及其零部件载荷历程进行预测的基本输入条件。实车道路谱采集结合虚拟迭代技术，可以对汽车及其零部件的载荷历程进行预测，实现试验与仿真的结合，以相对较低的成本获取结构相对准确的载荷谱。

应用一般汽车道路谱的采集规程和技术，对电动汽车一般使用环境下的道路谱进行采集。获得的动力电池载荷谱有助于对动力电池的初步受载状况进行评估。

7.4.1.1 动力电池道路谱的采集

汽车实车道路谱试验可以是实际道路、试车场道路和室内台架，实际上室内台架试验的加载谱也通常来自实际道路或试车场道路采集。国家标准 GB/T12534—1990《汽车道路试验方法通则》[24] 和 GB/T12678—1990《汽车可靠性行驶试验方法》[25] 规定，可靠性试验行驶道路分为常规可靠性试验道路与试车场可靠性试验道路两种。

通常情况下，电动汽车由于使用环境与传统汽车使用环境有较大不同，试验场试验与真实的用户使用环境、试验场试验与室内台架试验之间的当量关系难以准确的建立，其试验缺乏相应的标准和规范；本书采用第一种常规道路可靠性试验方法，选取用户实际使用的道路进行道路谱采集。

7.4.1.2 采集的道路及里程规定

不同的公司和单位针对不同的产品车型和不同的目标用户，对可靠性试验的路谱采集规程也存在较大不同。假设电动汽车的使用环境为城市交通环境，参照相关标准和资料[26]，以及用户实际使用情况，制定采集的路面和里程分配规定如表7-4所示。

表7-4 试验道路组成及规定

项 目	城市道路			高速路	乡村公路	坏路
	城市主干道	减速带路	井盖路			
划分比例/%	60	2.5	2.5	25	5	5
车速/(km/h)	50	30	30	60	30	30
实测样本	3	4	4	2	3	3

7.4.1.3 采集测点的位置确定

汽车零部件路谱测点布置一般需满足以下要求：
(1)测点应能客观、较全面地反映受测部件的真实振动情况；
(2)测点应对路面的输入相对敏感，以提高测量的信噪比；
(3)测点应尽量与室内试验台或仿真关键测点靠近，以便进行后续的研究和对比。

动力电池箱体的加速度和应变作为载荷谱采集的重要目标信号，其对动力电池及其模组、电子元器件的可靠性等有着重要的影响并可能是直接导致箱体等构件疲劳失效的因素。根据以上测点选取的一般原则，为便于载荷谱的提取和分析，选定位移、加速度和应变作为测量量并对信号进行同步采集；位移信号的采集主要采用拉线式位移传感器测量动力电池相对于车身安装点的位移，设置测点 C_1—C_9，对应测量量如表7-5所示。最终确定信号采集数为15通道，其中位移信号2通道，加速度信号8通道，应变信号5通道，测点如图7-15所示。

表7-5 动力电池道路谱采集测点信息

测点	位置	测量量
C_1	吊耳1上	三向加速度
C_2	吊耳1下	三向加速度
C_3	吊耳3上	横向加速度
C_4	吊耳3下	横向加速度
C_5	吊耳6上	垂向加速度
C_6	吊耳6下	垂向加速度
C_7	动力电池外壳底面	应变
C_8	测点 C_1—C_2 之间	相对位移
C_9	测点 C_5—C_6 之间	相对位移

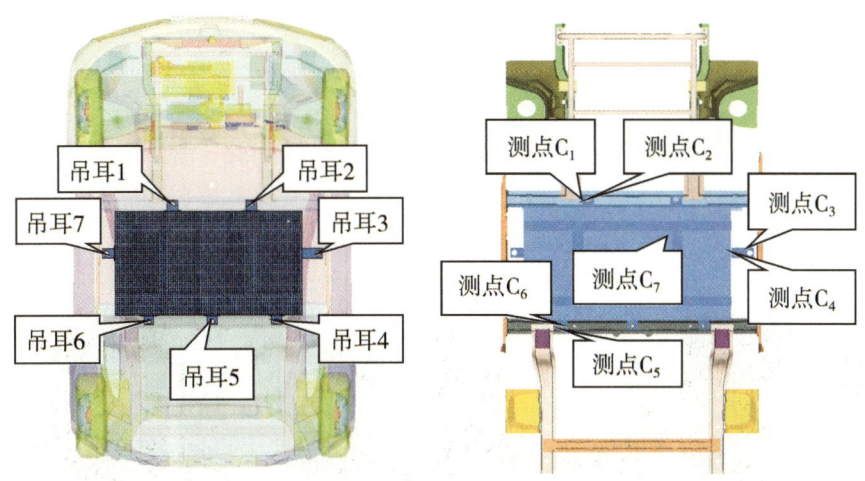

图 7-15 信号测点示意图

7.4.1.4 道路谱采集系统搭建

实验采集数据利用动态信号测试分析仪。最终建立动力电池道路谱采集系统,如图 7-16 所示。

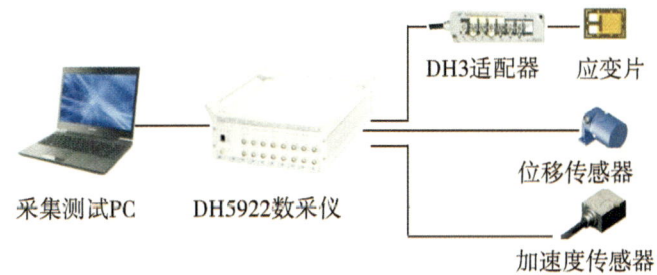

图 7-16 测试采集系统

7.4.1.5 动力电池道路谱实车试验

实车动力电池常规道路载荷谱采集试验意义重大,采获的载荷谱数据有助于后期研究及动力电池及其相关零部件可靠性设计。试验车辆的主要技术参数如表 7-6。

表 7-6 试验车辆的主要技术参数

名称	整车参数值
总质量/kg	850
外形尺寸/mm	2765×1540×1555
轴距/mm	1760
前/后轴荷分配/%	55/45

试验车辆充分磨合,装备齐全,胎压正常,试验前动力电池电量达到80%以上;装载质量参照 GB/T12534 第 3 章第 1 条规定,驾驶员、副驾驶各 70kg(两座),行李配重 20kg。试验前确保试验车辆状况良好,符合汽车道路试验规程。

采集试验开始后,试验车辆按照"城市主干道—减速带路—井盖路—高速路—山路—坏路"的顺序进行实验,其中每种路况可以进行多次以提高数据的可信度,测试过程中应时刻关注测量目标的实时变化,出现异常及时停止试验并进行排查。图 7-17 所示为常规试验路面。

(a) 城市主干道

(b) 失修坏路

(c) 乡村公路

(d) 减速带路

图 7-17 常规试验路面(部分)

7.4.1.6 动力电池道路载荷数据的预处理

在动力电池载荷谱数据采集过程中,一方面,汽车动力电机、控制器、电池管理系统等设备在工作过程中产生的信号不可避免地会对测量带来干扰;另一方面,动力电池除受到来自路面经由悬架、车身传递来的载荷外,电机等动作构件产生的振动也会传至动力电池。因此,采获的原始数据在应用分析前需要进行预处理。

对于个别明显不正常的信号点(如"毛刺"等)应予以剔除,对于不正常的信号序列应查找原因并适当舍弃,对于呈现误差趋势的信号应深入分析并予以合理修正。在检查和确认信号的过程中,将会使用各种数据分析处理的方法,以去除噪声信号,如信号的趋势项和非正常值等,提高载荷信号的信噪比。

滤波是将信号中特定波段频率滤除的操作,是根据观察某一随机过程的结果对另一与之有关的随机过程进行估计的概率理论与方法。滤波器一般有低通、高通、带通、带阻等四种,可根据原始信号所包含的频域成分和目标载荷信号的集中频域之间的关系进行滤波器的选择。一般地,数字滤波器可通过依据滤波函数编程的数字滤波器对信号进行处理,其中用的比较多的有 Butterworth 滤波器、Chebyshev 滤波器和 Cauer 滤波器。

采集得到道路谱信息后,根据道路实验经验以及对路面的客观分析,测试选择的路面相对比较常见,采集的道路谱不太容易出现超低频或相对高频的信号成分,对数据的处理选择带通滤波器,选择应变信号的通带频率为 3~180Hz,位移、加速度信号采用通带频率为 2~180Hz[27]。

对原始信号进行预处理,提取动力电池应变、加速度、相对位移信号。为使采集的数据更加客观,针对各种常规试验路段进行多次试验样本采集。样本采集过程中,需要对采集的路谱数据进行剪辑,舍弃不符合要求规定的数据,选取其中稳定、可信的数据,将此数据应用于虚拟迭代,从而获得动力电池道路谱。图7-18所示为处理后的部分道路谱信号。

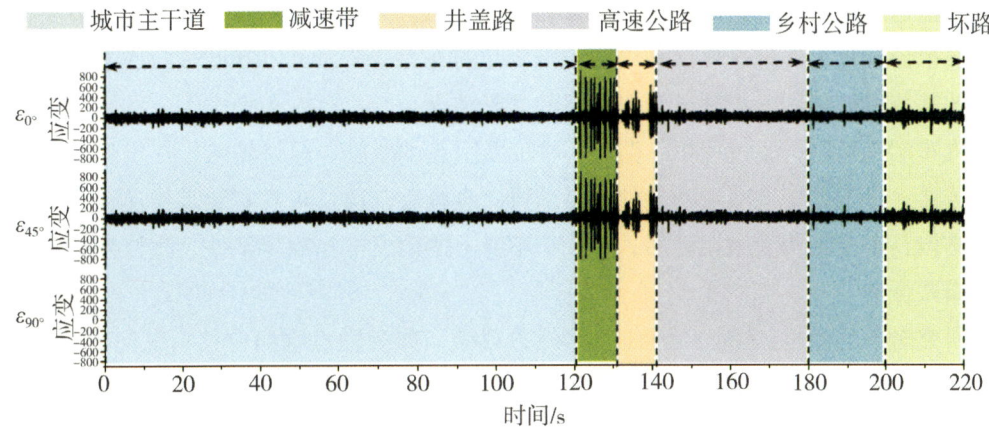

图7-18 常规路试验道路谱的应变信号

7.4.2 载荷谱的虚拟迭代预测

在对汽车车身及其他零部件的疲劳分析过程中,需要获取研究对象的边界载荷。没有客观准确的载荷历程,对其进行的疲劳损伤分析就缺乏可信度和有效的判断。获取边界载荷,需对载荷进行分解计算,借助多体动力学模型(刚体、柔体或刚柔耦合模型)将外界激励(路面试验或台架试验)引起的载荷分解到各零部件上[28-29]。载荷分解的虚拟仿真一般可通过虚拟试验场技术(VPG)或虚拟台架技术(VTR)两种方式。

虚拟试验场技术(VPG)需要建立准确的数值路面以及精确的轮胎模型,以模拟轮胎与路面的接触,其中建立精确的轮胎模型一直是相对复杂的难题,一般轮胎模型对于高频激励的仿真计算并不准确[30],并且某些工况如砾石路的路面轮廓无法进行准确的数值仿真定义。虚拟台架技术(VTR)虽然可以回避必须建立复杂精确的轮胎模型和准确的数值路面的问题,但一般需要用车轮六分力测量仪测量轴头的六分力以及研究对象的应变响应信号,这会使得试验代价和复杂程度变大;同时,测试所得数据并没有用来修正和检验虚拟台架仿真,仿真和实测的一致性难以保证[31]。

通过传感器采集结构的振动路谱,将采集的真实路谱试验数据和建立的多体动力学模型结合,通过引入目标结构的实测路谱数据对虚拟台架仿真过程进行修正和迭代,直至响应路谱在仿真结构中准确重现,即可得到汽车或零部件连接点的载荷谱。

虚拟迭代(virtual iteration)的试验台可以在迭代过程中将载荷的仿真值和实测值进行充分对比,保证结果的客观性,降低了试验成本和试验周期;同时对原有车型的路面载荷迭代,在早期应用于轴距轮距相近的新车型的载荷预测,可以将疲劳分析大幅提前至产品设计阶段，有效地指导新产品的设计开发。

7.4.2.1 虚拟迭代技术与原理

虚拟迭代技术通过路谱采集试验对加速度等内力载荷进行测量，将测得的道路谱信息结合虚拟台架技术通过迭代计算得到结构所受的外力载荷，可以降低试验成本且达到令人满意的载荷解算精度，实现试验与仿真的紧密结合。

汽车实车道路行驶过程中，路面不平度及引起的激励，通过轮胎经一定程度衰减后往悬架传递，悬架系统的减振功能件将激励再次衰减后，通过车身安装点传递至汽车白车身承载结构，车身结构受激振动后，附装于车身上的动力电池等零部件、附件系统开始以一定的模式振动。

研究对象的激励（驱动）信号（又称外力载荷，如激励点垂向位移、纵向力等）在实际路试中难以采集，但是响应信号（又称内力载荷，如加速度和应变等）却相对比较容易测得。根据多体系统动力学的逆动力学相关内容，已知系统及其响应输出可以通过迭代算法求解系统运动状态及激励输入。

对于汽车零部件系统的研究对象，可重构振动激励信号 v，以复现零部件路试的振动响应 q_v，过程如图7-19所示，从而进一步研究零部件疲劳可靠性分析。

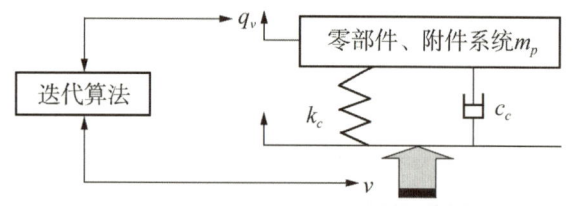

图7-19 基于真实路谱重现的零部件虚拟试验台架[83]

多体运动学模型从系统角度来说其实质上就是一个传递函数，通过其逆传递函数 F^{-1}，可以利用输出反求得到输入。由于建立的 Adams 多体仿真模型不是一个线性系统，往往一次计算并不能直接得到实测输出响应值，需要进行反复迭代以不断逼近迭代目标信号，最终得到相对准确的输入（即外部激励载荷）。虚拟迭代的原理是求解非线性系统的逆问题。

7.4.2.2 虚拟迭代的流程

针对虚拟迭代技术，国内外不同的研究机构基于不同的平台开发了各种具有虚拟迭代功能的工具，如最常用的 LMS 公司和宝马汽车公司合作开发的具有迭代功能的 LMSMotion-TWR 虚拟试验台架模块，以及麦格纳公司斯太尔工程技术中心（ECS）研制开发的 FEMFAT Lab 等。

虚拟迭代流程如图7-20所示，完成准备工作后，对多体动力学系统进行识别，计算系统的传递函数 $F(s)$；一般可以用软件生成白噪声信号 u_{noise} 作为输入，仿真计算模型的白噪声（或粉红噪声）的响应 y_{noise}；通过式（7-14）得到系统传递函数：

$$F(s) = \frac{y_{\text{noise}}(S)}{u_{\text{noise}}(S)} \tag{7-14}$$

输入白噪声(或粉红噪声)信号时,为得到更准确的传递函数、更客观地反映模型系统的力学传递特性,可以增大信号幅值至与实际水平相当甚至比实际幅值更大,不用顾及系统过载。不用担心载荷过大损伤测试系统和测试构件是虚拟迭代相比于物理迭代较明显的优点[87]。虚拟迭代流程及示意图如图7-20所示。

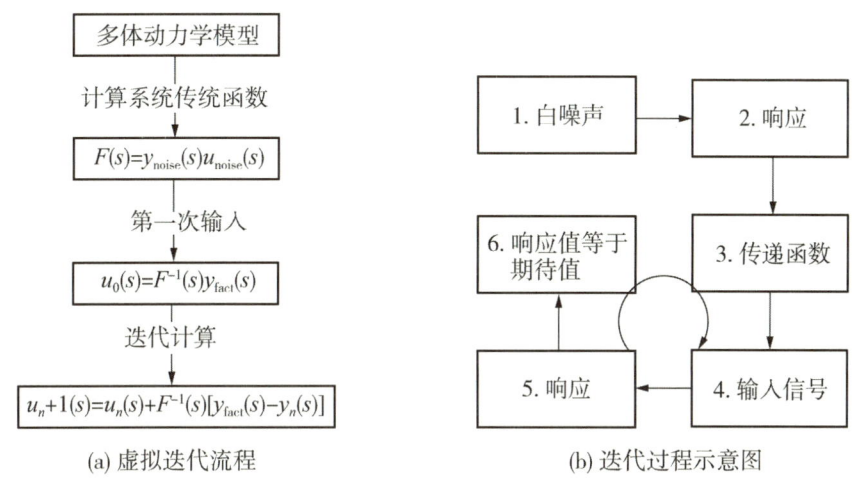

图7-20 虚拟迭代流程及示意图

根据传递函数得到系统逆传递函数 F^{-1} 后,通过目标响应信号的实测值 y_{fact} 和系统模型的逆传逆函数,通过式(7-15)计算第一次系统输入 u_0:

$$u_0(s) = F^{-1}(s)y_{fact}(s) \tag{7-15}$$

将首次算得的信号再次输入系统进行仿真,得到首次计算系统输出值 y_0,对比系统输出迭代响应信号与目标响应信号并计算两者的误差;根据误差值 $(y_{fact}-y_0)$,通过式(7-16)对系统进行第一次迭代,得到首次输入系统的迭代值 u_1:

$$u_1(s) = u_0(s) + F^{-1}(s)[y_{fact}(s) - y_0(s)] \tag{7-16}$$

将 u_1 再次输入系统,再次得到对比系统输出迭代响应 y_1,计算两者误差 $(y_{fact}-y_1)$,重复以上步骤,直至系统输出与目标信号之间的误差满足要求后停止迭代。比较迭代响应信号和目标信号是否一致(即判断迭代是否收敛),通常从时域、相对损伤值和功率谱密度等三个方面进行,可以先将迭代响应信号与目标信号在时域或频域进行初步对比,判断信号整体的幅值大小、信号走势等是否一致。

对于疲劳可靠性研究,更关注由载荷大小和频次对构件带来的损伤,由此,一般结合材料的名义 $S-N$ 曲线,用相对损伤值 μ 对迭代结果进行评定:

$$\mu = \frac{D_{iteration}}{D_{target}} \tag{7-17}$$

式中,$D_{iteration}$ 为迭代响应的伪损伤值;D_{target} 为目标信号伪损伤值。相对损伤值 μ 越接近1,

则说明迭代信号的质量越好,迭代越成功。一般工程上 μ 值介于 0.5~2.0 时[33],迭代满足要求。

7.4.2.3 电动汽车动力电池系统多体动力学模型建立

路面激励通过悬架传递至车身,又从车身通过悬置连接传递至动力电池;建立车身-悬置-动力电池多体动力学模型是进行虚拟迭代的基础。激励信号输入多体动力学模型得到模型的响应,通过响应与原信号的比对来修正再一次输入,反复迭代,在这个过程中将不断调用多体动力学模型。

多体动力学模型主要由动力电池、车身和虚拟试验台等部件组成,动力电池与车身之间通过橡胶悬置连接,动力电池采用刚柔耦合模型,并采用六通道虚拟试验台架。多体动力学模型中的柔性体部件,若结构相对简单、形状相对规则,一般直接使用多体动力学建模软件中自带的柔性化处理功能对刚体进行柔性化;相对复杂的零部件,可通过 Nastran 等软件生成 mnf 柔性体文件后导入 ADAMS 等多体动力学仿真软件中,这种外部导入柔性体的方法也适用于疲劳、振动等分析精度要求较高的场合。

动力电池通过橡胶悬置与车身固定连接,车身部件由于使用承载式车身,动力电池悬挂于车身底部加强肋上。考虑到车体结构柔性对系统载荷历程影响不是很大,为简化建模以及提高运算效率,按车身与电池包实际重量建立模型后计算得到质心位置与转动惯量等信息后,将车身简化为一个动力学参数与原车身相同的刚性体,位于动力电池相连的车身加强肋上,如图 7-21 所示。

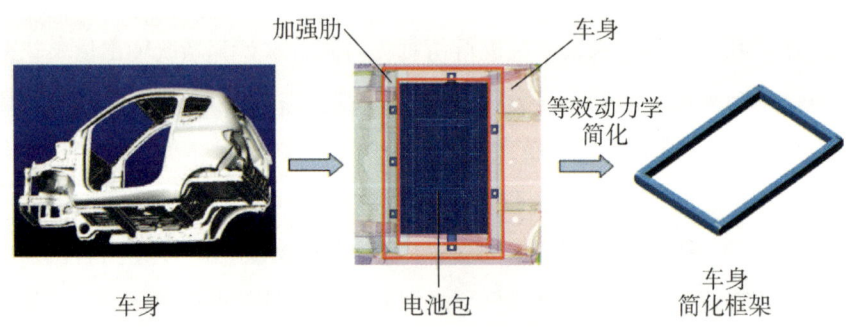

图 7-21 车身刚体模型的简化

刚体模型与柔体模型在耦合过程中,柔性体不能直接与刚体建立约束,必须通过建立中间体(interface part)来连接。

7.4.2.4 六通道虚拟试验台

考虑动力电池所受载荷由车身传递而来,为更客观地反映车身动力电池系统运动情况,建立车身动力电池系统多体模型中的六通道试验台架。虚拟试验台如图 7-22 所示,采用与车身相连的 3 个垂向执行器、2 个纵向执行器和 1 个侧向执行器这 6 个执行机构实现 6 个方向的自由运动。

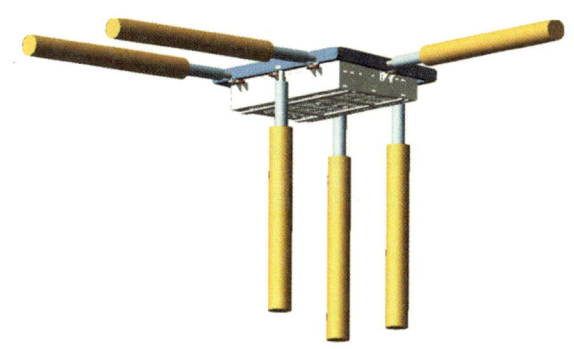

图 7-22　六通道虚拟试验台

在 ADAMS/Car 建立试验台的过程中，正确定义试验台基座等构件之间的运动副、试验台与动力电池系统之间的通信器是关键，构件运动副是多体运动的基础，通信器是模型数据传递的形式。

7.4.2.5　动力电池系统虚拟试验台模型

ADAMS/Car 环境下，多体动力学模型的建立采取自下而上的建模顺序，先建立部件模板，在模板的基础上建立子系统，通过子系统建立装配组合；建立了动力电池和车身的子系统，组合成装配组合后就可以进行需要的仿真分析。基于虚拟试验台的动力电池系统多体动力学模型文件构成如图 7-23 所示。

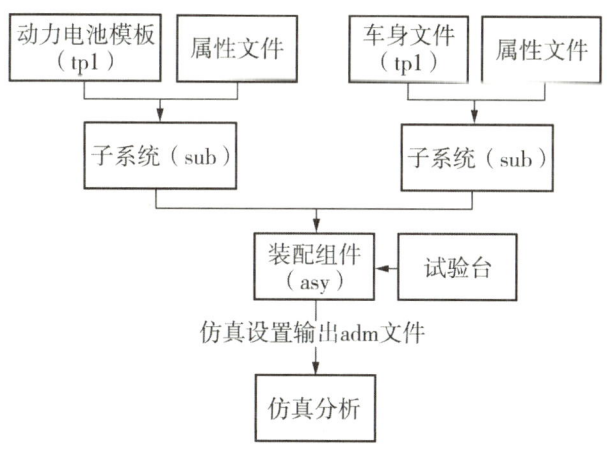

图 7-23　多体动力学模型组建文件构成

经检验，模型间通信器匹配正确，车身动力电池系统多体动力学模型各部件及总质心位置、质量、转动惯量等与几何模型一致，动力电池系统虚拟试验台与动力电池实际情况是一致的。

基于建立电动汽车动力电池多体动力学模型的试验台架,结合获取的电动汽车动力电池的道路谱,可以通过虚拟迭代求解得到动力电池的载荷谱。基于电动汽车动力电池系统的多体模型和实车采集路谱的迭代,利用 FEMFAT Lab 软件进行,对应虚拟迭代操作步骤如下:

1. 设置多体模型求解环境,关联仿真软件

虚拟迭代的过程就是不断调用多体模型进行仿真的过程,运用虚拟迭代软件需要指定将调用的多体运动学仿真程序。

2. 定义输入和输出

在 ADAMS 交互界面通过 Spline 为模型定义输入、Request 定义输出,针对多体模型仿真过程中可能出现漂移和翻转等不稳定的现象,采用位移和力混合驱动的方法,6 个激励通道和 6 个响应通道设置如表 7-7 所示,设置采样频率与实测数据采样频率一致。

表 7-7 动力电池系统台架激励与响应通道设置

激励点	位置	属性	响应点	位置	属性
S1	前左吊耳悬上	z 向位移	R1	前左吊耳悬上	z 向加速度
S2	前右吊耳悬上	z 向位移	R2	前右吊耳悬上	z 向加速度
S3	右侧吊耳悬上	y 向力	R3	右侧吊耳悬上	y 向加速度
S4	后右吊耳悬上	x 向力	R4	后右吊耳悬上	x 向加速度
S5	后中吊耳悬上	z 向位移	R5	后中吊耳悬上	z 向加速度
S6	后左吊耳悬上	x 向力	R6	后左吊耳悬上	x 向加速度

动力电池-车身系统多体动力学模型在进行 4 次迭代后,各通道迭代趋于收敛,继续进行迭代即有发散的迹象,如右侧通道(Y_MR)相对损伤值越来越偏离理想值 1。相对损失值随迭代次数变化如图 7-24 所示。

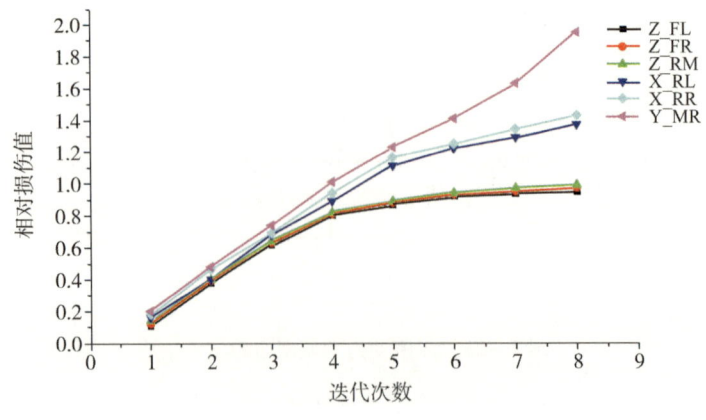

图 7-24 迭代相对损伤值

动力电池多体动力学模型的在迭代过程中台架 z 向通道收敛相对比较容易，x 通道和 y 通道收敛则相对困难，这是由于台架 xy 通道处于同一平面，通道之间存在相互干扰的缘故。以前左(Z_FL)通道为例，图 7-25 和图 7-26 为第 4 次迭代完成后迭代信号与目标信号时域和频域上的对比。

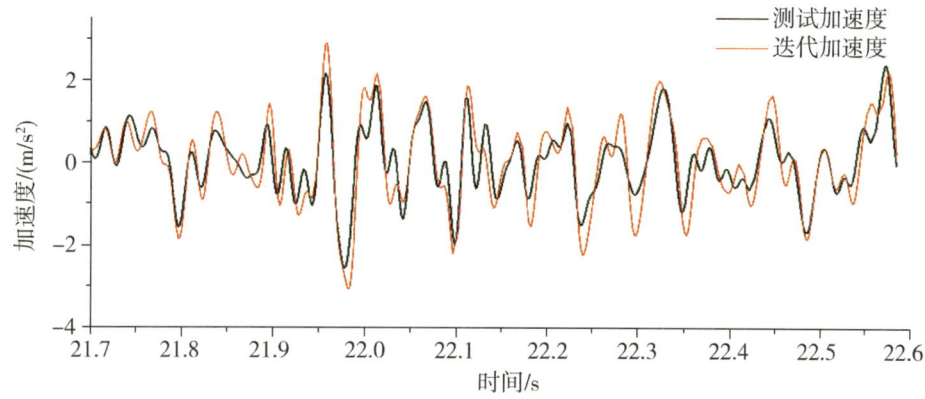

图 7-25　加速度测试信号与迭代信号的局部放大对比

通过迭代信号与目标信号的时域对比，信号的相位和峰值基本保持一致；通过图 7-26 在频域上的对比发现，信号在频域范围一致性也较好，在低频范围迭代信号与测试信号的吻合度比较高。由于电动汽车动力电池系统多体动力学模型在建立过程中部分结构和细节存在一定的简化，实车路谱采集试验中也可能与客观现实存在误差，这些都将影响迭代信号与实测信号的一致性。总体上，认为虚拟迭代基本满足了精度要求。

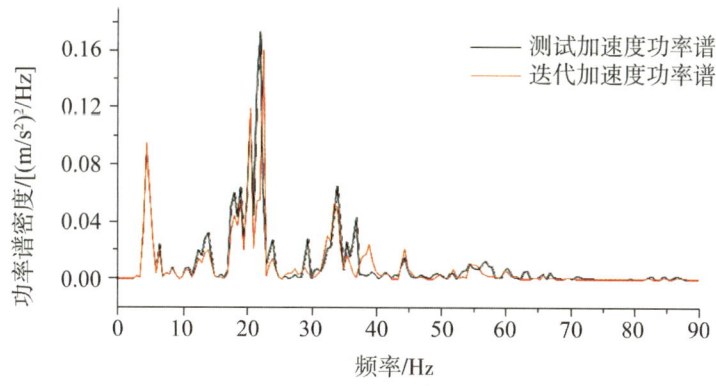

图 7-26　前左吊耳通道测试信号与迭代信号的功率谱密度对比

通过最终的迭代驱动条件获得作用于动力电池上的载荷时间历程如图 7-27 所示。利用载荷时间历程能够进行雨流循环计数预测动力电池的疲劳循环寿命。

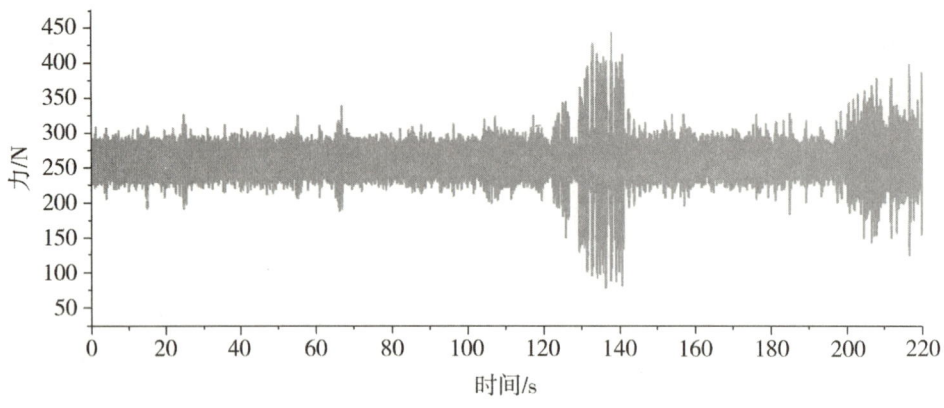

图 7-27　动力电池吊耳时间载荷历程(部分)

7.4.3　动力电池疲劳加速试验分析

当动力电池采用随机载荷加载模拟实际工况时,可以选用电动振动台对动力电池施加载荷。主要根据动力电池的重量及峰值加速度计算出振动台的最大推力以确定合适型号。动力电池固定在振动台,依次加载相应的功率谱密度进行三个方向随机振动试验,同时在动力电池与工装底座关键安装点布置加速度传感器。

按振动试验时间可以分为普通试验和加速试验。如果破坏机理是疲劳破坏,那么可以用提高应力水平的方法来加速试验,大大节省振动试验的时间。这种提高量级、缩短时间的振动试验称为加速试验[34]。

加速试验方法主要包括减小或强化载荷幅值。基于动力电池结构特性考虑,强化载荷幅值更加合适。加速疲劳试验必须遵循两个重要准则:①损伤等效;②失效模式不发生变化[35]。加速疲劳原理包含两个重要概念:冲击响应谱 SRS 和疲劳损伤谱 FDS。

冲击响应谱也称作极限响应谱,指结构在冲击载荷下的峰值响应随频率变化的曲线。计算原理是基于单自由度瞬态响应分析得到各频率下的最大响应值,然后按频率大小依次排序[36]。疲劳损伤谱是基于一段时间内的载荷信号,通过近似传递函数换算得到位移响应信号,然后经过雨流计数和线性累积损伤计算得到一条随频率变化的损伤曲线,用来表征该段信号对结构造成的损伤效果[37]。冲击响应谱与疲劳损伤谱计算原理如图 7-28 所示。

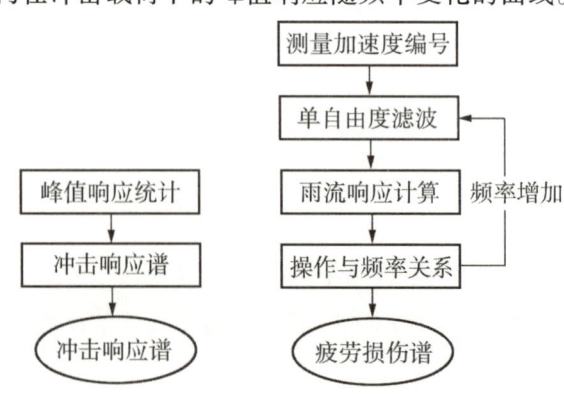

图 7-28　冲击响应谱与疲劳损伤谱计算原理

基于输入加速度求出结构损伤，然后通过损伤反算得到振动载荷。对于谐响应而言，由于位移与加速度、结构应力之间均呈一定比例关系，因此在已知加速度的情况下就可以通过关系式获得结构应力，进而获得相对损伤值，由于只需要进行相对损伤对比，因而无需过多考虑传递函数的准确度[38]。

为了能在开发早期掌握动力电池结构耐久性能，必须首先确定动力电池的典型载荷工况并获取相应的载荷数据。和整车耐久试验类似，最可靠的是基于用户关联获得车辆的实际行驶工况，进而采集相应的载荷用来对整车及零部件耐久性能进行验证[39]，然而整个汽车行业无法真正解决用户与试验场的关联，原因是受驾驶习惯与路面等众多因素影响。基于以上考虑同时兼顾更多用户使用工况，动力电池全生命周期工况选择整车综合耐久工况，通过试验场各个典型路面采集加速度载荷[40]，并根据规范进行相应编辑处理最终确定目标谱。

将各典型路面加速度信号分别通过冲击响应谱与疲劳损伤谱计算，然后按照规范循环合成得到总的疲劳损伤谱和极限冲击响应包络线。基于损伤等效，以总的疲劳损伤谱为目标，生成一个具有代表性的试验谱，根据耐久规范计算得到正常疲劳试验时间为 N 小时，得到等效目标损伤的功率谱密度；为了达到加速试验目的且不超出极值响应包络，目标试验时间可设定为 $n(n<N)$ 小时，通过调整耐久试验时间即可重新计算得到所需的加速载荷谱。

在条件允许的情况下可以通过批量动力电池振动试验验证失效模式的一致性，从而进一步确认加速载荷的可行性。为了方便台架试验输入，可以在此基础上对曲线进行一定的平滑处理，最终得到台架输入载荷。

7.5 动力电池结构疲劳寿命预测

7.5.1 基于时域法的动力电池疲劳寿命预测

汽车及其零部件在使用中承受复杂载荷，准确地分析载荷作用下的结构疲劳性能，能预测结构在载荷作用下的疲劳寿命。对动力电池进行随机振动疲劳寿命分析，首先对动力电池有限元模型进行加速度载荷下的频率响应分析，运用虚拟迭代技术结合实车试验采集的道路谱仿真计算得到载荷谱信息，通过模态叠加法获得动力电池结构的应力响应历程；最后根据疲劳分析理论，对电动汽车动力电池结构进行相对客观的疲劳性能评价。

动力电池模态试验以及有限元模型的结构分析如图 7-29 所示，动力电池一阶模态与一般路面激励频率相差不是很大。进一步分析路面激励频率与动力电池一阶固有频率之间的关系发现，路面激励功率谱密度图表明某通道路面激励频率主要集中在 80Hz 以下，显然部分激励频率将与动力电池的多阶固有频率重叠，可能发生结构共振，产生较明显的动态效应，结构的模态对结构应力历程的影响不能忽略，应用模态叠加法对结构的应力响应进行计算。

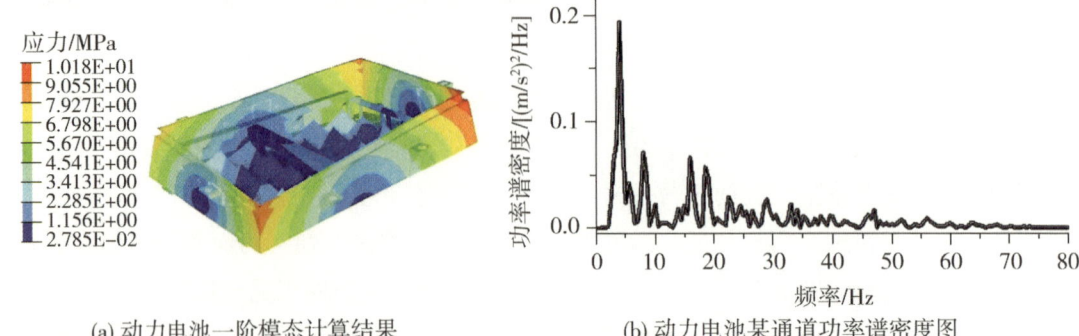

(a) 动力电池一阶模态计算结果　　　　(b) 动力电池某通道功率谱密度图

图 7 - 29　动力电池结构一阶频率与激励频率功率谱密度

多体模型中的柔性体与 Hypermesh 所显示的模态一致，示例前四阶模态应力结果如图 7 - 30 所示。

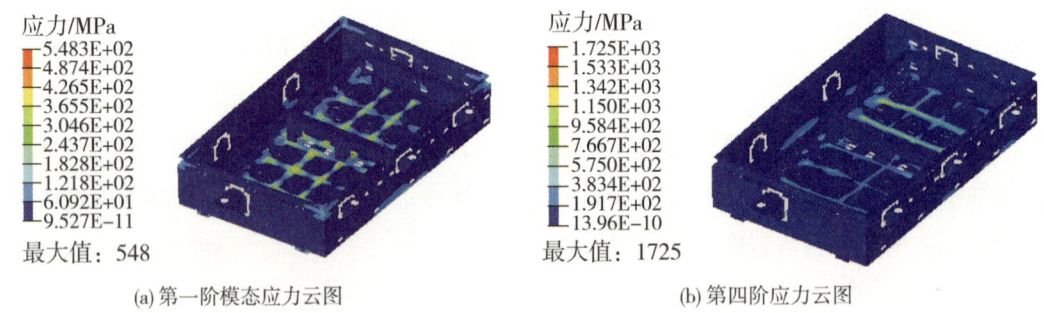

(a) 第一阶模态应力云图　　　　(b) 第四阶应力云图

图 7 - 30　动力电池模态应力云图(1 阶，4 阶)

将动力电池模型的结构应力分析结果与虚拟迭代试验台的载荷边界叠加进行模态应力恢复，可获得动力电池有限元模型中各单元的应力时间历程。

采用 MSC. Fatigue 疲劳仿真软件，因动力电池所受载荷相对较小，故采用全寿命分析（即应力 - 寿命分析）。动力电池零件材料为 DC03 钢板材料，由材料的拉伸强度极限可近似估算出得到 DC03 的 $S - N$ 曲线，如表 7 - 8 所示；生成材料的 $S - N$ 曲线如图 7 - 31 所示。在疲劳计算中，主要参数设置如表 7 - 9 所示。

表 7 - 8　$S - N$ 曲线参数估算

材料特性	材料	$S - N$ 模拟方法	杨氏模量/GPa	拉伸强度极限/MPa
参数	钢	UTS 估算法	2.1	440

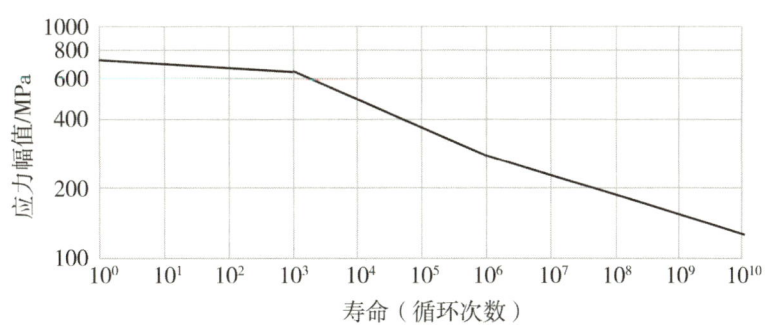

图7-31 DC03钢板的 $S-N$ 曲线

表7-9 动力电池系统疲劳寿命预测

类型	疲劳分析方法	损伤累积法则	平均应力修正
选择	$S-N$ 法	Miner 法则	Goodman

动力电池结构的疲劳寿命计算结果如图7-32所示，90%存活率下，动力电池表面若干部位、内左侧保持架与底面连接部位等局部均出现疲劳破坏的现象，最小寿命点出现在内左侧保持架与底面的连接部位，最小值仅为32 721个循环载荷(1个循环载荷加载对应约2.83km)，即对应约92 600km时动力电池将发生疲劳破坏。

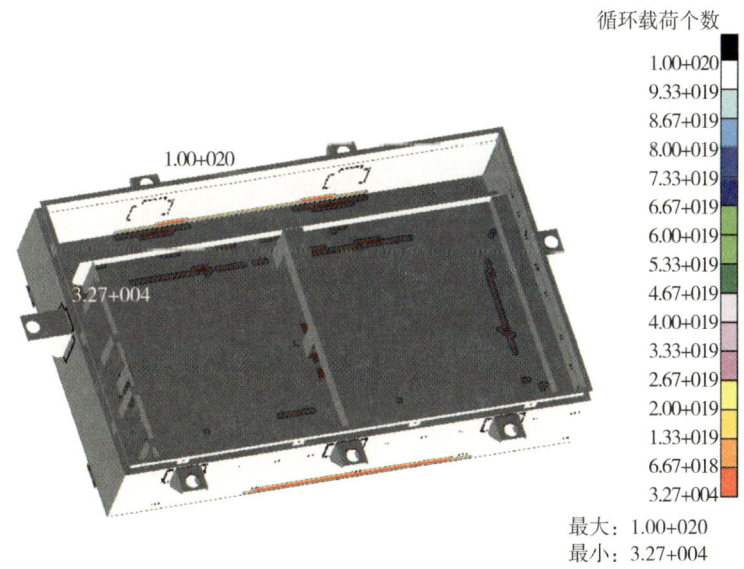

图7-32 动力电池各位置循环寿命计算结果

通常情况下，预估乘用车每年行驶里程按20 000km里程计算，动力电池一般使用年限为8年左右，则应行驶约160 000km，动力电池结构理论上不能满足一般使用要求。一般提高结构疲劳性能可以从合理选择材料、减小应力集中和提高表面质量三个方面进行[41]。

7.5.2 基于频域法的随机振动疲劳寿命分析

应用 Hypermesh 软件建立动力电池结构的有限元模型。对动力电池模型进行约束模态分析。约束模态是施加约束之后的模态分析，能够反映结构的真实振动情况[42]。保证模型具有一定的准确性后，可以进行随机振动疲劳分析。

SAE J2380 是电动汽车电池的振动测试标准，是为了确保电动汽车电池在长时间、道路载荷引起的振动条件下的性能和寿命而制定的标准，其中作为激励的振动频谱是基于不平道路测量而得到的。基于 SAE J2380 标准，选择其测试程序中随机振动测试振动频谱作为激励，对动力电池结构进行疲劳分析。如表 7 - 10 所示，选择常规试验加速度值，同时确定了动力电池的 x、y、z 各轴要求的振动时间和总振动时间，对应的加速度 PSD 如图 7 - 33 所示，其中"垂直 1""垂直 2""垂直 3"分别对应表 7 - 10 中垂直频谱 1、2、3，"水平"对应表 7 - 10 中水平频谱。

表 7 - 10 随机振动测试的振动时间表

试验条件	振动频谱	试验条件荷电状态/%	常规试验加速度 $a/(9.8 \text{m/s}^2)$	常规试验时间* t/h	累计试验时间*
垂直轴振动	垂直频谱 1	100	1.9	0.15	0.15
	垂直频谱 1	100	0.75	5.25	5.4
	垂直频谱 2	100	1.9	0.15	5.55
	垂直频谱 2	100	0.75	5.25	10.8
	垂直频谱 3	20	1.9	0.15	10.95
	垂直频谱 3	20	0.75	5.25	16.2
纵向轴振动	水平频谱	60	1.5	0.09	16.29
	水平频谱	60	0.4	19.0	35.29
	水平频谱	60	1.5	0.09	35.38
	水平频谱	60	0.4	19.0	54.38
横向轴振动	水平频谱	60	1.5	0.09	54.47※
	水平频谱	60	0.4	19.0	73.47※
	水平频谱	60	1.5	0.09	73.56※
	水平频谱	60	0.4	19.0	92.56※

*该累计试验时间仅适用于三个轴分别试验的情况。

将模型导入 ANSYS 软件，输入如图 7 - 33 所示的随机振动激励，对动力电池进行随机振动分析，计算完成后进行结果后处理。表 7 - 11 所示为 ANSYS 软件 PSD 分析结果的数据组织结构，其中提取载荷步 3 也就是 1 位移解（位移、应力、应变、力）结果，得到动力电池结构载荷步 3 时的 Von Mises 应力分布图。

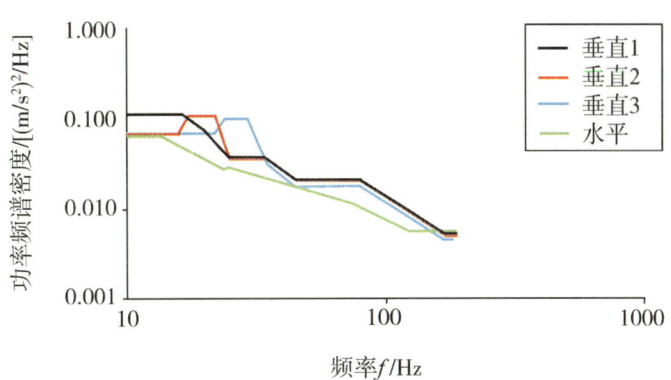

图 7-33 随机振动测试振动频谱

表 7-11 PSD 分析结果数据组织结构

载荷步	子步	内容
1	1	第 1 阶模态扩展了的模态解
	2	第 2 阶模态扩展了的模态解
	3	第 3 阶模态扩展了的模态解
2	1	第 1 个 PSD 表的单位静态解
	2	第 2 个 PSD 表的单位静态解
3	1	1 位移解
4	1	1 速度解
5	1	1 速度解

找出动力电池在随机激励作用下载荷步 3 时最大的 Von Mises 应力值及位置，按照 Steinberg 提出的高斯分布的三区间法，利用 Miner 定律进行疲劳计算。由于选择常规试验的测试总时间 T，振动频率从 10Hz 到 190Hz，振动平均频率为 90 次，因此，

$$n_{1\sigma} = 0.683\nu_0^+ T, \quad n_{2\sigma} = 0.271\nu_0^+ T, \quad n_{3\sigma} = 0.043\nu_0^+ T,$$

结合底板材料的 PSN 曲线，利用总体损伤的计算公式为

$$D = \frac{n_{1\sigma}}{N_{1\sigma}} + \frac{n_{2\sigma}}{N_{2\sigma}} + \frac{n_{3\sigma}}{N_{3\sigma}} \tag{7-18}$$

若计算动力电池总体损伤值 D 远小于 1，则该动力电池结构可满足随机振动条件下的疲劳要求，并有较大的富余度，说明其能够满足多变运行环境和行驶工况下的疲劳寿命要求。

7.5.3 动力电池疲劳性能优化

随着材料科学的发展，各种新型材料越来越多地被应用到汽车动力电池领域。高强度铝合金多用于一体化车身，可实现动力电池外壳与车身的一体化，在车身设计时即一并考虑电池系统及动力电池的刚度和强度等问题；焊点位置以及数量对焊接部位的疲劳性能影响较大，一般情况下结构的疲劳强度总是随静载强度的增加而提高，改善焊接部位静载工况下应力分布将有效提升结构的疲劳强度。提高构件表面质量，可以有效减少表面初始裂纹，表面氮化和喷丸处理等表面强化措施也可在一定程度上提高构件疲劳强度。

对动力电池疲劳性能的改进，可以重新选择其制造材料，如应用碳纤维材料制作动力电池外壳，碳纤维材料的应用将一定程度上改变动力电池的耐撞性等性能；或者保持原结构和材料不变，通过改变焊点位置或数量，解决动力电池结构的应力集中问题；亦或对构件进行氮化等表面强化处理，提高构件的疲劳强度。

动力电池内部的保持架、动力电池外部的加强肋与动力电池都是采用焊接连接，分析动力电池结构寿命计算结果发现，均存在焊接部位处寿命较低的现象，这是由于焊点较少因而焊接位置存在应力集中的现象，将在车辆行驶过程中受到长期激励，导致疲劳破坏。

考虑到包内电池单体的形貌和布置，电池模组的连接固定方式，以及各电子元件的连接安装等内容，应避免过大的结构改动，因此选择采用增加焊点的方案，适当增加焊点或改变焊接方式能够有效地解决应力集中问题。

在保持架与动力电池连接部位，考虑到生产成本，每两个焊点间再增加一处焊点，焊点增加46处，如图7-34所示。重新对改进后的动力电池结构进行静力分析和瞬态分析，发现改进后的结构满足基本力学性能要求。对改进后的动力电池结构进行疲劳性能分析，结果如图7-35所示。

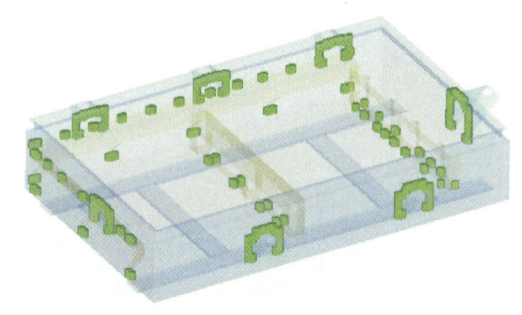

图7-34 动力电池焊点位置分布示意图

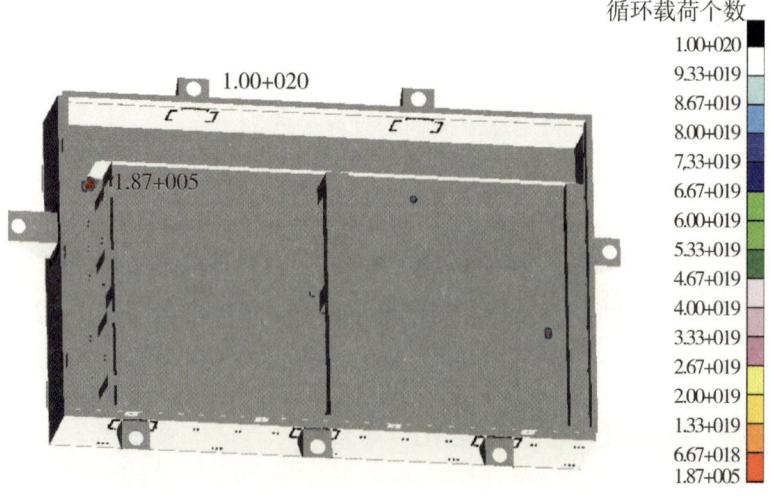

图7-35 改进后动力电池各位置疲劳寿命计算结果

经改进后的动力电池结构循环寿命计算(90%存活率)结果表明，动力电池整体疲劳性能提升明显，**最小循环寿命值为 187 261 个循环载荷，即动力电池在实际使用过程中约行驶 302 000 公里出现疲劳破坏**。实际上，在电动汽车动力电池系统多体模型建立过程中，简化的刚性车身将载荷直接传递给动力电池连接件，将一定程度上造成连接部位的载荷偏大，以此载荷对动力电池结构进行疲劳性能预测相对偏保守，改进后的动力电池结构满足 160 000km 的一般使用要求。

本章小结

电动汽车在道路上行驶时，经过一段时间的使用后，在随机载荷的作用下，车载动力电池会产生疲劳破坏，对人与车的安全造成威胁。分析车载动力电池的疲劳性能，除了对实车试验进行疲劳性能测试外，还能利用计算机进行虚拟计算或利用虚拟环境模拟实车试验过程。

对动力电池进行疲劳性能分析，首先建立动力电池有限元模型，对动力电池结构进行有限元网格划分。再对动力电池系统进行动力学响应分析，响应分析分为两种：时域法与频域法。时域法依据结构的响应时间历程曲线，使用雨流计数法处理应力数据，结合材料疲劳特性 $S-N$ 曲线和 Miner 线性疲劳累积损伤理论计算结构疲劳寿命和损伤。利用频域法进行频率响应分析计算，得到动力电池结构的振动响应特性，以随机载荷激励作为工况载荷输入，建立功率谱密度函数，结合材料的 $S-N$ 曲线以及 Miner 线性累积损伤方法预测动力电池的疲劳寿命。

时域法和频域法都需要考虑系统的边界载荷，一般根据车辆的实际使用工况，参考相关试验标准制定道路谱采集方案，搭建动力电池包的道路谱采集系统，采获能够客观反映动力电池受激情况的城市道路、高速路、失修坏路等实车环境下的电动汽车动力电池道路谱。建立车身-动力电池系统的刚柔耦合多体动力学模型，并搭建适合动力电池动力学分析的六通道虚拟试验台；将实车试验采集的道路谱与电池系统多体动力学虚拟台架仿真相结合，经过虚拟迭代后测试信号与迭代信号在时域和频域上基本一致，通过虚拟迭代对动力电池载荷进行预测的研究方法，实现动力电池结构激励载荷的准确复现。

通过对车载动力电池进行疲劳性能分析，能预测出动力电池的失效时间；研究方法对动力电池结构的改进和新产品的开发有实际的指导意义，对动力电池结构相关的振动响应性能研究具有重要参考价值。

由于动力电池结构的复杂性及动力电池载荷工况的复杂性，对于动力电池结构疲劳性能的预测方面仍然有进一步改进的地方：①可进一步完善和建立电池模组复合材料支架和垫板有限元模型，考虑各组件材料非线性和接触非线性等，建立更加准确的电池包非线性有限元模型；②在条件允许的情况下，可以建立真实悬架并进行橡胶悬置元件的物理特性试验，对"路面-悬架-车身-动力电池"动力学进行更深入的理论研究，建立精度更高的车身-动力电池"柔-柔耦合"动力电池模型，进一步提高动力电池载荷谱的准确性；③为得到更加客观和有针对性的道路谱，在条件允许情况下可对动力电池进行更长周期的路谱采集试验。

参 考 文 献

[1] 杨剑,曹立波.电动汽车安全性分析[D].长沙:湖南大学,2005.

[2] 顾晓华.车载设备随机振动疲劳寿命研究[D].南京:南京航空航天大学,2013.

[3] ENSOR D F, 林晓斌. 关联用户用途的试车技术[J]. 中国机械工程, 1998, 9(11):24-26.

[4] 郭虎,邓文华,樊晓燕,等. 汽车试验场可靠性试验强化系数的研究[J]. 机械工程学报, 2004, 40(10):73-76.

[5] 门玉琢,李显生,于海波. 与用户关联的汽车可靠性试验新方法[J]. 机械工程学报, 2008, 44(2):223-229.

[6] RAATH A D, WAVEREN C C. A time domain approach to load reconstruction for durability testing[J]. Engineering Failure Analysis, 1998, 5(2):113-119.

[7] WAN D M, WYATT R, KOTHAMASU V, et al. Dynamic modeling of a multi-axial simulation table[C]. SAE Technical Papers, 2000.

[8] FERRY W B, FRISE P R, ANDREWS G T, et al. Combining virtual simulation and physical vehicle test data to optimize durability testing[J]. Fatigue Fract Engng Master Struct, 2002,25:1127-1134.

[9] 缪智力,蒋新华,等. 车用锂离子电池模块振动测试分析[J]. 电池工业, 2014, 19(05):300-303.

[10] 王明珠,姚卫星,孙伟. 结构随机振动疲劳寿命估算的样本法[J]. 中国机械工程, 2008, 19(08):972-975.

[11] 王长武,张幼安. 随机疲劳分析在机载设备疲劳寿命预测中的应用[J]. 中国机械工程, 2004, 15(21):1906-1908.

[12] LI Y, LEE J, PAN R B. Hathaway, et al. Fatigue Testing and Analysis: Theory and Practice[M]. US: Elsevier, 2004.

[13] 周泽,李光耀,成艾国,等. 采用基于耦合测试的虚拟试验台架预测车身疲劳寿命[J]. 汽车工程, 2012, (11):1010-1014.

[14] 吴道俊. 车辆疲劳耐久性分析试验与优化关键技术研究[D]. 合肥:合肥工业大学,2012.

[15] 卢耀辉. 铁道客车转向架焊接构架疲劳可靠性研究[D]. 成都:西南交通大学,2011.

[16] 赵银庆. 基于虚拟激励的车体结构随机疲劳问题研究[D]:大连:大连理工大学,2010.

[17] LIN JH, ZHANG YH. Vibration and Shock Handbook // edited by C. de Silva. Chapter 30: Seismic Random Vibration of Long-span Structures. Boca Raton, Florida: CRC Press, 2005.

[18] 米承继,谷正气,伍文广. 随机载荷下矿用自卸车后桥壳疲劳寿命分析[J]. 机械工程学报, 2012, 48(12):103-108.

[19] 缪炳荣. 基于多体动力学和有限元法的机车车体结构疲劳仿真研究[D]. 成都:西南交通大学,2007.

[20] 贾玉琢,李曰兵,邢爽,等. 加速度功率谱密度理论在结构损伤检测中的应用[J]. 东北电力大学学报(自然科学版),2009,29(1):40-44.

[21] 任尊松,刘志明. 高速动车组振动传递及频率分布规律[J]. 机械工程学报,2013,49(16):1-7.

[22] 王建辉,易有福,张方亮. 城市电动客车结构疲劳寿命仿真分析[J]. 机械强度,2014(5):784-789.

[23] 吕凤军,王梅,曲庆文,等. 用模态叠加法计算车辆结构的动力响应[J]. 淄博学院学报(自然科学与工程版), 2002, (04):69-73.

[24] 中华人民共和国国家技术监督局. GB/T 12534—1990 汽车道路试验方法通则[S]. 北京:中国标准出版社,1991.

[25] 中华人民共和国国家技术监督局. GB/T 12678—1990 汽车可靠性行驶试验方法[S]. 北京:中国标准出版社,1991.
[26] 熊飞. 基于路谱轿车白车身疲劳寿命分析技术与研究[D]. 广州:华南理工大学, 2016.
[27] 邵建,董益亮,肖攀,等. 基于多体模型仿真的载荷谱虚拟迭代技术分析[J]. 重庆理工大学学报(自然科学版), 2010,(12):84-87.
[28] 徐中皓. 某商用车驾驶室疲劳性能预测及轻量化改进研究[D]. 长春:吉林大学, 2015.
[29] 方剑光, 高云凯. 车身疲劳载荷谱的位移反求法[J]. 同济大学学报, 2013, 41(6):895-899.
[30] 赵婷婷,李长波,等. 基于有限元法的某微型货车车身疲劳寿命分析[J]. 汽车工程, 2011, 33(5):428-433.
[31] 李飞,郭孔辉,丁海涛,等. 汽车耐久性分析底盘载荷预测方法研究综述[J]. 科学技术与工程,2010,(24):5960-5964.
[32] BACKER M, GALLREIN A A tire model for very large tire deformations and its application in very severe events[J]. SAE International Journal of Materials and Manufacturing, 2010,3(1):142-151.
[33] RYU S. A study on obtaining excitation load of virtual test lab using virtual iteration method[C]. Detroit: SAE 2010 World Congress & Exhibition, 2010.
[34] 林晓斌. 振动疲劳的试验加速与 CAE 分析[C]. 上海:2015. ncode 疲劳耐久技术交流会.
[35] 王芳,夏军. 电动汽车动力电池系统设计与制造技术[M]. 北京:科学出版社,2017:258.
[36] 杨宇振. 随机振动加速试验研究[D]. 哈尔滨:哈尔滨工业大学, 2013.
[37] 尹福利,刘卫国,王涛等. 某电动汽车动力电池随机振动仿真与试验[C]//中国汽车工程学会年会论文集. 上海:2016:11.
[38] 张方,周凌波,姜金辉,等. 基于频域法的随机振动疲劳加速试验设计[J]. 振动测试与诊断, 2016:36.
[39] 张然治. 疲劳测试分析理论与实践[M]. 北京:国防工业出版社,2011: 253.
[40] 卢进海,李航,王新伟. 电池包结构振动疲劳加速试验研究[J]. 新能源汽车,2019,(18):12-14.
[41] 岳桂杰,保承军,胡玉霞,等. 提高机械零件疲劳强度的措施[J]. 装备制造技术, 2011,(06):131-132.
[42] 王文伟,程雨婷,等. 电动汽车电池箱结构随机振动疲劳分析[J]. 汽车工程学报,2016,(06):10-14.

8 动力电池系统轻量化技术

动力电池系统为电动汽车提供能量,其内部由电池单体通过串并联的方式成组构成系统,占整车质量的18%~30%,而且动力电池系统发生故障将导致严重后果,如碰撞导致的短路、变形导致的热失控等问题。因此,动力电池系统的设计需要满足机械安全、能量密度、防火以及密封绝缘等设计要求。以上述要求为约束的动力电池系统轻量化设计成为解决电动汽车发展瓶颈的有效途径和重要推力。

本章首先分析确定动力电池系统的轻量化组件,包括电池壳体、电芯和电芯模组,然后介绍不同动力电池系统轻量化理论和方法及相关技术的研究发展现状;动力电池系统轻量化最重要的是电池壳体轻量化,介绍基于静态特性和碰撞安全性的两种轻量化设计思路,并分别以某款电动车为有限元模型,依据动力电池系统轻量化设计的要求和仿真实验结果,分析电池包的性能并运用优化方法优化了电池包的静态特性或安全特性;电芯材料是提高能量密度的关键,简要介绍电芯材料的发展趋势和研究现状;电芯模组的轻量化是电池系统轻量化的一部分,介绍两种软包电池模组的结构设计思路和材料选择方案。

8.1 动力电池系统结构及其轻量化

较传统燃油汽车而言,电动汽车多出了核心的三电系统(电池、电机、电控),其中动力电池系统整包占整车整备质量的18%~30%,电动汽车的续航里程越大,其动力电池系统质量占整车质量比重越大,如图8-1所示。续航里程较大的雪佛兰Bolt、奔驰EQC、捷豹Ipace以及特斯拉Model 3等,其动力电池系统的质量占比均超过了26%,因此对新能源汽车动力电池系统进行轻量化开发就显得尤为重要。

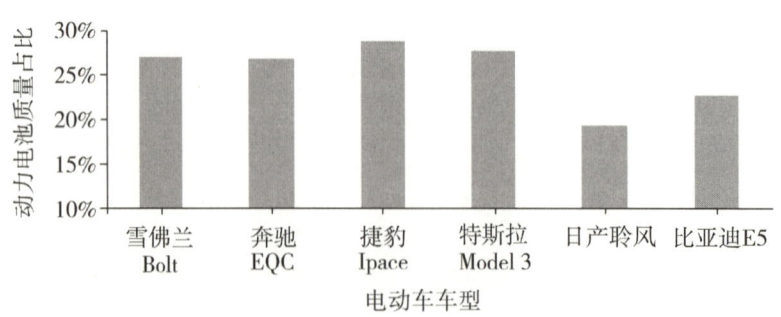

图8-1 动力电池系统质量占比

8.1.1 动力电池系统结构组件及潜在轻量化目标

动力电池包是驱动电动汽车行驶的动力来源[1]，在电池包内部，数量众多的单体电池通过特定的机械连接和电连接组成电池模组，常见的动力电池单体有圆柱形、方形硬壳和铝塑膜软包电池。根据车用电池包的空间形状与承载特点，电池模组串并联排布成动力电池系统，此外，电池包内部还包含高压继电器、BMS控制器和高压线束等辅助电器部件，本书第4章对各类动力电池的结构、电化学原理进行了详细的介绍，本章不再赘述。

动力电池包的布置形式通常由电动汽车的空间结构特点决定，需要考虑整车驱动形式、离地间隙及重心位置等因素的影响。早期的电动汽车由传统燃油车改装而成，动力电池包通常安装在汽车前舱、后备厢、地板底部等位置，如日产 leaf 的"凹"字形电池包。随着电动汽车续航能力的需求不断提升，空间受限的传统汽车结构无法满足最优设计要求，同时电动汽车正向设计技术的发展成熟，使得车身一体式电池包结构布置形式逐渐受到重视，如特斯拉 Model S 和广汽 GEB 电动汽车设计平台。

动力电池包制造企业根据不同车型的需求，开发出功能相同、规格不同、结构形状和安装形式各异的动力电池包。常见的动力电池包结构形式有车身底部悬置式、内嵌于车身结构中的一体式以及分布式标准箱体电池包，如图8-2~图8-4所示。车身底部悬置式电池包采用螺栓连接于车身底部，具有结构紧凑、设计灵活、制造独立高效等特点，是乘用车广泛采用的动力电池包结构形式，如日产 Leaf、

图 8-2 日产 Leaf 的"凹"字形电池包（车身底部悬置式）

众泰云 EV 和吉利帝豪 EV。分布式标准箱体形式是通过几个相同或者结构近似的标准箱体串并联形成电池包，具有布置灵活，安装位置多样等特点，空间较大且规整的客车或专用汽车多采用该种结构形式，如宇通 E10 纯电动汽车。电动汽车续驶里程需求增加和汽车正向设计技术提升促使汽车制造企业将车身设计与电池包结构协同开发，力求电动汽车车身结构紧凑同时电池包性能较优。平台化、模块化的动力电池包布置形式应运而生。如搭载大众 MEB 平台的奥迪 Q4 e-tron、特斯拉的 TESLA 平台下的 Model S 和 Model X 等车型。

图 8-3 广汽 GEB 平台电池包（车身结构一体式）　　图 8-4 分布式标准箱体形式电池包（去除上盖）

随着动力电池系统相关的标准和规范的制定，市场对电池系统的比能量要求越来越高，轻量化设计在动力电池包中的作用越来越重要。电池包轻量化设计途径主要有两个层级上多种设计途径，如图8-5所示。

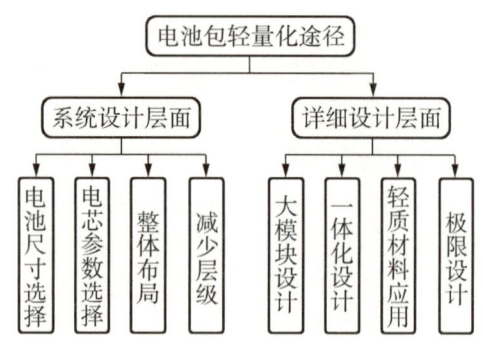

图8-5 电池包轻量化设计途径

从市场上量产的锂离子动力电池产品看，现有的锂离子动力电池产品基本可分为两大类：一类是小容量圆柱形电池，电池系统需要采用多串并联的方式，以达到总电压与总容量的要求；另一类则采用大容量电池，容量可达数十安时甚至更高，通常采用铝塑膜封装或者金属壳体焊接封装。从纯电动汽车发展来看，国内续航里程300 km以上的纯电动车的比例已经达到81%，电池系统的能量密度140 W·h/kg已成为主流产品。动力电池的百公里电耗仍然偏高，研究人员需要进一步解决高电耗问题。研究人员通过正负极材料、隔膜等方面对高倍率锂离子电池的研究进展进行了综述，为动力电池发展提供了新思路[2]。但电芯能量密度受电池内部材料组分和外部尺寸的限制，在短期内难以有突破性的进展。

降低动力电池系统中除电芯外的所有部件的质量是动力电池系统轻量化的一个研究目标，如铝片、胶水、线束、连接片、电池包箱体及上盖等。动力电池包设计可通过电芯能量密度的提升，使用标准电池箱或箱体轻量化、模组工艺优化等方式来增加续航里程。如上所述，电芯能量密度受电池内部材料组分和外部尺寸的限制，在短期内难以有突破性的进展，电池包箱体轻量化与紧凑化的模组结构设计无疑是提升续航里程的可行途径。轻量化的箱体结构可减轻整车的重量从而增加续驶里程，对于传统燃油汽车，整车减重10%，燃油经济性可提升6%~8%；而对于电动汽车，等速行驶工况下电动汽车自重降低10%，整车可增加10%左右的续航里程[3]。

电芯模组是包含若干电芯的一个电池模块，其作用是吸收电芯内部产生的应力及冲击，一是由于温度变化导致电芯产生的热胀冷缩，二是充放电导致的电芯体积变化。模组形状主要为方形，它主要由上盖、侧板、绝缘板、下塑料支架、上塑料支架、铝片等部件构成。电芯模组的轻量化开发可以从模组壳体材料轻量化，模组结构轻量化设计及电芯优化排布入手，减少设计层级，实现箱体空间的最大利用率。典型的设计有宁德时代（CATL）提出的无模组设计技术（cell to pack，CTP），图8-6a为某种CTP电池系统结构设计示意图，单体电芯和电池管理系统直接固定在电池包壳体中，壳体内部和相邻电芯间填充导热胶，用于散热和减震。图8-6b为内部电芯结构图，电芯内置在上下壳体中，壳体里面填充导热胶，电芯侧壁和电芯壳体间内置压力或者温度传感器，压力传感器用于检测电芯外形的变化，温度传感器用于检测电芯温度的变化，两个传感器协同作用下能够排查不良电芯单体，并且提前探测到电芯可能发生热失控等安全事故。该设计形式不采用模组，电芯单独装配，降低装配难度，提高生产效率，同时做到故障电芯单体的检测并及时更换。电芯壳体加强方案，可降低电池包外壳的防护等级，通过 CTP 设计优化，电池包箱体体积利用率提升了 15%～20%，电池包零件数量减少了 40%，生产效率提升了 50%。

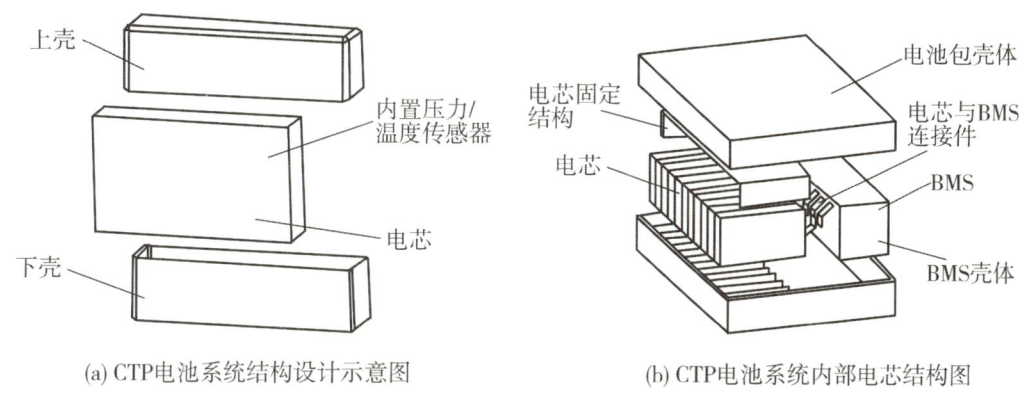

(a) CTP电池系统结构设计示意图　　(b) CTP电池系统内部电芯结构图

图 8-6　CATL 新型 CTP 技术应用实例

在电池包结构轻量化中，轻质材料的应用具有较为明显的轻量化效果。应用到动力电池包上的轻质材料有镁铝合金、复合材料和工程塑料等，表 8-1 所示为几种常用材料性能参数。车用动力电池包作为汽车重要的零部件，需要满足标准化、大批量生产等要求。电池包箱体一般为钢材冲压制成的钣金部件、铝合金压铸件或复合材料。

表 8-1　常用轻质材料性能参数及特点

材料类型	密度 /(g·cm^{-3})	弹性模量 /GPa	屈服强度 /MPa	抗拉强度 /MPa	显著特点
铝合金 AL6061　T4	2.70	69	145	240	抗氧化
镁合金 AZ91D	1.82	45	160	240	—
碳纤维增强塑料（CFRP）	1.62	70	—	—	—
玻璃纤维增强塑料（SMC）	1.75	11.5	57	80	—

研究人员研制出一款用热固性塑料制成的电池包箱体，能承受 300kg 电池单体、模组，并且箱体自身重量仅为 35kg，比同等规格下钢制材料箱体减轻 35% 以上[4]。模组内电芯的安装使用全塑料外框架，能最大限度减轻质量；在考虑安全的前提下，使用密度很低的灌封胶，解决模组层级的传热问题。模组其他部件中，如汇流排由铜替换为铝进行降重，并且可以进行挖孔设计，既减轻了质量，也起到了保险作用。

对于纯电动汽车和混合电动汽车，为了在一年四季都能尽可能地稳定运行，电池包的热管理在设计之初便十分重要。除了要考虑电池包的整体温度之外，电池包内部的温度不均匀性也需纳入考虑的范围。为让电池包温度尽可能地均匀分布，且尽可能减少单体电池之间的温差，一个有效且满足车辆的制造要求：即紧凑化、轻量化、成本低、易组装，同时具备高的可靠性和平衡性的电池热管理系统是十分有必要的。研究人员研究了如何设计 18650 电芯的优化排布来提升空间利用率及耐冲击性能[5]。有学者针对一款 18650 圆柱形电池,设计了以一种导热结构(TCS)为核心的液冷电池热管理系统散热模块,用数值模拟的方法,对其TCS的性能展开分析和轻量化设计,并对液冷散热模块的流量分配特性展开研究[6]。

8.1.2 动力电池系统轻量化现状

等速行驶工况下电动汽车自重降低10%,整车可增加10%左右的续驶里程。电动汽车轻量化设计的同时也能积极改善汽车行驶中的比功率,从而有效地提高能源利用率。因此,电动汽车的轻量化设计已经成为主流发展趋势。对于汽车的轻量化设计,绝非是一味地将汽车质量减轻,而是在保证汽车刚度、模态和安全等性能的前提下,通过现代设计方法尽可能地减轻汽车的重量以达到轻量化目的[7,8]。目前,轻量化设计主要可通过结构优化、轻量化材料和先进工艺三种途径来实现,如图8-7所示。在电动汽车组当中,动力电池系统的重量占据了整车重量的30%,过重的动力电池包极大地影响了电动汽车的续航能力[3]。研究人员针对动力电池包箱体优化设计,运用基于水平分析的正交试验设计、极差与方差分析综合选择多材料,通过拓扑优化、综合多项性能和质量的多目标优化改善静动态特性并提升轻量化水平[9]。

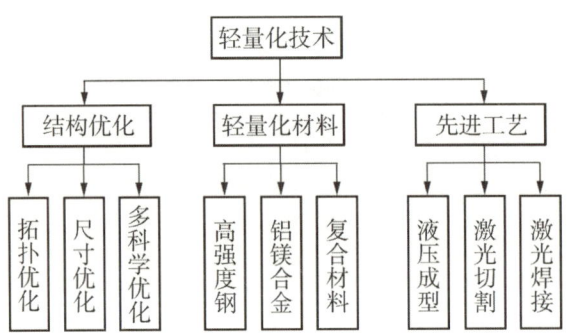

图8-7 汽车轻量化技术途径

新能源汽车厂家均不断对动力电池系统进行轻量化优化开发,如Nissan Leaf第一代、第二代、第三代电池包电池容量达24,30,40kW·h,其电池包整包质量分别为272,293,303kg,在同等电量下每代Leaf的动力电池系统均实现了不断减重。大众e-Golf第二代电池容量35.8kW·h,质量314kg,与第一代的电池容量24.2kW·h电池包质量几乎相同。电动汽车中轻量化开发较优秀的车型如特斯拉Model 3,其电池包含80.5kW·h的电量,质量仅478kg,整车整备质量已经和同级别轿车无异。电池包各主要部件中,质量最大的是电芯本体,其次为电池包下箱体、上盖、BMS集成部件等。对特斯拉Model 3电池包拆解后称量各部件质量进行统计,如图8-8所示,电芯占据整个电池包质量的63%,其余部件为37%。

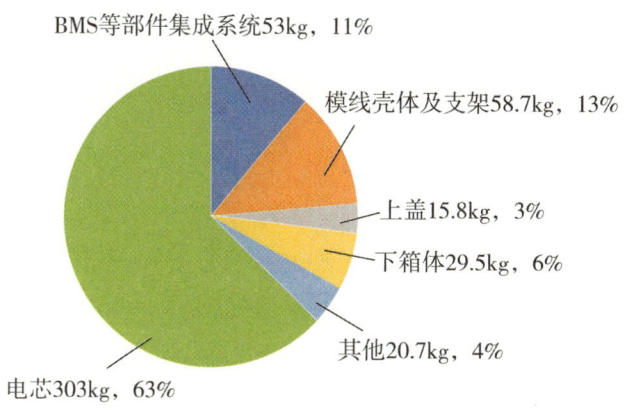

图 8-8 特斯拉 Model 3 电池包系统各部件质量占比

研究人员对电池包的轻量化设计进行了大量的研究与探索。S. Kaleg 等采用 5052-0 系列铝合金作为电池箱体材料，并以最佳材料厚度为基础进行优化设计，得到了最优质量的电池箱体[10]。Neelameggham 等采用压铸镁作为电池壳体材料，有效减轻了电池箱的自身质量并极大改善了电池组的散热性能[11]。北京理工大学王露基于电池箱的稳健性对箱体进行拓扑优化设计，使得优化后的电池箱低阶模态频率提高 40%，质量减轻 10%[12]。根据文献，研究人员将碳纤维运用到电池箱体上，通过合理的铺层设计和仿真验证，使电池箱在承载性能不变的前提下极大地减轻了自身质量[13,14]。

8.1.3 动力电池系统轻量化理论与方法

汽车的轻量化设计是在保证汽车的安全性能、振动模态性能和刚度要求等性能的情况下减轻汽车质量。针对动力电池系统的性能要求和特点，大量专家、学者和企业运用轻量化理论和方法对动力电池系统进行了轻量化的优化设计。文献[8]建立了系统的多材料选材与优化流程方法，首先基于水平分析的试验设计并利用极差与方差分析选择多材料；然后采用 RBF 近似模型拟合，MIGA 遗传算法优化系统结构；最后对某实例车型动力电池包箱体进行改进设计。有学者研究了电池包在颠簸急刹车和颠簸急转弯两种典型极限工况下的静态特性，根据国家标准对电池包的动态工况进行了模拟和分析。对电池包的上壳体进行形貌优化，对电池包的下箱体进行多目标优化，优化后重量降低了 8.83kg，轻量化效果显著[15]。目前，轻量化设计主要可通过结构优化、轻量化材料和先进工艺三种途径来实现。

8.1.3.1 基于工艺开发的轻量化设计方法

新能源汽车的电池包通常采用钣金材料焊接而成，存在制造工艺复杂、质量较重、防腐困难等缺点。因此，在电池包轻量化设计中，新工艺的应用是实现动力电池系统轻量化的重要途径。熔模精密铸造铝合金技术是一种先进的金属铸造成型工艺,又称为失蜡铸造。熔模精密铸造是通过在制好的蜡模表面涂上数层防火材料,经过撒砂、干燥、焙烧等工序后制成型壳,向制好的型壳中充入金属液而生成铸件的工艺。熔模精密铸造铝合金技术与其他成型方法相比,具有以下优势:产品表面精度高,简化加工流程,提高工作效率;适合复杂薄壁件的一体化铸造,简化装配工艺;铸造材料约束少,碳钢、合金钢、铝合金等材料均可应用;很强的适应性,可用于不同批量的生产。研究人员对副车架结构进行一体化设计,运用 ProCAST 设计优化浇注系统,获得合理的铸造工艺参数和浇注系统。模拟仿真副车架铸造过程中的浇注和冷却过程,并对残余应力场进行分析。结果表明,在不改变副车架外形尺寸且满足性能要求的前提下,副车架质量降低了 5.7kg,轻量化效果显著[16]。文献[17]运用熔模精密铸造铝合金技术,以 ZL201A 作为电池包的铸造材料,参照原车型电池包结构的布置形式对电池包结构进行一体化设计,并在电池包的静态、动态性能分析的基础上应用 NSGA-Ⅱ遗传算法对电池包结构进行多目标优化求解。最终电池包在满足静态、动态性能以及疲劳寿命要求的情况下,减重了 5.785kg,占总重量的 15.05%,轻量化效果明显[17]。

另外一种动力电池工艺开发技术是多材料优化设计开发。随着高强度钢、镁铝合金、高刚度工程塑料及复合材料等新材料的不断开发,整车生产企业、零部件制造企业对电动汽车的轻量化技术不仅仅满足于简单的材料替换和传统的结构设计,多种材料混合设计开始受到越来越多的关注。动力电池包作为电动汽车最为关键的零部件,其内部结构件繁多,各部件发挥的作用、功能不同,需要的性能要求也不尽相同,甚至是同一零部件在不同部位也有着不同的性能要求,因此需要对零部件从性能要求、材料选择、结构设计、制造工艺等方面同时进行优化设计。针对多材料优化设计方法研究,胡朝辉等提出一种包含材料类型、零件规格与厚度组合的多目标优化方法,可减少部分设计变量来降低优化复杂度[18]。Novita S 等考虑可回收性对多材料选择的影响,建立回收成本与多项性能的权重函数并运用遗传算法优化的方法[19]。Chen Y 等研究车身多材料结构优化,运用试验设计、MaxUr(3)析因分析、多目标优化提升车辆碰撞安全性并减重[20],多材料优化设计方法在汽车设计过程中应用增多[21-23]。上述多材料优化设计方法多运用数学函数寻优或属性权重矩阵来选材,当分析因子较多时,函数复杂导致寻优不收敛,权重矩阵带有经验继承性。基于水平分析的试验设计用较少实验次数实现多因子选材,大幅度节省计算资源,可较好适用于多材料多因子选材优化设计。

8.1.3.2 基于新材料的轻量化解决方案

在单体电芯能量密度提升较慢的情况下,电池包箱体减重设计是非常有效的轻量化设计途径,而新型轻质材料的应用对电池箱体减重效果十分明显,应用较为成熟的轻质材料有铝镁合金和复合材料两大类。铝、镁、钛合金是目前金属材料体系中体积质量较小的轻质材料。

铝合金具有质量轻、可回收、耐腐蚀性好等优点，是电池包轻量化设计中箱体常用材料。铝合金箱体类型主要有压铸铝箱，挤压-拼焊铝箱和冲压-拼焊铝箱，考虑到箱体结构强度的影响，前两者一般用于电池包下箱体，冲压-拼焊铝箱用在上箱盖。铝合金在电池包中的应用实例如图8-9所示。

(a) 压铸铝合金下箱体　　　　　　　(b) 冲压-拼焊铝合金箱体

图8-9　铝合金在电池包中的应用实例

镁合金具有比强度高、抗冲击性能好及减振性能优良等诸多优点，是21世纪最具前景的材料之一，但目前镁合金的冲压成型工艺不够成熟，生产制造成本高昂，没有大规模应用到整车生产及零部件制造中[23]。钛合金尽管各项性能优异，但制约其发展的主要因素为复杂的制造工艺、高昂的生产成本，目前在航空航天、医疗器械等领域有小规模应用，在汽车制造领域尚无应用[24]。

低密度、高强度、耐腐蚀性能好及加工成型容易是复合材料的明显特征，各种复合材料制品正逐步取代汽车中部分金属零部件，如发动机罩、油底壳、电池包上箱盖等。复合材料在汽车行业的应用主要有玻璃纤维增强塑料(SMC)和碳纤维增强塑料(CFRP)。受制于制造成本因素，电池包中应用较多的是玻璃纤维增强塑料、改性树脂等。SMC制成的电池包上箱盖，比传统金属材料上盖减重约为38%[25]。复合材料在电池包中应用实例如图8-10所示。

(a) SMC电池包上箱盖　　　　　　　(b) 碳纤维电池包下箱体

图8-10　复合材料在电池包中的应用

由于复合材料减重效果明显，也有企业尝试将复合材料应用在电动汽车下底板，但复合材料刚度特性较差，需要加厚尺寸或者采用夹层结构，以提升结构的抗弯特性[26]。电池包下箱体设计成夹层结构并在中间层增加金属或者蜂窝铝结构[27]，具有质量轻、强度高、耐撞性好等诸多优点。

S. Kaleg 采用 AL5052 - H32 号铝合金材料制作电池包箱体，同时优化板件厚度实现减重 6.51kg [10]。汪佳农[14]对某企业电池箱体进行轻量化设计，对比钢材和碳纤维/环氧树脂复合材料两种电池箱体结构的承载特性，合理设计了碳纤维/环氧树脂复合材料的电池包箱体结构，运用 Tsai - wu 强度准则对复合材料进行强度校核，得出在满足各项性能的情况下，碳纤维/环氧树脂复合材料具有显著的轻量化效果，电池包箱体质量降低了 64%。

8.1.3.3 基于结构设计的轻量化解决方案

电池包结构设计涉及结构动力学、NVH 性能、结构安全性等多学科多性能优化设计，由于各学科之间相互耦合、关联，传统的单目标优化方法较难平衡各项性能实现轻量化设计。随着计算机辅助设计理论的发展及其在工程领域的广泛应用，多目标优化设计技术日趋成熟，在现代结构设计中占有重要地位。研究人员研究了碳纤维复合材料在电池箱设计中的多层次优化问题，使用 OptiStruct 对电池包碳纤维复合材料铺层问题进行了优化分析，采用等代设计的方法，提出了多工况整体优化设计的思路。通过尺寸优化、铺层次序优化对某款电动汽车电池箱进行优化设计，结果表明，优化后电池箱体的刚度、强度均有大幅提高，其质量下降 29.9%，正面碰撞变形量降低 48.4%，电池箱的安全性有所提高且轻量化效果显著[28]。王露基于电池箱的稳健性对箱体进行拓扑优化设计，使得优化后的电池箱低阶模态频率提高 40%，质量减少 10%[12]。王丽娟等人利用 CAE 技术，采用 Hypermesh、Absqus 和 Fatigue 软件从静力学、动力学、随机振动和疲劳特性这几个维度对电池包结构进行强度、动力特性的分析和校核，并将仿真结果与冲击试验对比，实验结果验证了 CAE 仿真技术的有效性和可靠性，最后从材料优选和结构改进两个方面出发，实现方型和十字型电池包箱体结构的轻量化设计，二者的减重比分别达到了 22.96% 和 23.75%[29]。

确定了优化目标之后，根据设计变量的类型将结构优化设计分为不同的层次：在给定结构的材料、类型、布局拓扑和外形几何的前提下，优化每个构件的截面尺寸，使结构重量最轻或最经济，通常称作尺寸优化，它在结构优化设计的水平中层次最低；如果设计变量是结构的几何形状，比如连续体边界的几何参数或刚架和桁架的节点位置，则优化设计进入了一个较高的层次，即结构形状优化；如果允许材料在连续体的分布或对桁架结构节点处连结情况进行优化，则优化设计达到更高的层次，即结构的拓扑优化，拓扑优化是在一定优化设计空间区域内寻找材料最合理分布的一种优化方法，它是一个迭代的过程。从预先定义的某种材料分布开始，每一次迭代包含有限元分析、灵敏度计算和修改材料分布 3 个步骤；在多次迭代后（通常 20 次以下），轻质材料的优化分布趋于稳定，优化即结束。产品进行拓扑优化设计的最终结果决定了产品的最优材料结构、最终结构形态与结构性能，因此电池包结构轻量化优化设计中应用拓扑优化技术，可以保证在材料分布最优初始拓扑结构下进行电池包结构的尺寸和形状优化，经过拓扑优化后能够大幅度地提高汽车的材料利用率。随着结构优化层次的提高，优化所需的计算量会越来越大，对工程技术人员的技术水平要求越来越高。

8.2 面向电池壳体的动力电池系统轻量化技术

动力电池研究人员曾形象地将电池包设计比喻成一个闭环的"铁三角"，需要关注电池技术、BMS技术和成组技术这三者之间的协同效应[30]。电池技术好比是"安全长寿的基因"，决定着电池包的电压、带电量、使用寿命等先天的固有属性；BMS技术好比是"聪明的大脑"，它监控着电池包充放电的状态，监测并控制着各电池单体的温度变化，起到对异常充放电状态作出及时反馈、实时调节电池温度在合理范围内、达到温度均一性的作用；成组技术则更像是电池包系统的"强健体格"，包括模组结构、箱体结构等的设计技术，保障电池包在复杂的路面环境下，抵抗振动、冲击、碰撞等复杂工况的结构损伤和连接失效。动力电池箱作为电动汽车动力电池的保护和承重装置，是电动汽车的重要组成部分。车用动力电池组的能量密度普遍偏低，为了达到续航里程的要求，电动汽车常常需要装配大量的动力电池。而用于装载动力电池的电池箱广泛使用厚重的箱体式结构，这无形中使得电动汽车自身的重量增加。因此，在满足基本的碰撞安全、通风散热、绝缘防水等性能要求的前提下，亟需对电动汽车电池箱的结构进行优化从而改善动静态特性并且实现轻量化。鉴于汽车行驶工况的复杂性，动力电池箱在使用过程中受到的载荷不可避免地具有较强的非线性和不确定性。这些不确定性因素很有可能导致设计出来的电池箱在实际使用过程中不安全或不可靠，甚至发生灾难性事故，故在设计阶段必须重视和考虑这些不确定性因素。本节主要从结构特性和安全性两方面介绍电池包壳体设计的结构性能要求和评价指标，并介绍以此为标准的电池包轻量化设计开发流程。

8.2.1 电池壳体结构性能要求与评价指标

动力电池包作为电动汽车的重要组成部件，其产品开发需遵从车规级产品开发基本步骤和过程，按照"V"形开发模式，从系统级需求分析开始，逐步分解到功能级进行设计、分析与验证，最终到整车级确认，确保最终产品的功能完整、结构安全和可靠。其中结构开发需经历多个设计阶段，是一个多学科交叉的并行设计过程，涉及机械、电、热、材料等不同领域。

8.2.1.1 电池壳体结构性能要求

动力电池包的开发目标是保证整车设计性能和功能完整，为电动汽车提供持续、高效、稳定的动力来源。车用动力电池包作为一个独立汽车部件，需在高比能量、高安全性、高可靠性、整车重量要求、制造成本要求等方面综合平衡考虑，为整车提供最佳综合使用性能。根据不同阶段电池包结构设计任务，总结出电池包结构设计需满足的关键性能要求。

1. 具有高能量密度的储能

电动汽车常用的锂离子动力电池比能量远低于传统燃油汽车，且电池包质量占比较大，导致整车整备质量大幅度增加，电动汽车的续航能力无法满足需求，动力电池包作为整车唯一储能部件，需具有高能量密度的储能能力。结构轻量化设计可通过降低外部结构件质量来提高电池包单位质量的储能，轻量化设计常以提高电池包比能量和比功率为目标开展。

比能量是评价电池系统储能能力的关键指标，其定义为电池包的单位质量或体积能提供能量大小，该项性能指标与电池单体类型和尺寸、电池系统轻量化程度相关。宁德时代生产的高镍三元锂动力电池单体比能量可达 $300W·h/kg$ 左右，已规模化生产的电池包比能量达 $180W·h/kg$。比功率定义为单位体积或质量电池能输出功率大小，又称功率密度，该指标用来评价电池包是否能满足电动汽车瞬时动力输出要求，由锂离子电池单体集成设计的动力电池包比功率为 $160\sim230W/kg$。

2. 符合静动态载荷下结构抗变形能力

从电池包结构部件分析，箱体作为数以千计的单体电芯及其附属部件的载体，需承受单体、模组等部件的质量与路面激励和外界的冲击载荷，因此需具备一定结构抗变形能力。动力电池包通过合理的结构设计，保证电池包具有足够的强度和刚度来抵抗变形，尤其是在静态极限载荷工况下（颠簸路面急转弯、紧急制动、越过路面障碍等），电池包承载结构件不能发生破坏和失效，电池包结构件的极限应力峰值不超过材料失效破坏应力极限，结构变形量在设计允许范围内。

3. 避免结构低阶共振破坏能力

电动汽车在实际行驶中，电池包除了承受静态载荷作用，还会受到来自不同路面激励引起车身振动并传递至电池包的动态载荷作用，动态载荷大小随频率变化。当动态载荷的激励频率与结构某阶固有频率接近时，会引发电池包共振。此时电池包振动幅度会显著增大，严重危害电池包内部安全。尤其在低阶固有频率下结构位移幅值最大，较大可能诱发电池包共振破坏。结构模态特性与电池包噪声、箱体内部件疲劳破坏等问题息息相关，因此电池包结构开发时其结构低阶固有频率须尽可能避开路面激励频率。

4. 抵抗碰撞挤压的结构抗撞能力

在发生的各类汽车事故统计中，由于正面碰撞导致的事故比例为40%，居首位；其次是侧面碰撞，占比为35%；后面碰撞事故为2.5%左右。电动汽车在碰撞挤压中有其特殊性：高能量、大质量电池包在碰撞挤压过程中可能导致单体内短路、穿刺等引发起火、爆炸；同时电池包高电压系统可能通过车身金属件间接与乘员接触引发触电，严重危害乘员人身安全，因此电池包必须满足一定条件下碰撞挤压的结构抗撞能力。电池包箱体作为主要抵抗变形的结构件，国标 GB/T 31467—2015 中规定了在碰撞挤压工况下电池包壳体不能发生破裂或固定结构失效、电池单体电解液不能泄漏[31]。

5. 抵抗振动冲击的结构可靠能力

电动汽车行驶在不同路面上承受载荷具有激励多样化、随机性等特点，因此电池包需满足电动汽车运行环境和行驶工况多变的结构可靠性要求。电池包结构设计常采用随机振动来模拟电池包在随机路面下的振动特性，国标 GB/T 31467—2015 规定了电池包在随机振动试验后箱体外部及内部结构件不能有机械破坏、变形和紧固件松动等现象[31]。

8.2.1.2 电池壳体性能评价指标

8.2.1.1 节总结了电池包结构设计应具备的性能要求，而性能评价应基于一定的方法和标准指引，电池包结构设计及性能评价与国家标准与规范制定密切联系。中国为适应电动汽车蓬勃发展需要，国家标准化管理委员会起草并发布了一系列有关电动汽车的新版国家推荐标准，其中 GB/T 31467.3—2015《电动汽车用锂离子动力蓄电池包和系统》规定了动力电池包的安全性要求和测试方法[32]，并作为企业生产电池包强制安全性检验标准和测试方法。该标准中试验测试内容包含随机振动与冲击、模拟碰撞与挤压等多个方面，要求动力电池包全程不出现电解液泄漏、着火或爆炸等现象。该评价指标宽泛、无法直接指导电池包结构设计，需进一步建立电池包结构性能评价指标与测试方法。

1. 从静态极限载荷下电池包结构变形评价

电池包箱体不仅受到其内部电池模组的压力，还受到路面激励通过车身传递至箱体的惯性力作用。电池包结构的抗变形能力定义为在静态极限载荷工况下，电池包箱体受惯性力载荷后其形变量的大小。参考汽车零部件极限载荷下性能评价方法[33]，选取颠簸路面上电动汽车急转弯、紧急制动和单侧车轮过深坑极限工况分析电池包结构变形量，各极限工况惯性力载荷大小与方向如表 8-2 所示。

表 8-2 各极限工况惯性力载荷大小与方向

静态极限工况	惯性力载荷大小与方向		
	x(前纵)	y(左横)	z(垂上)
颠簸路面急转弯/g	—	0.75	2.0
颠簸路面紧急制动/g	1.0	—	2.0
车辆单侧车轮过深坑/g	0.5	—	3.0

2. 从电池包结构低阶固有模态频率评价

电池包模态特性反映结构动态特征，影响电动汽车行驶中电池包结构动态响应，尤其是结构低阶频率下结构位移幅值大，很可能引发电池包共振破坏。对电池包结构进行模态分析获得结构固有频率和阵型，通过结构优化设计提升低阶模态频率，避免与路面激励频率重合，减小电池包结构发生共振破坏的可能性。电动汽车的主要激励源是路面不平引起的随机振动和驱动电机怠速时的稳定振动，电机怠速时振动频率一般在20Hz以下，而路面随机振动频率和路面参数有关，参考相关文献[34-35]，路面随机振动频率计算公式为

$$f = \frac{v_{\max}}{L_{\min} \times 3.6} \tag{8-1}$$

式中，f 为路面随机振动频率；$L_{\min}$ 为不平路面的最小波长；$v_{\max}$ 为车辆行驶的最高车速。表8-3所示为各种不平路面的波长大小[34]。

表8-3 不平路面的波长大小

道路类型	碎石路	搓板路	未铺装路	平坦路面
波长/m	0.32～6.3	0.74～5.6	0.77～2.5	1.3～6.3

电池包结构固有频率应尽量远离驱动电机怠速时激振频率和路面随机激励频率带，避免电池包结构发生共振破坏。因此将电池包结构低阶模态频率作为评价电池包避免结构低阶共振能力的评价指标，通过式(8-1)计算设计车型的路面激励最高频率，比较驱动电机激励频率得到电池包结构设计的最低安全频率。

3. 从结构碰撞挤压安全性评价

动力电池包储存有大能量密度的单体电芯，碰撞挤压过程中单体内短路、穿刺等故障引发电池包热失控事故时有发生，严重危害乘员安全。GB/T 31498—2015 规定了电池包碰撞后相关安全要求[31]，测试要求碰撞后具有防触电保护、绝缘、电解液不能泄漏，位于乘员舱的电池包应保持在安装位置。汽车碰撞挤压中电池包外部结构件变形会导致单体变形严重，同时碰撞中模组、单体加速度也会引发单体失效。因此，分析电动汽车正面碰撞、侧面碰撞、追尾碰撞与正面偏置碰撞中电池包变形情况，如图8-11所示，获取电池包所有结构件的极限应力和变形、内部模组挤压变形量和加速度变化曲线，作为电池包碰撞挤压安全性评价指标，运用层次分析法等多属性决策方法来评估电池包结构的碰撞安全性。

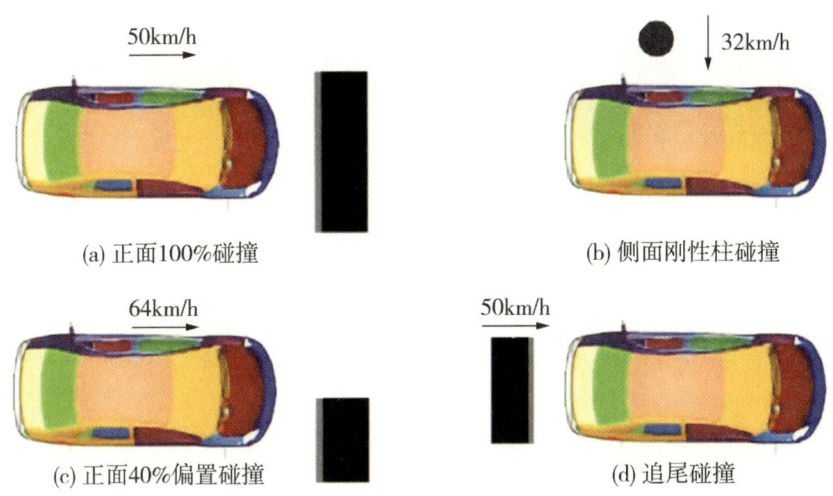

图 8-11 电动汽车电池包的不同碰撞工况

4. 从随机振动结构疲劳耐久性评价

振动冲击下电池包结构可靠性评估主要通过随机振动下结构疲劳耐久性来衡量,即采集电动汽车在典型路面和典型工况下道路谱信息,通过数值变换将时域信号转化为频域信号,然后积分获得评价函数,如功率谱密度函数,从频域角度准确描述载荷统计规律。国标 GB/T 31467.3—2015 中规定了随机振动工况下电池包载荷三个加载方向的功率谱密度值[32],如表 8-4 所示。

表 8-4 随机振动下电池包各方向加载的功率谱密度 $[(m/s^2)^2/Hz]$

频率/Hz	x 轴	y 轴		z 轴
		乘员仓下部	其他位置	
5	1.20	0.96	3.85	4.81
10	2.89	1.44	—	5.77
20	2.89	1.44	3.85	5.77
50	—	0.96	—	—
200	0.02	0.04	0.08	0.08

动力电池包分别在各方向测试 21h 可等效电池包结构满足 24 万公里以上疲劳寿命要求,将随机振动试验中电池包结构动应力峰值不应大于结构许用应力,内部模组加速度峰值不应大于单体失效加速度临界值[36],电池包中最大动应力与结构加速度峰值作为结构可靠性评价指标,运用熵权法综合评判电池包结构可靠性。

5. 从电池包轻量化程度评价

电池包高储能密度通过系统比能量和比功率来衡量,而比能量作为电池包储能能力重要指标,该项性能指标与电池单体类型和尺寸、电池系统设计及轻量化水平密切相关。2016 年工信部发布的《节能与新能源汽车技术路线图》中提到,锂离子电池单体比能量到

2020年达到350W·h/kg，系统比能量争取达到260W·h/kg并实现产业化和整车应用，从全球范围内主要电池企业生产的单体电芯性能指标来看，目前锂离子电池单体及系统设计制造水平与国家制定的比能量目标还存在一定差距。

在单体电芯能量密度取得突破性进展之前，电池包可通过大模组设计、轻质材料应用与CTP技术实现电池系统比能量提升至200W·h/kg以上。详细设计阶段电池包中单体数量及性能参数已经确定，储存能量也随之确定，但通过降低电池包结构件重量，在一定程度上可提升电池包储能密度，因此将电池包结构件质量作为轻量化程度的评价指标。

8.2.2 基于动力电池壳体结构基础特性的轻量化设计方法

在满足电动汽车各项性能要求的前提下对电池包进行轻量化设计已成为电动汽车领域的重要研究课题，各汽车制造厂和科研机构学者进行了不懈努力。关于动力电池包结构轻量化设计主要围绕电池包静动态特性优化、碰撞挤压安全性优化、基于振动冲击的结构可靠性优化等几个方面开展研究。本小节将介绍基于电池包静动态特性的电池壳体轻量化设计一般过程及常用方法。

电池包结构优化及轻量化设计中，多种性能指标对轻量化设计产生较大约束作用，面向详细设计阶段电池包结构轻量化设计方法流程为：

（1）电池包结构基础性能分析，建立电池包结构有限元模型，模态实验对标验证模型有效性，根据设计要求进行电池包基础性能分析与评价。

（2）电池包性能响应近似模型建立，确定电池包中参与优化部件和备选材料种类，运用"试验设计分析–近似模型拟合"的策略建立结构性能响应预测模型，实现高效、快速获取不同材料结构组合下电池包性能响应。

（3）面向性能要求的电池包结构方案寻优，基于性能响应预测模型建立性能约束下电池包多目标优化数学模型，运用现代优化算法求解可行轻量化方案，基于多准则决策模型排序可行轻量化方案，获取不同性能侧重下电池包结构最优设计方案。

下面以某纯电动汽车配备实例动力电池包为轻量化研究对象来展开介绍上述流程。该电池包通过8个吊耳连接在车身座舱底部位置，电池包内部单体为18650型三元锂离子单体电芯，通过79并30串组成电池系统，其基本参数和结构示意图分别如表8-5和图8-12所示。

表8-5 实例电池包基本参数

项目名称	参数	项目名称	参数
外形尺寸/mm	1270×956×226	单体额定电压/V	3.7
单体类型	18650型 三元锂	单体容量/A·h	2.6
额定电压/V	108	每个模组单体数/个	79
总容量/A·h	187.5	电池系统模组数/个	30
总重量/kg	162.5	模组间连接方式	串联

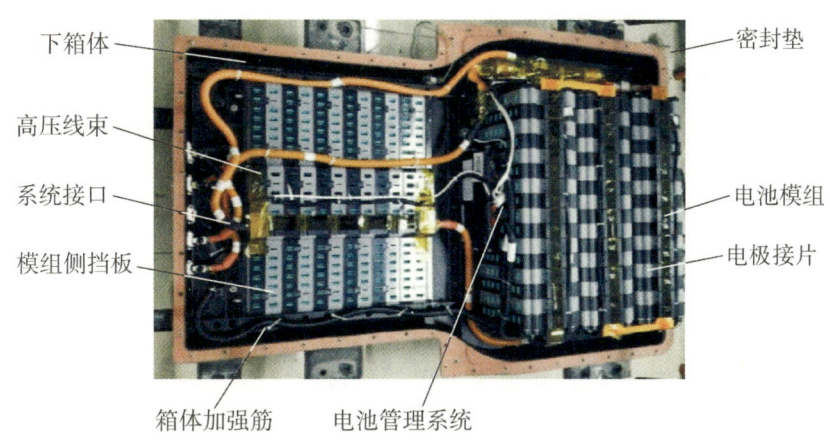

图 8-12 电池包内部结构图

8.2.2.1 电池包模型的搭建与验证

电池单体通过 79 并 30 串组成电池系统，各模组间通过镍片接触连接，同排串联排布的 8 个模组，通过施加预紧力的长螺栓与模组侧支撑板固连，保证了电池模组的稳定性；在模组上侧引出模组正负极，连接电压信号采集线，BMS 控制器实时采集各模组电压和电流信号；温度传感器布置在模组内侧，实时采集电芯温度信号，防止电池异常高温导致热失控；电池包输出正极通过高压线束连接具有过流保护的高压继电器、熔断器，后端与电池模组正极接线柱相连，输出负极则通过高压线束与串联电池模组的负极接线柱相连；电子元器件及附属功能部件均布置在箱体内部模组周围，通过线束连接保证电池系统各项功能完整。

电池包结构件主要有箱体、模组支板、单体保持架、盖板、压杆、长螺栓等，可固定电池单体、模组，抵御外部激励冲击，保证电池内部可靠运行，电池包内部各结构件通过焊接、螺栓连接、粘接等方式装配成有机整体。图 8-13 为电池包主要结构件分布和连接示意图。

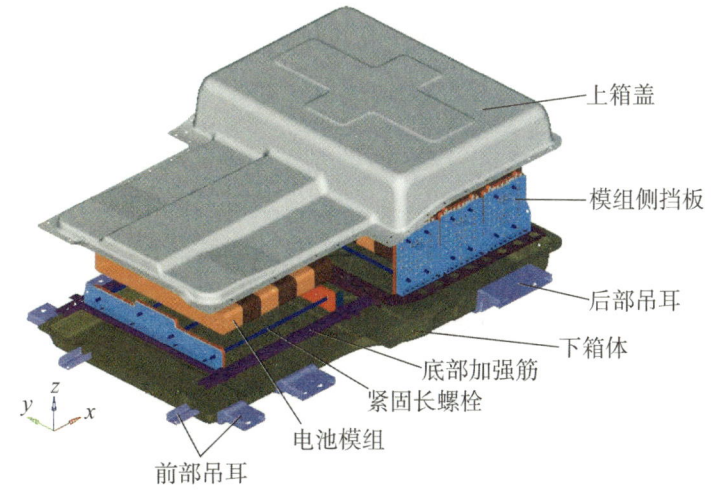

图 8-13 电池包主要结构件分布和连接示意图

车用动力电池包装配关系复杂、零部件数量众多，除电池单体、模组外，电池包内部还安装有附属电气部件，如测量电池单体电压的电压采集线、采集各部位温度的传感器、电池能量管理的 BMS 部件以及高压线束和继电器等，因此，建立电池包有限元模型必须简化结构。结合电池包结构建模需求，本次简化建模方案为：电池包内部电压、温度采集线束及质量较轻的元器件对整包重量等性能影响较小，可忽略不计，在建模中不予考虑；电池包内部各种电气元件，如质量较大的 BMS 控制器、高压继电器与电流输出端，对电池包静动态特性存在一定影响，故通过质量单元配重的方式固定到箱体内部对应安装位置上；电池包内部橡胶垫、电气绝缘胶层、螺杆保护套等涂层，由于刚度较小，故忽略其对电池包性能的影响。有限元建模一般要先后经历精确几何模型建立、模型清理与划分网格、材料特性与单元类型定义、建立模拟连接和施加边界约束条件等步骤，在此不做详细介绍，建立的电池包有限元模型如图 8-14 所示。

(a) 电池包有限元模型　　　　(b) 电池包结构线框模型

图 8-14　电池包有限元模型

有限元分析本质是运用数值计算方法求解偏微分方程组，模态仿真分析是求解模态坐标系下系统运动微分方程。实践表明在计算结构固有频率和振型时可忽略结构阻尼的影响。有限元结构模态分析采用较高效率和精度的 Lanczos 法提取系统特征值和特征向量。运用 ABAQUS 分析电池包结构件有限元模型的自由模态，获得电池包外箱体有限元模型的各阶模态频率和振型，分别如表 8-6 与图 8-15 所示。

表 8-6　电池包外箱体结构模态频率及振型

模态阶数	模态频率/Hz	振型描述
1	68.7	底部中心凹陷
2	108.6	前后整体弯曲、后部凹陷
3	136.5	上部中心区域凹陷
4	157.2	左右整体扭转

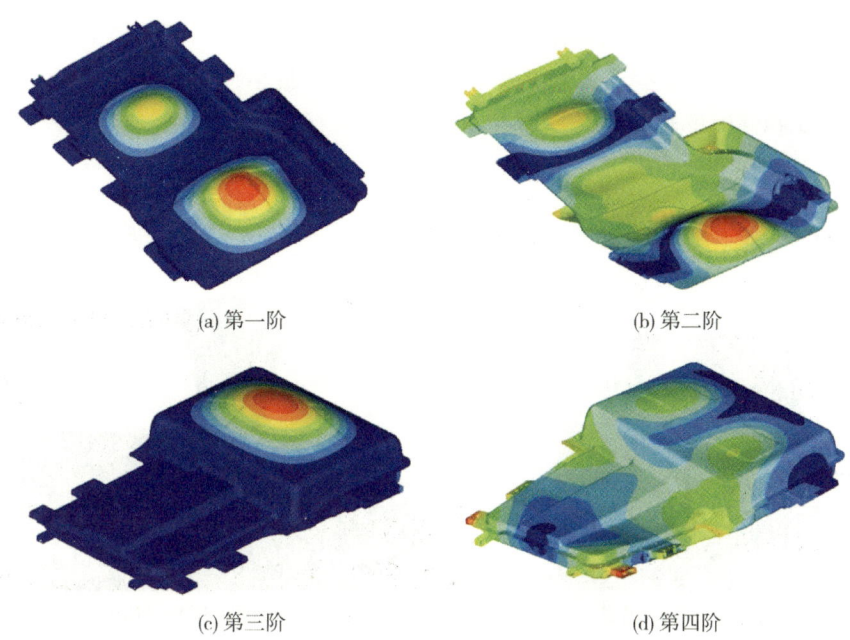

图 8-15　电池包外箱体各阶模态振型

模态试验常用在确定结构的振动特性与系统模态参数，系统模态参数直接决定系统的动态特性，因此试验模态分析是一种常用的有限元模型验证途径，对比有限元仿真分析中计算模态参数与试验模态参数，验证模型建立准确性，同时还有助于熟悉振动系统的固有特性，避免结构共振或利用特定频率引起共振；能够分析系统在外界激励下动态响应，获得系统特定部件受迫运动下动态位移和应变情况，为结构振动冲击分析、谐响应分析等问题提供动力学基础。试验模态研究常用传递函数法分析模态参数，即先采用单点激振方式求解结构的动态响应，计算振动系统的传递函数，然后再通过参数估计方法确定系统模态参数。试验模态测试中激振方式有力锤敲击和激振器激励，实例电池包箱体外壳均用钢材冲压制成的薄壁件，系统非线性程度低，采用力锤法比激振器法更适合；力锤前端有不同材质的锤头和测量激振力的传感器，根据结构测试频率范围需求，锤头材料可选用钢、橡胶、塑料等，产生振幅不同激振力；力锤中传感器实时测量并记录力锤敲击激励力的变化情况。综合考虑力锤激励作用大小，振动频率测量范围，箱体模态实验采用橡胶锤头；试验中采用 DH132 型压电式加速度传感器测量电池包箱体的振动加速度响应，运用 DH5923型动态信号采集仪和 DHDAS 数据分析软件处理测量响应数据，整个试验模态测试系统的仪器型号连接关系如图 8-16 所示。

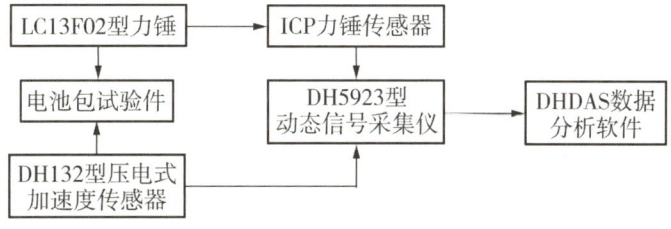

图 8-16　电池包试验模态测试系统连接图

试验开始前用刚度适宜的弹性绳悬挂电池包外箱体的 4 个吊耳，使空箱体处于自由悬空状态，如图 8-17 a 所示。测量所采用弹性绳的刚度较小，降低其刚度对系统整体刚度的影响，保证弹性绳的悬挂系统固有频率远低于电池包箱体一阶固有频率。DH5932 数据采集和分析系统在箱体模态试验过程中连接状态如图 8-17 b 所示。

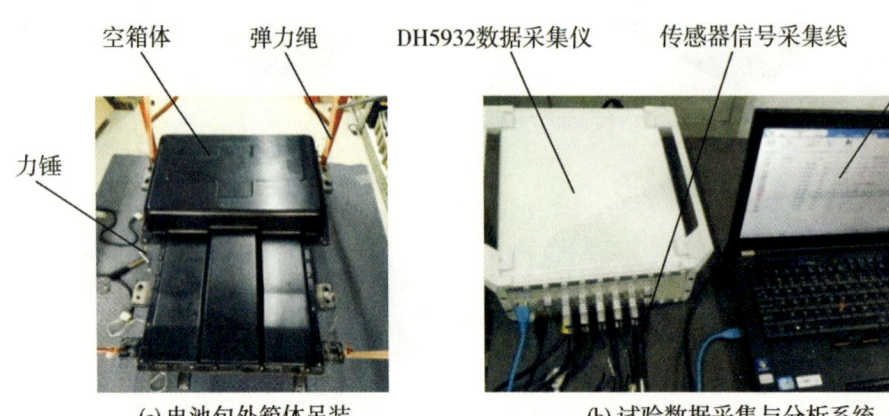

图 8-17 电池包箱体模态试验测试

电池箱体模态实验采用力锤敲击和多点拾振结合的测试方法，通过力锤敲击产生激励信号，振动激励通过箱体传递到多个加速度传感器安装点，DH5932 数据采集仪实时记录力锤激励信号和加速度响应信号，传输到 DHDAS 信号分析系统中。力锤激励点选取箱体前部吊耳位置，力锤垂直于激励点所在面进行敲击，减少噪声信号的干扰，同时每次敲击力度均匀且相邻两次敲击具有一定的时间间隔。传感器的布置一般选择在能够反映箱体结构整体振动特性的位置，如部件的连接位置点等，信号采集测点还需尽量避开各阶模态阵型的节点位置。试验中选取不对称的 5 个测点布置加速度传感器，多次敲击相同激励点，采集所有测点的振动响应信号。DH5932 型数据采集仪中设置信号采集频率为 0.5Hz，截止频率为 300Hz，将橡胶锤头的力锤激励信号和所有测点的加速度响应信号导入 DHDAS 数据处理系统，傅里叶变换后线性叠加获得系统集成频响函数（FRF），如图 8-18 所示。

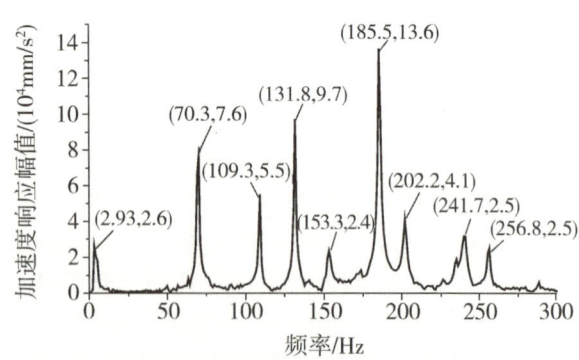

图 8-18 电池包箱体模态集成频响曲线

集成频响曲线中共振峰得到电池包空箱体各阶模态频率，发现电池包箱体在频率 2.93Hz 存在共振峰，远低于箱体一阶固有频率 70.3Hz，该频率下共振是由于弹性绳引发系统共振，不是电池包箱体真实模态频率。综合电池包箱体的模态实验和仿真分析结果

（表8-6），电池包箱体试验模态频率与模态仿真频率接近，前四阶固有频率误差率小于5%，验证了电池包箱体有限元模型的有效性。电池包装配体振动特性反映电动汽车在实际路面上电池包结构动力学特性，类比上述过程，进行电池包装配体模态试验。由于电池包装配体质量较大，采用刚性适宜的螺旋弹簧替代弹性绳悬挂电池包，试验前需确保装配体各部件连接紧密，接触面贴合，实验人员利用胶带固定电池管理系统的信号采集线；将电池包装配体外部4个吊耳处螺栓与螺旋弹簧前端连接，电池包悬空后施加激励使其自由振动，估算电池包悬挂系统低阶频率，确保该频率远小于电池包装配体一阶固有频率。电池包装配体试验数据处理后的集成频响曲线如图8-19所示。

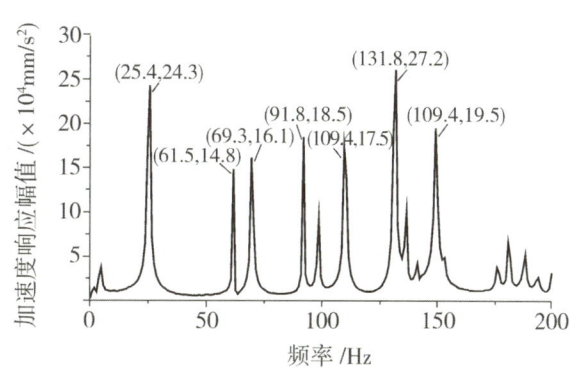

图8-19 电池包装配体试验集成频响曲线

8.2.2.2 电池包结构基础性能分析与评价

电池包结构静态特性分析可获得各部件在静态（或准静态）载荷下变形与应力情况，发现结构设计缺陷。车用动力电池包通过多个吊耳与车架底部固连，同时承载自身较大的重量，在极限行驶条件下由于自身重量引起惯性载荷应得到充分考虑，各种静态极限工况下惯性力载荷大小与方向如表8-2所示，电池包通过箱体外部吊耳上14个螺栓与车身底部相连接，在静态分析中约束箱体吊耳的螺栓孔6个自由度，对电池包整体施加惯性力，运用 ABAQUS 分析电池包在各极限载荷工况下结构应力分布与变形情况。电动汽车在颠簸路面通过凸起或路面深坑时，电池包将受到巨大冲击载荷，此时存在约 $3g$ 的垂向加速度，图8-20、图8-21分别为该工况下电池包结构变形和应力分布。

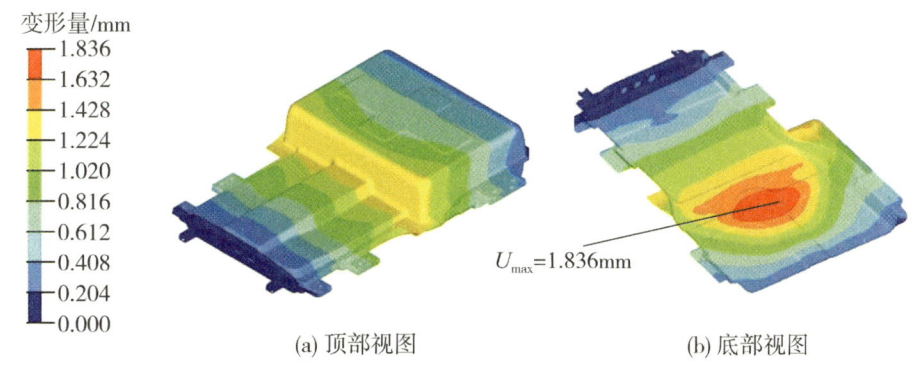

图8-20 车辆单侧车轮过深坑时电池包结构变形量

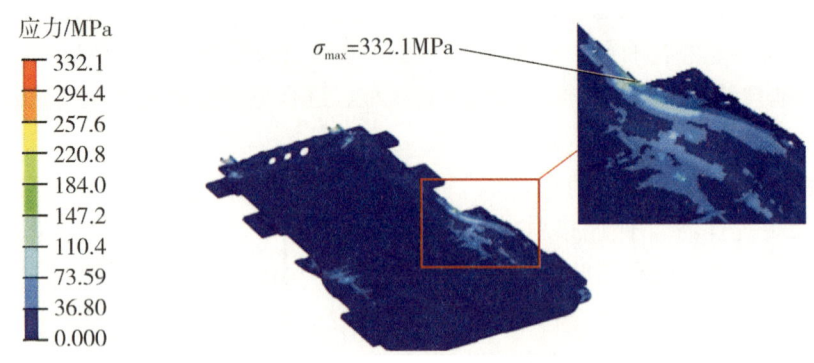

图 8-21　车辆单侧车轮过深坑时电池包结构应力分布

车辆单侧车轮过深坑工况时电池包结构最大变形区域依然位于电池包底板中心刚度较差位置，最大变形量达 1.836mm，电池包箱体底部由薄钢板冲压制成，箱体内部承载较大的模组重量载荷，在颠簸路面上行驶电池包会出现变形，而车辆单侧车轮过深坑工况下垂向惯性加速度最大导致变形最严重。单侧车轮过深坑工况下电池包结构极限应力区域出现在电池包箱体中部前后模组连接位置，最大应力达 331.2MPa，超过箱体材料的屈服强度，此时电池包存在箱体破裂风险，同时该情形下电池包结构变形较严重，可认为车辆单侧车轮过深坑静态极限载荷工况为电池包结构危险工况，需要对该工况下电池包位移与应力进行优化。以上仅给出电池包颠簸路面车辆单侧车轮过深坑工况下的分析，其他工况下电池包结构强度均符合要求。

绝大部分动力电池包悬挂于刚度较大的车身底部，经受车辆运动过程中路面随机激励和冲击载荷，电池包吊耳与车身底部固连，可认为电池包所有吊耳在车身底部平面内不发生相对移动，因此约束模态更能真实反映车辆中电池包实际情况，约束箱体吊耳 12 个螺栓孔的 6 个自由度，模拟电池包箱体吊耳与车身相连的状态。采用 ABAQUS 软件中 Lanczos 法计算电池包结构低阶固有模态频率和振型，分别如表 8-7 和图 8-22 所示。

表 8-7　电池包约束模态频率与振型

模态阶次	共振频率数值	振型描述
1	23.6	中部整体弯曲
2	66.1	后部局部凹陷
3	91.3	前后部弯曲，后部中央凹陷
6	127.3	左右弯曲、扭转

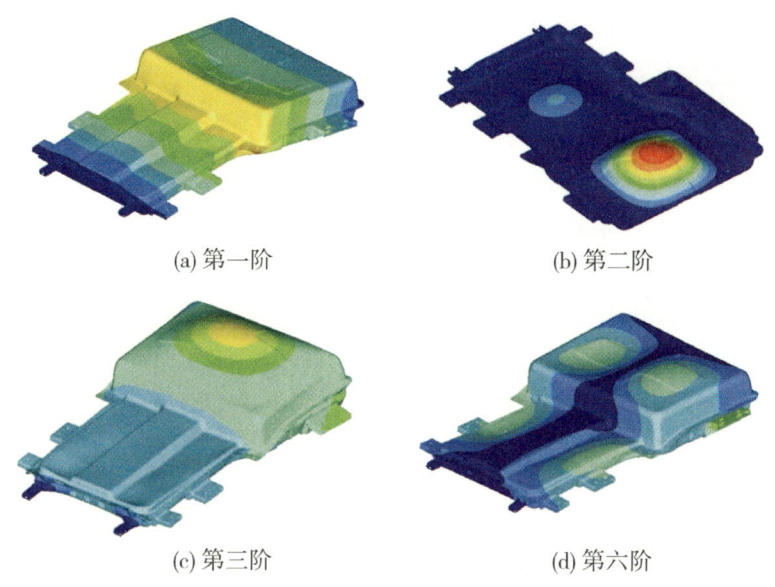

(a) 第一阶 (b) 第二阶
(c) 第三阶 (d) 第六阶

图 8-22 电池包约束模态振型

在 8.2.1 节中电池包结构低阶模态评价方法指出，可能引发电池包共振破坏的激励源是怠速运转的驱动电机振动和不平路面下车身随机振动，电动汽车驱动电机怠速时激励频率在 20Hz 以下，而路面激励频率与路面波长、车速有关，由式（8-1）计算得到不平路面的最大激振频率为

$$f = \frac{v_{\max}}{L_{\min} \times 3.6} = \frac{120}{1.3 \times 3.6} = 25.6(\text{Hz})$$

综上所述，电动汽车主要激振频率位于 26Hz 以下，实例电池包的一阶固有频率为 23.6Hz，略小于电池包结构安全频率，可能引发结构共振破坏。为避免电池包结构共振破坏发生，在进行电池包结构设计时应尽量提高其一阶固有频率，同时在电池包结构优化中可将一阶模态频率作为优化设计目标。

动力电池包的储能能力用比能量评价，综合评判电池包轻量化程度用集成效率来评价，从实例电池包的基本参数（表 8-5）知，电池单体与电池包的比能量指标计算过程如下：

单体电芯比能量　　$3.7\text{V} \times 2.6\text{A}\cdot\text{h} \div 0.045\text{kg} = 213.8\text{W}\cdot\text{h/kg}$

电池包比能量　　　$108\text{V} \times 187.5\text{A}\cdot\text{h} \div 162.5\text{kg} = 124.6\text{W}\cdot\text{h/kg}$

电池包集成效率　　$\dfrac{\text{电池系统比能量}}{\text{单体电芯比能量}} = \dfrac{124.6\text{W}\cdot\text{h/kg}}{213.8\text{W}\cdot\text{h/kg}} = 58.3\%$

比较单体电芯和电池包比能量以及集成效率，实例电池包采用的三元锂电芯的比能量较高，达 213.8W·h/kg，但由于电池包结构件质量占比高，导致电池包比能量偏低，仅为 124.6W·h/kg，从而致使电池包集成效率仅为 58.3%。实例电池包除去线束、电器附件、模组支架与电芯单体的质量，电池包其余结构件的总质量为 36.1kg，作为电池包结构初始轻量化程度指标。

8.2.2.3 电池包优化部件选取

电池包结构部件数量众多，为尽可能减少有限元分析和结构优化计算效率，求解获得具有工程实际意义的结构方案，需对影响各性能的电池包部件灵敏度进行分析，辨识出对性能响应较敏感的部件，有针对性优化该部件的材料类型、结构尺寸参数，有效提升电池包的综合性能。为减少电池包结构件数量，将电池包结构有限元模型左右对称的两板件设为一个部件，设置为相同的属性，最终选定电池包中参与灵敏度分析的13个部件，如图8-23所示。

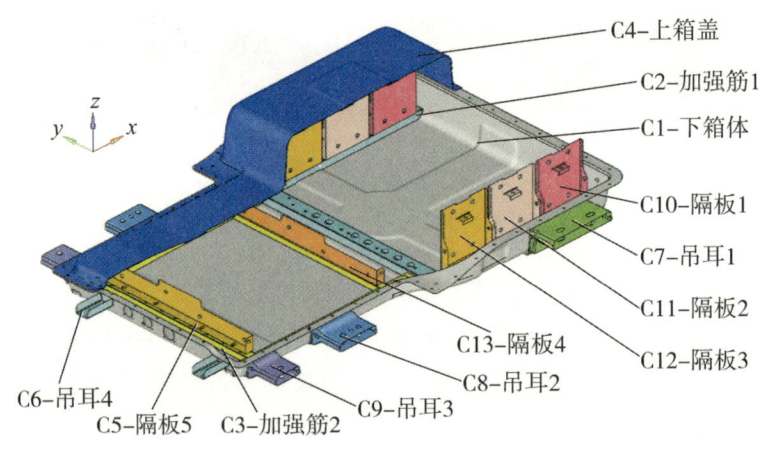

图8-23 参与灵敏度分析的电池包13个部件

经计算可知，电池包下箱体和加强筋等承载部件的灵敏度数值大，板厚变化对电池包性能影响较大，该结果与实际相符。直接灵敏度数值较大，说明板件厚度增加对其性能指标增加明显，但对于上下箱体等尺寸较大的部件，增加厚度带来质量增加无法由其他部件质量减少来弥补，若想找出更为合理的优化部件，还需结合其他灵敏度信息综合挑选。相对灵敏度定义为结构各性能直接灵敏度数值除以该部件的重量灵敏度数值。该数值表示结构单位质量改变导致该项性能变化，更好反映电池包各部件对性能响应的相对贡献率。通过对电池包一阶模态频率和静态载荷下结构变形直接灵敏度和相对灵敏度分析和排序，找出重复出现多次的部件作为优化设计部件，最终确定参与电池包优化的部件为：C1-下箱体、C4-上箱盖、C2-加强筋1与C7-吊耳1。

8.2.2.4 材料结构组合试验设计

确立优化问题，优化设计对象为车用动力电池包结构件，将电池包结构件质量作为轻量化设计目标，将电池包一阶约束模态频率、单侧车轮过深坑工况中下箱体后部中心区域变形量为安全性优化目标，将灵敏度分析后挑选出4个优化部件的材料类型和结构尺寸参数作为优化设计变量，该优化模型可表示为

$$\begin{aligned}
&\text{Find}: \{x_i, t_i\}\,(i=1,2,3,4)\\
&\text{Object}: \min\{\text{Mass}, \text{UD}\}, \max\{\text{FM}\}\\
&\text{Subject}: \begin{array}{l} x_1 \in (4,5,6),\ x_2,x_3,x_4 \in (1,2,3)\\ 3.0 \leqslant t_1 \leqslant 7.0\\ 0.6 \leqslant t_2, t_3 \leqslant 3.5\\ 1.0 \leqslant t_4 \leqslant 4.5 \end{array}
\end{aligned} \quad (8-2)$$

式中，$\{x_i, t_i\}$，$i=1,2,3,4$ 分别为电池包优选部件的材料类型和板件厚度，$i=1,2,3,4$ 表示参与优化的部件编号，$x_i \in \{1,2,3,4,5,6\}$ 表示材料类型编码；Mass 为电池包结构件质量；FM 为电池包一阶模态频率；UD 为单侧车轮过深坑静态极限工况下电池包下箱体后部中心区域变形。

动力电池包装配关系复杂，其性能响应与设计变量间高度非线性，导致电池包寻优时间大幅度增加。复杂结构优化逐渐采用近似模型预测性能响应替代有限元分析。常用近似模型构建方法有克里格法（Kriging）、多项式响应面法（RSM）、径向基神经网络（RBFNN）与自适应响应面法等。电池包各项性能响应近似模型构建前，需获取材料结构组合方案组成样本集，样本集需考虑样本点在设计空间中的均匀性和代表性，科学研究中为避免样本点选取盲目性，采用试验设计（DOE）方法是较好的解决途径。常用试验设计方法有：

1. 全因子试验设计

考虑设计空间内设计因子和分析水平的所有组合方案，均作为样本点进行析因分析，该方法适用于设计因子和分析水平均不多的情形。

2. 正交数组试验设计

运用正交表安排多因子试验，根据各因子间正交性挑选更具代表性的样本。正交数组设计具有搭配合理，数据点分布均匀的优点，当试验设计中分析因子的水平数较多时，样本点数据会呈倍数增加，因此常用于分析因子水平数不多的情形，如离散变量试验设计。

3. 中心组合试验设计

在全因子设计之外增加一个设计空间，以这种方式扩展设计空间并获得足够多的样本点，但随着分析因子的数目和水平数增加，灵活性较差，并且计算量会大幅度增加。

4. 优化拉丁方试验设计

在设计区间内随机抽样后随机组合，保证各设计因子在所有水平中只研究一次，该法具有高效的空间填充能力，可灵活控制试验次数，采用相同数量样本点可研究更多可能组合情形。图 8-24 所示为不同试验设计方法生成 2 因素样本点分布情况。优化拉丁方试验设计有两种：随机拉丁超立方试验设计在求解区间范围内随机抽样后再随机组合形成样本点，该方法运用较少样本点可形成较多的材料结构组合方案，但抽样随机且不可重复，可能存在试验点分布不均匀情形，无法代表整个设计空间的特征；最优拉丁超立方试验设计引入外加准则,改进随机拉丁超立方设计的缺陷,使所获得样本点均匀布满约束设计区间,具有较好的设计空间填充性和均衡性。常用的外加准则有最小后验熵准则、中心偏差准则、最小距离准则等,大型商用软件已经嵌套各种试验设计方法和优化准则,如ANSYS、ISIGHT等在设定需求后可直接生成符合要求的样本点。

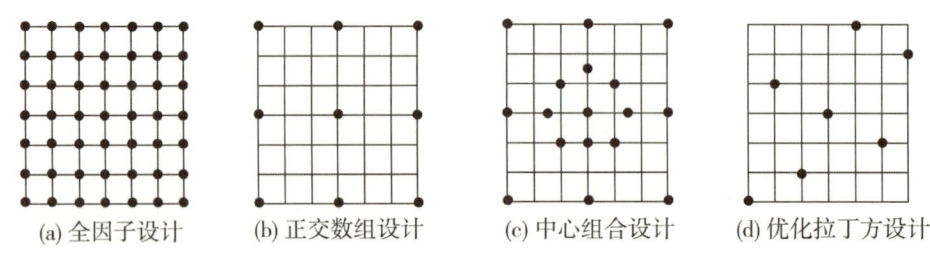

图8-24 不同试验设计方法获取2因素样本点分布

比较不同试验设计方法的优势与缺陷,结合研究问题需求,选取最优拉丁超立方试验设计获取电池包材料结构组合方案样本点,试验设计变量为电池包各优化部件的材料类型和结构尺寸参数,各部件可选材料类型为离散变量,选取工程中常用轻质材料作为备选材料,材料的编码和性能参数如表8-8所示,此处电池包部件可替换材料均为3种;各部件的结构尺寸参数为连续变量,优化设计区间在初始厚度基础上扩展50%~75%,电池包各设计变量和区间范围如表8-9所示。

表8-8 备选材料性能参数与标识编码

材料编码	材料名称	密度/(g·cm^{-3})	弹性模量/GPa	泊松比	屈服强度/MPa	抗拉强度/MPa
1	SPCC/DC06	7.69	212	0.32	110~195	<260
2	AL6061	2.70	70	0.33	145	240
3	AZ91B	1.82	45	0.34	160	240
4	SMC	1.75~1.95	11.5	0.36	57	80
5	ABS	1.04	1.9	0.35	44	67
6	PDCPD	1.03	1.9	0.43	42.5	44.9

表8-9 各优化设计变量与区间范围

设计部件	初始材料与厚度	可替换材料	厚度设计区间/mm
C4-上箱盖	SMC/5mm	PDCPD、ABS	2~8
C1-下箱体	DC06/1.5mm	AL6061、AZ91B	0.5~3.5
C2-加强筋1	SPCC/1.5mm	AL6061、AZ91B	0.5~3.5
C7-后部吊耳	SPCC/2.5mm	AL6061、AZ91B	1.5~4.5

运用最优拉丁超立方试验设计方法在电池包各优化部件的备选材料类型和设计区间范围内生成均匀分布的样本点,借助ISIGHT试验设计平台抽取64个样本点作为电池包性能

拟合与验证的样本点。运用 ABAQUS 分析 64 个电池包材料结构组合试验设计方案的结构件质量、单侧车轮过深坑的箱体底部变形量和一阶模态频率指标实际响应值,组成性能预测样本数据集。

8.2.2.5 电池包性能预测模型建立与参数优化

常用近似模型构建方法有克里格法(Kriging)、多项式响应面法(RSM)、径向基神经网络(RBFNN)与自适应响应面法等,上述方法多基于回归分析、无偏估计等统计学原理,运用复杂模型去拟合有限样本集,丧失了模型推广能力,同时该类方法在优化部件众多、结构响应高度非线性的复杂结构优化中预测精度不如支持向量机近似模型。支持向量机(SVM)回归预测模型与多项式响应面法相比具有更好的高维非线性预测能力,与径向基神经网络相比具有小样本学习的优点,能避免因过拟合而导致模型预测能力降低,但 SVM 模型参数选取对其预测精度有较大影响。影响 SVR 回归拟合精度的参数有惩罚因子 C、不敏感损失函数 ε、核函数的类型及相关参数,目前对参数选取没有简单的有效方法,常运用网格法和启发式搜索算法优化参数。基于生物进化论的遗传算法(Genetic Algorithm,GA),通过求解目标函数适应度替换函数求导,可快速迭代并实现参数收敛至全局最优解,较好适合于电池包结构性能响应近似模型的参数优化。SVR 模型中设置径向基核函数参数 σ 取值范围为[0.001,100], C 取值[0.01,100], ε 取值[0.01,100],运用遗传算法优化电池包性能响应 SVR 模型参数,遗传算法的参数设置为种群规模 100,种群进化代数为 50,变异概率为 0.01,交叉概率为 0.6,反复选择、交叉、变异与进化迭代,计算每代种群的最优个体函数值与个体平均适应度值,输出寻优获得的参数如表 8-10 所示。

表 8-10　GA-SVR 预测模型最优参数与适应度函数值

预测模型	C	σ	ε	RME
结构质量 Mass	49.6	0.0011	0.015	0.16
一阶模态频率 FM	99.5	0.0016	0.023	0.924
静态载荷变形量 UD	88.9	0.001	0.012	0.013

运用遗传算法优化获得最优 SVR 模型参数,建立电池包各项性能响应 SVR 预测模型,计算 GA-SVR 预测模型在测试样本集上决定系数 R^2 的数值,作为 SVR 近似模型预测精度评价指标,决定系数 R^2 的计算公式为

$$R^2(y,\vec{y}) = 1 - \frac{\mathrm{MSE}(y,\vec{y})}{\mathrm{MSE}(y,\overline{y})} = 1 - \frac{\sum_{i=1}^{n}(y_i - \vec{y}_i)^2}{\sum_{i=1}^{n}(y_i - \overline{y}_i)^2} \quad (8-3)$$

$$\mathrm{MSE}(y,\vec{y}) = \frac{1}{n}\sum_{i=1}^{n}(y_i - \vec{y}_i)^2 \quad (8-4)$$

式中，$\bar{y}_i$ 为 SVR 模型性能预测值；y_i 为性能响应真实值；$\bar{y}$ 为样本集中性能响应真实值的平均值；n 为样本数。

决定系数 R^2 是衡量模型拟合优劣的重要指标参数，其取值在区间(0，1)内，该值越趋近于 1，表示拟合效果越好。MSE(y，$\bar{y}$) 表示估计数据的误差，MSE(y，$\bar{y}$) 是真实数据与平均值的误差，通过相除的方式来克服数值离散性的影响。GA – SVR 模型在样本测试集上预测值与电池包各项性能响应真实值的拟合程度及代表 GA – SVR 模型预测准确率的决定系数 R^2 数值如图 8 – 25 所示。

结合表 8 – 10 和图 8 – 25 可知，遗传算法优化 SVR 模型参数建立的电池包结构质量、一阶模态频率、静态载荷变形量响应预测模型在预测集上决定系数 R^2 均大于 0.95，可认为模型具有较好的性能响应预测精度，因此遗传算法能在 SVR 参数取值范围内寻优获得良好预测能力的支持向量机性能预测模型参数。

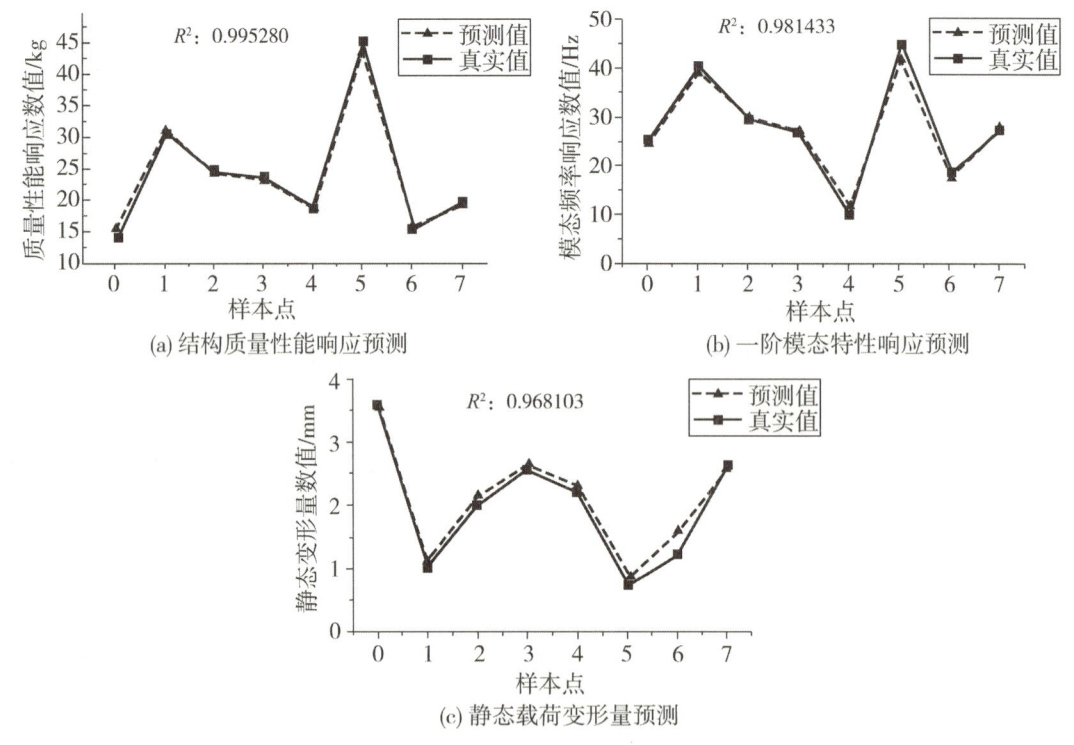

图 8 – 25　GA – SVR 模型在测试集上性能预测

8.2.2.6　电池包多材料结构多目标优化

电池包多材料结构多目标优化中以电池包结构件的材料类型和尺寸参数为设计变量，将电池包结构质量 Mass 设为轻量化设计目标，将电池包一阶约束模态频率 FM、单侧车轮过深坑工况中下箱体后部中心区域变形量 UD 设为安全性优化目标，电池包多材料结构多

目标优化数学模型为

$$\begin{aligned}
&\text{Find}: \{x_i, t_i\}, i = 1,2,3,4 \\
&\text{Object}: \min\{\text{Mass}, \text{UD}\}, \max\{\text{FM}\} \\
&\text{Subject}: x_1 \in (4,5,6), x_2, x_3, x_4 \in (1,2,3) \\
&\quad 3.0 \leq t_1 \leq 7.0 \\
&\quad 1.0 \leq t_2, t_3 \leq 3.5 \\
&\quad 1.5 \leq t_4 \leq 4.5
\end{aligned} \quad (8-5)$$

式中，$\{x_i, t_i\}$，$i = 1, 2, 3, 4$ 分别为电池包第 i 个优化部件的材料编码和厚度尺寸参数。

确立了优化问题，对以上得到的 GA - SVR 近似模型进行优化求解。运用 NSGA - Ⅱ多目标优化遗传算法寻优满足式(8 - 5)设计要求的可行解，设置 NSGA - Ⅱ算法参数为遗传进化代数 100，初始种群规模为 300，变异概率为 0.01，交叉概率为 0.9，获得电池包多性能响应的 Pareto 最优解，最终迭代寻优获得 Pareto 最优解集，如图 8 -26 所示。

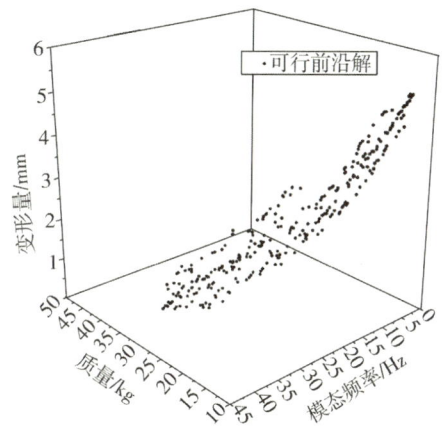

图 8 - 26　NSGA - Ⅱ算法寻优 Pareto 解集

电池包多材料结构优化中电池包总质量为代表的轻量化程度指标和低阶模态特性、静态载荷下结构变形量代表的安全性指标 3 个性能特性间相互制约影响，无法直接挑出最优组合方案，需要借助约束条件或决策模型对 Pareto 解集排序辅助下寻找电池包材料结构最优设计方案。

8.2.2.7　优化方案分析与选择

可利用灰色相关理论(GRA)求解多准则决策问题。该理论设定理想方案的 GRG 为 1，而综合性能最优的设计方案 GRG 最接近于 1，反之较低 GRG 则对应综合性能较差的设计方案。为了达到不同的电池包性能优化结构，研究人员设计了轻质级轻量化结构、性能级轻量化结构和综合级轻量化结构，分别计算了 300 个优化设计方案在不同权重系数下的 GRG 数值并排序，通过比较最后得到 3 种不同性能侧重下结构轻量化级别试验方案对应的电池包设计参数，如表 8 - 11 所示。

表 8-11 不同性能侧重下最优方案的部件设计参数的性能指标

设计参数	轻质级	综合级	性能级
x_1	PDCPD	SMC	SMC
x_2	AZ91B	AZ91B	SPCC
x_3	AZ91B	SPCC	SPCC
x_4	AZ91B	AZ91B	SPCC
t_1/mm	3.03	6.85	6.77
t_2/mm	1.82	3.50	2.56
t_3/mm	1.10	3.18	1.87
t_4/mm	4.16	2.12	1.50
Mass/kg	11.14	25.78	40.62
FM/Hz	12.10	27.08	35.09
UD/mm	5.99	2.46	0.94

上述轻量化方案在模型拟合和优化求解过程可能有误差，需对优化后不同轻量化级别的电池包结构方案进行有限元分析，获得电池包静态极限载荷下结构实际变形量，与 GA-SVR 近似模型预测值比较，计算 GA-SVR 模型性能响应预测值的相对误差，如表 8-12 所示。电池包各项性能指标误差均小于 5%，符合精度要求。

表 8-12 不同性能侧重下电池包轻量化方案的性能响应真实值及相对误差

轻量化方案	UD/mm	相对误差/%	FM/Hz	相对误差/%	Mass/kg	相对误差/%
轻质级	5.75	4.17	12.58	3.8	11.2	0.54
综合级	2.48	0.8	27.59	1.85	26.1	1.20
性能级	0.96	2.01	35.40	0.87	41.6	2.36

分析上述三种方案的性能响应可知，轻质级结构方案静动态性能较差，不符合车载工况下模态频率要求；性能级方案由于质量较大，设计偏保守，轻量化程度低；而运用熵权法确定多项性能的权重系数，采用 GRA 获得各项性能均衡的综合级结构方案更具代表性。对综合级轻量化电池包结构方案进行性能分析与评价，与优化前的电池包方案对比计算结构的性能变化，分别计算电池包静态极限载荷下结构变形量、低阶模态频率和轻量化指标并评价。

1. 从静态极限载荷下结构变形量评价

从上面实例电池包初始结构静态载荷变形量知，颠簸路面上单侧车轮过深坑静态极限载荷工况下电池包结构变形量较大，同时部分位置应力集中，存在失效风险。运用 ABAQUS 分析综合级轻量化程度的电池包在单侧车轮过深坑极限载荷工况下各部件的应力与变形分布，输出电池包结构承载部件的变形量、应力分布云图，如图 8-27 与图 8-28

所示。

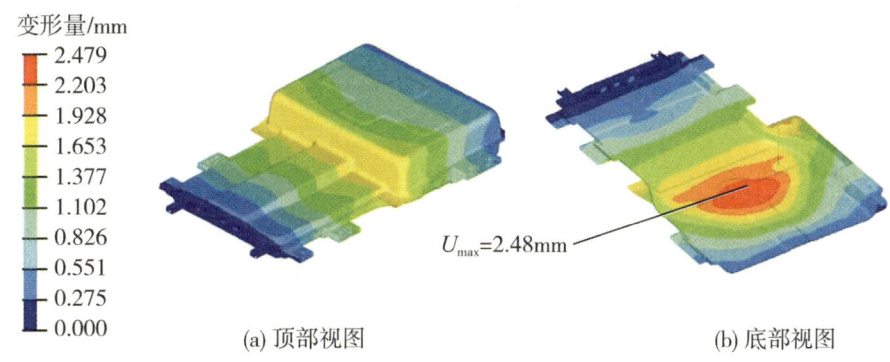

(a) 顶部视图　　　　　　　　　　　(b) 底部视图

图8-27　静态极限载荷下电池包结构变形云图

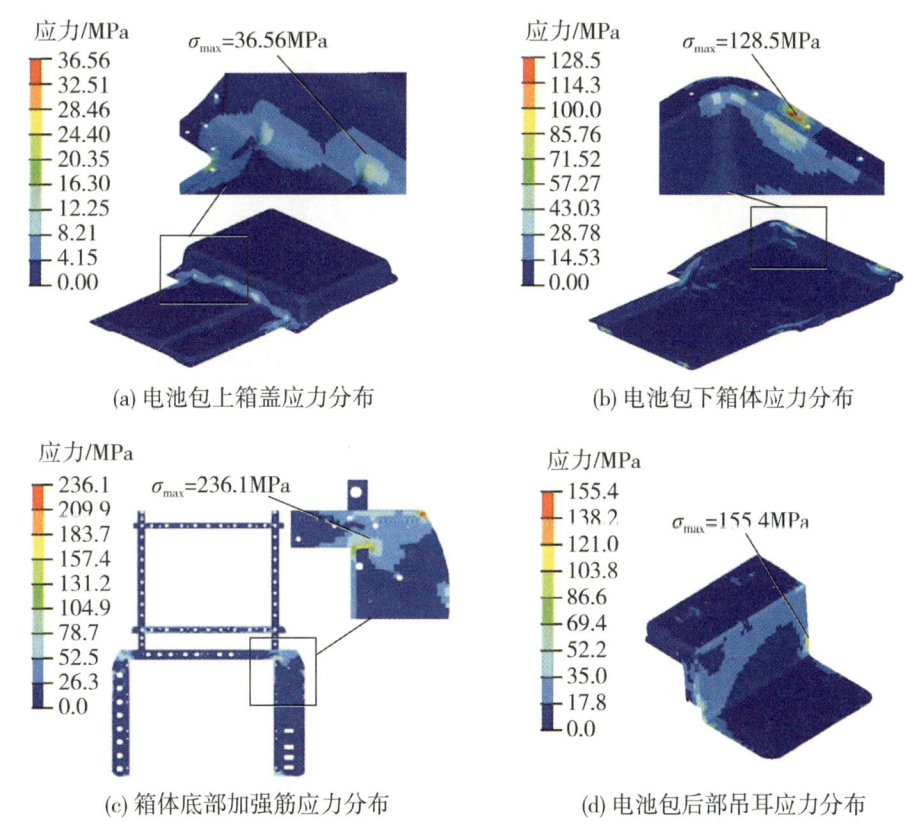

(a) 电池包上箱盖应力分布　　　　　(b) 电池包下箱体应力分布

(c) 箱体底部加强筋应力分布　　　　(d) 电池包后部吊耳应力分布

图8-28　静态极限载荷下电池包各结构件应力分布

颠簸路面电动汽车单侧车轮过深坑时，电池包结构的最大变形依然出现在支撑电池模组的电池包箱体后部中心刚度较差的区域，最大位移量为2.48mm，与初始结构方案的最大变形量1.83mm相比，电池包刚度有所减弱。多材料电池包中各部件材料的性能存在差异，因此需对各种材料的极限应力进行独立对比。

分别获取电池包上箱盖、下箱体、箱体底部加强筋和后部吊耳在静态极限载荷工况下的最大应力，与该部件材料屈服极限应力比较，确定结构是否会出现应力失效，分析结果如表8-13所示。

表8-13　电池包各结构件的最大应力与屈服极限应力

部件名称	材料类型	屈服极限应力/MPa	最大应力/MPa	是否失效
C4-上箱盖	SMC	57	36.6	否
C1-下箱体	AZ91B	160	128.5	否
C2-加强筋1	SPCC	195	236.1	是
C7-后部吊耳	AZ91B	160	155.4	否

电池包上箱盖、下箱体和后部吊耳的极限应力均小于材料的许用应力，不会发生屈服失效破坏，而加强筋局部区域的极限应力达236.1MPa，大部分区域极限应力均小于104.9MPa，发生较大区域的失效破坏可性能小，因此多材料电池包在单侧车轮过深坑的危险工况下应力满足结构设计要求。

2. 从结构低阶模态频率评价

利用有限元分析软件ABAQUS计算电池包综合级轻量化结构设计方案的模态频率与振型，表8-14列出电池包约束模态的低阶模态频率与振型。

表8-14　电池包模态频率与振型

模态阶次	模态频率/Hz	振型
1	27.6	箱体前后模组连接处弯曲
2	71.1	箱盖后部凸起
3	99.8	整体扭转，下部凹陷，上部弯曲
6	158.26	箱体左右扭转，整体微凸起

电池包综合级轻量化方案的低阶模态频率均有一定幅度的提升，其中一阶模态频率从23.6Hz提升到27.6Hz，提升幅度为16.9%，可降低电池包发生共振破坏的可能性。

3. 从电池包储能指标评价

动力电池包的储能能力通过比能量评价，利用集成效率综合评价电池包轻量化水平。从实例电池包的基本参数计算得知，电池单体比能量为213.8W·h/kg，经过多材料结构优化后电池包比能量和集成效率为：

电池包比能量　　$108V \times 187.5A \cdot h \div 152.5kg = 132.8W \cdot h/kg$

电池包集成效率　　$\dfrac{电池包比能量}{单体电池比能量} = \dfrac{132.8W \cdot h/kg}{213.8W \cdot h/kg} = 62.1\%$

由电池包的集成效率计算得，电池包结构件的质量从36.1kg降至26.1kg，减重幅度达27.7%，电池包集成效率从58.3%提升至62.1%，能够在一定程度上提升电动汽车的续航里程。

8.2.3 考虑碰撞安全性的动力电池壳体轻量化设计方法

随着我国电动汽车保有量的不断增加,有越来越多的电动汽车参与到交通当中,不可避免地会发生交通安全问题,给社会和个人带来巨大的安全问题和经济损失。电动车的动力组成不同于传统燃油汽车,对于电动汽车碰撞安全性,不仅要满足传统燃油汽车的碰撞安全标准,还要重点考虑其在碰撞过程中所特有的安全问题,比如动力电池在碰撞过程中可能发生起火甚至爆炸、电解液泄漏、高压短路等。

目前,对于动力电池包碰撞安全性的研究涉及组件、单体和模组等多个尺度。Thomas Kisters 等通过对两种不同干湿状态的椭圆形锂电池和袋状锂电池进行了多级加载速率的半球形冲孔试验,在分析了锂电池的动态响应和失效模式后,指出电池的失效极限估计应在动态测试中而非在准静态测试中,对于实际评价动力电池碰撞安全性非常重要[37];Yong Xia 等采用一种假设的全局有限元模型模拟电动汽车锂离子动力电池包受到地面撞击的场景,通过参数化研究揭示了一些基本规律,指出合适的电池包整车一体化设计理念是控制电动汽车受地面撞击损伤严重程度的关键因素,为动力电池包的地面冲击防护结构设计提供了重要参考[38];谢潇怡等贯穿了动力电池电芯选材到使用终结的生命周期,系统研究了影响锂离子动力电池安全性能的因素,进而提出了在各个环节下消减影响锂离子电池安全性不利因素的方法[39]。

8.2.3.1 动力电池壳体碰撞安全性评价指标与分析方法

由于电动汽车与传统燃油汽车相比其车身结构有所差别,车辆碰撞可能带来内部电池模组被挤压或穿刺,有可能造成动力电池变形过大、各组分结构失位而短路失效甚至发生热失控。我国于 2001 年制定了《电动汽车安全要求》,在 2005 年又出台了混合动力电动汽车安全法规《混合动力电动汽车安全要求》,对动力电池结构安全方面的检测提出了相应的国家标准,现行 GB/T 31467—2015 对电池模组和动力电池整包在极端情况下的安全提出了具体要求,主要极端情况有随机振动、机械冲击、跌落翻滚、模拟碰撞和挤压等。电池箱体设计的目标是:不仅要满足 IP67 电气设备外壳防护等级设计要求,还要满足碰撞安全、刚强度要求且电池组固定在下箱体板底上,线束走向美观、合理且牢固可靠。电池箱体在车辆发生碰撞时,应满足以下要求:

(1)如果电池组或动力电池安装在驾驶室的外部,电池组、动力电池或其部件(如电解液、电池模块等)不得穿入驾驶室内。

(2)如果电池组或动力电池安装在驾驶室内部,应该在保证乘员人身安全的情况下避免电池箱体发生不必要的移动。通常情况下不建议把动力电池放在乘客舱内,确保人电分离。

(3)发生碰撞时,电池模块或单体不能由于碰撞而从电池箱体内散落,尤其避免从车上甩出。

(4) 发生碰撞时,保证电池组在大电流情况能够自我切断连接,防止电池组因短路而引发起火。

(5) 发生碰撞时,电池箱应该有足够的强度来保证电池箱内部的电池、电气元件等不受挤压。

汽车侧面是车体中强度较薄弱的部位,吸能部件较少且所能利用的吸能空间不足。一旦发生侧面碰撞,并不能像正面碰撞和后面碰撞那样使结构在足够空间内发生变形来吸收碰撞能量。根据我国在 2006 年正式实施的 GB 20071—2006《汽车侧面碰撞的乘员保护》,对该款电动汽车进行碰撞模拟。该标准规定,移动变形壁障的纵向中垂面与试验车辆上通过碰撞侧前排座椅"R"点的横断面重合,误差在 ±25mm 范围内[40]。在碰撞瞬间,移动变形壁障的速度应为 50±1 km/h。碰撞时间设定为 120 ms。碰撞仿真模型如图 8-29 所示。除了上述移动壁障的侧面碰撞,第 6 章介绍了另外两种碰撞实验工况:正面 100% 刚性壁碰撞工况和侧面刚性柱碰撞试验工况,在此不再赘述。

图 8-29 侧面碰撞仿真模型

结合上述实验工况和评价指标,针对电池包结构进行实验与分析,了解和掌握电池包的结构特性和可能潜在的问题,为开展基于碰撞安全性的电池包结构优化做准备。电池包碰撞安全性仿真分析大致可以概括为以下流程:

(1) 建立动力电池包精细化模型;
(2) 建立白车身有限元模型和主要零部件有限元模型;
(3) 建立刚性柱有限元模型以及设定仿真计算控制参数;
(4) 进行仿真计算可信性分析和电池包结构安全性分析。

以上流程均已在第 6 章中作了详尽介绍,可翻阅第 6 章对流程进行更深的理解。

8.2.3.2 基于碰撞安全性的电池包结构轻量化设计

电池包碰撞挤压安全性优化是纯电动汽车整车结构设计的关键环节,纯电动汽车在碰撞工况下电池包挤压变形量较大,导致电动汽车起火等安全事故概率大,需要在整车结构上进行合理设计,对电池包结构进行优化设计。

按照动力电池系统碰撞安全性分析流程，研究人员对电池包进行了机械冲击和挤压实验，为多目标优化设计提供参考。根据 GB/T 31467.3—2015 标准[32]，机械冲击工况设定为：施加 z 向大小 25g、15ms 的冲击载荷，电池包在振动台上固定，约束 6 个自由度，仿真中通过 RBE2 单元刚化电池仓与夹具相连来模拟约束；挤压工况设定为：约束挤压板三个平动和三个转动自由度，采用刚性材料 MATL20 对其进行模拟，约束挤压头除挤压方向的平动自由度之外的其他五个自由度，对挤压头在挤压方向上施加恒定的速度对电池包进行挤压。当挤压力达到 100kN 或挤压变形量在挤压方向达到电池包整体尺寸的 30% 时停止挤压，然后保持 10min。电池包挤压实验如图 8-30 所示。标准要求动力电池系统无着火、爆炸等现象。朱新春取电池包在颠簸急转弯和颠簸急刹车两种极限工况进行静力学分析，对其静态特性进行分析和评价[34]；再对其进行约束模态分析，得到其前六阶模态频率和振型，为之后的形貌优化设计提供指导；接着依据上述国标，对电池包的随机振动、机械冲击和挤压工况进行仿真分析，为多目标优化设计提供参考。

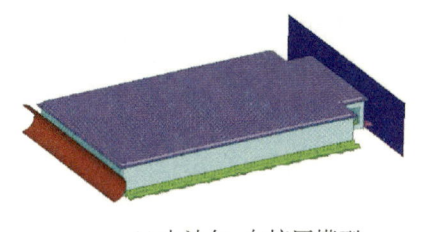
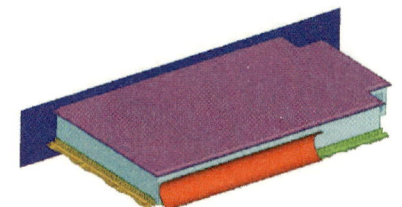

(a) 电池包 x 向挤压模型　　　　(b) 电池包 y 向挤压模型

图 8-30　电池包挤压工况测试

根据电池包的动静态特性分析，结果显示电池包的顶盖和底板刚度不足，电池包的一阶固有频率小于 30Hz，有发生共振的可能。因此，需要对其进行形貌优化，以提高电池包的强度、刚度和振动特性，改善电池包的力学特性。以电池包一阶固有频率最大为目标，以区域单元的 z 向位移为优化变量，并控制 z 向位移小于 10mm。经过迭代优化，得到收敛结果。优化后的电池包模型如图 8-31 所示。

(a) 优化后的电池包顶盖　　　　(b) 优化后的电池包底板

图 8-31　优化后的电池包模型

按照原有的实验方案对优化后的电池包进行结构分析：电池包的强度和刚度有了很大的提高，最大应力远小于材料的屈服强度，具有很高的安全系数，最大位移是原电池仓的最大位移的30%左右，一阶模态频率远远大于30Hz，因此形貌优化后的电池仓具有很大的轻量化潜力，为进一步优化电池包性能奠定了基础。

为使电池包性能最优，对电池包进行了多目标优化以确定各部件的最佳厚度。优化过程以电池包质量和一阶模态频率为目标，两种极限工况下的最大应力和位移、随机振动过程中最大应力、冲击过程中的最大应力和挤压过程中电池模组的最大变形为约束，确定各部件的最佳厚度。多目标优化采用哈默斯雷方法生成样本点，用径向基神经网络方法对样本点及其响应进行近似模型拟合，最后采用多目标遗传算法对近似模型进行多目标优化并选择方案。由于部件数量较少，优化未进行灵敏度分析。优化具体过程同8.2.2节。最终优化方案如表8-15所示。优化后的电池仓在满足各项性能的前提下，质量减少了8.83kg，减重率达20.88%，轻量化优化设计效果明显，对电池仓的优化具有一定的参考价值和工程意义。

表8-15 最终优化方案

变量名称	优化前取值/mm	计算结果/mm	圆整取值/mm
上盖厚度	3.5	2.0167	2.0
底板厚度	5	3.8704	3.9
侧板厚度	3.5	3.6190	3.6
支架1厚度	5	4.7876	4.8
支架2厚度	5	4.5250	4.5
支架3厚度	5	4.7264	4.7

文献[41]为满足电池箱结构空间要求、碰撞安全要求等技术要求对电池箱结构做了细节设计：电池包箱体应该具有一定的抵抗碰撞和冲击的能力，下箱体的形状尽可能采用规则形状，增加整体刚度；为防止发生疲劳破坏，提高电池箱刚度和降低连接结构的载荷，电池箱连接结构的数量不少于8个，且前后、左右均匀对称分布[41]。为了模拟碰撞工况，对电池箱分别施加15kN横向挤压力和纵向挤压力。虽然横向挤压和纵向挤压均满足设计要求，但是横向挤压工况下最大应力过大，存在连接位置材料破损的风险，所以需要优化挤压工况下的应力分布。为提高横向和纵向挤压工况下的电池箱刚度和满足轻量化要求，使用碳纤维复合材料替代原来的铝合金材料，并对下箱体进行自由尺寸优化，考虑到实际单层的制造厚度，利用离散尺寸优化方法确定可制造的单层厚度；然后以质量最小和第一阶模态频率最大为优化目标，单层的最佳厚度和吊耳的厚度为优化变量，建立相应的优化条件，利用最优拉丁超立方的方法生成样本点；根据样本点采用二阶响应面建立近似模型，采用NSGA-II算法对多目标优化问题进行求解，并在帕累托最优解集中选择优化结果；最后为了提高复合材料结构的制造性能，对结构进行碳纤维铺层顺序优化。在挤压工况下，优化后的电池箱结构的变形对电池没有侵入，碳纤维结构的下箱体最大失效因子没有超过1，铝合金结构的最大应力也没有超过材料的屈服极限，所以新设计的电池箱满足

挤压工况要求。

8.2.4 底盘与电池壳体集成轻量化设计

当今的动力电池包只用于电能存贮、保护电芯及相关附件，为电动汽车提供电能。它不承受任何的车身载荷或吸收相应的碰撞能量，悬挂于汽车底盘下方。庞大的电池包与底盘形成了高度位置重合区域，也是电动车较传统汽车重的主要原因，因此亟需对电动汽车的底盘和电池包结构进行集成优化。底盘与电池包的同步设计对电动汽车的轻量化开发有重要作用。BMW 非承载式车身结构的 I3 电动车，底盘承担了车身结构强度及保护电池包的作用，这大幅降低了电池包箱体的载荷，使 I3 电池包箱体的底板和侧壁均采用铝板替代铝型材拼焊而成，大幅降低电池包壳体的质量。I3 虽然并没有取消电池包壳体，但是也引领了底盘电池包的研究。

特斯拉 Model 3 电池包提供了一个新的轻量化设计思路，其电池包没有采用铝型材，直接采用 3.2mm 铝板冲压后成型为 2150mm×1450mm×103mm 形状的浅托盘，并且托盘四周没有其他侧壁模块，采用 0.8mm 冲压钢板作为上盖，直接与下托盘螺接、点焊为整个电池箱体。使装有 80.5kW·h 的电池包仅重 478kg，比 85kW·h 的 Model S 85D 的电池包减重了 15%，也比 80kW·h 奔驰 EQC 电池包的 650kg 以及 95 kW·h 的奥迪 e‐tron 的 715kg 有大幅减重。Model 3 的创新在于优化了车身的防撞设计，使对电池包的碰撞冲击传导至车身高强度热成型钢结构件上，大幅缩减了电池包的防撞击边框，如图 8‐32 所示。

(a) 高强钢框架的强防侧碰能力保护电池包

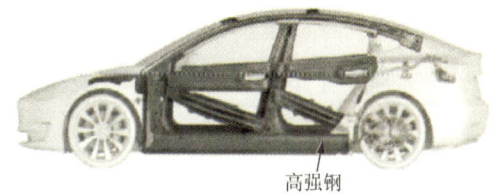
(b) 高强钢门槛梁

图 8‐32　特斯拉 Model 3 电池包外车身保护结构件

8.3　电池包部件轻量化设计与优化

在电池包内部，数量众多的单体电池通过特定的机械连接和电连接组成电池模组，常见的动力电池单体有圆柱形、方形硬壳和铝塑膜软包电池。根据车用电池包的空间形状与承载特点，电池模组串并联排布成动力电池系统。此外，电池包内部还包含高压继电器、BMS 控制器和高压线束等辅助电器部件。本章前面主要介绍了电池包壳体和动力电池系统总体轻量化的发展现状，以及分析设计方法，本节将对电池包中剩余部件的轻量化设计与优化进行论述。

8.3.1 电芯轻量化关键技术研究

电芯轻量化可以通过轻量化系数来评价,轻量化系数为电池包中整备质量、投影面积、扭矩、油耗等系数的复杂函数值。电芯的轻量化系数在业界内暂无权威的计算方法,目前可以用电芯能量密度来简单评价电芯的轻量化水平,即电芯能量密度(质量能量密度)越高,其轻量化水平越高。电芯的能量密度直接决定整个电池系统能量密度的上限,提升电芯能量密度也是提高电池系统能量密度最有效的办法。

目前汽车市场批量化生产应用的动力电池体系主要有两种:磷酸铁锂动力电池;三元锂动力电池(镍钴锰及镍钴铝体系)。磷酸铁锂电池能量密度低,但安全性高,多用于专用车及客车;三元锂电池由于能量密度大、续航里程高,主要用于乘用车。动力锂电池结构一般包括正极材料、负极材料、电解质、隔膜和外壳五个部分。正极材料由锂氧化物组成,主要包括磷酸铁锂、锰酸锂、三元材料(镍钴锰酸锂和镍钴铝酸锂)等类型;负极材料包括以石墨为主的碳材料和以硅基材料为主的非碳材料两种;电解质多选择 $LiAsF_6$、$LiBF_4$ 等锂盐;隔膜以复合隔膜为主要发展方向;外壳封装可以采用金属硬壳和软包外壳两种方式。在锂电池各组成部分中,正极材料对动力锂电池的性能影响最大,很大程度上决定了锂电池的安全性和续航能力。表 8 – 16 展示了各主流厂家的电芯能量密度及正极材料。

表 8 – 16 各电池厂 2018 年量产的最高能量密度电芯及体系

生产厂家	能量密度/(W·h/kg)	正极材料	电芯类型	应用车型
松下	260~290	镍钴铝	圆柱	特斯拉系列
LG 化学	250 左右	镍钴锰	软包	起亚、通用等
Samsung	220~230	镍钴锰	方形	宝马、大众
宁德时代	240	镍钴锰	方形	BMW IX5、北汽、吉利等
力神	225	镍钴锰	圆柱	北汽、江淮等
比亚迪	200	镍钴锰	方形	比亚迪
比克	250	镍钴锰	圆柱	小鹏、东风等
国轩高科	210	镍钴锰	方形	北汽、奇瑞
中航锂电	202	镍钴锰	方形	长安、江铃等
A123	260	镍钴锰	软包	东风、吉利等
捷威动力	245	镍钴锰	软包	上汽、奇瑞等
桑顿	260	镍钴锰	软包	众泰、国宏

正极材料为动力锂电池的核心材料,理想的正极材料应该具备以下优势:工作电压高;循环寿命长;具有较高的化学稳定性和热稳定性,安全性能较高;具有较高的比容量;充放电性能好;制备方便。动力锂电池正极材料生产商主要集中在中国、日本和韩

国。日韩正极材料生产技术较高,日韩企业多采用三元材料作为动力锂电池的正极材料。由于技术原因,中国采用的正极材料以磷酸铁锂为主,但随着技术的进步,相关企业也加快了三元材料电池的开发。

磷酸铁锂($LiFePO_4$)材料具有原材料丰富、循环寿命长、安全性能好等诸多优点。但是由于磷酸铁锂电池一致性和能量密度较低,制约了其在电动汽车领域的发展。磷酸铁锂属于橄榄石型结构,正交晶系,空间群为 Pnma。由于材料本身的结构限制,磷酸铁锂具有离子扩散速度慢、电子导电率低和振实密度低等缺点,制约了其在商业上的广泛应用。磷酸铁锂的改进主要集中在表面包覆、离子掺杂和材料纳米化3个方面。①表面包覆即在磷酸铁锂材料表面涂覆一层碳导电层,不仅能提高材料的电子导电率,而且能使锂离子通过碳层快速扩散。经过石墨烯改性,材料的电导率由 $5.0\times10^{-8}S/cm$ 提高到 $8.4\times10^{-2}S/cm$,提高了6个数量级。②离子掺杂主要是把导电性好的金属离子(如 Ti^{4+}、Zn^{2+}、Mn^{2+}、V^{3+}、Mg^{2+} 等)掺杂到磷酸铁锂晶格中的阳离子位置,使晶粒的大小得到改变,材料的晶格产生缺陷。这样,晶粒内锂离子的扩散速率和电子的导电率得到改善。③材料纳米化。磷酸铁锂的橄榄石结构决定了锂离子的扩散通道是一维的,因此可以通过减小颗粒的尺寸,把材料纳米化,通过缩短锂离子的扩散路径,提高锂离子扩散速率。材料纳米化的另一优点是增大了材料的比表面积,产生了更多的扩散通道,加速了界面反应。

锰酸锂主要包括层状结构锰酸锂($LiMnO_2$)和尖晶石型锰酸锂($LiMn_2O_4$),其中层状锰酸锂具有容量高的优点,但是其在高温下很不稳定,在工作时容易转变为尖晶石结构,容量衰减很快,因此很难实现工业化生产。尖晶石型锰酸锂结构稳定,易于实现工业化生产,如今市场产品均为此种结构。尖晶石型锰酸锂属于立方晶系,Fd3m 空间群,理论比容量为 $148mA\cdot h/g$,由于具有三维隧道结构,锂离子可以可逆地从尖晶石晶格中脱嵌,不会引起结构的塌陷,因而具有优异的倍率性能和稳定性。尖晶石锰酸锂材料的技术开发以日韩两国的技术成熟度最高,其锰酸锂产品已达到现阶段电动汽车动力锂电池的使用要求。日产的 Leaf 纯电动轿车采用了日本 AESC 公司的锰酸锂离子电池,早期的雪弗兰 Volt 也采用韩国 LG 化学的锰酸锂离子电池。锰酸锂的研究方向主要是改性锰酸锂[42],通过表面修饰和掺杂改善其性能。表面修饰是在 $LiMn_2O_4$ 材料表面包覆一层物质,包括氧化物和非氧化物(磷酸盐、金属、电极材料、碳材料、氟化物和新型材料等),从而减少颗粒和电解液的有效接触面积,减缓材料的溶解,达到降低材料容量衰减的效果。掺杂是指通过加入其他离子以取代 $LiMn_2O_4$ 结构中部分 Mn^{3+},使 $LiMn_2O_4$ 在反应过程中结构更稳定,减少材料晶格崩塌所导致的容量衰减。掺杂可有效抑制充放电过程中的 Jahn–Teller 效应,将表面修饰与掺杂结合能进一步提高材料的电化学性能,将成为今后对 $LiMn_2O_4$ 进行改性研究的方向之一。

三元材料是最有前途的动力锂电正极材料之一。工业和信息化部等部门提出到2015年要把动力电池单体的比能量提高到 $180W\cdot h/kg$,模块比能量达到 $150W\cdot h/kg$ 以上,这些条件磷酸铁锂和锰酸锂均无法满足,而三元材料可以达到要求。与锰酸锂及磷酸铁锂材料相比,三元材料的性能更为平衡,能量密度也更高,其容量高于锰酸锂,同时电压平台高于磷酸铁锂。更重要的是三元材料有丰富的体系组成,可以根据性能需求对材料体系进行调制及选择。镍钴锰三元材料(NCM)随着材料中镍(Ni)、钴(Co)、锰(Mn)组成比例的变化,材料的比容量、安全性等诸多性能能够在一定程度上实现可调控。高镍NCM622材料是三元材料研究的热点之一。NCM622材料的应用有望将动力电池的能量密度提升至200W·h/kg。镍钴铝酸锂三元材料(典型分子式为$LiNi_{0.8}Co_{0.15}Al_{0.05}O_2$,简称NCA)综合了$LiNiO_2$和$LiCoO_2$的优点,不仅可逆比容量高、材料成本较低,也是研究最热门的三元材料之一。特斯拉的动力电池正极材料使用了NCA材料,使汽车续航里程大幅提升,其某款车型的电池模块总容量高达85kW·h,使用了约7600颗3.1A·h的18650电池。其单体电池的能量密度为252W·h/kg,电池模块的能量密度超过150W·h/kg,远高于行业80~120W·h/kg的平均水平。

动力锂电池的负极材料主要分为碳和非碳两类,碳类负极材料包括人造石墨、天然石墨、硬碳、软碳等,非碳类负极材料包括钛酸锂、锡基材料、硅基材料等。就目前的发展而言,由于新型负极材料的技术和应用尚未成熟,石墨类负极材料占据了动力锂电池负极材料的主流市场。石墨类负极材料价格便宜,且与正极材料和电解液的匹配度较高,在未来一段时期内仍将占据负极材料市场的主流位置。但是,石墨类材料的性能指标逐渐趋于理论极限值,未来提升空间不大。随着动力锂电池对高容量性能需求的提升,石墨类材料逐渐显现出不足。杨乐之等[43]综述了硅碳负极材料的锂化机理及性能衰退原因,介绍了硅碳材料核壳结构、蛋黄壳结构、夹层结构及三维结构等结构设计研究进展及存在的问题,在此基础上对开发制备更简单、更可靠、成本更低的硅碳材料及其三维结构设计进行了展望。

牛津等[44]介绍了硅作为锂离子电池负极材料的储能及容量衰减机理,总结了通过硅材料的选择和结构设计来解决充放电过程中巨大体积效应的相关工作,并讨论了一些具有代表性的硅基复合材料的制备方法、电化学性能和相应机理,重点介绍了硅碳复合材料。特斯拉Model 3电动汽车应用硅碳作为负极材料,比能量达到300W·h/kg,随着技术的提升有望进一步提高[45]。

8.3.2 电芯模组轻量化关键技术研究

电芯模组是包含若干电芯的一个电池模块,其作用是吸收电芯内部产生的应力及冲击,应力作用来自电芯的热胀冷缩以及充放电导致的电芯体积变化。模组形状主要为方形,它主要由上盖、侧板、绝缘板、下塑料支架、上塑料支架、铝片等部件构成。

电芯模组的轻量化开发可以从模组壳体材料轻量化和模组结构轻量化设计及电芯优化排布入手。壳体材料可以采用全铝合金或者采用7系高强度铝合金并降低材料厚度来进行轻量化;模组的结构轻量化设计及电芯优化排布,可以通过改进模组和热管理系统的设计来缩小电芯间距,以及错位排布来提升空间利用率,最大限度地利用空间;模组内电芯的安装使用全塑料外框架,能最大限度减轻质量;在考虑安全的前提下,使用密度很低的灌封胶,解决模组层级的传热问题;模组其他部件中,如汇流排由铜替换为铝进行降重,并且可以进行挖孔设计,既减轻了质量,也起到了保险作用。

为保证动力电池的安全性和良好的性能表现，电池模块的设计原则如下[46]：

（1）电池模块的装配压力要合适，且各个构成部件的强度应该足够，以免电池模块因为电池内部压力变化而导致电池模块的变形或者破坏，而且模块内部的电池的固定应该可靠，避免由于车辆振动导致电池发生位移，很可能造成电池连接的断裂甚至是发生短路；

（2）电池模块的各个部件应该便于装配、便于操作；

（3）设计之后的电池模块的电性能指标要符合预期的要求；

（4）对于金属壳体电池或者是保护电池的材料为金属材料时，还应保证单体电池与结构件之间达到电绝缘；

（5）电池模块应有安装固定机构，以便整个电池模块能够稳定地固定在电池箱内构成电池组；

（6）在保证电池模块强度的基础上应该尽量降低附件的重量，如果附件重量过大，电池模块的能量密度将变小，通常附加的重量不能超过电池总重量的30%时较为合适；

（7）电池模块应该结合单体电池的放电热特性设计相应的散热结构，使热量能够比较容易地散发到环境中，避免电池模块出现热积累，产生局部温度过高的现象；

（8）电池模块应该便于扩展，如单个模块的串并联数量可以适当的修改，以满足不同电池组对于电池模块结构和电性能的需求；

（9）电池之间的导电距离应该尽可能的短，连接可靠，且连接件应该满足电性能要求，避免出现过流的现象。

除此之外，电池模块的设计要考虑实际生产工艺，组成电池模块的结构组件应该尽量工艺简单、容易制作、能够批量化生产、成本低廉。电池模块的总体结构应该简单，便于拆装维修。总之，在满足电性能和机械性能的前提之下，应尽量简化电池模块的结构组件，尽量降低电池模块的附件重量，以提高电池模块的能量密度。文献[46]提出了一种电池模块的机械设计，该电池模块实物如图 8-33 所示。该电池是某公司生产的聚合物三元软包锂离子电池，型号为 NP8865190。单体电池的尺寸为 190mm×65mm×8.8mm，电池单体的极耳在同一侧引出，这和日产 Leaf 电池组的单体电池类似，区别在于电池单体电池尺寸较小，容量较低。

(a) 正视角度　　　　　　　　　　　(b) 侧视角度

图 8-33　电池模块实物图

电池模块为4并4串总计16个单体电池组成,连接结构为:横向为串联,纵向为并联;该模块电压为14.4V,容量是40A·h。根据软包锂离子电池机械性能差的特点,设计了如图8-34所示的骨架,骨架中间的空间用于容纳单体的软包电池,且骨架的内壁上开有专门布置的槽装结构,铝板可以很好地嵌入到骨架内部,从而形成一个腔体,可以对电池起到限位和保护的作用;另外,每个电池底部布置了一层橡胶垫,在保护电池的同时可以起到减震吸能的作用;骨架前段的小凸起的作用是隔离单个电池的正负极,从而降低单体电池的短路的风险性。尽管软包锂离子电池散热性较其他类型电池要好,但众多电池单体的组合还是容易出现热积累,导致电池模块的性能受影响。

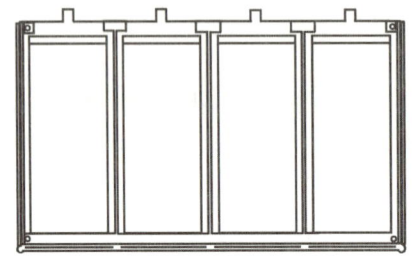

图8-34 电池模块的骨架

图8-35 散热铝片结构示意图

为进一步提高电池模块的散热性性能,有学者设计了如图8-35所示的折叠式铝板,这种方案在有限的空间内增大了铝板的散热面积,从而实现更好的散热性。电池模块中,每层骨架内布置有四个单体软包电池,安装好减震垫、散热铝板后,构成一个单层,如此垒叠四层,最后通过上下两块压板和四角的固定螺栓螺杆来压紧整个模块。

电池模块良好的机械结构设计是保障动力电池系统安全性能、缩小电池单体与电池模块之间性能差异的关键技术。在满足上述机械结构设计要求的同时,必须考虑最终电池模块的比能量值。商品化的锂离子电池单体具有很高的比能量(高达240W·h/kg)和能量密度(高达600W·h/L),若将锂离子电池单体组合成电池单元,再组合成最终的电池模块,其比能量和能量密度会有很大的下降,需要考虑电池单元相关结构质量和体积。电池包设计通常将比能量作为设计标准之一,如特斯拉Motors采用的单体18650型锂离子电池质量比能量高达200W·h/kg,通过6800多个单体进行3个层次的串并联后得到动力电池组,整个电池组系统质量为450kg,电池组级的比能量高达120 W·h/kg。三菱iMiEV开发的88只方形锂离子电池串联而成的电池组,整个电池组包括电池、热管理系统和电子控制元件,总质量为200kg,电池组级质量比能量为82W·h/kg。

陈晨将电池模块的比能量设计目标定为100W·h/kg,然后考虑电池单体的排列布置方式、电池单体并联的导流连接设计。研究人员设计的电池单元尺寸影响18个圆柱形电池单体的排列方式。通常的排列方式有两种,分为并行排列和错位排列,并行排列体积相对较大,连接组合方便,形成的电池单元形状规则;错位排列所占的体积相对较小,但是较难进行固定[47]。大多数电池系统中电池单体间的连接采用导电连接条点焊而成,由于镍具有抗腐蚀性、易点焊的优点,因此多采用纯镍作为导电连接条的材料。由于错行排列的固定卡槽加工精度要求高，不适合大批量生产，选用并行排列。图 8-36 为所设计的镀镍钢连接条实物图。基于载流能力并减小镀镍钢连接条的宽度，选择使用 0.3mm 厚度镀镍钢连接条；设计了高强度塑料的上下保持架，并完成镀镍钢连接条的布置，电池单元保持架的质量为 23.544g，一个电池单元需要上、下两个保持架，总质量为 47.088g。

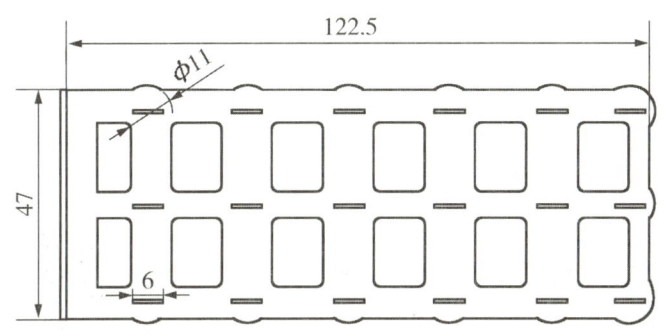
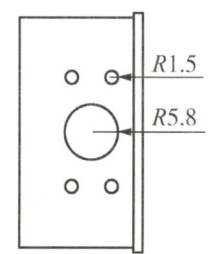

图 8-36 镀镍钢连接条设计

为了更好地完善电池单元的绝缘效果，设计了电池单元的箱体，箱体包含上盖和下箱体两个部分，以保护电池单元不受剧烈碰撞。上盖选用普通塑料材质，下箱体选用玻璃钢材料，可使电池单元内部电池单体与外部有效绝缘，同时玻璃钢有一定的强度，能保证非正常冲击过程中电池单元内部不发生单体连接条的脱落和变形。最后得到的电池单元比能量为 151.4W·h/kg，远高于 100W·h/kg，满足电池模块设计目标。结合模组设计所使用的单体电池尺寸规格和材料体系，电池箱的布置位置和具体尺寸以及软包锂电池模组设计的标准规范，徐栋[48]设计了层单元结构框架，如图 8-37 所示，模组每一层有 6 个电池，框架的前部在上侧开有槽，用于电池极耳的外伸，以便对电池进行串联和并联，在两侧和后侧的上下面都开有细槽，为后面模组的散热铝板布置留下空间，为风冷散热留下空气流通空间。前后端有外伸结构并开有圆形槽，在模组

图 8-37 层单元结构框架

的组装过程中，用螺栓穿入圆孔对电池进行加压和固定。

由于软包锂电池的散热性能明显不如方形和圆柱形等硬壳锂电池，所以必须设计额外的散热结构。目前主要的散热方法是通过薄片铝板把热量从电池模组中传导出来。模组设计中采用铝板散热，在铝板的外形方面做了改进，整个散热铝板采用整体设计，便于加工和安装，铝板边缘设计成弯折状，并且延伸到电池模组的外部，从而增加铝板与空气的接触面积，增强散热效果。在电池与铝板之间还加装了 0.6mm 厚的硅胶垫，可以起到减震的效果，车辆在坑洼不平的路面颠簸时，硅胶垫可以在一定程度上减小颠簸对电池的伤害。锂电池模组的上下板材选用的是环氧树脂板，板厚为 10mm。

软包电池模组内部电池之间的电连接一般使用铜铝复合排或铜排作为汇流片,采用激光焊接或者电阻焊等焊接方法。在设计汇流片时最先应该考虑的是过流能力,同时还要考虑汇流片的形状、成本、质量以及使用环境等因素。汇流片的形状会影响到汇流片的电流密度分布、散热面积和电压分布等。汇流片的设计应该在满足过流能力的前提下,尽量设计成扁而宽的形状,这样既可以提高汇流片的散热效果,同时也较容易焊接。在本次电池模组设计中,汇流片的材料选择镀镍铜带和不锈钢扎带,汇流片设计成两片镀镍铜带夹着不锈钢扎带,先焊成"T"形,其中"T"形汇流片的上面两个镀镍铜带用于锂电池模组的串联,不锈钢扎带用于并联,"T"形汇流片的焊接为超声波焊接。图 8-38 所示为电池模组内部的电连接方案。

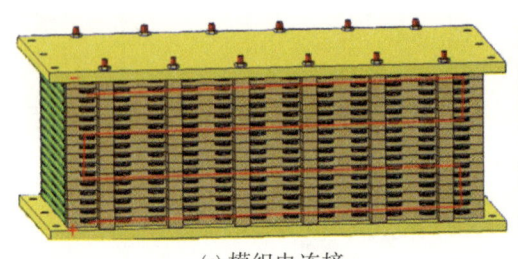 

(a) 模组电连接　　　　　　(b) 单体间电连接

图 8-38　模组内部的电连接方案图

对于电池包的设计目前都是采用模组级、电池箱级和系统级三个层级。从电池到电池模组的成组效率大概只有 80%~90%,采用不同材料体系的单体电池和不同的企业可能有所差异。这里所说的效率是指电池的重量与模组重量比值的百分数,从电池模组到电池箱的成组效率也为 80% 左右,那么从单体电池到整个电池箱的理论效率只有 64%~72%,提高电池系统的成组效率是提高电池系统能量密度的一个重要途径。要提高成组效率就要开发新的成组技术,比如在模组的设计阶段,结构件选用铝合金、工程塑料等重量轻、性能好的材料,另一方面,可以使用一体化框架设计,使分摊到每个电池上的结构件重量尽可能的减少,以提高模组的成组效率。在电箱层级的成组设计方面可以改进的技术有很多,比如在保证散热以及绝缘安全的前提下尽可能提高电箱的空间利用率,采用框架式的薄壁结构框架,使用新型复合材料等。另外减少中间层级也是提高动力电池系统能量密度的一个重要途径,即把电池箱设计成一个大的电池模组或者把电池箱和整车底盘设计成一体式的,尽量减少结构件及中间设计环节,从而减轻重量,提高系统的成组效率。

本 章 小 结

本章介绍了动力电池系统的轻量化技术与方法,主要针对电池壳体、电芯和电芯模组进行轻量化设计,其中电池壳体的轻量化最为重要,以电池壳体的性能要求和评价指标为切入点,对电池壳体的轻量化设计流程进行了详细的阐述,并列举了其他常用的优化设计方法的原理和特点,然后对电芯的能量密度提高和电芯模组的轻量化展开讨论。针对电池系统中线束、BMS 管理部件等,并没有介绍这些部件的轻量化设计,一方面这些部件存在较多的要求，另一方面轻量化效果不是十分显著，但未来动力电池系统的发展需要考虑这些部件的轻量化设计；电池包轻量化设计大多只有模型验证，相较于"V"形设计开发流程，轻量化设计缺少实际样机的验证。

参 考 文 献

[1] 赵立军,等. 电动汽车结构与原理[M]. 北京:北京大学出版社, 2012.
[2] 姚煜,张楸慧. 高倍率锂离子电池材料研究进展[J]. 电源技术,2019, 43(03): 511-514.
[3] 徐建全,杨沿平,唐杰,等. 纯电动汽车与燃油汽车轻量化效果的对比分析[J]. 汽车工程, 2012, 34(06): 540-543.
[4] 电动车电池箱成为塑料大展拳脚之地[J]. 国外塑料, 2012, 30(03): 63.
[5] LIU B, ZHANG J, ZHANG C, et al. Mechanical integrity of 18650 lithium-ion battery module: packing density and packing mode[J]. Engineering Failure Analysis. 2018, (91):315-326.
[6] 赖永鑫. 圆柱形动力电池模组液冷散热模块的数值模拟及轻量化设计[D]. 广州:华南理工大学, 2019.
[7] AHMAD M, MOHAMMED O, MOHAMMED H, et al. Vehicle's lightweight design vs. electrification from life cycle assessment perspective[J]. Journal of Cleaner Production,2017, (167):687-701.
[8] 董全省. 纯电动汽车车身轻量化的设计与研究[D]. 武汉:武汉理工大学, 2013.
[9] 兰凤崇,陈元,陈吉清,等. 轻质多材料动力电池包箱体选材与优化[J]. 吉林大学学报(工学版), 2020,50(04):1227-1234.
[10] KALEG S, et al. 1P15S lithium battery pack: Aluminum 5052-0 strength of material analysis and optimization[C] // 2016 International Conference on Sustainable Energy Engineering and Application (ICSEEA). IEEE,2016.
[11] NEELAMEGGHAM N R. The use of magnesium in lightweight lithium-ion battery packs[J]. JOM. 2009, 61(4).
[12] 王露. 电动汽车动力电池箱结构稳健优化设计[D]. 北京:北京理工大学, 2016.
[13] 张晓红,周锋,冯奇,等. 车用动力电池碳纤维箱体的设计研究[J]. 上海汽车, 2014(09): 60-62.
[14] 江佳农,赵晓昱. 碳纤维环氧树脂复合材料电池箱的轻量化研究[J]. 玻璃钢/复合材料, 2016(12): 99-102.
[15] 李明秋. 电池包箱体的有限元分析和结构优化设计[D]. 长春:吉林大学, 2017.
[16] 雷衡兵. 真空压铸铝合金副车架铸造工艺仿真与疲劳寿命研究[D]. 长沙:湖南大学, 2017.
[17] 程文文. 基于精密铸造技术的电动汽车电池包结构轻量化研究[D]. 合肥:合肥工业大学, 2019.
[18] 胡朝辉,成艾国,陈少伟,等. 多材料—多零件规格组合结构多目标优化的应用[J]. 机械工程学报, 2010, 46(22): 111-116.
[19] NOVITA S, ZAHARI T, SALWA H A, et al. Multi-objective optimization for high recyclability material selection using genetic algorithm[J]. The International Journal of Advanced Manufacturing Technology, 2013, 68(5):1441-1451.
[20] CHEN Y, LIU G, ZHANG Z, et al. Integrated design technique for materials and structures of vehicle body under crash safety considerations[J]. Structural and Multidisciplinary Optimization,2017, 56(2).
[21] 柴灏,黄仪,张征,等. 基于响应面法的多材料优化模型与应用[J]. 计算机集成制造系统. 2020,26(7):1824-1830.
[22] PU Y, MA F, ZHANG J, et al. Optimal lightweight material selection for automobile applications

considering multi-perspective indices[J]. IEEE Access, 2018, 6(99): 8591-8598.

[23] LI D, KIM Y. Multi-material topology optimization for practical lightweight design[J]. Structural and Multidisciplinary Optimization. 2018, 58(3):1081-1094.

[24] 付彭怀,彭立明,丁文江. 汽车轻量化技术:铝/镁合金及其成型技术发展动态[J]. 中国工程科学,2018,20(01):84-90.

[25] 赵永庆,葛鹏. 我国自主研发钛合金现状与进展[J]. 航空材料学报,2014,34(04):51-61.

[26] 倪绍勇,王金桥,王书,等. 轻质材料在纯电动汽车轻量化中的应用[J]. 时代汽车,2016(07):55-57.

[27] 苏思诺. 轻质泡沫铝夹层板箱体结构的汽车动力电池包碰撞分析[D]. 广州:华南理工大学,2018.

[28] 侯文彬,侯少强,韩啸. 基于多层次优化的碳纤维复合材料电池箱设计[C].:第19届亚太汽车工程年会暨2017中国汽车工程学会年会[Z]. 中国上海:2017.

[29] 王丽娟. 车用动力电池包结构CAE分析优化研究[D]. 南京:南京理工大学,2015.

[30] 王芳,等. 电动汽车动力电池系统安全分析与设计[M]. 北京:科学出版社,2016.

[31] 中华人民共和国国家质量监督检验检疫总局. GB/T 31498—2015 电动汽车碰撞后安全要求[S]. 北京:商务印书馆,2015.

[32] 中华人民共和国国家质量监督检验检疫总局,中国国家标准化管理委员会. GB/T 31467.3—2015 电动汽车用锂离子动力蓄电池包和系统 第3部分:安全性要求与测试方法[S]. 北京:中国标准出版社,2015.

[33] 徐龙. 基于极限工况载荷的车身静态强度分析及优化设计[D]. 长沙:湖南大学,2011.

[34] 朱新春. 电动汽车电池仓结构轻量化优化设计[D]. 长春:吉林大学,2018.

[35] 王伟,等. 振动力学与工程应用[M]. 郑州:郑州大学出版社,2008.

[36] 黄培鑫,兰凤崇,陈吉清. 随机振动与冲击条件下电动车电池包结构响应分析[J]. 汽车工程,2017,39(09):1087-1093.

[37] THOMAS K, ELHAM S, TOMASZ W. Dynamic impact tests on lithium-ion cells[J]. International Journal of Impact Engineering, 2017(108):205-216.

[38] YONG X, TOMASZ W, ELHAM S, et al. Damage of cells and battery packs due to ground impact[J]. Journal of Power Sources,2014(267):78-97.

[39] 谢潇怡,王莉,何向明,等. 锂离子动力电池安全性问题影响因素[J]. 储能科学与技术,2017,6(01):43-51.

[40] 中华人民共和国国家质量监督检验检疫总局,中国国家标准化管理委员会. GB 20071—2006 汽车侧面碰撞的乘员防护[S]. 北京:中国标准出版社,2006.

[41] 彭博. 电动汽车碳纤维复合材料电池箱轻量化设计[D]. 长春:吉林大学,2019.

[42] 王敏. 锂离子电池正极材料 $LiMn_2O_4$ 的改性研究进展[J]. 广东化工,2015,42(11):127-128.

[43] 杨乐之,殷敖,刘志宽,等. 锂离子电池硅碳负极材料的结构设计研究进展[J]. 矿冶工程,2019,39(04):140-144.

[44] 牛津,张苏,牛越,等. 硅基锂离子电池负极材料[J]. 化学进展,2015,27(09):1275-1290.

[45] 田春筝,高超,唐西胜,等. 动力锂电池产业结构及发展展望[J]. 电源技术,2018,42(12):1930-1932.

[46] 胡春姣. 纯电动汽车锂离子电池模块设计及热特性分析[D]. 长沙:湖南大学,2016.

[47] 陈晨. 纯电动汽车动力电池模块开发和设计[D]. 南京:东南大学,2015.

[48] 徐栋. 锂离子电池模组设计及力学特性分析[D]. 长沙:湖南大学,2018.

第三篇

电池热管理技术及热失控问题研究

9 动力电池热管理技术

作为新能源汽车的"心脏",动力电池组的热安全、热性能问题一直制约着电动汽车的发展。一方面,电池模组高倍率或长时间放电过程中产生的热量会引起电池内部温度不断升高,热量的迅速集聚将会形成恶性循环,最终导致电池模组热失控,甚至引起燃烧爆炸等严重事故;另一方面,当电池模组内的电芯温度差过大时,会加剧模组使用过程中电芯各种性能的不一致性,从而使得电池服役性能严重降低。构筑与动力电池模组相匹配的高效热管理系统,解决锂离子动力电池成组使用过程中的热安全和热性能问题,是电动汽车发展进程的关键一步。

本章首先从热安全性、热可靠性和热均衡性三个方面提出动力电池的热问题,介绍动力电池热管理系统及相关技术的研究现状;动力电池热管理技术相关研究最主要的方法是建立电池的热效应模型,介绍电池多内热源瞬态热效应模型和电化学-热耦合模型;介绍电池系统的电热不一致性以及相关研究工作,从电芯组和电池组的不同层面分析电池系统电热不一致的影响;风冷散热是目前电池热管理系统中最常见的散热方式,基于某款电动公交车锂离子电池包的热效应模型,研究其进出风口数量、形状和进口风速对电池包散热效果的影响;热管散热作为新型散热方式,在电池热管理系统中的应用正受到广泛关注,介绍热管相变传热技术与动力电池组散热系统的匹配设计,以及针对所设计电池组散热特性的仿真分析。

9.1 动力电池热管理研究概况

9.1.1 动力电池热问题的提出

无论是传统的铅酸电池,还是性能更先进的镍氢电池、锂离子电池,它们都对温度相当敏感,过高、过低和非均衡的温度都会加速动力电池的老化和性能衰减,甚至引起严重的安全事故。动力电池的热问题已经成为电动汽车发展中不可忽视的关键问题,主要包括三个方面:热安全性问题、热可靠性问题和热均衡性问题。

9.1.1.1 热安全性问题

电动汽车动力性能的提升需要高能量、大功率的电池包与之相匹配。电池单体通常以串联和并联的形式组成大型动力电池包,以满足电动汽车电压与电量的要求。在实际使用过程中，电池单体通常需要工作在高倍率工况以及恶劣的热环境中。此时，由于电池的充放电过程是一个典型的复杂电化学过程，同时伴随着放热和吸热行为，产生的热量会和其他因素（电池种类、电池运行工况、冷却方式和电池排列方式等）共同影响电池温度的变化，热量的产生与迅速堆积必然引起电池内部的温度升高[1]。随着电动汽车的发展对动力系统功率要求的不断提升，对快速充放电的需求不断增加，同时，电池尺寸的增大以及汽车极端情况下大电流放电必然带来大量的热量生成[2]，如果热量聚集而未能及时散热，将引起电池包内部的单体电池出现热失控现象，对充电过程、电池的可靠性和寿命都有极大的负面影响，严重时甚至会发生燃烧、爆炸等危险事故[3]。动力电池的热安全问题，是动力电池研究的重点，也是其在电动汽车中应用和普及的技术关键[4]。

9.1.1.2 热可靠性问题

动力电池在环境条件恶劣、运行工况复杂的极端情况下工作时，由于环境温度和动力电池自身热效应的影响，有可能超过电池适用温度范围，引起电池性能下降和寿命缩短，导致电池组过早失效，整车成本增加。Ramadass 等[5]对索尼 18650 锂离子电池的循环性能进行了研究，在 25℃和 45℃环境下工作 800 个循环之后，电池容量分别下降 31%和 36%；在 50℃环境下，600 个循环后电池容量下降 60%；在 55℃环境下，500 个循环后电池容量下降 70%。Chiu 等[6]研究了 26650 型磷酸铁锂电池在不同温度下的循环寿命，在温度为 45℃时，经过 1322 次 0.5C 恒流充放电循环后，电池的容量衰减 17%；在温度为 60℃时，循环 754 次后电池容量已经衰减了近 20%。一般来说，在温度低于 -10℃时，锂离子电池的放电能力与循环寿命将急剧降低；在低于 -40℃的极端环境下工作时，电池容量仅为标称值的 1/3[7-8]。

9.1.1.3 热均衡性问题

为了满足驱动电机的电压要求，需要将多个单体电池通过串并联形式，组成电池组使用。电池单体工作中热行为的差异会导致电池组内部温度分布不均衡，从而造成单体电池之间的性能不匹配；对于单体电池而言，电池尺寸越大，其内部产热不均匀性越突出，例如电池正极反应的产热量是电池其他部位的三倍[9]。根据"木桶理论"，电池组的工作性能由性能最差的那个单体电池决定，由热不均衡引起的电池单体性能下降，会导致电池组的整体性能下降，引起电池组荷电状态（state of charge，SOC）和健康状态（state of health，SOH）的恶化[10]。相关研究发现，温差为 5℃、10℃和 15℃时，相同充电条件下电池组的荷电量分别下降 10%、15%和 20%[11-12]。文献[6]对 60℃环境下的磷酸铁锂电池组进行研究，当电池组内部温差为 0℃时，0.5C 充放电循环 2000 次后，其容量衰减 38%；当内部温差为 18℃时，相同工况的循环后容量衰减 45%，电池的比能量和使用效率明显降低。

动力电池的热问题已成为制约动力电池系统性能发挥的关键因素，也是目前电动汽车产业化发展所面临的巨大挑战。考虑到动力电池严重的热安全性、热稳定性和热均衡性问题，需要设计开发高效的电池热管理系统（battery thermal management system，BTMS），目的是防止电池温度极端化，保证电池性能的正常发挥及延长电池的使用寿命，进而提高电动汽车的安全性和可靠性。

9.1.2 动力电池热管理功能

电池热管理技术是建立在材料学、电化学、传热学、分子动力学等多学科多领域的理论基础之上，根据温度对电池性能的影响，结合电池的电化学特性与产热机理，基于具体电池的最佳充放电温度区间，通过合理的设计，解决电池在温度过高或过低情况下工作而引起热散逸或热失控问题，以提升电池整体性能。电动汽车的 BTMS 作为动力电池热平衡环境的有效控制系统，是电池管理系统的重要组成部分，是电动汽车产业化的关键技术之一。该系统从使用者角度出发，分析现有动力电池的使用条件，包括环境条件和整车动力需求条件，确保电池组工作在最佳温度范围内，使动力电池的电化学性能发挥到最佳水平。其主要功能包括：电池温度的准确测量与监控；电池温度过高时的有效散热；低温条件下电池的快速加热；有害气体产生时的有效通风；保证电池组温度场的均匀分布。

为实现动力电池的最优性能，在设计 BTMS 时，需要满足以下基本目标：
（1）准确地采集电池的温度信息；
（2）温度过高情况下的快速散热与合理通风；
（3）温度过低条件下的快速加热；
（4）保证电池组内温度场的均匀分布。

另外，BTMS 同时也应满足在电动汽车上安装和使用的特殊要求，即要兼顾可靠性、轻量化、可维护性、电绝缘性、低功耗和低成本等因素。

9.1.3 动力电池热管理研究现状

早在 20 世纪 80 年代，关于电池热性能的研究已有相关报道，但由于当时电池普遍用于小型化的电子或电气设备中，对其热管理的研究工作尚缺乏足够的关注。90 年代后期，随着电动汽车的推广，动力电池引发的热问题日益突出，电池热管理的相关研究工作也引起了广泛的重视，其中，美国国家再生能源实验室以及伊利诺理工大学都提出将电池热管理的研究作为动力电池系统的关键技术之一。自此，电池热管理技术受到国内外电池及汽车制造商和科研机构的高度关注，其研究重点及难点主要集中在电池热效应研究、电池温度场的仿真及预测、传热介质的选择、散热结构与加热方式的设计与改进等。

9.1.3.1 动力电池热效应研究

动力电池热效应研究主要包括电池生热速率和电池热模型的研究。对于 BTMS 而言，热设计是优化设计电池包布置方式和结构的关键。因此，建立能够准确预测电池温度动态变化的热模型，对于车用电池包的热特性研究及热管理系统的设计开发具有至关重要的意义,而合理和精准计算电池的生热速率则是建立准确热模型的必要前提和关键基础。

1. 电池生热速率研究

国外对电池生热速率的研究工作始于20世纪80年代。Bernardi[13]于1985年提出了一种典型的电池生热速率的理论计算模型,该模型在假设电池内部生热均匀分布的基础上,考虑电池生热主要由电池内部化学反应可逆熵变和欧姆内阻产热组成;2000年,Sato等[14]采用实验法测试电池的生热速率,指出电池产热可分为四大部分:化学反应产生的反应热、欧姆内阻产生的焦耳热、电极溶解产生的极化热以及气体析出时的副反应热。国内科研机构以及清华大学[15]、吉林大学[16]、北京交通大学[15]等高校在进行电池热特性相关研究中,也主要采用Bernardi的经典理论模型法和Sato的实验法来分析电池的生热速率。近年,朱聪等[17]在Bernardi理论模型的基础上考虑了锂离子电池极片中反应电流密度、活性物质浓度等参数空间差异的影响,建立了电池热生成速率的数学模型。

2. 电池热模型研究

对电池热模型的研究工作也始于20世纪80年代。锂离子电池出现后,其热特性及安全性受到广泛关注,重点研究方向为建立电池热效应数学模型分析锂离子电池的温度特性。到目前为止,对于锂离子电池热模型,按模型原理可分为电化学-热耦合模型、电-热耦合模型和热滥用模型,按模型维度可分为集中质量模型、一维模型、二维模型和三维模型。

1998年,Botte等使用集中质量模型,分析了不同传热系数、电流密度及正/负极材料属性等参数对某Li_x/Li_yNiO_2的锂离子单体电池温度的影响,同时研究了正极在135℃高温情况下的分解反应对电池温度的影响[18]。Al Hallaj等针对索尼18650型锂离子电池,使用集中质量模型仿真计算的温度在低放电倍率下与实验测试温度吻合较好,而在高倍率下,则出现一定的偏差[19]。结果表明,集中质量模型在电池热分析研究中存在着较大的局限性。

一维模型主要用于研究电池内部某一特定方向上电池温度的分布情况;二维模型主要用于研究电池某个截面上的温度分布及一致性情况,且在考虑电池电流密度影响时的电—热耦合模型中使用较多,可用于指导改进电池外型、极耳、集流体等的设计分布情况;三维热模型考虑了电池的三维特征,比如热/电路径设计、外型参数、尺寸和边界条件对电池热特性的影响,多参数的综合考虑能够较全面地表征电池的热效应,特别是对于大型动力电池,三维数值仿真模型使用全局的热物性参数表征电池内部多层状结构的物理特性,可准确分析电池的温升和温度一致性。

9.1.3.2 动力电池散热方式设计

在高温热环境情况下,良好的散热方式及热设计能使动力电池工作在理想温度范围内,从而保证动力电池性能的高效发挥,进而提高电池的安全性、可靠性和使用寿命。动力电池散热方式主要分为两大类:一是从电池材料出发,研究基于电池结构的耐温电池材料,包括耐高温材料、低温电极材料以及散热性能良好的新型材料等;另一方面是从电池外部着手,通过强制散热的设计来增强电池与环境的传热效果。

基于电池材料的散热方式的研究,主要包括电池正极、负极、电解液等材料的选型与改性,从而提升其耐高温性能或者低温活性。对于锂离子电池,电解液的阻燃是关键,在原有电解液基础上添加阻燃剂、研究新型不燃或低燃电解液等都是提升电池热稳定性和安全性的有效方法。对于电极材料的改进,主要目的是提高电极导热系数,加快电池内部热量向外部空间传递的速率,减少热量在电池内部的积累。Zahran 通过对碳电极添加铜/铝的方式提高锂离子电池的导热系数[20-21],Maleki 等采用由石墨、聚偏氟乙烯、炭黑等合成的负极材料提高锂离子电池的导热系数[22]。

然而,动力电池电极材料、电解液材料热稳定性的提升,一般都是以牺牲电池容量为代价的。因此,对于电动汽车用动力电池包而言,只是通过改进电池材料来加速电池散热的方法具有一定的局限性。目前,对电池外部进行强化传热是动力电池的主要散热方式。对于电池散热系统,按照传热介质不同,可分为空气冷却、液体冷却、相变材料冷却和热管冷却等方式,在实际应用中也有可能是上述几种冷却方式的耦合。不同的散热方式都存在各自的优缺点,其对比分析如表 9-1 所示。

表 9-1 不同散热方式的优缺点比较

散热方式	优 点	缺 点
空气冷却	1. 结构简单 2. 重量相对较小 3. 成本低	1. 换热系数低 2. 冷却效果不佳 3. 难以保证电池温度场的均匀分布
液体冷却	1. 换热系数高 2. 冷却效果好	1. 结构复杂 2. 重量较大 3. 维修保养不方便 4. 存在漏液的可能
相变材料冷却	1. 结构简单 2. 可同时用于散热和加热 3. 可降低整个电池系统体积 4. 无运动部件 5. 不消耗电池额外能量	1. 导热系数低 2. 成本较高 3. 不适合大尺寸的动力电池
热管冷却	1. 结构灵活多样 2. 导热系数高、等温性能优良 3. 使用寿命长 4. 本身不耗电 5. 可同时用于散热和加热	1. 需合理布置结构 2. 配合散热片使用效果更佳 3. 初期投资费用高

9.1.3.3 动力电池加热方式设计

低温环境对动力电池的影响主要包括以下几个方面:一是动力电池极化严重,内阻明显增加;二是电解液黏度增加,其内部活性物质不能得到充分利用,电荷载体移动受阻,影响电流产生;三是电池电压快速下降,放电效率降低。在极端低温环境下,电池内部电解液甚至可能出现冻结,造成电池无法放电、电动汽车无法启动的问题。为了保证电池的正常输出功率、提高低温环境下电动汽车的整体性能,需要对动力电池的加热问题进行研究。根据加热方式的不同,低温环境下动力电池的加热可以分为内部加热法和外部加热法。

电池内部加热法主要是采用交流电直接对电池的电解液进行加热。文献[23]用低频60Hz和高频10～20kHz交流电对铅酸电池和Ni-MH电池进行加热,实验表明这两种加热方式只需要几分钟就可以将电池从-40℃超低温加热到20℃。相比于直流电加热方式,交流电加热方式可以有效防止气体的产生。与内部加热法相比,外部加热法更安全,且比较容易实现,主要包括空气加热、电加热、相变材料加热、液体加热、热管加热和帕尔贴效应加热等方式。Ji等利用动力电池放电电流通过加热元件时所产生的热量加热周围的空气,再由风扇输送至电池组进行加热和保温,发现加热电阻越小,系统的加热速率越快,效率越高[24];Pesaran等对电加热和空气加热进行比较,发现电加热所需能量更少,经济性更高[25];Zhang等设计了一种基于相变悬浮液的循环锂离子电池冷却/加热系统,在循环过程中,悬浮液中的相变材料先在驾驶室内吸收热量发生相变,后经泵输送至电池箱,通过相变放出热量从而加热电池[26];Troxler等利用通电帕尔贴元件产生热量,并由热沉散热器(冷却剂为水)带出传递热量,从而控制锂离子电池的温度分布[27]。

9.2 动力电池热效应模型

9.2.1 动力电池的产热机理

动力电池工作时产生的热量主要包括反应热、欧姆内阻热、极化反应热、有机电解液分解热和SEI膜分解热,后两种类型的产热统称为电池副反应热。电池在不同的工作温度下,各种类型的产热反应所产生的热量也有所不同。在电池处于正常的工作温度范围内时,电池副反应的产热很小,几乎可以忽略不计,因此,为了简化电池正常工作状态下产热的计算,电池的总产热量可以表示为:

$$Q = Q_r + Q_j + Q_p \tag{9-1}$$

式中,Q_r为电池反应热;Q_j为电池工作过程中产生的焦耳热;Q_p为电池充放电过程中由于极化反应而产生的极化热。

Q_r的大小与充放电过程中的电化学反应相关,在锂离子电池中则代表锂离子的嵌入和脱嵌所产生的热量,其计算式如下:

$$Q_r = \frac{nmQ_e I}{MF} \tag{9-2}$$

式中，n 为摩尔数；m 为电极质量；Q_e 为电池化学反应热；I 为工作电流；M 为摩尔质量；F 为法拉第常数，其值为 96484.5C/mol。

Q_j 主要是由于电池自身内阻导致，根据欧姆定律可得

$$Q_j = I^2 R_j \tag{9-3}$$

式中，R_j 为电池的欧姆内阻。

Q_p 也可用欧姆定律表示为

$$Q_p = I^2 R_p \tag{9-4}$$

式中，R_p 为电池的极化内阻。

9.2.2 动力电池多内热源瞬态热效应模型

动力电池系统热管理技术的研究方法中，最主要的研究方法是基于电池的产热、散热原理建立电池的热效应模型，从而进行电池热效应的模型仿真计算。根据电池的结构特点以及电池的生热、散热原理，动力电池的热效应模型示意图如图 9-1 所示：电池内部热源 Q_{bat}（电池内部产生的热量）首先通过热传导 Q_{cond} 到达电池壳体表面，然后由电池壁面的材料特性发生热辐射 Q_{rad}，同时在电池壳体表面与外部流动的冷却空气进行对流换热 Q_{conv}。考虑到电池内部结构的复杂性，在建立模型时，一般对电池的物理属性做如下假设：电池主体内部各种材料各向同性、物性均一；电池内部的对流和辐射影响忽略不计；电池内部电流密度均匀分布；电池比热容为常数。

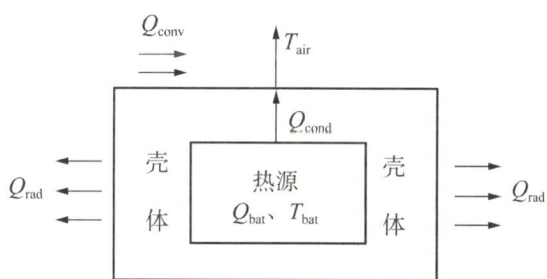

图 9-1 动力电池简化模型示意图

根据能量守恒定律，可将电池的复杂生热 - 导热 - 传热表示为电池的三维非稳态热模型，即电池单元热力学能的增量等于通过界面的热量使电池单元在单位时间内增加的能量与电池自身生热速率之和，关系式表示如下

$$\rho_b c_p \frac{\partial T}{\partial t} = \nabla(\lambda_\omega \nabla T) + q_v \tag{9-5}$$

式中，ρ_b 为电池密度；c_p 为电池的定压比热容；T 为电池温度；t 为时间；λ 为导热系数，下标 ω 代表不同坐标方向；q_v 为电池单位体积的生热率。

以方形锂离子电池单体为例，综合考虑电池的动态生热变化以及电池各部件对电池热分布的影响，可以将电池划分为三个内热源：电池内核视为时变内热源，电池正、负极耳视为两个固定内热源，并以此建立时变内热源耦合多内热源的电池热模型，其模型示意图如图9-2所示。

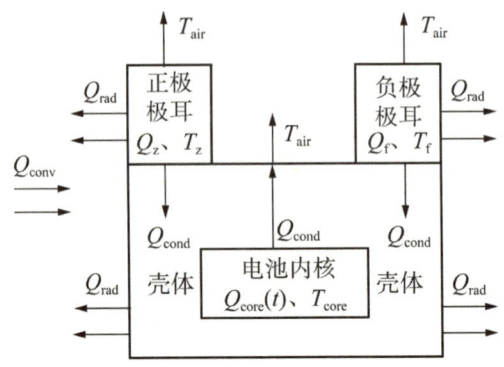

图9-2 时变内热源耦合多内热源的电池模型示意图

根据式(9-5)，对于方形电池，有

$$\rho_i c_{pi} \frac{\partial T}{\partial t} = \lambda_{xi} \frac{\partial^2 T}{\partial x^2} + \lambda_{yi} \frac{\partial^2 T}{\partial y^2} + \lambda_{zi} \frac{\partial^2 T}{\partial z^2} q_{vi} \qquad (9-6)$$

式中，i 取1、2或3，分别代表电池内核、正极极耳和负极极耳。

热边界条件的设定直接影响热模型的计算精度。对于电池热效应模型而言，其定解条件包括该模型的初始条件和边界条件。

由于电池内部的温度场分布是随时间和空间坐标变化而实时动态变化的函数，其初始条件如下

$$T(x,y,z,0) = T_0 \qquad (9-7)$$

电池的外表面与外界环境之间存在着热量交换，固体壁面的导热量与表面的传热量相等，由牛顿冷却定律得电池壁面边界条件如下

$$-\lambda_\omega \frac{\partial T}{\partial n} = h(T - T_\infty) \qquad (9-8)$$

电池热效应模型中还需要确定电池各结构的热物性参数，包括电池的比热容 c_p、导热系数 λ 以及换热系数 h。

1. 比热容 c_p

电池单体比热容 c_p 可以通过电池内部各结构材料的比热容进行质量加权平均得到

$$c_p = \frac{1}{m_b} \sum^i c_i m_i \qquad (9-9)$$

式中，c_i 为电池内部各结构材料的比热容；m_i 为各种组成物质的质量；m_b 为电池质量。

2. 导热系数 λ_x、λ_y 和 λ_z

材料的导热系数一般与材料的厚度及连接方式等有关，电池的导热系数 λ_x、λ_y 和 λ_z 的计算方法与电路等效电阻的计算方法类似，在三维的电池模型中，假设极板垂直于 x

轴，热量沿 x 轴的传导可以视为沿串联的正负极板间传导，沿 y 和 z 轴方向可以视为沿并联的正负极板传导，计算式如下

$$\lambda_x = \frac{l_b}{\sum \dfrac{d_{xi}}{\lambda_i}} = \frac{l_b}{\dfrac{d_{xp}}{\lambda_p} + \dfrac{d_{xn}}{\lambda_n} + \dfrac{d_{xs}}{\lambda_s}} \tag{9-10}$$

$$\lambda_y = \sum \frac{\lambda_i d_{yi}}{b_b} = \frac{\lambda_p d_{yp} + \lambda_n d_{yn} + \lambda_s d_{ys}}{b_b} \tag{9-11}$$

$$\lambda_z = \sum \frac{\lambda_i d_{zi}}{\delta_b} = \frac{\lambda_p d_{zp} + \lambda_n d_{zn} + \lambda_s d_{zs}}{\delta_b} \tag{9-12}$$

式中，l_b、b_b 和 δ_b 分别为电池单体在 x 轴，y 轴和 z 轴方向上的总厚度；下标 p、n 和 s 分别代表电池正极板、负极板和隔膜。

3. 换热系数 h

电池与外界环境的热量交换主要通过对流和辐射实现。热对流是指流体由于温度不同而发生相对位移时所引起的热量传递过程；对于锂电池，是指电池表面的热量通过周围环境冷却流体的对流作用进行热量交换，此时可视为纵掠平壁时的对流换热，分为自然对流和强迫对流。热辐射主要发生在电池表面，它是由于物体具有温度而向周围环境辐射电磁波的现象，一般热辐射传递的热量由电池表面的材料特性决定。因此，换热系数 h 由对流换热系数 h_c 和辐射换热系数 h_r 两部分组成，即

$$h = h_c + h_r \tag{9-13}$$

$$h_c = 0.332 \frac{\lambda}{n} Re^{\frac{1}{2}} Pr^{\frac{1}{3}} \tag{9-14}$$

$$h_r = \frac{\sigma(T_\infty^4 - T^4)}{T_\infty - T} \tag{9-15}$$

式中，Re 为雷诺数；Pr 为普朗特数；σ 为斯忒藩-玻耳兹曼常数；n 代表电池在某一坐标方向上的特征尺寸。

基于电池内核及正、负极耳的热物性参数和生热速率的计算，根据所建立的时变内热源耦合多内热源的电池三维瞬态热效应模型，就可以在给定的不同的初始边界条件下，对电池在不同工况下工作的温度场进行三维计算及预测电池的温度分布，分析电池的热特性及变化规律；同时也可以拓展至电池模组、电池包等电池成组后的温度场与温度不一致性研究，对电池热管理系统的开发设计具有重要应用价值。

9.2.3 动力电池电化学-热耦合模型

动力电池多内源瞬态生热模型只是对电池单一热物理场的分析，没有考虑动力电池内部的电热耦合关系。为了进一步分析电池内部的电热耦合特性，可以在一维电化学模型和三维热模型的基础上建立动力电池电化学-热耦合模型，以此分析电池在充放电过程中的动态热特性。

9.2.3.1 一维电化学模型

由正极、负极、隔膜、正集流体和负集流体组成的电芯单元是电池实现充放电的基本结构单元,能够完整表达电池充放电过程中的电化学热效应,以电芯为对象建立简化的一维电化学模型如图9-3所示,计算域外边界为正负集流体的内边界(边界1、4),计算域内边界为隔膜与正负极的两相边界(边界2、3)。该模型基于多孔电极理论,满足电荷守恒、质量守恒以及Butler-Volmer电极动力学理论,其控制方程、边界条件和初始条件如表9-2所示。

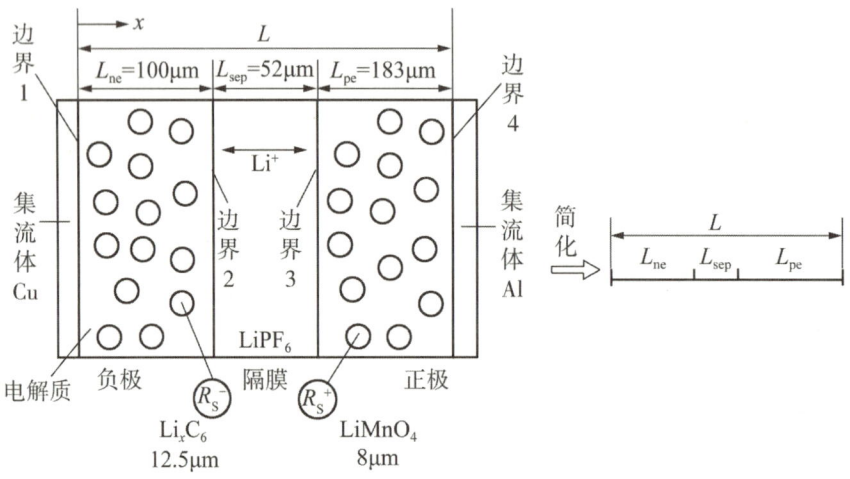

图9-3 一维电化学模型计算域示意图

表9-2 一维电化学模型的控制方程、边界条件和初始条件[28-30]

控制对象	控 制 方 程	边界条件或初始条件
固相,质量守恒	$\frac{\partial c_s}{\partial t} = \frac{1}{r^2}\frac{\partial}{\partial r}\left(r^2 D_s \frac{\partial c_s}{\partial r}\right)$	$\left.\frac{\partial c_s}{\partial t}\right\|_{r=0} = 0,\ -\left.D_s \frac{\partial c_s}{\partial r}\right\|_{r=R_s} = \frac{j}{a_s F}$
液相,质量守恒	$\varepsilon_e \frac{\partial c_e}{\partial t} = \frac{\partial}{\partial x}\left(D_e^{\text{eff}} \frac{\partial c_e}{\partial x}\right) + \frac{(1-t_+^0)}{F}j$	$\left.\frac{\partial c_e}{\partial x}\right\|_{x=0} = \left.\frac{\partial c_e}{\partial x}\right\|_{x=L} = 0$
欧姆定律	$-\sigma^{\text{eff}}\frac{\partial \phi_s}{\partial x} = i_s$	$\left.-\sigma^{\text{eff}}\frac{\partial \phi_s}{\partial x}\right\|_{x=L} = i_{\text{app}}$
液相,电荷守恒	$\frac{\partial}{\partial x}\left(\kappa^{\text{eff}}\frac{\partial \phi_e}{\partial x}\right) + \frac{\partial}{\partial x}\left(\kappa_D^{\text{eff}}\frac{\partial \ln c_e}{\partial x}\right) + j = 0$	$\left.\frac{\partial \phi_e}{\partial x}\right\|_{x=0} = \left.\frac{\partial \phi_e}{\partial x}\right\|_{x=L} = 0$
固相,电荷守恒	$\frac{\partial}{\partial x}\left(\sigma_s^{\text{eff}}\frac{\partial \phi_s}{\partial x}\right) = j$	$\left.-\sigma_{\text{ne}}^{\text{eff}}\frac{\partial \phi_s}{\partial x}\right\|_{x=0} = \left.-\sigma_{\text{pe}}^{\text{eff}}\frac{\partial \phi_s}{\partial x}\right\|_{x=L} = \frac{I}{A}$
脱嵌反应过电势	$\eta = \phi_s - \phi_e - U$	$\left.\frac{\partial \phi_s}{\partial x}\right\|_{x=L_{\text{ne}}} = \left.\frac{\partial \phi_s}{\partial x}\right\|_{x=L_{\text{pe}}+L_{\text{sep}}} = 0$
Butler-Volmer方程	$j = i_0 \cdot \left[\exp\left(\frac{\alpha_{\text{ne}}F}{RT}\eta\right) - \exp\left(\frac{\alpha_{\text{pe}}F}{RT}\eta\right)\right]$	
随温度变化的电压	$U = U_{\text{ref}}(y) - (T - T_{\text{ref}})\frac{dU}{dT}$	

9.2.3.2 三维热模型

动力电池内部是由若干个电芯单元并联组成的多层结构。考虑到电池内部分层太多，难以通过仿真手段建立一个完全符合实际电池分层结构的模型。因此研究中通常将电池模型简化为一个电芯单元，即正极集流体—正极材料—隔膜—负极材料—负极集流体组成的单层结构，如图9-4a中黑框所示；将该电芯单元等比例放大至与实际电池相同的尺寸，并且添加正负极耳，以此建立一个与实际电池尺寸大小相同，但内部分层简化的电池三维物理模型，如图9-4b所示。

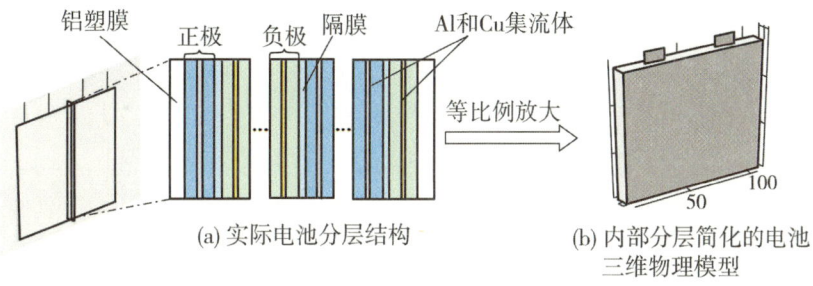

图9-4 三维热模型示意图

与多内源瞬态生热模型一样，三维热模型满足能量守恒方程，热源项分为不可逆热 q_{irr} 和可逆热 q_{rev}，其中可逆热主要为化学反应热 q_r，不可逆热主要为极化热 q_p、欧姆热 q_{jour}。模型主要控制方程、边界条件和初始条件如表9-3所示，其中下标 m 表示 ne 或 pe。

表9-3 三维传热模型的控制方程、边界条件和初始条件[31-33]

控制对象	控制方程	边界条件或初始条件
能量守恒	$\rho C_p \dfrac{\partial T}{\partial t} - \lambda \nabla^2 T = q_{irr} + q_{rev} = q_{all}$	$-\lambda \left(\dfrac{\partial T}{\partial n}\right)\Big|_{x=0} = h[T_{amb} - T_\infty]$ $-k \left(\dfrac{\partial T}{\partial n}\right)\Big|_{x=L} = -h[T_{amb} - T_\infty]$
不可逆热	$q_{irr} = q_{jour} + q_p$	
可逆热	$q_{rev} = q_r$	
化学反应热	$q_r = \sum_m j_m T \dfrac{\partial U}{\partial T}$	
极化热	$q_p = \sum_m j_m (\phi_s - \phi_e - U_m)$	
欧姆热	$q_{jour} = \sigma^{eff} \nabla \phi_s \cdot \nabla \phi_s + \lambda^{eff} \nabla \phi_e \cdot \nabla \phi_e + \lambda_D^{eff} \nabla \ln c_e \nabla \phi_e$	

9.2.3.3 电化学-热耦合原理

由电化学模型和热模型的控制方程及边界条件可知,热模型中的生热速率 q 受电化学模型中的电势 φ 和锂离子浓度 c 影响,电池内部平均温度 T 由热模型中的生热速率 q 与换热系数 h 共同决定,电化学模型中部分物理量如电导率 κ、扩散系数 D 又受温度 T 影响,进而导致电势 φ 和锂离子浓度 c 变化,如图 9-5 所示。基于电化学反应与温度之间存在的相互影响关系,将一维电化学模型计算得到的平均生热率 q 实时反馈到三维热模型中,作为热模型生热速率的输入;同时将三维热模型计算得到的平均温度 T 实时反馈到一维电化学模型中,作为电化学模型温度变量的输入;通过参数的实时更新传递,实现一维电化学模型和三维热模型的耦合计算。

图 9-5 电化学-热耦合原理示意图

耦合计算时,采用阿伦尼乌兹(Arrhenius)公式定量表示温度与部分物理量的影响关系,即

$$\psi = \psi_{\text{ref}} \exp\left[\frac{E_a}{R}\left(\frac{1}{T_{\text{ref}}} - \frac{1}{T}\right)\right] \tag{9-16}$$

利用动力电池电化学-热耦合模型,对电池不同倍率放电过程中的热行为进行模拟,重点对其放电温升、电池总生热率以及电池内部不同区域的生热速率展开研究。

1. 不同倍率放电过程中的电池温升

图 9-6 为不同倍率放电过程中的电池温升对比图。随着放电过程的进行,电池温度逐渐升高,且随着放电倍率的增大,电池最高温度逐渐增大。2C 放电终止时刻的最高温度相较于 0.01C、0.5C 和 1C 分别高出了 3%、12% 和 22%。

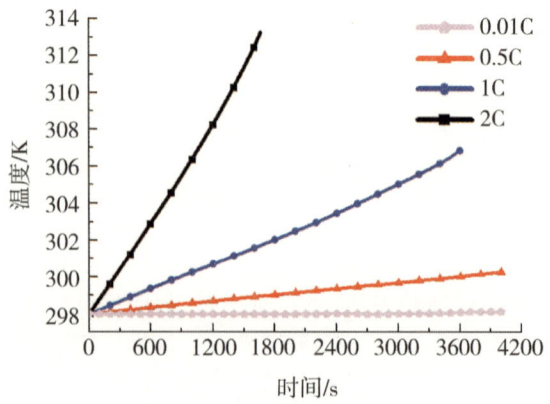

图 9-6 不同倍率放电过程中的电池温升对比图

2. 不同倍率放电过程中的电池生热速率

图 9-7 为 0.01C、0.5C、1C 和 2C 倍率放电过程中电池单位体积总生热速率以及正极、负极和隔膜各区域单位体积生热速率的变化情况。负极单位体积生热速率要高于正极和隔膜，总生热速率随着负极单位体积生热速率的波动而变化。小倍率放电时，由于电流很小而且隔膜生热来源于欧姆热，所以正负极单位体积生热速率要明显大于隔膜单位体积生热速率。随着放电倍率的增大，隔膜和正极单位体积生热速率均逐渐升高，但仍小于负极单位体积生热速率。

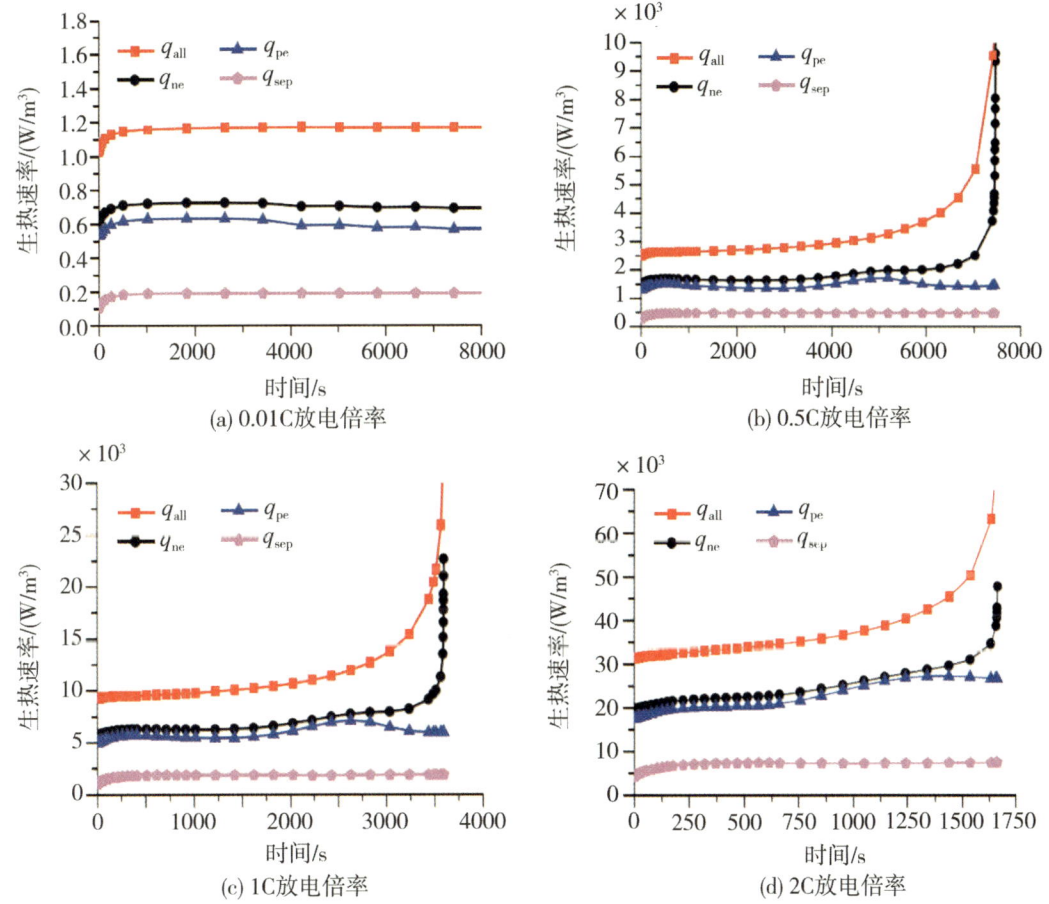

图 9-7 不同放电倍率下电池内不同区域的单位体积生热速率

9.3 电池系统电热不一致性研究

9.3.1 动力电池的电热不一致性

动力电池的不一致表现为电状态不一致和热状态不一致的综合。前者涵盖电池容量、内阻、剩余电量和工作电压的不一致；后者包括电池产热速率和温度分布的不一致。电池包内部电池单体电热不一致带来的问题主要体现在电池包的工作性能、使用寿命和使用安全性等方面。

动力电池单体在出厂时就存在着一定的离散性，在使用过程中工作温度的差异会导致电池单体间的离散性发生变化。电池组中单体数量越大，电池离散性越大，对电池组性能的影响越显著。如果不采取相应的措施缩小电池的不一致程度，将导致以下几个问题：

（1）个别电池单体过充过放，影响电池组的工作性能，缩短电池组的使用年限；

（2）电池单体性能衰减进程差异；

（3）温度分布不均匀，电池包在结构设计上无法为每个单体电池提供相同的加热或散热条件，再加上单体电池电状态差异导致的生热速率不同，单体电池间的热负荷差异也是一个亟需研究和解决的问题。

电池性能衰减速率可认为是温度、电流和放电深度三者的非线性函数。在相同大小的电流激励下，电池容量的差异会在其放电深度上有所体现；电池内阻不一致的影响则是通过产热差异来对电池衰减产生作用的；影响电池不一致性的外部因素主要是电池包的流场设计导致的温度分布不均。对并联电池组来说，由于内阻不同，实际流过的电流也不同。上述因素的综合导致成组电池内单体性能衰减的差别，这又会反过来增大电池容量和内阻的离散性，是一个正反馈机制。

宫学庚等[34]提出了基于电池荷电状态的电池组离散度这一概念，在大量的统计数据和工程经验积累的基础上，建立了如下动力电池组的离散度模型

$$\varepsilon = \sqrt{\sum_{i=1}^{n} \frac{(SOC_i - SOC_m)^2}{n}} \quad (9-17)$$

$$\varepsilon_{P+} = SOC_{max} - SOC_m \quad (9-18)$$

$$\varepsilon_{P-} = SOC_{min} - SOC_m \quad (9-19)$$

式中，ε 为电池组的不一致程度；n 为成组的电池单体个数；SOC_i 为组内第 i 节单体的荷电状态；SOC_m 为电池组内平均荷电状态；ε_{P+} 为正向最大离散度；ε_{P-} 为负向最大离散度；SOC_{max} 为最大荷电状态；SOC_{min} 为最小荷电状态。

文献[35]采用开路电压作为评价电池不一致性程度的参数,引入补偿参数体现端电压与荷电状态间的非线性对应关系:

$$U_m = \frac{1}{n}\sum_{i=1}^{n} U_i \quad (9-20)$$

$$\varepsilon = \frac{1}{n}\sum_{i=1}^{n} K_i \left(\frac{U_i - U_m}{U_m}\right)^2 \quad (9-21)$$

式中,ε 表征电池组的一致性程度;K_i 为第 i 个电池的电压补偿系数;U_i 为开路电压;U_m 为电池组平均开路电压。

电池单体的制造过程和使用过程中都会导致其不一致性增加。前者的解决方案是不断改进完善电池的制造加工技术,以及严格把控电池产品出厂前的筛选标准,为电池成组时各单体初始电状态的一致性提供保障;后者则需要通过合理、有效的电池管理系统来解决,利用电池均衡技术、电池热管理等模块控制电池使用过程中各单体电池电参数和热参数的差异程度,保证电池单体工作环境的均匀性,从而降低电池单体的不一致性。

动力电池的电不一致和热不一致联系密切、相互影响,它们对电池差异性的影响关系如图9-8所示。在电池使用过程中,电芯组或电池组中的电不一致是由电池单体初始SOC的不一致引发的,散热条件差异是热不一致产生的原因,并因电不一致问题而加重。

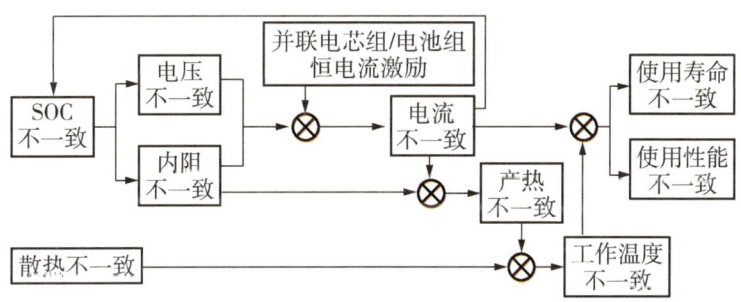

图9-8 导致电池差异性的因素及影响关系

9.3.2 并联锂离子电芯组电热不一致性研究

单体电池内部通常包含单个大容量电芯或多个并联的小容量电芯。文献[36]利用电芯的热效应数值仿真模型,研究了电芯初始电状态的不一致性对并联电芯组使用过程中的电状态和热状态的影响。

9.3.2.1 并联电芯组模型建立

并联电芯组的三维有限元网格模型如图9-9所示,由单个电芯的网格模型阵列得到,保证每个电芯的网格划分相同,将5个电芯依次标号为1~5。在每个电芯的正负极耳和电芯内核的表面中心设置监控点,这些连续的点温度数据和特定时刻的电芯表面温度分布能更全面表现电芯表面温度场的变化规律和分布特性。图 9-10 为充电状态下并联电芯组的等效电路模型。

图 9-9 并联电芯组的网格模型

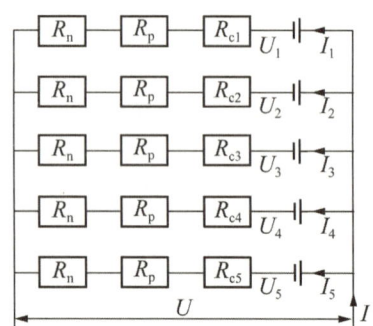

图 9-10 并联电芯的等效电路模型

在充电过程的任意时刻,电路中的电学参数都满足式(9-22)~式(9-24)。

$$I = \sum_{i=1}^{5} I_i(t) \qquad (9-22)$$

$$I_i(t) = \frac{U - U_i(\mathrm{SOC})}{R_i(\mathrm{SOC})} \qquad (9-23)$$

$$R_i(t) = R_\mathrm{n} + R_\mathrm{p} + R_{\mathrm{c}i} \qquad (9-24)$$

其中各个电芯的电压 U_i 和电阻 R_i 是关于 SOC 的函数($i=1,2,3,4,5$)。

假设电芯的容量不受环境温度和电流的变化的影响,则电芯的 SOC、U 和 R 只是关于时间的函数,则有

$$\mathrm{SOC}_i(t) = \mathrm{SOC}_{i0} + \frac{\int_0^t I_i(t)\,\mathrm{d}t}{3600C} \qquad (9-25)$$

$$U_i = U_i(\mathrm{SOC}_i(t)) = U_i(t) \qquad (9-26)$$

$$R_i = R_i(\mathrm{SOC}_i(t)) = R_i(t) \qquad (9-27)$$

其中,SOC_{i0} 为各个电芯的初始荷电状态;C 为电芯的额定容量 10A·h。

联立式(9-25)~式(9-27),可以求解得到各个电芯的 SOC、I、R 和 U 在充电过程中的变化规律。在放电过程中,并联电芯组中各个电芯电状态的变化也可以通过相似方法求得。通过改变各个电芯的初始荷电状态 SOC_0 和电芯组干路电流,可以得到不同条件下电芯组内各单体参数和生热速率的变化情况。以此为基础,对初始不一致程度和充放电流对电芯组电参数和热参数的影响展开研究。

9.3.2.2 研究方案设计

为了研究并联锂离子电芯充电工况下的电热不一致性,设计两种电芯组的组合,见表

9-4。其中电芯组 A、电芯组 B 内相邻电芯的初始 SOC 分别相差 0.1 和 0.03。分别对两组电芯组在 1C 倍率下恒电流充电的过程进行数值仿真，分析初始 SOC 的不一致性程度和充放电电流对电芯组内各电芯的电状态、热状态的作用机制和影响规律。电芯组容量均为 50A·h，因此电芯组的 1C 充电是指用 50A 电流对整个电芯组进行充放电。

表 9-4　各电芯组中的电芯初始 SOC 值

电芯组	电芯 1	电芯 2	电芯 3	电芯 4	电芯 5
电芯组 A	0.0	0.1	0.2	0.3	0.4
电芯组 B	0.0	0.03	0.06	0.09	0.12

9.3.2.3　充电过程中电芯电参数变化

图 9-11 所示为电芯组 1C 充电过程中电芯的 SOC 变化。随着充电的进行，电芯间 SOC 差异逐渐缩小。在充电前半段时间（以电芯组 A 为例），初始 SOC 较大的 4 号电芯和 5 号电芯 SOC 增加速度较慢，而在相同时间内初始 SOC 较小的 1 号电芯和 2 号电芯 SOC 增幅较大；到了充电后期，这种增幅差异更加明显，1 号、2 号、4 号和 5 号电芯的 SOC 变化曲线都向 3 号电芯的 SOC 变化曲线靠拢，电芯间的 SOC 差异进一步减小。由此可见，并联电芯组的充电过程是电量自平衡的再分配过程，电芯的初始电量越大，其充电电量越小，电芯组内的 SOC 差异逐渐减小。

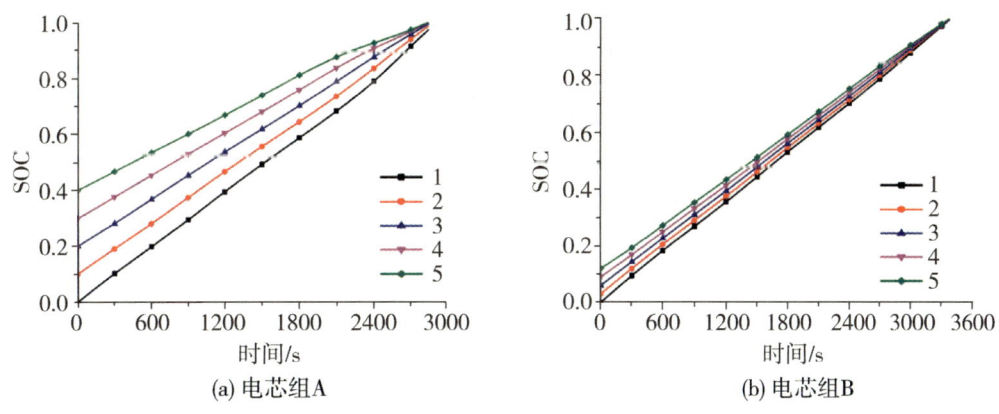

图 9-11　电芯组 1C 充电过程中电芯的 SOC 变化

图 9-12 所示为 1C 充电过程中各电芯组中电芯的电阻变化。在充电初期，各电芯的电阻差异较明显，随着电量的增加，电芯间的电阻差异有所减小；当各电芯的 SOC 基本大于 0.2 时，电阻趋于稳定，各电芯的内阻相差较小，此时电芯的生热速率主要受到电流的影响。电芯组中电芯的初始 SOC 不一致程度越大，电芯初始内阻的差异也越大；电芯组内初始 SOC 越接近，各电芯电阻变化的一致性越好；电芯组 B 中电阻变化的同步性明显要

好于电芯组 A。

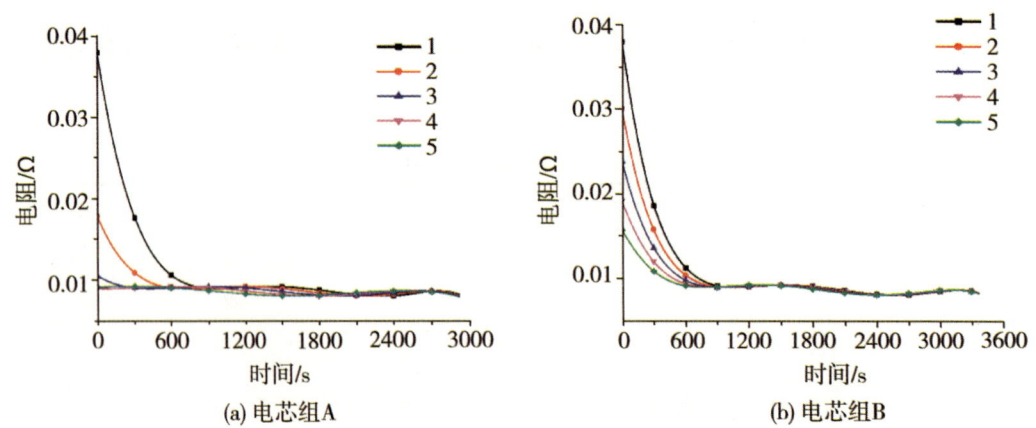

图 9-12　电芯组 1C 充电过程中电芯的内阻变化

1C 充电工况下电芯组内各电芯的电压变化如图 9-13 所示。电芯组的初始 SOC 差异越大,电芯之间初始工作电压的差异也越大。随着电芯 SOC 的增大,电芯组内的电压差变得越来越小。到了充电后期,各电芯电量接近饱和,电压变化又有增大的趋势。

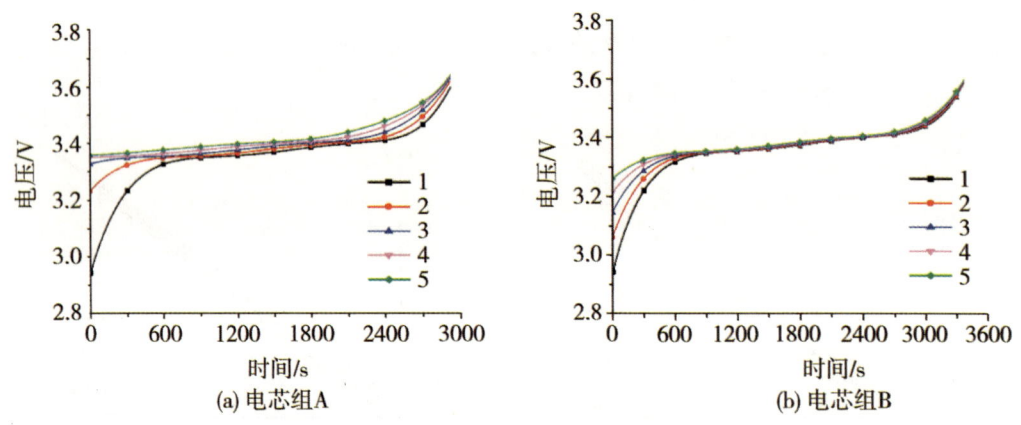

图 9-13　1C 充电工况下各电芯组中电芯电压的变化

图 9-14 所示为电芯组 1C 充电工况下三种电芯组合中各电芯的通过电流倍率。电芯的额定容量为 10A·h,所以电芯的通过电流倍率由式(9-28)计算得到。

$$n_i = \frac{I_i}{10} \tag{9-28}$$

可以发现,通过电芯的充电电流的变化是复杂、非线性、瞬态变化的。整体上看电流变化有两端变化剧烈、中间变化平缓的特点。初始电量差异越大,充电后期的电流不均匀程度比初期越高。电芯的电流倍率变化很好地解释了充电过程中电芯组内的电量自平衡机制：在同一电芯组内，电芯电量越少，充电电流越大，从 1 号电芯到 5 号电芯的工作电流依次减小。3 号电芯的 SOC 在电芯组内处于中间位置，其充电电流始终在 10A 上下波动。

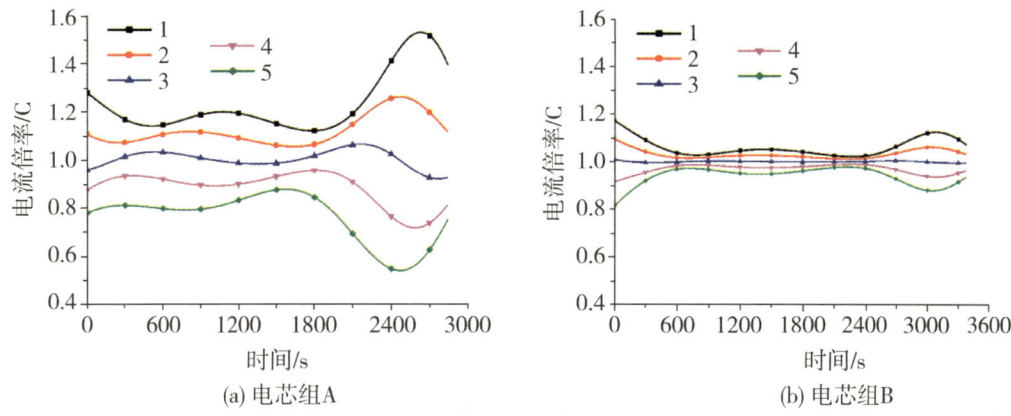

图 9-14　1C 充电过程中各电芯组中电芯电流倍率变化

电芯组内电芯的初始状态差异越小，各个电芯的电流变化范围就越集中，电芯组内电流的差异也越小。电芯初始电量越大，其电流波动范围也越大。电芯组 A 中，1 号和 5 号电芯的充电电流倍率分别在 1.1～1.6C 和 0.5～0.9C 之间变化；电芯组 B 中，1 号和 5 号电池的充电倍率分别在 1.0～1.2C 和 0.8～1.0C 之间变化。

结合图 9-12 和图 9-13 分析电芯电阻和电压变化对电流的影响规律。在充电初期（前 600s），1 号电芯的电压最小、电阻最大，在两者相反的作用下，电流却是最大的；5 号电芯的电压最大、电阻最小，在电压和电阻的共同作用下，电流却是最小的。这说明在充电初期，电压对电流影响作用更大，所以 1 号电芯的工作电流大于其他电芯；在充电后期，各个电芯的电压差值先增大后减小，电压仍是从 1 号到 5 号电芯依次减小，在这一阶段各个电芯的电阻变化已接近同步、同值，所以在这段时间内电压仍是影响充电电流变化的主要因素。

9.3.2.4　充电过程中电芯热参数变化

图 9-15 所示为 1C 充电工况下各并联电芯组中电芯内核的生热速率变化。充电伊始各电芯内核的生热速率相差最大，在电芯组 A 中，开始充电时 1 号电芯内核的生热速率为 43 353W/m³，5 号电芯内核的生热速率为 3759W/m³，两者相差近 10 倍；随后，电芯组内生热速率的差值逐渐减小，1 号和 2 号电芯的生热速率开始大幅降低；随后电芯进入产热量差值和波动幅度都较小的阶段；到了充电后期，SOC 较小的电芯生热速率变化是先升后降，SOC 较大的电芯生热速率是先降后升。并联电芯组中初始电量相差越小，充电过程中各电芯生热速率的差值也越小，这有利于电芯温度场的均匀分布。

电芯工作电流和电阻的变化都是非线性的，因此有必要研究电流和电阻对电芯内核生热的影响权重。以 1C 充电工况下电芯组 A 为例进行分析。在充电初期(前 600s)，1 号电芯的电流只是略大于其他电芯，但由于其阻值较大，所以在生热速率上有一个显著的体现；在充电中期(600—2100s)，由于各个电芯的电流值和内阻值都只在小范围内变动，所以电芯的生热速率也是相对稳定的；在充电后期，电芯电阻已经基本稳定，这一阶段内电芯内核的生热速率受到电流的影响较大，综合图 9 – 14 和图 9 – 15 可知，在充电后期，电芯电流和生热速率的变化趋势有很高的一致性。

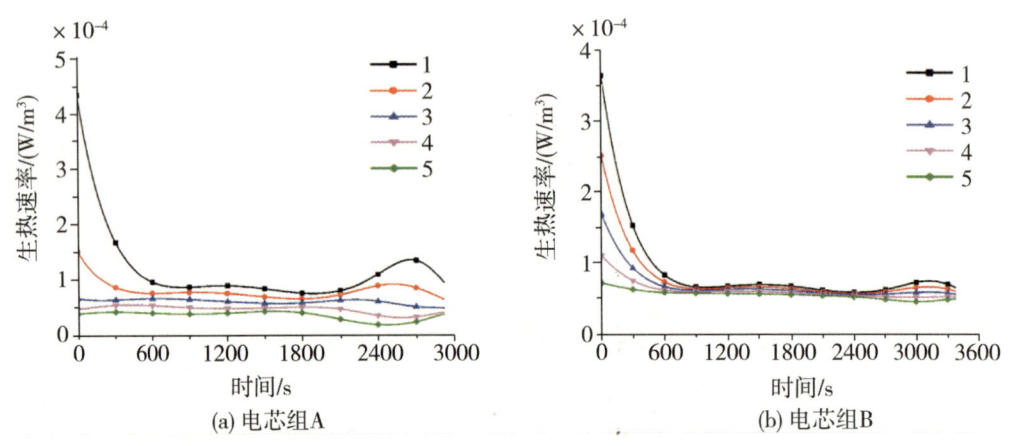

图 9 – 15　1C 充电工况下各电芯组中电芯内核生热速率变化

1C 充电工况下电芯组 A 中各电芯的正极极耳、负极极耳和电芯内核表面中心温度的变化如图 9 – 16 所示。当并联电芯组内存在不一致问题时，电芯温度变化及其分布特性是非常复杂多变的，这进一步说明了对并联电芯组和电池组进行不一致问题研究和瞬态温度仿真分析的必要性。

从整个电芯温度分布上看，最高温出现在初始电量最小的 1 号电芯内核，电芯的初始电量越大，其表面最高温度越小，除了 1 号电芯，其他电芯的最高温都出现在充电后期的正极极耳表面，初始 SOC 越大，出现的时间越早。在 1C 充电时，两组电芯组的表面温度表现出相同的变化规律和分布特性。表 9 – 5 所示为两组电芯组在 1C 充电工况下各电芯的最高温和最大温差。在同一电芯组内，初始 SOC 越大的电芯，其在充电过程中出现的最高温和最大温差越小。电芯组内各个电芯的初始状态越接近，各电芯的最高温和最大温差也越小，电芯间的温度不均匀程度也越低。两组电芯组中达到的最高温度为 314.6K，最大温升为 11.6K。1 号电芯的最大温差超过了电池热管理允许的最大温差 5K，需要采取强制空冷等措施进行散热。

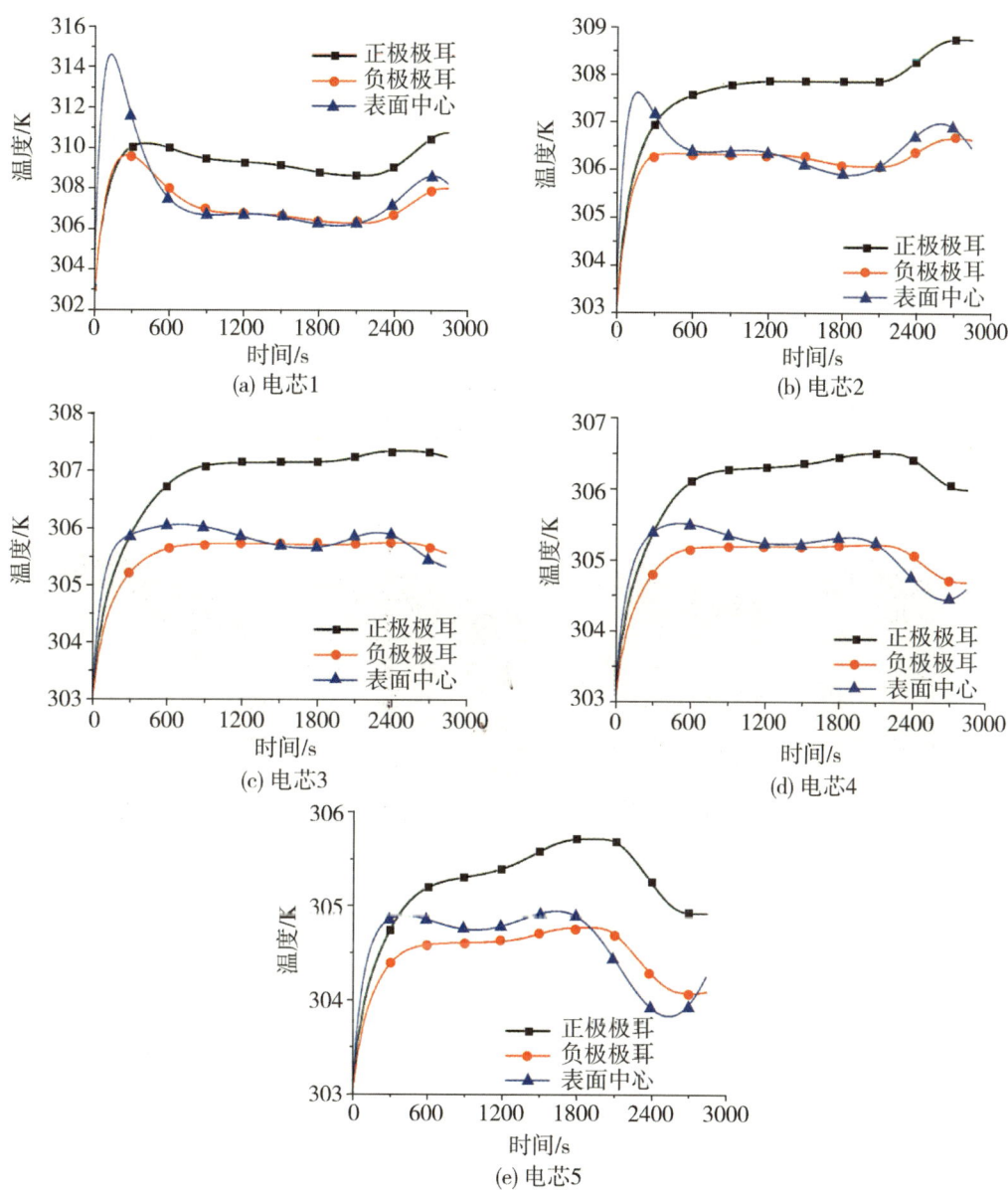

图 9-16 1C 充电工况下电芯组 A 的监控点温度

表 9-5 1C 充电工况下各电芯组中电芯最高温 T_{max} 和最大温差 ΔT_{max}

		电芯 1	电芯 2	电芯 3	电芯 4	电芯 5
电芯组 A	T_{max} / K	314.6	308.7	307.3	306.5	305.7
	ΔT_{max} / K	6.6	2.3	1.9	1.7	1.4
电芯组 B	T_{max} / K	313.1	310.4	308.5	307.1	306.8
	ΔT_{max} / K	5.1	3.5	2.4	1.7	1.6

9.3.3 并联锂离子电池组电热不一致性研究

加大动力电池组的容量是延长电动汽车单次行驶路程的主要方法，多个小容量单体电池并联成组能达到增加容量的目的。并联单体电池个数的增加，虽然可以有效增加电池组的工作容量，但同时也增加了电池组内不一致问题出现的可能性，还有可能会加剧电池组内的不一致程度。为了研究在电池组存在初始电状态不一致现象的条件下，并联单体个数对电池组中各电池的电参数和热参数的影响，分别将2、3、4、5个电池单体并联组成4组电池组，建立相应的三维有限元网格模型，如图9-17所示。在划分网格的同时，分别对每个电池的正、负极极柱和电池中心创建体，便于对各个体单独加载热源。并联电池组的网格通过电池单体的网格模型阵列创建，保证并联电池组中每个电池具有相同的网格质量。

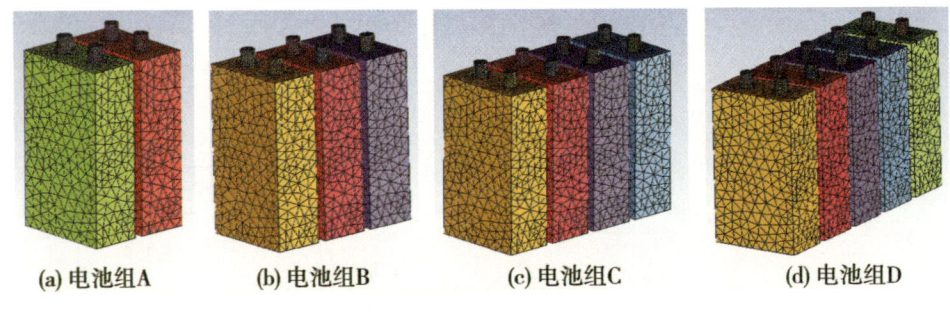

(a) 电池组A　　(b) 电池组B　　(c) 电池组C　　(d) 电池组D

图 9-17　并联电池组网格模型

电池组 A、B、C、D 的额定电压都是 32V，额定容量分别为 100A·h、150A·h、200A·h 和 250A·h。电池组均添加了初始电状态不一致的设置，电池组内相邻单体的初始 SOC 相差 0.1，见表 9-6。

表 9-6　电池组中各电池的初始 SOC 值

	电池组 A	电池组 B	电池组 C	电池组 D
电池单体1	0.0	0.0	0.0	0.0
电池单体2	0.1	0.1	0.1	0.1
电池单体3	—	0.2	0.2	0.2
电池单体4	—	—	0.3	0.3
电池单体5	—	—	—	0.4

9.3.3.1　充电过程中电池电参数变化

1. 电池 SOC 变化

图 9-18 所示为 1C 充电工况下四组电池组中电池单体的 SOC 变化情况。电池组中

SOC 最小和 SOC 最大的电池 SOC 变化曲线围成一个两头窄中间宽的区域。充电初期，各单体电池间的电量差异不减反增，随后差异才逐渐减小，大电量电池之间先进行电量再分配。充电后期，电池组的 SOC 差距开始减小，越接近充电完成时刻大电量电池的 SOC 增加越缓慢。

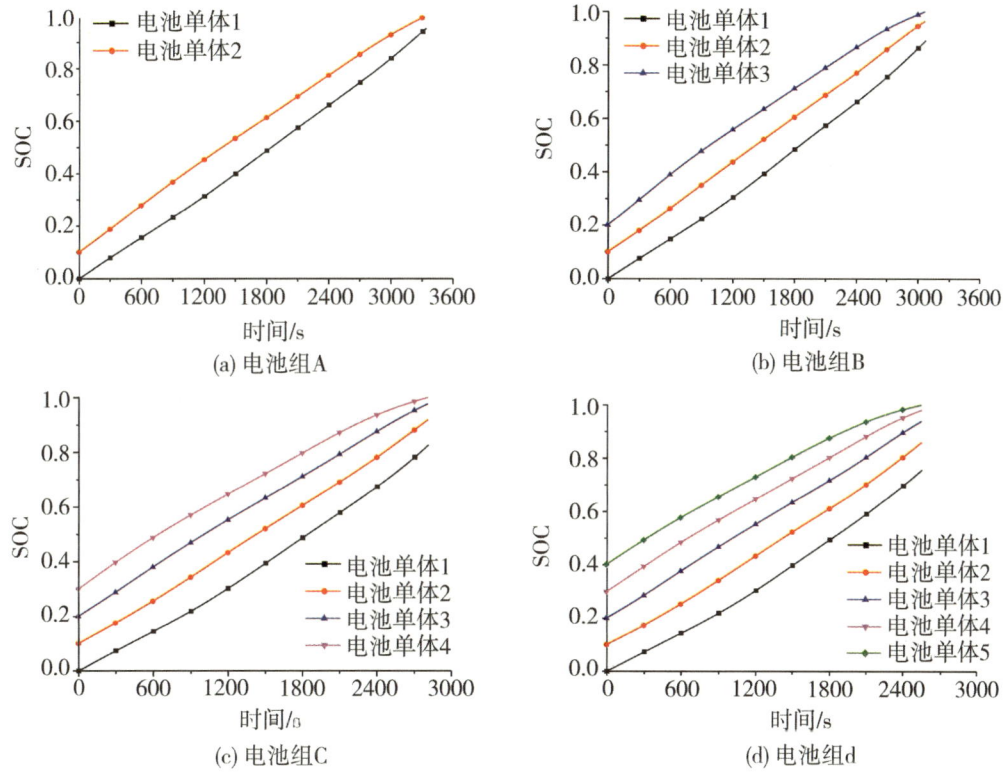

图 9-18 电池组 1C 充电工况下电池 SOC 变化

表 9-7 所示为单体电池在 1C、2C 和 3C 充电终止时的 SOC 大小。随着并联电池组中电池单体个数的增加，在充电终止时相邻电池间的 SOC 差距减小，这说明电池的充电过程是一个电量自平衡的过程。随着充电电流的增大，同一电池组中对应电池的终止 SOC 减小，电池组的充电效率下降。

表 9-7 充电终止时各电池组中电池单体的 SOC 值

电池组	1C				2C				3C			
	A	B	C	D	A	B	C	D	A	B	C	D
电池单体 1	0.95	0.89	0.83	0.76	0.86	0.74	0.64	0.55	0.81	0.60	0.57	0.47
电池单体 2	1.00	0.97	0.92	0.86	1.00	0.91	0.81	0.72	1.00	0.88	0.77	0.68
电池单体 3	—	1.00	0.98	0.94	—	1.00	0.93	0.85	—	1.00	0.91	0.82
电池单体 4	—	—	1.00	0.98	—	—	1.00	0.94	—	—	1.00	0.92
电池单体 5	—	—	—	1.00	—	—	—	1.00	—	—	—	1.00

2. 电池电阻变化

图9－19所示为1C充电工况下四组电池组中各电池单体的电阻变化。电池电阻是关于SOC的函数，SOC在充电工况下的变化近似线性递增，所以电池组内各电池电阻变化曲线是电池 R－SOC曲线中的某一段。2C和3C电流充电工况下的电池内阻变化情况与1C工况下类似，并联电池个数越多，充电过程中电池电阻分布越离散，但在1C小电流充电时离散程度较低。

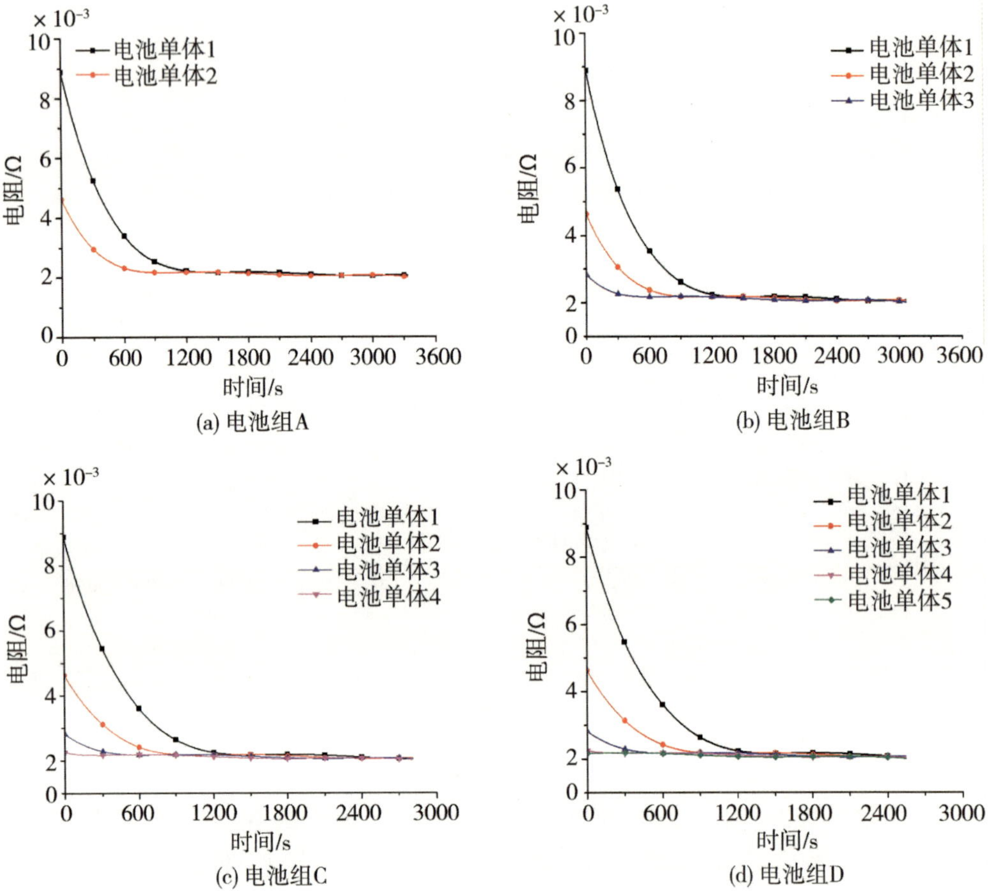

(a) 电池组A (b) 电池组B (c) 电池组C (d) 电池组D

图9－19 电池组1C充电工况下电池电阻变化

3. 电池电压变化

图9－20所示为1C充电过程中四组电池组中各电池单体电压的变化。电池个数越多，电池组内电池电压的不一致程度越高，充电终止时各电池电压之间大小对比越明显。表9－8所示为不同充电工况下充电终止时各电池的电压大小。并联电池个数的增加减小了电量较大的单体电池间的电压差，却拉大了小电量电池间的电压差，呈现两极分化。充电电流越大，小电量电池之间的、小电量电池与大电量电池之间的电压差越明显。

表 9-8　充电终止时各电池组中电池单体的电压值(V)

电池组	1C				2C				3C			
	A	B	C	D	A	B	C	D	A	B	C	D
U_1	3.41	3.38	3.36	3.35	3.36	3.35	3.34	3.33	3.36	3.35	3.34	3.33
U_2	3.47	3.42	3.39	3.37	3.47	3.38	3.36	3.35	3.47	3.37	3.35	3.35
U_3	—	3.47	3.44	3.40	—	3.47	3.40	3.36	—	3.47	3.39	3.36
U_4	—	—	3.47	3.44	—	—	3.47	3.40	—	—	3.47	3.39
U_5	—	—	—	3.47	—	—	—	3.47	—	—	—	3.47

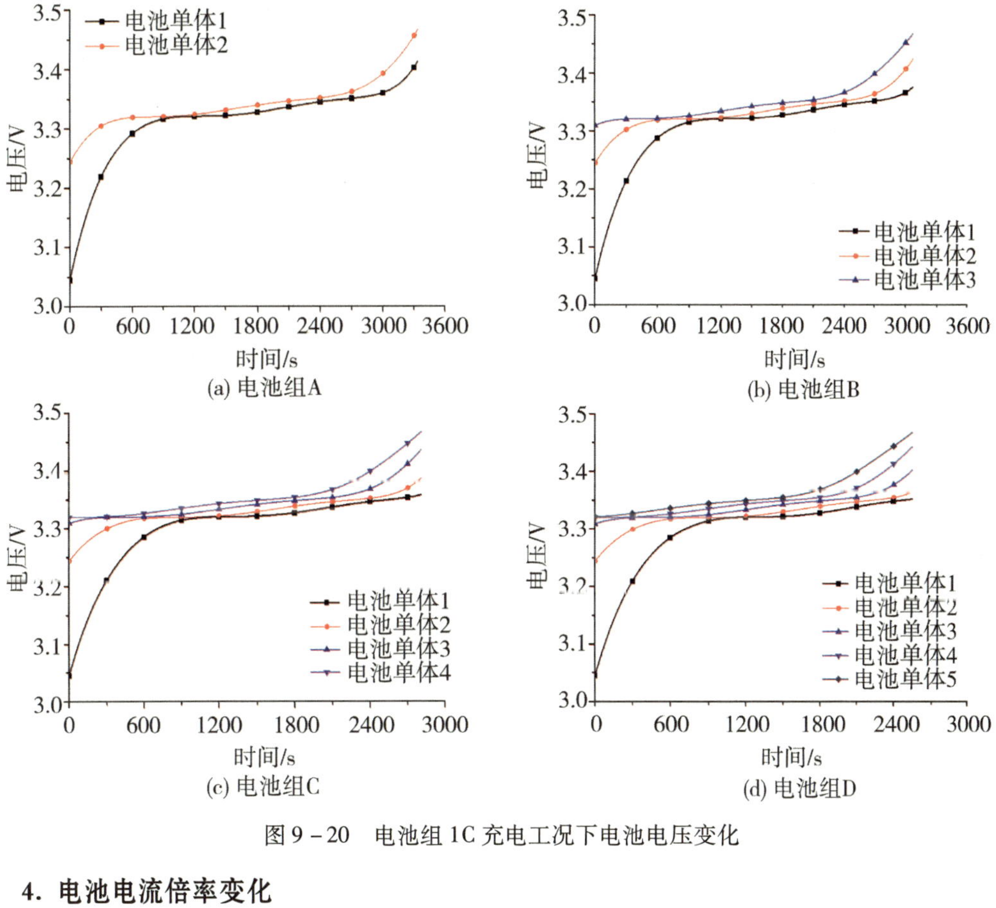

图 9-20　电池组 1C 充电工况下电池电压变化

4. 电池电流倍率变化

图 9-21 所示为 1C 充电时四组电池组中各电池单体的电流倍率变化情况,电池的电流倍率 n 为通过电流 I 与其额定容量 C 的比值。各电池的电流倍率大小及变化情况能直观说明各电池间 SOC 的差距在充电初期增大、在充电后期缩小的现象。

充电初期,电池电量越大充电电流越大,反之则充电电流越小。这主要是由于充电初期 SOC 在 0~0.2 范围内,SOC 越小,电池电阻越大电池电压也越小,但大电阻使小电量

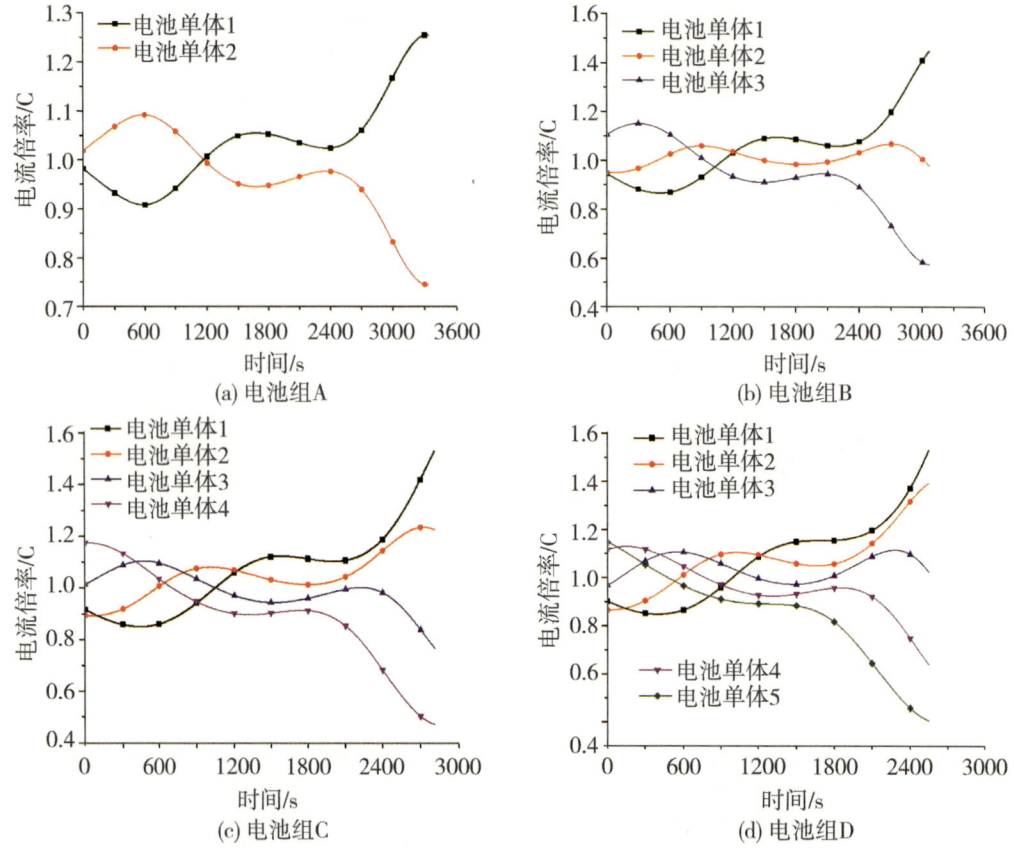

图 9-21 电池组充 1C 电工况下电池电流倍率变化

电池在电流争夺中处于劣势。在充电后期,各电池的充电电流出现放射性分散,电量越大的电池其充电电流越小,电量越小的电池开始大倍率充电,这一阶段体现了电池组中电量自平衡机制。充电终止时,相邻电池间的 SOC 差值大部分都小于充电初期时的 SOC 差值。

从整个充电过程上看,充电后期电池电流的变化比充电初期幅度更大、速率更快。当电池组只由两个电池单体并联时,两个电池的充电电流的变化呈现出此消彼长的关系,随着电池并联个数增加,电流的变化变得越来越复杂,电池组内各电池的电流变化范围越来越大,但这种影响随着电池个数的增多而逐渐减弱。

表 9-9 所示为不同充电工况下各电池组的电流变化范围对比。当以相同的电流对电池组充电时,电池组 A~电池组 C 的电流变化范围随着电池个数的增多而变大,但当电池组内有 5 个单体电池时,最小电流和最大电流都有所减少,整个电流波动范围也有所缩小。同一电池组,充电电流越大,其波动范围越宽。

表9-9 不同充电工况下各电池组的电流变化范围(C)

充电倍率	电池组 A	电池组 B	电池组 C	电池组 D
1C	0.75～1.25	0.57～1.45	0.47～1.53	0.41～1.53
2C	1.52～2.48	1.41～2.67	1.31～2.75	1.24～2.60
3C	2.20～3.80	1.89～4.23	1.71～4.33	1.61～4.05

9.3.3.2 充电过程中电池热参数变化

1. 电池生热速率变化

图9-22所示为1C充电过程中不同电池组内各电池的生热速率变化。随着电池个数的增加，电池组平均生热速率出现不同程度的降低。在充电初期，初始SOC较大的电池产热较多，充电中期各个电池的生热速率不相上下，到了充电后期电池生热速率的差异又出现小幅度的增大。同组并联电池组中，电量越小的电池在通电时刻的生热速率越大。

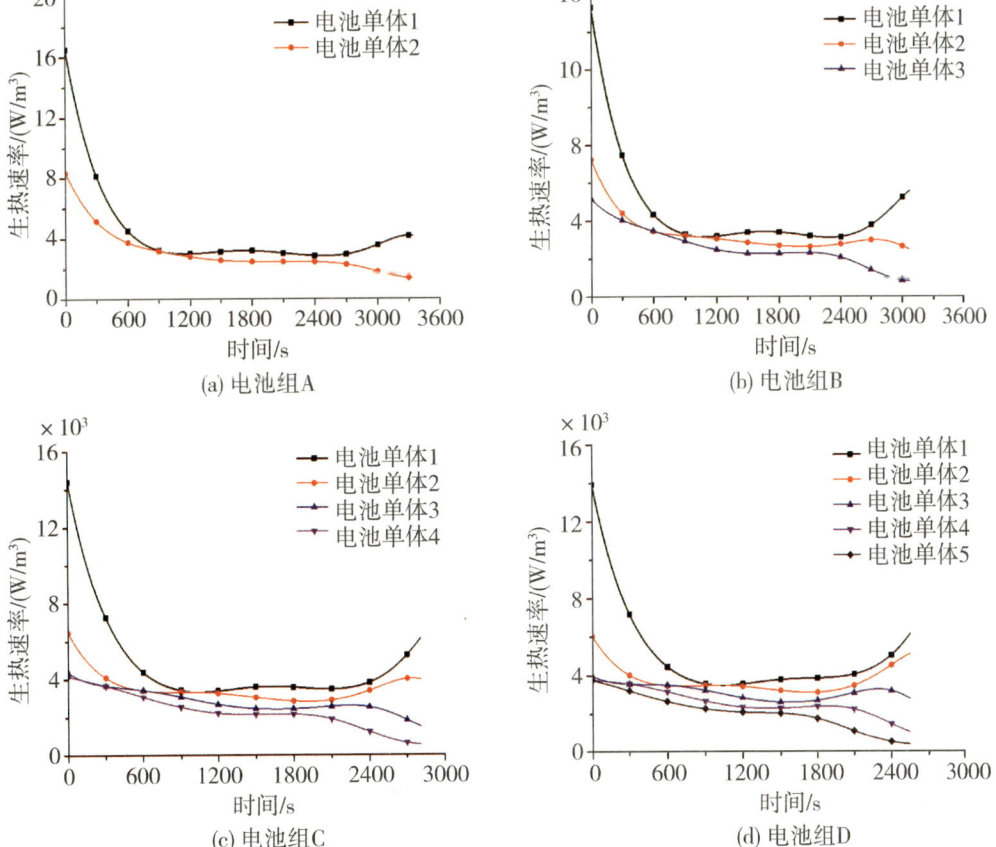

图9-22 电池组1C充电工况下四组电池组各电池生热速率变化

2C 和 3C 充电过程中电池中心生热速率的变化情况与图 9-22 类似。表 9-10 所示为三种充电工况下各电池组内充电初始和终止时的最大生热速率。电池组以同样的电流倍率充电时,电池个数越多,充电初始时的生热速率越小,充电终止时的生热速率越大。

随着电流的增加,并联电池单体个数的增加对降低电池组整体生热速率的效果更加明显。增加充电电流对小容量并联电池组的生热速率的提高作用比对大容量并联电池组的更显著。充电电流每增加 1C,电池组 A 的最大生热速率分别提高了 1.9 倍和 1.3 倍,而电池组 D 的最大生热速率仅增加 0.9 倍和 0.7 倍。

表 9-10 三种充电工况下各电池组的初始和终止时刻的最大生热速率 q_{max}(W/m^3)

充电倍率	电池组 A		电池组 B		电池组 C		电池组 D	
	起始	终止	起始	终止	起始	终止	起始	终止
1C	16 489	4 153	15 306	5 563	14 392	6 123	13 935	6 131
2C	47 511	16 190	35 448	16 099	29 616	15 930	26 988	16 209
3C	107 640	32 341	75 612	31 626	56 894	31 853	46 982	32 366

2. 电池温度场变化及分布

图 9-23 所示为 1C 充电终止时各电池组表面温度分布和截面温度分布,图 9-24 所示为电池组 D 在 2C、3C 充电终止时的表面温度分布和截面温度分布。

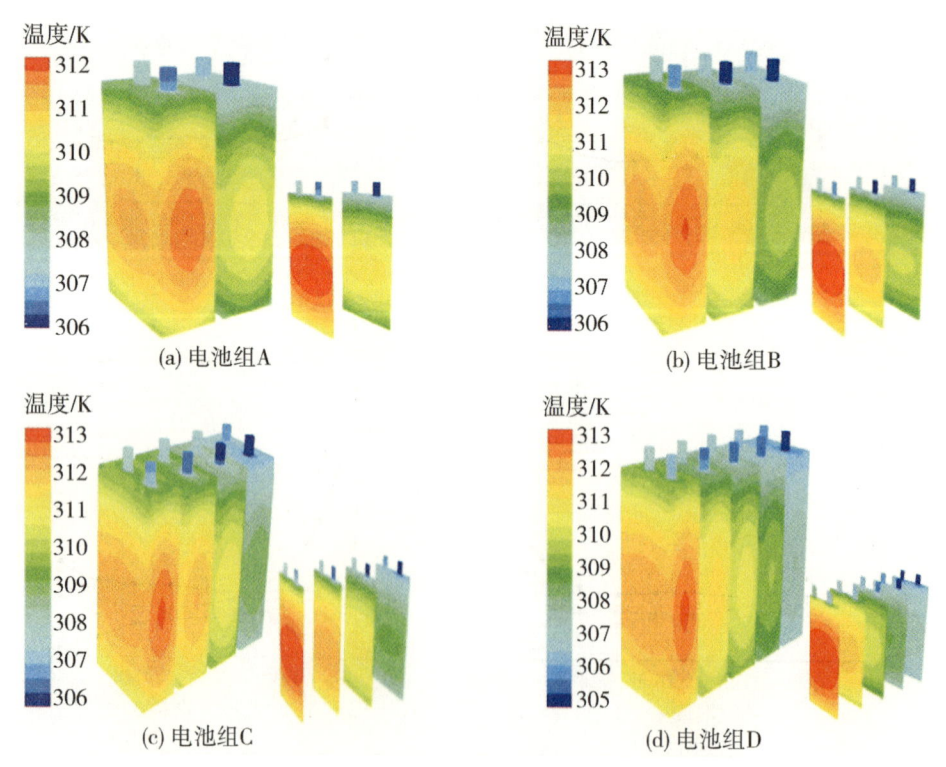

(a) 电池组 A
(b) 电池组 B
(c) 电池组 C
(d) 电池组 D

图 9-23 1C 充电终止时各组电池组的温度分布图

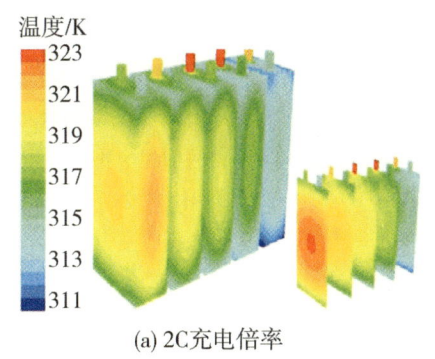
(a) 2C充电倍率

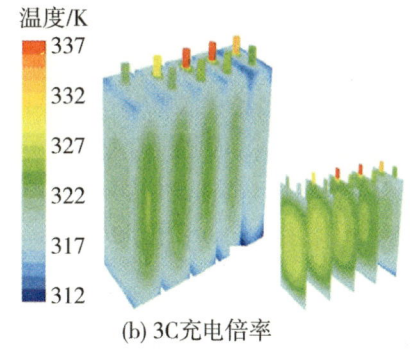
(b) 3C充电倍率

图 9-24 2C、3C 充电终止时电池组 D 的温度分布图

当电池组以 1C 倍率充电时，1 号电池中心是各电池组的高温区。随着电流的增大，电池正极极柱的产热量增大，正极极柱成为电池组另一高温区。2C 和 3C 充电终止时，大电量电池的正极极柱已成为电池组温度场的高温区。在大电流充电工况中，正极极柱产热大、温度高，是研究电池包温度变化和温度分布不可忽略的部分。

9.3.4 接触电阻对并联电芯组电热不一致的影响

电连接是电池系统中普遍存在的连接形式，为电池以及模组之间提供电力传递，也是构成电池管理系统连接、监测和控制必不可少的一环。电池系统的电连接容易受到初始连接状态、电池工作状态以及所处环境的影响。由于电连接器触头熔焊、接触电阻过大、触头间电火花等造成的电接触失效是电气系统整机失效的主要原因。近年来，在电动汽车的推广使用过程中，由电连接导致的电池系统故障时有发生，包括由电连接器接触电阻升高产生过多焦耳热而导致的接触熔化、温度过高等热问题，还包括不同电连接状态导致的电池自身电性能差异问题。确保电池系统电连接的一致、可靠对于电池系统的安全使用非常重要。

接触电阻是电接触学科的核心概念，同时也是判断电连接工作是否可靠的主要依据，电池系统电连接的接触状态可以通过接触电阻的大小或上升率是否超过一定范围来反映。在并联电芯组中，各电芯的极耳与连接片间存在接触电阻，长期的车载振动工况及老化作用可能使某个电触点出现松动，或各触点的连接紧固程度出现差异，导致接触电阻分布不一致。

根据并联电芯组的等效电路模型搭建的包含三阶 RC 网络的电芯组外特性仿真模型，可以准确地反映电芯组的电特性。为了研究接触电阻对并联电芯组电热不一致的影响，文献[37]通过电芯组外特性模型与热效应模型的耦合计算，得到不同电连接状态的电芯组在充放电过程中的电流、SOC、电压响应及生热率、温度场变化，以此分析电池的电热特性与其电连接不一致程度之间的关系。

设计 3 组并联电芯组，分别编号为 A、B、C，各电芯组中的电芯数目均为 3，依次编号为 1~3，每个电芯正负极耳处的接触电阻之和分别用 R_{c1}、R_{c2}、R_{c3} 表示。为考察电触点出现不同松动时的影响,对各电芯组分别设置相邻电芯极耳电触点的接触电阻相差 0.04 mΩ、0.4 mΩ、4 mΩ,如表 9 – 11 所示。其中电芯组 A 的接触电阻与接触良好情况下接触电阻的数量级相同,相差 0.4 mΩ、4 mΩ 的接触电阻代表电触点出现不同程度松动的情况。模型中的电芯组设置为理想电芯组,即各电芯的内阻、容量及初始 SOC 相同。设置电芯之间连接片的阻值为定值 0.01mΩ,接线柱接在中间的电芯,即电芯 2 上。对每组电芯组进行恒倍率充放电时的电参数仿真和温度场仿真。

表 9 – 11 各并联电芯组内部电连接的接触电阻(mΩ)

电芯组	R_{c1}	R_{c2}	R_{c3}
A	0.01	0.05	0.09
B	0.1	0.5	0.9
C	1	5	9

9.3.4.1 对电芯组电参数的影响

1. 对电流分布的影响

图 9 – 25 所示为放电工况下电芯组 A、B、C 内部电芯的电流分布。接触相对良好的电芯组 A 的各电芯电流差异最小,最大电流差异为 0.18A。

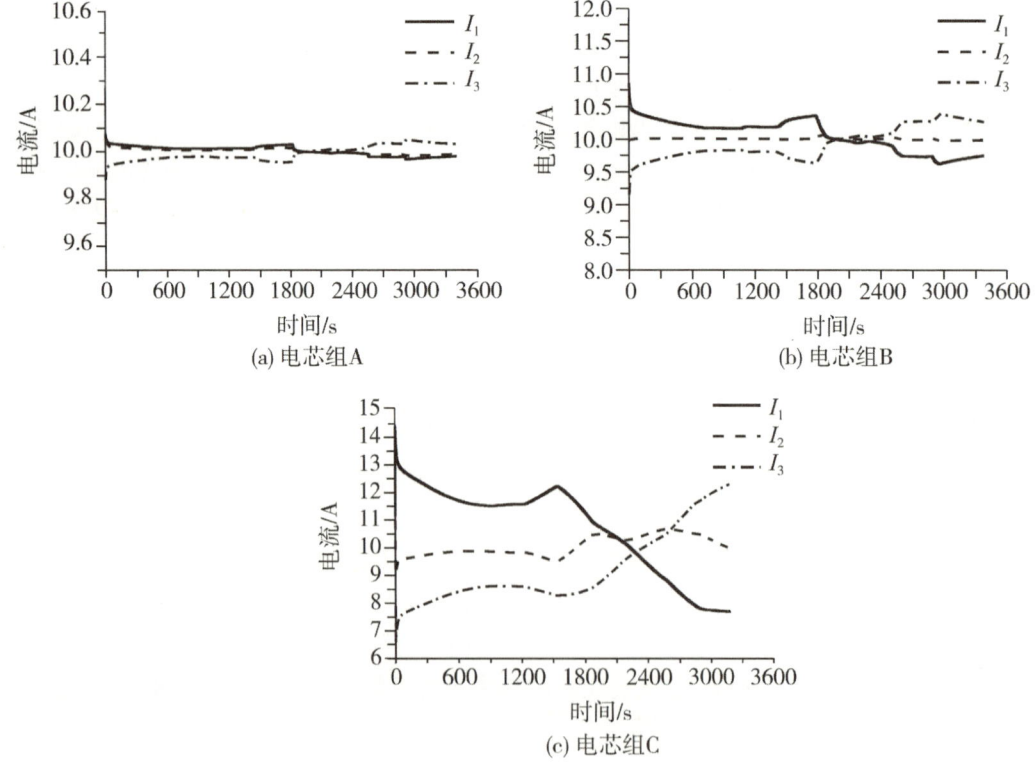

图 9 – 25 电芯组 1C 放电过程中的电流分布

对比各电芯组内的不同电芯，电芯 1 所在支路的接触电阻最小，总的电阻也最小，所以其在放电之初电流最大，电芯 2 次之，电芯 3 电流最小；电芯上的放电电流越大，其 SOC 下降越快，由于电芯的内阻随着 SOC 下降而增大，电芯 1 的内阻增加快于电芯 2、电芯 3，因此流经电芯 1 的电流将逐渐减小，放电至某一时刻后电芯 1 所在支路的总电阻超过了其他支路，之后的放电过程各支路电流的相对大小发生反转。对比不同的电芯组，电芯组内的接触电阻越大，其电流分布越分散。理想情况下，每个电芯上的电流都应为 10A 左右，但是，从图 9 - 25c 可以看出，当接触电阻相差 4mΩ 时，电芯组内的最大工作电流已超过 13A，最大电流差异达 6.5A。

充电工况下的电流分布及变化情况有些复杂，如图 9 - 26 所示。在充电初期，由于电芯处于低 SOC 时其开路电压对 SOC 很敏感，微小的 SOC 变化即可引起开路电压的较大差异，所以电芯间电流差异较大；随着电芯充电，SOC 变化对开路电压的影响降低，电芯间的电流差异亦降低；随后，由于接触电阻高的电芯上的电流一直较高，其 SOC 也会相对更高，电芯 3 的电流又开始增大；SOC 增加到一定程度，SOC 变化对内阻变化的影响降低，电芯间的电流差异在较短时间内减小；充电快结束时，开路电压变化比较剧烈，受其影响电芯组内的电流又出现较大波动。

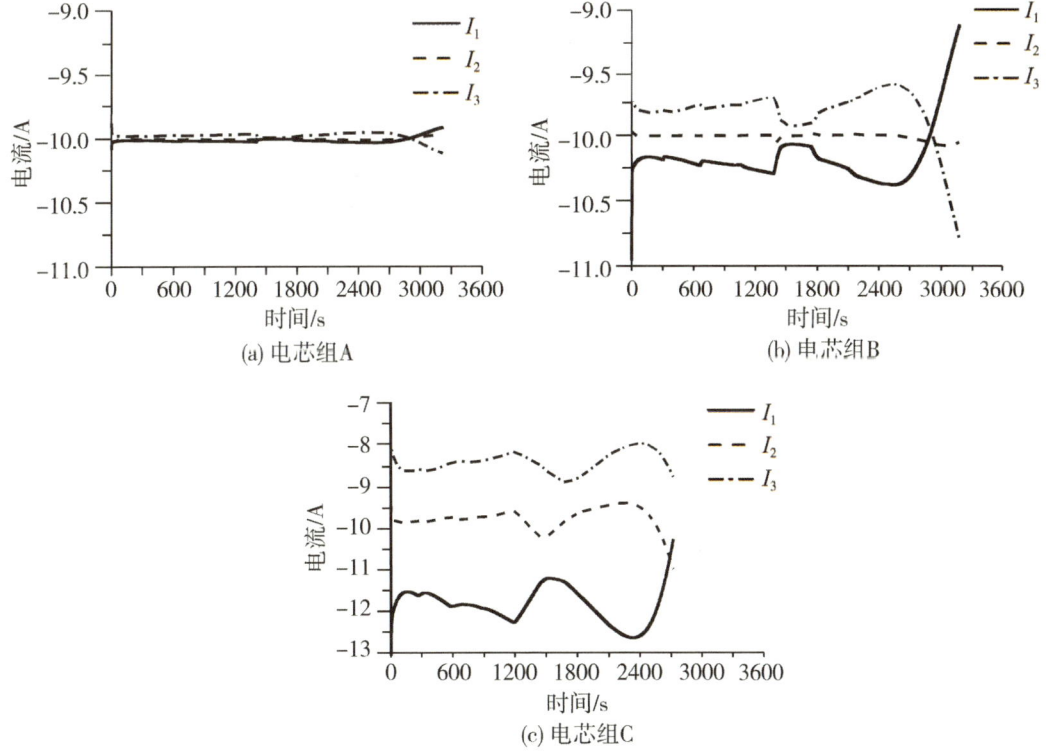

图 9 - 26　电芯组 1C 充电过程中的电流分布

总的来看，接触电阻的大小对并联电芯组内的电流分布有着显著影响，电芯组内较高的接触电阻将导致电流在电芯组内不均匀地分配，导致电池不一致地工作。如果接触电阻过大,将导致工作过程中该处电芯的电流过大,对电芯组安全工作造成威胁。因此,为控制电芯组内各电芯的电流差异,电芯在并联成组时必须严格控制电芯和连接片间的接触电阻,且最好避免在过低和过高 SOC 范围内工作。

2. 对电压不一致的影响

图 9-27 所示为放电时电芯组 A、B、C 的电压变化。电芯组 A 和电芯组 B 内的各电芯电压在数值上基本相同,放电过程中的电压最大差异分别为 0.035V、0.057V,电芯组 C 的各电芯则表现出很大的电压差异:接触电阻最大的电芯 3 其电压也最高,电芯 2 次之,电芯 1 最小。这是由于电芯的工作电压受开路电压和电芯内阻两方面的影响,在放电开始后的很长一段时间里存在较高接触电阻的支路的电流较低,导致该支路上的电芯 SOC 相比正常电芯大,这一方面使其开路电压大于正常电芯,另一方面也使其内阻低于正常电芯,在放电开始后的较高 SOC 范围内开路电压对电压的影响更大,最终表现为接触电阻大的电芯在放电过程中电压较大。

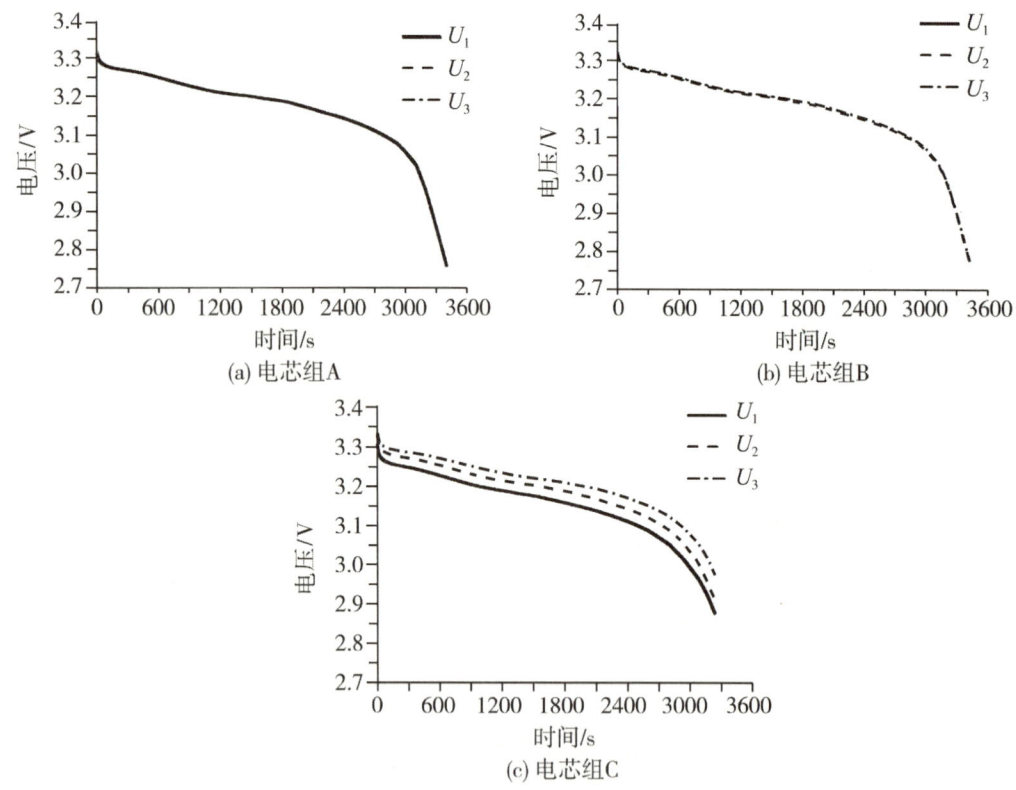

图 9-27 电芯组 1C 放电过程中各电芯的电压变化

1C 充电过程中电芯组内各电芯的电压变化如图 9-28 所示,各电芯的电压相对大小与放电过程相反,充电过程中电芯 3 的电压一直低于其他电芯,这是由于在充电开始后很长时间内电芯 3 上的电流都大于电芯 1 和电芯 2,使其 SOC 增长较快,这一方面使其对应的开路电压更大,另一方面使其内阻相比正常电芯要小,在充电开始后的较低 SOC 范围内电阻对电压的影响更大,最后表现为接触电阻越大的电芯在充电过程中电压越小。

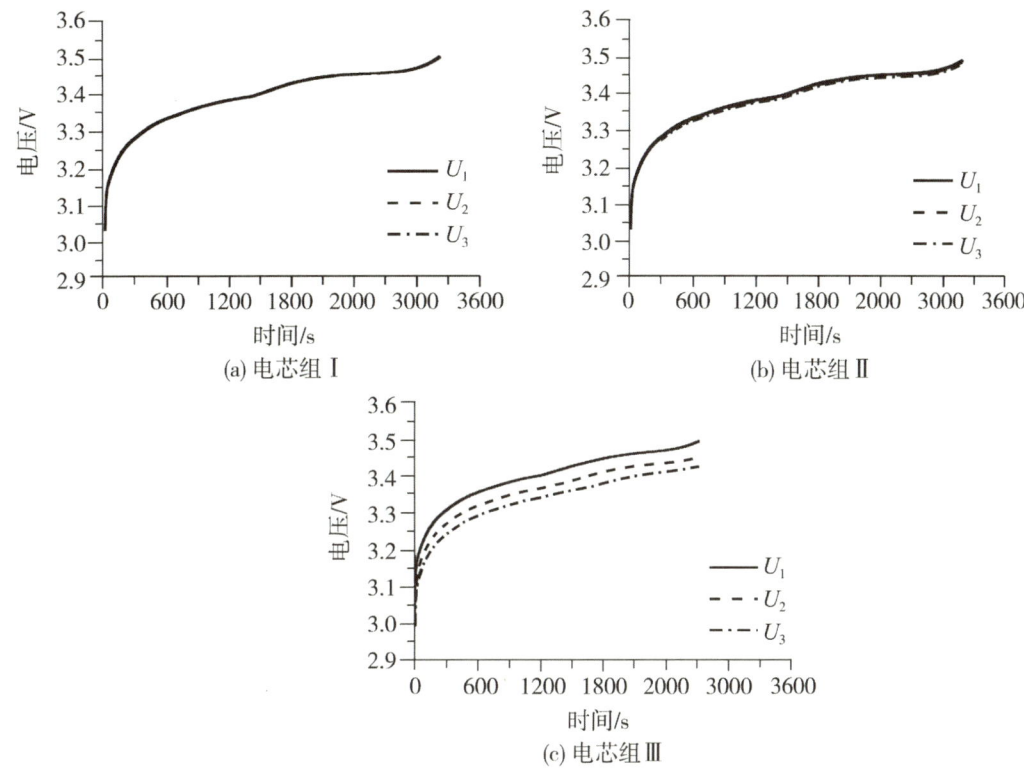

图 9-28 电芯组 1C 充电过程中各电芯的电压变化

实际上,电池管理系统对于电芯组充放电截止电压的控制只是以模组接线柱所连电芯的端电压为依据,测得的电压为该电芯的开路电压、内阻上的压降与接触电阻上压降三者的矢量和。对于模组接线柱接在电芯 2 的情况,放电时接触电阻最小的电芯 1 电压最低,而电池管理系统无法检测到电芯 1 的电压,导致其有可能长期处于较深的放电状态;充电时接触电阻最低的电芯 3 上电流最大,电芯 2 达到充电截止条件时电芯 3 可能已经过充。综上,当电芯组内部出现不一致的接触电阻时,电池管理系统的截止电压保护不再对每个电芯都适合,可能出现过放电、过充电现象,产生安全问题。

3. 对 SOC 的影响

图 9-29 所示为放电时电芯组 A、B、C 的 SOC 变化。电芯组 A 的各电芯 SOC 变化基本一致,说明在一定范围内变化的接触电阻对电芯组各电芯 SOC 产生的影响几乎可以忽略。但对于电芯组 B 和电芯组 C,放电过程中各电芯的 SOC 差异逐渐明显:接触电阻大的电芯其 SOC 一直高于接触电阻小的电芯,各电芯间的 SOC 差异经历了先增大后减小的变化。这一变化可以用放电过程中电流的不均匀分布来解释,即当电芯间的 SOC 差异达到最大时,各电芯的电流相对大小正好发生逆转,这反映了并联连接的电芯组在放电时具有自动调节的能力。

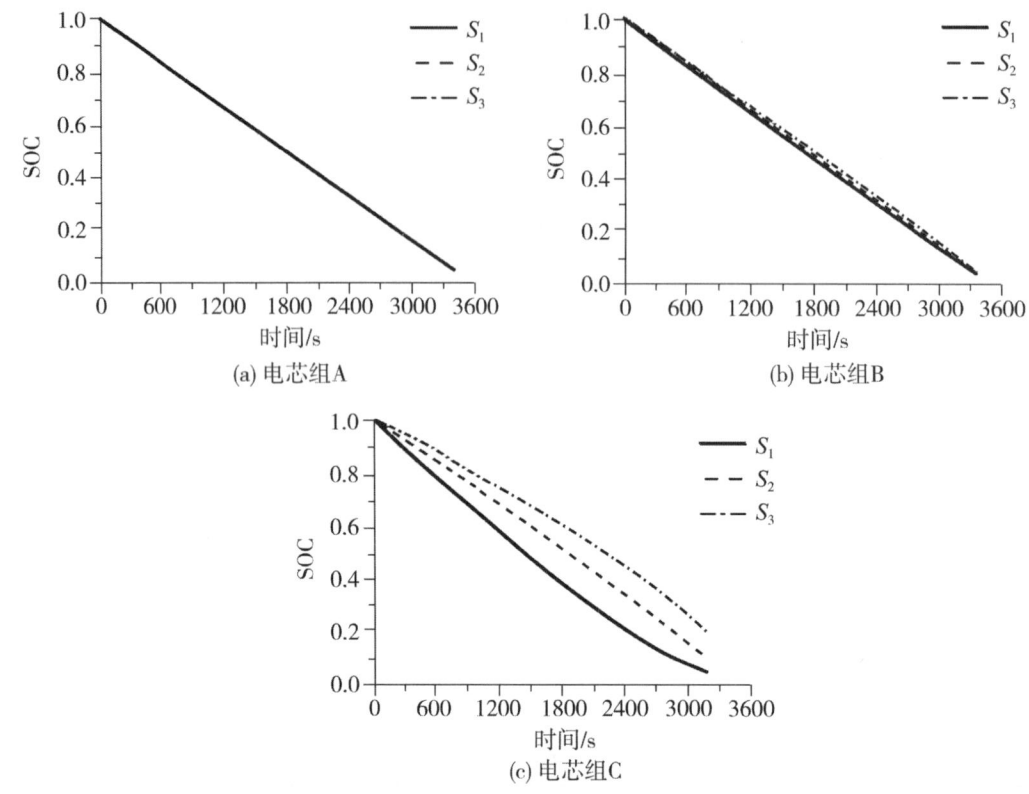

图 9-29　电芯组 1C 放电过程中各电芯的 SOC 变化

图 9-30 所示为充电时电芯组 A、B、C 内各电芯的 SOC 变化。各组电芯在充电过程中都是接触电阻小的电芯 SOC 更大，对于电芯组 A 和电芯组 B，两种电芯的 SOC 差异在充电后较长一段时间内逐渐增大，在充电快结束时才有所减小；对于电芯组 C，模组内的 SOC 差异则随着充电一直增大。这两种变化趋势和各自电芯组在充电时内部各电芯的电流相对大小有关。说明并联电芯组在充电过程中，接触电阻造成的电芯组内 SOC 不一致在一定范围内可以被并联的自动调节作用减弱，但当接触电阻过大时，其造成的 SOC 不一致会随着充电不断加剧。

4. 电芯组内接触电阻值最大允许范围

对于并联电芯组应尽量控制内部各电触点的接触电阻一致且阻值较小，但电芯在实际成组和长期使用过程中不同位置的电芯所处的机械环境有所不同。为了保证并联电芯间 SOC 的一致性，有必要对电芯组内的接触电阻进行限定。

以控制电芯间 SOC 差异不超过 0.05 为目标，分析并联电芯组单个电触点松动是所允许的最大接触电阻。通过在不同的放电倍率下改变电芯组模型中的接触电阻值进行多次仿真，观察电芯组内的 SOC 变化，试算出满足 SOC 估算精度的最大接触电阻。电芯 SOC 经常工作区间在 $-0.1 \sim 1$，故设置电芯组仿真起始 SOC 为 1，仿真截止条件为任意电芯的 SOC 降至 -0.1，分析不同放电倍率下电芯组内允许的接触电阻与电芯欧姆内阻之比，结

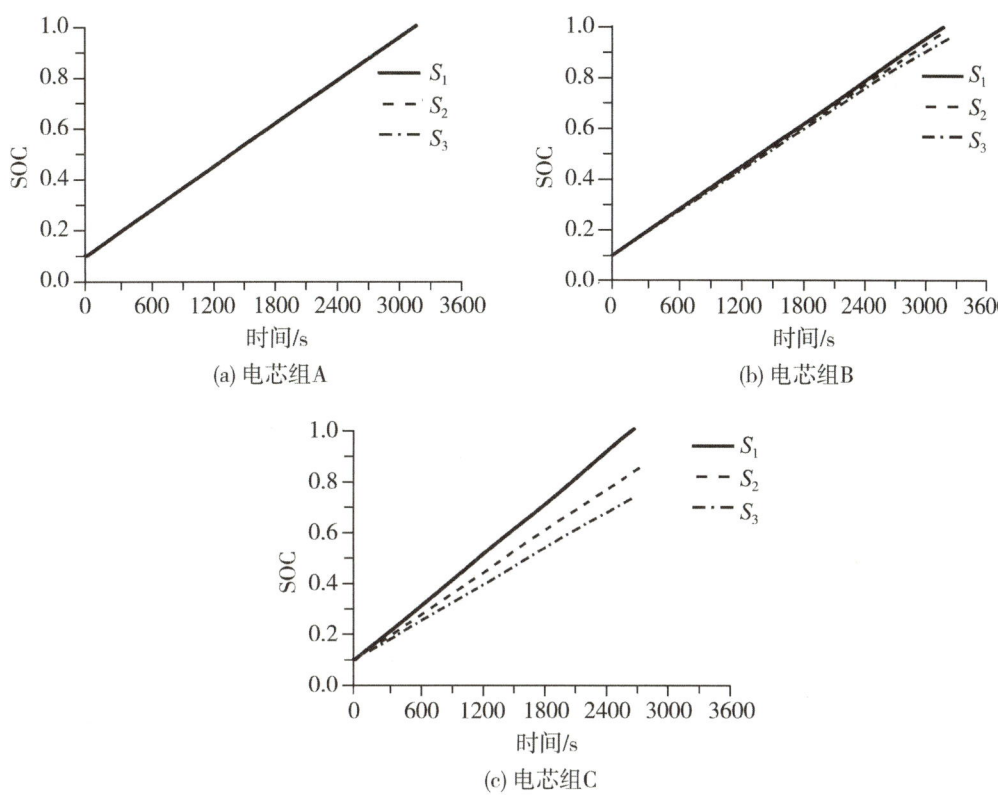

图 9-30 电芯组 1C 充电过程中各电芯 SOC 变化

果如图 9-31 所示。放电倍率越大，并联电芯内允许存在的接触电阻值范围越小，故在尽量减小电芯本身欧姆内阻的同时，也应该严格控制电芯成组时的连接工艺。

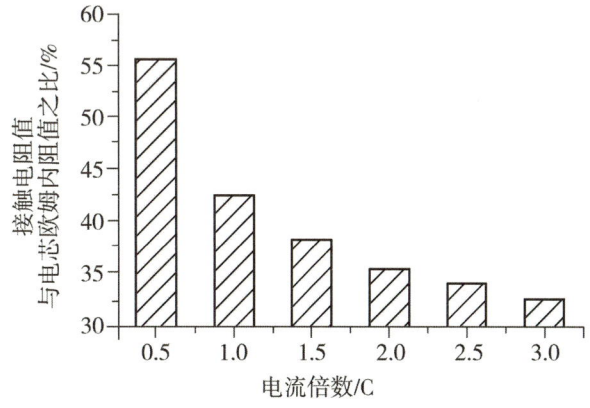

图 9-31 不同放电倍率下电芯组内允许的最大接触电阻值

9.3.4.2 对电芯组热参数的影响

接触电阻的存在使并联电芯组在工作过程中各电芯的电参数出现不一致变化,而电芯的电流、SOC、内阻的变化又会引起电芯内核生热率的变化,电芯的电参数和热参数之间存在相互耦合作用。

1. 对生热率的影响

图 9-32 所示为电芯组 A、B、C 在 1C 放电过程中的生热率变化。对于电芯组 A 和电芯组 B,随着放电的进行其组内各电芯的生热率都随着时间逐渐升高,且放电初期生热速率增加较为缓慢,在放电末期生热率增长迅速。对于电芯组 C,其组内的电芯 1 的生热率波动较小,数值基本维持在 8000W/m³ 附近,电芯 2、电芯 3 的生热率则在放电过程中持续升高。

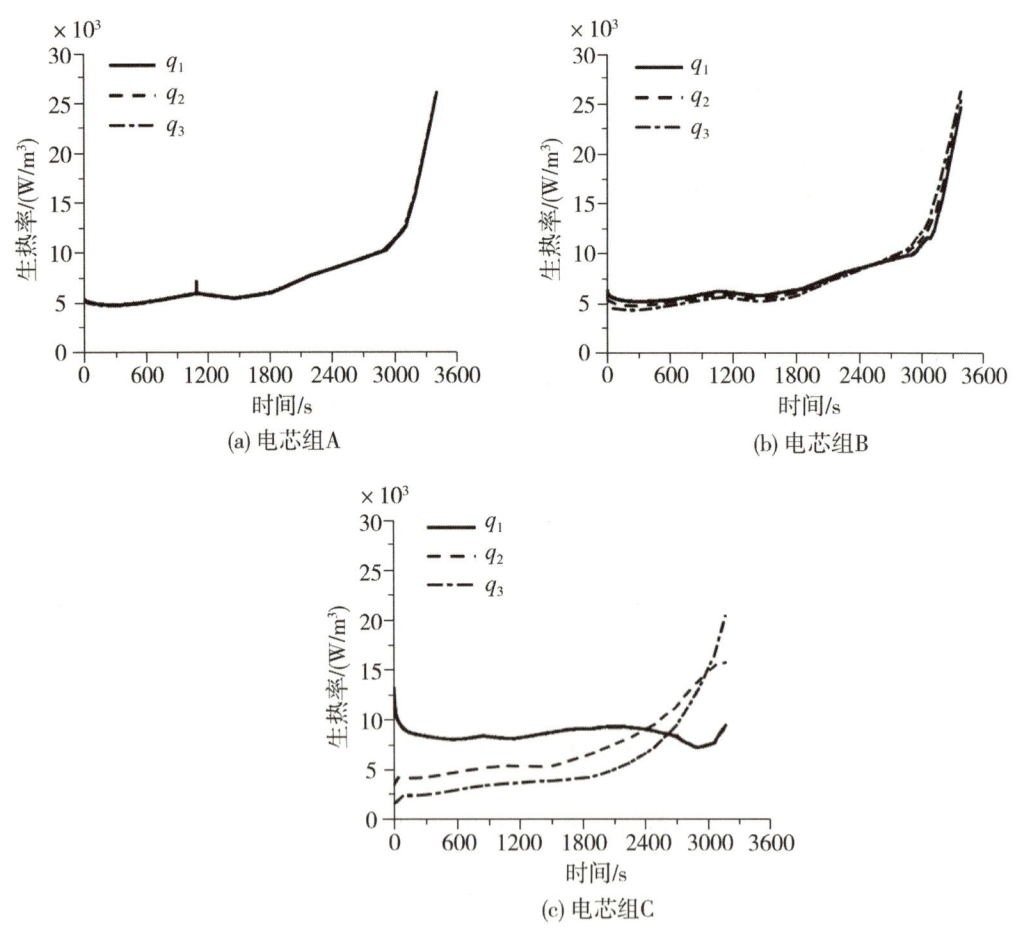

图 9-32 电芯组 1C 放电过程中的各电芯的生热率变化

图 9-33 所示为电芯组 A、B、C 在 1C 充电过程中各电芯的生热率变化。充电过程的生热率同样受电流和电芯内阻两者共同影响。充电开始后的较长时间里,电芯组中接触电

阻越大的电芯,其生热率越小,电芯组 A、B、C 的最大生热率差异分别为 386W/m³、3594W/m³、22738W/m³。并联电芯间的接触电阻越小,在充电过程中各电芯的生热状况越会趋于一致,这有利于电芯组内的温度分布的一致性。

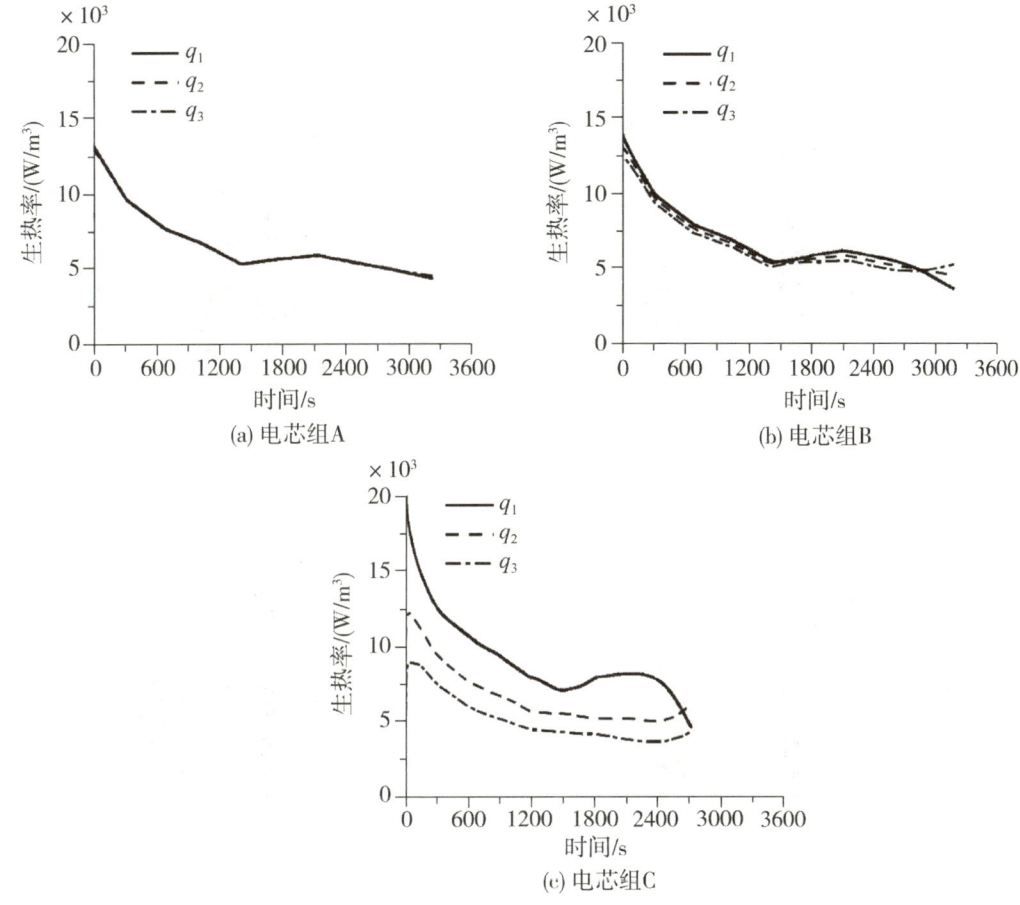

图 9-33 电芯组 1C 充电过程中的各电芯的生热率变化

通过对放电及充电过程中电芯组各电芯的生热率分析可知,并联电芯组内接触电阻超过一定范围时将显著影响各电芯的生热率变化趋势,生热率的不一致将导致各电芯温度场的不一致,不同温度下的电芯使用性能有所不同,这使电芯组的一致性进一步恶化。

2. 对温度分布的影响

接触电阻对电芯温度场的影响主要包括两方面,一是影响电芯内核的生热率,二是极耳与连接片间的接触生热可作为外热源对电芯传热。

图 9-34、图 9-35 分别为 2C 放电进行至 400s 以及放电结束时(约 1600s)电芯组 A 及电芯组 C 的温度分布和截面温度云图,截面温度云图从左至右依次是电芯 1、电芯 2、电芯 3 的中截面。电芯组 B 的温度分布及变化与电芯组 A 类似,故未展示。在放电初期,接触电阻对电芯组 A 温度场影响很小,其温度场分布主要与仿真设置的对流环境有关。电

芯组 C 的温度分布则与电芯组 A 有很大不同，其组内呈现出电芯 1 温度最高，电芯 2 次之，电芯 3 温度最低的温度分布，此外，电芯 3 正、负极耳的温度已高于电芯内核，说明除了电芯自身生热外，接触电阻生热同样对电池温度场产生了影响。虽然从单个电芯来看，极耳处的接触生热使电芯上部的温度升高，单个电芯温度变得均匀，但不同电芯间出现了较大温度差异，接触电阻生热已对电池温度场造成了不可忽视的影响。

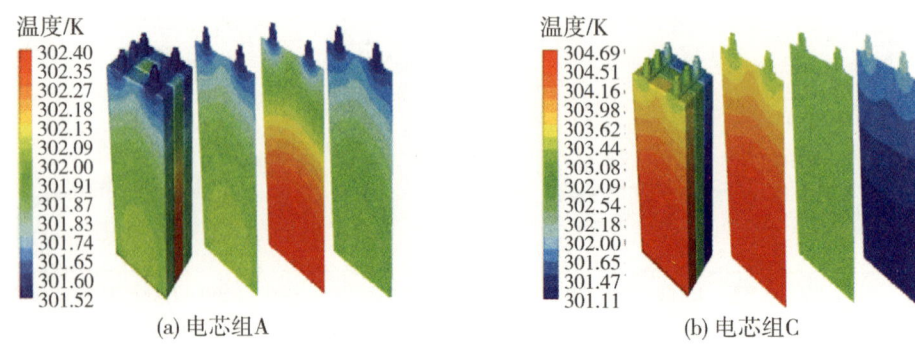

图 9-34　2C 放电过程 400s 时电芯组及其内部电芯中截面温度云图

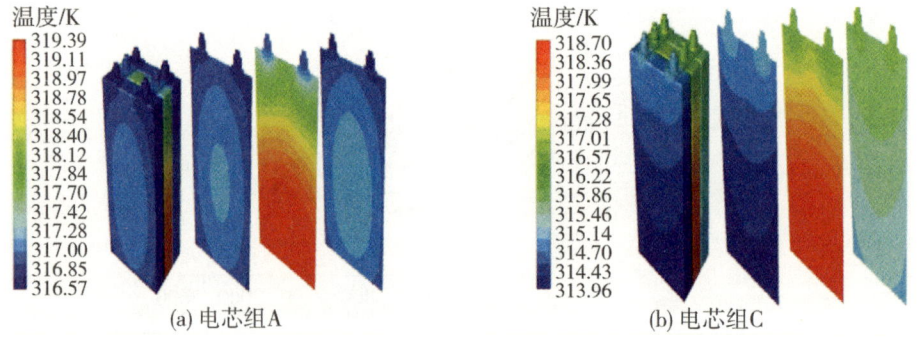

图 9-35　2C 放电结束时电芯组及其内部电芯中截面温度云图

9.4　锂离子电池包风冷散热结构分析

在车辆行驶过程中，锂离子电池会在电池包内产生热量，导致电池系统温度升高，过高的温度会影响电池性能，甚至会引发安全问题，因此对电池包的散热结构进行研究是很有必要的。电池包的散热效果受到多方面因素的影响，文献[38]在电池生热、传热的基础上，基于某一款采用风冷散热的电动公交车锂离子电池包，建立热效应模型，通过三维 CFD 仿真计算，研究其进出风口数量、形状和进口风速对电池包散热效果的影响规律。

9.4.1 电池包仿真模型的建立

要对锂离子电池包进行温度场分析,第一步需要建立锂离子电池包的几何模型。电池包模型包括电池包外壳、电池模块、进出风口等,进出风口分别位于电池包纵向两侧,如图9-36a所示;每个电池模块是由6个锂离子电池单体沿着电池宽度方向排列起来的,如图9-36b所示;考虑到网格划分时网格数量、计算时间及计算步长问题,在建立几何模型时需要简化电池包模型,把几何尺寸较小的单元去掉。本研究中由于电池包尺寸比较大,锂离子电池单体的电极尺寸相对可以忽略不计,并且由于锂离子电池极柱热效应对电池包整体温度场影响较小[24],因此在建立电池包三维模型时进行了简化处理,忽略了电池单体的正负电极。对电池包模型进行网格划分,网格模型如图9-37所示。对所建立的锂离子电池包模型进行的流场和温度场数值分析基于以下假设条件:电池包内流体为理想不可压缩流体;锂离子电池包的生热源仅为电池模块生热;锂离子电池生热速率不受温度影响;忽略锂离子电池的热变形;流体的边界压力为零且不考虑其惯性力。

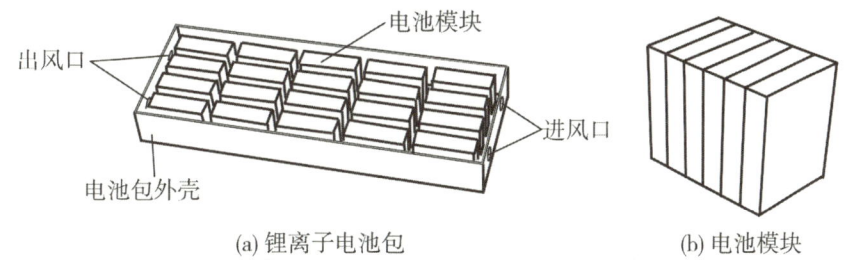

(a) 锂离子电池包　　　　(b) 电池模块

图9-36　锂离子电池包几何模型

图9-37　电池包网格模型

9.4.2 进出风口数量的影响

结合电池包的尺寸和安装位置,设计了9种进出风口数量不同的电池包模型,分析进出风口数量对电池包散热效果的影响,电池包进出风口数量设计数据见表9-12。为了保证所有电池包进风量相等,不同电池包的进风口、出风口总面积分别相等。

表9-12 电池包进出风口数量设计数据

电池包编号	I	II	III	IV	V	VI	VII	VIII	IX
进风口数量	1	1	1	2	2	2	3	3	3
出风口数量	1	2	3	1	2	3	1	2	3
进风口直径/mm	141.42	141.42	141.42	100	100	100	81.65	81.65	81.65
出风口直径/mm	141.42	100	81.65	141.42	100	81.65	141.42	100	81.65

设置温度场初始温度为278K，进风速度为2.5m/s。分别对9种电池包模型进行0.5C恒倍率充电的温度场仿真分析，电池包高度方向中心面处温度分布图如图9-38所示。在9个电池包中电池纵向的温度分布规律相似，都是靠近进风口位置的温度低，靠近出风口位置温度高。在进风量相同的情况下，进风口数量对电池温度分布的影响比较明显，相对来说出风口数量对电池温度分布的影响较小。综合比较9个电池包的温度场分布情况可以发现，当充电倍率为0.5C时，进出风口数量设计为2-2或者2-3时，电池包的散热效果最好，并且在电池的横向温度分布上最均匀。

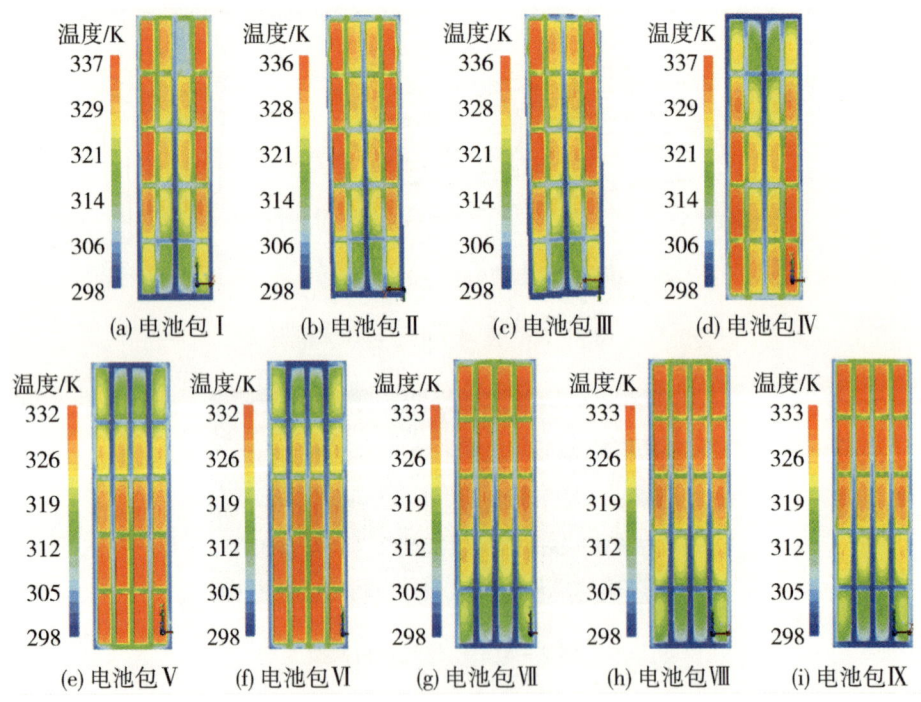

图9-38 电池包高度方向中心面温度分布图

第II、V、VIII号电池包高度方向中心面处风速分布图和空气粒子轨迹图分别如图9-39、图9-40所示。与1进2出的II号电池包相比，V号电池包内的风速分布和空气粒子分布更均匀。接近进出风口的两条风道流速最大，风速从进风口到出风口逐渐递减，中间风道的流速次之，两侧风道的流速较低，从横向看整体风速分布比较均匀，因此电池包横向温度分布也比较均匀。与3进2出的VIII号电池包相比，V号电池包内空气粒子的行进路径比较弯曲，更加有利于电池散热。因此得出结论，进出风口为 2 进 2 出的 V 号电池包的结构更符合要求，能达到较好的散热效果。

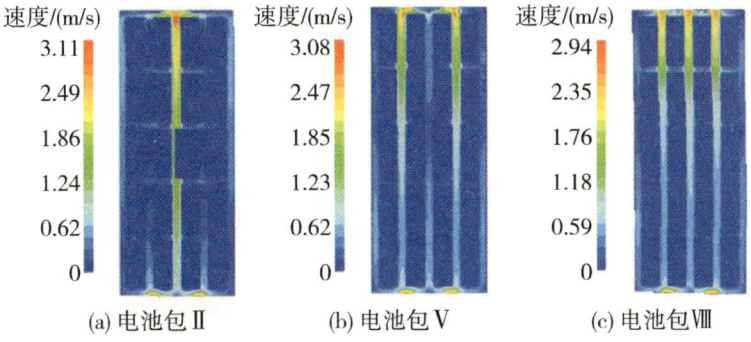

图 9 - 39　电池包高度方向中心面处风速分布图

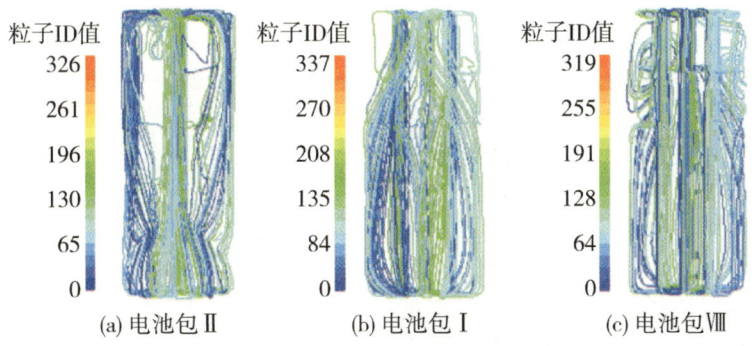

图 9 - 40　电池包高度方向中心面处空气粒子轨迹图

第 V ~ Ⅸ 号电池包在不同倍率下充电时的最高温度值如表 9 - 13 所示。从表中可以看出，随着充电倍率的增加，电池包的最高温度值也在上升。在不同的充电倍率下每个电池包的温度值都有所差异。对于这五个电池包，在不同的充电倍率下，电池包 V 和电池包 Ⅵ 的最高温度值最低，电池包 Ⅶ 的温度最高。

表 9 - 13　不同进出风口在各充电倍率下的最高温度值（K）

组别	0.5C 充电倍率	1C 充电倍率	2C 充电倍率	3C 充电倍率
V	332	348	369	379
Ⅵ	332	348	369	379
Ⅶ	333	351	376	384
Ⅷ	333	349	373	384
Ⅸ	333	349	372	383

9.4.3　进出风口形状的影响

为了分析进出风口的形状对于电池包散热效果的影响，分别设计了面积相等的正方形和圆形的进出风口。设置电池包初始温度为278K，进口风速为2.5m/s，进出风口数量均为2。对两个不同进出风口形状的电池包进行0.5C恒倍率充电，电池包高度方向中心面处温度分布图、风速分布图和空气粒子轨迹图分别如图9-41、图9-42和图9-43所示。无论进出风口是圆形还是正方形，电池包内的温度分布和风速分布情况基本一致，在0.5C充电倍率下，两个电池包同一截面处的最高温和最低温均相同，散热效果几乎没有差别，两个电池包内都是靠近进出风口位置的两条风道流速最大，虽然进出风口为圆形的电池包内的最大风速值稍微高点，但是对电池包的整体散热效果基本没有影响。两个电池包内空气粒子运动轨迹也基本一致。

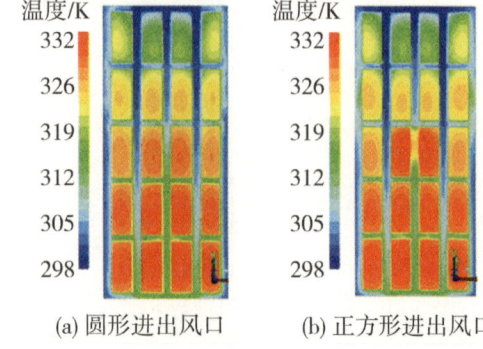

图9-41 不同进出风口形状的电池包高度方向中心面处温度分布图

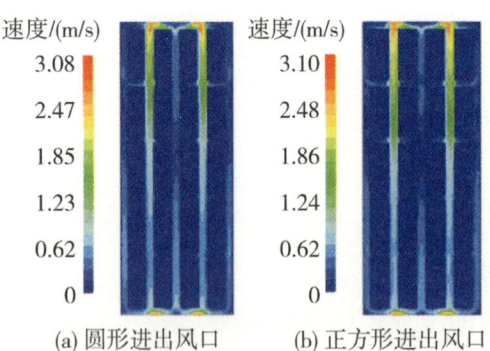

图9-42 不同进出风口形状的电池包高度方向中心面处风速分布图

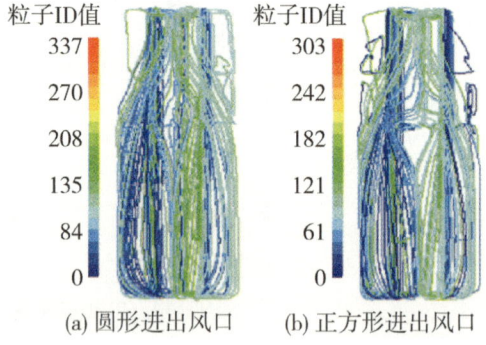

图9-43 不同进出风口形状的电池包高度方向中心面处空气粒子轨迹图

在不同充电倍率下，上述两个进出风口形状不同的电池包内的最高温度值见表9-14和表9-15。对于在同一充电倍率下，两组电池的最高温度都基本一致，这进一步说明进出风口的形状对电池包的散热效果基本没有影响。综上得出结论，在设计电池包时，若只考虑散热效率则不需要考虑电池包的进出风口形状。

表9-14 圆形进出风口电池包在不同充电倍率下的最高温度值

充电倍率/C	最高温度/K
0.5	332
1	348
2	369
3	379

表9-15 正方形进出风口电池包在不同充电倍率下的最高温度值

充电倍率/C	最高温度/K
0.5	332
1	348
2	369
3	379

9.4.4 进口风速的影响

通常使用对流换热系数来衡量流体与固体表面的换热能力。对流换热系数与空气流速有密切关系，一般情况下，空气流速越大，换热系数越大。自然冷却和强制冷却的情况下，对流换热系数是有所区别的，根据经验，自然对流状态下的对流换热系数为 $3 \sim 10 W/m^2 \cdot K$，而强迫对流状态下的对流换热系数为 $20 \sim 100 W/m^2 \cdot K$。

根据前文中的研究结果，选择了进出风口数量为 2 进 2 出、进出风口形状为圆形的锂离子电池包模型，针对空气强制冷却的方式，分析进口风速对电池包冷却效果的具体影响。模型中电池包进口风速分别设置为 10 m/s、15 m/s、20 m/s 和 30 m/s，初始温度为 278K，在 0.5C 恒倍率充电条件下，电池包内高度方向中心面的温度分布图如图 9-44 所示。可以发现，在纵向分布上，电池包的温度分布遵循沿进风口到出风口递增的规律，在横向分布上，接近进风口位置的电池模块间的温差值比较大，接近出风口位置的电池模块间的温差值比较小；随着进口风速的增加，电池包内的整体温度下降，电池模块间的温差也随之降低，所以增大强制对流的风速不仅能有效降低电池包温度，还能改善电池包内温度分布的均匀性。

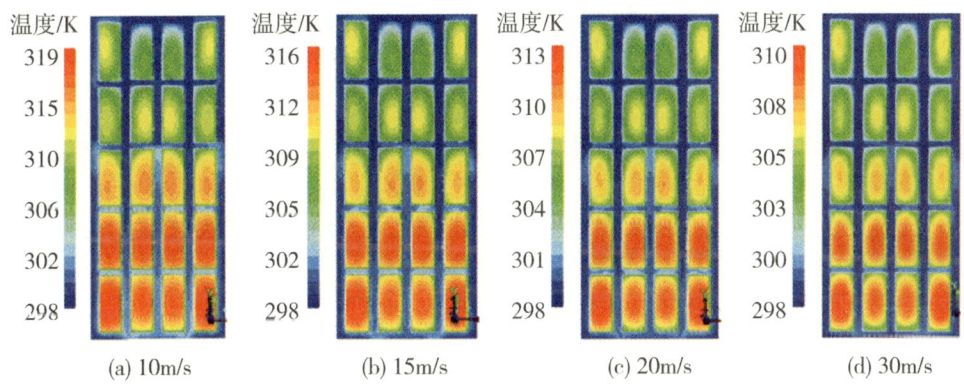

图 9-44 不同进口风速的电池包内高度方向中心面温度分布图

图 9-45 和图 9-46 是上述四个不同进口风速的电池包高度方向上中心面的风速分布图和空气粒子轨迹图。由图可以发现，不同的进口风速下电池包内风速分布规律基本一致，靠近电池包进风口的两条风道空气流速最大，风速从进风口到出风口逐渐递减，因此在纵向方向上电池包内温度逐渐升高。不同进口风速条件下，电池包内空气粒子的运动轨迹也基本类似，靠近进风口位置空气粒子比较集中，靠近出风口位置空气粒子分布均匀，所以在横向方向上，进风口附近的电池模块间的温差值较高，出风口附近温差值较低。

在不同充电倍率下，进口风速不同的电池包内的最高温度值如表 9-16 所示。从表中可以发现，当充电倍率一致时，进口风速越大，电池包内最高温度值越低，冷却效果越好。

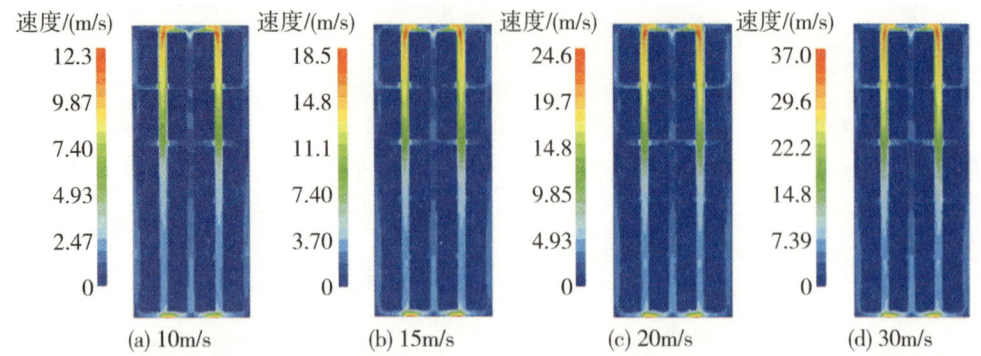

图 9-45　不同进口风速的电池包内高度方向中心面风速分布图

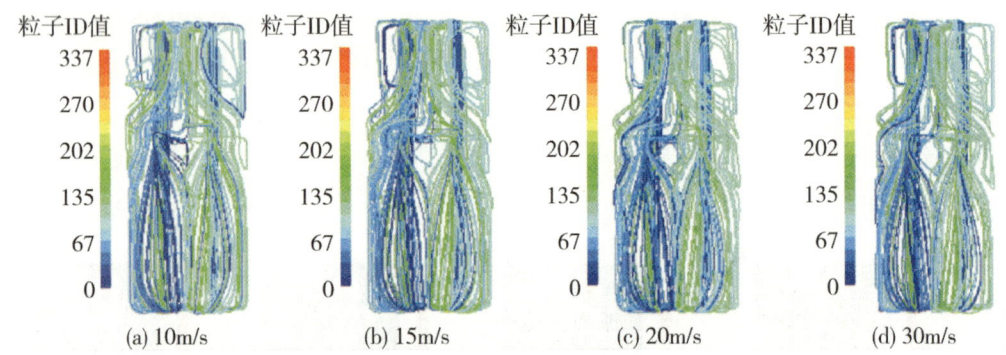

图 9-46　不同进口风速的电池包内高度方向中心面空气粒子轨迹图

表 9-16　不同进口风速下各充电倍率对应的电池包内最高温度值

进口风速/(m·s⁻¹)	0.5C 充电最高温/K	1C 充电最高温/K	2C 充电最高温/K	3C 充电最高温/K
10	319	326	336	349
15	316	323	332	345
20	313	320	330	342
30	310	318	328	340

9.5　基于微热管的电池散热系统设计与仿真分析

针对目前动力电池热管理技术所存在的散热不足和热不均衡性等问题，研究具有更为高效的热管理散热技术对提高动力电池的使用性能至关重要。热管是一种基于相变传热的散热元件，由于其具有导热系数高、传热效果好、等温性优、流动方向可逆、环境适应性强及易加工维护等优点，已在热管理应用中受到广泛关注。

本节介绍一种将热管相变传热技术应用到电动汽车动力电池组热管理系统的关键技

术，重点介绍热管相变传热技术与动力电池组散热系统的匹配设计，以及针对所设计电池组散热特性的仿真分析。

9.5.1 热管与超薄微热管

热管(heat pipe, HP)是一种利用相变传热技术工作的被动传热设备。其工作原理如图 9-47 所示。热管由端盖、管壳和吸液芯组成，管内填充多孔材料吸液芯结构，并将管内空腔抽成 $10^{-4} \sim 10^{-1}$ Pa 的负压后灌注适量的工作液体(工质)，加以密封。热管的一端为蒸发端(加热端)，热管的另一端为冷凝端(冷却端)，在两端中间可根据需要设置绝热段。同时，热管的蒸发端和冷凝端可根据实际散热或加热需要进行实时切换。当热管的蒸发端受热时，该区域吸液芯内的液态工质迅速气化吸热，蒸汽在微小压差的驱动下流动至冷凝端，并且释放出热量，重新凝结成液体(即冷凝放热)；冷凝后的液态工质在毛细力的作用下通过热管内部的多孔材料吸液芯结构流回到蒸发端，如此周而复始完成整个传热循环，实现热量由热管的一端传至另一端。

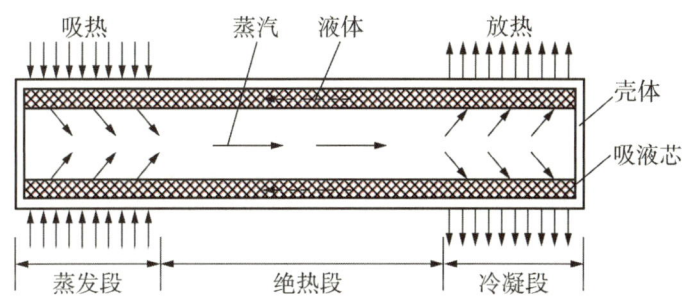

图 9-47 热管相变传热工作原理示意图

热管在实现整个热量转移的过程中，主要包括以下 6 个相互关联的传热过程：热量从热源通过热管管壁和充满工作液体的吸液芯传递到液-汽分界面；液体在蒸发端内的液-汽分界面上蒸发；蒸汽腔内的蒸汽从蒸发端流到冷凝端；蒸汽在冷凝端内的汽-液分界面上凝结；热量从汽-液分界面通过吸液芯、液体和管壁传给冷源(散热介质)；在吸液芯内由于毛细作用使冷凝后的工作液体回流到蒸发端。

虽然热管的传热能力很大，但也不可能无限制地加大热负荷。事实上，热管传热能力受诸多因素的影响，主要有毛细极限、沸腾极限、粘性极限、声速极限和携带极限等传热极限的限制，同时这些传热极限与热管的尺寸、形状、工作介质、吸液芯结构、传热工作条件和温度等参数密切相关。因此，热管在某一工作温度下各传热极限的最小值则决定了热管的最大传热量。

考虑到电动汽车的空间布置限制和轻量化的要求，热管式电池散热系统需要满足紧凑、轻型和便于安装等要求,因此考虑使用厚度小于2mm的超薄微热管(ultrathin micro heat pipe,UMHP)。与普通热管类似,超薄微热管也是通过液态工质的相变来实现传热的,将其应用到电池包的散热系统中,具有以下几方面的突出特点:

(1)高效导热。超薄微热管保留了普通微热管的管壳、吸液芯、空腔结构等,与普通的金属铜、铝相比,同样重量的超薄微热管的热导率可高出几个数量级。

(2)质量轻、体积小。超薄微热管的厚度一般小于2mm,由于其在质量和体积上比普通热管有绝对的优势,因此较适合电池包安装空间有限的紧凑结构布置。

(3)热流密度可变。微热管的蒸发端、绝热段和冷凝端可随着散热方案的实际应用而改变,所以可以通过蒸发端面积和冷凝端面积的独立调整来调整热流密度,解决一些普通散热方案难以解决的散热难题。

(4)结构可适应性。由于厚度和体积都大幅度下降,超薄微热管可以对电池包作出更灵活的装配配合,散热装置设计更趋多样化。

9.5.2 基于微热管的电池组散热系统设计与建模

文献[39]采用扁平状的超薄微热管对某一电动汽车用方形锂离子动力电池组(3.2V 50A·h,由5块单体电池并联而成)进行散热研究。扁平状微热管的工作原理和普通热管基本一致,区别在于扁平微热管的管壳外形不是圆形而是压扁形。在工业生产应用中,在超薄微热管的制造过程中增加一个压扁工艺可快速将圆形超薄微热管加工为扁平超薄微热管。

如图9-48所示为UMHP式电池组散热系统的三维设计模型。所采用的UMHP(铜-水烧结式吸液芯)的扁平结构能够紧密贴合所研究动力电池的表面,更有利于散热系统的紧凑布置。每一根UMHP插入至电池之间的空隙中与电池形成三明治结构。该散热结构中布置有三组热管,每一组包含4根沿电池宽度方向平行布置的热管。为了更加有效地传导电池所产生的热量,每根热管的蒸发段直接与电池表面紧密贴合,通过导热硅胶将其固定。热管组的冷凝端与空气对流换热,且在每一组热管的冷凝端通过导热硅胶固定有铝翅片。

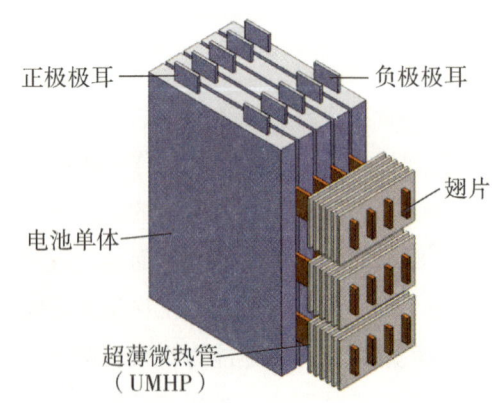

图9-48 UMHP或电池组散热系统三维模型

利用上述三维模型对 UMHP 的散热效果进行计算分析，首先需要确定热管所采用的热阻模型。由于热管的超导特性，通常情况下会被简化为一根导体进行计算，称为热管的整体式热阻模型。整体式热阻模型忽略了热管蒸发段和冷凝段之间由于不同的相变现象所引起的传热变化，从而提高了计算速率，但也在一定程度上引起了动态的计算误差。

为了深入分析系统中热管蒸发段和冷凝段之间的动态热特性，同时为电池热管理系统的热设计、管理和控制提供更精确的分析数据，提出基于热阻网络模型的热管分段式热阻模型。分段式热阻模型将热管划分成两个部分：蒸发段和冷凝段，由于绝热段热阻相比于其他传热过程的热阻而言其值较小，因此可以被忽略而不致引起大的计算误差。使用分段式热阻模型可表达热管蒸发段和冷凝段中复杂的传热传质性能，同时可计算出每一段的当量热导率用于确定热管的热物性参数和边界条件，从而耦合于电池组系统的热模型中进行完整的三维 CFD 计算。

9.5.3 对流条件对热管散热的影响

利用 UMHP 电池组散热系统模型，针对自然对流和强制对流两种不同对流条件下 UMHP 的散热效果进行对比分析，其中 UMHP 采用分段式热阻模型与电池组热效应模型进行耦合计算。

在不同的对流条件下，电池组系统在 1～3C 恒倍率放电结束时的最高温度 T_{max}、最大温差 $\Delta T_{max,pack}$ 和电池单体最大温差 $\Delta T_{max,cell}$ 如表 9 - 17 所示。其中，强制对流所对应的冷却方式是通过增加风扇而形成的具有一定流速的空气流作用于热管冷凝端，此处风速设置为 4m/s。

表 9 - 17　不同冷却方式下电池组在 1～3C 恒倍率放电结束时的温度值

散热方式	倍率/C	T_{max}/℃	$\Delta T_{max,pack}$/℃	$\Delta T_{max,cell}$/℃
方式一 无热管的自然对流	1	46.7	6.3	4.6
	2	51.8	7.9	4.8
	3	59.1	8.9	6.0
方式二 无热管的强制对流	1	43.3	5.9	4.4
	2	46.6	7.1	4.5
	3	53.5	8.3	5.8
方式三 UMHP 结合自然对流	1	41.6	5.6	4.2
	2	44.7	6.7	4.4
	3	50.8	7.8	5.4
方式四 UMHP 结合强制对流	1	33.2	3.5	2.8
	2	36.8	4.1	3.2
	3	40.9	4.3	3.6

结果表明,与自然对流方式相比,强制对流方式更有利于电池组系统的散热,而采用 UMHP 和强制对流相结合的冷却方式,不仅能有效降低电池组系统的温度,还能提高系统内部温度的一致性。电池包内部温度一致性的改善主要是由于在 UMHP 冷凝端增加了强制对流,强制对流相比于自然对流具有更高的传热系数,并且能够有效地将电池包中心区域的热量传导至周围的环境中。

UMHP 结合强制对流冷却的电池组系统的散热性能与冷凝段的传热系数有关,而传热系数的大小与电动汽车实际工作过程中因风扇控制策略而引起的不同风速有关。热管冷凝段的传热系数由两部分组成,分别是光管段、翅片与周围空气流之间的对流传热系数,记为 h_1 和 h_2。图 9-49 所示为 h_1 和 h_2 随不同风速的变化曲线。h_1 和 h_2 随着风速 v 的增加而增大,h_2 明显大于 h_1,且 h_2 和 h_1 之间的差值也随着风速 v 的增加而增大,说明在冷凝段增加翅片能够提高表面传热性能。但是,当风速 $v>6\mathrm{m/s}$ 时 h_1 和 h_2 的增加率都开始有所下降。

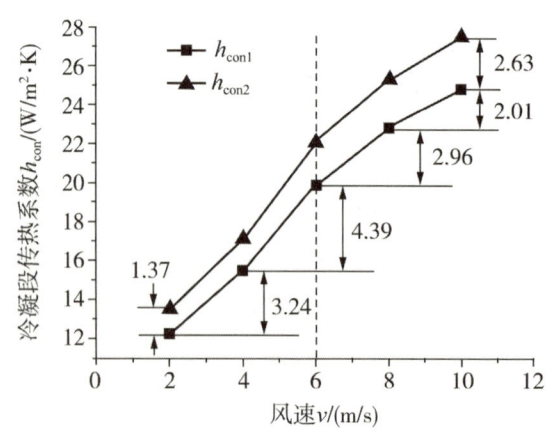

图 9-49 冷凝段传热系数(h_1 和 h_2)随不同风速的变化曲线

9.5.4 热管布置方式对散热的影响

电池包的温度分布同样受电池和 UMHP 结构布置的影响。考虑到电极对电池热分布的影响,对两种不同的 UMHP 电池组散热系统的热管布置形式进行了对比研究。主要讨论热管冷凝段靠近电池正极(布置1)和靠近电池负极(布置2)的两种情况。在自然对流的情况下,采用两种不同热管布置形式的电池组系统在 3C 放电结束时的电池组温度分布图如图 9-50 所示。从图中可以发现,两组电池组的最高温度均出现在同一位置,即第三个电池单体的正极上,因此取该电池单体的温度分布图进行分析,如图 9-51 所示。热管冷凝段靠近电池正极的布置方式(布置1)具有更好的散热效果,放电结束时电池组的最高温度和温差都比较低,但是其散热效果不太明显,这主要是由于受到热管在自然对流情况下的传热极限的限制。

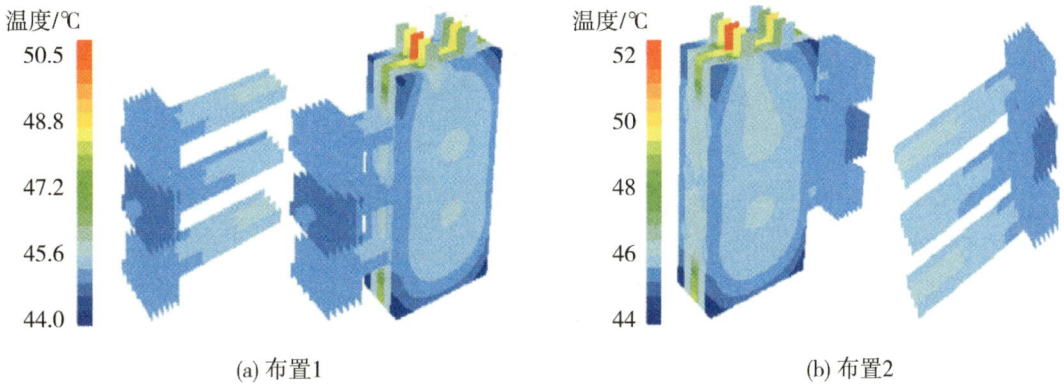

(a) 布置1　　　　　　　　　　　　(b) 布置2

图 9-50　不同热管布置形式的电池组系统温度分布图

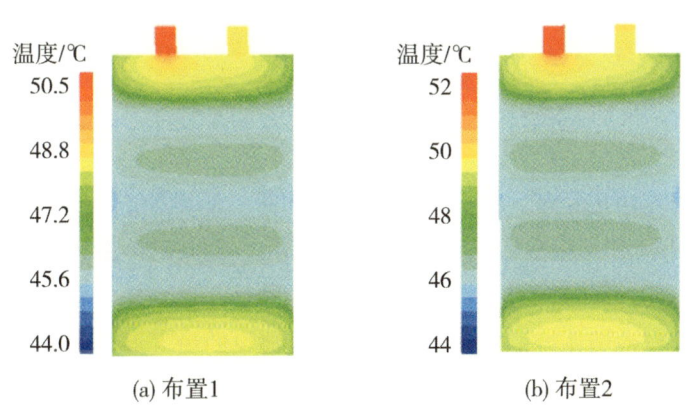

(a) 布置1　　　　　　　　　　　　(b) 布置2

图 9-51　第三个电池单体温度分布图

9.5.5　翅片结构对散热的影响

首先研究翅片间距对 UMHP 电池组系统散热效果的影响。对采用不同翅片间距的 UMHP 电池组耦合模型进行 CFD 仿真计算,其中翅片厚度设计为 0.5mm,翅片间距分别设计为 2mm、4mm、6mm 和 8mm,在强制对流风速为 4m/s、放电倍率为 1C 的情况下,得到不同翅片间距的电池组最大温升 ΔT_{max} 和翅片表面平均传热系数 h,如图 9-52 所示,进出口压差 ΔP、摩擦系数 f 和场协同角 φ 对比如表 9-18 所示。

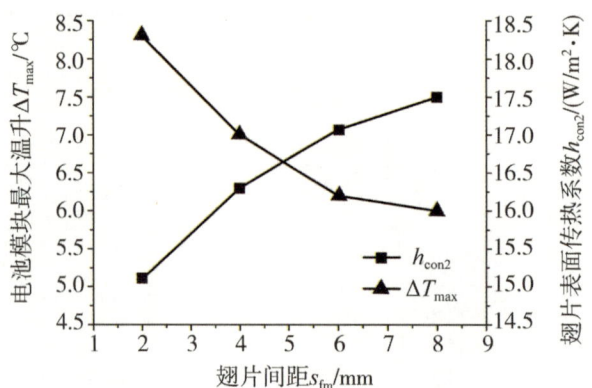

图 9-52 电池组最大温升 ΔT_{max} 和翅片表面平均传热系数 h 随翅片间距的变化

表 9-18 不同翅片间距的进出口压差、摩擦系数和场协同角对比

翅片间距 s/mm	进出口压差 ΔP/Pa	摩擦系数 f	场协同角 $\varphi/°$
2	19.85	0.365	86.8
4	17.53	0.341	86.1
6	15.14	0.338	85.6
8	14.09	0.329	85.3

当空气横掠过翅片管时，由于热管的阻碍作用，使得管后翅片上的流体发生分离，形成一种循环的尾流区，尾流区的存在使得换热恶化，降低翅片换热效率。在入口风速不变的情况下，随着翅片间距的增加，翅片间空气的质量流量增加，翅片表面和空气间的传热系数增加，因此电池组系统的散热效果提高，电池组的最大温升降低。从场协同角的比较可以看出，翅片间距越大，温度场与流场的场协同角越小，说明场协同程度越好，换热强度越大。可以注意到，当翅片间距增大到 6mm 以后，翅片表面对流换热系数增大速率变缓，摩擦阻力系数减小速率也放缓，从而导致换热量增量趋于平缓。由于翅片间距的增加会导致翅片总数目相对减少，因此对电池组系统的整体散热效果来说，并不是翅片间距越大越好。

其次研究翅片厚度对 UMHP 电池组系统散热效果的影响。散热器除了要有良好的散热性能之外，还需要满足一定的强度，防止外力冲击而发生变形导致散热器受到损坏。取翅片间距为 6mm，分别对翅片厚度为 0.5mm、1.0mm、1.5mm、2mm 和 2.5mm 的 UMHP 电池组散热系统模型进行仿真计算，同样在强制对流风速为 4m/s、放电倍率为 1C 的情况下，得到不同翅片厚度下电池组最大温升 ΔT_{max} 和翅片表面平均传热系数 h，如图 9-53 所示。出口压差 ΔP、摩擦系数 f 和场协同角 φ 对比如表 9-19 所示。

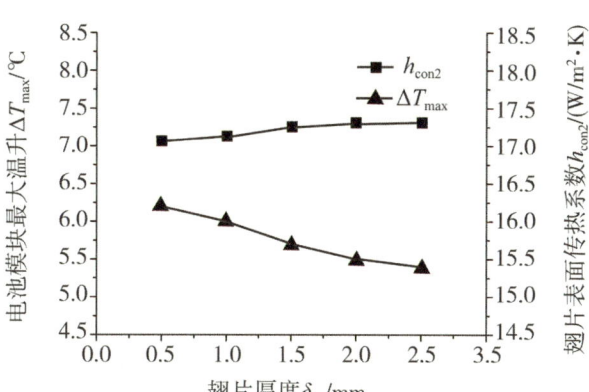

图 9-53　电池组最大温升 ΔT_{max} 和翅片表面平均传热系数 h 随翅片厚度的变化

表 9-19　不同翅片厚度的进出口压差、摩擦系数和场协同角对比

翅片厚度 d / mm	进出口压差 ΔP / Pa	摩擦系数 f	场协同角 φ / °
0.5	19.85	0.365	86.8
1.0	19.80	0.367	86.5
1.5	19.74	0.358	85.4
2.0	19.75	0.362	85.5
2.5	19.76	0.369	85.6

在翅片间距为 6mm 时，矩形翅片的表面对流换热系数随着翅片厚度的增大而增大，增加翅片厚度在一定程度上可增加散热量，但增大的幅度较小，厚度为 2.5mm 只比厚度为 0.5mm 的翅片降低电池模组温度大约 0.8℃ 左右，原因是翅片的导热系数高，且翅片的高度比厚度大得多，沿翅片厚度方向的导热热阻可以忽略不计。进出口压降差和摩擦系数几乎无变化，可见翅片的厚度对散热性能特性的影响并不大。从场协同角的比较可以看出，翅片厚度为 1.5mm 时，温度场与流场的场协同角最小，说明场协同程度最好，换热强度最大。据此确定所研究的翅片最佳厚度为 1.5mm。

本章小结

电池热管理系统属于电池管理系统的一个子系统，与电池管理系统中的电流与电压检测与采集、电池组高/低压保护、SOC 估算和自动均衡充/放电等功用集成于一体。本章介绍了车用动力电池热管理研究的概况，以及近几年动力电池热管理系统设计相关的研究思路以及结果，包括动力电池热效应模型研究、电池系统电热不一致性研究、电池包风冷散热结构设计、微热管在电池散热系统中的应用等。

目前，国内外对 BTMS 的研究以及关键技术的开发和应用正在不断取得新的突破，但是也存在着许多不可忽视的问题，包括：电池热效应模型的精度有待提高；动力电池热-流耦合传热的理论和建模方法有待进一步探索；BTMS 的高效散热方式、理想加热热源有待进一步探索和开发；BTMS 热问题的开发流程和方法有待总结和提炼。这些问题同时也是近年来电池热管理技术研究方向的重点问题。

电池热管理关键技术研究的缺点和不足，严重影响到 BTMS 设计开发的精确性及其工作过程中的可靠性，同时制约着电池包作为动力系统在电动汽车上的推广和应用。针对动力电池包带来的热安全性、热稳定性及热均衡性等突出问题，新型高效的热管理理论、建模、仿真、设计、制造、材料、工艺及应用等关键技术的研究迫在眉睫。

参 考 文 献

［1］ SELMAN J R, HALLAJ S A, UCHIDA I, et al. Cooperative research on safety fundamentals of lithium batteries［J］. Journal of Power Sources, 2001, 97: 726 – 732.

［2］ WILLIFORD R E, VISWANATHAN V V, ZHANG J. Effects of entropy changes in anodes and athodes on the thermal behavior of lithium ion batteries［J］. Journal of Power Sources 2009, 189(1): 101 – 107.

［3］ WEINERT J X, BURKE A F, WEI X. Lead-acid and lithium-ion batteries for the Chinese electric bike market and implications on future technology advancement［J］. Journal of Power Sources, 2007, 172(2): 938 – 945.

［4］ KITOH K, NEMOTO H. 100 W·h Large size Li-ion batteries and safety tests［J］. Journal of Power Sources, 1999, 81: 887 – 890.

［5］ RAMADASS P, HARAN B, WHITE R, et al. Capacity fade of Sony 18650 cells cycled elevated temperatures Part II. Capacity fade analysis［J］. Journal of Power Sources, 2002, 112(2): 614 – 620.

［6］ CHIU K, LIN C, YEH S, et al. Cycle life analysis of series connected lithium-ion batteries with temperature difference［J］. Journal of Power Sources, 2014, 263: 75 – 84.

［7］ FAN J. On the discharge capability and its limiting factors of commercial 18650 Li-ion cell at low temperatures［J］. Journal of Power Sources, 2003, 117(2): 170 – 178.

［8］ WALDMANN T, WILKA M, KASPER M, et al. Temperature dependent ageing mechanisms in Lithium-ion batteries-A Post-Mortem study［J］. Journal of Power Sources, 2014, 262: 129 – 135.

［9］ HUANG Q, YAN M M, JIANG Z Y. Thermal study on single electrodes in lithium-ion battery［J］. Journal of Power Sources, 2006, 156(2): 541 – 546.

［10］ ZOU Y, HU X, MA H, et al. Combined State of Charge and State of Health estimation over lithium-ion battery cell cycle lifespan for electric vehicles［J］. Journal of Power Sources, 2015, 273: 793 – 803.

［11］ ARAKI T, NAKAYAMA M, FUKUDA K, et al. Thermal behavior of small nickel/metal hydride battery during rapid charge and discharge cycles［J］. Journal of the Electrochemical Society, 2005, 152(6): 1128 – 1135.

［12］ BELT J R, HO C D, MILLER T J, et al. The effect of temperature on capacity and power in cycled lithium ion batteries［J］. Journal of Power Sources, 2005, 142(1): 354 – 360.

［13］ BERNARDI D, PAWLIKOWSKI E, NEWMAN J. A general energy balance for battery systems［J］. Journal of the Electrochemical Society, 1985, 132(1): 5 – 12.

［14］ SATO N, YAGI K. Thermal behavior analysis of nickel metal hybrid batteries vehicles［J］. Journal of SAE review, 2000, 21: 208 – 209.

［15］ 梁金华. 纯电动车用磷酸铁锂电池组散热研究［D］. 北京: 清华大学, 2012.

[16] 彭强. 电动汽车用锂离子动力电池热效应研究[D]. 长春: 吉林大学, 2012.

[17] 朱聪, 李兴虎, 宋凌珺. 电动汽车用锂离子电池生热速率模型[J]. 汽车工程, 2014, 36(2): 174-180.

[18] BOTTE G G. Influence of Some Design variables on the thermal Lithium-ion Cell[J]. Journal of the Electrochemical Society, 1999, 146: 3.

[19] AI HALLAJ S, MALEKI H, HONG J S, et al. Thermal modeling and design considerations of lithium-ion batteries[J]. Journal of Power Sources, 1999, 83(1): 1-8.

[20] ZAHRAN R R. Thermal conductivity of copper reinforced carbon electrodes[J]. Materials Letters, 1990, 10(3): 93-98.

[21] ZAHRAN R R. Thermal conductivity of aluminum reinforced graphite electrodes[J]. Materials Letters, 1990, 10(4): 187-190.

[22] MALEKI H, SELMAN J R, DINWIDDIE R B, et al. High thermal conductivity negative electrode material for lithium-ion batteries[J]. Journal of Power Sources, 2001, 94(1): 26-35.

[23] HANDE A, STUART T A. AC heating for EV/HEV batteries[J]. Power Electronics in Transportation, 2002, 15: 119-124.

[24] JI Y, WANG C Y. Heating strategies for Li-ion batteries operated from subzero temperature[J]. Electrochemical Acta, 2013, 107: 664-674.

[25] PESARAN A, VLAHINOS A, STUART T. Cooling and preheating of batteries in hybrid electric rehicles[C]. Hawaii: The 6th ASME-JSME Thermal Engineering Joint Conference, 2003.

[26] ZHANG X, KONG X, LI G, et al. Thermodynamic assessment of active cooling/heating methods for lithium-ion batteries of electric vehicles in extreme conditions[J]. Energy, 2014, 64: 1092-1101.

[27] TROXLER Y, WU B, MARINESCU M, et al. The effect of thermal gradients on the performance of lithium-ion batteries[J]. Journal of Power Sources, 2014, 247: 1018-1025.

[28] 徐蒙. 磷酸铁锂动力电池放电过程电化学-热耦合模型研究[D]. 北京: 北京交通大学, 2014.

[29] 云凤玲. 高比能量锂离子动力电池热性能及电化学-热耦合行为的研究[D]. 北京有色金属研究总院, 2016.

[30] 田华, 王伟光, 舒歌群, 等. 基于多尺度、电化学-热耦合模型的锂离子电池生热特性分析[J]. 天津大学学报(自然科学与工程技术版), 2016(7): 734-741.

[31] 李文博, 程洪正, 张立军. 计及不均匀发热与温度分布的锂离子单电池电化学-热力学耦合三维有限元模型[J]. 汽车工程, 2015(12): 1382-1389.

[33] 汤依伟. 基于电化学-热耦合模型的锂离子动力电池放电行为研究[D]. 长沙: 中南大学, 2013.

[34] 宫学庚, 齐铂金. 电动汽车电池组离散特性的建模与分析[J]. 汽车工程, 2005, 27(3): 292-295.

[35] 徐玮. 基于单体电池寿命模型的电池一致性研究[D]. 上海: 同济大学, 2009.

[36] 郭巧嫣. 车用动力电池多内热源生热模型和电热不一致性研究[D]. 广州: 华南理工大学, 2015.

[37] 黄佳楠. 车用动力电池电连接不一致的电-热特性研究[D]. 广州: 华南理工大学, 2018.

[38] 李秋芬. 车用动力电池包的散热仿真分析[D]. 广州: 华南理工大学, 2016.

[39] 刘霏霏. 微热管在电动汽车电池热管理系统中应用关键技术研究[D]. 广州: 华南理工大学, 2016.

10 极端滥用条件下的车用动力电池热安全性

随着电动汽车安全事故频发，动力电池热安全隐患日益凸显。近年来频繁出现的电动汽车起火、燃烧甚至爆炸等安全事故更是加剧了人们对电动汽车使用安全性的担忧，在一定程度上限制了电动汽车的进一步推广应用。解决动力电池的热安全性问题尤其是提升动力电池在各种极端滥用条件下抵御热失控的能力，是动力电池在电动汽车上应用和普及的技术关键。极端滥用条件是指动力电池遭遇非正常使用条件，例如机械碰撞、跌落翻转、异物刺入等极端工况和过充过放、局部高温、内外短路等滥用条件。动力电池的热安全性是指电池抵御外界环境扰动引发的温度异常升高、起火、燃烧等热不安全行为的能力，主要表现为极端滥用条件下动力电池抵御热失控的能力。由大量电动汽车安全事故的调查结果可知，动力电池在机械碰撞、过充等极端滥用条件下出现的热安全性问题（如起火燃烧）是造成电动汽车安全事故的主要原因。解决动力电池热安全性问题，提升动力电池在极端滥用条件下抵御热失控的能力对确保电动汽车的使用安全性至关重要。

10.1 动力电池热安全性简述

动力电池热安全性问题通常表现为电池温度异常升高、起火、剧烈燃烧甚至爆炸等现象，其根源是电池内部生热出现了异常。

动力电池作为电动汽车存储和输出能量的核心部件，其安全性直接影响电动汽车的使用性能和使用寿命[1]。为满足电动汽车对高续航里程、高输出电压的要求，动力电池多为串并联成组在狭小的车载空间内密集排列使用，加上车载工况复杂、热环境恶劣导致电池充放电过程中因电化学热效应产生的热量容易在电池包内积聚，促使电池温度升高。如果散热条件不佳造成电池周围热量堆积严重，或遇到机械碰撞、过充过放等极端滥用情况造成电池生热速率大幅度上升，将进一步促使电池温度剧烈上升甚至引发热失控，严重影响电池正常充放电循环及其可靠性和使用寿命。电池串并联成组的结构形式存在引发热失控在电池包内大范围传播的可能性，进而导致整个电池包完全热失控甚至引发起火、燃烧、爆炸等安全事故，严重威胁电动汽车的使用安全性。

10.1.1 动力电池热失控机理

热失控是指单体电池在放热过程中，电池自温升速率急剧变化，电池温度急剧升高，所造成的过热、起火、爆炸等现象。

一般来说，锂离子电池理想的工作温度范围在 20～40℃之间[2]。但实际上，作为电动汽车动力系统使用的动力电池，由于车载环境复杂，经常需要长时间工作在大倍率充放电工况和恶劣的热环境中，导致充放电过程中生成的热量大量积聚，电池温度上升明显。当电池温度持续上升达到一定值时（通常为90℃以上），高温会触发负极表面 SEI 膜的分解，甚至正负电极与电解质之间的放热化学反应，使电池温度快速上升。如果此时电池能够及时散失掉这些副反应热，那么电池温度就不会异常上升。相反，如果生成的副反应热远大于电池能够散失的热量，那么放热副反应可能就会在类似绝热的环境中继续进行，导致电池温度显著上升，从而进一步加剧电池内部副反应热的发生，导致更多热量的生成，如此循环，最终导致电池热失控。

Semenov 图是依据电池生热和散热机理所作的热失控机理图[3]，如图 10-1 所示。电池生热基于阿伦尼乌斯方程（Arrhenius law）表现为随时间变化的指数函数，如曲线 4 表示电池热失控过程中各种放热反应的综合产热。电池散热基于牛顿传热定律（Newton's heat-transfer law）表现为随时间变化的线性函数，如图 10-1 直线 1、2、3 所示。

曲线 4 与表示良好散热条件的直线 1

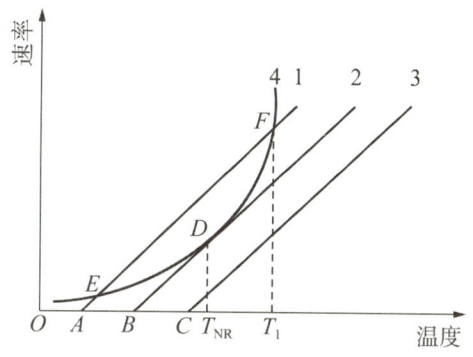

图 10-1　动力电池热失控机理的 Semenov 示意图

交于热平衡点 E 点和 F 点。其中，E 点是稳定点，在该点附近，若温度上升，则散热率大于生热率，温度会重新下降回到该点；若温度下降，则生热速率大于散热速率，温度会重新升高回到该点。F 点是不稳定点，表示热失控不可逆温度点，在该点附近，若温度下降，则散热速率大于生热速率，温度会回到稳定点 E 附近；若温度升高，则生热速率大于散热速率，那么势必会造成热失控。曲线 4 与表示临界散热条件的直线 2 交于点 D，为生热率等于散热率的临界点，该点对应的温度 T_{NR} 表示不可恢复温度点。在散热条件小于临界散热条件的情况下，如果电池温度达到了 T_{NR} 值，那么热失控将会发生。

10.1.2　动力电池热安全性的研究分类及现状

10.1.2.1　动力电池热失控行为

按照研究对象和目的的不同，可分为电池单体热失控行为研究、热失控传播行为研究和热失控阻断防护技术研究。

1. 电池单体热失控行为研究

电池单体热失控行为研究相对较为成熟，包括热失控机理研究，电池正、负极与内部电解液共存体系的热稳定性研究，各种滥用条件下的电池热失控行为特性研究、热失控行为影响因素研究,以及热失控对电池电热性能的影响等。电池单体热失控行为特性及其发生机理是研究电池模组和电池包热失控行为的基础[4-14]。

2. 热失控传播行为研究

针对电池模组以及电池包内热失控传播行为的研究直至近几年电动汽车安全事故频发才被广泛关注,主要集中于热失控传播机理研究、热失控传播行为特性研究、热失控传播行为影响因素研究以及各种安全方法的设计与验证研究等[15-24],深入研究电池模组和电池包的热失控传播行为,有助于揭示热失控传播机理,掌握热失控传播规律,预测热失控传播路径,对热失控阻断技术的研发具有重要指导意义,是解决动力电池包热安全问题的理论基础。

3. 热失控阻断防护技术研究

热失控阻断防护技术主要通过降低电池热失控的发生几率,阻断热失控电池产生的热冲击、高温气体、火焰等对周围电池造成的热影响,避免热失控多米诺效应,进而减少热失控对整个动力电池包的破坏。针对电池单体的热失控阻断防护技术,主要包括电极材料的热稳定性改进[25-26]、电极材料的表面包覆[27]、使用阻燃电解液[28-30]、使用氧化还原穿梭剂[31]、热封闭隔膜[32-33]、安装压力安全阀[34-35]和PTC(positive temperature coefficient)限流装置等。单体电池热失控阻断防护技术像压力安全阀和PTC限流装置目前已广泛应用于电池安全设计,从根本上提升了电池的热安全性,是避免电池热失控的一种有效手段。然而部分电池单体热失控阻断防护技术并不适用于电池成组后使用。比如压力安全阀打开后喷射的高温可燃气体容易引起周围电池连锁热失控,因而压力安全阀在设计时必须考虑其对应的阀喷通道设计是否合理。

针对电池成组后的热失控阻断防护技术,主要包括电池管理与冷却技术、结构安全设计技术、应急安全技术等。电池管理与冷却技术主要通过监测并主动干预电池组在过充、过热、短路等滥用情况下的不安全状态,以实现电池组热失控的预防和安全保障[36-43]。

解决热阻断与电池包散热需求之间的矛盾以及热失控防护结构的轻量化设计、可靠性保证和成本控制等热失控阻断防护技术应用到电池包上是该领域的研究难点。

10.1.2.2 动力电池热安全性存在的不足

动力电池热安全性问题引起的电动汽车安全事故仍经常发生,主要有以下亟待解决的问题:

(1) 现有动力电池热安全性研究对电池内部电化学、热、机械应力等多物理场耦合的相互关系,多依赖于电池传统生热模型对单一热场展开研究,对电池内部的电热耦合特性、电化学行为特性认识不足。

(2) 现有动力电池热安全性研究多局限于对某一热失控因素的研究,如过充、短路或机械碰撞等等,忽略了车载环境下动力电池产生热安全性问题的致因具有较高的复杂性,对多工况多滥用条件下动力电池热失控行为的电热特性认识不足。

(3) 现有动力电池热安全性研究多从电池单体出发,对电池成组后的热失控行为研究较少,尚处于探索阶段。

(4) 现有动力电池热安全性研究对动力电池成包后具有的复杂系统特征认识不足。动力电池成包后具有多场变量、多维度、多尺度、多层次、多子系统、多功能要求等特点，并且长时间工作在多变的车载环境下，是一个复杂系统，其安全性是基于系统层面的新属性。

10.2 极端滥用条件下动力电池动态热特性分析

车用动力电池在实际使用过程中难免会遇到机械碰撞、跌落翻转等极端工况以及局部高温、过充过放等滥用条件，极端滥用条件下的动力电池热安全性严重影响电动汽车安全性。认知极端滥用条件下的动力电池热特性对动力电池热安全性问题具有重要意义。本节在动力电池多内源瞬态生热模型和电化学–热耦合模型的基础上，分析过温、过充和内短路滥用条件下动力电池的动态热特性。

10.2.1 过温滥用条件下动力电池的动态热特性

在动力电池多内源瞬态生热模型中，将电池内部的热源项均设为 0 值，模拟电池未充放电时的静置状态；保持初始条件（$T_{amb} = T_{battery} = 303K$）和正负极耳处的边界条件（$h = 10W \cdot m^{-2} \cdot K^{-1}$）不变，定义电池外壳区域为热通量边界（大小为 4005 S/m²），模拟电池四周（除极耳外）遭遇高温时的滥用情况。

即使电池本身并没有充放电生热，当电池周围遭遇过温滥用时，电池温度仍会剧烈升高，最高温度出现在电池下方边角处约 466K，如图 10-2 所示。

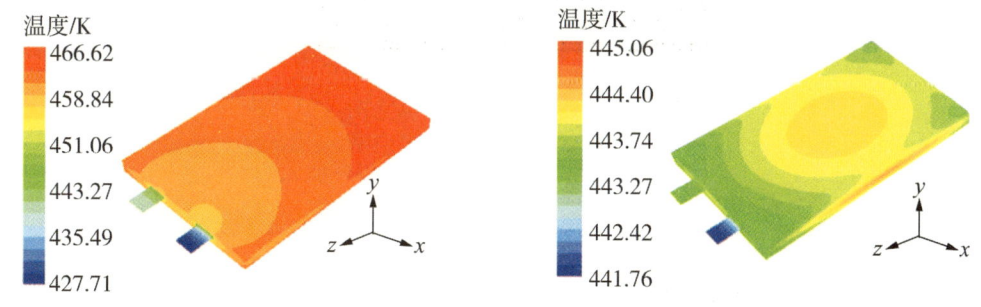

图 10-2　过温滥用条件下的电池温度场分布　　图 10-3　过充滥用条件下的电池温度场分布

10.2.2 过充滥用条件下动力电池的动态热特性

在动力电池多内源瞬态生热模型中，保持初始条件（$T_{amb} = T_{battery} = 303K$）和边界条件（$h = 10W \cdot m^{-2} \cdot K^{-1}$）不变，将电池的充电电流设为 5C，充电时间设为 3600s，模拟电池大倍率过充滥用情况。

过充滥用条件下的电池温度场分布如图 10-3 所示，5C 过充电后电池有明显的温度升高现象。充电终止时刻电池的最高温度约445K，出现在电池内核中心区域。与过温热滥用类似，过充电滥用时正极耳的温度高达440K以上，存在熔断的可能性。一旦极耳发生熔断，电池外壳破裂，将导致电池内部电解液喷溅与外部高温空气接触，容易引发电解液自燃，最终造成电池起火燃烧。

10.2.3　内短路滥用条件下动力电池的动态热特性

利用电化学-热耦合模型，在保持各种电热特性参数基本不变的情况下，以电池最小结构单元电芯的一半为研究对象，模拟异物刺入电池引发内短路现象。电池内短路热模型建模原理如图10-4所示。电芯单元的对称二维电化学模型如图10-4c所示。为简化内短路热模型的复杂程度，没有对钢针实体进行建模，定义正负极材料之间的一段区域作为内短路发生区域，设内短路区域半径为$5\mu m$，如图10-4c中圆圈所示。

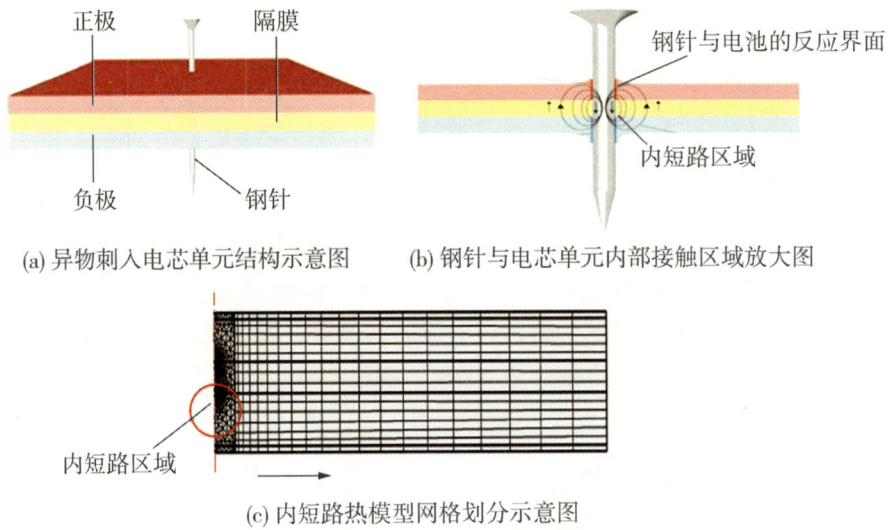

(a) 异物刺入电芯单元结构示意图　(b) 钢针与电芯单元内部接触区域放大图

(c) 内短路热模型网格划分示意图

图10-4　电池内短路热模型的建模原理示意图

通过阶跃函数表示该区域材料属性中的导电性，即当$t=0$时，材料的导电性为$10S/m$，当$t=0.001s$时，材料的导电性为$10^7 S/m$，以此实现该区域的内短路生热模拟，仿真时间共计0.1s。

内短路滥用条件下的电池温度场分布如图10-5a所示，电池内短路过程中的温度变化主要集中于内短路区域附近，且越靠近电池内短路区域，电池温度越高。电池正极和隔膜相交面上的径向温度变化如图10-5b所示，仅0.1s内短路中心区域温度就高达60℃，说明了电池内短路后在极短时间内就会出现明显的温度升高现象。

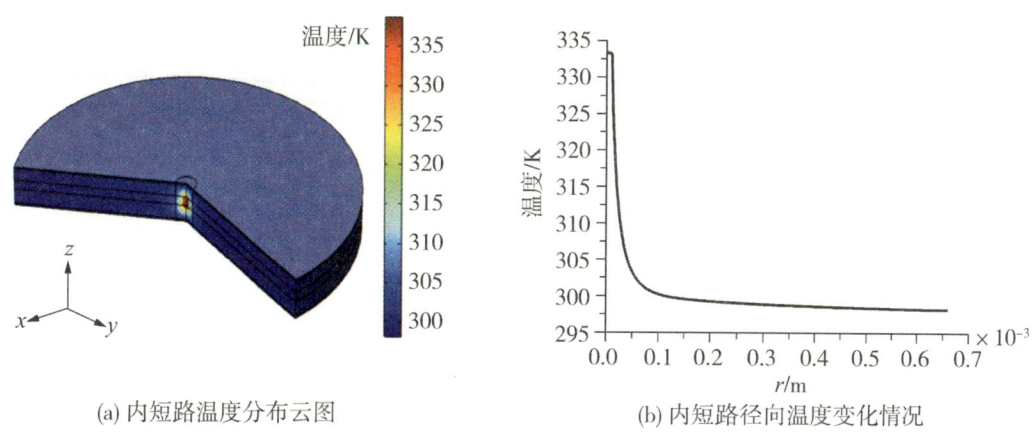

(a) 内短路温度分布云图　　(b) 内短路径向温度变化情况

图 10-5　内短路滥用条件下的电池动态热特性

电池内短路后正负极粒子表面的局部充电状态及其锂离子浓度分布情况如图 10-6 所示，电池内短路后会出现明显自放电现象，在内短路区域负极可用锂损耗严重，正极可用锂大量富集。

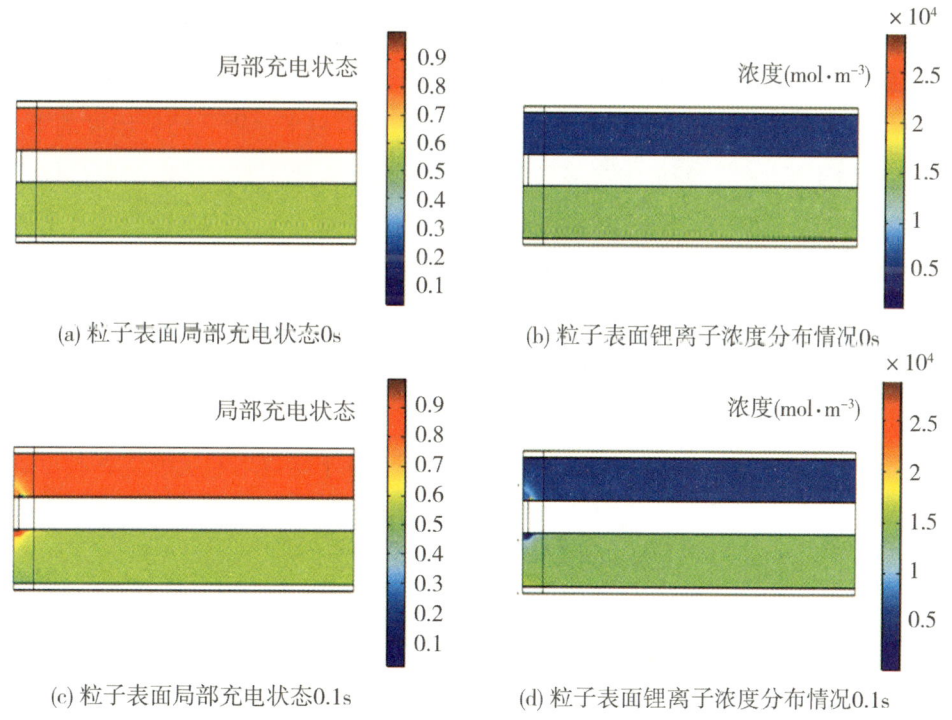

(a) 粒子表面局部充电状态0s　　(b) 粒子表面锂离子浓度分布情况0s

(c) 粒子表面局部充电状态0.1s　　(d) 粒子表面锂离子浓度分布情况0.1s

图 10-6　内短路滥用条件下的电池电化学行为特性

内短路区域的大小是影响电池内短路行为的重要因素。如图 10-7 所示，电池内部内短路区域的半径越大，反应释放的热量越高，内短路达到的最高温度也越高。

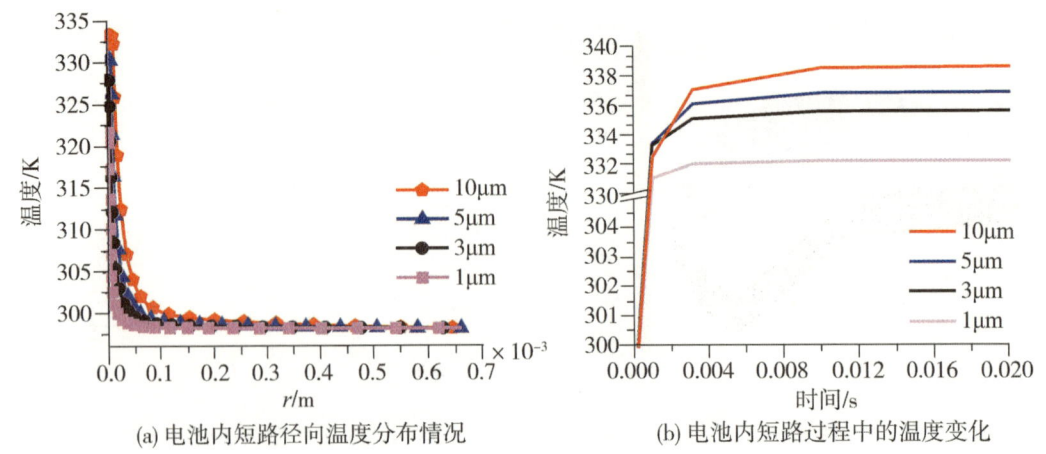

(a) 电池内短路径向温度分布情况　　(b) 电池内短路过程中的温度变化

图 10-7　不同内短路区域半径对电池内短路行为的影响

　　由电池生热机理可知，滥用条件下生成的副反应热是电池生热的一种极端情况。耦合电池副反应生热模型涉及的电热特性参数众多，又比较难获得，所以滥用条件下的电池热模型没有考虑副反应生热。例如，过温热模型仿真时内部并没有施加热源；过充热模型将充电倍率扩大至 5C，以该倍率下电池正常充电过程中的生热模拟过充热滥用；内短路热模型则通过阶跃函数定义钢针的内阻变化实现局部高热量的加载。尽管没有考虑副反应生热，过温、过充和内短路热模型的温度仿真结果均超出了电池正常工作的温度范围。由热失控机理可知，电池副反应发生的起始温度一般在 90℃ 以上，而且随着温度的不断升高，副反应生热将不断加剧，释放出更多热量，其值远大于电池正常充放电的生热量。如果在热模型中加入副反应生热，当电池温度超过 90℃ 触发副反应后，电池温度将比不考虑副反应热的温度仿真值更高，更容易引发电池热失控甚至起火燃烧。

　　过温、过充和内短路的电池动态热特性分析结果充分说明了极端滥用条件下电池温度会异常升高进而引发热失控。一旦温度超过电池材料如电解液的燃点，势必会引起电池起火燃烧，严重威胁电动汽车的使用安全，所以动力电池热安全性对提升电池在极端滥用条件下抵御热失控的能力，确保电动汽车在极端滥用条件下始终不起火燃烧具有重要意义和实用价值。

10.3　不同滥用条件下车用动力电池热失控行为

　　动力电池在遇到热、电、机械等极端滥用条件时，温度会异常升高，存在引发电池内部副反应生热，进而导致电池热失控甚至起火燃烧的安全隐患。因此，电池极端滥用条件下抵御热失控的能力是电池热安全性的重要体现。以三元锂电池为研究实例，通过试验分析动力电池的热失控行为，动力电池样本如图 10-8 所示。

能量密度提升技术灵活的三元锂电池逐渐占据车用动力电池市场尤其是乘用车和专用车领域。虽然三元锂电池在提升电动汽车续航里程方面有明显优势，但与磷酸铁锂电池相比，三元锂电池热安全性差，极端滥用条件下容易热失控的性能特点使其在电动汽车上进一步应用推广面临严峻的考验。因此以 12A·h 车用三元软包动力电池为研究对象，对其在热、电、机械等不同滥用条件的热失控行为展开研究，其规格及基本参数见表 10-1，电池型号为 INP1368130A，正极材料为 NCM，负极材料为石墨。为避免电池样本基础性能不一致对实验结果的影响，实验前已对该批次电池样本进行了一致性测试，包括标准容量循环测试和 HPPC 脉冲功率测试。

图 10-8　12A·h 车用三元软包动力电池实物图

表 10-1　12A·h 车用三元软包动力电池规格参数

参数	数值	参数	数值
电池尺寸/mm（$L \times B \times H$）	130×68×13	极耳尺寸/mm（$l \times b \times h$）	15×10×0.2
标称容量/A·h	12	标称电压/V	3.7
充电上限电压/V	4.2	内阻/mΩ	约为3.5（常温）
放电终止电压/V	3	充电温度/℃	0～50
标准充电倍率/C	1/2	放电温度/℃	-20～55
最大充电倍率/C	1	重量/g	235.0±2
最大放电倍率/C	3	壳体类型	铝塑膜

10.3.1　热滥用条件下动力电池过温热失控行为

10.3.1.1　过温热失控实验方案

过温热失控实验平台，包括加热模块、能量供给模块、数据监测及采集模块，如图 10-9 所示。加热模块由两片并联的聚酰亚胺膜构成，单片功率为 30W/24V，加热面积为 70mm×107mm，直接贴在电池的正反表面。能量供给模块负责提供聚酰亚胺膜加热所需的能量，由 Chroma 直流电源仪组成。数据监测及采集模块负责电压和温度实时数据的采集与记录，由 HIOKI8042 数据采集仪组成。电池表面布有温度测点如图 10-10 所示，电池极耳处布有电压传感器，实时监测电池电压。利用过温用热失控平台将经过预处理且荷电量为 100% 的电池持续加热至 120℃ 以上，实时监测并记录热失控过程中电池电压和表面温度的变化情况。

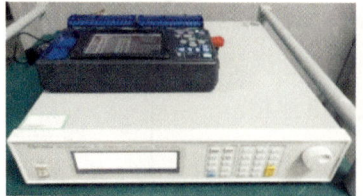

(a) 能量供给、数据监测及采集模块

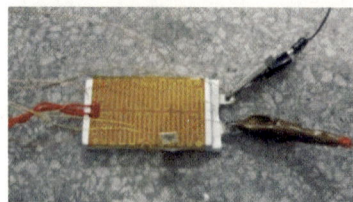

(b) 加热模块

(c) 带摄像仪的安全室

图 10-9　过温热失控实验平台

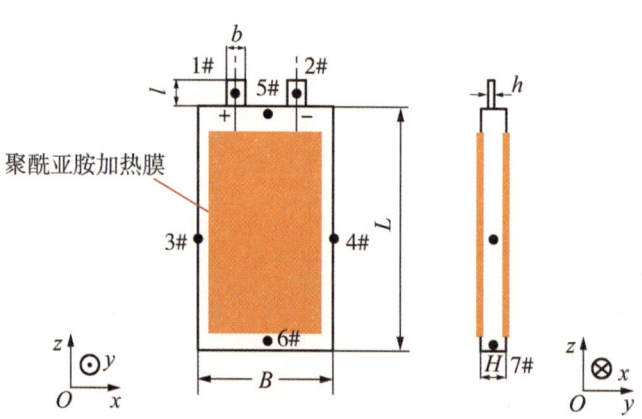

图 10-10　过温热失控实验温度测点

10.3.1.2　过温热失控实验结果分析

为体现实验结果的可靠性，同时兼顾热失控实验的破坏性和成本问题，热滥用引发的电池过温热失控实验一共重复进行了 3 次。在排除偶然性实验结果的前提下，对其中一组实验结果进行详细分析。

电池过温热失控实验结果如图 10-11 所示，前 720s 内，电池温度由室温 25℃ 开始快速上升。720s 时，电池温度达到 90℃ 左右，此时内部材料不断发生析气反应，电池开始鼓包。析气反应使得电池温升速率较之前有所下降，但仍以较快速度上升。1320s 时，电池鼓包量达到最大，此后电池温升速率开始逐渐平缓。5400s 时，电池达到最高温度 118.4℃。考虑到加热膜的加热功率有限，加上长时间加热下电池与外界环境已经达到了热平衡，电池温度很难再升，且电池已经发生了严重的鼓包现象，故在 5400s 左右停止加热，让电池逐渐冷却至室温。

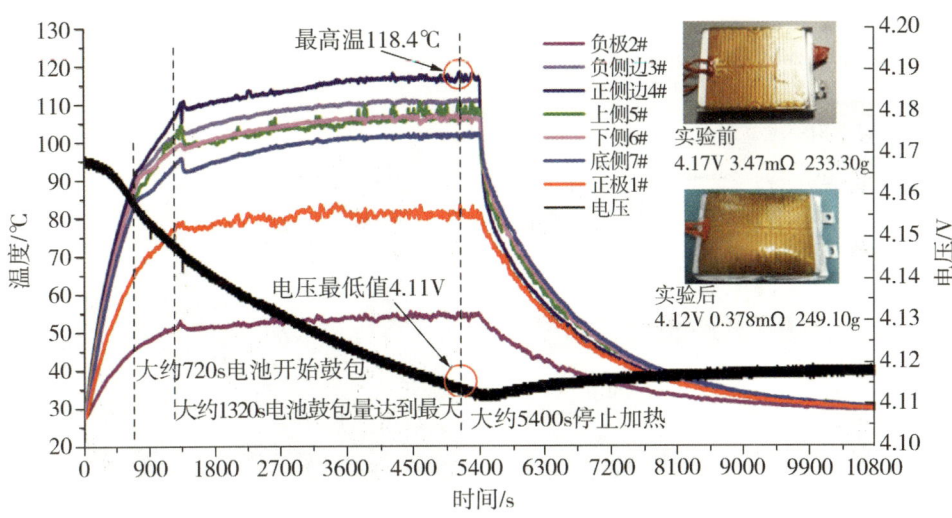

图 10-11 电池过温热失控过程中的电压和温度变化曲线

观察电池表面各测点的温度变化可以发现，各测点温度变化的趋势大体一致，其中正负极耳的温度明显低于电池表面其他各点的温度。由于电池在加热过程中并没有电化学反应的发生，电池温度的升高全靠加热膜传递的热量，而加热膜贴在电池的正反面，距离正负极耳较远，热传导相对较慢，因此该两点升温较低。而且基于电池正负极材质不同以及距离加热膜加热区域位置远近的共同影响，靠近正极一侧的测点温度均高于负极一侧的温度。

观察电池电压变化可以发现，电压在电池温度达到90℃之前（鼓包之前）略有下降，大约 0.10V，体现了温度升高对电池开路电压造成的影响。随着电池温度逐渐升高，电池鼓包愈发严重，电压明显下降，停止加热时达到最低值 4.11V。停止加热后，电池表面温度逐渐下降，电压出现了 0.10V 左右的回弹。过温热滥用后，电池电压由实验前的 4.17V 降为 4.12V，内阻由 3.47mΩ 增大为 0.378Ω，质量由 233.30g 增大为 249.10g。

10.3.2 机械滥用条件下动力电池内短路热失控行为

10.3.2.1 内短路热失控实验方案

目前比较常用的引发电池内短路的方法有针刺和外部挤压[44]。参照 GBT 31485—2015[45]，利用如图 10-12 所示的机械滥用热失控试验平台，通过针刺方式实现电池内短路。具体利用一根直径为 6mm 的钢针，以 5mm/s 的速度和 1.24kN 的压力值缓慢地刺入经过预处理荷电量为 100% 的电池内部，此时电池的全部电量均通过针刺造成的短路点进行释放。电池表面布有温度测点，如图 10-13 所示，其中热电偶 10#贴于钢针近针刺端位置，电池极耳处布有电压传感器实时监测电池电压。钢针贯穿电池后，在电池内部保留3600s后以相同速度撤出，实时监测并记录热失控过程中电池表面温度和电压的变化情况。

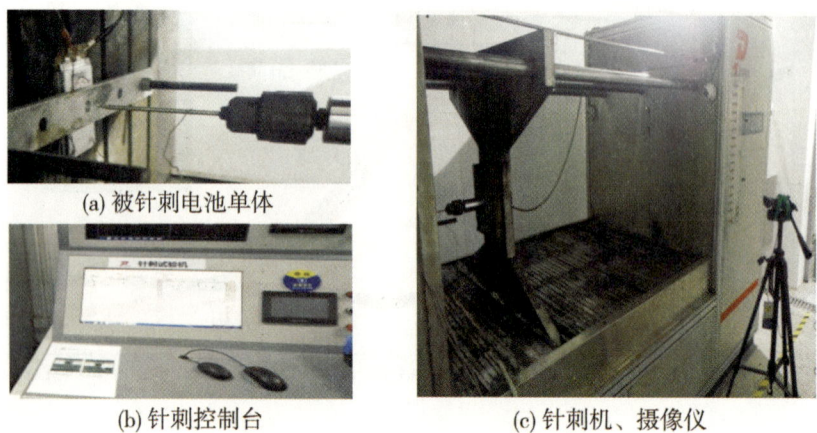

图10-12 机械滥用热失控实验平台

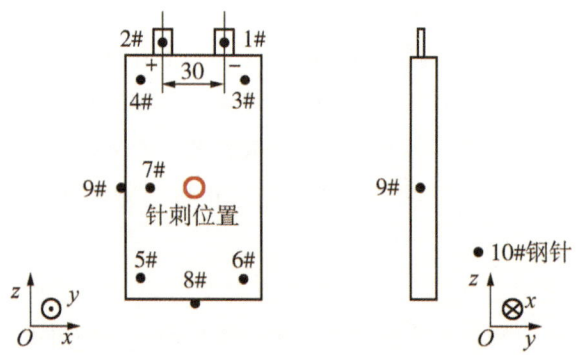

图10-13 机械滥用热失控实验温度测点

10.3.2.2 内短路热失控实验结果分析

为体现实验结果的可靠性，同时兼顾热失控实验的破坏性和成本问题，机械滥用引发的电池内短路热失控实验一共重复进行了3次。在排除偶然性实验结果的前提下，对其中一组实验结果进行详细分析。

内短路热失控实验结果如图10-14所示。重点对前100s反映内短路过程的电池电压和温度变化情况进行分析。根据实验现象的不同可将内短路热失控过程大致分成Ⅰ到Ⅴ五个阶段，如图10-15所示。其中，阶段Ⅰ表示电池因内短路温度开始升高；阶段Ⅱ表示温度快速上升，电池开始变形鼓包；阶段Ⅲ表示热失控发生，此时电池严重鼓包，电解液四处喷溅，开始剧烈地冒火星；阶段Ⅳ表示持续热失控，此时有大量浓烟冒出，内部剧烈燃烧，但未出现明显火焰；阶段Ⅴ表示热失控结束，此时电池内部燃烧逐渐缓和，温度逐渐下降至室温。电池内短路各阶段的实验现象如图10-16所示。

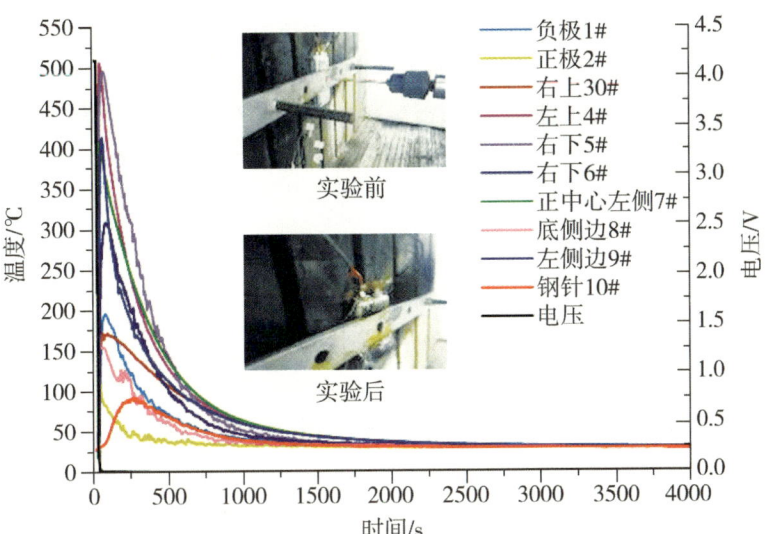

图 10-14　电池内短路热失控过程中的电压和温度变化曲线

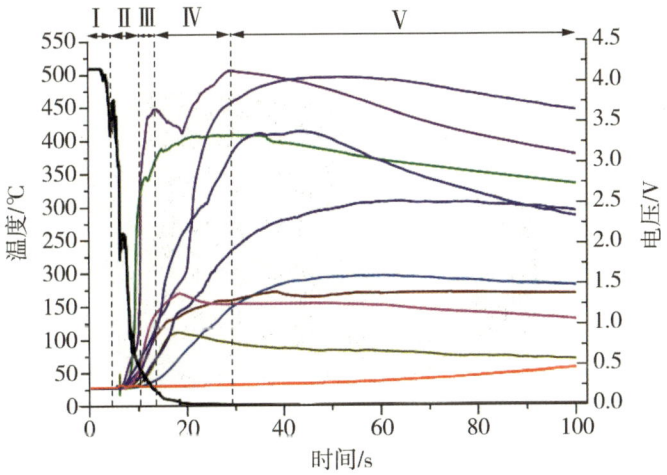

图 10-15　电池内短路热失控过程前 100s 内的电压和温度变化曲线

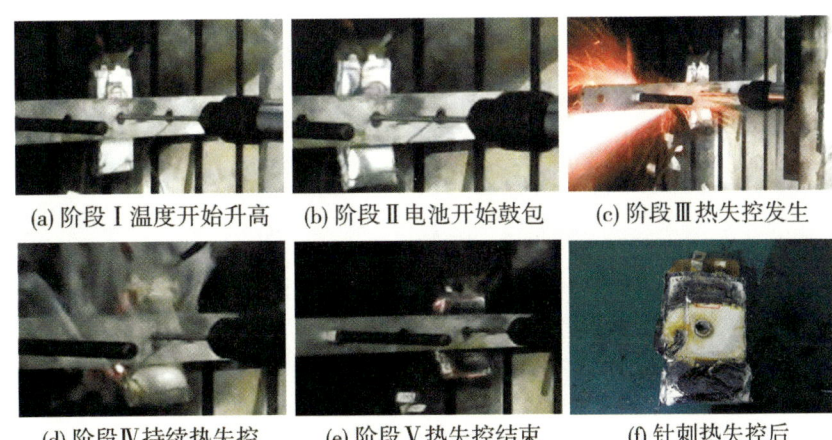

(a) 阶段Ⅰ温度开始升高　(b) 阶段Ⅱ电池开始鼓包　(c) 阶段Ⅲ热失控发生

(d) 阶段Ⅳ持续热失控　(e) 阶段Ⅴ热失控结束　(f) 针刺热失控后

图 10-16　内短路热失控各阶段对应的实验现象

观察电池表面各测点的温度变化可以发现,距离针刺中心越近,温度升高越快,最高温度也越高。温度最高点出现在电池表面左上区域(测点4#),且该测点共出现了两次明显的温度升高,第一次升高可能是电池电解液喷溅接触外部空气产生的火星,第二次升高可能是电池内部剧烈燃烧。剩余各测点均为先升高而后下降的温度变化趋势。钢针是金属材质,散热条件良好,因此整个过程中温升最小。

观察电池电压变化可以发现,电压并不是在针刺电池瞬间立即下降为0V,而是随着针刺的不断深入,电池内部不断发生短路逐渐下降为0V。电压最终下降为0V的时刻点和电池内部剧烈燃烧、电池温度最高的时刻点几乎重合。

10.3.3 电滥用条件下动力电池过充热失控行为

10.3.3.1 过充热失控实验方案

电滥用热失控实验平台如图10-17所示,对经过预处理电荷量为100%的电池以1C倍率持续恒流过充直至热失控。

图10-17 电滥用热失控实验平台

电池极耳处布有电压传感器,电池表面布有温度测点如图10-18所示,实时监测并记录热失控过程中电池电压和表面温度的变化情况。

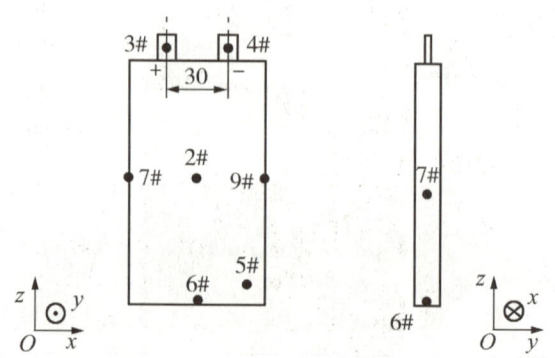

图10-18 电滥用热失控实验温度测点

10.3.3.2 过充热失控实验结果分析

为体现实验结果的可靠性,同时兼顾热失控实验的破坏性和成本问题,电滥用引发的电池过充热失控实验一共重复进行了3次。在排除偶然性实验结果的前提下,对其中一组实验结果进行详细分析。

过充热失控实验结果如图10-19所示,具体实验现象如图10-20所示。热失控过程中不同阶段电池热失控行为特点,如表10-2所示。

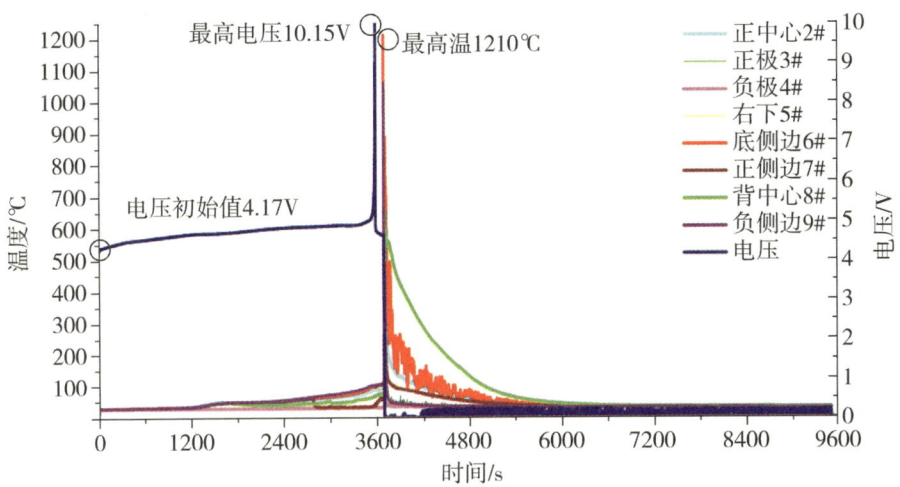

图10-19 电池过充热失控过程中的电压及温度变化曲线

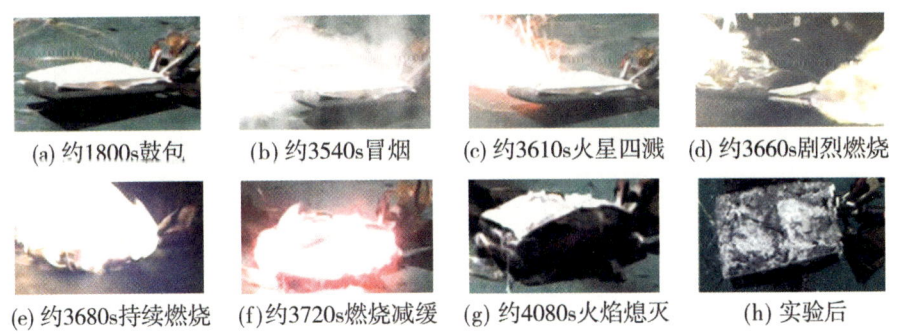

图10-20 电池过充热失控过程中不同时刻的热失控反应现象

表10-2 电池单体过充热失控不同阶段的特点

过充时间	电压变化	温度变化	具体现象	热失控情况
约1800s	保持平稳上升	温度较快上升	明显鼓包	未热失控
约3540s	开始较快上升	温度较快上升	大量冒烟	未热失控
约3600s	电压突然升高至10.15V	温度快速上升	出现火星	濒临热失控
约3610s	电压急剧下降至4.70V	温度持续上升	火星四溅,但无明火	开始热失控

(续表 10-2)

过充时间	电压变化	温度变化	具体现象	热失控情况
约 3660s	电压瞬间下降为 0V	温度急剧上升	开始起火并剧烈燃烧	完全热失控
约 3680s	0V	温度有所下降	明火持续燃烧	持续热失控
约 4080s	0V	逐渐冷却至室温	火焰逐渐熄灭	热失控结束

与内短路热失控相同，根据实验现象的不同，过充热失控可分为濒临热失控、热失控发生、完全热失控、持续热失控、热失控结束 5 个阶段。具体演化过程如下：约过充 1800s 后，电池开始明显鼓包，此时电池温度开始较快上升，电压则保持平稳上升。该阶段电池四周边界由于散热面积小，其升温速率要高于电池表面和正负极。约过充 3540s 后，电池鼓包量达到最大，开始大量冒烟并伴随着电解液的喷溅，电池温度和电压均加速升高。约过充 3600s 后，电压突然升高达到最大值 10.15V，电池开始冒火星，温度快速升高，电池濒临热失控。随后电压突然急剧下降至 4.70V 左右，电池温度持续升高，火星四溅，电池发生热失控。约过充 3660s 后，电池电压瞬间下降为 0V，此时电池起火并剧烈燃烧，温度急剧上升，电池完全热失控。如图 10-20d 所示，电池底侧边(6#)由于两边喷射火焰的炙烤作用，升温最快，最高温度达到 1210℃。电池正中心(2#)的热电偶可能在燃烧过程中脱离了电池表面，所测温度近似于周围空气的温度，因而相对较低。明火持续燃烧约 420s 后缓慢熄灭直至电池温度冷却至室温。电池背面(8#)紧贴实验台桌面，散热条件恶劣，所以冷却速率要低于其他测点。

值得一提的是，电压开始急剧下降，电池濒临热失控到电池剧烈燃烧完全热失控之间约有 50s 的反应时间。该反应时间的长短取决于电池电荷状态、电池容量、散热条件、电池内部材料等多种因素的综合影响，例如，25A·h 三锂电池过充热失控发生到起火燃烧完全热失控之前存在 15～40s 的反应时间。

10.3.4 不同滥用条件下的动力电池热失控行为对比及安全建议

10.3.4.1 热失控行为对比

对比分析热、电、机械等不同滥用条件下动力电池的热失控行为特点，动力电池热失控有明显的触发演变过程并伴随着特定的反应现象，例如鼓包、冒烟、漏液、火星四溅、起火燃烧等等。可以分成温度缓慢升高(尚未热失控)、温度快速升高(濒临热失控)、热失控发生、持续热失控(完全热失控)、热失控结束 5 个阶段。

电池过温后明显鼓包，实验后观察发现电池极耳附近的铝塑膜被冲开了一个小口，说明电池已经发生了漏气，但电池外形完好。过温热失控行为较为温和，并没有出现起火燃烧等现象，但过温热失控后电池内阻明显异常，说明电池已经失效和损坏。电池过充热失控后起火燃烧猛烈，最高温度瞬间可达 1200℃ 以上，电池几乎完全烧毁。电池内短路热失控后鼓包严重,内部燃烧剧烈并有大量浓烟冒出但无明显火焰。如图10-16f所示,虽然电池内部几乎完全碳化,但其外部铝塑膜并未完全烧毁,结构大体依稀可见,说明在电池电荷量(均为满电状态)和散热条件(均为室内温度约25℃,无风)近乎相同的前提下,电滥用引发的电池过充热失控行为的剧烈程度和破坏性要大于机械滥用引发的内短路热失控和热滥用引发的过温热失控。

与极端滥用条件下的电池过温、过充和内短路热建模仿真相比,电池热失控实验更加直观地展现了电池热失控过程中的电热特性变化。除了温度异常升高之外,电池发生热失控时还伴随着鼓包、冒烟、漏液、火星四溅、起火燃烧等现象,加剧了电池热失控对电动汽车动力系统造成的破坏,甚至引发整个动力系统起火燃烧,是造成电动汽车安全事故的主要原因。

10.3.4.2 动力电池安全建议

(1)热滥用引发的电池过温热失控虽然不剧烈,破坏程度最轻,但仍会造成电池损坏和失效。若长时间过温可能会造成进一步热失控,存在起火燃烧的安全隐患。因此,使用三元锂电池作为动力系统时应做好热管理工作,设置异常高温预警,严格控制高温的持续时间,确保电池始终工作在合理的温度范围内,避免电池长时间过温。

(2)电滥用引发的电池过充热失控最为剧烈,破坏程度最大,有明显的电压变化特征,并伴随着鼓包、冒烟、起火燃烧等反应现象。可以通过观察电压的变化情况来判断电池过充热失控行为是否发生。例如,电压突然急剧升高又迅速下降的异常变化可以作为判断过充热失控是否发生的条件,因而通过设置BMS系统监测电压的异常变化就可以预测电池过充热失控行为,然后充分利用电池过充热失控发生到电池剧烈燃烧完全热失控之前存在的反应时间,及时采取相应的热失控阻断防护措施,避免电池起火燃烧,阻止热失控波及整个电池动力系统。同时该反应时间对确定热失控阻断防护装置(如惰性气体喷淋)的具体工作时刻具有重要的指导意义,也可作为有效预警时间供车内人员撤离,确保电动汽车使用的安全性。

(3)机械滥用引发的电池内短路热失控的激烈程度和破坏程度介于过充和过温之间,但电池内短路热失控的发生具有不可预知性。除了异物刺入、碰撞等机械滥用造成的电池外源性内短路之外,还存在由内部杂质造成的、经常发生在电池正常使用甚至静置存储过程中的自发性内短路。因此,不仅需要从结构上提高电池单体、模组和电池包的碰撞安全性,减少外部异物刺入的可能性,而且需要重视由电池内源性因素引发的内短路风险,优化电池制造工艺,做到全面防护。

10.4 车用动力电池成组后热失控传播行为

为满足电动汽车高续航里程、高电压和高功率输出的要求,车用动力电池多为串并联成组在狭小的空间内密集排列使用。串并联成组成包的结构形式导致电池成组成包后的性能、可靠性和安全性取决于其中最弱最不稳定的一个电池单体。一旦某电池单体发生热失控,其释放的巨大能量极有可能导致热失控在周围电池间传播,最终导致整个动力系统完全失效甚至起火燃烧,严重威胁电动汽车的使用安全和乘员的人身安全。

10.4.1 动力电池热失控传播机理

动力电池热失控传播是指电池包内某一或多个电池发生热失控后,通过电池极柱、壳体的导热,周围空气的热传导、热辐射、热对流以及电池起火燃烧造成的热炙烤等多种热交换方式,触发邻近电池相继热失控的多米诺热失控现象,是电池包内分布式电化学热源及其与外部环境共同搭建的热传递网络之间相互作用的结果,如图 10-21 所示。电池热失控释放的大量反应热是导致热失控传播的根本原因,而热传递网络无法及时散失这些热量,导致热量被其余电池吸收,进而诱发其余电池自放热而温度急剧升高,是导致热失控传播的直接原因。热失控传播是否发生取决于通过热传递网络释放的热量 Q_{ex} 和电池热失控反应生热量 Q_{gen} 之间的相对大小。若电池热失控反应产生的热量无法被热传递网络及时释放,那么周围电池就会被迫吸收这些热量,使得周围电池温度不断上升,引发大面积副反应热的生成,进而触发周围电池热失控,导致热失控传播发生;反之,若电池热失控反应产生的热量能被热传递网络及时释放,那么热失控反应将在已热失控电池将其自身能量消耗完全后结束而不会导致热失控传播。

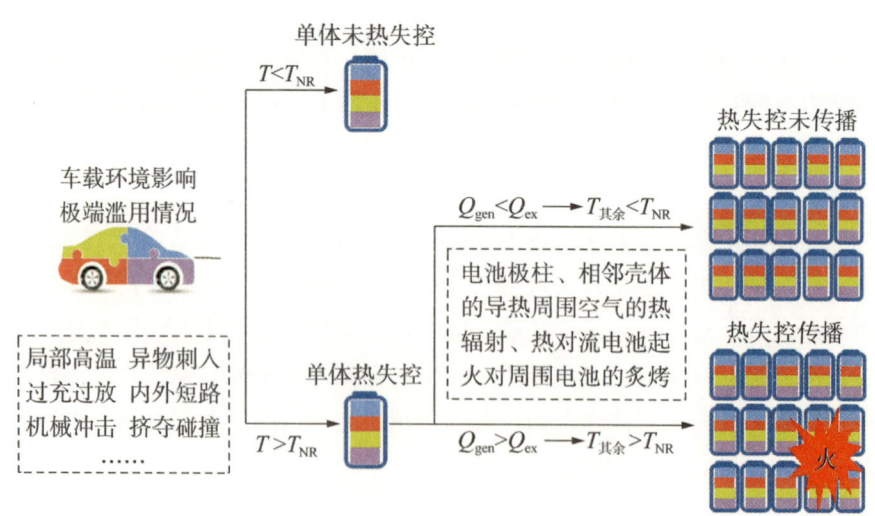

图 10-21 动力电池热失控传播机理

10.4.2 动力电池热失控传播实验

10.4.2.1 研究对象

搭建多组小型电池模组用于热失控传播实验研究。模组 A 由 5 个 12A·h 的三元软包动力电池串联连接而成，用于过充热失控传播行为研究，如图 10-22 所示；模组 B 由 5 个 12A·h 的三元软包动力电池并联连接而成，用于内短路热失控传播行为研究，如图 10-23 所示。三元软包动力电池的具体参数见表 10-1。

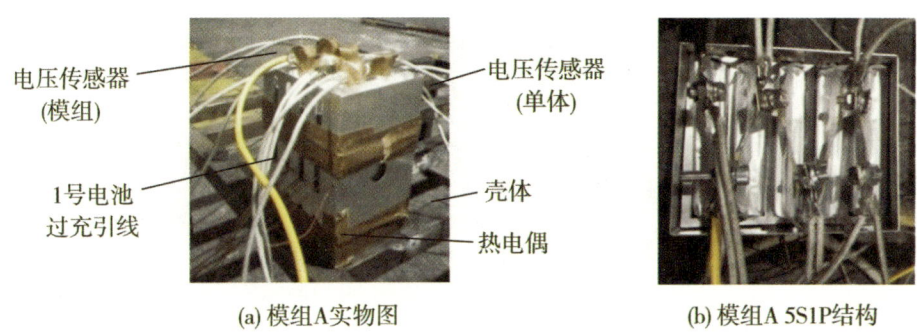

图 10-22　过充热失控传播实验用模组 A

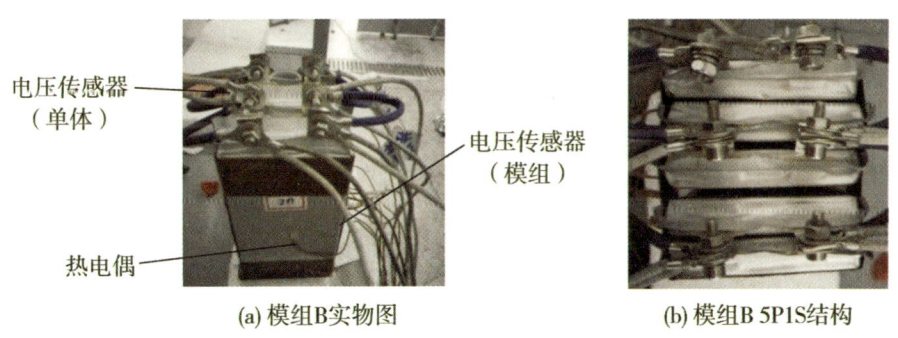

图 10-23　内短路热失控传播实验用模组 B

10.4.2.2 过充热失控传播实验

1. 过充热失控传播实验方案

过充热失控传播实验平台如图 10-24 所示，将模组 A 内 1 号电池以 1C 倍率(12A·h)恒流持续过充直至该电池发生热失控，继而引发模组内其他电池热失控，以此实现过充热失控传播。实验前，将模组 A 进行预处理，并按 CC-CV 的充电方式将其电荷状态调整至 100%，此时各电池的电压约为 4.10V，模组电压约为 20.57V。模组 A 内各电池(从左至右分别为 1 号至 5 号电池)正反表面的中心位置分别布有温度测点,如图 10-25 所示,各电池极耳处布有电压传感器,实时监测并记录热失控传播过程中各电池表面中心温度、电压以及模组电压的变化情况。

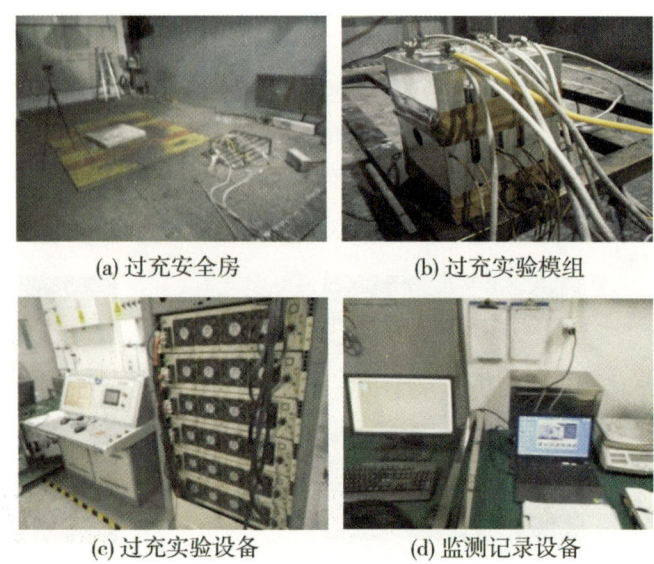

图 10-24　模组 A 过充热失控传播实验平台

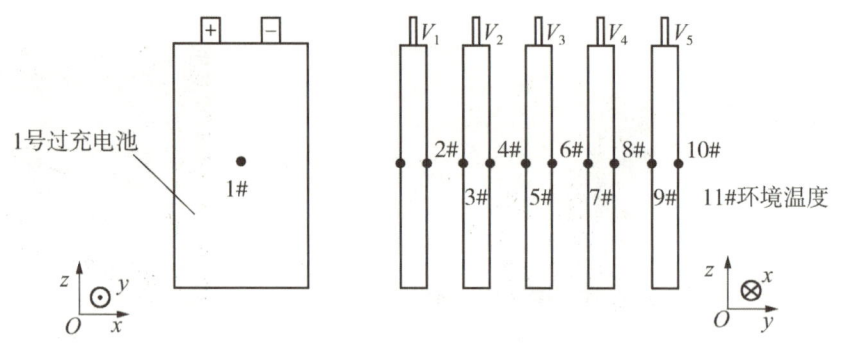

图 10-25　模组 A 过充热失控传播实验温度测点

2. 过充热失控传播实验结果分析

过充热失控传播实验中各电池电压、温度和模组电压的变化情况如图 10-26 所示。过充热失控传播各阶段的反应现象如图 10-27 所示。重点对实验开始前 1800s(图 10-28)、实验过程中涉及热失控触发演化和传播过程的关键 600s(图 10-29)进行分析。

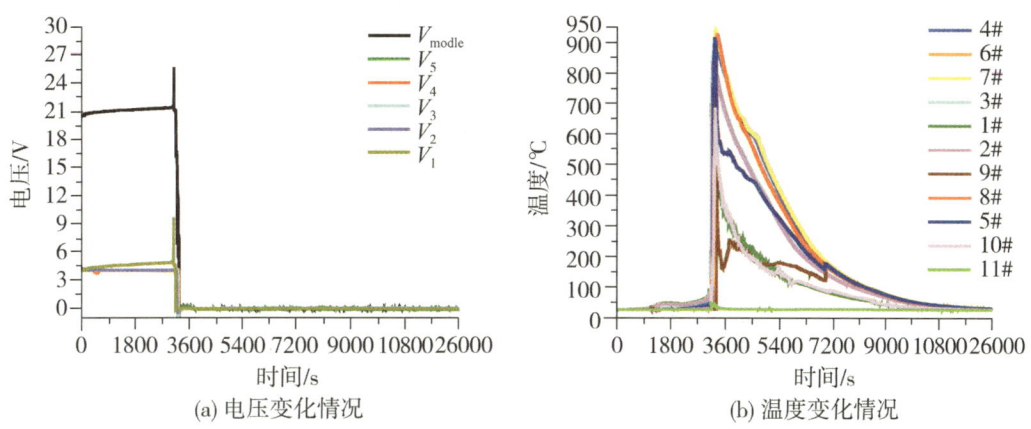

(a) 电压变化情况　　　　　　　　(b) 温度变化情况

图 10-26　模组 A 过充热失控传播实验结果

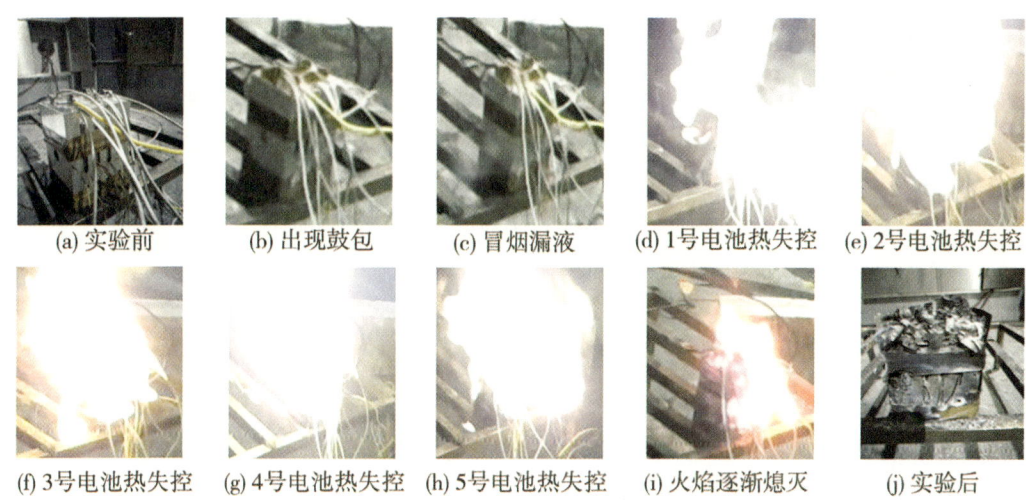

(a) 实验前　(b) 出现鼓包　(c) 冒烟漏液　(d) 1号电池热失控　(e) 2号电池热失控

(f) 3号电池热失控　(g) 4号电池热失控　(h) 5号电池热失控　(i) 火焰逐渐熄灭　(j) 实验后

图 10-27　模组 A 过充热失控传播各阶段反应现象

实验刚开始存在约 90s 的电压稳定阶段，如图 10-28 所示，大小为 20.57V，这是由于 HYNN 过充测试系统的启动调试需要一定的时间。当 1 号电池开始过充后，其电压不断升高，随之模组电压也不断升高。1 号电池由于施加了外部过充条件，内部反应激烈，温升速率明显高于邻近的 2 号至 5 号电池。邻近电池的温升速率与其跟 1 号电池之间的距离成反比，且随着距离的增加，相邻各点之间的温差越来越小。当过充电约 1000s 后，1 号电池温度开始显著上升。

由图 10-29a 可得，模组 A 发生了明显的热失控传播现象，热失控从 1 号电池逐渐扩展至 5 号电池，最终导致模组 A 完全热失控并剧烈起火燃烧。1 号电池过充热失控释放的大量反应热造成 1#、2#、3#测点温度最先显著升高。其中，测点 1#位于 1 号电池外表面，散热条件相对位于 1 号与 2 号电池之间的测点 2#、3#较好，因此其最高温度要明显小于此两点。由于模组 A 采用电池组外围上下钢丝环绕固定的结构形式，各电池间的间隙较小，所以相邻电池间测点的温度变化趋势基本一致，如测点 2#和 3#、测点 4#和 5#、测点 6#和

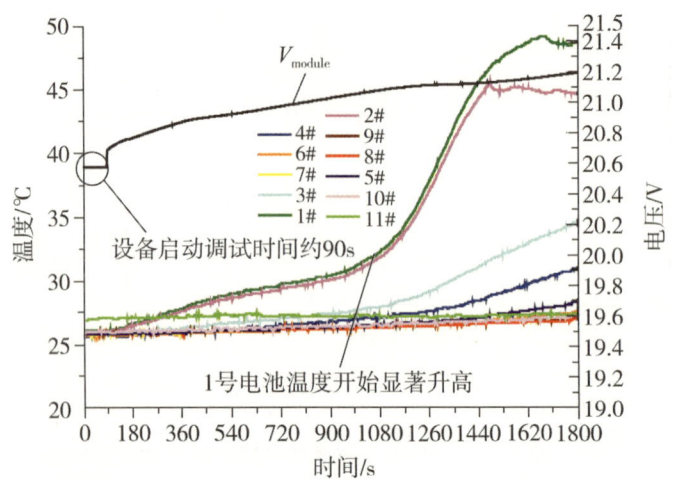

图 10-28 模组 A 过充热失控传播过程前 1800s 内电池温度和电压变化情况

7#所示。随着热失控传播的进行，测点 1#、测点 2#和 3#、测点 4#和 5#、测点 6#和 7#、测点 8#和 9#依次急剧升高，说明模组热失控并不是一蹴而就的，而是存在一个逐渐拓展的反应过程。测点 9#可能是由于该点的热电偶在实验过程中发生了脱落，导致其温度测量值与测点 8#相差较大。测点 10#和 1#所处的热环境相似，均位于电池外表面，因此测点 10#的最高温度也明显小于其他测点。

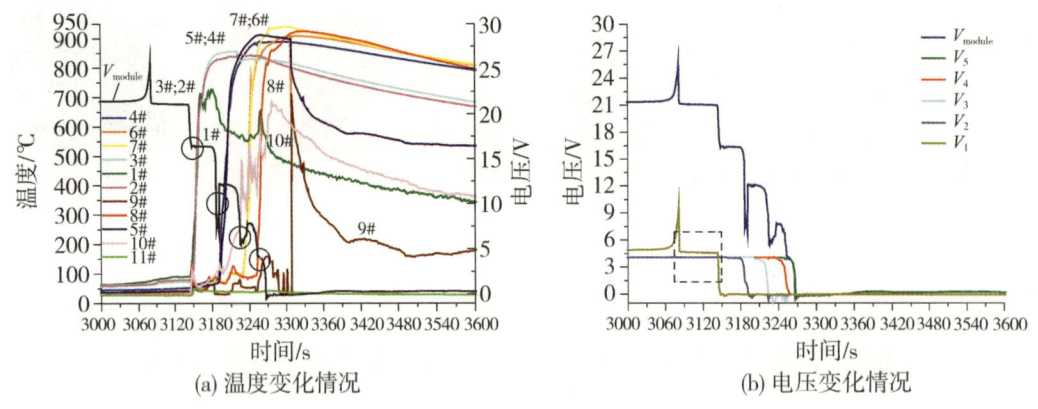

(a) 温度变化情况　　　　　　　　　　(b) 电压变化情况

图 10-29 模组 A 过充热失控传播实验关键 600s 内电池温度和电压变化情况

在热失控传播过程中，1 号至 5 号电池电压依次下降为 0V，模组电压也随之呈阶梯状下降为 0V，如图 10-29b 所示。与之前单体过充热失控行为类似，过充热失控传播实验中各电池因热失控传播温度急剧升高完全热失控的时刻几乎与各电池电压下降为 0V 的时刻重合，如图 10-29a 中圆圈所示，说明电压瞬间下降为 0V 在一定条件下也可以作为电池完全热失控的判断依据。另外，在单一电池过充热失控实验中，电压开始急剧下降到电池起火燃烧完全热失控之间的间隔时间约 50s，而在过充热失控传播实验中其相应的间隔时间约 90s，如图 10-29b 中虚框所示，说明模组结构对电池过充热失控行为有一定的抑制作用。这可能是由于模组结构在一定程度上限制电池的鼓包变形,从而减缓了电池内部副反应的发生。

10.4.2.3 内短路热失控传播实验

1. 内短路热失控传播实验方案设计

机械滥用热失控实验平台如图 10-30 所示,利用一根直径为 6mm 的钢针,以 5mm/s 的针刺速度、13kN 的挤压力将其刺入模组 B 内 1 号电池表面约 1 到 2mm 的位置,停留 1 分钟后再以 5mm/s 的速度撤回,通过该方式引发 1 号电池内短路,继而引发模组内其余电池热失控,以此实现模组内短路热失控传播。实验前,将模组 B 进行预处理并按恒流恒压充电方式将其电荷状态调整至 100%,此时各电池电压和模组电压均为 4.11V。模组 B 内各电池(从左至右分别为 1 号至 5 号电池)正反表面的中心位置分别布有温度测点,如图 10-31 所示;各电池极耳处布有电压传感器,实时监测并记录热失控传播过程中各电池表面中心温度、电压以及模组电压的变化情况。

图 10-30 模组 B 内短路热失控传播实验

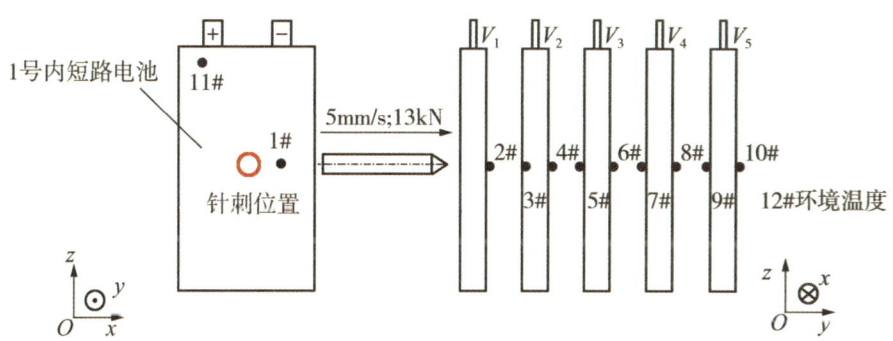

图 10-31 模组 B 内短路热失控传播实验温度测点

2. 内短路热失控传播实验结果分析

由于选用的三元软包动力电池的极耳面积较小且质地较软,若直接并联,容易出现极耳被螺栓应力扯断的现象,所以模组 B 采用了先小范围并联,再由导线串联的 5P1S 连接方式,即 1 号和 2 号电池、3 号和 4 号电池先分别并联,再通过导线串联,最后与 5 号电池并联成组,因而 1 号和 2 号电池的电压变化趋势、3 号和 4 号电池的电压变化趋势以及 5 号电池和模组的电压变化趋势基本保持一致,如图 10-32a 所示。针刺引发的内短路造成电池内部电化学反应复杂,导致 1 号电池针刺后的电压反复波动下降。2 号电池因与其并联,电压同样出现了波动下降。在后续静置过程中,1 号和 2 号电池均出现了短暂的电压回弹现象。此时 1 号电池由于局部内短路仍在不断地向外放电,电压缓慢下降,而剩余并联电池因为要对 1 号电池进行补充充电以维持并联电压平衡,所以电压也呈现缓慢下降的趋势。最终电压没有稳定至同一个值可能是由于静置的时间不够长以及存在串联导线电阻分压的原因。

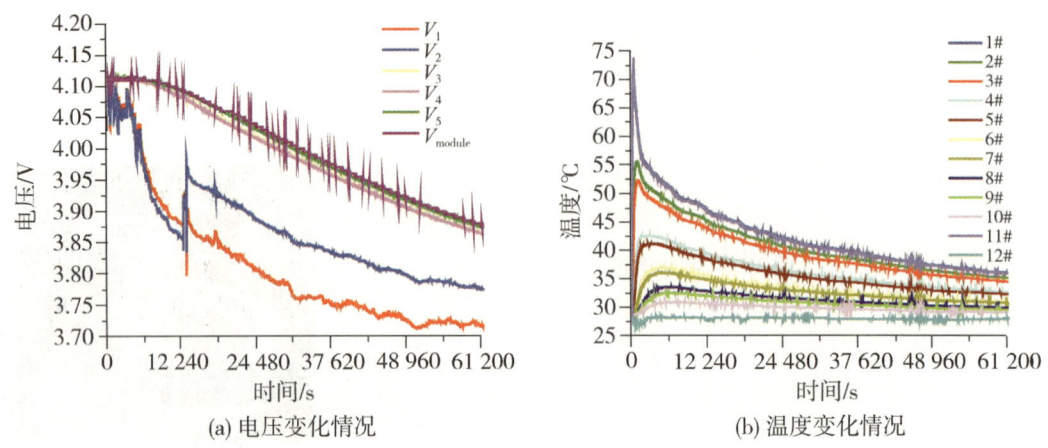

图 10-32 模组 B 内短路热失控传播实验中各电池电压、温度的变化情况

除 1 号电池因内短路热失控温度明显升高以外，剩余电池温升均不到 55℃，如图 10-32b 所示，说明模组 B 并未出现明显的热失控传播现象，但有明显的热失控传播趋势。考虑到针刺引发电池内短路热失控的时间较短，重点对内短路热失控传播实验前 3600s 内电池温度的变化情况进行分析，如图 10-33 所示。结合实验现象可知，针刺引发 1 号电池局部内短路，并在钢针退出后局部开始燃烧并释放出大量浓烟，电池表面温度明显上升，达到了 73.3℃。电池内部由于起火燃烧，温度至少在 200℃ 以上，说明该电池内部已经发生了热失控。受到 1 号电池内短路热失控过程中释放的高热量影响，2 号至 5 号电池温度依次上升，但整体温升明显小于 1 号电池，内部也没有发生起火燃烧，说明 1 号电池发生内短路热失控后，热失控曾试图向邻近电池传播，造成邻近电池温度持续上升，但由于电池局部内短路热失控释放的热量有限，不足以引发邻近电池自发副反应生热，所以没有造成模组 B 内热失控传播。

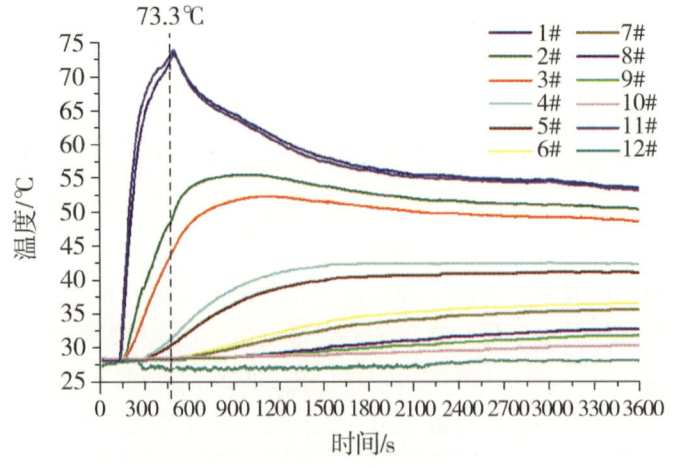

图 10-33 模组 B 内短路热失控传播实验前 3600s 内的电池温度变化情况

虽然 1 号电池局部内短路热失控并没有对电池及模组的结构造成明显破坏,如图 10 - 34 所示,但 1 号电池局部内短路后完全失效,模组电压也由实验前的 4.11V 下降为 3.75V,说明即便电池局部内短路热失控释放的能量较低,仅能造成其自身热失控而不足以引发模组内其他电池热失控,仍会严重影响模组的性能发挥和使用寿命,存在很大的安全隐患。

 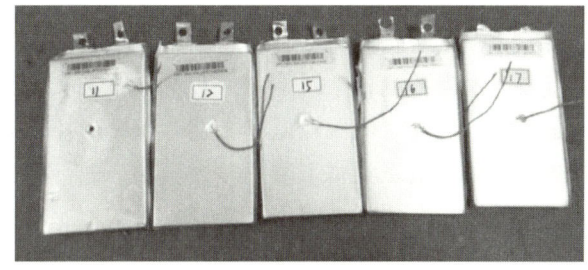

(a) 模组　　　　　　　　　　　(b) 各电池单体

图 10 - 34　模组 B 内短路热失控传播实验后模组和电池的形态变化

根据热失控传播机理可知,当电池内短路热失控释放的能量足够大时,热失控在模组内的传播将是一种必然。由内短路滥用条件下的热特性分析结果可知,增大电池内短路区域面积可有效增加电池内短路反应释放的能量。为此,参照模组 B 的 5P1S 结构搭建了实验模组 C,采用相同的针刺方式引发模组 C 内 1 号电池内短路,将钢针刺入电池表面的深度由原先的 1～2mm 改为 7～8mm,并停留 1 小时后再以相同速度撤回,以此扩大 1 号电池内短路区域面积,增加内短路热失控释放的能量,进而引发模组 C 内其余电池热失控。实验前,采用相同方法对模组 C 进行预处理并调整其电荷状态达到 100%,此时各电池电压和模组电压均为 4.06V。模组 C 内各电池正反表面中心位置的温度测点如图 10 - 35 所示。

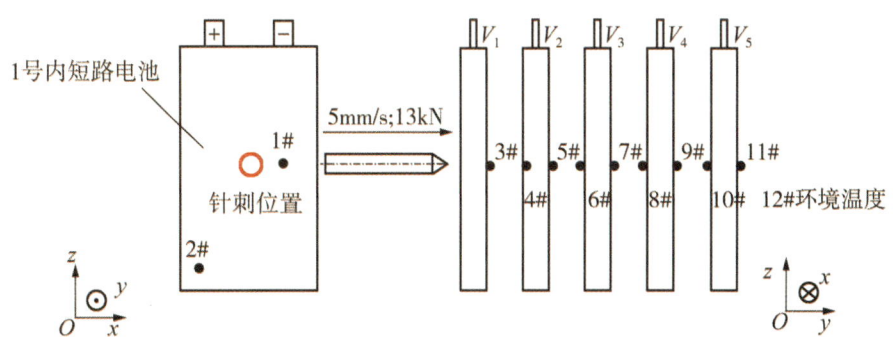

图 10 - 35　模组 C 内短路热失控传播实验温度测点

模组 C 内发生了热失控传播现象,如图 10 - 36 所示。鉴于针刺引发内短路热失控传播的反应时间较短,重点对前 600s 内各电池电压和温度的变化情况进行分析。如图 10 -

37a 所示,模组及各电池电压刚开始存在约 60s 的平衡稳定时间,反映了针刺设备调试启动到钢针真正刺入 1 号电池表面所需的运行时间。由电压局部放大图可以看出,随着钢针的不断深入,1 号电池内部电化学反应复杂,电压出现大范围的反复波动下降。因为模组 C 为 5P1S 的结构形式,所以除 1 号电池外,2 号至 5 号电池也同时出现了不同程度的电压波动下降现象。结合实验现象和温度变化情况分析可知,约 235s 时热失控扩展至 5 号电池,模组 C 完全热失控,此时各电池和模组的电压开始急剧下降,约 280s 时最终下降为 0V,整个波动下降过程维持了大约 220s。内短路热失控传播过程中电压反复波动的原因除了针刺造成电池内部电化学反应复杂以外,还可能是因为并联模组为了平衡电压变化,剩余正常工作的电池会对电压较低的个别电池进行补充充电,所以尚未热失控的电池在邻近电池因热失控导致电压异常下降的时候会对其进行补充充电,进而造成其电压在小范围内反复波动,所以只有当整个模组 C 完全热失控时,各电池和模组电压才停止反复波动并急剧下降为 0V。

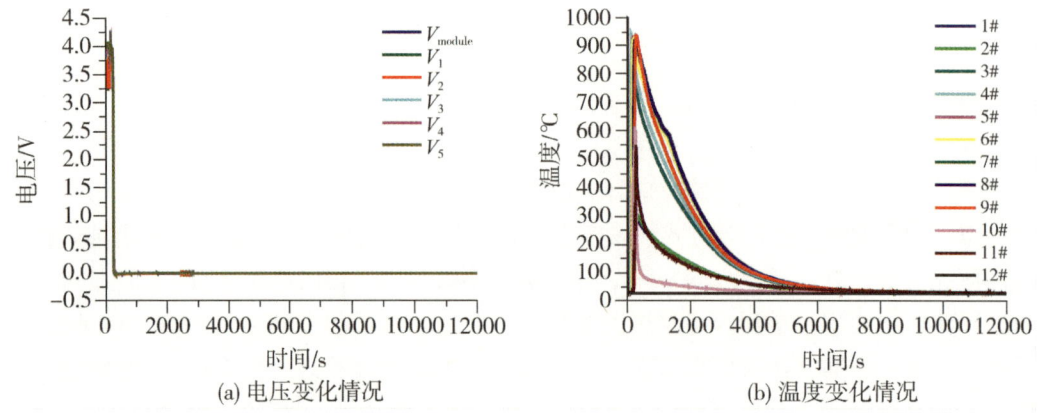

图 10-36 模组 C 内短路热失控传播实验中各电池电压和温度的变化情况

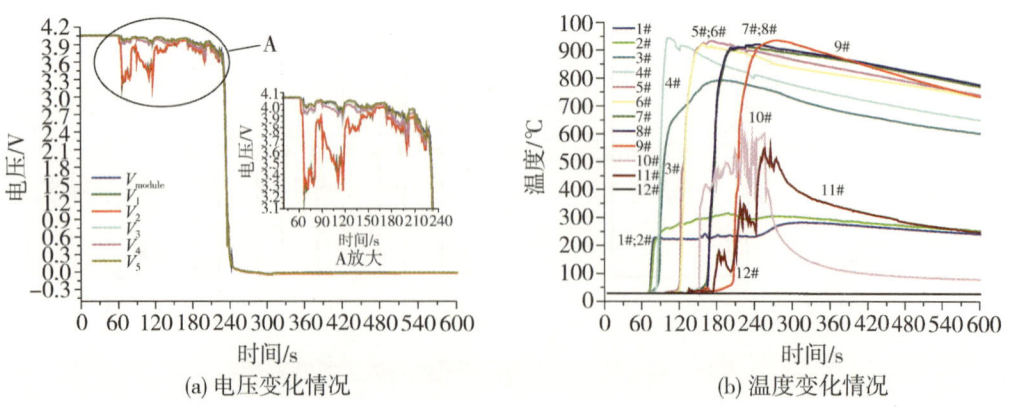

图 10-37 模组 C 内短路热失控传播实验关键 600s 内各电池电压和温度的变化情况

从图 10-37b 中也可以看出模组 C 内发生了明显的热失控传播现象,热失控从 1 号电池逐渐扩展至5号电池，最终导致模组C完全热失控。模组C内短路热失控传播实验现象如图10-38所示。

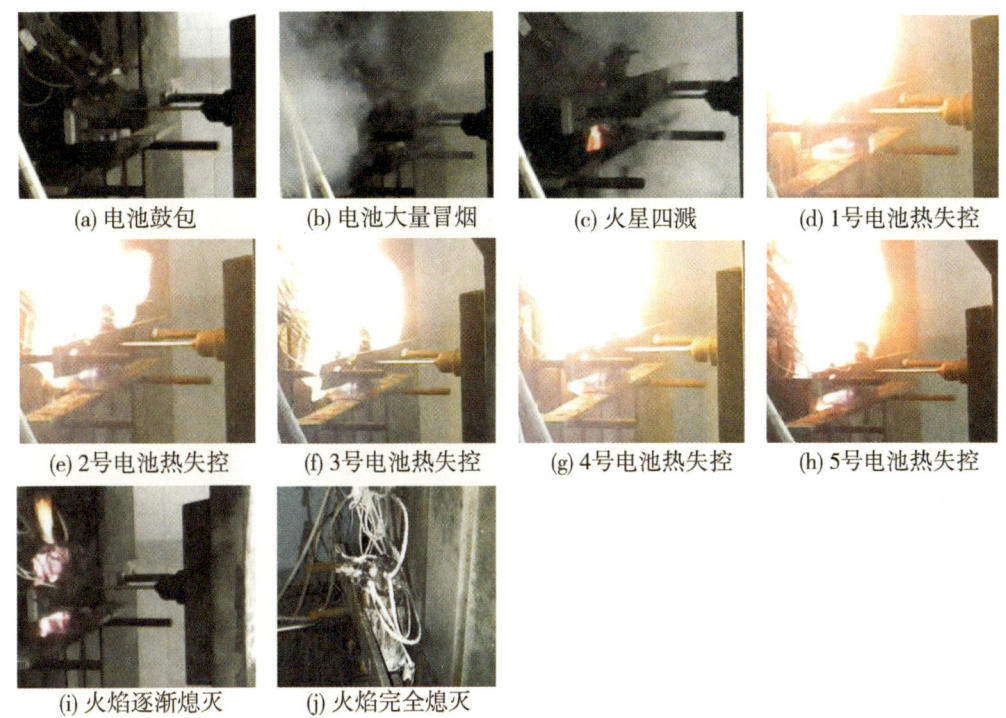

图10-38　模组C内短路热失控传播实验现象

当钢针刺入1号电池表面时，电池开始明显鼓包；随着针刺的深入，电池开始大量冒烟，火星四溅，并且肉眼可见小范围地起火燃烧，使得1号电池表面测点1#、2#的温度显著上升。1号电池大面积内短路产生的副反应热，不断被邻近电池吸收，使得邻近电池表面温度不断升高。随着副反应热的不断积累，1号电池开始剧烈起火燃烧，使得1号电池与2号电池之间的测点3#、4#的温度急剧上升。可能是此时1号电池燃烧太过剧烈，使得测点1#、2#的热电偶发生了脱落，导致其温升要明显小于测点3#、4#。各电池之间的距离由于针刺压力变得很小，而且越是靠近钢针的电池，其间距越小，所以电池相邻表面之间的温度变化趋势大体一致，如测点1#和2#、测点3#和4#、测点5#和6#、测点7#和8#所示，依次急剧升高至800℃之上后缓慢下降，说明1号电池因针刺发生内短路热失控后，2号至5号电池受其影响也依次发生了热失控并依次起火燃烧，即模组热失控存在一个循序渐进的传播过程。测点10#和11#可能是因为5号电池背面紧贴钢材板，热环境复杂，再加上钢材导热快的特点，所以温升变化波动较大。在电池单体内短路热失控实验中，从钢针刺入电池表面到电池起火燃烧完全热失控之间的时间间隔约10s，而在模组C内短路热失控传播实验中相应的时间间隔约25s，同样说明了模组结构对电池内短路热失控行为有一定的抑制作用。

内短路热失控传播实验结果充分说明了电池热失控传播是否发生与初始热失控电池反应释放的能量大小有关。初始热失控电池反应释放的能量越大,越有可能引发周围电池连锁热失控,造成热失控在电池模组甚至整个电池包内传播,最终导致动力系统完全失效甚至起火燃烧。

10.4.3 动力电池热失控传播规律

为分析热失控传播规律,以模组 A 过充热失控传播过程为例,在图 10-29 所示的过充热失控触发及传播过程内提取了 17 个关键时刻点,以各电池正反表面中心点的温度平均值作为该时刻电池的平均温度(5 号电池则直接以测点 10#的温度值作为电池的平均温度),得到该时间段内(600s)各电池的温度分布情况,如图 10-39 所示。

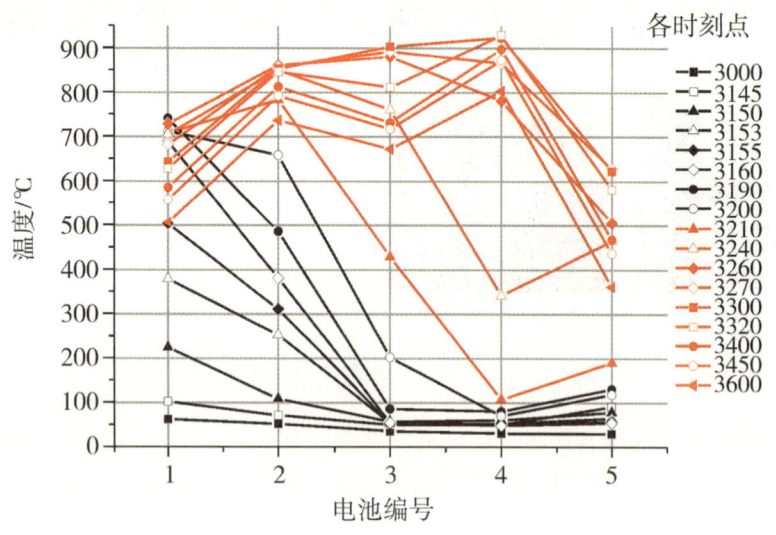

图 10-39 过充热失控触发及传播过程关键 600s 内各电池的温度分布情况

在 3145s 之前,1 号电池温度虽然不断上升,但温升速率不高,电池还未热失控。随后,1 号电池因持续过充,内部副反应加剧,温度开始显著上升,逐渐热失控,并在约 3190s 时达到最高值 740.65℃。1 号电池热失控过程中释放的高热量无法及时散失被 2 号电池吸收,诱发 2 号电池自放热,温度急剧升高,约 3190s 时温度达到了 485.40℃,说明此时热失控已经从 1 号电池拓展到了 2 号电池,并且导致 3 号电池的温升加剧,达到了 85.25℃,但还不足以热失控。约 20s 后(3210s 时),3 号电池温度明显急剧上升达到了 429.80℃时,说明此时热失控已经扩展到了 3 号电池,受其影响 4 号和 5 号电池的温度开始急剧上升并达到了 100℃以上,但还未热失控。再约 30s 后(3240s 时),2 号电池达到了最高温度 861.05℃,3 号电池温度由于剧烈的热失控放热反应,温度仍在急剧上升。此时 4 号电池温度已经达到了 342.55℃,而且 5 号电池温度也达到了 465.90℃,说明此时热失控已经扩展至 4 号和 5 号电池,模组 A 已经完全热失控。随后 3 号电池在 3300s 达到最高值 904.45℃，4 号电池在 3320s 达到了最高值 929.95℃，5 号电池由于化学惰性原因和所处热环境的不同早在 3270s 就达到了最高值 629.05℃。

对比分析 1 号至 5 号电池的热失控行为，发现热失控从 1 号电池拓展到 2 号电池用时约 45s，从 2 号电池拓展到 3 号电池用时约 20s，从 3 号电池拓展到 4 号和 5 号电池用时约 30s，说明随着热失控的传播，热失控从上一个电池拓展到下一个电池的时间差会逐渐缩短。1 号电池热失控过程中达到的最高温度为 740.65℃，2 号电池为 861.05℃，3 号电池为 904.45℃，4 号电池为 929.95℃，5 号电池为 629.05℃，说明各电池热失控时所达到的最高温度随着热失控的不断拓展有不断升高的趋势(5 号电池除外)。而且随着热失控的进一步传播，热失控反应会越来越剧烈，会触发更多的电池参与反应，导致反应释放的能量和破坏程度显著增加。

同理可得模组 C 内短路热失控传播实验前 600s 内的各电池的温度分布情况，如图 10-40 所示。1 号电池在内短路热失控传播实验中达到的最高温度为 514.10℃，而 2 号电池为 902.55℃，3 号电池为 912.45℃，4 号电池为 923.45℃，5 号电池为 388.65℃，同样说明了各电池热失控时所达到的最高温度随着热失控的不断拓展有不断升高的趋势(5 号电池除外，可能是因为针刺设备安装位置导致电池背面紧贴钢材板，散热环境特殊的原因)。

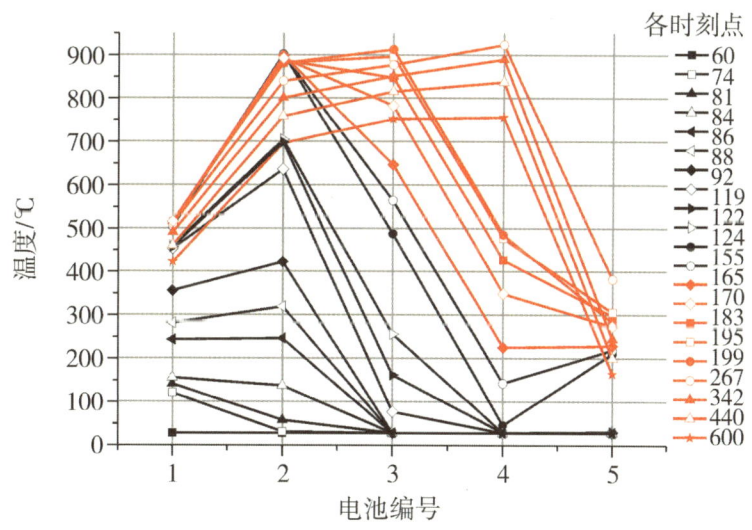

图 10-40　内短路热失控触发及传播过程关键 600s 内各电池的温度分布情况

考虑到热失控传播实验的破坏性和成本较高，所以没有采用重复试验的方式验证上述热失控传播规律，而是通过与相关文献中的实验及仿真结果比对，均符合上述热失控传播规律，从侧面验证了基于模组热失控实验结果得出的热失控传播规律的正确性。

综合上述实验结果，动力电池热失控传播行为存在以下特点：

(1) 电池热失控不一定会造成热失控传播。热失控传播行为是否发生或者能否持续进行直至所有电池完全热失控，取决于前期电池热失控反应释放的能量能否触发周围未热失控电池自发生成大量副反应热。一旦副反应生热使得邻近电池的温度超过了其热失控的温度阈值，那么热失控传播就会进行。

（2）随着热失控的不断拓展，会触发更多的电池参与反应，导致整个热失控反应释放的能量和破坏程度显著增加。

（3）热失控在各电池间的传播存在一定的时间差，而且随着热失控的不断拓展，热失控从上一个电池拓展到下一个电池的时间差会逐渐缩短。

（4）模组结构对电池热失控行为有一定的抑制作用。模组结构在一定程度上会限制电池的鼓包变形，从而减缓电池内部副反应热的生成，能够一定程度上延长电池热失控发生到电池起火燃烧完全热失控之间的时间间隔。

10.4.4 动力电池单体及其成组后的热失控行为对比

电池成组后相邻电池间搭建而成的热传递网络对电池成组后的热失控行为具有重要影响，是造成相邻电池间热失控传播时间差的主要原因。无论是电池单体还是电池成组后的热失控行为，均存在明显的触发演化过程，只是电池成组后的模组结构会影响热失控演化各阶段所需的时间，例如会延长电池热失控发生到电池起火燃烧完全热失控所需的时间。

电池成组后相邻电池间形成的各种非线性热耦合关系、热失控传递关系，导致电池成组后的热失控行为要比电池单体更为复杂。电池成组后的热安全性对电池单体自身的热安全性、模组结构的安全设计等提出了更高要求，应针对电池成组成包后的结构特点及电池间的各种热耦合传递关系，设计合理可靠且适用于电池成组后的热安全防护技术。例如，适用于电池单体安全防护的压力安全阀在电池模组内使用时，应考虑其对应的阀喷通道设计是否合理，以避免压力安全阀打开后喷射的高温可燃气体引发周围电池连锁热失控。

基于动力电池成组后的热失控传播行为特点，可以有针对性地采取措施提高动力电池成组后的热安全性。例如，可以充分利用热失控从第一个电池拓展到下一个电池所存在的时间差，在探测到第一个电池热失控的时候就及时采取惰性气体喷淋等热失控阻断防护措施避免热失控的进一步传播，同时该时间差约几十秒可用于车内人员及时安全撤离，确保车内乘员的人身安全和电动汽车的使用安全，也可以通过设计合理的电池排布方式和模组结构形式，以减缓电池热失控生成副反应热的速率，再配合热管理、热失控安全防护技术所搭建形成的高效可靠的热传递网络，及时阻断热失控电池产生的热效应对其余未热失控电池的影响，避免电池热失控的多米诺效应，进而提高电池成组后抵御热失控的能力。

本章小结

首先阐述了动力电池热失控机理，基于动力电池多内源瞬态生热模型和电化学-热耦合模型，建立了极端滥用条件下的动力电池过温、过充和内短路热模型，并基于热模型完成了极端滥用条件下的动力电池热特性分析，发现极端滥用条件下电池温度会异常升高，存在引发热失控甚至起火燃烧的安全隐患，进而指出了研究极端滥用条件下动力电池热安全性的必要性。

其次搭建了热、电、机械滥用热失控实验平台，完成了 12A·h 车用三元动力电池单体的热安全性实验研究，讨论了过温、过充和内短路滥用条件下动力电池热失控行为关键参数如温度、电压的变化情况，发现动力电池热失控有明显的触发演变过程，可分成 5 个阶段；过充热失控行为的剧烈程度和破坏性要大于内短路热失控和过温热失控；电压突然急剧升高又迅速下降的异常变化可作为判断过充热失控是否发生的条件；电池过充热失控发生到电池剧烈燃烧完全热失控之间存在一定的反应时间等等，并基于热、电、机械不同滥用条件下的电池热失控行为特性提出了改善动力电池热安全性的具体建议。

最后在动力电池单体热安全性实验的基础上进一步开展了动力电池成组后的热安全性研究，重点探索了电池成组后的过充和内短路热失控传播行为特性，得出电池热失控不一定会造成热失控传播，热失控传播行为发生需满足一定条件；随着热失控的不断拓展，参与热失控反应的电池所释放的能量及其所达到的最高温度会不断升高；热失控在各电池间的传播存在一定的时间差，而且随着热失控的不断拓展，相邻电池热失控的时间差会逐渐缩短；电池成组后相邻电池间形成的各种非线性耦合关系、热传递关系导致电池成组后的热失控行为更为复杂；电池成组后相邻电池间搭建而成的热传递网络是造成相邻电池间热失控传播时间差的主要原因；电池成组后的模组结构会延长电池热失控发生到电池起火燃烧完全热失控的时间等。

参 考 文 献

［1］肖成伟,汪继强. 电动汽车动力电池产业的发展［J］. 科技导报,2016(06):74-83.
［2］SOMOGYE B, RYAN H. An aging model of Ni-MH batteries for use in hybrid-electric vehicles［D］. Columbus: The Ohio State University, 2004.
［3］WANG Q, PING P, ZHAO X, et al. Thermal runaway caused fire and explosion of lithium ion battery［J］. Journal of Power Sources, 2012, 208: 210-224.
［4］FENG X, FANG M, HE X, et al. Thermal runaway features of large format prismatic lithium ion battery using extended volume accelerating rate calorimetry［J］. Journal of Power Sources, 2014, 255:294-301.
［5］FENG X, OUYANG M, LIU X, et al. Thermal runaway mechanism of lithium ion battery for electric vehicles: A review［J］. Energy Storage Materials, 2018,10 :246-267.
［6］RICHARD M N, DAHN J R. Predicting electrical and thermal abuse behaviors of practical lithium-ion cells from accelerating rate calorimeter studies on small samples in electrolyte［J］. Journal of Power Sources, 1999,79(2) : 135-142.
［7］VON S U, NODWELL E, SUNDLER A, et al. Comparative thermal stability of carbon intercalation anodes and lithium metal anodes for rechargeable lithium batteries［J］. Solid State Ionics, 1994, 69:284-290.
［8］DOUGHTY D, ROTH EP. A general discussion of li ion battery safety［J］. Electrochemical Society Interface, 2012, 21(2):37-44.
［9］李建军,王莉,高剑,等. 动力锂离子电池的安全性控制策略及其试验验证［J］. 汽车安全与节能学报, 2012(02):151-157.
［10］庞静,卢世刚. 锂离子电池高温反应及其影响因素［J］. 电池工业, 2004, 9(3):136.

[11] ZHAO R, LIU J, GU J. Simulation and experimental study on lithium ion battery short circuit[J]. Applied Energy, 2016, 173: 29 – 39.

[12] 薛云龙,王志荣. 高温环境下18650型锂离子电池热失控过程的数值分析[J]. 安全与环境学报,2015(04):126 – 130.

[13] 罗庆凯,王志荣,刘婧婧,等.18650型锂离子电池热失控影响因素[J]. 电源技术,2016(02):277 – 279.

[14] FENG X, SUN J, OUYANG M, et al. Characterization of large format lithium ion battery exposed to extremely high temperature[J]. Journal of Power Sources, 2014, 272:457 – 467.

[15] 何向明,冯旭宁,欧阳明高. 车用锂离子动力电池系统的安全性[J]. 科技导报,2016(06): 32 – 38.

[16] FENG X, SUN J, OUYANG M, et al. Characterization of penetration induced thermal runaway propagation process within a large format lithium ion battery module[J]. Journal of Power Sources, 2015, 275:261 – 273.

[17] 刘恒伟,李建军,谢潇怡,等. 大尺寸三元锂离子动力电池过充电安全性研究[J]. 新材料产业,2015(03).

[18] 胡棋威. 锂离子电池热失控传播特性及阻断技术研究[D]. 北京:中国舰船研究院,2015.

[19] LOPEZ C F, JEEVARAJAN J A, MUKHERJEE P P. Experimental analysis of thermal runaway and propagation in lithium-ion battery modules[J]. Journal of the Electrochemical Society, 2015, 162(9): A1905 – A1915.

[20] LAMB J, ORENDORFF C J, STEELE A M, et al. Failure propagation in multi-cell lithium ion batteries[J]. Journal of Power Sources, 2015, 283:517 – 523.

[21] CHEN M, SUN Q, LI Y, et al. A thermal runaway simulation on a lithium titanate battery and the battery Module[J]. Energies. 2015, 8(1):490 – 500.

[22] FENG X, HE X, OUYANG M, et al. Thermal runaway propagation model for designing a safer battery pack with 25Ah $LiNi_xCo_yMn_zO_2$ large format lithium ion battery[J]. Applied Energy, 2015, 154:74 – 91.

[23] FENG X, LU L, OUYANG M, et al. A 3D thermal runaway propagation model for a large format lithium ion battery module[J]. Energy, 2016,115:194 – 208.

[24] 吴飞驰,夏顺礼,赵久志,等. 三元动力电池的热失控安全性方法研究[J]. 中国测试,2015(05):125 – 128.

[25] XIANG H, WANG H, CHEN C, et al. Thermal stability of $LiPF_6$-based electrolyte and effect of contact with various delithiated cathodes of li-ion batteries[J]. Journal of Power Sources, 2009, 191(2): 575 – 581.

[26] 张海燕. 温度敏感电极在锂离子电池中的应用研究[D]. 北京:北京有色金属研究总院,2016.

[27] 周恩娄. 锂离子电池层状正极材料的表面包覆研究[D]. 天津:天津理工大学,2013.

[28] 萨奇德夫A K,费尔布吕格M W,彼得森T C,等. 用于阻滞或防止电池中的热失控的材料和方法[P]. 2013 – 06 – 05.

[29] ARAI J. A novel non-flammable electrolyte containing methyl nonafluobutyl ether for lithium ion secondary batteries[J]. Applied Electrochemistry,2002, 32:1071 – 1079.

[30] XU K, ZHANG S, JAN L, et al. Nonflammable electrolyte for li-ion battery based on a fluorinated phosphate [J]. Electrochemical Society, 2002, 1498:A1079 – A1082.

[31] ZHANG Z, ZHANG L, SCHLUETER J A, et al. Understanding the redox shuttle stability of 3,5-di-tert-butyl-1,2-dimethoxybenzene for overcharge protection of lithium-ion batteries[J]. Journal of Power Sources, 2010, 195(15): 4957-4962.

[32] WANG Y, ZHANG H, HUANG J, et al. Wet-laid non-woven fabric for separator of lithium-ion battery[J]. Journal of Power Sources, 2009, 189:616-9.

[33] SHI C, ZHANG P, HUANG S H, et al. Functional separator consisted of polyimide nonwoven fabrics and polyethylene coating layer for lithium-ion batteries[J]. Journal of Power Sources, 2015, 298:158-165.

[34] SWART J, ARORA A, MEGERLE M, et al. Methods for measuring the mechanical safety vent pressure of lithium ion cells[C]. 2006 IEEE Symposium on Product Safety and Compliance Engineering, Irvine, CA, 2006:1-4.

[35] BELOV D, YANG M H. Failure mechanism of li-ion battery at overcharge conditions[J]. Solid State Electrochem, 2008, 12:885-94.

[36] BERDICHEVSKY E M, COLE P D, HEBERT A J, et al. Mitigation of propagation of thermal runaway in a multi-cell battery pack[P]. 2008.

[37] WILKE S, SCHWEITZERB KHATEEB S, et al. Preventing thermal runaway propagation in lithium-ion battery packs using a phase change composite material: an experimental study[J]. Journal of Power Sources, 2017, 340: 51-59.

[38] KIZILEL R, SABBAH R, SELMAN J R, et al. An alternative cooling system to enhance the safety of li-ion battery packs[J]. Journal of Power Sources, 2009, 194(2):1105-1112.

[39] AZIZI Y, SADRAMELI S M. Thermal management of a LiFePO$_4$ battery pack at high temperature environment using a composite of phase change materials and aluminum wire mesh plates[J]. Energy Conversion and Management, 2016, 128:294-302.

[40] 菲利普 帕汀,艾瑞克 卡尔森. 避免电池组中单元至单元的热失控传导的装置[P]. 2016-01-06.

[41] 王青松,严佳佳,黎可,等. 一种用于电池系统散热及防止热失控传播的复合板[P]. 2016-07-06.

[42] YAN J, WANG Q, LI K, et al. Numerical study on the thermal performance of a composite board in battery thermal management system[J]. Applied Thermal Engineering, 2016, 106:131-140.

[43] 王兆聪,胡棋威,李文斌,等. 抑制和阻止锂离子电池热失控方法及装置[P]. 2015-09-02.

[44] 魏洪兵,宋杨,王彩娟,等. 锂离子电池内部短路试验方法的比较[J]. 电池, 2009, 5(39): 294-295.

[45] 中华人民共和国国家质量监督检验检疫总局,中国国家标准化管理委员会. GB/T 31467.3-2015 电动汽车用动力蓄电池安全性及试验方法[S]. 北京:中国标准出版社,2015.

11 电动汽车起火事故分析与电池包防护

中国电动汽车产业发展势头迅猛，2019 年底电动汽车累计保有量达 381 万辆，占据全球保有量的 53%，但与此同时电动汽车起火事故的发生次数也逐年增加[1]。据不完全统计，2019 年国内发生至少 73 起电动汽车起火事故，不同车辆类型、不同应用场景的起火图片、视频频繁出现在传媒网络中，暴露出电动汽车的潜在安全隐患，造成了电动汽车消费者对生命财产安全的恐慌，阻碍了电动汽车的进一步推广。研究电动汽车火灾的事故特点、起火原因、事故机理以及防护方案是提高电动汽车安全性的重要工作。

本章以近几年来电动汽车火灾事故为切入点，分析了 2015—2019 年间的电动汽车火灾事故的发展趋势和特点，在此基础上展开对电动汽车的起火原因分析。根据车辆起火部位的不同，将起火原因划分为车内因素和车外因素两部分，结合热失控起火机理和现实案例详细阐述了引发电动汽车起火的可能原因。在火灾事故原因研究的基础上，发现绝大多数电动汽车火灾是由电池包局部火情蔓延而来，因此进行了复杂系统认知下的车用动力电池包热安全性研究，提出了一种车用动力电池包热失控安全防护方案，并借助火灾动力学软件对该电池包热失控安全防护方案进行计算机仿真和效果验证模拟。

11.1 电动汽车起火事故数据

11.1.1 历年电动汽车起火事故数据

近年来随着电动汽车占领市场，电动汽车保有量上升，电动汽车起火事故数量也逐渐增加，其安全问题受到广泛关注。根据网络公开资料统计，2016 年国内至少发生 29 起电动汽车火灾事故，涉及车辆 40 辆；2017 年至少发生 14 起，涉及车辆 103 辆；2018 年至少发生 40 起，涉及车辆 51 辆；2019 年至少发生 77 起，涉及车辆 99 辆；2020 年至少发生 124 起，涉及车辆 136 辆，统计数据见图 11 - 1，可见电动汽车起火事故年发生次数与保有量之间在统计学上具有一定的正相关性。2015—2019 年的电动汽车起火事故统计如表 11 - 1 所示，2016—2019 年间的起火事故详细情况如表 11 - 2 至表 11 - 5 所示。

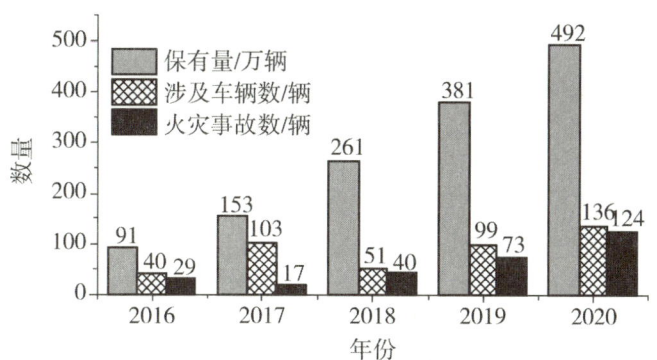

图 11-1 2016—2020 年中国电动汽车保有量与火灾事故数量的对比

表 11-1 2015—2019 年中国电动汽车起火事故统计

年度	电动乘用车		电动客车		电动物流车		未知车型/起	起火事故总数/起
	事故数量/起	占比	事故数量/起	占比	事故数量/起	占比		
2015	1	7%	7	50%	0	0	6	14
2016	11	38%	14	48%	1	3%	3	29
2017	9	64%	2	14%	0	0	3	14
2018	19	47%	1	2%	4	1%	16	40
2019	36	47%	6	8%	10	13%	24	76

表 11-2 2016 年电动汽车起火事故详细情况

序号	时间	地点	涉及车辆数/辆	动力类型	车辆品牌	车辆类型	起火状态	起火原因
1	1.31	江西上饶	1	纯电动	宇通	客车	停放	外部火源：被旁边的传统客车引燃
2	2.22	北京	1	纯电动	华晨金杯	专用车	充电	未知
3	2.26	江苏宝应	1	纯电动	宇通	客车	未知	未知
4	3.16	深圳	1	混动	五洲龙	客车	行驶	车厢尾部先着火，电池箱体完好
5	4.9	上海	3	混动	比亚迪 唐	乘用车	停放	排气管异物，前引擎盖下的车舱先起火
6	4.13	深圳	1	混动	五洲龙	客车	行驶	电气故障：电线老化导致线路短路
7	5.14	珠海	1	纯电动	银隆	客车	未知	电池短路
8	5.30	北京	1	纯电动	北汽福田	客车	未知	空调系统故障
9	6.2	上海	1	纯电动	荣威 e550	乘用车	充电	放置在车内的拖线板过热引起内饰燃烧
10	6.14	上海	1	混动	比亚迪 唐	乘用车	行驶	改装，非电池原因

(续表 11-2)

序号	时间	地点	涉及车辆数/辆	动力类型	车辆品牌	车辆类型	起火状态	起火原因
11	6.23	北京	2	纯电动	江淮 IEV5	乘用车	行驶	未知
12	7.7	南京	2	纯电动	苏州金龙海格	大巴	停放	浸电瓶浸水短路,受台风降水影响
13	7.22	深圳	1	纯电动	江淮 IEV5	乘用车	充电	未知
14	8.20	北京	1	纯电动	北汽福田	客车	未知	部件故障:车辆顶部空调系统故障
15	8.20	广东梅州	1	纯电动	未知	公交车	未知	未知
16	9.13	重庆	8	纯电动	长安逸动	乘用车	未知	外部火源:挂车装载电动汽车,挂车起火,电动汽车被引燃
17	9.14	广东惠州	1	纯电动	宇通	客车	未知	碰撞:货车追尾电动公交车后电池组冒烟着火
18	9.15	深圳	1	混动	五洲龙	客车	未知	外部火源:人为纵火,1人死亡
19	9.22	湖南湘潭	1	纯电动	众泰云 100	乘用车	未知	电池电气短路:电池信号线路短路引燃后座可燃物
20	10.23	天津	1	纯电动	金马客车	客车	未知	电池故障-电池舱起火
21	10.24	太原	1	纯电动	比亚迪 E6	乘用车	未知	未知
22	10.26	山东临沂	1	纯电动	众泰知豆	乘用车	未知	碰撞:汽车底盘碰到下水道铁网,电池短路自燃
23	10.1	青岛	1	纯电动	众泰云 100	乘用车	未知	未知
24	11.2	天津	1	纯电动	未知	客车	未知	电池舱突然冒烟
26	11.20	天津	1	纯电动	未知	客车	未知	未知

根据公开资料整理。

表 11-3 2017 年电动汽车起火事故

序号	时间	地点	涉及车辆数/辆	动力类型	车辆品牌	车辆类型	起火状态	起火原因
1	1.15	天津	1	纯电动	未知	乘用车	行驶	未知
2	2.19	广州	1	纯电动	特斯拉 Model X	乘用车	行驶	与道路中心护栏发生碰撞导致热失控
3	3.4	上海	2	纯电动	特斯拉 Model S	乘用车	充电	充电桩故障:充电桩电压不稳定导致充电器的高压接线盒传感器发生故障
4	5.1	北京	89	纯电动	安凯	客车	停放	外来燃烧物:堆积的杨柳絮快速燃烧波及停车场
5	5.6	长沙	1	纯电动	众泰云 100S	乘用车	充电	未知

(续表 11-3)

序号	时间	地点	涉及车辆数/辆	动力类型	车辆品牌	车辆类型	起火状态	起火原因
6	6.1	湖北荆州	1	纯电动	未知	客车	行驶	未知
7	6.11	山东日照	1	纯电动	特斯拉 Model X	乘用车	行驶	碰撞路边的护栏后起火,伴随爆炸声,车辆完全烧毁
8	6.17	河南新乡	1	纯电动	众泰云 100	乘用车	充电	电池故障:底盘电池组起火
9	11.26	苏州	1	纯电动	未知	乘用车	行驶	司机玩手机导致车辆与道路隔离墩碰撞引发电池起火
10	11.30	上海	1	纯电动	北汽新能源 EV	乘用车	停放	车头先起火
11	11.30	北京	1	纯电动	江淮 IEV5	乘用车	停放	电池模组发生电气故障

根据公开资料整理。

表 11-4 2018 年电动汽车起火事故

序号	时间	地点	涉及车辆数/辆	动力类型	车辆品牌	车辆类型	起火状态	起火原因
1	1 月	重庆	1	纯电动	特斯拉 Model S	乘用车	停车	未知
2	5 月	安徽	1	纯电动	未知	乘用车	充电	未知
3	5 月	未知	1	纯电动	川汽野马 U 能 E350	乘用车	充电	过充
4	5.16	浙江	1	纯电动	江铃	乘用车	充电	未知
5	5.21	湖北	1	纯电动	众泰	乘用车	行驶	未知
6	5.28	深圳	1	纯电动	陆地方舟	物流车	充电	未知
7	6.4	山东	1	纯电动	北汽新能源	乘用车	停放	未知
8	6.5	北京	1	纯电动	吉利帝豪	乘用车	充电	"飞线"充电起火
9	6.12	北京	1	纯电动	北汽新能源	乘用车	充电	未知
10	6.15	未知	1	纯电动	北汽新能源	乘用车	充电	未知
11	6.26	北京	1	纯电动	江淮 IEV5	乘用车	充电	未知
12	7.6	北京	1	纯电动	南京金龙 D11	物流车	充电	未知
13	7.11	深圳	1	纯电动	陆地方舟	物流车	充电	电池故障
14	7.15	深圳	1	纯电动	陆地方舟	物流车	充电	未知
15	8.4	上海	1	混动	比亚迪 宋 SUV	乘用车	充电	未知
16	8.25	成都	1	纯电动	威马 EX5	乘用车	未知	该车为用于试验的报废车,电器元件短路起火
17	8.26	安徽铜陵	1	纯电动	安凯客车	客车	未知	电路元件短路
18	8.28	未知	1	纯电动	未知	厢式电动	充电	未知
19	8.31	广东	1	纯电动	力帆 650EV	乘用车	未知	电池包被连日暴雨雨水浸泡超过 2 小时,电芯短路
20	9.1	长春	1	纯电动	特斯拉	乘用车	未知	未知

(续表 11-4)

序号	时间	地点	涉及车辆数/辆	动力类型	车辆品牌	车辆类型	起火状态	起火原因
21	9.2	北京	1	纯电动	江淮 IEV5	乘用车	停放	模组故障
22	9.5	珠海	2	纯电动	众泰云 100plus	乘用车	充电	模组发生电气故障
23	10.10	北京	1	纯电动	长安奔奔 EV	乘用车	行驶	未知
24	12.3	天津	1	纯电动	华泰 XEV260	乘用车	充电	电池舱 BMS 通讯线短路故障

根据公开资料整理。

表 11-5 2019 年电动汽车起火事故

序号	时间	地点	涉及车辆数/辆	动力类型	车辆品牌	车辆类型	起火状态	起火原因
1	1.15	上海	1	磷酸铁锂	宇通黑金刚	客车	行驶	其他系统元器件故障
2	2.12	深圳	1	纯电动	未知	未知	行驶	未知
3	2.27	深圳龙华	1	纯电动	东风牌	货车	行驶	电池不明故障
4	3.6	深圳	1	三元	北汽威旺 409EV	货车	充电	电池不明故障
5	3.12	深圳	1	三元	北汽威旺 408EV	货车	充电	电池不明故障
6	3.16	深圳	1	三元	北汽威旺	货车	充电	电池不明故障
7	3.08	上海	1	18650	未知	未知	充电	未知
8	3.25	深圳龙华	4	未知	南京金龙	客车	停放	满电长期停放,电池模组故障
9	3.26	广州	1	18650	特斯拉 Model S	乘用车	停放	未知
10	3.28	天津河西	1	三元	奇瑞瑞虎 3xe	乘用车	停放	电池积水
11	4.7	杭州	1	三元	长安新能源	乘用车	充电	快充半小时后起火,单体故障
12	4.21	上海徐汇	4	18650	特斯拉 Model S	乘用车	停放	电池模组故障
13	4.22	西安	1	三元	蔚来 ES8	乘用车	停放	电池遭受碰撞
14	4.23	杭州	1	混动	荣威 ei6	乘用车	行驶	人为使用不当
15	4.24	武汉	1	三元	比亚迪 E5	乘用车	停放	其他系统不明故障
16	5.4	杭州	8	磷酸铁锂	东风俊风 ER30	乘用车	停放	其他系统电气故障,闲置将报废车辆
17	5.8	宁波	1	三元	未知	未知	停放	未知
18	5.12	香港新蒲岗	1	18650	特斯拉 Model S	乘用车	停放	电池不明故障
19	5.16	上海嘉定	1	三元	蔚来 ES8	乘用车	停放	电池不明故障
20	5.17	保定	1	混动	吉利星越 48V 轻混版	乘用车	行驶	未知
21	6.5	江苏常州	1	三元	未知	未知	行驶	未知
22	6.5	江西宜春	1	三元	未知	未知	行驶	未知
23	6.9	上海	1	纯电动	上汽荣威	乘用车	充电	电池电气故障
24	6.10	安徽六安	1	电动	舒城运通公交	客车	行驶	电池不明故障

(续表 11-5)

序号	时间	地点	涉及车辆数/辆	动力类型	车辆品牌	车辆类型	起火状态	起火原因
25	6.10	重庆	1	不明	未知	未知	充电	未知
26	6.14	武汉	1	三元	蔚来 ES8	乘用车	停放	未知
27	6.15	重庆	1	三元	未知	未知	充电	未知
28	6.17	昆明	1	纯电动	神州汽车	货车	停放	电池电气故障
29	6.19	重庆	1	三元	未知	未知	充电	未知
30	6.22	武汉	1	三元	未知	未知	停放	电池内部积水
31	6.24	西安	1	不明	未知	未知	停放	未知
32	6.24	南昌	1	不明	未知	未知	充电	未知
33	6.26	南京	1	18650	未知	未知	停放	未知
34	6.26	河南	1	未知	未知	未知	行驶	未知
35	6.27	重庆	1	未知	未知	未知	停放	未知
36	6.27	石家庄	1	三元	蔚来 ES8	乘用车	停放	外部不明原因
37	7.2	西安	1	未知	电动面包车	货车	停车	未知
38	7.4	昆明	1	纯电动	神州汽车	货车	充电	电池电气故障
39	7.5	武汉	1	三元	吉利帝豪 EV	乘用车	充电	电池不明故障
40	7.7	长沙	1	未知	吉利新能源	乘用车	停放	电池不明故障
41	7.8	成都	1	未知	未知	未知	行驶	未知
42	7.11	浙江金华	1	未知	未知	未知	停车	未知
43	7.12	江西	1	未知	未知	未知	停车	未知
44	7.18	北京丰台	1	三元	长安新能源	乘用车	行驶	未知
45	7.25	西安	1	不明	电动面包车	货车	行驶	未知
46	7.25	江西宜春	1	三元	未知	未知	停车	未知
47	8.1	西安	1	不明	一汽解放	箱式货车	行驶	未知
48	8.2	遵义	1	三元	猎豹 CS9 EV300	乘用车	停放	未知
49	8.2	湖南汨罗	1	不明	未知	未知	停车	未知
50	8.4	杭州	1	三元	众泰新能源	乘用车	行驶	电池遭受碰撞
51	8.8	河南开封	1	三元	未知	未知	停车	未知
52	8.10	辽宁新宾	1	三元	未知	未知	行驶	未知
53	8.10	南宁	1	三元	云度 π3	乘用车	行驶	电池不明故障
54	8.11	湖南衡阳	1	未知	电动大巴	客车	充电	未知
55	8.13	保定	1	三元	长城欧拉 R1	乘用车	充电	未知
56	8.15	西安	1	未知	未知	未知	充电	充电站故障
57	8.23	西安	3	三元	东风风神 E70	乘用车	快充	未知
58	8.23	深圳宝安	1	三元 18650	猎豹 CS9EV	乘用车	行驶	电池模组故障
59	8.25	成都温江	1	三元	北汽新能源	乘用车	行驶	未知
60	9.13	深圳宝安	1	三元	领途 KONE	乘用车	停放	电池电气故障

(续表 11-5)

序号	时间	地点	涉及车辆数/辆	动力类型	车辆品牌	车辆类型	起火状态	起火原因
61	9.14	洛阳	1	三元	众泰新能源 E200	乘用车	行驶	未知
62	9.19	四川资阳	1	纯电动	荣威 Marvel X	乘用车	停放	电池单体故障
63	9.21	北京亦庄	2	三元	北汽新能源	乘用车	停放	未知
64	9.23	温州	1	三元	威马 EX5	乘用车	行驶	其他系统不明故障
65	9.27	南京江宁	1	未知	未知	乘用车	行驶	未知
66	10.15	杭州西湖	1	未知	未知	乘用车	充电	未知
67	10.17	杭州西湖	1	三元	长安欧尚 EV	乘用车	行驶	电池不明故障
68	10.30	广西桂林	1	未知	微型车	乘用车	充电	未知
69	10.30	哈尔滨	1	磷酸铁锂	宇通 E10 电动	公交车	行驶	电池不明故障
70	10.30	昆明	1	未知	云南麒仕新能源	客车	刚结束充电	未知
71	11.3	广东惠州	1	未知	未知	未知	充电	未知
72	11.4	浙江绍兴	1	未知	南京金龙 D10 电动物流车	货车	停车	未知
73	11.12	南京	1	未知	未知	未知	行驶	未知
74	11.22	郑州	1	三元	东风 E17	乘用车	行驶	电池电气故障
75	11.25	浙江绍兴	1	三元	长安欧尚 EV	乘用车	行驶	未知
76	12.16	浙江永嘉	1	未知	未知	乘用车	充电	未知
77	12.19	广州	1	三元	小鹏 G3	乘用车	停放	人为使用不当

根据公开资料整理。

  2015 年以前的电动汽车起火事故留存记录较少,因此,选取事故数量相对较多的 2015—2019 年的起火事故进行分析,起火事故车辆类型分类如表 11-1 所示,可见近几年电动汽车起火事故有如下趋势:

  (1) 电动客车的起火事故数量和占比自 2016 年以后明显下降,这与 2016 年工信部发布的电动客车安全管理法规有关。2009 年至 2016 年上半年,我国发生至少 31 起电动汽车安全事故,其中电动客车的事故率高于同一时期乘用车的事故率。电动客车载客多、逃生通道拥挤,生产企业技术水平良莠不齐,一旦发生事故将引起重大损失,而且随着老旧车辆的增多,安全形势更加严峻。因此,自 2016 年 1 月起,工信部暂缓将三元电池客车列入推荐车型目录,同时启动了电动客车安全风险评估,加强了对三元电池客车的严格安全管理。

  (2) 电动乘用车发生起火的频次和占比逐年上升,几乎占每年电动车起火事故总数的一半。一方面,这与电动乘用车的保有量增加有关。自 2009 年起,国务院、发改委等部门先后出台了数十项专门针对电动汽车的产业扶持政策,政策内容涉及财政补贴、税收减免、生产准入、技术创新等多个方面,激励消费端购买电动汽车、供应端生产电动汽车。

2015年和2016年出厂的新能源车辆大多是客车,而近几年电动乘用车市场快速扩大,造车新势力层出不穷,上汽、广汽等传统车企也转型发展电动乘用车,电动乘用车保有量逐渐上升。在概率学意义上,电动乘用车保有量的增加与电动乘用车起火事故数量的增加具有一定的相关性。另一方面,三元锂电池因其寿命长、能量密度高等特点被广泛应用于电动乘用车,而电动客车则大多采用磷酸铁锂电池,但三元锂电池具有高温结构不稳定的缺点,其高温安全性低于磷酸铁锂电池,极端使用环境下易引发起火事故。

(3)电动物流车起火事故数量近年来开始增多。电动物流车的量产相对较晚,大部分电动物流车采用的是三元锂电池,这几年随着电动物流车保有量上升,起火事故也逐渐增加。

11.1.2 电动汽车起火事故规律

2019年电动汽车发生事故总数达到73起,涉及99辆车,在行驶、充电、维修、停放到报废等多个使用环节均有起火案例发生,在使用时间、空间分布上呈现出一定的规律特点。以2019年整年电动汽车起火事故作为主要研究对象,基于电动汽车火灾事故的公开资料,探讨电动汽车火灾事故在车辆类型、季节、地点以及行驶状态等方面的规律和特点。

11.1.2.1 车辆类型

在2019年公开报道的73起电动汽车起火事故中,已知事故车辆类型有49起。其中,起火车辆为乘用车的为35起,占总比例的72%;起火车辆为客车的为6起,占总比例的12%;起火车辆为物流车的为8起,占总比例的16%。各车型起火事故信息分别见表11-6、表11-7、表11-8。

从车辆类型的来看,乘用车是发生起火事故数量最多的车型,客车和货车的起火事故比乘用车少,但由于客车和货车的生产成本高、载客人数或运载物品较多、逃生通道及出口相对少,一旦发生火灾更容易带来严重的后果。

从动力类型的来看,起火车辆中大多数是纯电动汽车,混合动力汽车起火为2起。在已知电池类型的事故中,40起事故的车辆电池类型是三元锂电池,3起是磷酸铁锂电池。三元锂电池的大量运用和较低的安全稳定性是其事故数量较多的主要原因之一。

表11-6 2019年新能源乘用车火灾事故信息(部分)

序号	时间	地点	涉及车辆数/辆	车辆品牌	状态	动力类型	起火原因
1	4月23日	杭州	1	荣威 ei6	行驶	三元混动	疑似座舱有可燃物,车辆中部烧损
2	5月4日	杭州	8	东风俊风	停放	LFP 纯电动	车辆闲置将报废,车辆线束受损

(续表 11-6)

序号	时间	地点	涉及车辆数/辆	车辆品牌	状态	动力类型	起火原因
3	5月12日	香港	1	特斯拉 Model S	停放	三元纯电动	快充至97%后，电池故障起火
4	6月22日	武汉	1	不明	停放	三元纯电动	积水自燃
5	7月5日	武汉	1	吉利帝豪EV	充电	三元纯电动	尾部电池包冒黑烟，疑似电池故障
6	8月23日	深圳	1	猎豹CS9EV	行驶	三元纯电动	电池模组内部故障，整车烧损
7	9月23日	温州	1	威马EX5	行驶	三元纯电动	车内扶手箱、座椅先出现冒烟
8	10月17日	杭州	1	长安欧尚EV	行驶	三元纯电动	电池故障，车辆中后部烧损
9	11月22日	郑州	1	东风E17	行驶	三元纯电动	电池短路，整车烧毁
10	12月19日	广州	1	小鹏G3	停放	三元纯电动	停放在木炭上方，车辆后部烧损

表 11-7　2019 年新能源客车起火事故信息

序号	时间	地点	涉及车辆数/辆	车辆品牌	状态	动力类型	起火原因
1	1月15日	上海	1	宇通黑金刚	行驶	LFP纯电动	除霜器故障，前挡风玻璃烧损
2	3月25日	深圳	4	南京金龙	停放	纯电动	充满电后停放约17天后起火
3	6月10日	安徽六安	1	舒城运通	行驶	纯电动	动力电池故障，车辆中前部烧损
4	8月11日	衡阳	1	不明品牌大巴	充电	纯电动	整车烧损
5	10月30日	哈尔滨	1	宇通E10	行驶	LFP纯电动	乘客舱下出现明火，疑似电池故障
6	10月30日	昆明	1	云南麒仕	充电	纯电动	车辆内部冒很大的浓烟并有明火

表 11-8　2019 年新能源货车起火事故信息

序号	时间	地点	涉及车辆数/辆	车辆品牌	状态	动力类型	起火原因
1	2月27日	深圳	1	东风	行驶	纯电动	底盘烧损
2	3月6日	深圳	1	北汽威旺	充电	三元纯电动	充电时自燃，电池包存在质量风险

(续表 11-8)

序号	时间	地点	涉及车辆数/辆	车辆品牌	状态	动力类型	起火原因
3	3月12日	深圳	1	北汽威旺	充电	三元纯电动	充电时自燃,电池包存在质量风险
4	3月16日	深圳	1	北汽威旺	充电	三元纯电动	充电时自燃,电池包存在质量风险
5	7月2日	西安	1	不明	停车	纯电动	底盘冒烟和火光,车辆中后部烧损
6	7月25日	西安	1	不明	行驶	纯电动	前部起火,整车烧损,原因不明
7	8月1日	西安	1	一汽解放	行驶	纯电动	车辆前部烧损
8	11月4日	绍兴	1	南京金龙	停车	纯电动	停车时发生起火,车辆内部烧损

11.1.2.2 运动状态

根据车辆起火时的运动状态分类,在事故车辆在行驶过程中起火的有27起,占总数的38%,涉及车辆27辆;在充电过程中起火有18起,占总数的25%,涉及车辆30辆;在停放时起火有28起,占总数的38%,涉及车辆42辆。停放起火的事故中,有3例是在碰撞或涉水后进行维修时发生起火;有1例是在车辆即将报废的情况下发生起火,涉及车辆8辆;有1例是满电状态下长时间停放时发生起火;有1例是停放在外部火源附近被炙烤起火。可见,电动汽车从行驶、充电、维修、停放到报废等多个使用环节中都有起火案例。相比于充电状态,车辆在行驶和停放状态下发生起火的可能性更大。停放状态下发生起火的事故车辆数居于首位,可能是由于车辆停放时更少受到监管,火势往往发展严重甚至蔓延到周围车辆时才被察觉。

电动汽车在行驶时起火,可能是由于在行驶工作条件下机械、电气系统处于高负荷状态,更容易发生短路、过热等故障,导致局部热量聚集引发起火。电动汽车在停放状态下的起火,可能由于停驶时散热系统停止工作,而电池等汽车部件温度还未降到安全水平,导致局部热量积累;或者受到环境温度的影响,如安装在车辆底部的电池包长时间接收高温地面的热量辐射,使得电池温度过高引发热失控[2]。充电涉及电池系统与充电桩之间的交流,如果充电过程中电池管理系统的过充监测失效,或者充电设备缺乏合格有效的绝缘监测、自动诊断等安全保护措施,就有可能发生过充、过热或短路等充电故障,引发起火。

11.1.2.3 事故起火原因

在已知起火原因的起火事故中,源于动力电池系统故障的起火事故占大多数,为21例,占总数的72%,原因包括但不限于电池单体内部故障、电气线路短路、底盘遭受机械碰撞及电池包进水等。源于电池系统之外的整车原因有 4 起，占总数的 14%，包括车辆线束受损、除霜器故障等情况。源于外部原因有 4 起，占总数的 14%，如停放在外部可燃物附近、充电站起火引燃车辆。数据表明，电动汽车的火灾危险性大多集中在电池部位，起火原因大多与电气故障有关。

电池系统是大部分车辆火灾事故的起火部位。由于目前对电池系统各部件之间的复杂性、电-热-机械多物理场耦合性等还未达到足够的认识深度，导致各自满足安全要求的部件装配到一起后产生性能冲突，使得车辆行驶了一定里程后发生系统故障。电气故障是包括传统燃油车在内的车辆自燃起火的常见原因，电路接触不良导致局部高温、线路磨损导致短路或电弧等是常见故障形式[3-4]。

11.1.2.4 车辆使用时间

已知事故车辆使用时间或行驶里程的火灾事故共有 11 起，具体信息见表 11-9。在这 11 起事故中，最短的使用时间为 7 个月，最长的使用时间为 5 年，最长的车辆行驶里程超过 20 万公里，其中有 6 起事故车辆的行驶里程在 2 万公里以上。这 11 起电动汽车的起火原因均来源于车辆自身故障，其中 9 起与电池系统故障有关。

表 11-9 已知车辆使用时间的 11 起电动汽车火灾事故

序号	时间	地点	涉及车辆数/辆	车辆品牌	使用时间或行驶里程	状态	起火原因
1	5月4日	杭州	8	东风俊风	20万公里以上	停放	车辆闲置将报废，车辆线束受损
2	3月25日	深圳	4	南京金龙	5年	停放	充满电后停放约17天后起火
3	4月21日	上海	4	特斯拉 Model S	3.5年/6万公里	停放	电池短路故障，整车烧损
4	7月5日	武汉	1	吉利帝豪 EV	6万公里	充电	尾部电池包冒黑烟，疑似电池故障
5	8月4日	杭州	1	众泰新能源	3年	行驶	电池底部遭受碰撞起火，整车烧损
6	8月23日	深圳	1	猎豹 CS9EV	1.5年/2.3万公里	行驶	电池模组内部故障，整车烧损
7	10月17日	杭州	1	长安欧尚 EV	11个月	行驶	电池故障，车辆中后部烧损
8	9月21日	北京	2	北汽新能源	9个月以上	停放	整车烧损
9	3月28日	天津	1	奇瑞瑞虎	9个月	停放	涉水后电池舱内部电路板短路
10	7月7日	长沙	1	吉利新能源	8个月	停放	充电后在地库起火，尾部电池起火
11	9月13日	深圳	1	领途 KONE	7个月	停放	电池模组外部短路，车身无烧损

事实上，大部分汽车自燃事故是在车辆使用一段时间后发生的。车辆使用一段时间后难免发生性能变化，部件可靠性降低；此外，某些生产厂家的设计仅满足实验室指标和出厂指标，对车辆产品在使用生命周期中的老化和离散性缺乏冗余度。在设计车辆阶段充分考虑车辆生命周期中各阶段的性能变化对增加汽车安全性和延长使用寿命很有必要。

11.1.2.5 季节、地域因素

电动汽车起火事故在季节、地域上的分布如图 11-2 所示。电动汽车起火事故主要集中在夏季，6—8 月 3 个月内共发生 36 起起火事故，占总数的 49%；冬季最少，1 月、2 月、12 月共发生 5 起；春季和秋季发生次数几乎持平，分别为 17 起、15 起。按火灾发生地分类，以秦岭—淮河为分界线，发生在南方的起火事故有 54 起，其中夏季发生 24 起，占南方起火事故总数的 44%；发生在北方的有 19 起，其中夏季发生 12 起，占北方起火事故总数的 63%。综合季节、地域因素可见，夏季和南方是与电动汽车起火事故有关的因素。2016—2018 年的电动汽车起火事故，也相对集中在夏季。由此可见，环境温度与电动汽车起火事故之间存在一定的正相关。夏季高温环境可能会影响锂电池的热性能稳定性，增加汽车热管理失效的概率。南方的夏季潮湿闷热、多雨水的气候环境也容易发生电池系统过热或涉水等滥用情况。冬季寒冷天气人们减少出行也有可能是冬季车辆起火事故数量较少的原因之一。

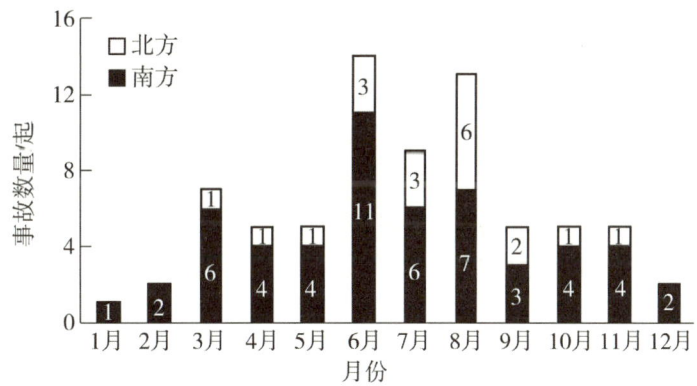

图 11-2　2019 年 1—12 月电动汽车起火事故分布

11.1.2.6 伤亡情况

电动汽车起火事故主要表现为因热量失控带来的冒烟、起火燃烧等现象，造成的危害包括损坏车辆本体、引燃周围车辆、引起周围充电站起火等。火灾往往火势大、难扑灭，需要出动消防队，造成经济财产损失和社会资源耗费，影响人们正常生活。幸运的是，发生人员伤亡的情况较为少见，在 2019 年发生的起火事故中相关人员都能够及时得到危险警示并安全撤离。

11.2 电动汽车自燃事故机理与现实案例

电动汽车集电路、油路以及多种机械构件、电气部件于有限的空间内，车载工作强度高，使用环境复杂多变，车内的锂电池、塑胶、皮革、海绵和橡胶等可燃易燃物具有不同的火灾危险性。火灾原因根据起火部位划分可以分为车内因素和车外因素。车内因素是指起火原因来自于车辆自身设备或零部件，如动力电池系统故障、车内电气线路故障等。车外因素是指车辆自身之外的起火点，如烟头、打火机等车厢内外来火源，或煤炭等车厢外未燃尽杂物等。

11.2.1 车内因素

电动汽车起火事故绝大部分来源于纯电动汽车，因此，将以纯电动汽车为研究对象分析车内起火因素。纯电动汽车主要由动力电池、底盘、车身及电气设备4部分组成，将车内因素划分为动力电池系统故障、动力电池系统以外的整车故障，其中动力电池系统以外的整车故障指的是底盘、车身及其电气设备的故障。

11.2.1.1 动力电池系统故障

动力电池系统由若干锂电池单体、电池管理系统、高低压线束、电压温度探测器及采集装置等部件组成。在锂离子电池事故中，电池热失控以及由热失控引起的烟雾、火灾甚至爆炸是最常见的特征。尽管锂电池系统在应用到电动汽车之前通过了 UNR100、SAE－J2464、GB/T 31485 等强制测试标准，但与锂电池热失控有关的事故仍然时有发生。对于可能的事故原因，目前有两种观点，一个是自我诱发的内部短路导致电池热失控，另一个是实际使用中的滥用条件引发电池热失控。

从概率学角度而言，锂离子电池的自我诱发故障是存在的，但可能性很低。自我诱发的内部短路故障又称为自发内部短路，被认为是2013年1月发生起火的波音787电池故障的可能原因。自发内部短路源于制造过程中的污染或缺陷。这些污染或缺陷往往经过较长时间的孕育后发展成具有明显热量产生的内短路。电动汽车的自发内部短路概率可以用下式计算

$$P = 1 - (1-p)^{m \cdot n} \qquad (11-1)$$

式中，P 为 m 辆电动汽车的故障率，每辆汽车在其电池系统中包含 n 个电池单体；p 为单体自致故障率[5]。以特斯拉 Model S 为例，其电池系统中的电池单体个数 $n = 7104$，假设18650单体的自致故障率为 $p = 0.1 \times 10^{-6}$，这表示制造过程中的缺陷率。当电动汽车的数量等于 $m = 10000$ 时，自发内部短路概率 $P = 0.9992$，表明每10000辆车的自发内部短路概率约为1。与传统车辆的事故概率（美国每10000辆车中有7.6起火灾事故）相比，电动

汽车的事故概率似乎要低得多。

实际使用出现的滥用条件具有突发性、意外性的特点，包括碰撞、涉水、过充以及过温等情形，可分为机械滥用、电气滥用和热滥用三种情况。机械滥用可以触发短路，而短路释放热量并引发热滥用状态，这也是电气滥用的一个主要特征。在热滥用条件下，电池被加热到高温，导致电池内部发生副反应，副反应放出大量热引起电池系统热失控。

1. 机械滥用

机械滥用包括碰撞、挤压、针刺以及跌落等情形，共同特征是外力导致电池系统发生破坏性变形和零部件偏移。

碰撞、挤压和跌落会带来部件的变形和位移，严重的变形和位移可能会导致电池单体破裂，泄漏可燃电解质引起燃烧，或导致电池隔膜撕裂，发生大范围的内部短路从而释放大量热量，引发电池热失控。碰撞、挤压和跌落还可能损坏系统内部电气附件，造成外短路等电气故障。

针刺是车辆碰撞过程中可能发生的另一种常见现象。与挤压条件相比，针刺可以瞬间触发激烈的内部短路，对于内部有 n 层卷芯的单体电池，可能会形成 $2n$ 个内短路区域，当电流流过这 $2n$ 个短路区域将产生大量焦耳热，电池吸收短路的热量而快速升温[6]。这意味着在针刺情况下，机械破坏和电气短路同时发生，因此针刺的滥用状态比简单的机械或电气滥用状态更为严重。

2. 电气滥用

电气滥用主要指外部短路、过充电以及过放电三种滥用情形。

外部短路可以由水浸、汽车碰撞、导体污染、线路绝缘外皮破损或维修操作失误等造成，具有电位差的电极被导体连接起来是其主要特征。发生外部短路时，电流首先上升到峰值，然后迅速降低到较低的平台并保持一段时间，当电池完全放电完毕时电流下降到零。峰-平台-下降是外部短路的典型特征，它更像是一个快速的放电过程[5]。与针刺相比，通常情况下外部短路释放的热量不会加热电池。虽然外部电路释放的热量不大，但外部短路的峰值电流仍然会导致快速温升和电池膨胀，当外部短路产生的热量不能很好地散去时，仍存在触发热失控的危险。因此，发生外短路时，切断短路电流或者散去多余热量都是必要采取的安全手段。

过充电的一般原因是电池管理系统不能在电池上限电压前停止充电，使电池组长时间持续充电，生成热量和气体。长时间过充时，锂金属在阳极表面沉积生长成为锂枝晶，锂枝晶生长到刺破隔膜，连接正负两极，发生内短路；阴极由于失去过量的锂离子而结构崩溃，释放热量和氧气，而氧气会加速电解质分解，产生大量气体[7-8]。气体产生使电池单体内压增加，电池单体发生排气或破裂，内部的高温化学物质与空气接触导致更激烈的放热和燃烧。过充时，由于更多的能量被充进电池中，引起的热失控可能比机械滥用、外部短路等更严重。值得注意的是，轻微的电池过充并不会引发热失控和起火。

过放电是另一种可能发生的电气滥用条件[5]。一般来说，电池组内电池单体之间的电压不一致是不可避免的，一旦电池管理系统未能监控任何一个电池的电压，电压最低的电池就有可能被过放电。在过放电过程中，电池组中电压最低的电池单体可以由串联的其他电池强制放电，此时被过放电电池的电极反转，电压变为负值，阳极发生过脱硫导致 SEI 膜分解，从而产生一氧化碳或二氧化碳等气体，使电池膨胀。过放电还会导致铜集流体溶解，溶解的铜迁移并沉积在阳极表面，导致内阻增加和单体容量下降，并改变阳极的电化学性能。此外，过放电导致的溶解的铜离子还可能通过隔膜迁移到阴极侧，形成电位较低的铜枝晶，逐渐生长的铜枝晶可能会刺破隔膜，导致电池单体发生内短路。如果电池在多次过放电后循环使用，有可能发生内短路甚至电池热失控。

3. 热滥用

局部过热是电池系统中典型的热滥用情况。热滥用很少独立存在，往往是由机械滥用和电气滥用发展而来，并且是触发电池热失控的最终一环。除了机械滥用和电气滥用能够引发过热外，过热还可能由外来热源的热量传播、电气连接接触的松动等情形引起[9]。外来热源的热量传播是指外部可燃物燃烧、高温地面等环境中的热量被电池系统持续吸收，或者车辆散热系统不能正常完成散热任务，使电池系统温度过高。电气连接接触的松动会导致电阻增加，产生过量的焦耳热，过多的热量可能会传导到电池单体，导致电池温升。

当电池温度上升到一定值时，高温会触发电池内部副反应，副反应将释放更多的热量，进一步触发新的副反应，新的副反应继续释放热量，最终释放的总热量将引起电池热失控、冒烟、起火甚至爆炸。电池内部发生的副反应包括 SEI 膜分解、阳极与电解质的反应、PE 基隔膜的熔化、NCM 阴极的分解、电解质的分解等。现以各副反应发生的起始温度为顺序，简要介绍热失控过程中的副反应机理[10,11]。

1) SEI 膜的分解反应

SEI(solid electrolyte interface)膜，又称为固体电解质膜，是电池在使用过程中生成的一层固体电解液亚稳定膜，它的化学性质并不稳定，通常在电池温度达到 90～120℃ 时稳定性便大大下降，并开始发生分解。SEI 膜的主要成分是 $(CH_2OCO_2Li)_2$，SEI 膜分解遵循以下化学反应方程式：

$$(CH_2OCO_2Li)_2 \longrightarrow Li_2CO_3 + C_2H_4 + CO_2 + 0.5O_2 \qquad (11-2)$$

由于 SEI 膜较薄，加上本身化学性质并不十分活泼，因此分解释放的热量并不多。但由于 SEI 膜的分解会使得负极材料直接与电解液接触，从而导致后续一系列剧烈的副反应并放出大量热量，因此 SEI 膜的分解对锂离子电池热失控具有重要意义。

2) 负极材料与电解液之间的反应

覆盖在负极材料表面的 SEI 膜分解使负极材料中的嵌锂裸露在电解液中，并与之发生化学反应：

$$2Li + C_3H_4O_3(EC) \longrightarrow Li_2CO_3 + C_2H_4 \qquad (11-3)$$

$$2Li + C_4H_6O_3(PC) \longrightarrow Li_2CO_3 + C_3H_6 \qquad (11-4)$$

$$2Li + C_3H_4O_3(DMC) \longrightarrow Li_2CO_3 + C_2H_6 \qquad (11-5)$$

其中 EC、PC、DMC 表示三种不同的电解液材料，分别为碳酸亚乙酯、碳酸丙烯酯和碳酸二甲酯。上述反应在电池温度达到 120℃ 以上时开始发生，放热量与负极材料嵌锂程度即电池 SOC 状态成正比。

3）正极材料与电解液之间的反应

上述副反应的发生使电池温度进一步升高，当电池温度达到170℃左右时，将会触发正极材料与电解液的歧化分解反应以及正极材料自身的分解反应。$LiCoO_2$是锂离子电池的第一种商业化，正极材料以Li_xCoO_2为例，将发生以下化学反应：

$$Li_xCoO_2 \longrightarrow xLiCoO_2 + \frac{1}{3}(1-x)Co_3O_4 + \frac{1}{3}(1-x)O_2 \tag{11-6}$$

$$2Li + 2C_3H_4O_3(EC) \longrightarrow Li\text{-}O\text{-}(CH_2)_4\text{-}O\text{-}Li + 2CO_2 \tag{11-7}$$

4）电解液的热分解和燃烧反应

电池温度进一步升高到200℃以上时，电解液开始变得不稳定，电解液中的锂盐$LiPF_6$将会发生分解，并和溶剂（EC、PC、DMC等电解液材料的混合物）发生路易斯酸反应。热失控过程中，电池中的阳极和正极材料都与电解质发生反应，且电解质本身会发生分解。式(11-8)为$LiPF_6$盐的分解反应，分解产物PF_5进一步反应将加速电解质的分解。式(11-9)表示碳酸盐溶剂释放二氧化碳的完全氧化反应，式(11-10)表示释放一氧化碳的不完全氧化反应。电解液热分解反应产热量大，电解质的质量会影响热失控过程中全电池释放的总热量，电解质放热反应的热量随电解质的质量而增加。

$$LiPF_6 \longrightarrow LiF + PF_5 \tag{11-8}$$

$$2.5O_2 + C_3H_4O_3(EC) \longrightarrow 3CO_2 + 2H_2O \tag{11-9a}$$

$$6O_2 + C_5H_{10}O_3(DEC) \longrightarrow 5CO_2 + 5H_2O \tag{11-9b}$$

$$3O_2 + C_3H_6O_3(DMC) \longrightarrow 3CO_2 + 3H_2O \tag{11-9c}$$

$$4O_2 + C_4H_6O_3(PC) \longrightarrow 4CO_2 + 3H_2O \tag{11-9d}$$

$$O_2 + C_3H_4O_3(EC) \longrightarrow 3CO_2 + 2H_2O \tag{11-10a}$$

$$3.5O_2 + C_5H_{10}O_3(DEC) \longrightarrow 5CO + 5H_2O \tag{11-10b}$$

$$1.5O_2 + C_3H_6O_3(DMC) \longrightarrow 3CO + 5H_2O \tag{11-10c}$$

$$2O_2 + C_4H_6O_3(PC) \longrightarrow 4CO + 3H_2O \tag{11-10d}$$

当热失控发生时，电解质的汽化和分解、电解质与其他组分材料分解都会产生气体，引起电池内部压力上升，造成电池外壳破裂，并喷出化学物质。喷出的物质包括一部分蒸发的碳酸盐电解质和上述反应生成的气体。喷出的混合物能够被点燃，造成灾难性的燃烧。

5）隔膜的熔化

目前商用隔膜常用的基材是PE（聚乙烯）和PP（聚丙烯），聚乙烯和聚丙烯隔膜的熔点分别为130℃和170℃，陶瓷涂层隔膜的塌陷温度可高达200~260℃。当热失控温度达到熔点时，基于PE/PP的隔膜会收缩，使得锂离子难以在电池内转移，电池内阻急剧增加。温度太高时将发生隔膜的崩塌，隔膜崩塌温度决定了电池内短路的时刻。隔膜熔化是吸热过程，因此锂电池温度的升高速度会减慢。

下面结合以上分析，对几起电池系统起火案例进行事故原因分析。

【案例1】 **电池单体内部故障导致电动货车起火**

【事故概况】 2020年1月，广州一纯电动货车在充电站快充，凌晨01:34时突然冒白烟，车上的驾驶员发现异常，迅速下车拔充电枪。充电站值班人员随即听到异响，立即关闭充电桩电源，拨打119报警，并使用干粉灭火器控制。消防车在2：00左右到达，先后使用干粉灭火器及水枪进行控制，于凌晨4：00结束灭火。当天19：00左右电池包再次出现轻微冒烟情况，相关人员持续对电池包浇水降温直至第二天10：00。整个火灾过程只见冒白烟，未见明火，车辆轻微烧损，未造成人员伤亡。事故情况见图11-3。

图11-3 电池单体内部故障案例

【事故现象与原因分析】

（1）调查事故当天零点至早上7点的监控录像，在事发前未见可疑人员在事故车辆附近徘徊，在事故车辆的周围地面未观察到外部火源或易燃杂物，事故车辆使用的充电桩没有损坏痕迹，排除外来火源引发火灾的可能。

（2）车辆前部发动机舱、驾驶室、乘员舱、后备厢均无明显烧损痕迹，车辆底盘大部分区域完好，底盘左右两侧存在轻微过火痕迹，铺设在底盘的电池高低压线束表面有轻微过火痕迹，接插件、充电口均未过火，所有线束无短路过载痕迹。观察电池包底部，电池包底部表面平整，无明显底部碰撞痕迹。

（3）电池包外部基本完好，无鼓包及破损情况，右后部壳体上表面局部变色。电池箱体上的低压接插件有新鲜的铜绿锈迹，无短路过载痕迹，高压接插件无短路过载痕迹，维修开关外观正常，其底座固定支架应消防要求拆卸后由此处灌水，电池的防爆阀已打开。

（4）卸下电池包上盖，翻转上盖，上盖内表面有明显的棕色烧灼痕迹，烧灼痕迹对应电池包右后方。位于上盖与模组之间的玻纤布表面有过火起泡的痕迹，右后侧存在明显的黑色烧损痕迹，翻转玻纤布，观察到玻纤布的背面被烧破。

（5）揭开玻纤布，电池包前部的电气部件无明显过火痕迹，电池模组的塑料上盖观察到裂痕，右后侧的热气溶胶灭火器已启动并且被熏黑。电池包内右后部的9~14号模组烧损严重，该区域大部分电芯的外壳烧破、电芯膨胀，周围的玻纤布和塑料件烧熔，形成以12号模组为中心的燃烧蔓延痕迹。12号电池模组内的电芯外壳大部分烧失，露出内部卷芯；两侧的电芯膨胀并向模组中间挤压，中间的电芯变形并向上突起；模组周围铝隔板被烧穿。

(6)后台监控数据显示,从充电结束前30 s至车辆出现冒烟现象的第4 min,出现电池单体电压下降、单体之间的电压压差持续25 s大于400mV的现象,模组温度升高至31℃。随后温度采集出现断崖式下降,温度和电压信号已经失真。可见,在事故当天电池包充电时,电池单元内部已开始出现异常。

综上,排除外短路、碰撞、过充及涉水等原因,认定起火部位为车辆电池包右后部的12号模组,起火原因存在电池单体出现内部故障,导致热失控引发火灾的可能。

【案例2】 电池底部遭受撞击引发自燃

【事故概况】 2019年8月,深圳一纯电动乘用车在行驶中起火燃烧。该车在凌晨03:39时快充充满电,在驶过一段颠簸的路段后,于04:18时出现一次"单体电池过压报警,单体电池欠压报警"三级报警,04:20时驾驶员在行驶中发现电池底部冒烟着火,消防人员在25 min后到达现场,将火扑灭。火灾造成整车烧损,未造成人员伤亡。事故情况见图11-4。

(a) 事故现场　　(b) 整车烧损情况　　(c) 车辆内部烧损痕迹　　(d) 电池包外部烧损痕迹

(e) 电池包外壁熔融孔洞　(f) 电池包内部烧损情况　(g) 部分电池单体烧损情况　(h) 61~64号模组的电池单体

(i) 电池包底部的破洞　　(j) 电池包底部的破洞

图11-4 电池底部遭受机械碰撞案例

【事故现象与原因分析】

(1)车辆内外完全烧损。车身锈蚀变色严重,涂层全部烧毁;驾驶室内部烧损严重,车窗、空调蒸发器及管路、车内内饰件、前后排座椅覆盖件均已烧失;动力舱内整体烧损,电机控制器、电压转换器等融化变形,电动机、减速箱锈蚀变色严重;后备箱内部整体烧损。

(2)电池包下壳体的吊耳局部融化,左侧的吊耳融化情况比右侧的严重;壳体侧壁局部烧穿,出现几处破洞。内部烧损严重,所有电池单体均有过火痕迹,所有电池和系统附件全部过火烧成黑色。

（3）大部分电池单体样态完整，部分单体的内部卷芯已喷出；少量电池单体呈现出受到机械挤压、壳体向内凹陷的样态，主要聚集在61～64号模组中。61～64号电池模组的烧损情况相对严重，该位置的上盖燃烧痕迹表明燃烧时有火焰等高压状态物从这里向外窜出。

（4）移除59～64号模组，在电池包底部发现一个54cm×36cm的大洞，洞口边缘主要呈机械撕裂状，部分区域存在铝融化痕迹。结合61～64号模组中数个单体有中部凹陷的痕迹和破洞周围的凹陷痕迹，以及车辆的行驶情况（火灾发生前曾经行驶过一段颠簸的路段），不排除此破洞位置遭受过机械撞击，但是撞击痕迹已经被烧毁的可能性。

（5）后台监控数据显示，火灾发生前，61/62/65号模组出现1V以内的电压突降，符合电池热失控前的电压表现；66/73号模组电压线断线，67/68/70/71号模组电压几乎降为0V，17号模组温度采样线断线。由这些现象可以判断，火灾发生前电池包内部已经发生热失控，部分电池电压采集线和温度采样线断线已经被烧断，可判断车辆起火部位为电池包内部B61～B73模组之间。

综上，起火部位认定为车辆电池包内部61～64号模组，认定起火原因存在车辆电池包底板遭受机械撞击后引发单体热失控，热失控向周围模组和系统附件蔓延，最终引起车辆燃烧的可能。

【案例3】 电池系统外短路引发电动乘用车起火

【事故概况】 2019年9月，深圳一纯电动乘用车在凌晨快充充满电，早上8:00在停车场停放（此时SOC值为89%），14:00左右车辆底部冒出白烟，未见明火。路人发现该情况并立刻拨打消防电话，15 min后消防人员到达现场，对该车辆进行喷水处置，为防止电池二次冒烟，现场消防人员把车辆侧翻，切开电池包底部并进行注水处置。火灾造成车辆底盘局部烧损，无人员伤亡。事故情况见图11-5。

(a) 事故现场

(b) 底盘燃烧痕迹

(c) 电池包外表面烧损情况

(d) 电池包上盖内表面烧损情况

(e) 电池包内部烧损情况

(f) 10号模组烧损情况

(g) 10号模组铝质外壳上的熔融孔洞

(h) 10号模组左侧外壳对应的凸台熔融情况

图11-5 电池系统外短路引发自燃案例

【事故现象与原因分析】

（1）车身外部、发动机舱、驾驶室、乘员舱和后备箱内无明显烧损痕迹，车辆底盘大部分区域无烧损痕迹，底盘左后区域存在火焰灼迹，呈现出火灾由底盘左后区域向周围燃烧蔓延的痕迹。

（2）电池包上盖外表面局部烧损，左后区域被烧破，存在被烟熏后的黑色痕迹。上盖内表面烟熏严重，有多处深色烧灼痕迹，其中在左后区域的烧灼痕迹最严重。电池包下箱体表面无烧损、撞击等破坏痕迹，下箱体左后区域存在一个方形孔洞，是消防时为了进行注水处理切割的。

（3）电池包内大部分电池模块保持完整，左后区域的 8~11 号电池模组烧损严重，电芯燃烧残余物呈黑色块状，同时这些模组外部铝质壳体存在不同程度的熔融孔洞和锈蚀，周围的采集线束烧损熔断并有大量短路熔痕，电压采集盒被熏黑，温度采集盒部分熔融变形，黄色环氧板被烧成黑色片状。

（4）拆解 8~11 号模组，从烧损严重程度可推断模组烧损痕迹呈现由左向右的燃烧蔓延路径。10 号模组最左侧单体烧损严重，模组的铝质外壳表面熔融形成孔洞，模组左侧对应的凸台熔融严重。9 号模组底部有破损痕迹，有可能因为在消防过程中的二次切割触发了二次热失控。

（5）调取后台监控数据，事故当天 13：25 至 14：29 期间，电池单体温度采集数据一直保持恒定，但正常情况下温度应有波动，由此判断温度采集数据发生异常。绝缘电阻在事故前几日曾出现多次数值突变，13：58 时绝缘电阻降为 0，此时车辆开始报绝缘故障，同一时刻单体电压采集失效。

综上，起火部位认定为车辆电池包 10 号模组左侧区域，认定起火原因为电池包 10 号模组左侧区域发生外部短路，短路产生的热量积累引发电池热失控进而引发火灾的可能。

11.2.1.2 动力电池系统以外的整车故障

动力电池系统以外的整车部分包括底盘、车身及电气设备，可能引发车辆火灾的大多是电气设备故障和底盘故障。电气设备遍布车身，周围常常存在皮革、海绵、塑胶及布料等可燃易燃材料，电气故障产生的高温容易引燃可燃物，造成车辆起火。电气设备中常见的火灾致因有电气接触不良，导致局部发热产生高温；线路绝缘外皮磨损剥落，造成短路发热或者电弧打火；功能模块长时间高负荷工作发热引起燃烧；电气设备如蓄电池、空调器、灯光及系统控制模块等部件故障等[12]。2019 年 1 月，上海一宇通电动客车因除霜器发生故障，险些造成车辆自燃，同年 5 月，杭州一电动汽车因车身线路受损发生起火，并引燃周围的 7 辆汽车。

相对电气设备故障而言，底盘引发火灾的可能性较小，不论是电动汽车还是传统燃油车因底盘故障引发的火灾案例都较少。在底盘的传动系统、转向系统及制动系统 3 个集成系统中，制动系统的火灾风险相对较高，当车辆载物过重、轮胎压力不足或者车轮长时间制动拖滞时，轮胎容易摩擦积热，产生高温，极端情况下可能会引起轮胎起火燃烧[13]。

此外，汽车改装也有可能造成火灾安全隐患。常见的改装包括电器改装和机械改装。电器改装可能带来接头接触不良、配件过载或安装不牢等潜在风险，机械改装可能带来物理干涉、部件劣质或安装不牢等风险，在一段时间的使用后可能引发电器过载、短路升温、机件摩擦发热等危险情况。汽车系统功能复杂，各系统部件在有限的空间内互相关联，改装稍不注意就可能损伤其他组件，影响用车安全。

【案例4】　车辆机舱高压线路短路引发电动客车起火

【事故概况】　2020年5月，深圳一纯电动客车在上坡行驶时发生起火燃烧。事发时，车辆在沿海高速上坡行驶时踩油门无动力，仪表盘显示动力系统故障报警，驾驶员踩刹车靠边停车后，下车发现右前电池包的接线柱区域向外喷出明火，车辆右后轮后方冒黑烟。驾驶员手提灭火器无法扑灭火灾，随后拨打消防电话，深圳消防部门接到报警并赶赴现场扑灭火灾。火灾造成客车整体过火烧毁，无人员伤亡。事故情况见图11-6。

图11-6　车辆高压电气线路短路引发起火

【事故现象与原因分析】

（1）车辆外部整体过火，整车烧损严重，前部烧损重于后部。车辆表面涂层几乎全部烧毁，车架锈蚀变色严重，车门、车顶、后视镜和前后保险杠等外围部件烧失，车身外围板大面积烧失，仅在前后轮周围残留部分侧围板。前轮周围的侧围板被烧至灰白，后轮周围的侧围板仍保留黄色车身涂层；前轮轮胎橡胶大部分烧失，后轮爆胎但仍保留轮胎橡胶，前后轮辋均有不同程度的熏黑。

（2）车厢内部整体过火，驾驶室、乘员座舱完全烧毁，车窗、转向盘、空调蒸发器及管路、内饰件、座椅覆盖件和地毯等可燃易燃物燃烧至炭化，只剩余金属车架，车架锈蚀严重。

（3）电池舱分为前部、后部两部分，前后部电池舱的舱门均烧毁严重，仅残留部分侧围板。前、后部电池包的烧损情况相似，电池包上盖均烧失，模组上方覆盖了车辆内部和上盖燃烧后的碳化物杂质，下箱体局部烧穿。电池包内部烧损均匀，模组整体过火，模组主体结构仍保持整齐；电芯普遍膨胀，大部分电芯仍保留有外壳，大部分电芯的透气阀呈开启状态；少部分电芯的外壳局部破损，露出内部卷芯；固定电池模组的金属框架大多数断裂；大部分电缆的塑料外皮烧失，露出内部铜线。对比4个电池包烧损程度，右前电池包最为严重，同时结合事故发生时驾驶员首先发现右前电池包接线柱区域向外喷出明火，车身前部烧损重于后部，推断该车辆起火部位位于右前电池包。

（4）车辆后舱包含高压配电箱、电机控制器、三合一控制器、空压机、维修开关以及灭火器等部件。电机、三合一控制器壳体烧蚀，拆解电机、三合一控制器发现，控制器内部未出现异常故障。高压配电箱及部分相关线束烧毁严重。高压配电箱的上盖（铝壳）锈蚀变形，下盖损毁严重，内部高压铜排和保险等均已烧毁。高压配电箱连接电机控制器的接线端子熔断，连接维修开关的动力线缺失，高压配电箱的母排存在熔断缺失。

（5）根据驾驶员对事故的描述，车辆的右前电池包和左后电池包相继出现明火，时间间隔不到两分钟。由于这两组电池包相距较远，短时间内由右前电池包热失控后产生的热量传递到左后电池包引发左后电池包发生热失控的可能性很低。两组电池包分别处在两个不同的串联回路上，两个电池包由各自独立的内部原因导致这两个电池包同时出现热失控发生的概率也很低。车辆的右前电池包和左后电池包相继出现明火的现象，符合高压回路短路，车辆的4个电池包同时电流过载，导致两个串联回路上的电池包先后出现热失控，进而引发火灾的假设。结合事故发生时后排乘客反映车厢内有烟，驾驶员随后发现车厢后部有黑烟向车厢前部蔓延的现象，推断起火原因存在车辆后机舱高压线路短路，引发电池包相继发生热失控，最终导致火灾的可能。

综上，起火部位认定为车辆右前电池包，起火原因为车辆后机舱高压线路短路，引发电池包相继发生热失控，最终导致火灾的可能性较大。

11.2.2　车外因素

车外因素指引发车辆起火的外来热源，外来热源多种多样，主要特征为本身带有高温或者在一定条件下能发生燃烧爆炸。例如，车内吸烟掉落的烟头能引燃地毯或座椅皮革，车外附近的炭火堆等外部热源烘烤可能会引燃车身塑料件，放置在车内的打火机、香水及空气清新剂等易燃易爆物遇上曝晒天气可能会引发火灾，充电时质量不合格的充电机、充电桩也有可能带来火灾隐患。

【案例5】 外部热源烘烤车辆部件引发起火

【事故概况】 2019年12月,广州一纯电动乘用车在饭馆门口停车,停车4 min后发现车辆尾部冒烟,右后轮底部及后保险杠下部已有明火,车辆机舱及内部未发现起火。车主打开后备厢门尝试取出灭火器,因火势较大无法取出,随即抽取车辆旁边的池塘水灭火,持续10多分钟后将火扑灭。车辆后部烧损,无人员伤亡。事故情况见图11-7。

(a) 事故现场

(b) 底盘右后部位处地面残留的木炭

(c) 木炭残余

(d) 车辆烧损情况

(e) 车辆后部烧损情况

(f) 右后轮的轮毂和悬架减震弹簧烧损变形

(g) 电池包底部

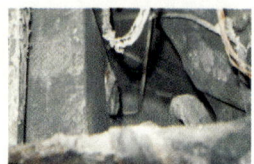
(h) 电池包泄压阀

图11-7 外部热源烘烤引发车辆燃烧案例

【事故现象与原因分析】

(1)调取事故当天的行车记录仪视频,看到在事故车辆停车前地面上出现木炭,随后事故车辆向木炭位置倒车并停车。灭火结束后,拖车将事故车辆挪开原始位置,发现车辆底盘右后部位的地面上残留有大量木炭、竹片以及打火机残骸,用手触摸地面,泥土潮湿但手感温热。由于事发地点在碳烧竹筒饭店门口,调查周边环境,发现事故车辆周边存在烧炭的痕迹。

(2)车辆后部烧损重于车辆前部,右侧烧损重于左侧。车辆前左、前右车门和驾驶室前排无过火痕迹,前左右轮胎完好;左后门、左后翼子板及左后轮胎内侧胎面有轻微过火痕迹。车辆尾部和后排座位背面明显烧损,行李箱下护板大部分烧失,底盘右后悬挂有明显过火痕迹,右后轮的轮毂和悬架减震弹簧已变形。车辆右后轮区域烧损严重,初步判断起火部位为车辆右后轮区域。

(3)电池包外表完好,底部无碰撞痕迹,底部和后部有轻微烟熏痕迹,位于车辆右后侧的泄压阀塑料件有熔融痕迹;电池包可以正常上电与读取数据,所读取的数据未发现异常,判断车辆起火不是电池包问题。

综上,认定起火部位为车辆右后轮区域,起火原因为饭店在空地上使用炭火后未及时清理,车辆没有注意到炭火并停放在炭火旁边,致使未燃尽的木炭引燃车辆右后轮及保险杠等塑胶件引发车辆起火。

11.3 车用动力电池包复杂系统认知与热失控安全防护

车用电池包开发和研究的核心是保证其在安全的前提下完成充放电功能。然而,所有部件安全可靠并不一定能保证整个系统安全可靠,所以电池包的安全性研究应该从系统层面进行认知。

11.3.1 复杂系统认知下的车用动力电池包热安全性

动力电池包具有多场变量、多维度、多尺度、多层次、多子系统、多功能要求等特点,尤其是充放电过程中内部存在着复杂的能量交互与耦合作用,是一个具有高度复杂性的电化学系统。对如此复杂的动力电池包来说,热安全性是基于系统层面的属性,而非电池包内单一部件热安全性的简单叠加。

11.3.1.1 复杂系统的定义

根据系统论[14],复杂系统定义为由层次众多、关联复杂、相互制约的若干个子系统组成的具有一定功能的统一整体。复杂系统的逻辑描述如图11-8所示[15],从逻辑上理解是通过系统的组成元素、各组成元素之间的关联关系、二者构成的内部环境、涌现出的各种系统特性以及系统通过边界与外部环境进行的交互作用然后实现某种功能的一个统一整体。这里的边界是指人们能够考察到的,复杂系统有形或者无形的范围。因此,认知一个复杂系统除了需要明确复杂系统内部各组成因素及其相互之间的关联关系之外,还需要充分考虑复杂系统内外环境之间的交互作用。

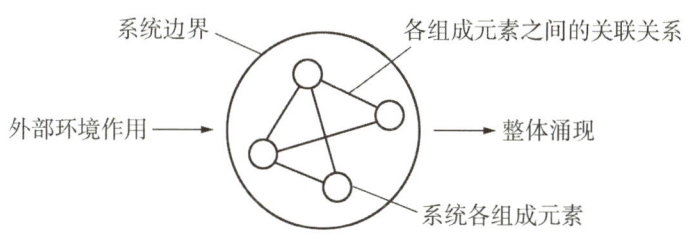

图11-8 复杂系统的逻辑描述

11.3.1.2 车用动力电池包复杂系统的特性

从系统论的角度,车用动力电池包满足上述复杂系统的基本定义,是一个复杂系统,体现在以下四个方面:

1. 多子系统、多层次复杂性

根据系统论，将车用动力电池包结构系统化，可以分成电池单元子系统、电池管理子系统、电池壳体子系统以及各种连接件、线束等构成的零配件子系统等4个子系统，各子系统又由若干层次错综复杂的元素组成，例如，电池管理子系统包括均衡管理模块、热管理模块、充放电控制模块、故障诊断模块、高压电模块等等，而热管理模块又包括传感器、加热装置、冷却装置、控制电路等组成元素，整体具有多子系统多层次复杂性。

2. 多维度、多尺度复杂性

构成车用动力电池包的各组成元素之间的物理尺度跨越非常大，从纳米级别的微观活性颗粒、极片等横跨到毫米级别的电芯、单体等再到厘米级别的模组、包等，具有多维度、多尺度特性。

3. 多物理场耦合复杂性

车用动力电池包在车载环境下实现充放电的过程中存在着复杂的能量交互与耦合作用，涵盖质量传递、电荷传递、热量传递、电化学反应等在内的多种物理化学反应，涉及电化学热耦合作用、机械热耦合作用、机械电化学耦合作用以及电化学热机械耦合作用等。从场变量的角度，车用动力电池包是在电磁场、温度场、机械场等多物理场耦合的综合作用下实现充放电功能，体现了多物理场耦合复杂性。

4. 车载环境、功能要求复杂性

车用动力电池包的工作环境复杂，需要综合考虑各种因素的影响，包括输出电压功率的适应性变化，如上坡、行驶加速、及时制动等；环境适应性，如高温高湿、低温雨淋等等；极端滥用情况，如机械碰撞、侧翻翻转、振动、过充过放、内外短路、异物穿刺等等。车载环境的复杂性以及车用动力电池包多物理场耦合的复杂性决定了其功能要求的复杂性，需要同时做到电安全、热安全、结构安全等，确保电池充放电均衡，始终工作在合理的温度范围内，要求具有良好的耐撞性、可靠性、疲劳寿命等等。

11.3.1.3 车用动力电池包复杂系统的表示

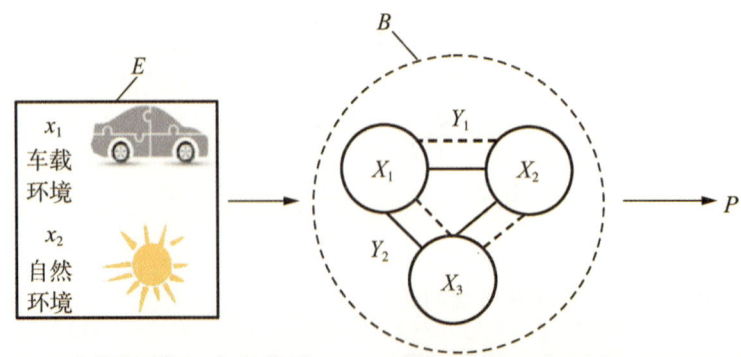

图 11-9 车用动力电池包复杂系统的逻辑描述

X_1—热安全因素；X_2—电安全因素；X_3—结构安全因素；P—涌现的各种系统特性；
Y_1—物理关联；Y_2—化学关联；E—外部环境；x_1—车载环境；x_2—自然环境；B—电池包的实际边界

车用动力电池包复杂系统的逻辑描述如图 11-9 所示。复杂系统可以形式化为式 (11-11) 所示的简单表达式：

$$S = \langle X, Y \rangle \tag{11-11}$$

式中，X 表示复杂系统中所有组成元素的集合，即 $X = \{X_1, X_2, \cdots, X_n\}$；$Y$ 表示复杂系统组成元素之间所有关联关系的组合，即 $Y = \{Y_1, Y_2, \cdots, Y_n\}$。复杂系统与外界环境的交互作用可形式化为式 (11-12) 所示的表达式：

$$E = \{x, x \notin S\} \tag{11-12}$$

式中，x 表示不包含在复杂系统之内的外界环境的组成元素。

具体到车用动力电池包复杂系统，各组成元素按对应的功能安全作用可表示为 $X = \{X_1, X_2, X_3\}$，其中 X_1 表示热安全因素，包括电池热管理装置、温度传感器等；X_2 表示电安全因素，包括各电池单体、模组、串并联连接线束、各种控制电路等；X_3 表示结构安全因素，包括电池包壳体、吊耳、电池用支架、各种加强筋等。各组成元素之间的关联关系按性质可表示为 $Y = \{Y_1, Y_2\}$，其中 Y_1 表示物理关联，如支架固定电池位置就是结构、电安全因素之间的物理关联；Y_2 表示化学关联，如电池充放电过程生热就是电、热安全因素之间的化学关联。系统与外界环境的作用按照环境的性质可表示为 $E = \{x_1, x_2\}$，其中 x_1 表示车载环境，如机械碰撞、振动冲击、跌落翻转、过充过放、内外短路等；x_2 表示自然环境，如高温高湿、日晒雨淋等。边界 B 表示车用动力电池的实际边界。P 定义为车用动力电池包复杂系统所涌现出来的各种系统特性或性能，如高压电安全性、碰撞安全性、热滥用安全性等。

11.3.1.4 车用动力电池包复杂系统的热安全性

简单系统的安全行为通常被分解成多个随时间推移的离散事件进行分析，无需考虑系统组成元素与系统性能之间的非线性耦合关系，所以简单系统的安全性可以看作是系统所有组成元素安全性的一种简单叠加，因此只需确保系统各组成元素的安全性就能保证系统的安全性。然而在如今高速发展的科学技术和生产水平下，虽然系统各组成元素的可靠性已经得到了有效保证，但系统仍会时不时发生安全事故，说明对某些系统来说单一提高各组成元素的可靠性并不能确保整个系统的安全性。

以车用动力电池包为例，通过了安全、循环寿命等各种严苛的出厂测试的电池单元与设计良好的电池管理系统、线束结构、电池壳体结构等组装成包后仍会出现充放电不均衡、自放电损失严重、循环寿命下降、碰撞起火燃烧等各种安全问题。对车用动力电池包这类复杂系统来说，系统的安全性与组成元素的可靠性之间并不是简单的线性增长关系[17]，而是如图 11-10 所示的先增长而后几乎不变的非线性曲线关系。

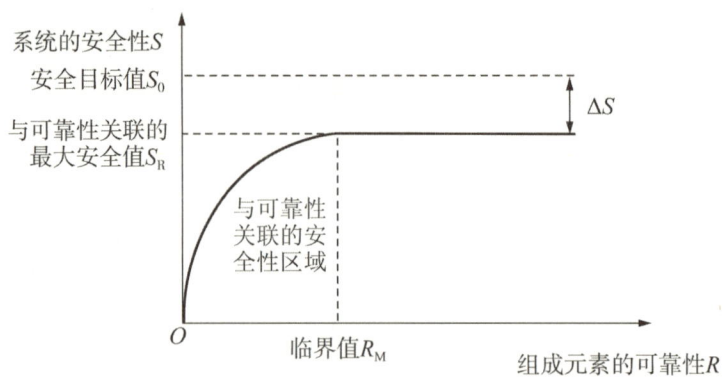

图 11-10 组成部件可靠性与系统安全性的关系曲线[16]

当组成元素的可靠性 R 小于临界值 R_M 时，系统的安全性 S 随着组成元素的可靠性 R 的增大而提升。一旦组成元素的可靠性 R 增大到或超过该临界值 R_M 时，继续提高组成元素的可靠性 R 对提升系统的安全性 S 将毫无作用。由此可知，临界值 R_M 是通过增大组成元素的可靠性来提升系统安全性的最大效益点，但此时与可靠性关联的安全性区域内的系统最大安全值 S_R 与系统所要求达到的安全目标值 S_0 之间仍存在 ΔS 的较大差距，说明对复杂系统来说，系统安全性的提升在一定程度上可通过增大系统内组成元素的可靠性实现，但与此同时还得益于其他复杂因素。复杂系统的安全性是若干安全影响因素与外界环境共同作用的涌现结果，单一提高系统内各子系统及其组成元素的可靠性并不能确保复杂系统的安全可靠。

复杂系统的安全性是基于系统层面的新属性，是系统的一种整体涌现[18]，而不是系统内各子系统及其组成元素安全性的一种简单叠加，其安全性还与各子系统及其组成元素之间的潜在关联关系有关。即使复杂系统内的所有子系统及其组成元素均安全可靠并不能完全确保整个系统的安全可靠，因而复杂系统的安全性研究必须从系统层面进行认知。由此可知，热安全性作为车用动力电池包复杂系统安全性的一个重要分支，其研究也应从系统层面进行认知。

11.3.2 复杂系统认知下的车用动力电池包热失控安全防护

从安全的角度理解，复杂系统的整体性涌现实际上就是系统内部的突发事件造成复杂系统的整体性发生质的改变，包括安全和事故两个方面[19]。因此热安全性问题（主要表现为热失控）作为车用动力电池包复杂系统的一种整体性涌现，其实质就是系统内部热失控风险的涌现和传递过程。车用动力电池包出现热失控往往是由于电池包内某电池在某一热失控致因作用下发生了热失控风险涌现，继而通过电池包内各电池之间的热非线性交互耦合作用，引发热失控风险状态在周围电池间传递，造成热失控风险状态自底层向顶层迁跃，最终引发电池包热失控甚至起火燃烧等安全事故。复杂系统认知下车用动力电池包的热失控安全防护实际上是系统热失控风险的控制过程。因而结合复杂系统风险控制领域的相关理论对车用动力电池包热失控安全事故进行防护是十分可行的。下面基于认知－约束模型进行车用动力电池热失控安全防护方案设计。

随着系统复杂程度的不断提高，传统的事故致因理论及对应的模型，如事故倾向理论、事故因果连锁理论、瑟利模型、两类危险源模型、组织失效模型等由于没有充分考虑现代系统组成元素和结构的复杂性、组成元素的相互关联性以及事故致因的多元性等特征，已经不适于现代复杂系统安全事故分析。在这样的背景下，认知－约束模型（cognitive-restrict model）应运而生。认知－约束模型是对 N. G. Leveson 系统理论事故模型（system theoretic accident modle，STAMP）的进一步拓展，该模型涵盖事前预防、事中控制和事后分析的安全事故全过程，是系统论、信息论和控制论的高度统一，如今被越来越多地用于现代复杂系统的安全事故预防，因此可以采用认知－约束模型对车用动力电池包复杂系统热失控安全问题进行分析，并提出具有针对性的热失控安全防护方案。

11.3.2.1 认知－约束模型及其内在机制

认知－约束模型是在认知事故系统中风险涌现与动态传递机制的基础上，通过辨识并约束事故中的关键致因节点，适时适量引入外界约束资源来抑制复杂系统内部的熵增，使系统结构成为一种耗散结构，继而通过不断耗散外界资源来维系系统内部的有序性和结构稳定性，进而确保实现系统安全的一种复杂系统论模型。该模型基于复杂系统安全事故的致因与演化分析，通过不断循环与递进的安全事故机理认知和安全约束强化，实现安全事故分析从"事后型"向"预防型"的转变。

认知－约束模型如图 11 - 11 所示[20]，认知－约束模型的内在机制如图 11 - 12 所示[21]。安全认知域和安全约束域的交集为复杂系统安全事故的可控安全区域，空白区域为未认知且未约束的安全领域。从示意图中可以看出，要想实现复杂系统的安全防护，一方面需要强化安全认知能力，尽量缩小复杂系统中的未知安全域；另一方面要提高安全约束能力，使安全约束域能够尽可能覆盖安全认知域，做到所有安全风险可控，确保复杂系统不会出现安全问题。

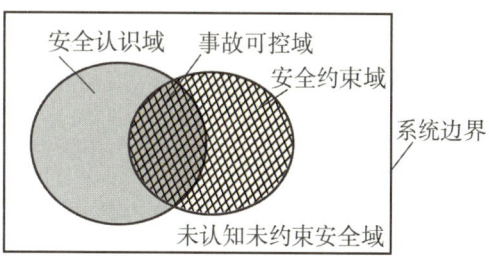

图 11 - 11 认知－约束的模型示意图

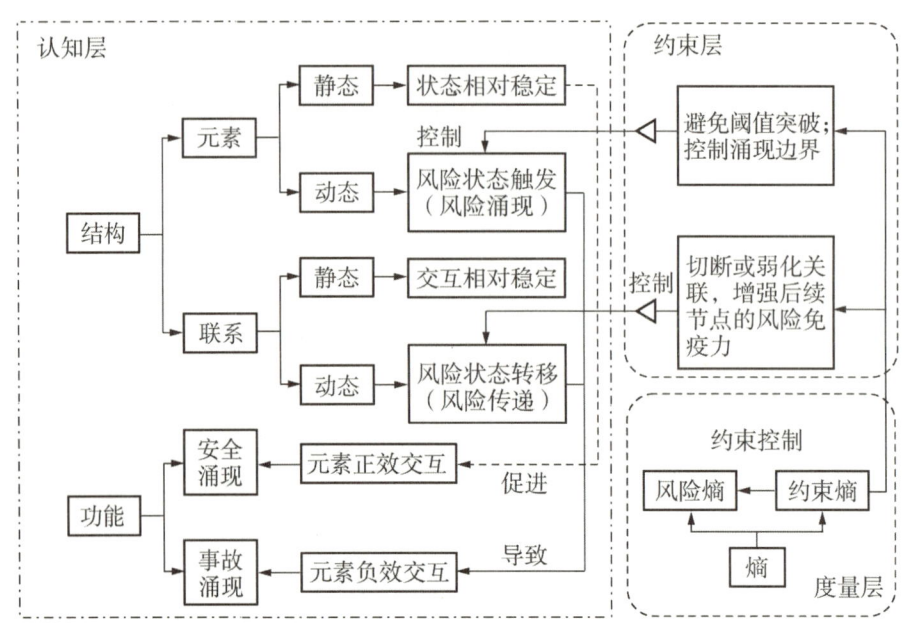

图 11-12 认知-约束模型的内在机制

认知层包括结构和功能两个方面，结构由元素和联系组成，有静态和动态两种形式。当系统结构内元素稳定且元素之间的交互关系稳定时，各元素间存在正效的交互作用，从而使系统功能发生安全涌现；反之，系统结构内元素出现动态行为即风险状态被触发和转移，各元素间存在负效的交互作用，导致系统功能可能发生事故涌现。由此可知，系统内结构元素及其交互关系的稳定性和有序性决定了系统的功能涌现。在系统外界环境不变的情况下，系统是否安全与系统结构的稳定性息息相关。认知过程中通常采用风险熵对系统结构的风险状态进行评估度量，进而通过引入约束熵对系统结构组成元素的动态行为及关联特性进行约束，从而实现对风险涌现与传递的控制。具体包括采取有效措施控制元素的涌现边界，避免元素风险熵突破阈值；切断或弱化元素之间的关联关系，增强风险传递过程中后续元素抵御风险的能力；在约束熵配置中优先考虑高风险熵的关键元素等。

11.3.2.2 热失控致因因素立体网络模型

基于认知-约束模型内在机制的车用动力电池包热失控致因立体网络模型如图 11-13 所示。模型中的 A_{ij} 表示第 i 层次的第 j 个热失控致因的抽象化节点，其中 $i=1,2,3$ 分别对应电池单体、电池模组和电池包。深色显示的节点表示重要度高的关键节点，浅色显示的节点表示重要度低的一般节点，粗线显示的边表示节点间显在的关联关系，细线显示的边表示节点间潜在的关联关系。A_{ij} 具体可定义为电池单体层的电池过充、过放、过热、短路、碰撞等热失控致因；电池模组层的电池间热传导、周围空气的热传导、热辐射、热对流以及电池起火燃烧造成的热炙烤等热失控致因；电池包层的模组大面积起火燃烧等热失控致因。可见热失控致因的等级对应相应的系统层次，热失控致因系统层次的提升则对应热失控风险状态的跃迁。一旦热失控风险状态跃迁至电池包层,说明此时车用动力电池包存在着极大的热失控隐患,将严重威胁电动汽车动力系统乃至整车的安全性。

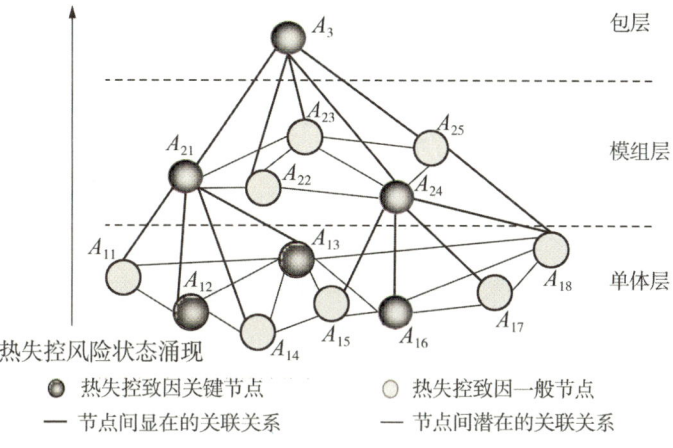

图 11 – 13 　车用动力电池包热失控致因立体网络模型

11.3.2.3　热失控风险涌现、传递与约束机制

1. 风险熵

风险熵 H_R 用于估计和度量车用动力电池包复杂系统结构部件的热失控风险状态。风险熵 H_R 按性质不同,分为独立风险熵 H_D 和交互风险熵 H_C 两部分,由式(11 – 13)至式(11 – 19)进行计算。风险熵值 H_R 越大,系统涌现热失控风险的概率越大,出现热失控安全问题的隐患也越大。

设车用动力电池包复杂系统内某部件 A 的热失控风险状态为 $a_i(i=1,2,\cdots,n)$,n 表示可能出现的所有热失控风险状态的数目,热失控风险状态 a_i 随机出现的概率为 $p_i(a_i)$($0 \leq p_i(a_i) \leq 1$,$\sum p_i(a_i) = 1$),热失控风险状态 a_i 可能导致的风险后果为 $s_i(a_i)$,热失控风险状态 a_i 的不可控性为 $u_i(a_i)$,则

$$R(A) = R(a_i) = p_i(a_i)s_i(a_i)u_i(a_i) \tag{11-13}$$

$$H(A) = -R(A)\ln R(A) = -\sum_{i=1}^{n} p_i(a_i)s_i(a_i)u_i(a_i) \ln \sum_{i=1}^{n} p_i(a_i)s_i(a_i)u_i(a_i) \tag{11-14}$$

式中,$R(A)$ 为 A 部件的热失控状态风险值;$H(A)$ 为部件 A 的独立热失控风险熵。

假设车用动力电池包复杂系统内共有 α 个部件相互独立,那么该系统的独立热失控风险熵 H_D 可表示为

$$H_D = \sum_{k=1}^{\alpha} H(A_k),(k = 1,2,\cdots,\alpha) \tag{11-15}$$

如果车用动力电池包复杂系统内各结构部件之间存在耦合关系,那么除独立热失控风

险熵 H_D 以外，还需考虑各结构部件之间耦合关系引发的交互热失控风险熵 H_C。设车用动力电池包复杂系统内存在耦合关系的某对部件 A 与 Z 的热失控风险状态为 (a_i, z_j) $(i=1, 2, \cdots, n; j=1, 2, \cdots, m)$，$n$、$m$ 分别表示部件 A 与 Z 可能出现的所有热失控风险状态的数目，热失控耦合风险状态 (a_i, z_j) 随机出现的概率为 $p_{ij}(a_i, z_j)$，热失控耦合风险状态 (a_i, z_j) 可能导致的后果为 $s_{ij}(a_i, z_j)$，热失控耦合风险状态 (a_i, z_j) 的不可控性为 $u_{ij}(a_i, z_j)$，则

$$R(A,Z) = R(a_i, z_j) = p_{ij}(a_i, z_j) s_{ij}(a_i, z_j) u_{ij}(a_i, z_j) \tag{11-16}$$

$$H(A,Z) = -R(A,Z)\ln R(A,Z) = -\sum_{i=1}^{n}\sum_{j=1}^{m} R(a_i, z_j)\ln R(a_i, z_j) \tag{11-17}$$

式中，$R(A,Z)$ 为 A、Z 部件的热失控耦合状态风险值；$H(A,Z)$ 为 A、Z 部件的交互热失控风险熵。

假设车用动力电池包复杂系统内共有 β 对存在相互耦合关系的部件，那么该系统的交互热失控风险熵 H_C 可表示为

$$H_C = \sum_{k=1}^{\beta} H(A,Z)_k, \quad (k=1,2,\cdots,\beta) \tag{11-18}$$

综上，车用动力电池包复杂系统的热失控风险熵 H_R 可以表示为独立热失控风险熵 H_D 和交互热失控风险熵 H_C 之和，即

$$H_R = H_D + H_C \tag{11-19}$$

基于热失控致因立体网络模型，车用动力电池包复杂系统各致因节点发生热失控风险涌现还与其底层热失控影响因素的独立风险度 D 以及耦合风险度 C 有关。式(11-20)、式(11-21)为计算独立风险度 D 以及耦合风险度 C 的一种简单方法。

设 $k=1, 2, 3\cdots, K$ 为导致车用动力电池包复杂系统致因节点出现热失控风险涌现的 K 个底层影响因素，则

$$D_i = \sum_{k=1}^{K} R_k \tag{11-20}$$

$$C_i = \sum_{k=1}^{K}\sum_{q=1, q\neq k}^{K} \sigma_{kq} R_k R_q \tag{11-21}$$

式中，R_k 为第 k 个底层影响因素的独立风险度；R_q 为除 k 因素外之外的其他底层因素的独立风险度；σ_{qk} 为两底层影响因素之间的耦合强度。

2. 约束熵

约束熵 H_E 是车用动力电池包复杂系统为了抑制系统内部因热失控风险涌现与传递过程引起的熵增而引入的外界负熵流。

设热失控致因节点 i 共有 $j=1, 2, \cdots, m$ 个参量用来描述其热失控风险状态。当车用动力电池包正常运行时，定义这 j 个参量的运行值为 $r_j (j=1, 2, \cdots, m)$ 上下浮动的参量阈值空间为 $[r_j^-, r_j^+]$。对这 j 个参量进行实时监测，若实测值 r_j' 位于阈值空间 $[r_j^-, r_j^+]$

内,则节点 i 运行正常,不存在热失控涌现风险;若实测值 $r'_j < r^-_j$ 或实测值 $r'_j > r^+_j$ 时,则说明节点 i 内部将出现熵增,存在热失控涌现的风险。整个节点 i 的熵增为

$$dH_i = |H_1| + |H_2| \tag{11-22}$$

$$H_1 = -\sum_{j=1}^{m} \frac{|r'_j - r^-_j|}{r'_j} \ln \sum_{j=1}^{m} \frac{|r'_j - r^-_j|}{r'_j} \tag{11-23}$$

$$H_2 = -\sum_{j=1}^{m} \frac{|r'_j - r^+_j|}{r'_j} \ln \sum_{j=1}^{m} \frac{|r'_j - r^+_j|}{r'_j} \tag{11-24}$$

为确保车用动力电池包复杂系统的稳定性,需保证系统内部熵增均衡,即 $dH_i \leq 0$。而且从外界引入的约束熵 $dH'_e(dH'_e \leq 0)$ 又为负熵流,所以有

$$\alpha dH_i + \beta dH'_e \leq 0 \tag{11-25}$$

$$|dH'_e| \geq \frac{\alpha dH_i}{\beta} = \frac{\alpha(|H_1| + |H_2|)}{\beta} \tag{11-26}$$

式中,$\frac{\alpha(|H_1| + |H_2|)}{\beta}$ 为车用动力电池包复杂系统不发生热失控风险需要从外界引入的最小约束熵。

3. 热失控风险涌现与传递过程的数学描述

在完成车用动力电池包复杂系统热失控风险熵、约束熵度量的基础上,对其热失控风险涌现与传递过程进行数学描述。假设造成车用动力电池包复杂系统热失控安全问题的热失控致因共有 n 个,定义 $x_i(t)(i = 1, 2, 3, \cdots, n)$ 为第 i 个热失控致因即节点在 t 时刻的状态变量,节点状态变量值采用之前度量的风险熵值,那么 t 时刻车用动力电池包复杂系统的安全状态可用 $x(t) = \{x_1(t), x_2(t), \cdots, x_n(t)\}$ 表示。当 t 时刻系统内各热失控致因节点的风险状态未被触发时,有 $x_i(t) \in X_i(t)(i = 1, 2, 3, \cdots, n)$,其中 $X_i(t)$ 表示 t 时刻系统内节点 i 所允许的所有安全状态的集合。若在 t_0 时刻,由内外界因素作用,电池包内某热失控致因节点 i 的风险状态被触发,导致该节点的状态变量 $x_i(t_0) \notin X_i(t_0)$,则表明在 t_0 时刻节点 i 发生了热失控风险涌现。由于各节点间的关联耦合作用,热失控风险在节点 i 涌现后会在 t_1 时刻转移到与之相关联的其他节点 j(可能有多个 j 节点),导致 $x_j(t_1) \notin X_j(t_1)$,说明与之关联的节点 j 在 t_1 时刻也发生了热失控风险涌现。该热失控风险转移的过程即为热失控风险传递过程。随着热失控风险涌现和传递行为的持续发生,系统热失控风险状态可能逐级向更严重的顶层致因迁跃,最终造成车用动力电池包热失控。

4. 车用动力电池包复杂系统热失控安全防护方案

结合复杂系统风险控制论,将热失控致因立体网络模型应用于车用动力电池包复杂系统的热失控安全防护。对各热失控致因节点进行风险熵 H_R 测度,通过约束熵 H_E 的具体配置对热失控触发和演化过程中的关键致因节点实施有效的约束,在认知 – 约束模型的基础上提出车用动力电池包复杂系统热失控安全防护方案,如图 11 – 14 所示。

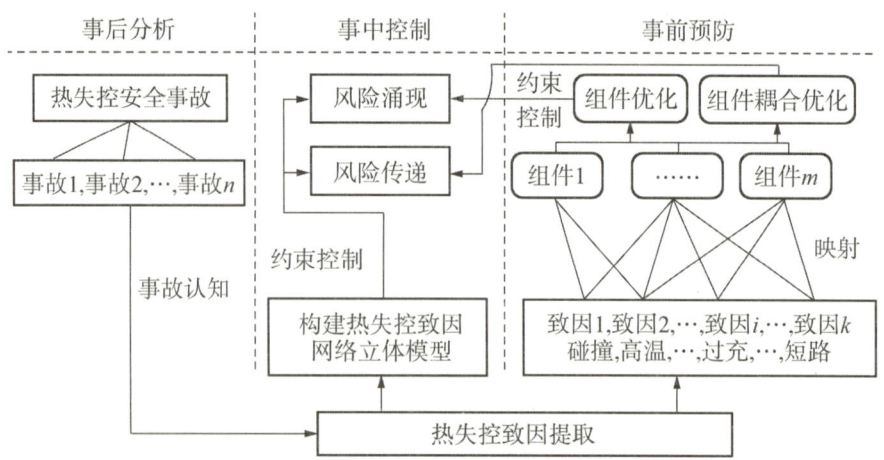

图 11-14 基于认知-约束模型的车用动力电池包复杂系统热失控安全防护方案

具体到车用动力电池包，图 11-14 中的热失控风险涌现相当于电池包内一个或多个电池在热失控致因作用下发生了热失控，热失控风险传递相当于热失控在电池包内的逐层传播。基于热失控致因立体网络模型，根据一定的映射规则建立系统结构组元与热失控致因之间的关联关系，对动力电池包热失控涌现和传递过程中的关键节点施加约束控制，并将约束熵 H_E 的具体配置与动力电池包的安全设计与优化结合，此时车用动力电池包的热失控安全防护与其结构安全设计与优化就有了对应关系。例如，碰撞热失控致因可映射为动力电池包结构的耐撞安全性设计，高温热失控致因可映射为动力电池包热管理系统的设计，过充热失控致因可映射为动力电池包充放电均衡控制策略的优化，短路热失控致因可映射为动力电池内外包短路防护的结构设计等等。其中，组件优化是指动力电池包内单个部件的结构安全设计与优化，如电池 PTC 限流装置设计等针对电池本体的热失控安全防护技术。组件耦合优化是指耦合动力电池包内多个部件的结构安全设计与优化，如设计合理的传热路径、模组结构等。

综上，该热失控安全防护方案将动力电池包内热失控风险涌现与传递过程数学化模型化，利用热失控致因与动力电池包系统结构组元之间的关联关系，能够有效指导动力电池包的结构安全设计与优化，进而在动力电池包的结构设计开发阶段就能实现热失控安全防护与可靠性、轻量化、成本控制等动力电池包性能与应用要求的同步开发，从系统层面实现车用动力电池包的热失控安全防护。

11.4 车用动力电池包火灾防护系统设计

为了保证电动汽车动力锂离子电池的热安全性能，各大生产厂商在电池成包时都设计有相应的电池管理系统（BMS），用以监测电池的实际使用情况，及时发现可能存在的过温、过充、电压突变等异常并通过控制中心采取一定的必要措施。但目前 BMS 技术仍存在一些诸如对电池 SOC 状态估计的准确性较差等技术瓶颈，主动安全手段难以确保电池包免于火灾威胁。因此，为弥补主动安全系统的不足，被动安全系统应运而生，在局部电池发生热失控初期及时检测异常情况，利用装载的灭火单元扑灭可能存在的明火并持续降温带走局部热失控聚集的热量，防止电池火灾的进一步蔓延，解决电动汽车整车火灾难以从外部扑灭的难题，从而最大程度降低电池包火灾带来的危害，保障消费者生命财产安全。电池包被动式火灾防护系统一般由探测报警单元、控制单元和灭火单元三个主要单元组成。

1. 探测报警单元

探测报警单元的主要功能是当局部火情可能发生时及时、准确地检测到电池的异常工作情况并向外传递相应信号。当热管理系统不能起到较好的检测和控制作用时，局部异常的单体电池可能会发生热失控释放热量甚至引发局部火灾，探测报警单元需要根据锂离子电池热失控前期的行为特点，及时、准确地检测到异常情况。

目前比较成熟的火灾探测技术按探测原理可以分为两大类：质量流探测技术和能量流探测技术。质量流探测技术通过探测燃烧气体、烟颗粒和气溶胶的浓度来判断火灾的发生与否；能量流探测技术则通过探测燃烧过程中的火焰辐射和燃烧音强度来实现火灾探测。利用上述探测原理研制出的火灾探测器大体有以下几种：

(1) 可燃气体探测器。可燃气体探测器是一种探测保护区域内相应气体浓度从而转换成电压信号的装置。根据保护区域的特点，可探测的气体主要有 CO、CH_4、H_2 等。可燃气体探测器主要用于火灾发生前的监测，防止可燃性气体达到一定浓度引起火灾。

(2) 感烟火灾探测器。大多数火灾发生后会产生较大浓度的烟雾，感烟火灾探测器正是通过监测保护区域内的烟雾浓度是否超标从而报警并向灭火系统控制中心发送相应信号。按照工作原理的不同，感烟火灾探测器又分为气敏式、光电式和离子式。感烟火灾探测器技术较为成熟，已广泛应用于各种场景的火灾探测报警系统中。

(3) 感温火灾探测器。有些类型火灾发生后不仅会产生火焰和烟雾，而且会向环境中传递大量热量，从而造成环境温度的改变，感温火灾探测器正是利用热敏元器件的热电效应，将探测到的环境温度改变转换成电压信号传递给控制中心判断是否超过阈值。

(4) 感光火灾探测器。感光火灾探测器也称为火焰探测器，通过探测保护区域内的明火焰（光照）变化从而转换成电信号，物体在发生火灾时会向周围放射一些特殊的光谱的光波，红外、紫外火焰传感器可以检测到肉眼不可见的光波，从而实现火灾探测。

2. 控制单元

控制单元的作用主要是接收探测单元的火灾探测信号，并按照系统设置的阈值进行比对，判断是否应发出局部热失控的信号并采取进一步的措施。与此同时，控制单元根据给定的算法，决定相关阀门的开启/关闭以及开启的持续时间。

3. 灭火单元

灭火单元的主要功能为存贮和释放扑灭锂离子电池火灾的灭火剂，及时有效地扑灭电池包内早期局部热失控火灾，并能够持续降温，带走聚集在局部的多余热量，防止局部火灾的复燃。与此同时，灭火单元对其他正常单体（或模组）电池以及零部件的破坏应尽可能较小。另外，考虑到车载工况对空间和质量较为敏感，灭火单元还应具有较小的质量和空间占比。

灭火单元中的灭火剂对系统的性能有重要影响。目前市场上应用较广的灭火剂有干粉灭火剂、CO_2 灭火剂、卤代烃灭火剂（如七氟丙烷灭火剂）、泡沫灭火剂和细水雾灭火剂。

(1) 干粉灭火剂。干粉灭火剂是多种具有灭火能力的无机物、防潮剂、流动促进剂等各类添加剂组成的混合物，呈干燥粉末状，具有较好的流动性[22]。其灭火能力主要依靠无机物的化学抑制作用，化学反应过程吸热而具有的冷却作用，化学反应后会在固体表面形成一层膜结构起到一定的隔离作用，但使用后在周围会有较多的粉末残留，后期处理较为麻烦。

(2) CO_2 灭火剂。CO_2 是大气中存在的气体，对臭氧层无破坏性，不污染大气，具有环保、无残留、成本低廉、技术成熟等特点。CO_2 灭火剂一般以液态形式储存在高压气罐中，灭火时喷放出来迅速由液态转变为气态，以一定浓度填充火灾区域周围全部空间，从而降低空间内氧气浓度，产生窒息作用[23]。CO_2 灭火剂气化吸热，因此具有一定的冷却效果。

(3) 卤代烃灭火剂。七氟丙烷（FM-200）灭火剂是最为常用的卤代烃灭火剂，具有无色、无味、灭火后无残留、不导电等优点，对大气的臭氧层无破坏。作为气体灭火剂，FM-200 灭火原理与 CO_2 类似，主要以窒息和化学抑制作用实现灭火功能[23-24]，同样由于喷出时由液态转化为气态，因此具有一定的冷却效果。但 FM-200 灭火剂具有低毒性，且在大气中存留的时间长，对环境存在一定的潜在危险。

(4) 泡沫灭火剂。泡沫灭火剂灭火效率高、抗复燃能力好、成本较低且环境污染小，但泡沫灭火剂需要使用有机活性剂进行发泡，而最常用的活性剂为全氟辛烷磺酸 PFOS 的衍生物，具有持久性、生物富集性和毒性，因此传统泡沫灭火剂被淘汰后目前常见的为水成膜泡沫灭火剂（AFFF），主要用于液体火灾，且使用过程中分解会生成全氟辛酸（PFOA）对环境有一定的潜在危害性。

(5) 细水雾灭火剂。细水雾灭火剂是通过物理增压的方式使水从特别设计的细水雾喷头中喷出，形成直径极小的水微粒从而扑灭火灾的一种清洁环保灭火剂。由于细水雾的粒径很小，水的物理性质得到极大改变，同质量的细水雾和普通水滴相比，等效表面积大约增大 1700 倍，更容易气化吸热，且细水雾灭火剂采用高纯水为介质，产生的雾滴不连续使得细水雾灭火剂具有良好的电气绝缘性，可用作 36kV 以下的电气火灾。细水雾灭火剂工作时主要依靠极小的雾滴填充保护区域，渗透到内部，通过气化吸热、隔绝氧气、在空气中存留时间长起到冷却、窒息方式灭火的目的。

11.4.1 动力电池包火灾防护系统结构设计

单体锂离子电池成组成包后，出于保护的目的，会被封装在金属电池箱内，即形成了一个相对封闭的狭小空间，图 11-15 所示为某款汽车的电池包结构图。对于汽车的空间布置而言，为了更好地平衡整车的质量分配和更好地利用空间，电动汽车电池包大多被布置在原燃油车油箱所在乘员座椅下方位置。狭小封闭空间和处于汽车底部的安装位置决定了电池包一旦发生局部热失控进而引发火灾时，难以从外部及时、有效的扑灭明火。在电池箱内部布置自动灭火系统是综合上述特点的较好方案。

(a) 电池包整体结构　　　　　　　　　(b) 电池箱结构

图 11 – 15　某电动汽车电池包整体及电池箱结构

11.4.1.1　火灾探测单元

1. 锂电池火灾前期特性

根据第 10 章的三元软包锂离子电池单体及 5S1P 模组过充电火灾实验，总结其他文献中的三元锂、锰酸锂、磷酸铁锂热失控火灾特性实验，制成如表 11 – 10 所示的常见锂离子电池发生热失控火灾现象汇总表，主要从火灾实验过程现象描述、环境温度改变和气体释放三方面对各类常见车载锂离子电池的热失控行为特征进行总结分析。

表 11 – 10　各类锂离子电池热失控行为特征总结

电池类型	火灾过程描述	环境温度变化	气体释放
18650 圆柱	先发生初爆并释放较多气体，间隔约 10 分钟后爆燃并剧烈燃烧	燃烧前无明显升高，燃烧后升高较快	主要为 CO、H_2、CH_4、C_2H_2、C_2H_4 等
三元软包	先析气鼓包，间隔约 60s 后火星四溅，剧烈燃烧	燃烧前无明显升高，燃烧后升高较快	主要为 CO、H_2、CH_4、C_2H_2、C_2H_4 等
锰酸锂软包	向外释放大量可燃性气体，约 70s 后向外喷射固体并起火燃烧	燃烧前无明显升高，燃烧后升高较快	主要为 CO、H_2、CH_4、C_2H_2、C_2H_4 等
磷酸铁锂方形硬壳	析出大量气体烟雾并不断累积直至充满整个试验箱	无明火燃烧，温度上升较缓慢，不明显	主要为 CO、H_2、CH_4、C_2H_2、C_2H_4 等且浓度均远超出上述几类电池

2. 火灾探测器的选用及布置

感光型火灾探测器主要应用于存在明火的火灾报警，与预期在电池发生燃爆前探测到火灾险情的设计目的不相符，因此予以排除。结合表 11 – 10 可知，热失控发生到达燃爆点之前，电池本身温度变化不大，所以通过热辐射和热传导向周围环境传递的热量较少，因此通过感温探测器实现锂离子电池热失控火灾的早期探测也不可取。虽然在锂离子电池热失控前期亦会产生一定量的烟雾，但由于空间浓度较低，且烟雾探测器的反应时间较长及灵敏度较低，难以保证普通烟雾探测器能够及时探测到险情，因此烟雾报警器也不适合此应用场景。相比于其他几种火灾探测器，可燃性气体探测器具有灵敏度高、稳定性好、抗干扰能力强的优势，可以针对锂离子电池热失控过程中产生的 CO、H_2、CH_4 等几种气体重点进行探测和报警，由于未发生热失控时环境中此类气体的含量极低几乎为零，发生热失控后含量变化较大，因此能够准确、快速做出判断，起到在热失控前期及时发现险情的作用。

考虑到所设计的集成灭火系统是在现有电池包主动热管理系统基础上作为补充的被动安全措施，所做设计尽量不改动现有电池包及箱体的核心结构，因此火灾探测器布置在上方电池箱盖内最为恰当。电池箱内局部单体电池发生热失控产生可燃性气体会顺着上方的泄压口向上运动，因此安装于电池箱盖上的探测器更能准确、及时探测到前期局部热失控险情。

11.4.1.2 控制单元

本集成灭火系统使用单片机作为控制单元，应用时，通过对单片机烧录编辑好的程序代码，可以对由输入端可燃气体探测器发送的经 A/D 转换器转换后的数字信号进行判断处理，若超过设定的阈值则向输出端发送相应指令，采取报警和启动灭火单元等一系列动作。

根据实验测得的锂离子电池热失控前期释放的可燃性气体浓度的空间分布规律，对探测器进行标定并对单片机进行编程，编程涉及的程序有以下几部分：

1. 头文件

51 系列单片机的编程头文件包含一个用来定义寄存器的 reg51.h 头文件和一个调用空指令等指令时使用的 intrins.h 头文件。

2. 定义变量

编程使用的是 C 语言，根据要求，需要在最开头定义接下来要使用到的用户自定义变量，如本设计涉及的预设可燃性气体浓度阈值 threshold_concentration 以及转换电路输入单片机的浓度值 air_concentration 等。

3. 运行模式

本控制系统将用到两种运行模式，一种是调整和设置浓度阈值的设置模式，另一种是正常使用的探测模式，需要在编程中予以声明。

4. 针脚使用说明

若探测器探测到的可燃性气体浓度经控制器判断后超过设定阈值，则控制器将会向执行部分发出相应的后续指令，包括用以提醒驾驶员险情的灯光闪烁和蜂鸣器报警以及未及时得到响应后控制继电器启动灭火保护程序。以上行为的执行需要不同的针脚与之对应，也应在编程中予以说明。

5. 主函数

主函数用以调用各种既定函数，负责系统的初始化设置、模式判定、探测浓度数据的读取、输入值与设定阈值的比较判断等任务。

6. 其他相关函数

其他相关函数包括 LCD 延时、写入数据、寻址等函数。

车用动力电池包集成灭火系统设计实例的控制单元控制思路如图 11-16 所示。首先按照一定时间间隔接收火灾探测器传递的可燃气体浓度信号 X_t；然后将接收的信号 X_t 与设定的阈值 X_{NR} 相比较，判断是否存在火灾危险；最后根据上一步判断结果，控制灭火单元相应电子阀门继电器的开启，执行灭火任务。

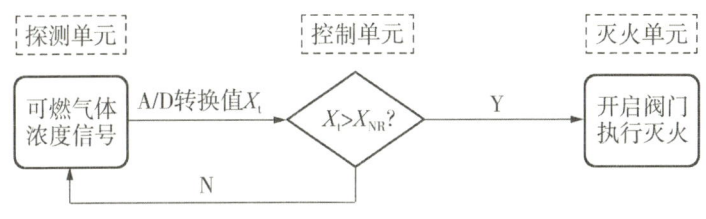

图 11-16 控制思路示意图

11.4.1.3 灭火单元

为了更直观了解各种灭火剂的优缺点，在前述各类常用灭火剂介绍的基础上，选择灭火机理、冷却效果、空间及重量、防复燃能力、绝缘性、成本、残留物、环境影响等 8 项指标予以横向对比，如表 11-11 所示。

表 11-11 各种灭火剂的比较

灭火剂	ABC 干粉	CO_2	卤代烃	泡沫	细水雾
主要灭火机理	化学抑制	窒息	化学抑制	窒息	冷却、窒息
冷却效果	较差	一般	一般	一般	高
系统空间及量	较大	较大	较小	较小	小
预防复燃能力	较弱	中	较弱	中	强
绝缘性	绝缘	绝缘	绝缘	不绝缘	绝缘
成本	较低	较低	较高	中	低
残留物	难清理	无残留	无残留	较难清理	无残留
环境污染	较小	无	较大	较大	无

由第十章电池单体及电池模组过充电火灾实验可知，引发电池热失控直至起火燃烧的各类副反应的发生均与高温环境有极大关系，如 SEI 膜的分解发生在 90～120℃，电解液

的热解发生在200℃以上。对于锂离子电池火灾灭火而言,冷却降温是关键,能够持续降温则能有效防止复燃。

美国联邦航空局(Federal Aviation Administration,FAA)的研究表明,锂电池火灾所选用的灭火剂必须具备足够的冷却降温能力,才能有效扑灭火灾,防止复燃并阻止锂电池成组的火灾蔓延。为了比较各种灭火剂对锂离子电池火灾的降温灭火效果,FAA还搭建试验台并挑选了Halon1211、水基型灭火剂AF-31和AF-21、CO_2、FM-200、ABC干粉等十余种灭火剂进行锂离子电池火灾灭火实验,最后结果显示,相对其他几种灭火剂,水基灭火剂对锂离子电池火灾具有较好的冷却降温效果。

综合上述因素,对于本集成灭火系统而言,选用冷却降温效果最佳、环保无污染、成本较低、空间和质量占比较小的细水雾灭火剂较为合适。

11.4.1.4 动力电池包集成灭火系统形式

国标 GB/T 26785—2011《细水雾灭火系统及部件通用技术条件》[25]将细水雾灭火系统按照动力方式不同分为泵组式、瓶组式及其他方式三种。车载电池包集成灭火系统保护空间相对较小,用水量少且对压力要求较低,因此选用瓶组式细水雾系统最为合适。图11-17为瓶组式细水雾系统结构示意图。

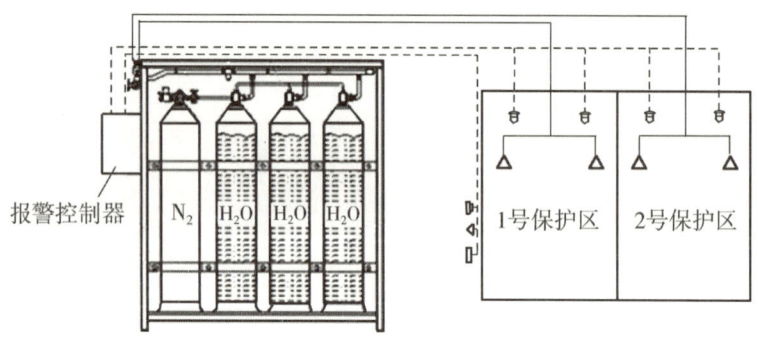

图11-17 瓶组式细水雾系统结构示意图

瓶组式细水雾系统属于气、水同管的两相流系统,高纯水和高压氮气分开储存,安全、便捷。工作时高压氮气瓶阀门开启将水瓶中的高纯水压出,并通过管道输送到细水雾喷头后,通过气体压力和极小的喷头孔径形成细水雾,一定流量的细水雾迅速充满整个保护区域,通过快速气化吸热冷却和隔绝空气达到灭火效果。通过合理设计的瓶组式细水雾系统应用在车载电池包集成灭火系统中具有如下优势:

(1)喷头结构简单,维护方便,稳定可靠。工作时水被高压气体加压并通过喷头形成气水雾,气水雾本身具有较高的动能和一定的初速度,在形成相同径粒雾滴的前提下对喷头及水道孔径的要求较低,可有效降低使用成本。瓶组式细水雾系统已经商用,技术成熟,所需动力由高压气瓶提供,不需要电力供给,只需保证气瓶压力即可保证其有效性,其结构简单，孔径较大的细水雾喷头可以降低喷头堵塞的情况。

（2）结构灵活，重复利用成本低。系统较为便捷，可根据实际保护区域的大小调整所需灭火剂的量，可以串联多个储水瓶以扩容。所需补充的纯水和氮气均容易获得且价格低廉。

（3）用水量少。由于水雾粒子直径极小，因此可以节约大量的水。相同作用效果下，细水雾系统所用水量不到喷淋方式的十分之一。

最终的集成灭火系统的结构如图 11-18 所示，该系统集成于电池箱上盖中，包括电池箱盖 1，探测单元 2，控制单元 3，不间断电源 4 和灭火单元 5，其中灭火单元 5 包含灭火剂瓶组 501，高压电子阀门 502、高压软管 503、灭火剂喷头 504 等部件。

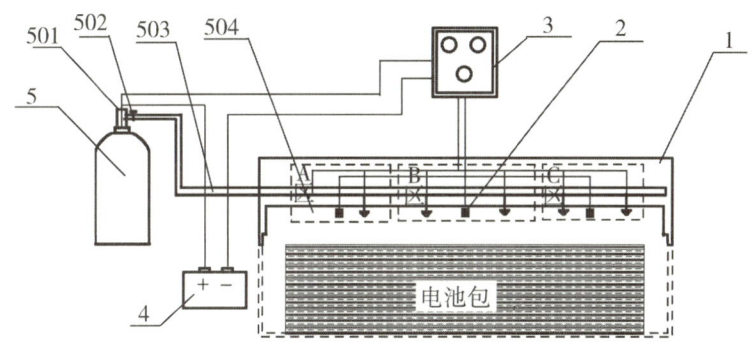

图 11-18 集成灭火系统结构示意图

1—电池箱上盖；2—火灾探测单元；3—控制中心；4—不间断电源；5—灭火剂系统；
501—高压灭火剂罐；502—电子阀门；503—高压管道；504—灭火剂喷头

11.4.2 动力电池火灾模拟与可靠性验证

动力电池包火灾防护系统的灭火效果可以通过实验或者计算机仿真两种方式进行验证。大量火灾安全事故表明，大多数电动汽车火灾是由电池包局部火情蔓延而来。火灾的孕育、发生、蔓延等多个阶段，实际上是一种非平衡态的动力学过程。这一过程包含物质的相变和热能、动能等能量的转化、传递以及燃烧反应等物理化学作用，具有多相、多尺度、非线性等特征[29-30]。这使得火灾安全事故的重建和分析变得极其困难，在实际火灾实验中即使实验条件控制精确，由于火灾本身的复杂性也很难保证过程和结果的一致性。不仅如此，火灾的不可逆性以及潜在危险性也使得火灾实验成本高、危险性大，因此借助数值模拟工具来辅助火灾事故的重建和仿真分析工作往往能起到事半功倍的作用。为了验证动力电池包火灾防护系统的灭火效果，首先需要建立动力电池火灾数值模拟模型。

根据火灾研究对象、层次和方法的不同，常见的火灾数值模拟模型可以分为场模型、区域模型和网络模型三种。车载电池包集成灭火系统的数值模拟空间较小，对结果精度要求较高，区域模型忽略了内部运动影响，难以对能量的传递过程直观展示，网络模型只适用于远离火源的区域，而场模型最适合应用于小尺寸电池箱环境的火灾数值模拟，可以得到详尽的温度、烟气组分浓度等参量的空间分布及其随火灾发展阶段不同的变化情况。

利用场模型进行火灾数值模拟的常见软件有 CFX、FLUENT、PHONEICS、STAR-CD、JASMINE、SOFIE 和 FDS，其中 FDS(fire dynamics simulator)软件不仅能够比较精确地模拟出由某一指定火源造成的火灾的发展过程，得到与实验数据较为接近的模拟结果，并且还能通过附带的 Smokeview 后处理软件将模拟结果以动画的形式直观地展现出来。PyroSim 软件能够实现 FDS 模拟过程的可视化，是目前使用最广泛的数值模拟 CFD 软件。

11.4.2.1 FDS 火灾模拟原理

在进行数值模拟时，FDS 利用细数值差分法求解低速流动的 Navier-Stokes 粘性流体方程(N-S 方程)，得到温度、能量和烟气等在空间内的传递及分布情况。燃烧物与周围物体及空气的热驱动流以湍流形式存在，针对数值模拟过程中的湍流流动，FDS 提供了直接数值模拟(DNS)和大涡模拟(LES)两种方式，模拟时以大涡模拟为主，直接数值模拟为辅，能量流动过程中涡的尺寸如果与网格尺寸相当，则直接通过耗散过程求解，涡的尺寸数量级远小于网格尺寸时，需要通过建立亚格子模型及对应的近似方程来求解。根据模拟的要求不同，可以人为输入火源功率曲线、边界热交换属性、构件的热物理参数等一系列对模拟过程有影响的参数，通过精细化建模使得结果与实际火灾的演变过程更为接近，更具有可信度。借助 FDS 执行火灾数值运算任务时，涉及如下基本方程和燃烧模型[31]。

1. 基本方程

(1) 质量守恒方程：

$$\frac{\partial \rho}{\partial t} + \nabla \cdot (\rho \boldsymbol{u}) = 0 \quad (11-27)$$

式中，ρ 为密度；t 为时间；$\boldsymbol{u}$ 为速度矢量。

(2) 组分守恒方程：

$$\frac{\partial}{\partial t}(\rho Y_i) + \nabla \cdot (\rho Y_i \boldsymbol{u}) = \nabla \cdot (\rho D_i \nabla Y_i) + \dot{m}_i''' \quad (11-28)$$

式中，Y_i 为组分 i 的质量分数；D_i 为组分 i 的扩散系数；$\dot{m}_i'''$ 为单位体积内组分 i 的生成率或消散率。

(3) 能量守恒方程：

$$\frac{\partial}{\partial t}(\rho h) + \nabla \cdot (\rho h \boldsymbol{u}) = \frac{\partial \rho}{\partial t} + \boldsymbol{u} \cdot \nabla p - \nabla \boldsymbol{q}_r + \nabla \cdot (k \nabla T) + \sum_i \nabla \cdot (h_i \rho D_i \nabla Y_i) \quad (11-29)$$

式中，h 为比焓；p 为压力；$\boldsymbol{q}_r$ 为辐射热通量矢量；k 为导热系数；h_i 为组分 i 的比焓。

(4) 动量守恒方程：

$$\rho\left(\frac{\partial \boldsymbol{u}}{\partial t} + \frac{1}{2}\nabla |\boldsymbol{u}|^2 - \boldsymbol{u} \times \boldsymbol{\omega}\right) + \nabla p - \rho g = \boldsymbol{f} + \nabla \boldsymbol{\tau} \qquad (11-30)$$

式中，ω 为涡度；g 为重力加速度；$\boldsymbol{f}$ 为作用于流体上外力矢量；$\boldsymbol{\tau}$ 为粘性应力张量。

(5) 理想气体状态方程：

$$p = \rho T R/M = \rho T R \sum_i (Y_i/M_i) \qquad (11-31)$$

式中，R 为气体常数，$R = 8.314 \text{J}/(\text{mol} \cdot \text{K})$；$T$ 为气体温度；M 为气体相对分子质量；M_i 为组分 i 的相对分子质量。

2. 燃烧模型

FDS 在进行大涡模拟时，对网格的划分进行部分简化然后间接求解，因此采用混合控制燃烧模型。软件内置的简单化学反应中只能存在一种气体燃料，所选用固体或液体燃料的燃烧速率是 FDS 对多种可燃物的燃烧性能差异进行综合考虑后调整得到的，因此，从某种意义上而言，指定的单一气相反应可以等效替代所有燃料，只需根据实际情况设置不同的 C、H、O、N 的原子个数比以构建等价燃料，并设置生成物 H_2O、CO_2、CO 和 Soot（烟尘）即可。

设置燃烧模型时有两种途径，较为简单的办法是直接设置单位面积的热释放速率，或者定义材料的热参数，然后根据具体构件表面的几何信息即可得到相应的燃烧模型。另一种途径是创建新的燃烧反应，通过定义产物种类以及产出率，然后定义空气中 O_2、N_2、H_2O 等成分的含量，即可通过燃烧反应的化学方程式逆推出燃料的相关化学属性。混合燃烧模型的化学方程式为

$$C_x H_y O_z N_w \longrightarrow \nu_{CO_2} CO_2 + \nu_{H_2O} H_2 O + \nu_{CO} CO + \nu_s Soot + \nu_{N_2} N_2 \qquad (11-32)$$

11.4.2.2 PyroSim 火灾数值模拟步骤

以某车用 12A·h 三元软包动力电池实体为研究对象，运用 PyroSim 场模拟软件对该电池进行火灾数值模拟，其火灾模拟流程如图 11-19 所示。

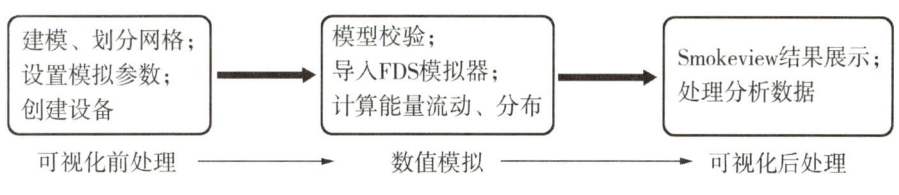

图 11-19 PyroSim 火灾模拟流程

1. 建立三维实体模型

为了更好地实现对标和验证，依据研究对象的相关尺寸参数建立电池的单体模型及 5

串1并的电池模组模型,如图11-20所示。考虑模组连接、固定等零件所占用的空间,电池模组的尺寸比5个单体电池叠加尺寸略大,为130mm×70mm×70mm。

(a) 单体电池模型　　　　　　　(b) 电池模组模型

图11-20　数值模拟中的电池三维模型

2. 定义材料属性

锂离子电池主要由电解液、正极材料、负极材料和隔膜组成,为简化模拟过程,将正极材料、负极材料、电解液和隔膜分别用一种材料来定义,相应的热力学参数如表11-12所示。

表11-12　锂离子电池模型材料热力学参数

参　数	电解液	负极	隔膜	正极
密度 $\rho/(kg \cdot m^{-3})$	1290	2660	492	4202
比热容 $c_p/(J \cdot kg^{-1} \cdot K^{-1})$	133.9	1437.4	1978	672
热导率 $\kappa/(W \cdot m^{-1} \cdot K^{-1})$	0.45	1.04	0.334	6.20
热吸收系数	0.9	0.8	0.8	0.8

3. 划分网格

数值模拟模型中应用了浮力羽流模型,因此可通过火源特征尺寸 D^* 与最小网格尺寸 δ 的比值来判断网格划分应用在数值模拟中是否合适。D^*/δ 的取值在4~16之间时,数值模拟计算精度和计算时间之间可以取得较好的平衡[32],查阅火源功率对应的火源特征尺寸表可知适用于本模型的火源特征尺寸 $D^* = 0.23$m,因此最小网格尺寸的取值范围为 0.014~0.058m。同时,FDS模块模拟过程中需要应用快速傅里叶变换的泊松公式来计算 y 方向和 z 方向的压力变化,而泊松公式要求相应方向上的网格数量满足 $N = 2^l 3^m 5^n$,其中 l、m、n 均为整数,例如 $32 = 2^5$,$108 = 2^2 3^3$ 都是比较好的网格划分数量,而31、111就不满足要求。

为了更好地测量电池火灾过程中周围环境相关参数的变化情况,同时减小环境参数改变对仿真过程的影响,仿真区域应大于电池模型所占空间,设定为 0.5m×0.3m×0.3m,网格尺寸确定为 0.02m×0.015m×0.005m,$D^*/\delta = 0.23/0.02 = 11.5$,$x$、$y$、$z$ 方向上的网格数量依次为25、20、60,总共的网格数量为30000个。

4. 仿真参数设定

(1) 环境参数。环境参数中对火灾数值模拟影响较大的是环境温度、环境压力以及环境中的氧气含量。环境温度可按照常用的环境温度20℃进行设定，环境压力由于气体受热膨胀的影响，可设为1.05kPa，环境中的氧气含量为21%。

(2) 计算参数。模拟过程中伴随着温度变化允许程序对环境压力进行动态校正。需定量设定的相关仿真参数见表11-13。

表11-13 数值模拟定量参数设定

参数名称	参数值	参数名称	参数值
Start Time（开始时间）	0s	Number of Output Date Frames（输出数据帧数）	1000
End Time（结束时间）	200s	Max Particles Mesh（最大网格数量）	500 000
Initial Time Step（仿真步长）	0.3s	Specify Smagorinsky Constant（Smagorinsky常数）	0.2
Ambient Temperature（环境温度）	20℃	Specify Von neumann Region（冯·诺依曼区域，即数值稳定参数）	0.5～1.5
Ambient Pressure（环境压力）	1.05kPa	Specify Schmidt Number（施密特常数 Sc）	0.5
Air Oxygen Content（空气氧含量）	21%	Specify Prandtl Number（普朗特常数 Pr）	0.5
Relative Humidity（相对湿度）	10%	Radiative Loss Fraction（辐射损失系数）	0.15

(3) 燃烧参数。FDS在进行火灾动力学燃烧计算时需要将固相转化为气相，然后进行燃烧，仿真中按照第10章的过充热失控临界温度102.2℃来设定电池材料的热解气化温度，并设定在达到临界温度初期以较高速度损失率燃烧，质量损失率逐渐减缓，以匹配锂离子电池燃烧时的爆燃效果。燃烧模型中需要将可燃物的燃烧反应等效为一种只含C、H、O、N四种元素的燃料燃烧反应，此处以电解液化学成分为基础进行调整来等效电池的燃烧反应，即最终等效燃烧物为$C_{6.3}H_{7.1}O_{2.1}N$。在仿真开始阶段，给定电池表面的起始燃烧热为$25kW/m^2$，持续时间5s，用以触发电池后续的热失控火灾。

11.4.2.3 火灾模拟结果可靠性验证与模型修正

1. 电池单体火灾模拟结果

与第十章的电池单体过充热失控实验结果对比，可见建立的锂离子电池火灾动力学模型在所设置参数下能够较好地模拟出电池火灾的发展过程，仿真过程中电池火灾发展各阶段截图如图11-21所示。为了验证数值模拟与实际情况是否相符，从而进行分析和模型修正，将模拟中相应位置的热电偶测得的数值结果与实验结果进行对比，为简化描述，此处仅对比不受火焰炙烤作用影响的侧边缘7#热电偶温度及各测点均衡得到的平均温度，对比结果如图11-22所示，其中实验结果以实线表示，仿真结果以虚线表示。

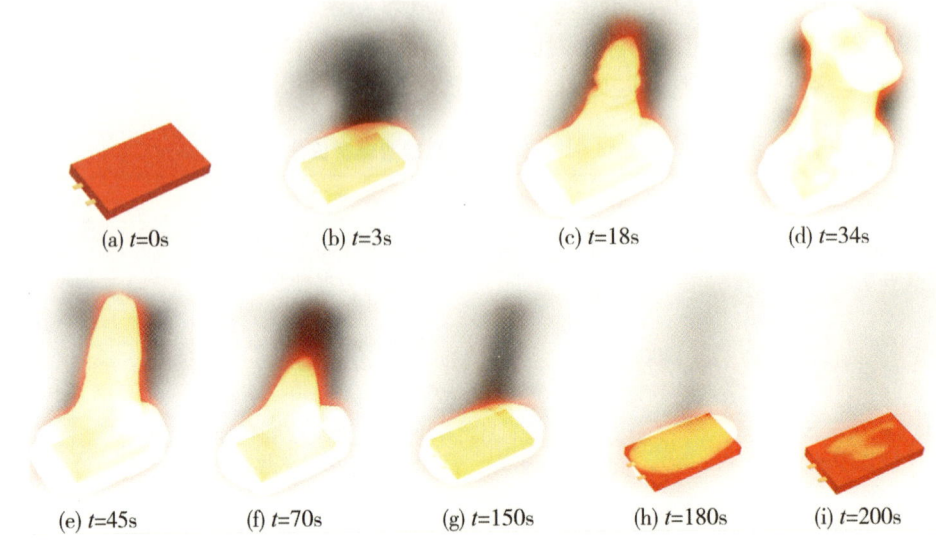

图11-21 电池单体火情发展过程

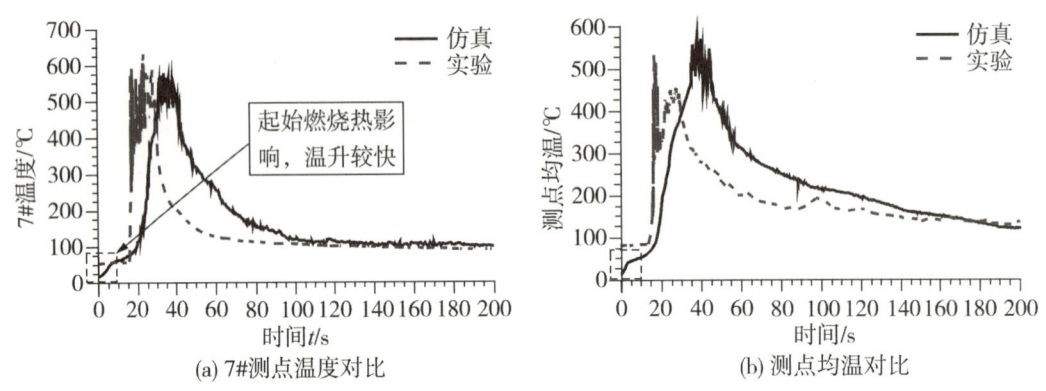

(a) 7#测点温度对比　　　　　　　　(b) 测点均温对比

图11-22 电池单体火灾温度对照情况

实验过程中电池剧烈燃烧的时间点为3660s左右，为了与仿真结果比对整个燃烧过程的变化情况，截取了明火前20s时间，即实际实验过程中3640s作为曲线图11-23中实验结果的0刻度。

由图中结果可知，无论是7#测点温度还是整体平均温度，仿真结果和实验结果都有相同的变化趋势，即仿真很好地表现出了锂离子电池发生火灾时热量爆发比较集中的特点。在仿真结果中，由于设定的起始燃烧热的影响前期存在一小段时间温升较快，如图11-22中框线所示。与实验中温度曲线相比，仿真温度曲线到达峰值的时间有所滞后，这是因为仿真中热量的积累需要一定的时间，起始环境温度可能设置过低，应该在后续模型中予以

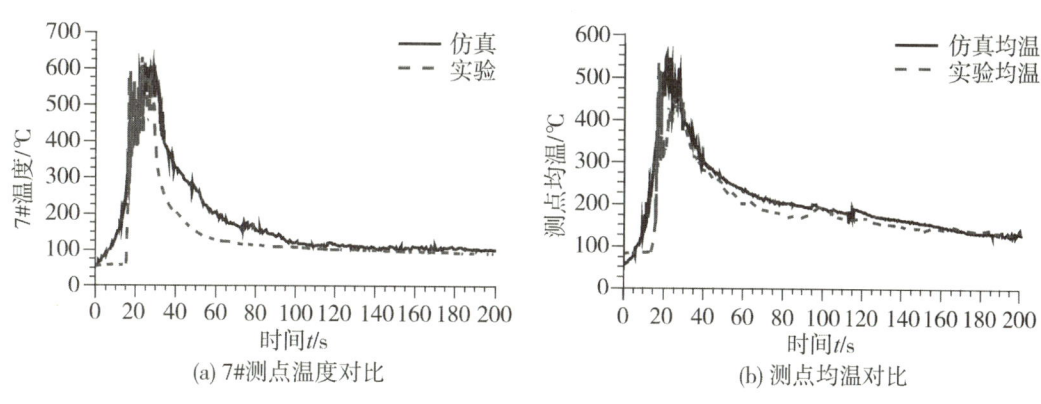

图 11-23 模型修正后的电池单体火灾温度对照情况

修正。实验中温度曲线变化更为集中，温度骤升骤降现象更为明显，这可能是因为实际锂离子电池火灾中由于铝塑膜外包装的存在，热量向周围环境的扩散被抑制，冲破包装限制后，内部熔融态可燃物质由于高压向外喷射，从而出现这一温度的骤升骤降现象，而仿真中单纯模拟材料的燃烧属性及热属性因此温度变化相对较为和缓，但从总能量释放的角度而言，仿真结果与实验结果的这种差异在可接受范围内。在7#测点温度对照图中仿真温度曲线略低于实验曲线约50℃，这可能是由于实际电池火灾过程中发生 SEI 膜分解和正极材料分解的化学反应会产生 O_2，使得实际燃烧反应更为剧烈，因此可以通过提高环境中氧气含量来修正模型，使之与实际情况更为相符。

在上述分析基础上，对环境温度和环境含氧量进行调整，最终得到能够使仿真曲线与实验结果吻合较好的参数组合为环境起始温度55℃和环境含氧量32%，图 11-23b 为修正参数后的优化模型仿真得到的温度曲线，从图中可知仿真结果与试验情况吻合较好。

利用 PyroSim 软件进行火灾动力学模拟时，除能够得到上述温度曲线外，还能够得到烟气浓度、热释放速率（HRR）、总释放热量（THR）等参数变化情况，图 11-24 所示为单体锂离子电池火灾动力学模拟过程中的热释放速率及总释放热量曲线。

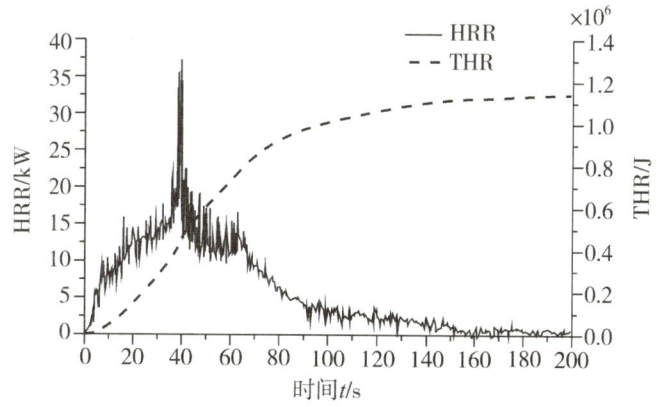

图 11-24 单体电池热释放速率及总释放热量

2. 电池模组火灾模拟结果

同上设定参数，对如图 11-20b 所示的电池模组进行火灾动力学模拟，进行一个 300s 的仿真，不断调整仿真参数后，总体结果依旧不太理想，具体表现及原因分析如下：

（1）仿真过程模拟电池模组燃烧过程出现的模组内各单体先后爆燃的效果较差。可能是由于实际电池燃烧过程涉及的微观化学反应复杂，加上外包装等结构的抑制作用，电池燃烧前期爆燃现象明显，而后转为组分材料的燃烧，反应现象较为和缓。电池单体火灾动力学模拟可以通过精细化调整材料的热解速率随时间的变化从而较好地吻合实际情况，但火灾发展过程很复杂，火焰窜动等火灾行为的存在，使得电池模组火灾蔓延过程难以精确控制热量由已经着火的电池单体传递到周围未着火电池的过程，因此无法通过定义材料属性的方式控制整个燃烧过程。

（2）电池模组火灾仿真到后期（约110s后）便出现数值不稳定现象，甚至导致火的熄灭。可能是由于电池单体厚度太薄，按照实际间隙来构建的电池模组模型没有给燃烧提供足够的空间和新鲜空气的介入，通过优化网格的形式尚且难以解决这一问题，且网格尺寸的减小带来的计算量呈 2^3 倍数增长，也会造成模拟过程的不稳定。

综合上述仿真过程中出现的问题及原因分析，利用定义材料属性来控制燃烧过程的方式适用于电池单体燃烧过程，不适用于电池模组火灾蔓延过程的仿真。查阅 PyroSim 及 FDS 技术手册，可通过定义可燃物的热释放速率控制燃烧过程的方式来解决上述问题，使仿真过程稳定，实现过程的可控性从而保证结果与预期相符。通过电池单体火灾动力学模拟得到的电池单体热释放速率曲线，结合电池模组火灾蔓延实验得到的蔓延规律，得到如图 11-25 所示的电池模组燃烧过程中热释放速率随时间变化的关系曲线。并将曲线中的数据导入仿真模型中，进行 200s 的数值模拟，所得到的 1 号电池 1#温度曲线及 5 号电池外表面 10#温度曲线与实验过程的对比情况，如图 11-26 所示。

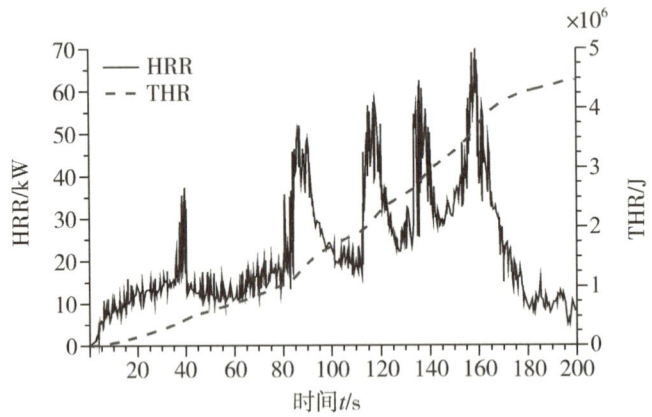

图 11-25　电池模组热释放速率及总释放热量曲线

图 11-26 显示，1 号电池表面测点 1#处温度曲线较为吻合。因为 1 号电池被设定为初始燃烧的火源，前期数据相对稳定，接近真实情况。5 号电池外表面 10#测点温度扰动较大，尤其是温度峰值大小与实验相比有一定差异。可能是燃烧中间过程火焰窜动所致，但后期与实验结果比较吻合，从总体趋势而言，误差在可接受范围内。因此，通过定义热

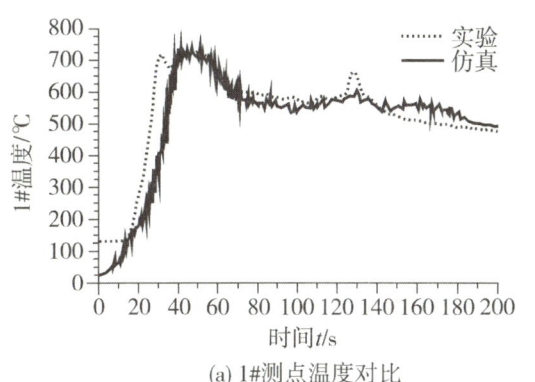
(a) 1#测点温度对比

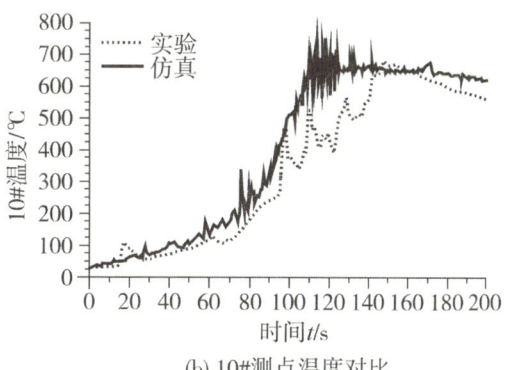
(b) 10#测点温度对比

图 11-26 电池模组火灾温度对照情况

释放速率来控制燃烧过程的方式能够较好地模拟电池模组火灾蔓延过程。后续研究集成灭火系统灭火单元的抑制效果可采用此方法。

综上，所构建的动力电池火灾模拟模型能反映真实的动力电池包热失控燃烧情况，将利用该模型进行动力电池包火灾防护系统的参数设计与灭火效果验证。

11.4.3 动力电池包火灾防护系统参数设计与效果验证

电池包集成灭火系统的设计核心是灭火单元。灭火单元对集成灭火系统的灭火效果具有重要影响。为了得到更为理想的灭火效果，需要确定较多应用参数，如高压细水雾系统的喷雾流量、强度、时长、角度及喷头布置方案等。不同参数的灭火效果不同，下面将对集成灭火系统中相关参数进行分析探讨和灭火效果验证。

11.4.3.1 电池模组及电池箱建模

1. 电池箱内模组空间布置

考虑到电池单体尺寸过小，一个完整的电池包所用电池单体较多，若以电池单体作为最小单元，仿真过程中网格数量将会达到 10^6 数量级，仿真时间惊人而且难以保证数值稳定，因此在建模过程中将以 10.4 节中的 5S1P 电池模组作为最小单元。

为了使整体技术参数（如电压、电量等）如图 11-27 所示，能够达到市面上主流电动汽车水平，在模拟中电池模组采取 6 排 × 6 列 × 3 层的空间布置方式，理论上该电池包电压约为 108V，电量约为 24kW·h。

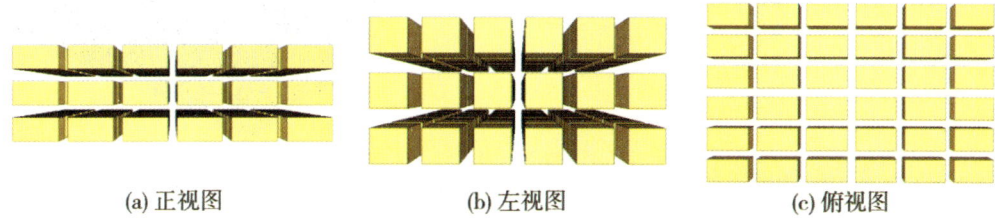

图 11-27 电池模组空间布置

2. 电池箱模型

这里所指的电池箱为动力电池包箱壳体结构，除主体结构外，应当包含相应的连接、通风、卡扣等辅助性结构及组件。数值模拟建模时，对其进行适当简化，一方面可以忽略掉一些对结果影响不大的因素，另一方面可以减轻数值模拟时的计算负担。

关于电池箱的结构尺寸，中华人民共和国标准化管理委员会在其发布的国家标准 GB/T 34013—2017 中推荐了 5 种不同的蓄电池箱规格尺寸序列，如图 11 – 28 及表 11 – 14 所示。结合上面电池模组在电池箱中的空间布置情况，最终确定电池箱模型主体的几何尺寸为 1060mm × 630mm × 450mm。

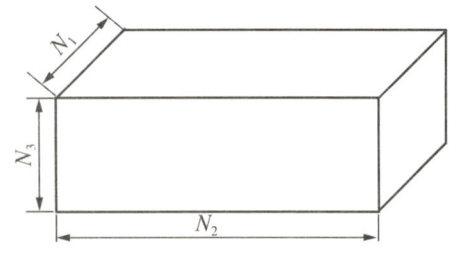

图 11 – 28　电池箱结构示意图

表 11 – 14　国标推荐的蓄电池箱规格尺寸

序号	外形尺寸/mm		
	N_1	N_2	N_3
1	896/1080	489	205～450
2	820/1060/1200	630/660/680	215～275
3	2190	690	233
4	1015	720/800	215～275
5	1030	999/360/1722	251～548

3. 网格划分

火源特征尺寸 D^* 与最小网格尺寸 δ 的比值 D^*/δ 应在 4～16 之间为宜，且 y 方向和 z 方向的网格数量 N 满足 $N = 2^l 3^m 5^n$。基于以上两点对于网格划分的要求，结合所建立的三维实体模型尺寸，确定网格尺寸为 0.0183m × 0.0192m × 0.0196m，$D^*/\delta = 0.23/0.02 = 11.5$，$x$、$y$、$z$ 方向上的网格数量依次为 55、36、27，总共的网格数量为 58 320 个，相应的网格划分情况如图 11 – 29a 所示。完成上述建模工作后形成的电池箱模型如图 11 – 29b 所示。

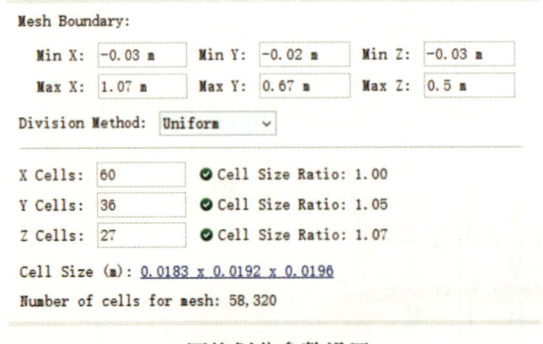

(a) 网格划分参数设置　　　　　　(b) 电池箱模拟

图 11 – 29　网格划分

4. 灭火单元空间布置

为探究集成灭火系统灭火单元关键参数不同对电池箱内火灾抑制的效果，将在上述建立的电池箱模型中添加细水雾灭火单元。将细水雾喷头布置在电池箱顶部几何中心处，方向垂直向下，以期获得最佳灭火效果，对称式布置也便于模拟过程中对该单元相关参数的调整和优化。

5. 细水雾喷头控制方案

由于研究目的为探究灭火单元不同参数组合对火灾的抑制效果，整体而言为趋势研究，因此精确控制意义不大，且模拟环境相对封闭，若采用可燃气体浓度作为控制参数则难以真正兼顾与火灾发展过程同步，因此此处采取较为简单常见的温度控制策略。

根据电池包使用要求，锂离子电池的正常工作温度为$-20 \sim 55$℃，考虑到正常工作时锂离子电池也会产生额外热量，且由于冷热空气间的密度差异，热空气易向上运动，因此选取70℃为控制细水雾喷头开始工作的临界值，温度测点传感器位于电池箱中央位置。

6. 模拟参数设定

由于添加细水雾灭火单元后软件需要计算每个水雾粒子的吸热气化情况，计算量较单纯火灾仿真模型大幅提升，因此仅研究火灾发展前期200s不同灭火单元参数下火情变化过程，即仿真时间为200s。

设定电池箱中某一电池模组因使用不当而起火燃烧，进而蔓延至周边电池。周边电池通过吸收热量使表面达到设定温度后热解并燃烧。根据第10章的实验可知该软包锂离子电池起火的临界温度点约为102.2℃，模拟过程中可将这一温度作为电池模组起火燃烧的触发界点温度，当其表面温度到达102.2℃时该模组便开始着火燃烧。

7. 输出参数设定

为了更好地通过数值模拟验证灭火单元细水雾对锂离子电池火灾的抑制效果以寻求最佳参数组合，实验过程中在每个电池模组下表面中心下方1cm处布置一个温度热电偶，总共108个热电偶，用以求得数值模拟过程中电池箱内部温度变化情况。

这里设置一个y方向中心位置的xz平面温度切片，用以比较不同参数下某一模拟时间点该平面处的温度差异；三个z方向的xy平面温度切片，分别位于每一层锂离子电池模组上平面1cm处，用以比较模拟时电池箱内部温度空间分布差异；一个x方向中心位置的yz平面细水雾浓度切片，用以比较不同参数下细水雾空浓度的空间分布差异。除此之外还设置了一个包含整个电池箱空间的3D slice，用以展示模拟过程中电池箱内部热释放速率的空间变化情况。

11.4.3.2 集成灭火系统关键参数设置及仿真结果

1. 细水雾锥角

细水雾灭火剂应用于大型建筑场景灭火时，其喷雾锥角是一个十分重要的设计参数，与安装高度和空间布置密度等参数结合以计算细水雾所能保护的面积大小，判定是否符合相关标准。当其应用于有限、密集空间内火灾灭火时，由于空间的限制，能够调节的安装高度十分有限，因此细水雾锥角的改变所能带来的影响几乎可以忽略不计。所研究的细水雾应用于锂离子电池箱的场景正是一种有限、密集空间内火灾，因此选择最为常见的细水雾喷头的锥角参数来决定这一参数即可，常见细水雾喷头的喷雾锥角为60°。

2. 细水雾流量强度

GB 50898—2013 对细水雾在灭火过程中的喷雾强度做了相关规定，当其应用于类似配电箱、电子机房等小区域灭火时，喷雾强度不小于 $2L/(min·m^3)$，换算到模型中电池箱的尺寸，计算得出总的流量不小于 $0.6L/min$ 即可满足要求。为了得到在总容量有限的情况下，喷雾强度大小与灭火效果之间的关系并找到较为适合的取值，实验设置空白对照组，试验编号命名为 NC，另设定喷雾强度分别为 $0.6L/min$、$1L/min$、$2L/min$、$3L/min$、$5L/min$ 共5组数值模拟，相应的工况编号为 $Q_1 \sim Q_5$。在数值模拟中，设定底部中间位置的电池模组首先发生热失控着火燃烧，细水雾喷头安装在电池箱顶部中央位置，其作用温度为70℃，控制细水雾喷头作用的探测器位于电池箱中央位置。

仿真200s后，将 NC 和 $Q_1 \sim Q_5$ 工况下电池箱的平均温度变化情况绘制成曲线图，如图11-30所示。无细水雾作用时，电池箱内温度持续上升，且温度上升速率呈现开始阶段较慢，然后逐步加快的趋势，其中50~80s时间温度升高速率最大，此阶段电池箱内平均温升速率达到7.67℃/s。约80s后温度增速放缓，温度维持在400℃左右。当有细水雾作用时，设置在电池箱中间位置的热电偶在 $t \approx 23.8s$ 时达到细水雾喷头激活温度70℃，细水雾喷头开始工作。与对照组 NC 相比较，有细水雾时对电池箱温度升高均有一定程度的抑制作用，且抑制作用随细水雾强度增大而增强。强度在 $0.6 \sim 3L/min$ 的变化过程中，细水雾对电池箱内温度升高的抑制作用随喷雾强度的增大提高较为明显，但从 $3L/min$ 提高到 $5L/min$ 时，喷雾强度提高了近1.7倍，而细水雾对电池箱内的温度抑制作用却提高得不是很明显。

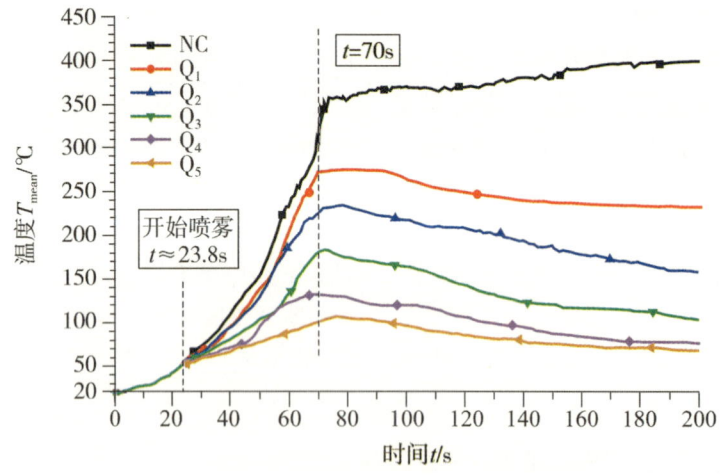

图11-30 不同喷雾强度时电池箱内平均温度-时间曲线

为了更直观的比较不同细水雾强度对电池箱热失控火灾的抑制作用，截取各组仿真过程中 $t=70s$ 时温度切片进行对比，如图11-31所示；并将各组仿真具体工况及仿真过程电池箱整体最高温度进行对比分析，制成表11-15。由于首先发生热失控的电池模组位于底部中间偏左位置，因此左边温度相对偏高。电池箱发生热失控时，热量由热失控处的电池模组产生并堆积而后向上集中，且由于锂离子电池热失控的多米诺效应，堆积的热量使得电池箱温度迅速上升从而引发周围其他电池的热失控,如此恶性循环,最终导致整体热失控的发生。而细水雾自上而下喷洒过程中,因其较好的雾化特性能够很快分散到空气中,吸收空气中热量从而降低电池箱内部温度。同时,作用在电池表面的细水雾能够迅速气化,对未热失控的电池而言可以隔绝其从外界吸收热量;对已失控的电池而言,细水雾的冲刷作用可以直击火焰内部,从根本上熄灭明火,并在电池周围形成水雾保护圈隔绝新鲜空气进入,从而阻止燃烧反应的进一步加剧。

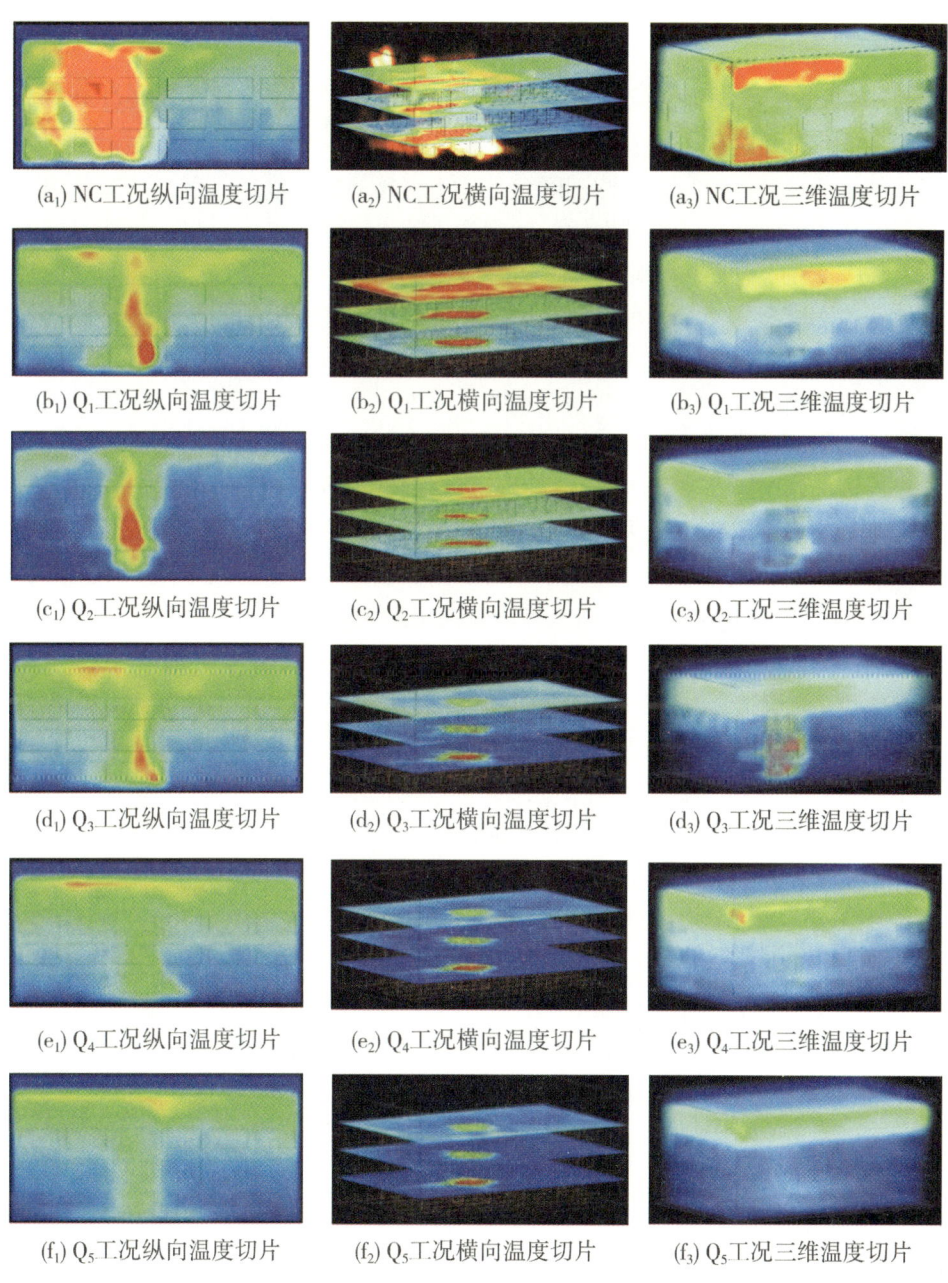

图 11-31　不同喷雾强度时仿真 70s 温度切片

表 11-15 不同喷雾强度时数值模拟工况

序号	喷雾强度/(L/min)	雾滴直径/μm	喷雾初速/(m/s)	喷雾锥角/°	T_{mean}(Max)/℃
NC	—	—	—	—	403.2
Q_1	0.6	300	30	60	274.9
Q_2	1.0	300	30	60	234.2
Q_3	2.0	300	30	60	182.6
Q_4	3.0	300	30	60	131.9
Q_5	5.0	300	30	60	126.4

锂离子电池热失控火灾的发生具有时间短、反应快的特点，一旦其所处的环境达到热失控临界条件，热失控便迅速发生，因此，流量强度越大的细水雾能够在短时间内提供足够浓度的细水雾液滴，使得上述冷却降温及隔绝空气的作用也越显著，而流量强度较小的细水雾即使作用的时间长，因其在短时间内提供的水雾液滴浓度有限，未能将电池箱整体温度控制在锂离子电池热失控临界温度以下，因此不能阻止周围其他锂离子电池继续热失控，即使在喷洒总量相当的情况下，小流向强度的细水雾对电池箱内温度升高的抑制作用也较差。

车载环境的特殊性，考虑油耗和制造成本，汽车设计人员都在不断寻求更优的轻量化方案，因此随车装载的电池箱集成灭火系统所能存储的细水雾容量显然是有限的。在细水雾总容量有限的情况下，选择大流量强度、短时间的参数方案更符合锂离子电池箱的灭火特点，得到更为满意的灭火效果。但是细水雾的流量强度超过一定阈值后，电池箱内雾滴浓度已经达到抑制火灾蔓延的饱和状态，再加大流量强度带来的改善效果不明显，结合几组仿真的结果，选择 3L/min 这一细水雾流量强度最为合适。

3. 细水雾初始速度

流量强度大小决定了一定时间内电池箱中细水雾所能达到的浓度，进而影响细水雾冷却降温和隔绝空气的效果，对灭火效果至关重要。细水雾作用时的初始速度，则决定了细水雾对火焰的冲刷作用。瓶组式细水雾系统一般能提供的雾滴初速为 30～80m/s，为了解细水雾初始速度大小对锂电池箱火灾的抑制效果，设置细水雾初始速度分别为 30m/s、50m/s、60m/s 和 80m/s 共 4 组工况进行数值模拟，相应的工况编号依次为 V_1～V_4，模拟时设定细水雾流量强度为 3L/min，底部中间位置的电池模组首先着火燃烧，细水雾喷头安装在电池箱顶部中央位置，其作用温度为 70℃，控制细水雾喷头作用的探测器位于电池箱中央位置。将 V_1～V_4 工况下电池箱的平均温度变化情况绘制成曲线图，如图 11-32 所示。

由图 11-32 可知，由于水雾降温过程需要一定时间，在细水雾开始

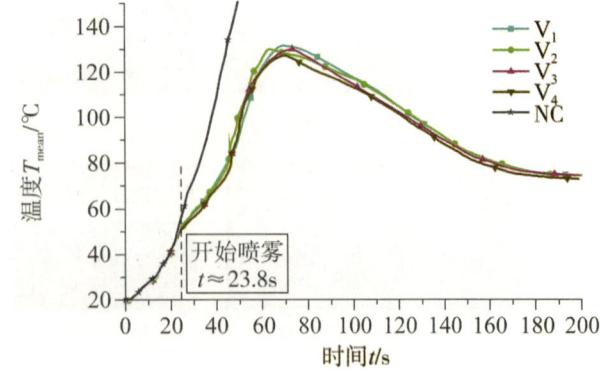

图 11-32 不同喷雾速度时电池箱内平均温度-时间曲线

作用后,温度曲线仍旧继续上升,但相对空白组(NC工况)温升速率有所放缓,随后在70～80s达到各自温度峰值,然后温度开始平稳下降。不同细水雾初始速度下的温度曲线较为接近,初始速度越大,到达峰值前的平均温升速率越低,电池箱内所能达到的温度峰值也越低,为了更为直观地对比不同细水雾初始速度对锂离子电池箱火灾灭火过程的影响,截取各组仿真中 $t=70s$ 时燃烧状态及水气运动速度矢量图,如图11-33所示,并将具体工况介绍及电池箱内平均温度最高值进行整理,如表11-16所示。

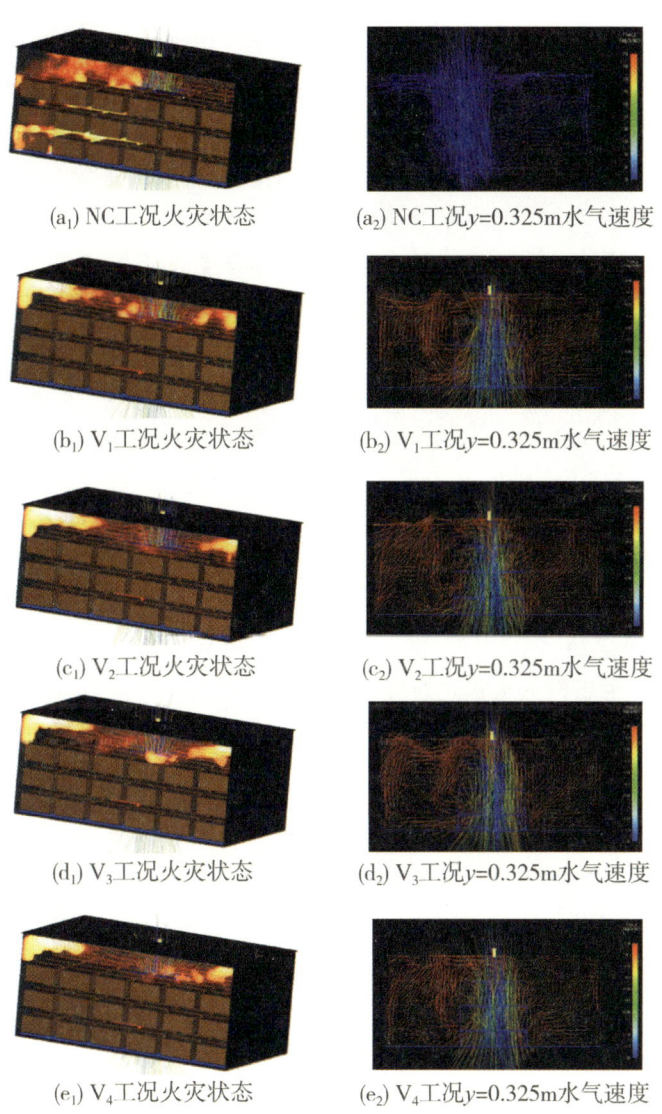

图11-33 不同喷雾初速时仿真70s火灾及水气状态

表 11-16 不同喷雾初速时数值模拟工况

序号	喷雾强度/(L/min)	雾滴直径/μm	喷雾初速/(m/s)	喷雾锥角/°	$T_{mean}(Max)/℃$
NC	—	—	—	—	403.2
V_1	3.0	300	30	60	131.9
V_2	3.0	300	50	60	129.7
V_3	3.0	300	60	60	128.5
V_4	3.0	300	80	60	126.1

由图 11-33 和表 11-16 可知，FDS 软件仿真过程中，不同初始速度作用下的细水雾对电池箱火灾的抑制作用差异较小，60s 时明火基本都被熄灭，相应的电池箱内水气运动速度矢量场的分布也较为类似，这一点与细水雾用于建筑类火灾仿真的结论有所不同，究其原因，可能是因为电池箱内空间较小，电池模组分布较为密集，细水雾短距离作用时，其携带的初始动能在与上层电池模组结构撞击时被耗散，且由动量定理可知，动能的耗散程度与相对速度成正比，因此不同初始速度所带来的动能差异便被削弱。但细水雾经撞击后，一部分雾滴改变了运动方向向周围迸溅雾流，初始速度较大的细水雾迸溅形成的雾流范围更广，造成电池箱内的水气流场更为活跃，因此能一定程度延缓电池箱内温度达到峰值的时间，并降低温度峰值。但由于实际工程应用条件的限制，增加细水雾初始速度对系统压力、管道参数、系统稳定性都提出了更高的要求，从而势必带来设计和制造成本的增加，不利于市场推广和应用。

在本组仿真过程中，初始速度分别为 30m/s、50m/s、60m/s 和 80m/s 的 4 组细水雾对电池箱火灾的抑制效果差异较小，在综合考量上述因素后，选取 30m/s 的细水雾初始速度最为适宜。

4. 细水雾雾滴直径

细水雾作为一种新型灭火剂之所以能够有如此突出的灭火效果，是因为其通过增压装置和特殊的细水雾喷头产生的水雾液滴直径远小于普通的喷淋系统。为了探究细水雾雾滴直径的大小抑制锂离子电池箱火灾的效果，设置雾滴直径分别为 100μm、200μm、300μm、500μm 和 1000μm 共 5 组不同工况进行数值模拟，相应的工况编号为 $D_1 \sim D_5$，模拟时设定细水雾流量强度为 3L/min，细水雾初始速度为 30m/s，底部中间位置的电池模组首先着火燃烧，细水雾喷头安装在电池箱顶

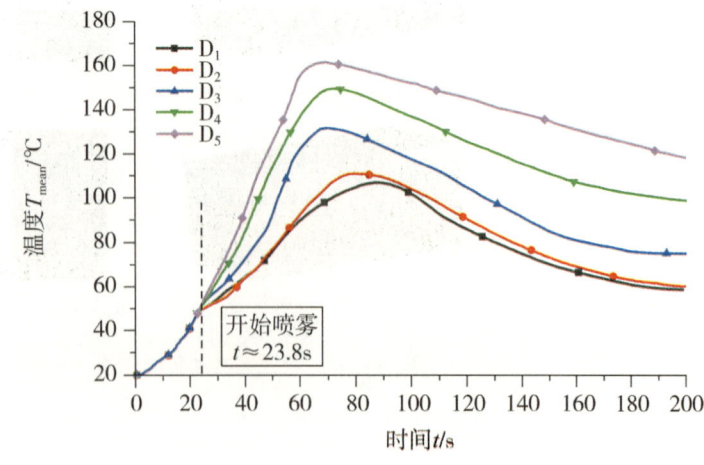

图 11-34 不同雾滴直径时电池箱内平均温度-时间曲线

部中央位置，其作用温度为70℃，控制细水雾喷头作用的探测器位于电池箱中央位置。将 $D_1 \sim D_5$ 工况下电池箱的平均温度变化情况绘制成曲线图，如图 11-34 所示。

由图 11-34 可知，各组数值模拟在 $t \approx 23.8\text{s}$ 时细水雾开始作用，电池箱内温度上升速率开始减小，但由于灭火过程需要一定的缓冲时间，因此电池箱温度曲线仍旧继续攀升，到达温度峰值后开始下降。由于细水雾液滴直径不同，各组温度曲线表现出较大差异，总体趋势而言，液滴直径越小的细水雾作用下，电池箱内温度达到峰值前的温升速率越小，达到温度峰值所需的时间越长，所达到的温度峰值也越低。为了更直观地观察和比较这种区别，截取各组仿真 $t=70\text{s}$ 时纵向温度切片图，如图 11-35 所示，图中蓝色粒子即为软件中细水雾颗粒。将具体工况及电池箱内平均温度最高值进行整理，如表 11-17 所示。当仿真进行到70s时，由于细水雾作用及冷、热气流对流的影响，高温气体已在电池箱内扩散开，呈现出上层温度较高的现象。不同液滴直径的细水雾对电池箱火灾的抑制作用有所不同，当雾滴直径从 $1000\mu\text{m}$ 减小到 $200\mu\text{m}$ 的过程中，电池箱内整体温度随着雾滴直径的减小明显降低，在整个仿真过程中，直径分别为 $1000\mu\text{m}$、$500\mu\text{m}$ 和 $300\mu\text{m}$ 工况对应的电池箱整体平均温度最高值 $T_{\text{mean}}(\text{Max})$ 依次为 161.7℃、149.6℃ 和 131.9℃。这是因为直径越小的细水雾液滴具有更大的表面积比，在应用过程中更易气化从而吸收更多热失控过程中产生的热量。但雾滴直径小于 $200\mu\text{m}$ 后直径大小变化所带来的灭火效果差异较小，如仿真中雾滴直径为 $200\mu\text{m}$ 和直径为 $100\mu\text{m}$ 对应的电池箱内整体平均温度最高值 $T_{\text{mean}}(\text{Max})$ 分别为 111.4℃ 和 107.1℃。

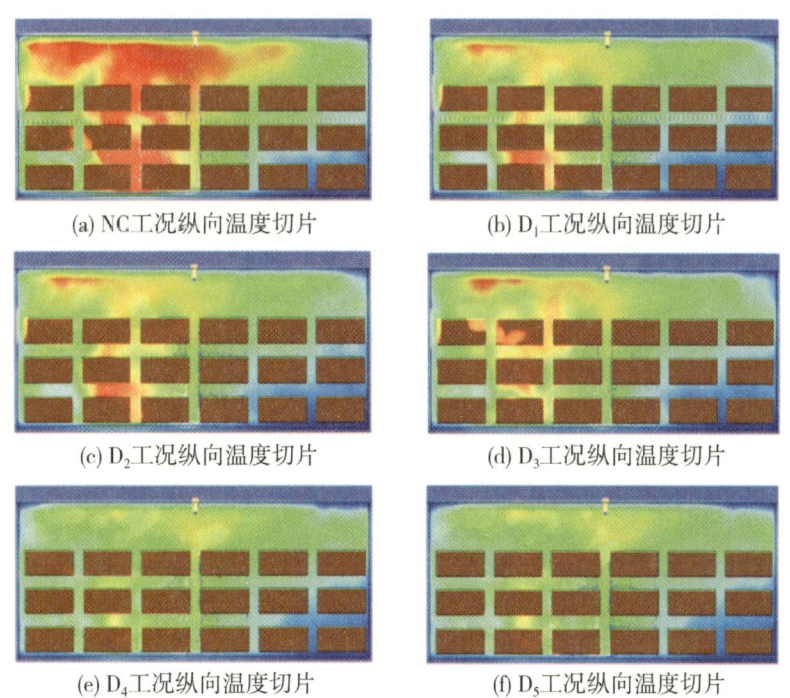

(a) NC工况纵向温度切片　　　　(b) D_1工况纵向温度切片

(c) D_2工况纵向温度切片　　　　(d) D_3工况纵向温度切片

(e) D_4工况纵向温度切片　　　　(f) D_5工况纵向温度切片

图 11-35　不同雾滴直径时仿真 70s 火灾及水气状态

表 11-17 不同雾滴直径数值模拟工况

序号	喷雾强度/(L/min)	雾滴直径/μm	喷雾初速/(m/s)	喷雾锥角/°	T_{mean}(Max)/℃
NC	—	—	—	—	403.2
D_1	3.0	100	30	60	107.1
D_2	3.0	200	30	60	111.4
D_3	3.0	300	30	60	131.9
D_4	3.0	500	30	60	149.6
D_5	3.0	1000	30	60	161.7

细水雾灭火系统所形成的液滴直径大小与系统管道压力及特殊设计的细水雾喷头息息相关，形成的液滴直径越小所需要的系统压力越大，配套的细水雾喷头的生产要求越高，用于形成细水雾的水源纯度越高，势必带来的设计制造成本的增高和系统稳定性降低。因此，综合考量D_1~D_5工况仿真结果和系统的成本及稳定性问题，选择液滴直径为200μm的细水雾最为合适。

5. 细水雾喷头布置方案

以上分析为了寻求细水雾参数的最优组合，默认将细水雾喷头布置在顶部中央位置垂直向下作用，默认电池箱底部中间偏左位置处的电池模组首先发生热失控火灾进而引发周围其他电池模组热失控，而实际中车载电池包发生火灾时着火点可能位于电池箱中的任何位置。为了使研究的结果更加具有代表性，将设置底部中央、底部角落和中部中央共三种着火点工况。而细水雾喷头的个数和位置也可以作出相应调整以便于对比分析，得到最佳布置方案。对喷头个数而言，由于所研究空间较小，且细水雾喷头单价较高，因此只考虑单个喷头和双喷头两种模式；从空间位置而言，依据生活常识及物理学原理，细水雾喷头自上而下喷雾时获得的灭火效果最好。因为发生火灾时热气流及有毒烟气均向上运动，细水雾的反向运动有助于与热气流的充分接触并带走热量，同时由物理学知识可知，自上而下运动的细水雾雾流的初始动能损失小，若反向运动则必然有一部分动能转化为重力势能被消耗。

针对锂离子电池箱中着火点位置的不同和细水雾喷头数量及位置的不同，设置如表11-18所示共9组数值模拟，工况编号分别为S_1~S_9，相应的每种工况的几何模型如图11-36所示。仿真中所使用细水雾的液滴直径为200μm，初始速度为30m/s，喷雾锥角为60°，细水雾总流量为3L/min。

表 11-18 不同细水雾喷头布置方案对照表

编号	着火点位置	细水雾喷头参数			
		个数	流量/(L·min^{-1})	位置	方向
S_1		1	3.0	顶部中央	(0,0,-1)
S_2	底部中央	2	1.5	顶部左右	(0,0,-1);(0,0,-1)
S_3		2	1.5	顶部对角	(0.52,0.33,-0.42);(-0.52,-0.33,-0.42)

(续表 11-18)

编号	着火点位置	细水雾喷头参数			
		个数	流量/(L·min^{-1})	位置	方向
S_4		1	3.0	顶部中央	(0,0,-1)
S_5	右下角	2	1.5	顶部左右	(0,0,-1);(0,0,-1)
S_6		2	1.5	顶部对角	(0.52,0.33,-0.42);(-0.52,-0.33,-0.42)
S_7		1	3.0	顶部中央	(0,0,-1)
S_8	中部中央	2	1.5	顶部左右	(0,0,-1);(0,0,-1)
S_9		2	1.5	顶部对角	(0.52,0.33,-0.42);(-0.52,-0.33,-0.42)

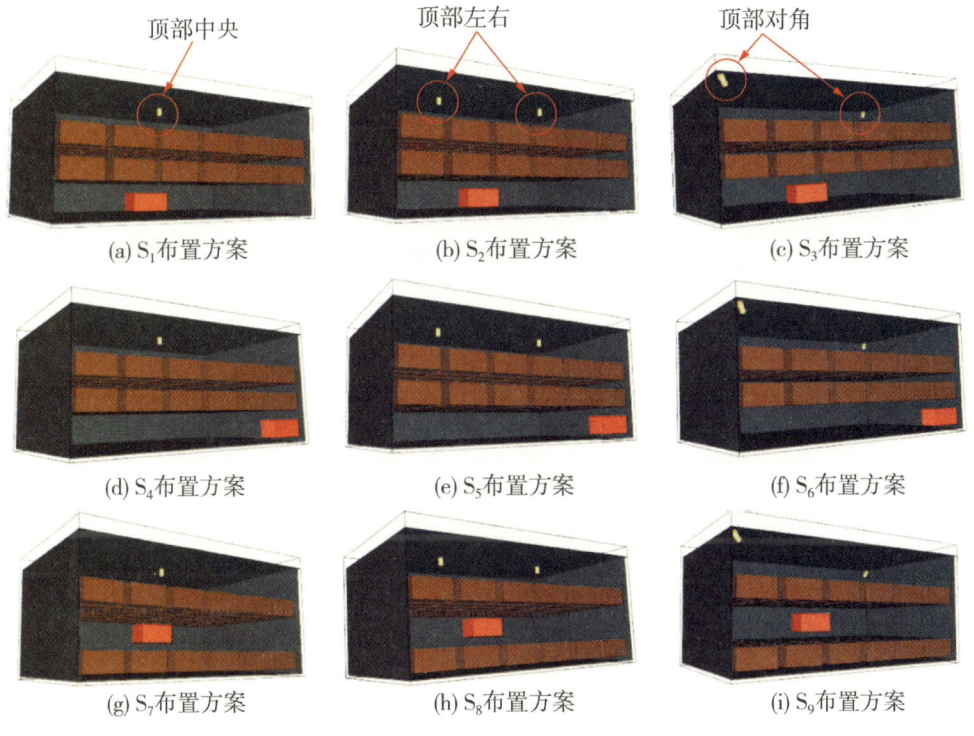

图 11-36 不同细水雾喷头布置方案

针对上述编号 $S_1 \sim S_9$ 细水雾喷头布置方案进行仿真,将仿真过程中电池箱平均温度随时间变化情况绘制成如图 11-37 所示的曲线。可见,在较优的细水雾参数组合下,$S_1 \sim S_9$ 各组细水雾喷头布置方案的仿真结果都比较理想,能够快速抑制锂离子电池箱火灾,使电池箱内整体温度降到较低水平。为了更详细地对比分析各种方案之间的区别以及造成这种区别的深层次原因,下面将针对三种不同火源位置时各种喷头布置方案结果进行对比分析。

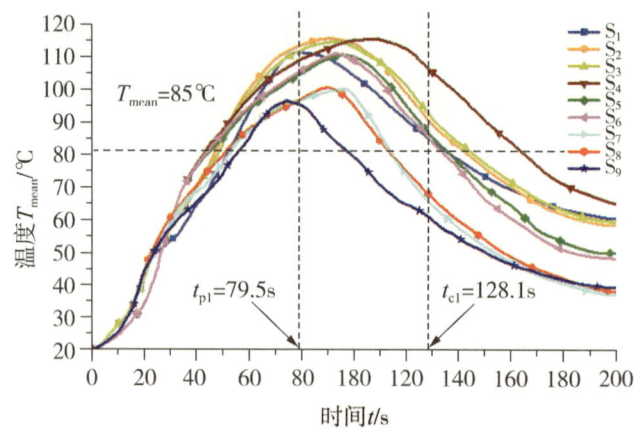

图 11-37　$S_1 \sim S_9$ 工况电池箱平均温度变化曲线

如图 11-38 所示，当火源位于底部中央位置时，对比方案 S_1、S_2 和 S_3 三组仿真结果可知，单个喷头顶部中央布置方案 S_1 最快使温度曲线开始下降，而双喷头顶部左右对称布置方案 S_2 和双喷头顶部对角布置方案 S_3 差异不大，采取这两种方案时电池箱内平均温度的峰值稍大于方案 S_1，温度曲线开始下降的所需的时间更长。这可能是由于火源刚好位于方案 S_1 喷头下方，喷雾垂直向下作用时能够最快在其周围形成细水雾保护层，而方案 S_2 和 S_3 形成的细水雾直接作用于底部中央位置的比例较少，因此灭火降温效果稍差。

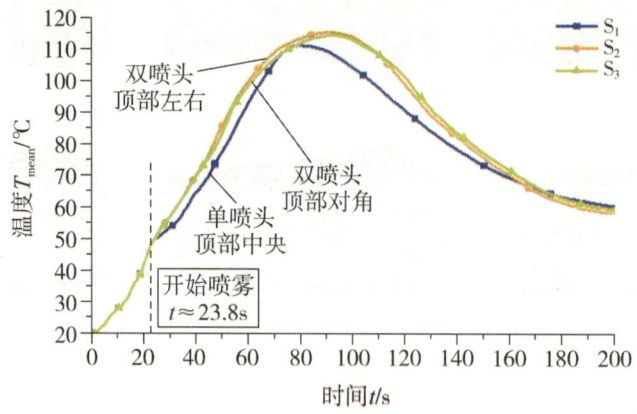

图 11-38　火源位于底部中央时电池箱温度曲线

如图 11-39 所示，当火源位于底部右下角位置时，对比方案 S_4、S_5 和 S_6 三组仿真结果可知，双喷头顶部左右对称布置方案 S_5 和双喷头顶部对角布置方案 S_6 的火灾抑制效果都比较好，使电池箱平均温度曲线开始下降所需的时间及能达到的温度峰值均优于单个喷头顶部中央布置方案 S_4，这是由于在水喷雾作用前期，双喷头使得细水雾空间分布更为均匀，单个喷头的细水雾较为集中，而设置的工况中火源位于较为偏僻的电池箱角落位置，分布均匀的细水雾更容易扩散到该处，形成水雾保护层，起到抑制火灾、冷却降温的作用。

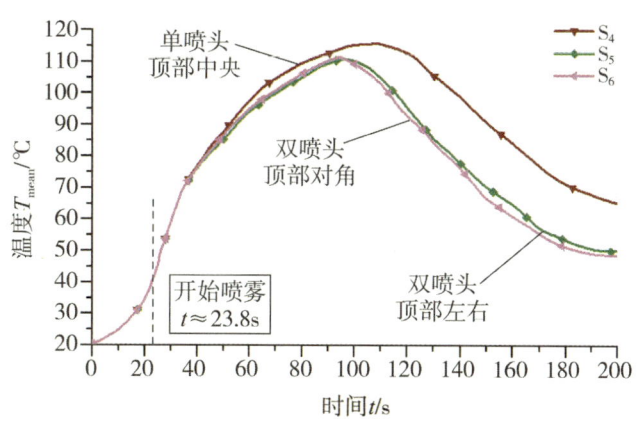

图 11-39 火源位于底部角落时电池箱温度曲线

如图 11-40 所示,当火源位于中部中央位置时,对比方案 S_7、S_8 和 S_9 三组仿真结果可知,双喷头顶部对角布置方案 S_9 的温度曲线开始下降所需的时间最短,电池箱内平均温度所能达到的最大值最小,这可能是因为双喷头顶部对角布置时喷头的作用方向指向电池箱的几何中心,即火源所在的中部中央位置,加上倾斜的细水雾喷头使得雾流在水平方向有更大的速度分量,因此能够快速达到中部中央着火点周围,形成细水雾保护层抑制火灾,冷却降温。

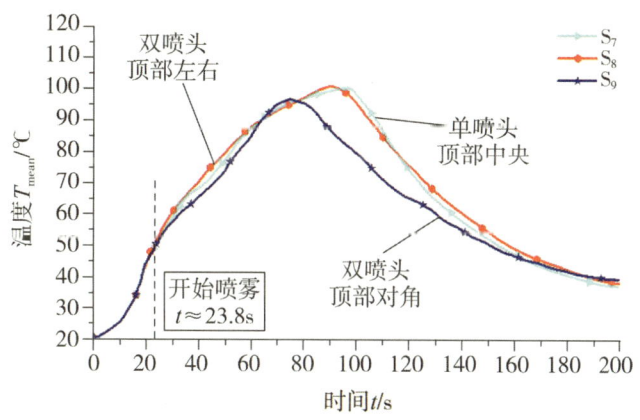

图 11-40 火源位于中部中央时电池箱温度曲线

6. 优化细水雾喷头布置方案

为得到最优化细水雾喷头布置方案,需要选择一个可量化的指标用于对比分析。结合以上各组分析及生活常识可知,细水雾使电池箱内温度开始下降所需的时间(即峰值时间 τ_{pi})和电池箱内温度降到某一安全阈值以下所需的时间(即阈值时间 τ_{ci})能够反映相应设计方案下的细水雾灭火系统对电池箱火灾的抑制效果,因此选择这两个时间的平均值定义为灭火时间。而现实中由于车载电池包使用环境复杂,电池包内首先发生热失控的位置具有不确定性,因此需要将表 11-19 中 3 种典型位置火源综合考虑,采取加权平均的方式计算某种细水雾喷头布置方案在 3 种典型火源位置工况下的综合灭火时间 W,并基于结构差别赋予 3 种典型位置火源不同的权重,得到最终计算综合灭火时间的公式为

$$W = \frac{1}{2}\sum_i (\tau_{pi} + \tau_{ci})\omega_i \quad (i = 1,2,3) \quad (11-33)$$

式中,W 为综合灭火时间,s;τ_{pi} 为峰值时间,s;τ_{ci} 为阈值时间,s;ω_i 为不同火源位置的权重。

由于电池箱中部中央位置四周布满锂离子电池,且周围还会对其传递自身产热,因此赋予中部中央火源位置工况的权重为 $\omega_3 = 0.4$,底部中央和底部角落工况分别赋予权重 0.3,即 $\omega_1 = \omega_2 = 0.3$。第 10 章实验测得的所选用锂离子电池的热失控温度临界点约为 102.2℃,考虑到仿真与实验之间可能存在一定的误差,同时保证一定的安全系数,这里将电池箱的安全温度阈值取 $T_c = 85℃$,即仿真结果中使电池箱内平均温度低于 85℃ 所需的时间即为阈值时间 τ_{ci} 的值。

依据上述细水雾喷头布置方案对 3 种典型位置火源的综合灭火时间计算原则,对 $S_1 \sim S_9$ 仿真结果绘制而成的电池箱内平均温度曲线图 11-37 进行整理,得到各组仿真中的峰值时间 τ_{pi} 和阈值时间 τ_{ci}(如图 11-37 中 τ_{p1} 和 τ_{c1} 的值)代入式(11-33)计算出各种喷头布置方案针对锂离子电池箱火灾的综合灭火时间,具体数据记录如表 11-19 所示。

表 11-19 不同喷头布置方案综合灭火时间

喷头布置	火源位置	i 值	编号	峰值时间 τ_{pi}/s	阈值时间 τ_{ci}/s	权重 ω_i	综合灭火时间 W_j/s
顶部中央	底部中央	1	S_1	79.5	129.1	0.3	$W_1 = 112.61$
	底部角落	2	S_4	106.5	157.9	0.3	
	中部中央	3	S_7	96.8	111.2	0.4	
顶部左右	底部中央	1	S_2	91.3	135.3	0.3	$W_2 = 107.80$
	底部角落	2	S_5	95.2	130.6	0.3	
	中部中央	3	S_8	90.2	109.5	0.4	
顶部对角	底部中央	1	S_3	92.4	138.4	0.3	$W_3 = 101.27$
	底部角落	2	S_6	93.1	128.7	0.3	
	中部中央	3	S_9	74.7	92.2	0.4	

3 种喷头布置方案综合灭火时间的计算结果 W_1、W_2、W_3 分别为 112.61s、107.80s 和 101.27s,选择双喷头顶部对角布置方案作为最优布置方案。

综上,对所研究的电池箱体而言,雾化锥角 60°、总流量强度 3L/min、初始速度 30m/s、液滴直径 200μm、双喷头顶部对角布置时,电池包火灾防护系统对箱内早期局部火蔓延的抑制效果最佳。

本 章 小 结

本章以近几年的电动汽车火灾事故为切入点,分析了 2015—2019 年间的电动汽车火灾事故的发展趋势和特点,在此基础上展开对电动汽车的起火原因分析。根据车辆起火部位的不同,将起火原因划分车内因素和车外因素两部分,结合热失控起火机理和现实案例详细阐述了引发电动汽车起火的可能原因。在火灾事故原因研究的基础上,进行了复杂系统认知下的车用动力电池包热安全性研究,随后提出了一种车用动力电池包热失控安全防护方案,并借助 FDS 和 Prosyim 软件对该电池包热失控安全防护方案进行计算机仿真和效果验证模拟。

参 考 文 献

[1] 陈思. 2019 年底新能源汽车保有量达 381 万辆,较去年增长 46.05%[DB/OL]. https://www.zhev.com.cn/news/show-1578984723.html, 2020-01-14.

[2] 商献斌. 不能忽视的新能源汽车安全性——基于新能源汽车起火问题进行分析[J]. 时代汽车, 2019,(9):83-84.

[3] 杨灵. 浅谈汽车火灾事故起火因素分析及调查方法[J]. 科技创新与应用,2016,(22):47-48.

[4] 张韡,白琛琛,田梦,等. 汽车火灾致因规律分析及对策[J]. 消防科学与技术,2019,38(5):730-734.

[5] FENG X, OUYANG M, LIU X, et al. Thermal runaway mechanism of lithium ion battery for electric vehicles: A review[J]. Energy Storage Materials, 2018, 10:246-267.

[6] YAMAUCHI T, MIZUSHIMA K, SATOH Y, et al. Development of a simulator for both property and safety of a lithium secondary battery[J]. J. Power Sources, 2004, 136(1):99-107.

[7] LIN C, REN Y, AMINE K, et al. In situ high-energy X-ray diffraction to study overcharge abuse of 18650-size lithium-ion battery[J]. J. Power Sources, 2013, 230:32-37.

[8] WEN J, YU Y, CHEN C. A review on lithium-ion batteries safety issues: existing problems and possible solutions[J]. Mater. Express, 2012, 2(3):197-212.

[9] BEAUREGARD G P. Report of Investigation: Hybrids Plus Plug in Hybrid Electric Vehicle. [R]. U.S.: National Rural Electric Cooperative Association, 2008.

[10] 陈玉红,唐致远,贺艳兵,等. 锂离子电池爆炸机理分析[J]. 电化学,2006,12(3):266-270.

[11] 任可美,戴作强,郑莉莉,等. 锂离子电池热失效机理和致爆时间研究综述[J]. 电源学报,2018,16(6):186-193.

[12] 刘硕文,黄海波,肖凌云,等. 汽车电气系统起火缺陷特征与判定分析[J]. 消防科学与技术,2015(5):684-687.

[13] 陈文丰. 电动汽车火灾防治技术研究[D]. 西安:长安大学,2016.

[14] 钱学森,于景元,戴汝为. 一个科学新领域——开放的复杂巨系统及其方法论[J]. 自然杂志,1990, 13(1):3-10.

[15] 金士尧,黄红兵,李宝. 基于复杂系统整体论的多主体仿真平台系统结构研究[J]. 计算机研究与发展,2006,43(Suppl.):302-307.

[16] 杜纯,汪送,王瑛,等. 复杂系统安全涌现及其控制策略研究[J]. 工业安全与环保,2013(7):34-37.

[17] 姬永兴. 失效分析与航空安全[C]. 2006年全国失效分析与安全生产高级研讨会,中国北京,2006:30-32.

[18] NANCY G L. Applying systems thinking to analyze and learn from events[J]. Safety Science,2011:(49):55-64.

[19] 王瑛,汪送,管明露,等. 复杂系统风险传递与控制[M]. 北京:国防工业出版社,2015.

[20] 王瑛,汪送. 复杂系统安全事故致因分析的"认知-约束"模型[J]. 工业安全与环保,2013(8):83-86.

[21] 汪送. 一种事故致因系统论模型:认知-约束模型[J]. 安全与环境工程,2014(6):140-143.

[22] 周文英,杜泽强,介燕妮,等. 超细干粉灭火剂[J]. 消防技术与产品信息,2005,11(1):42-44.

[23] 李贵仁,亓雪松,黄勇. 浅析二氧化碳灭火系统的特点及应用[J]. 消防科学与技术,2002,21(3):44-45.

[24] 陶观楚. 七氟丙烷灭火系统替代1301灭火系统[J]. 消防技术与产品信息,2004,33(5):8-10.

[25] 中华人民共和国国家质量监督检验检疫总局,中国国家标准化管理委员会. GB/T 26785—2011 细水雾灭火系统及部件通用技术条件[S]. 北京:中国标准出版社,2012.

[26] 中华人民共和国国家质量监督检验检疫总局,中国国家标准化管理委员会. GB/T 19596—2017 电动汽车术语[S]. 北京:中国标准出版社,2017.

[27] 余明高,杨克,贾海林,等. 超细水雾抑制受限空间木材燃烧的实验研究[J]. 热科学与技术,2009,8(2):156-163.

[28] 中华人民共和国国家质量监督检验检疫总局,中国国家标准化管理委员会. GB/T50898—2013 细水雾灭火系统技术规范[S]. 北京:中国标准出版社,2013.

[29] 刘阳. 基于FDS的建筑火灾数值模拟及安全疏散研究[D]. 阜新:辽宁工程技术大学,2012.

[30] 王志刚,张银花,毕少颖. 利用计算机模型评估建筑物防火设计实例分析[J]. 消防科学与技术,2001(2):6-10.

[31] MCGRATTAN K B (editor). Fire Dynamics Simulator (Version 4), Technical Reference Guide. NIST Special Publication 1018, National Institute of Standards and Technology, Gaithersburg, Maryland, July 2004.

[32] 邓玲. FDS场模拟计算中的网格分析[J]. 消防科学与技术,2006,25(2):207-210.

第四篇

新型动力电池技术

12 新型动力电池技术

自从2009年以来，我国新能源汽车保有量逐年上升，据公安部统计数据，截至2020年底，我国新能源汽车保有量达492万辆，与2019年相比增长29.18%，其中电动汽车保有量400万辆，占新能源汽车总量的81.32%。动力电池作为电动汽车的核心技术，关系到电动汽车的续航、安全性、动力性、充电速度、成本等多个方面，电动汽车的普及速度直接受到动力电池技术进步的影响。

能量密度是动力电池最关键的性能指标之一，动力电池的能量密度主要取决于正极材料，目前主要是磷酸铁锂材料和三元材料。随着对续航里程的要求的提高，高容量的NCM和NCA三元材料很可能实现商用化。总体来看，采用高容量、高电压的正极材料是目前提高电池比能量的最佳方式。同时，低成本、高安全性和高比能量是负极材料的发展方向，目前锂离子动力电池的主流选择仍然是石墨类材料。隔膜材料方面，聚烯烃材料是主流的选择，主要有单层膜和复合膜，包括聚乙烯及聚丙烯两大类产品，今后的发展趋势将是不断进行表面改性处理以及薄型化。对于电解液，六氟磷酸锂今后仍是动力电池的主流产品，而中远期发展目标主要集中在新型溶剂与新型锂盐、离子液体、添加剂等方面。

随着国家规划的推进和市场的需求，现有的锂离子动力电池体系已经难以满足未来对电动汽车续航里程、安全性以及回收利用等方面的要求。未来的动力电池必然具有更高的能量密度和安全性、更强的充放电性能、更长的使用寿命、更低的成本以及更好的环境友好性等，为了满足这些性能需求，国内外专家学者对各个体系的新型动力电池开展了研究。

本章在分析现有动力电池体系存在的问题的基础上，分别介绍目前比较新颖且应用潜力较大的各种新型动力电池技术，包括锂硫电池、固态锂离子电池、金属空气电池和其他种类的新型动力电池技术。最后，本章对各体系的新型动力电池技术进行了归纳总结，并对未来动力电池系统提出了展望。

12.1 现有动力电池体系存在的问题

随着多年来新能源汽车动力电池相关技术的发展，电池的能量密度已经达到了新高度。根据电动汽车产业技术创新联盟发布的2019新能源汽车动力电池技术年度跟踪报告，目前动力电池市场上主流的磷酸铁锂电池的单体能量密度已超过170W·h/kg，系统能量密度达到140W·h/kg以上；方形铝壳三元动力电池单体能量密度达到240W·h/kg，系统能量密度超过170W·h/kg，软包三元动力电池单体能量密度达到了270W·h/kg。但是根据理论计算，锂离子电池的能量密度不会超过320W·h/kg[1]。

而根据工信部、发改委、科技部2017年4月印发的《汽车产业中长期发展规划》提出的要求，到2020年，新能源汽车动力电池单体能量密度要达到300W·h/kg以上；按照《中国制造2025》确定的技术目标，2020年锂电池能量密度达到300W·h/kg，2025年能量密度达到400W·h/kg，2030年能量密度达到500W·h/kg。显而易见，根据国家发展规划，锂离子电池在未来5～10年将无法满足新能源汽车的续航需求。

近年来，由于动力电池热失控导致的汽车火灾事故频发。2020年5月13日，国家市场监督管理总局、国家标准化管理委员会批准发布了GB 18384—2020《电动汽车安全要求》、GB 38032—2020《电动客车安全要求》和GB 38031—2020《电动汽车用蓄电池安全要求》，这三项标准将于2021年1月1日起正式实施，对电动汽车安全问题提出了强制性标准。在2020年7月不到20天时间内，国内已发生10起新能源汽车自燃事件，动力电池的安全性能仍然是消费者十分关注的问题。

我国从2009年开始推广新能源汽车，2019年纯电动乘用车销量已超过80万辆。据公安部统计数据，截至2019年底，全国新能源汽车保有量达到381万辆。预测到2030年中国电动车销量有望突破1500万辆，保有量有望突破8000万辆，纯电动车辆将超过6000万辆。然而，目前动力电池的使用年限仅有5～8年，2020年我国动力电池报废量预计将达到20万吨的规模，未来我国的动力电池将进入更大规模的报废期。目前我国针对动力电池的处理方式主要包括梯次利用以及材料回收利用。当前动力电池回收利用环节还存在很多不合理现象，给环境保护带来了巨大压力。如何从动力电池研发开始就考虑回收利用的方便可行同时延长使用寿命是当今动力电池行业需要关注的问题。

当前动力电池体系除了有续航里程有限、安全性能得不到可靠保障以及回收利用技术和体系不成熟的问题之外，还面临着诸多性能问题，例如，如何保证动力电池具有更宽的工作温度范围；如何从原材料开始就考虑到环境保护的问题；如何在保证安全的前提下提高充电速度；如何通过技术改进降低动力电池的生产维护成本等。

现有的动力电池体系已经无法满足未来市场对电动汽车的性能需求，因此研发满足多性能指标要求的新一代动力电池体系的任务迫在眉睫。下面将介绍比较有应用前景的新型动力电池及相关技术进展，详细介绍各种新型动力电池的工作原理和性能特点、研究现状以及发展趋势，为读者展示比较有前景的新型动力电池技术路线。

12.2 新型锂电池技术进展

12.2.1 锂硫电池

12.2.1.1 锂硫电池的结构和工作原理

锂硫电池以硫为正极反应物质,以金属锂为负极,采用醚类电解液。如图12-1所示,放电时负极锂失去电子变为锂离子,正极硫与锂离子反应生成硫化物,正极和负极反应的电势差即为锂硫电池所提供的放电电压。在外加电压作用下,锂硫电池的正极和负极反应逆向进行,即为充电过程。

12.2.1.2 锂硫电池的性能特点

锂硫电池能量密度大,理论能量密度高达 $2600W·h/kg$,是目前商业化钴酸锂/石墨电池理论能量密度的6倍以上($387W·h/kg$),同时锂硫电池比容量可高达 $1685mA·h/g$。另外,硫自然资源丰富、价格低廉且对环境友好,有望进一步降低电池成本,符合电动汽车和大规模储能领域对电池的要

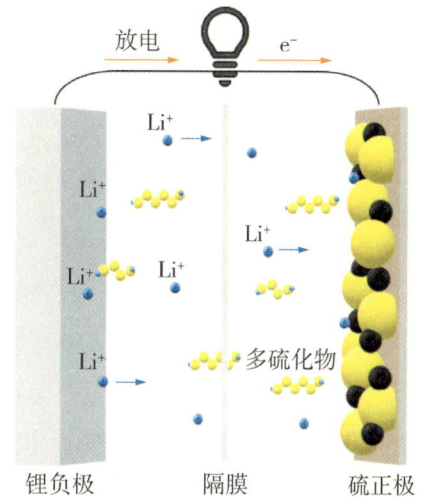

图12-1 锂硫电池工作原理

求。但是锂硫电池存在三个主要问题:第一,锂多硫化合物溶于电解液,向负极迁移,这会造成活性物质损失;第二,硫作为不导电的物质,导电性非常差,不利于电池的高倍率性能;第三,硫在充放电过程中,体积变化非常大,有可能导致电池损坏。目前主要的解决方法从电解液和正极材料两个方面入手。在电解液方面,主要用醚类的电解液作为电池的电解液,电解液中加入一些添加剂,可以非常有效地缓解锂多硫化合物的溶解问题。在正极材料方面,主要是把硫和碳材料复合,或者把硫和有机物复合,可以解决硫的不导电和体积膨胀问题。

12.2.1.3 锂硫电池的研究现状和发展趋势

近几十年来,为了提高活性物质硫的利用率、限制多硫化锂的溶解以及改善电池循环性能差的问题,研究者在电解质及复合正极材料改性等方面进行了大量探索研究。对于电解质的改性,主要是采用固体电解质、凝胶电解质或在电解液中添加 $LiNO_3$ 离子液体等措施,以限制电极反应过程中产生的多硫化锂溶解和减小"飞梭效应",提高活性物质硫的利用率,从而达到改善锂硫电池循环性能的目的。对于硫基复合正极材料的改性,主要是将

具有良好导电性能及特定结构的基质材料与单质硫复合制备高性能的硫基复合正极材料。

2014年，中科院大连化物所陈剑团队在高比能量锂二次电池方面取得重要进展[2]。经过测评，其研制的单体电池能量密度达到了520W·h/kg，成组后的系统能量密度达到了330W·h/kg。澳大利亚墨尔本纳什大学Mahdokht shaibani教授领导的团队开发了超高容量的Li-S电池[3]。与目前的锂离子产品相比，其性能更好，对环境的影响也更低。研究人员称，这种新型电池有望实现连续5天为手机供电，或者在不需要充电的情况下支持电动汽车行驶1000km以上。现在，莫纳什大学的研究人员正致力于Li-S电池的商业化发展，这种电池的性能可能比目前的市场领先者高出四倍以上。

锂硫电池目前所面临的电导率低、充放电时体积变化较大、循环稳定性差等问题，严重制约了其大规模商业化应用。锂硫电池产业化研发尚处于起步阶段，除电池正极材料的比容量和稳定性需要进一步提高外，电池安全性等关键问题也亟待解决，预计在2030年可实现锂硫电池大规模商业化。

12.2.2 钛酸锂电池

12.2.2.1 钛酸锂电池的结构和工作原理

钛酸锂电池是将钛酸锂作为电池负极材料，将锰酸锂、磷酸铁锂、镍锰酸锂、钴酸锂等作为正极材料组成的电池。充电时，锂离子从正极脱嵌，经过电解质嵌入负极，负极处于富锂状态；放电时则相反。作为零应变材料，在锂离子嵌入、脱出过程中钛酸锂几乎无体积变化，循环稳定性非常好。

12.2.2.2 钛酸锂电池的性能特点

钛酸锂电池具有体积小、能量密度高、密封性能好、无记忆效应、自放电率低、充放电迅速、循环寿命长、工作环境温度范围宽、安全稳定、绿色环保等特点。

钛酸锂作为一种"零应变"材料，在充放电过程中体积形变小于1%，使得电池具有优异的循环性能和较长的使用寿命。尽管目前钛酸锂电池成本高于石墨系锂电池，但是钛酸锂电池的超长耐久性大大降低了长期使用的维修和更换成本。

由于晶体结构不同，钛酸锂电池充放电速度远高于石墨系锂电池。与传统碳负极材料的二维锂离子传输通道不同，钛酸锂材料为尖晶石结构，具有三维快速锂离子传输通道，因此具有超快的充放电速度。

钛酸锂电池安全性能高。钛酸锂负极嵌锂电位约为1.55V，远高于金属锂的还原电位，即使低温条件下快速充电也难以析出锂枝晶，保证了钛酸锂电池在宽温度工作区间内的使用安全。另外，钛酸锂材料自身电导率极低，在电池发生针刺时，针刺点瞬间放电绝缘，实现与电极其他部位的分离及失效范围的有效控制。即使在极端滥用情况下，钛酸锂自身的不可燃性及相对石墨负极更低的失效反应放热也会大大降低其失效风险及失效后的危险程度。因此，在对安全性能要求极为严苛的轨道交通、电动客车、电动轮船等领域，相较于石墨负极电池,钛酸锂电池具有超高安全性的独特优势。

按照正极材料的不同,各种钛酸锂电池的性能优势又可以进行细分。锰酸锂/钛酸锂电池具有优良的循环性能、倍率性能和低温性能;三元/钛酸锂电池的循环性能突出,倍率性能和高低温性能较好;磷酸铁锂/钛酸锂电池具有优异的安全性能和循环性能,电压稳定但是电压平台低,低温性能不够;钴酸锂/钛酸锂电池倍率充放电性能和倍率循环性能优势显著,但是钴酸锂和钛酸锂材料价格都偏高,限制了钴酸锂/钛酸锂电池的使用。

12.2.2.3 钛酸锂电池的研究现状和发展趋势

国内外专家学者对各种钛酸锂电池进行了相关研究,结果表明,钛酸锂电池具有优良的循环性能和倍率性能。Norio Takami 等研制的 3A·h 锰酸锂/钛酸锂电池,以 10C 倍率 100% 充放电循环 30 000 次后,容量保持率为 95%[4]。常温下 50C 倍率放电容量保持 94%;−40℃低温下以 1C 倍率放电,容量为常温下的 80%,具有优异的循环性能、倍率性能和低温性能。张建等采用表面处理后的钛酸锂为负极、自制的镍钴锰三元材料为正极制备了 18650 型锂离子电池,在 25℃、3C 条件下循环 14 000 次的容量保持率为 75.8%,具有超长的循环寿命[5];电池在 1C、5V 过充电测试过程中未发生冒烟、起火、爆炸现象,表面最高温度仅为 35℃,表现出良好的抗过充性能。

MGL 动力公司采用纳米化钛酸锂技术,电池可在数分钟内完成充电,即使在极寒条件下也可以进行充放电,大大提高用户使用便利性。该特性使得钛酸锂在快充客车、公交等空间体积大、区间里程短、运行频次高的领域具有得天独厚的优势。如图 12 - 2 所示,德令哈钛酸锂动力有轨电车运行于青藏高原,是目前海拔最高的有轨电车路线。运营反馈结果表明,钛酸锂电池经受住了高寒及低气压的严苛环境考验。

图 12 - 2 德令哈有轨电车

由于各种钛酸锂电池性能优势各不相同,因此也分别适合不同的应用领域。锰酸锂/钛酸锂电池能够满足不同温度环境下快速放电的使用要求,非常适用于交通工具或航空航天等领域的低温电源或全温度范围电源;磷酸铁锂/钛酸锂电池适用于温度合适但对安全性能要求严格的场所;三元/钛酸锂电池是电力储能领域首选的锂离子电池体系之一,在动力电池领域占有较大比重，是目前最有潜力的钛酸锂体系锂离子电池[6]。

钛酸锂电池虽然在能量密度上优势不明显，但是凭借着在快充、安全性和寿命上无可比拟的优势，通过差异化竞争，能够在对充电速度和频次要求高的领域赢得一席之地。

12.2.3 新型硅锂电池

12.2.3.1 新型硅锂电池的结构和工作原理

新型硅锂电池以硅材料为负极，以含锂化合物为正极。如图 12-3 所示，当对电池进行充电时，电池正极上有锂离子生成，生成的锂离子经电解液到达负极，到达负极的锂离子嵌入到硅层中，嵌入的锂离子越多，充电容量越高。硅锂电池放电过程相反。

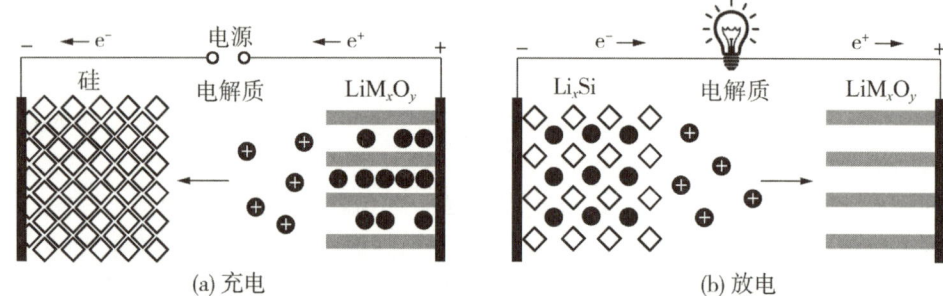

图 12-3 硅锂电池工作原理

12.2.3.2 新型硅锂电池的性能特点

新型硅锂电池能量密度高，充放电效率高，循环性能好。但是将硅引入负极有两个问题，第一，充电时硅与锂离子交互，其体积会膨胀，减少电池寿命；第二，硅会与电解液发生化学反应生成黏性物质，黏性物质覆盖在阳极表面会导致电池性能下降[7]。为解决这两个问题，国内外专家学者展开了深入研究。

12.2.3.3 新型硅锂电池的研究现状和发展趋势

崔屹团队通过利用纳米技术、弹性聚合物、研发自愈电极的办法来解决硅电极存在的问题。实验证明自愈电极在 100 次充放电后仍能保持电量基本不变。美国硅谷希拉纳米技术公司通过将硅原子填充在相对空的纳米粒子基质内来解决体积膨胀问题。当硅阳极吸收锂离子时，离子会填满空隙而不会将硅原子挤开，从而确保结构不会破裂，该技术可将锂离子电池容量提升 40%。荷兰能源研究中心使用以等离子为基础的纳米技术，将硅柱排列在铜箔上，从而为可能发生的膨胀创造足够空间，让电池更加稳定，但目前还未商业化应用。滑铁卢大学的科研工作者借助掺杂了石墨烯、纳米硅颗粒，以及环化聚丙烯腈之间的化学反应，形成一种可以有效减少锂离子与电极产生接触的纳米结构电极，避免了大部分的膨胀和收缩情况，为电池提供了更高的稳定性。这种电池储能可以达到 1000mA·h/g（石墨 370mA·h/g），循环使用 2275 次（石墨 500 次），以及 99.9% 的充放电效率。韩国科学技术研究院已成功研发硅基负极材料，用于替代当前电动车动力锂电池负极普遍使用的石墨材料。硅基负极可使锂电池性能翻倍。试验结果表明，该硅基负极材料成功将锂电池容量了提高 4 倍，在 500 次充电/放电循环中仍能保持稳定，5 min 内可充电至其全部容量的 80%，电动车的续航里程预计将增加 1 倍以上。

目前美国硅谷希拉纳米技术公司已宣布将新型硅锂电池技术从原型扩展到商业规模，接下来将研究为电动汽车制造的大型动力电池。特斯拉在之前的车型中很早就采用硅碳材料作为负极，特斯拉表示通过原材料重新设计、高弹性材料、覆膜材料进行涂膜去实现和解决硅材料的膨胀问题，最终实现每千瓦时成本只需要 1.2 美元，同时能够提升 20% 的续航里程并降低电池 5% 的成本。

硅的理论容量是石墨的 10 倍以上，且地球储量高，在锂电池材料应用方面有着巨大的潜力，锂电池负极从石墨体系到硅基负极是未来的前进方向。随着动力电池能量密度要求的提高，硅碳负极搭配高镍三元材料体系将成为发展趋势。目前因为硅负极材料工艺难度高、生产成本高，所以尚未大规模使用。但随着制造工艺的成熟和技术的革新，加工成本必将逐渐下行。

12.2.4 石墨烯电池

12.2.4.1 石墨烯电池结构和工作原理

石墨烯电池由于使用了石墨烯材料及相关技术而得名，其本质还是锂离子电池或者其他介质电池。石墨烯在电池领域的应用形式有三种：一是直接作为正极或负极材料；二是作为导电添加剂，添加到正极或负极材料中，或对电极材料进行复合改性处理，提高电极导电性和充放电倍率；三是作为集流体或集流体涂层，用于提高电池功率特性。目前研究表明石墨烯对锂离子的储存能力不如石墨，短期内不会替代石墨作为负极，因此石墨烯在锂离子电池上的应用主要采取后两种方式。如图 12-4 所示，石墨烯是一种仅有一个原子厚度的准二维材料，本身不能存储电能，它主要用来把电池两极的材料分开。因为电子可以轻易穿过，所以电池内阻非常小，这就是石墨烯电池充电快的原因。

图 12-4 石墨烯分子结构

12.2.4.2 石墨烯电池的性能特点

由于石墨烯具有高电导率、高热导率，因此石墨烯电池充电速度更快，电池运行温度会更低，这样电池寿命会被延长。储存相等的能量时，石墨烯电池比普通锂离子电池有更小的体积和更轻的重量。因此，当用石墨烯来改良锂离子电池阴极导体时，可以减轻重量，缩短充电时间，提高存储容量并延长使用寿命。同时，因为石墨烯更加稳定、灵活和坚固，过热、过充和穿刺的危险性更低，所以电池更加安全。然而石墨烯电池成本很高，目前还没有大批量产石墨烯的技术，只能在实验室实现小批量试制。

12.2.3.3 石墨烯电池的研究现状和发展趋势

关于石墨烯电池研究成果的新闻报道有很多，但目前仍未见到一款商用石墨烯电池。早在2014年，西班牙Graphenano公司和西班牙科尔瓦多大学合作研发了石墨烯电池，声称作为动力电池一次充电时间只需8分钟，可行驶1000km。但这只是实验室研究成果，距离实际商用还很远。王振廷等采用超临界乙醇流体方法制备了10层以下的石墨烯，1C下作为锂离子电池导电剂充放电比容量达到150mA·h/g和140mA·h/g[8]。2020年5月13日，广汽宣布基于三维结构石墨烯（3DG）材料研发的"超级快充电池"已经完成电芯、模组、电池包样件的测试工作，对整车进行了大功率充电的测试结果显示，充电8分钟可以将电池电量充到85%，同时电池寿命和安全性达到使用标准。不过，该技术是将石墨烯添加到锂离子电池正极材料中，并非将石墨烯作为电极材料。

目前具有石墨烯技术的动力电池已经接近量产，这会在一定程度上满足电动车主对快速充电的需求。但真正的石墨烯电池从实验室到工程化再到商业化还有很长的路要走，原理、成本和工艺等技术问题还有待解决，最终能否成功仍有待检验。

12.2.5 固态锂离子电池

固态电池按液体电解质质量百分比可以分为半固态电池、准固态电池和全固态电池。半固态电池的液体电解液质量百分比小于10%，准固态电池的则小于5%，全固态电池不含任何液体电解液。

根据《中国制造2025》中的发展规划，我国计划在2025年前采用富锂正极加全固态电解质加硅碳/锂金属负极电池实现400W·h/kg的能量密度，在2030年前采用燃料/锂硫/空气电池实现500W·h/kg的能量密度。因此，固态锂离子电池在未来动力电池能量密度发生质的飞跃之前起到重要的过渡作用。

12.2.5.1 固态锂离子电池的结构和工作原理

如图12-5所示，固态锂离子电池主要由正负极材料和固态电解质组成。其中固体电解质主要有三大类材料：聚合物、氧化物和硫化物。正极材料一般采用复合电极，除了电极活性物质外还包括导电剂,在电极中起到传输离子和电子的作用。负极材料主要是金属锂负极材料、碳族负极材料和氧化物负极材料三大类,其中金属锂负极材料因其高容量和低电位的优点成为全固态锂电池最主要的负极材料之一。

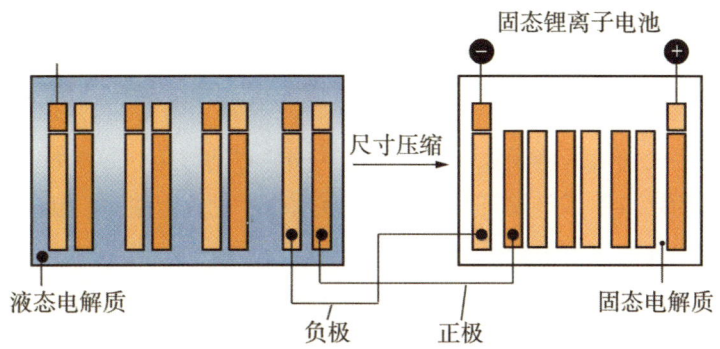

图12-5 锂离子电池到固态锂离子电池的转变

12.2.5.2 固态锂离子电池的性能特点

固态锂离子电池安全性能更好,循环寿命更长。无机固体电解质材料一般不可燃、无腐蚀、不挥发,也不存在漏液问题。固态电解质具有良好的机械性能,能有效防止锂枝晶的穿透并抑制其生长,兼具电解质和隔膜的功能。固态锂离子电池能量密度更高。传统锂离子电池中,隔膜和电解液加起来占据电池中近40%的体积和25%的质量,而使用固态电解质能够压缩大部分的体积和质量。对于全固态锂电池,如果负极采用金属锂,电池能量密度有望达到300~400W·h/kg。由于没有液体,固态锂离子电池的回收也会更加方便。

在固态锂离子电池中,由于突出的安全性能和较为成熟的技术,聚合物锂电池具有更广阔的应用前景。聚合物单体电池工作电压高达3.6~3.8V,容量密度是镍氢或镍镉电池的1.5~2.5倍,自放电小,寿命长,循环寿命可以达到500次以上,没有记忆效应。最重要的是聚合物锂电池安全性能好,由于在结构上采用铝塑软包装,有别于液态电芯的金属外壳,一旦发生安全隐患,液态电芯容易爆炸,而聚合物电芯只会气鼓。同时因为不存在起火和爆炸问题,保护线路设计可以更为简化,从而节约成本。除此之外,聚合物锂电池厚度可以做得非常小,由于不需要金属外壳作为保护外包装,聚合物锂电池较同等规格的钢壳锂电轻40%,较铝壳电池轻20%,而容量则较同等规格的钢壳电池高10%~15%,较铝壳电池高5%~10%。聚合物锂电池放电特性更好,由于采用胶体电解质,相比液态电解质具有平稳的放电特性和更高的放电平台。

然而,聚合物锂电池目前生产成本还比较高,因为电解质体系提纯困难。同时,过充和过放都会使电池内部化学物质的可逆性遭到破坏,从而影响电池寿命。另外,聚合物锂电池散热性较差,对生产过程中的工艺控制要求较高。

12.2.5.3　固态锂离子电池的研究现状和发展趋势

电解质材料是固态锂离子电池技术的核心，在很大程度上决定了锂离子电池的各项性能参数，如功率密度、循环稳定性、安全性、高低温性能和使用寿命。目前，对固态电解质材料的研究主要集中在聚合物、氧化物和硫化物。

聚合物固态电解质由聚合物基体和锂盐构成，锂离子以锂盐的形式"溶于"聚合物基体，传输速率主要受到与基体相互作用及链段活动能力的影响。目前量产聚合物固态电池中聚合物电解质的材料体系是聚环氧乙烷（PEO）。以 PEO 为基体、磷酸铁锂为正极、金属锂为负极的固态锂离子电池单体能量密度达到 200W·h/kg，并没有明显优势。

以氧化物为固态电解质的锂离子电池按照物质结构可以分为晶态和非晶态。氧化物晶态固体电解质化学稳定性高，部分样品可以在 50℃ 下工作，循环 45 000 次后，容量保持率达 95% 以上。氧化物固体电解质的优点是安全性高，可用于高电压正极体系；缺点是电解质与电极颗粒接触差，很难制备基于陶瓷品的电池。

硫化物电解质室温电导率较高，接近甚至超过有机电解液，同时具有热稳定性高、安全性能好和电化学稳定窗口宽的特点，在高功率以及高低温固态电池中优势突出。目前丰田公司实验级别的硫化物固态电解质锂离子电池可以做到高温循环 1000 次。

当前的全固态锂离子电池容量较低，倍率性能和室温循环性能较差，寿命较短。李煜宇等[9]研究发现，正极材料固-固界面稳定性不佳是造成全固态锂离子电池室温性能不佳的主要原因，同时，固-固界面在充放电过程中物相和形貌变化的表征手段也限制了正极材料固-固界面的优化。闫雅婧[10]指出，目前的无机固态电解质普遍刚性强、脆性较大、易断裂、可加工性差，但对高温及其他腐蚀性环境适应性好；而聚合物固态电解质在室温下电化学性能和物理性能尚需改进，在柔韧性和可加工性上则优势明显。无机-有机复合的方式有望综合两者的材料特点，提高综合性能，是接下来的研究重点。王蔼廉[11]也指出混杂型固态电解质是发展新型固态电解质的方法，并提出了三个思路：①无机导离子材料与聚合物电解质的简单共混；②无机电解质膜片成型后进行原位涂敷或聚合；③对无机导离子材料表面进行表面改性、聚合，形成杂化型固态电解质。

当前固态锂离子电池的生产成本还远超三元电池和磷酸铁锂电池等主流锂离子电池，原因是固态电解质还没有办法大规模商业化生产，但随着技术的进步、产业化的推进，固态锂离子电池凭借其结构和功能特点必然占据优势。自 2010 年以来，各个国家已经开始布局固态锂离子电池的研发和应用。

2011 年 10 月，法国 Bollore 就开始利用自主开发的电动汽车和电动巴士在巴黎及其郊外提供汽车共享服务，使用的就是固态锂离子电池，但其能量密度仅为 100W·h/kg，而且工作温度要求 60~80℃，必须持续将电动车电池加热至 60℃ 以上来维持电池内部的导电能力。

2018年7月，日本经济产业省与日本新能源产业技术综合开发机构（NEDO）宣布启动新一代高效电池"全固体电池"核心技术的开发。该项目预计总投资100亿日元（约合5.8亿元人民币），丰田、本田、日产、松下等23家汽车、电池和材料企业，以及京都大学、日本理化学研究所等15家学术机构将共同参与研究，计划到2022年全面掌握全固态电池相关技术。

在韩国，三大蓄电池厂商LG化学、三星SDI和SK创新2018年11月对外宣布，联手开发核心电池技术，将成立一个规模1000亿韩元的基金，计划在固态电池、锂金属电池和锂硫电池领域进行研发，来打造下一代电池产业生态系统。

在过去的十年中，德国政府已投入约5亿欧元用于电池研究。德国政府的这一举措是为了减少德国车企对于中日韩电池供应商的依赖。其中，大众和宝马公司也在大力发展固体电池，可能从2024或2025年开始批量生产。

国内宁德时代以硫化物电解质为主要研发方向，采用正极包覆解决正极材料与固态电解质的界面反应问题，采用热压的方式增强了电解质和电极材料之间的接触，降低了界面电阻，通过对硫化物进行改性，增强了其热稳定性。目前容量为$325mA \cdot h$能量密度为$300W \cdot h/kg$的聚合物锂金属固态电池300次循环后容量保持率达到82%。国珈星际的技术路径是以第二代聚合物锂离子导体作为固态电解质，以三元材料或磷酸铁锂等作为正极，以石墨作为负极。2018年7月，$36A \cdot h$类固态软包三元材料动力锂离子蓄电池通过国家机动车质量监督检验中心强制性检验，能量密度达到了$230W \cdot h/kg$，循环次数达4000次。2018年6月30日，浙江锋锂公司研发的第一代固态锂电池技术指标达到单体容量$10A \cdot h$，能量密度不低于$240W \cdot h/kg$，1000次循环后容量保持率大于90%，电池单体具备5C倍率的充放电能力，同时电池研制品通过第三方机构安全检测。目前，北京卫蓝公司已经研发并掌握了固态电池技术领域的多项关键性技术，包括金属锂表面处理、原位形成SEI膜技术、固态电解质、锂离子快导体制备技术以及高电压电池集成技术、陶瓷膜优化技术和集流体解决方案。

值得一提的是，在固态锂离子电池中，聚合物锂电池已经在消费类数码电子产品、工业设备、医疗仪器等中小型锂电池领域得到了广泛应用。并且在全球电动汽车领域范围内掀起了研发热潮。在2020年9月29日世界新能源汽车大会中，聚合物复合固态电解质技术成功入选7个前沿技术，代表了新能源汽车领域全球基础研究的最新方向。虽然目前还存在生产成本高等问题，但由于其重量轻、安全性好、功率大、无污染等特点，随着技术升级，聚合物锂电池必将在新能源领域发挥至关重要的作用。

12.3 金属空气电池技术进展

12.3.1 锂空气电池

12.3.1.1 锂空气电池结构和工作原理

如图 12-6 所示，锂空气电池以金属锂为负极，由碳基材料组成的多孔电极为正极，放电时金属锂在负极失去电子生成锂离子，电子通过外电路到达多孔正极将空气中的氧气还原，生成过氧化锂，在外电路产生电流。充电过程正好相反，放电产物首先在正极被氧化，重新放出氧气，锂离子则在负极被还原成金属锂。

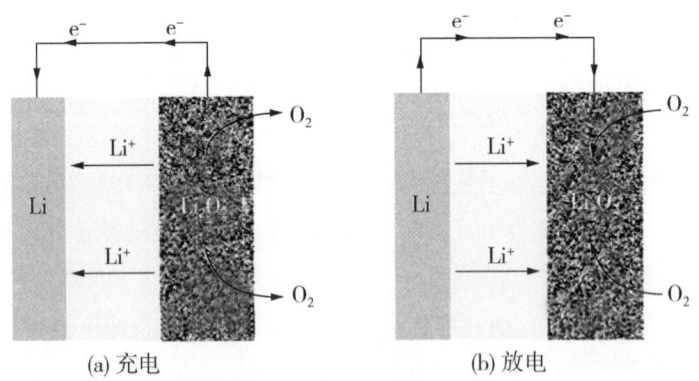

图 12-6 锂空气电池工作原理

12.3.1.2 锂空气电池的性能特点

锂空气电池具有很高的能量密度，锂空气电池正极活性物质氧气直接来源于周围空气，不需要相对原子质量较大的镍钴锰碳磷铁等原子构成的化合物去收纳锂离子，这样既能降低成本又能减轻电池重量[12]。因此电池的能量密度完全取决于金属锂。事实上，锂空气电池的理论能量密度可以达到 11 425 W·h/kg，与汽油的能量密度相当，因此锂空气电池有望代替汽油，实现真正的电动汽车[13]。

但是，锂空气电池有两个问题：第一，过氧化锂无法溶解于有机电解液中，会在负极材料表面沉积，阻止氧气进入，导致放电终止。因此，研究新型的多孔碳电极材料，从而提高容量、能量和功率密度，改善电池稳定性成为核心问题。第二，空气中的氮气、二氧化碳和水蒸气也会参与反应，生成一系列副产物，这会导致锂空气电池的循环寿命减少。如果在电动汽车上为了提供纯氧环境加装氧气瓶，则降低了电池的能量密度，同时增加了安全风险。

12.3.1.3 锂空气电池的研究现状和发展趋势

美国伊利诺伊大学芝加哥分校、阿贡国家实验室和加州州立大学北岭分校的研究解决了空气中其他成分的副反应问题。他们为金属锂增加了一层由碳酸锂和碳组成的致密的保护性涂层。碳酸锂会阻止锂离子之外的其他化合物进入，从而保护阳极不受空气中氧气之外的其他组分破坏，在涂层的保护下，单次循环的锂保持率高达99.97%。在700次充放电循环之后，锂空气电池没有出现任何失效。

适合长寿命高功率锂空气电池使用的电解质系统设计和高效空气电极的开发是发展锂空气电池的两大重要课题[14]。碳载体材料的比表面积对锂空气电池的电化学反应有着非常重要的作用，但并非表面积越大比容量越高。Chris Tran等实验指出，锂空气电池的放电比容量与碳载体的平均孔径成正比，而与碳载体的孔表面积关系不大，平均孔径和电池比容量近似线性关系，孔径越大，比容量越大[15]。Yongyao Xia等制备了介孔碳泡沫，与多种商用碳材料相比，该碳正极比目前最优越的Super P碳黑的放电能力还高出40%[16]。除了常规的碳载体外，近年来也开始在碳源中掺杂氮原子。

锂空气电池有着和汽油比肩的高比能量，过氧化锂沉积和空气副产物的问题也在逐步解决，国内外科研人员正在进行相关研究以提高锂空气电池的性能。虽然距离真正的商业应用还有一段距离，但在各国科研人员的努力下，最终一定会研制出能量密度高、循环寿命长、安全性能优异的锂空气电池，为电动汽车的发展带来革命性进步。

12.3.2 锌空气电池

12.3.2.1 锌空气电池的结构和工作原理

锌空气电池以活性炭作为正极，以锌为负极，以氯化铵或苛性碱溶液为电解质。放电时，负极的锌与电解液反应放出电子，电子经过外电路将正极的氧气还原，生成氧化锌。充电过程正好相反，氧化锌在正极被氧化放出氧气，锌离子在负极被还原成锌。

12.3.2.2 锌空气电池的性能特点

锌空气电池理论比能量为1350W·h/kg，目前实际比能量达到220～300W·h/kg。锌空气电池成本低，同型号的车使用的锌空气电池售价只有锂电池的三分之一，续航却达到锂电池的2倍[17]。另外，因为锂电池充电过程中的时间空间成本和人力成本很高，锌空气电池电动汽车的运营成本也比锂电池电动汽车低。锌空气电池电压平稳，自放电少，储存寿命长。在电池存储时，电池的入气孔是密封的，空气电极与外界隔绝，只要阻断空气进入，电化学反应就无法进行，所以容量损失少，容量年损失率小于2%。另外，锌空气电池环保无污染，放电产物可以方便地回收利用。

锌空气新能源公交车不需要锂电池长达几小时的充电时间，只需要更换锌粉即可再次使用，每更换一次锌粉可行驶约 300 km，锌空气电池目前的寿命可达 300 次循环（更换 2 次锌负极为一次循环），即差不多 15 万 km。锌空气电池每使用一次续驶里程约 300 km，只更换锌负极就可以继续使用。锌空气电池公交车不仅规避了锂电池公交车开发中电池管理系统难以达到电平衡的问题，还解决了电池稳定性、漏电、封装等一系列技术难题。

然而锌空气电池比功率低，只能使电动汽车达到 80 km/h 的时速，仅适用于公交车或微型电动车，国内首辆锌空气电池客车如图 12 - 7 所示。另外，锌空气电池存在析氢腐蚀和密封问题。锌电极和碱性溶液发生化学反应放出氢气使锌腐蚀。如果防水透气膜做得不好，就容易发生电解液蒸发或者吸潮变稀，而空气中的二氧化碳也会使电解液碳酸盐化，影响电池性能。

图 12 - 7　国内首辆锌空气电池客车

12.3.2.3　锌空气电池的研究现状与发展趋势

为解决锌空气电池电极腐蚀和进行高性能固态电解质的开发，东华大学乔锦丽教授团队展开了相关研究。他们成功制备出高电导率、高柔韧性和高机械强度的阴离子交换膜，其构建的柔性锌空气电池可以耐受因二氧化碳形成的碳酸盐造成的空气电极堵塞问题以及电解质 pH 下降问题，并能有效防止锌枝晶的形成，同时避免了锌离子迁移导致的短路现象，从而提高了电池稳定性。此外，该团队成功构建了金属氧化物复合催化剂，提高了锌空气电池的能量密度、功率密度和循环稳定性，具有广阔的应用前景。独特的催化剂激活机制以及碱性阴离子交换膜在柔性锌空气电池中的抗毒性研究，是锌空气电池全新的发展方向。

中科院北京纳米与能源研究所孙春文课题组和韩兴军等成功制备了单原子铁基催化剂。电化学测试结果表明，该催化剂在氧化还原反应中的半波电位高于目前文献中报道的大部分催化剂。用该催化剂用在锌空气电池正极上，电池开路电压达到 1.51V；功率密度达到 96.4 mW/cm^2；以 10 mA/cm^2 的电流密度进行放电，一次可以在 1.28V 的放电电压下稳定运行 2000 min 以上。

目前，锌空气电池只有部分实现了商业化，已经商业化的锌空气电池主要有方型和纽扣型，而具有巨大市场需求量的圆柱形锌空气电池则由于其结构复杂和密封困难还没有实现大规模商用化。不过随着全球研发投入的加大以及市场需求的扩大，低成本长寿命的锌空气电池各项技术必然日趋成熟，最终成为一款成熟的车用动力电池。

12.3.3 铝空气电池

12.3.3.1 铝空气电池的结构和工作原理

在单体电池中以铝为负极、多孔碳材料为正极，以氢氧化钾和氢氧化钠水溶液为电解质。放电时，铝失去电子，电子经过外电路到达多孔碳空气正极将空气中的氧气还原，电解液中生成氧化铝，以此对外电路提供能量。铝空气电池不同于锂空气电池，它没有充电过程，是一般意义上的一次电池，需要更换铝极板才能重新使用。

12.3.3.2 铝空气电池的性能特点

铝空气电池容量大质量轻，理论比能量可达 $8100W·h/kg$。同时，铝空气电池具有极高的体积能量密度，十分适合用作电动汽车的动力电池[18]。铝空气电池无毒，另外铝原材料丰富，成本较低。

铝空气电池也有一些缺点，铝空气电池比功率低，放电缓慢，电压滞后，自放电率较大，另外需要采用热管理系统进行温度控制。一般认为铝空气电池是一次能源，因为铝空气电池不能充电，把铝消耗尽之后需要更换铝板来提供能量。但是，从宏观循环角度来看，铝空气电池是可充放电的二次能源。铝空气电池的放电产物氧化铝经过电解可以生成铝，这可以看作是铝空气电池的充电过程。实现铝空气电池工业化的允放电过程是解决其推广应用的关键技术之一。

12.3.3.3 铝空气电池的研究现状和发展趋势

美铝加拿大公司和以色列公司 Phinergy 研制了 100 kg 重的铝空气电池，存储了可行驶 3000 km 的电量。该电池不是在普通电网充电，充满电的电池其实是一块大部分由铝制成的面板。铝板与空气发生氧化还原反应提供能量，为汽车提供动力。当铝电池达到使用极限之后换成新的铝板即可。正是由于铝空气电池较高的比能量，并且"充电"方便快捷，只需要更换铝极板，并且成本较低，因此是电动汽车电源系统中的有力竞争者。MAL 公司设计了一个铝空气电池组，在测试中呈现出 2400 km 续航里程和 90 s 的交换系统的优良性能。

未来铝空气电池的比功率和倍率性能将得到提高，温度控制系统将更加完善。因其具有较高的比能量、良好的安全性、环保性以及可循环利用等特点，铝空气电池将有非常广阔的应用前景，未来将首先应用于电动汽车等移动设备。可以将铝空气电池设计为集成电池组，像汽油一样存放在充电站，使用过程中阳极消耗完直接更换电池组即可。放电后的电池组交由专业的技术公司进行分离回收和电池组的生产制造。这样，铝空气电池即可高效地参与到电动汽车的能源供应系统。

12.4 其他新型电池技术进展

除了基于锂的新型动力电池和金属空气电池外，目前还有许多无法简单归类的新型动力电池，包括钠硫电池、氟化物电池、钠离子电池等，这些电池都具有作为新能源汽车能源系统的潜力，因此本节将这些电池归结为其他新型动力电池统一展开介绍。

12.4.1 钠硫电池

12.4.1.1 钠硫电池的结构和工作原理

钠硫电池是一种固态电池，以硫为正极反应物质，以钠为负极反应物质，使用固态电解质。如图12-8所示，放电时负极钠失去电子变为钠离子，钠离子穿过固体电解质到达正极，与得到电子的硫离子反应生成硫化物，正极和负极反应的电势差即为钠硫电池所提供的放电电压。在外加电压作用下，钠硫电池的正极和负极反应逆向进行，即为充电过程。

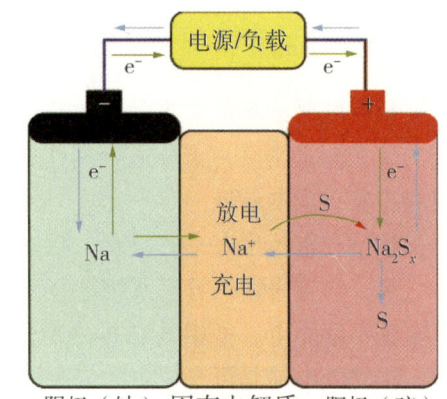

图12-8 钠硫电池工作原理

钠硫电池包括钠负极、硫正极、固体电解质陶瓷隔膜、电池壳体等多个部件以及连接这些部件的各个界面。数个单体电池可以组成模块，通过模块的组合最终形成储能电池堆或储能站。在一定工作温度下，钠离子透过电解质隔膜与硫之间发生可逆反应，形成能量的释放和储存。

12.4.1.2 钠硫电池的性能特点

钠硫电池比能量高，其理论比能量为760W·h/kg，实际已达300W·h/kg[19]。可以大电流、高功率放电，其放电电流密度一般可达200～300mA/cm^2，另外钠硫电池充放电效率高。由于采用固体电解质，没有液体电解质电池的自放电现象和其他副反应，因此充放电电流效率几乎100%。除此之外，由于钠的开采成本更低，自然界硫储量丰富，因此钠硫电池的原材料成本很低。钠硫电池也有不足之处，其工作温度在300～350℃，所以，电池工作时需要一定的加热保温。采用高性能的真空绝热保温技术，可有效地解决这一问题。

12.4.1.3 钠硫电池的研究现状和发展趋势

日本东京电力公司(TEPCO)和 NGK 公司合作开发钠硫电池作为储能电池,其应用目标瞄准电站负荷调平(即起削峰平谷作用,将夜晚多余的电存储在电池里,到白天用电高峰时再从电池中释放出来)、UPS 应急电源及瞬间补偿电源等,并于 2002 年开始进入商品化实施阶段,已建成世界上最大规模(8MW)的储能钠硫电池装置,目前全球钠硫电池研究专利数中有一半来自日本,有五分之一来自美国。中国虽然占比名列第四,但份额只有不到 5%,因此我国在钠硫电池方面的研究还有很大前进空间。

钠硫电池具有功率大、能量密度大、充电速度快、使用寿命长等特点,因此可用于电动汽车,可以提高一次充电续航里程,降低化石燃料的使用,节能环保。其实早在 20 世纪 60 年代中期,钠硫电池就被各大车企用来研究作为新型动力电池。经过长期研究发现,钠硫电池尽管储能优势明显,但作为动力电池安全性却没有完全解决。然而,由于其高的比功率和比能量、低的原材料成本、温度稳定性以及无自放电等方面的突出优势,钠硫电池仍是目前最具市场活力和应用前景的电池。相信在不久的将来,当钠硫电池解决了安全性问题之后有望成为动力电池领域强有力竞争对手。

12.4.2 氟化物电池

12.4.2.1 氟化物电池的结构和工作原理

氟化物电池结构和锂离子电池结构类似,只是电极材料不同,且需要使用氟基电解质,利用氟离子来传递电荷。氟离子带负电,并且是元素周期表中电负性最强的元素,最容易捕捉电子,因而具有优良的电导性。氟可与铜结合制作成阴极,3 个氟原子与铜结合能提供 3 个电子,而锂作为电池正极只能提供 1 个电子,因此氟化物电池能量密度更高。

12.4.2.2 氟化物电池的性能特点

氟化物电池的潜在能量密度更高,可达到目前锂离子电池的 10 倍。但氟化物电池需要使用高温下(150℃)传导氟离子的熔盐电解质才能正常工作,而氟本身活性很高具有腐蚀性,甚至还很容易与惰性气体结合,因此高温会让它过度活泼而增加危险性。因此,实现氟化物在室温环境下高效传导成为氟离子电池研制的首要难题。

12.4.2.3 氟化物电池的研究现状和发展趋势

香港的 Entech 国际有限公司成功地研究出一种氟化物原型电池,在室温等普通环境限制下仍能发挥作用。该公司表示将研发出每次充电可行驶 2000 km 的车用动力电池。目前本田研究所正与加州理工学院、劳伦斯伯克利国家实验室以及 NASA 美国太空总署 JPL 喷射推进实验室等研究机构合作研究新型电池。研究团队发现一种 BTFE 电解质(基于醚溶剂中的干燥四烷基氟化铵盐)可轻易将氟在室温下溶为离子态而能在电池内部稳定地来回穿梭,大幅降低了氟化物电池的使用门槛。

美国加州理工学院 Simon C. Jones 等研究者开发出一款在室温下可正常工作的可充电氟离子电池。研究者利用氟代醚作溶剂,四烷基氟化铵作为电解质,得到了在室温下具有高离子导电性、宽工作电压和良好的化学稳定性的液体电解质,为室温下氟离子电池的研究开辟了一条新的道路。尽管该电池性能与商品化的锂离子电池相比还差很多,但可以确定这是开创性成果。

在高制造成本石墨烯固态电池尚无法量产化之前,氟化物电池很有可能取代锂离子电池。氟化物的量产还取决于能否实现涂装制程简易化并延长电极使用寿命以及能否实现更大的能量密度等。

12.4.3 钠离子电池

12.4.3.1 钠离子电池的结构和工作原理

如图 12-9 所示,钠离子电池的结构与工作原理与锂离子电池类似,不同的是钠离子电池以钠盐为正极,以软碳材料为负极,以铝箔作为集流体。钠离子电池利用钠离子在正负极之间嵌脱过程实现充放电。充电时,Na^+ 从正极脱出经过电解质嵌入负极,同时电子的补偿电荷经外电路供给到负极,保证正负极电荷平衡。放电时则相反,Na^+ 从负极脱嵌,经过电解质嵌入正极。

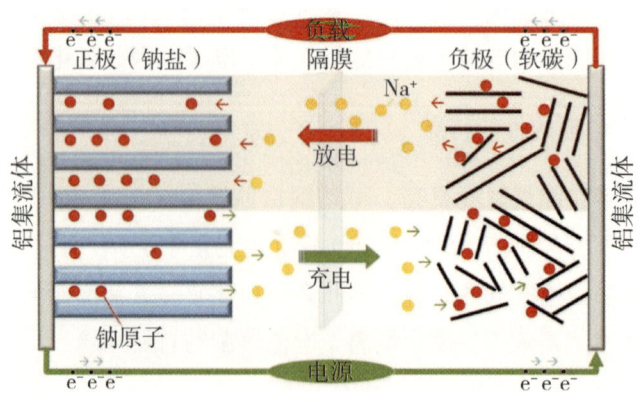

图 12-9 钠离子电池结构及工作原理

12.4.3.2 钠离子电池性能特点

相比锂离子电池,钠离子电池最大的优势是成本低[20]。钠资源含量丰富,分布范围广泛,钠成本价不到锂的2%。其次,锂离子电池集流体为铜箔,而钠离子电池集流体为铝箔,这可以使成本降低8%,重量降低10%。综合比较,钠离子电池相对于锂电池的材料成本可以下降30%～40%。

钠离子电池能量密度达100～150W·h/kg,可媲美磷酸铁锂电池,但距离能量密度在200W·h/kg左右的锂离子电池还有较大差距。另外,钠离子电池的循环寿命也不如锂离子电池。

12.4.3.3 钠离子电池的研究现状和发展趋势

目前针对钠离子电池的研究主要集中于电解液、新型正负极材料。钠离子电池还在实验室研发阶段,要寻找高效添加剂,稳定化学反应,提高性能,同时需要研究高比容量、长寿命、低成本的正负极材料。除此之外,还包括对固态钠离子电池和水系钠离子电池的研究。固态电池是不使用或很少使用电解液的更安全、更轻薄的新一代电池体系。水系电池以水为电解液溶剂,取代传统有机溶剂,更加安全环保,而且成本低廉。

2018年12月,南京理工大学研究人员在锰基正极材料研究方面取得重要进展,使低成本钠离子电池有望取代锂离子电池。这种正极材料制成的电极比容量达到211.9mA·h/g,而市面上流通的锂电池正极材料比容量约为140mA·h/g。在充放电过程中,这种正极材料结构稳定无相变,体积变化仅为2%,循环充放电1000次后,比容量保持率高达94.6%,而电池行业一般的比容量保持率标准约为80%。

中科院物理研究所设计了一种新的钠离子电池正极材料,发现组装的半电池在1.5～4.5V之间具有270mA·h/g的超高可逆比容量,能量密度可达700W·h/kg,是目前已知具有最高能量密度的钠离子电池正极材料。

中科院大连物理化学研究所研制了一种具有三维网状结构的三氟磷酸钒钠正极材料,有利于钠离子的快速嵌入和脱出。其理论能量密度为500W·h/kg,与$LiFePO_4$在锂离子电池中的能量密度(550W·h/kg)相当,近年来备受关注。同时该研究所还提出了一种实现高电导性三氟磷酸钒钠的绿色经济合成方法。由三氟磷酸钒钠组装的钠离子电池在0.5C的电流下具有138mA·h/g的高比容量,在40C的大电流下其容量仍能维持122mA·h/g。

钠离子电池具有资源丰富、成本低、性价比高等优点,随着相关研究的持续推进,钠离子的能量密度将逐步逼近锂离子电池,未来在低速电动汽车领域会具有很好的应用前景。

12.4.4 超级电容

12.4.4.1 超级电容器的结构和工作原理

超级电容器是利用活性炭多孔电极和电解质组成的电化学双层电容器,如图12-10所示。悬浮在电解质中的两个无反应活性的多孔电极板加电后,正极板吸引电解质中的负离子,负极板吸引正离子,实际上形成两个容性存储层,被分离开的正离子在负极板附近,负离子在正极板附近,像电容器一样以静电的方式储存能量,而不是像电池那样以化学的方式储存能量,本质上是物理电池。

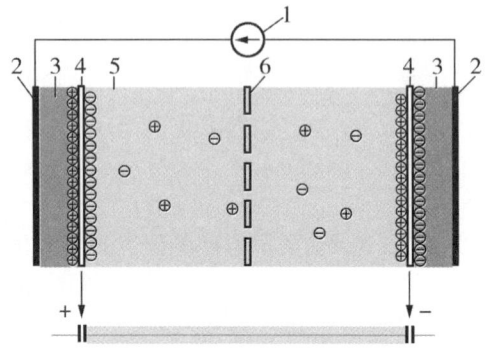

图12-10 超级电容器结构

1—电源;2—集流体;3—极化电极;
4—亥姆霍兹双层;5—电解质;6—隔膜

存储电荷的面积越大、分离出的电荷越密集,其电容量越大。超级电容器的面积是基于多孔碳材料的,因此存储电荷的面积很大,另外电荷分离的距离远小于传统电容器的薄膜材料实现的分隔距离,因此比传统电容器的静电容量大很多。但是超级电容器却比同样大小的电池存储的能量要少。不过它们能够更快地放电,因为放电不依赖于发生的化学反应。

12.4.4.2 超级电容器的性能特点

超级电容器充电速度极快,充电10 s至10 min可达到其额定容量的95%以上,功率密度可达300~5000W/kg,相当于电池的5~10倍。循环寿命长,深度充放电循环使用次数可达1~50万次,没有"记忆效应"。大电流放电能力强,能量转换效率高,过程损失小,大电流能量循环效率大于90%。除此之外,超级电容器的低温特性很好,工作温度范围在-40℃~70℃。在生产制造和使用过程中没有污染,是一种理想的绿色环保能源。充放电线路简单,安全系数高,避免长期维护。剩余电量检测方便准确,可以直接读出。

超级电容器的最大的问题是能量密度很低。目前多以活性炭为电极,由于是物理储能,因此超级电容器的能量密度仅能达到5~10W·h/kg,远低于化学电池。

12.4.4.3 超级电容器的研究现状和发展趋势

超级电容器虽然储能少,不能作为独立能源提供电动汽车需要的续航里程,却可以作为辅助能源。由于它具有长循环、高功率等优良特点,非常适合配合传统动力电池用在电动汽车需要启动或者加速的高功率工况，作为车辆启停及能量回收装置，这将大大提高传统动力电池的使用寿命。如图12 - 11所示，丰田的雅力士混合动力车Hybrid - R便应用了超级电容技术，另外标致雪铁龙以及马自达的ELOOP系统也使用了超级电容技术。

图 12 - 11　丰田雅力士 Hybrid - R 概念车

莱斯大学和昆士兰科技大学的科学家合作完成了对石墨烯超级电容器的研究。他们研发的溶液由两层石墨烯组成，在它们之间具有电解质层。这层薄膜很强大，能在短时间内释放大量的能量。这项研究的不同之处在于，他们建议在未来的电动汽车中，可以用大量的超级电容器来替代笨重的电池。例如，可以将它们集成到车身面板、车顶板、地板甚至车门中。理论上，这可以为汽车提供所需的所有能量，并使其比电池驱动的电动汽车轻得多。

这种电动汽车的充电速度也比电池驱动的电动汽车快得多。但是，像所有的超级电容器一样，这种解决方案目前仍然不能像标准电池那样储存那么多的能量。不过随着研究的进步，尝试选取不同的多孔极板和隔膜以及电解液，超级电容器将有希望提供比锂离子电池更多的能量，从而成为一种完全独立的新型能源。目前，特斯拉已经收购了超级电容制造商Maxwell，为将来使用超级电容作为电动车能源系统提供了一种可能。

12.4.5　刀片电池

2019年6月21日，比亚迪股份有限公司申请了一项名为"电池包、电动车和储能装置"的发明专利，在该专利中详细描述了一种新的结构电池单体、单体与电池包的组合技术以及电池包与电动车的装配方案。2020年3月29日，比亚迪举行线上发布会，公布了刀片电池单体通过针刺试验的测试视频，并发布了首款搭载刀片电池的轿车。2020年9月29日举行的2020世界新能源汽车大会将该高集成刀片动力电池技术评选为7项创新技术之一，承认了该动力电池技术的实用性和创新性。

12.4.5.1　刀片电池的结构和工作原理

刀片电池代表着一种新的加工和装配工艺，具有新的结构特性，其化学原理和普通的磷酸铁锂或三元锂电池相同。刀片电池单体结构如图12 - 12所示，包括电池本体部分，一个防爆阀和两个极耳。极耳用来导电，防爆阀的作用是在电池本体内部出现气体压力时打开并释放压力，提高安全性。第一，电池本体进行了扁平化设计，有利于在电池包内整体排布；第二，电池单体采用金属外壳，散热性能良好，同时电池单体表面积 S 与能量 E 满足 $S/E<1000mm^2 \cdot Wh^{-1}$，保证了足够的散热效率，尤其当动力电池采用三元或高镍三元正极材料时，电池内部热量能够及时传导，有利于电池的安全性；第三，电池单体可以作为电池包的结构件，加强电池包的强度，这样就减少了电池包内部横纵梁的使用，有利于提高电池包的能量密度并实现整车的轻量化；第四，电池单体长度范围广，可以为 $600 \sim 2500mm$，为电动车更加灵活的结构设计提供了便利。

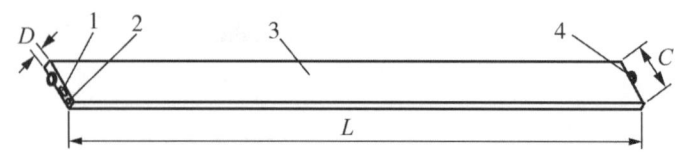

图 12-12　刀片电池单体

1—第一极耳；2—防爆阀；3—电池本体；4—第二极耳

传统动力电池包和刀片动力电池包的结构对比如图 12-13 所示。图 12-13 b 所示为刀片动力电池包的一种，在这种电池包中，单体紧密连接，沿着包体长度方向排列。两个侧梁为单体提供支撑，两个端梁对单体施加向内的作用力，对单体进行限位。当单体电池发生少量膨胀时，可以对单体电池起到缓冲的作用，防止单体电池膨胀量和变形量过大。

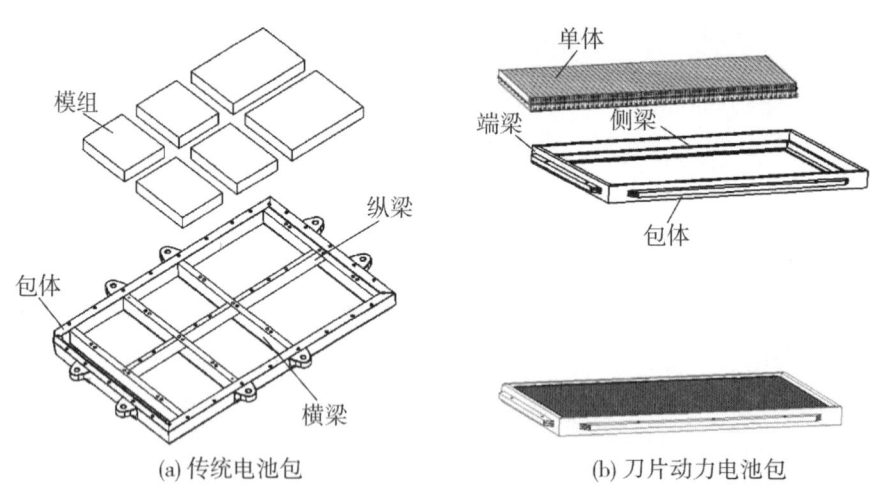

(a) 传统电池包　　　　　　(b) 刀片动力电池包

图 12-13　传统动力电池包和刀片动力电池包对比

通过对比可以发现，刀片动力电池包内部无需宽度方向的横梁和长度方向的纵梁，直接通过电池单体承担中间梁的作用，极大地简化了包体的结构，一方面使得包体的制作工艺得到了简化，单体的组装复杂度降低，生产成本降低；另一方面提高了电池包的空间利用率和能量密度，有利于提高电动车的续航里程。当然，刀片动力电池包也可以添加横梁和(或)纵梁，形成其他形式的动力电池包，如图 12-14 所示。

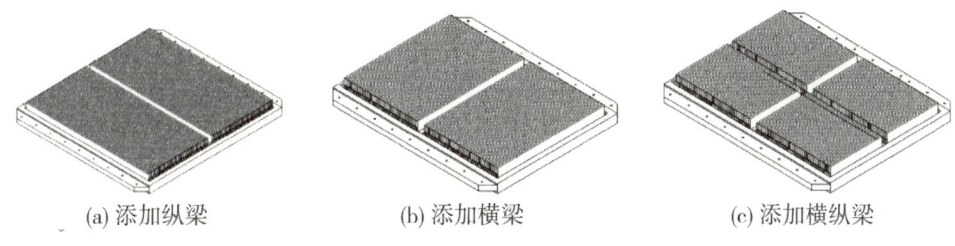

(a) 添加纵梁　　　　　　(b) 添加横梁　　　　　　(c) 添加横纵梁

图 12-14　其他刀片电池包形式

刀片电池单体也可以成组使用,如图 12-15 所示,模组可以沿电池包长度方向排列,也可以沿电池包高度方向排列。不同布置方式的动力电池包其空间利用率可以设置为55%、60%、62%、65%甚至更高。而传统动力电池包其空间利用率仅有40%。除此之外,刀片电池的电池包除了可以单独生产后与车身或底盘装配在一起外,还可以一体成型在电动车上,这样可以进一步提高电动车轻量化程度,提高续航里程。

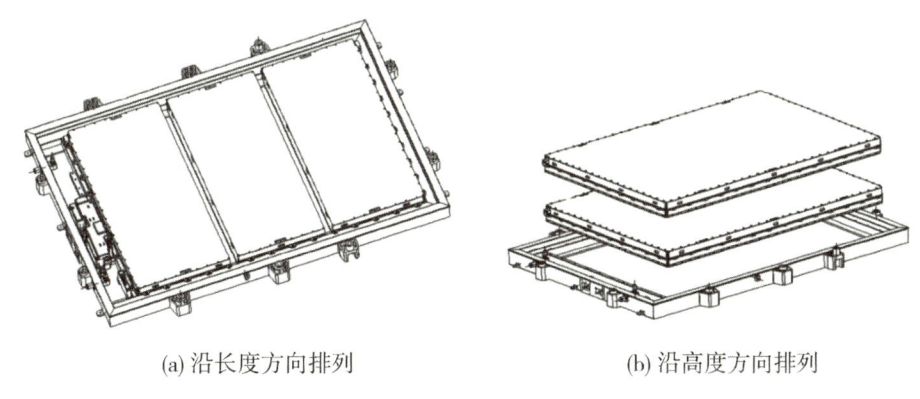

(a) 沿长度方向排列　　　　　　(b) 沿高度方向排列

图 12-15　刀片电池包模组排列方式

12.4.5.2　刀片电池的发展前景

刀片电池安全性高,成本低,电池包体积利用率提升到60%以上,能量密度比传统磷酸铁锂电池提升了50%,成本降低了20%～30%,寿命达到了8年120万公里。虽然电芯层面的能量密度只有170W·h/kg,但电池包层面的能量密度已经达到了145W·h/kg,与市场主流的三元锂电池相差无几。由于市场需求量的增加,当前比亚迪正在加速扩充刀片电池的产能,按照比亚迪的整体规划,到2020年底弗迪电池工厂产能将达到65GW·h,2021年和2022年包括刀片电池在内的总产能分别达到75GW·h和100GW·h。刀片电池是目前世界上最安全的动力电池解决方案之一,相比传统结构的动力电池能显著提高续航里程,很大程度上解决了新能源汽车的技术难点和瓶颈,具有十分广阔的发展前景。

12.4.6 无极耳电池

当前一般的电芯采用滚卷设计把阴极、阳极、隔膜卷到一起,并利用阴极极耳和阳极极耳分别连接电芯壳体的正极和负极。这种设计下电流的传输路径必须通过极耳到达电池单体外表面的正负极。然而,欧姆电阻会随着电流沿着阴极或者阳极到达极耳并达到电芯之外距离的增加而增大,同时,极耳作为额外部件会增加成本和制造难度。特斯拉新公布的4680型号电池对极耳工艺进行了升级,并改善了以上问题。

2020年9月22日,特斯拉召开了首次电池日活动,在活动上公布了"大电芯+无极耳"新型动力电池技术,该升级版电池型号为4680。特斯拉在2008年开始使用1865(18代表直径为18mm,65代表高为65mm)型号的圆柱电芯,2017年在Model 3中首次使用2170型号电池,电芯能量增加了50%;而此次电池型号升级到4680,通过这次技术升级,预计电池能量提升5倍,续航里程提高16%,功率提升6倍,同时电池成本下降14%。

12.4.6.1 无极耳电池的结构

特斯拉公司申请的"无极耳电极电芯"专利于2020年5月7日公开发布,详细描述了一种新型的电芯及其制造方法。值得注意的是,该专利定义的无极耳电极电芯指的是至少一个电极无极耳,并不要求完全无极耳。图12-16为正极采用单极耳的无极耳电极原理示意图。

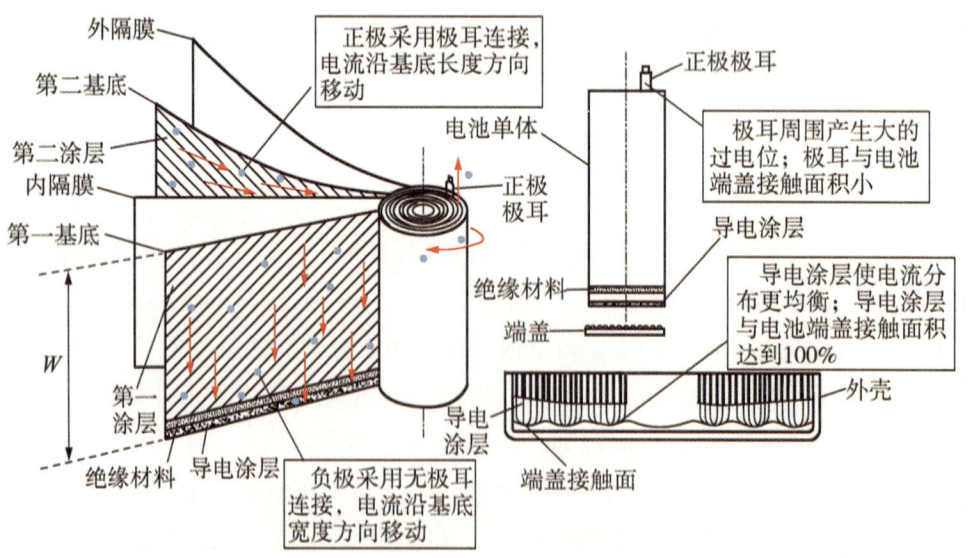

图12-16 特斯拉无极耳电极原理示意图

电芯包括第一基底、内隔膜、第二基底和外隔膜。第一基底和第二基底起到集流器的作用，其中一个作为阴极，另一个作为阳极。第一基底的一侧或两侧覆盖有第一涂层，第一基底的第一部分位于第一基底宽度方向的中间，并覆盖有电绝缘材料，第一基底的第二部分位于第一基底宽度方向的近端并包含导电材料。第一基底的第二部分紧邻着第一部分。第二基底上面涂有第二涂层，如图12-16所示，在第二基底长度方向的中间位置布置有导电极耳，该极耳沿宽度方向延展到第二基底的中间平面。示意图所示为正极采用单极耳的电芯，除此之外，第二基底可以分成多个离散部分，这样可以有多个极耳连接正极和第二基底，相比于单极耳情况，多重极耳会显著降低欧姆电阻。第一基底、内隔膜、第二基底和外隔膜依次贴合，并绕中心轴旋转缠绕形成圆柱型电芯。

电芯外部由罐体和两端的端盖进行封闭。在罐体的第一端，第一基底的导电涂层会与端盖上具有同心凹槽的表面接触，接触面积可以达到100%，使得电流分布更加均衡。第一基底的导电涂层沿着长度方向可以有不同的分布状况，包括等距等长，等距不等长和不等距不等长，因而端盖的接触表面也具有多种形状来适应第一基底导电涂层分布的变化。图12-17所示为采用激光揉平工序处理后的第一基底的导电材料表面实物图，由图可见导电材料表面十分平整，可以达到与端盖接触面密切接触。

图12-17 特斯拉无极耳电极导电材料接触面

12.4.6.2 无极耳电池的性能特点

在传统的电芯设计中，极耳要么固定在卷绕基底的两端，要么固定在其中间，为了激发电化学反应，电流必须沿长度方向穿过基底达到发生电荷转移反应的活性材料界面。如果极耳固定在基底中点，那么电流传输距离就是基底长度的一半；如果极耳固定在基底的两端，那么电流传输距离就是整个基底长度。特斯拉的无极耳电极工艺主要从三个方面改善了电池性能。

第一，电流传输路径缩短减小电阻。无极耳电极工艺使得第一基底的导电材料直接与端盖接触，让电流传输距离从基底的长度变成了基底的宽度，由于电芯高度一般是基底长度的5%～20%，因此欧姆电阻可以减少5～20倍。

第二，显著降低电流偏移现象。电流偏移现象代表电极的某些区域经过比别的区域更多或者更少的电流；在不考虑其他因素的情况下，电流将会沿着电极上内阻最小的路径接近极耳，这样局部会产生大的过电位，导致不必要的化学反应的发生，降低电池寿命。而无极耳电极工艺使得内阻降低，电流的路径更短、分布更加均衡，因此能够避免过电位的产生，改善电池寿命。

第三，产热减少，散热能力增加。在产热方面，由于内阻降低，产生的热量减少。在散热方面，传统的电极极耳与电池端盖只有极小的接触面积，而无极耳电极中的导电涂层与电池端盖的有效接触面积达到 100%，接触面积的增加使得散热能力提升，进一步优化电池性能、延长循环寿命。除了这三个电芯层面的优势之外，在电池包层面，由于电池体积增大，使得生产成本进一步降低，因为组装成电池包所需的电池数量减少，工艺难度大大减小。

值得一提的是，特斯拉这次发布的 4680 电池还加持了无钴技术和硅负极技术。从金属角度来说，镍能量密度最高、成本最低，所以电池制造中的倾向是使用更多的镍；而钴的作用是稳定电池结构，但成本高昂。不过，在电池中非常高的镍可以使电池完全无钴成为可能，并贡献 12% 的成本下降。特斯拉探索了三种放弃钴作为正极材料的思路：第一，在正极材料中使用铁，用于中低续航的乘用车和储能领域，主打长循环寿命。第二，使用镍锰材料，使用 2/3 的镍和 1/3 的锰，主要应用于乘用车，主打长续航。第三，采用高镍材料，最大化压缩钴的用量，主打高能量密度。早前特斯拉采用碳硅材料作为负极，这次采用的硅负极通过原材料重新设计、高弹性材料和覆膜材料进行涂膜解决了硅材料的碰撞问题，提高了 20% 的续航里程并降低了 5% 的成本。

12.4.6.3 无极耳电池的研究现状与发展方向

按照特斯拉的规划，无极耳电池将在弗里蒙特工厂试生产线进行生产，目前产能为 1GW·h，后续规划达到 2GW·h，2022 年实现大规模量产，未来计划进一步扩产至 200GW·h 的规模。根据官方说法，目前的无极耳电池只是实验结果较为满意，该技术并没有完全成熟。但作为一项新的制造工艺，无极耳电池带来的优势是不可忽略的，未来必将有很大的应用空间。

12.4.7 干电极电池

12.4.7.1 干电极电池简介

传统的锂电池制造将具有粘合剂材料的溶剂 NMP 与负极或正极粉末混合后，把浆料涂在电极集电体上并干燥。干电极电池与传统电池的差异主要体现在极片的制造工艺上。干电极技术不使用溶剂，而是将少量(5%~8%)细粉状 PTFE 粘合剂与正极粉末混合，然后将混合的正极+粘合剂粉末通过挤压机形成薄的电极材料带，最后将挤出的电极材料带层压到金属箔集电体上形成成品电极。

12.4.7.2 干电极电池的性能特点

与传统湿法工艺相比，干电极技术主要有以下优点：第一，压实密度高，对高镍电池材料体系的兼容性更强。相比传统的工艺过程，干电极本身压实密度高，同时该技术能够将诸如高镍、硅等能量密度更高、液体敏感性更强的活性材料应用在电极生产上，使得电池能量密度的提升更加容易，伴随的风险更小。第二，成本较湿法工艺下降 10%～20%。干电极不使用有毒的 NMP 溶剂，更加环保，同时省掉了涂布、极片干燥等生产环节，降低了物料和设备费用，简化了生产工艺流程。如果算上潜在的能量密度提升带来的成本下降，干电极工艺将进一步压缩成本。当前干电极工艺带来单车成本下降 200～1000 美元。除此之外，干电极电池循环寿命更长，其寿命是湿法工艺的 2 倍，高温稳定性更好，因为干电极极片内阻更小，因此充放电速率更高，能量消耗更低。

12.4.7.3 干电极电池的研究现状和发展方向

干电极技术最早用于超级电容器，Maxwell 是全球少数采用干电极技术生产超级电容器的企业，该项技术已经拥有了成熟的商业化应用案例。目前 Maxwell 采用干电极技术已经能够实现大于 300W·h/kg 的电芯能量密度，比当前湿电极电池高出 10% 以上；未来或将达到 500W·h/kg。超级电容器正负极材料都采用活性炭，比表面积较高，极片膨胀系数低，对粘结性要求不高，采用干电极工艺难度不大；而商业化的锂电池正负极材料比表面积小，充放电过程伴随体积膨胀，制作的极片容易脱粉，因此对粘结性要求高，目前的干电极工艺还难以满足生产要求。特斯拉对干电极方案进行了优化，相对传统方案实现 10 倍的工序简化，目前处于接近工作的状态，虽然还没有完全成熟，但最终会实现实际应用。

12.5 未来动力电池体系归纳与展望

针对国家确定的动力电池单体能力密度发展规划，仅仅依靠对锂离子电池的改性是很难完成目标的。另外，在废旧锂离子电池回收技术尚未得到突破之前，全球锂矿储备能否支持未来几十年甚至上百年的电动汽车能源系统的需求也是个严峻的问题。因此，在后锂离子电池时代，并行发展各个体系的新型动力电池技术十分必要。

当前各国科研人员对锂电池和锂离子电池的结构和性能改进开展了大量研究。锂硫电池的新探索提供了更高的能量密度、更低的成本、更好的安全性和环保性。钛酸锂电池利用钛酸锂的零应变特性以及三维尖晶石结构建立的快速离子通道有效提升了电池的循环寿命以及充放电速度，同时钛酸锂电池的低温性能以及安全性能也优于普通锂离子电池，然而目前成本却要比普通锂离子电池高。新型硅锂电池利用相比石墨负极拥有更高比容量的硅负极，有效提高了锂离子电池的能量密度以及充放电效率，但是硅的使用也带来了体积应变率大导致循环性能差的问题。石墨烯电池具有更高的能量密度、更快的充电速度、更长的寿命以及更好的安全性能，但是与钛酸锂电池类似，石墨烯高昂的制造成本造成了商业化的巨大阻碍。固态锂离子电池技术目前是实现单体动力电池能量密度突破 300～400W·h/kg 的主流技术。尽管还有工作温度高以及电极接触性差的问题，但是它具有良好的安全性，更高的能量密度，更低的制造成本和更长的使用寿命，这些性能决定固体锂离子电池具有十分广阔的应用前景。

诸如以上的新型锂电池技术目前多数还处在实验室研发阶段，还有一系列的材料、工艺、制造和成本问题等等。中短期来看，锂离子体系动力电池仍将在动力电池领域占据主要位置，而各国对这些新型锂离子电池的研发投入也是相当巨大的，预计在未来10～20年这些前沿技术将大概率实现商业化。

与新型锂电池采取不同技术路线的金属空气电池与锂离子电池形成了差异化竞争。金属空气电池以空气作为电池正极，大大降低了电池重量，提高了能量密度。金属空气电池按性能和应用领域可分为两类，第一类是锂空气电池，第二类是铝空气电池和锌空气电池。锂空气电池与汽油相媲美的超高能量密度决定了锂空气电池将成为最有可能代替汽油的能源供给方案，应用潜力很大。而铝空气电池和锌空气电池尽管没有锂空气电池那么高的能量密度，却比锂离子电池的能量密度高很多，并且它们换电快、成本低，安全性能和环保性能都更好，尽管功率密度较低，但用在微型电动汽车或对动力性能要求不高的公交车上非常合适。目前锂空气电池产生的副产物问题已经有了解决方案，铝空气电池和锌空气电池的能量密度和功率密度也在科研人员的努力下不断有新的突破。由于各方面优异的性能，金属空气电池在未来电动汽车能源体系中定会占有一席之地，但是能占据多大的市场份额，还要看在接下来和其他新型动力电池的技术竞争中能否率先取得重大突破。

其他新型动力电池技术比较有可能用在未来电动汽车上的包括钠硫电池、氟离子电池、钠离子电池以及超级电容器。钠硫电池理论能量密度高达750$W\cdot h/kg$，且其倍率性能好，充放电效率几乎可以达到100%，并且钠硫电池有着更低的原材料成本。作为固体电池，钠硫电池也同样有着更易回收的特点。当高温依赖性问题被解决，钠硫电池便会距离商业化应用更近一步。氟离子电池具有惊人的能量密度，但是电解质问题以及高温危险性问题还需要解决。钠离子电池虽然目前能量密度和循环性能差一些，但是随着对正负极材料的研究，其能量密度具有很大的增长潜力，而且钠离子电池的低成本是其很大的优势，将来有很大可能运用在低速电动车上。超级电容器虽然能量密度不如化学电池，无法独立作为提供长续航里程的动力电池，但是超级电容器高效率的充放电能力、超长的循环寿命以及超宽的工作温度范围决定超级电容器非常适于作为辅助电源，在电动汽车的启停和加速工况下发挥作用。

作为新能源汽车的核心技术，动力电池的突破意味着新时代低碳环保出行方式的早日到来。目前，新型动力电池正处在百花齐放、百家争鸣的状态，各个体系的动力电池都在向着更高的能量密度和功率密度、更高的充放电效率和循环寿命、更加安全稳定和更低的经济成本以及更好的回收性能的方向努力前进。短期内，锂离子动力电池仍将主宰新能源汽车动力电池市场，接下来将沿着全固态电解质，富锂正极和硅碳负极或锂金属负极的技术路线前进，争取实现400$W\cdot h/kg$的技术目标。为实现500$W\cdot h/kg$及以上的能量密度，需要锂硫电池、钠硫电池、锂空气电池和氟化物电池等新型动力电池取得相应的技术突破。未来哪种新型动力电池能经受市场的考验成为满足未来出行的车用能源系统还需要拭目以待。

本章小结

本章首先从正负极材料、隔膜和电解质几个方面分析了现有动力电池体系发展情况，结合国家发展规划以及新能源汽车实际应用情况，指出了目前动力电池体系所面临的问题，这些问题主要包括续航能力不足、安全性不足、回收利用技术不成熟。本章介绍的新型动力电池主要分成三大类：第一类是新型锂电池，包括锂硫电池、钛酸锂电池、新型硅锂电池、石墨烯电池和固态锂离子电池；第二类是金属空气电池，包括锂空气电池、锌空气电池和铝空气电池；第三类是其他类别新型动力电池，包括钠硫电池、氟离子电池和钠离子电池等。主要从结构原理、性能特点、研究现状和发展趋势几个方面对新型动力电池展开介绍，并重点介绍了应用前景较大的固态锂离子电池和锂空气电池。最后，本章对新型动力电池各个体系的优缺点进行了归纳总结，并对未来的发展格局做出了展望。

参考文献

[1] 艾新平. 下一代动力电池及材料发展趋势探讨[J]. 新材料产业, 2012(9): 10-14.

[2] 大连化物所. 锂硫电池工程技术取得新进展[J]. 浙江化工, 2015, 46(9): 50.

[3] SHAIBANI M, HOLLENKAMP A F, HILL M R, et al. Permselective membranes in lithium-sulfur batteries [J]. Current Opinion in Chemical Engineering, 2017, 16: 31-38.

[4] TAKAMI N, LNAGAKI H, TATEBAYASHI Y, et al. High-power and long-life lithium-ion batteries using lithium titanium oxide anode for automotive and stationary power applications[J]. Journal of Power Sources, 2013, 244: 469-475.

[5] 张建, 王倩, 刘微, 等. 钛酸锂/三元体系锂离子电池研究[C]. 中国上海: 2013.

[6] 罗军, 田刚领, 张柳丽, 等. 钛酸锂体系锂离了电池综述[J]. 电源技术, 2019, 43(04): 693 695.

[7] 陈祥祯, 唐佳易, 孙迎辉, 等. 硅基锂离子电池新型粘结剂的研究进展[J]. 电池工业, 2020, 24(02): 94-101.

[8] 王振廷, 王彦霞, 张永柯. 石墨烯制备及作为锂离子电池导电剂的研究[J]. 电源技术, 2020, 44(06): 808-811.

[9] 李煜宇, 李真. 全固态锂离子电池正极界面的研究进展[J]. 中国材料进展, 2020, 39(04): 253-260.

[10] 闫雅婧. 锂离子电池用固态电解质的研究现状与展望[J]. 无机盐工业, 2020, 52(07): 22-25.

[11] 王蔼廉, 计文希, 陈婧, 等. 锂电池用固态电解质研究进展[J]. 高分子通报, 2019(09): 1-14.

[12] 蒋颉, 刘晓飞, 赵世勇, 等. 基于有机电解液的锂空气电池研究进展[J]. 化学学报, 2014, 72(04): 417-426.

[13] KOWALCZK I, READ J, SALOMON M. Li-air batteries: A classic example of limitations owing to solubilities[J]. Pure and Applied Chemistry, 2013, 79(5).

[14] 麻微, 陈何, 王红, 等. 锂空气电池空气电极研究进展[J]. 电源技术, 2013, 37(01): 152-155.

[15] TRAN C, KAFLE J, YANG X, et al. Increased discharge capacity of a Li-air activated carbon cathode produced by preventing carbon surface passivation[J]. Carbon, 2010, 49(4).

[16] YANG X, HE P, XIA Y. Preparation of mesocellular carbon foam and its application for lithium/oxygen

battery[J]. Electrochemistry Communications,2009,11(6).

[17] 赵娟娟. 电动车用锌空动力电池的研究[D]. 长春:吉林大学,2014.

[18] 王诚,邱平达,蔡克迪,等. 铝空气电池关键技术研究进展[J]. 化工进展,2016,35(05):1396-1403.

[19] 孙文,王培红. 钠硫电池的应用现状与发展[J]. 上海节能,2015(02):85-89.

[20] 方永进,陈重学,艾新平,等. 钠离子电池正极材料研究进展[J]. 物理化学学报,2017,33(01):211-241.